普通高等教育"十一五"国家级规划教材

新编21世纪档案学系列教材

专门档案管理

第三版

Special Records and Archives Management

主　编　王英玮
副主编　李　颖　倪晓春

中国人民大学出版社
·北京·

编者简介

王英玮，男，1964 年生。中国人民大学信息资源管理学院教授、博士生导师、档案管理教研室主任，中国档案学会理事，档案学基础理论委员会委员。主要研究领域包括：档案学基础理论、档案管理应用理论、企业档案管理、信息管理基础理论等。主要著作有《档案管理学》《信息管理导论》《档案文化论》《知识经济时代档案部门的生存与发展策略》《会计档案管理的原理与应用》《信息时代的人事档案管理》《政务信息管理》《专门档案管理》《档案管理学基础》《档案行政学》《档案学概论》等。发表学术论文 50 余篇。主持了多项国家社会科学基金项目、卫生部项目、国家档案局科技项目、国家精品课程项目、北京市档案局科技项目、北京燃气集团项目、中广核大亚湾核电站分类项目、中国电子进出口总公司项目、中信建设项目、台山核电文档管理咨询项目、北京市不动产登记中心项目等。

李颖，女，1980 年生。中国人民大学管理学博士，河北大学管理学院副教授。主要研究领域为档案学基础理论、档案信息服务、文件与档案管理。近年来，独立发表学术论文 20 余篇；主持国家社会科学基金项目 1 项，参与国家社会科学基金项目 2 项；主持、参与完成省厅级等各类课题 10 余项；参与撰写专著教材多部。

倪晓春，女，1973 年生。中国人民大学管理学博士，青岛大学文学院骨干教师。主要研究领域是档案学基础理论、档案标准化管理、非物质文化遗产档案管理、家庭档案管理、公文写作与处理等。目前已发表学术论文十余篇，主持省市级社会科学规划项目多项，参与多个省部级研究项目，参与编写了“十二五”普通高等教育本科国家级规划教材《档案管理学（第四版）》和秘书学专业系列教材《管理学原理》等。

内容简介

专门档案是国家的宝贵财富，是国家档案资源的重要组成部分之一，其中蕴含着丰富的专业经验、思想和智慧。它既是各项专业活动的证据性历史记录，同时也是保证这些专业活动持续、健康发展的动力来源。本书较为系统地阐述和说明了专门档案管理的一般原理和方法，并对会计档案、人事档案、审计档案、诉讼档案、信用档案、统计档案、标准档案、病案、公证档案、测绘档案、税收征管档案、不动产登记档案、律师业务档案、民政专门档案、商标档案等专门档案的管理内容、管理方法和管理技术进行了较为全面的介绍。

随着人类社会信息化进程的不断加速，专门档案管理的对象发生了较大的变化。许多传统的纸本档案已经逐渐为电子档案所取代；专门档案的管理方式也从以单一的纸本档案为主的管理模式，逐渐过渡为纸本档案与电子档案共生的混合管理模式，而且在一些领域中，以电子档案为主的管理模式已逐渐浮出水面。相比于前两版，本次修订增加了关于电子专门档案的通用性管理理论、管理方法的内容，以适应不断变化的管理需求。

第三版修订说明

《专门档案管理（第二版）》自2010年出版以来，得到了全国档案教育机构及档案行政管理机关的教育培训机构的好评和赞誉。这使我们这个编写团队备受鼓舞，同时也使我们的责任感和使命感进一步增强。2011年，国家档案局公布了《国家基本专业档案目录》（第一批和第二批），其中共列举了100种专业档案，并明确了它们的主要建设和管理主体。这些专业档案中，有许多属于专门档案范畴。2011年以来，国家档案行政主管部门及各有关专业主管部门对相关专门档案的管理规范和标准进行了更新、修改和补足。电子专门档案管理越来越受到相关立档单位和主管部门的重视，其管理理论亟须增强。在大数据和互联网时代的档案管理实践中，专门档案已经成为国家和人民生活中一种不可或缺的证据性资源（资产）和信息资源。法人和自然人为有效开展工作，创造财富，维护合法权益，对专门档案资源的管理提出了更高的要求。

专门档案是人们通过创造性劳动选留并保存下来，具有证据价值和信息价值的专门记录。专门记录是指机关、企业、事业单位及其他社会组织，在从事某些专业性活动的过程中，为了实现相关的职能目标而制作和使用的，具有比较稳定的文种和记录目的的各种载体类型的，归档保存的专门文件（或第一手资料）。本书注重理论结合实际，不仅深入探讨了专门档案的形成规律和特点，阐述了专门档案管理所应遵循的一般性工作原则和方法，明确了各种主要门类专门档案的管理原理和管理内容，也为广大朋友们提供了进一步思考的空间。

本书是在第二版的基础上修订完成的。在这次修订过程中，我们依照服务于现实专门档案管理实践及理论研究的目标设计，对原书中一些章节（包括会计档案、人事档案、公证档案等）的内容进行了修正和补充，并增加了电子专门档案管理工作、诉讼档案与诉讼档案管理、不动产登记档案与不动产登记档案管理、民政专门档案与民政专门档案管理等新章节和新知识的介绍。在专门档案管理原理知识的补充方面，本书还对澳大利亚的记录连续体理论、电子专门档案的元数据管理、电子记录管理系统（ERMS）的功能设计要求等方面的新知识进行了较为全面的介绍，澄清了一些困扰我国档案工作者思想认识的问题。

参加本书修订和编写工作的有王运彬、王小云、孙大东、李颖、周艳、倪晓春（依姓氏笔画顺序排列）等专家和学者。全书由王英玮、李颖、倪晓春负责统一设计和统稿工作。

参加本书编写及修订工作的人员及分工如下：

王英玮：第一章、第二章、第三章、第四章、第五章、第十七章。

周艳、王运彬：第六章、第七章、第八章、第十五章。

李颖、王英玮：第九章、第十章、第十二章、第十四章。

倪晓春、王小云：第十一章、第十三章、第十六章。

孙大东：第十八章。

中国人民大学信息资源管理学院的领导和中国人民大学出版社的潘宇老师、宋义平老师，为本书的修订和出版工作提供了大力的支持和帮助。在此，我们表示衷心感谢。

王英玮

2016 年 12 月 5 日于大龙书斋

第二版修订说明

《专门档案管理》一书自出版以来，得到了许多从事档案工作朋友们的大力支持和关爱。这也是我们编写本书的最大动力源。在我国的社会发展实践中，专门档案已经成为人们生活和工作中一种重要信息资源和宝贵资产。人们对专门档案的管理和利用，不仅可以有效地为各项专业性活动的健康有序地进行提供必要的“证据保障”和“信息保障”，而且还能够为维护广大社会公众的合法权益提供有效的支持。

在我国档案资源的建设和利用服务实践中，专门档案所发挥的积极作用越来越大，人们对专门档案的关注度也得到了很大提升。特别是进入21世纪以来，我国许多国家档案馆都把建设“五位一体”的公共档案馆，作为重要的战略目标确立下来。而要实现这一目标，档案馆所应具备的最基本条件就是要拥有良好的档案资源储备。无资源保障的服务，犹如无根之木，不能长久。令我们大家感到高兴的是：在档案资源建设的指导思想方面，多数档案管理机构已转变了陈旧的档案资源观念，并确立了基于“社会用户需求导向”的多种门类档案资源综合建设的新理念。在这种新的档案资源观念的引领下，各种档案管理机构的专门档案资源建设工作取得了良好的业绩。21世纪，是一个信息资源起主导作用的新世纪。档案资源作为信息资源的重要组成部分，对任何社会组织和个人来说，都是非常重要的资源。这是因为，档案资源（尤其是专门档案资源）是各种社会组织确保数据质量、信息质量和知识质量的最基本的，同时也是最富价值的资源。从某种意义上说，人类社会最有价值的信息财富就蕴藏在各类专门档案资源中，专门档案资源是组织建设和发展中不可或缺的重要资产。专门档案资源同其他信息资源相比，依然是一种稀缺性社会资源。许多单位在以往的业务工作实践中，由于缺乏必要的资源意识，致使许多专门档案的积累和保存混乱无序，甚至遭受严重损失。为此，端正思想，强化专门档案的制度建设和理论研究，就成为21世纪的我们所必须肩负的一项重要历史使命。

本书是在第一版的基础上修订完成的。在这次修订过程中，我们依照贴近现实档案管理需要的目标设计，主要对原书中的一些章节（包括会计档案、商标档案、信用档案、标准档案等）内容进行了修正和补充，删去了一些章节，并增加了公证档案、测绘档案、税收征管档案、房地产档案、律师业务档案等5种专门档案管理知识的介绍。

参加本书修订和编写工作的有王运彬、冯文杰、张玮琼、国测、徐海静（依姓氏笔画顺序排列）等专家和学者。全书由王英玮负责统一设计和统稿工作。

另外，中国人民大学信息资源管理学院的领导和中国人民大学出版社的潘宇老师，为本书的修订工作提供了大力的支持和帮助。在此，我们表示衷心感谢。

虽然本书的内容一定还存在着某些问题，但我们相信在广大读者朋友的大力支持和鼓励下，我们的理论研究之路会越走越宽阔！

王英玮

2009 年 12 月 4 日于乐人书斋

第一版前言

本书旨在介绍说明专门档案管理的基本理论、原则和方法，并为有志于学习和研究专门档案管理理论的学生及广大档案工作者提供一本教材。中国人民大学档案学院自从建院以来，一直为学生开设“专门档案管理”课程，但由于种种原因，该课程并没有配备相应的教材。本书系中国人民大学档案学院编写的第一部专门档案管理教材。由于我国的专门档案种类繁多，而且人们对专门档案的认识也存在着一定的差异，所以本书只是有选择地介绍了会计档案、人事档案、教学档案、艺术档案、商标档案、审计档案、诉讼档案、信用档案、统计档案、标准档案、书稿档案、地名档案、婚姻登记档案、病案 14 种类型。

专门档案是国家档案财富的重要组成部分，是人们通过创造性的智力劳动选取并保存下来以备查考的各种专门文件有机体系的总称。其中的“专门文件”是指机关、企业、事业单位及其他社会组织，在从事某些专业性活动中，为了实现相关的职能目标而制作和使用的，具有比较稳定的文种和记录目的的各种载体类型的数据、信息记录。充分认识专门档案的概念含义，是我们深入研究专门档案管理理论的重要前提和思想基础。我国学者对专门档案概念的认识虽然存在一定的分歧，但对专门档案的突出的现实工具意义，却有着较为统一的认识。我们研究和探索专门档案的管理理论、原则和方法，最主要的目的之一就是为充分实现专门档案的现实价值提供必要的理论指导；同时也想通过本书，抛砖引玉，促进我国专门档案管理理论研究的深入发展。

专门档案的管理理论，需要经过长期的专门档案管理实践的检验、丰富和发展，才能逐步走向成熟。从事专门档案管理，需要理论指导，但是不能就此认为这些理论高于科学的、不断发展着的专门档案管理实践。理论是灰色的，实践之树却是常青的。理论需要实践这一“源头活水”的滋养，否则就会丧失其生命力。为此，从事专门档案管理理论研究的人员，必须非常注重专门档案管理实践的发展变化，及时总结新经验，并将这些新经验科学合理地提炼、升华为指导专门档案管理工作的新理论。一般认为，没有科学理论指导的实践往往是盲目的实践。专门档案管理实践只有得到比较科学合理的理论指导，才能使管理工作目标更明确，手段更清晰，做法更合理，结果更有效。如果在专门档案的管理工作中忽视了理论的作用，就会使之倒退到落后的经验管理时代。也许有的同志认为，专门档案管理并不需要什么理论来指导，它所需要的就是一个“实用的经验系统”。我们认为，这种认识有一定道理，因为经验对于每一个从事专门档案管理的工作者而言都是必不可少的“食粮”，我们很难想象一个缺乏经验的档案工作者能够顺利地完成专门档案的管理任务。但是，我们的管理工作如果只是停留在经验层面上，那么我们的整个专门档案管理水平就很难得到有效提高。这是因为，经验有正误之分，按照正确的经验行事可以达到预期的目的，但如果按照错误的经验行事，就可能给工作造成一定的损失，甚至严重的后果。所以，我们提倡总结专门档案的各种管理经验，使之“由感觉达到思维”，并从中抽象出那些带有共同性和规律性的东西，把握专门档案管理的本质。只有将长期积累的专门档案管理实践经验上升为理论，才能有效地预见各种专门档案管理的发展方向，减少实际工作的盲目性，增强管理工作的连续性和自觉性，掌握专门档案管理实践的主动权，并在实践中获得行动的“自由”。

专门档案的管理理论同普通档案的管理理论相比，既有密切的联系又有一定的区别。它们之间的联系主要表现在基本的管理理念、管理原理是相同或相似的。例如，它们都要求遵守档案文件的形成规律，按照档案的属性和特点，对它们实施有效的管理；同时它们都强调文件运动的生命周期性，强调全宗理论的重要性。它们的区别主要表现在具体的研究对象及研究结果方面。例如，不同的专门档案的归档制度的内容设计、分类标准和分类方法的选择、鉴定标准的确定、利用方式的确定等，都存在着一定的差异。这主要是由于不同的专门档案管理所面临的具体档案现象不同，所以隐藏在这些档案现象背后的规律和特点也就会有所区别。而专门档案的各种有效的管理理论和方法，又都无一例外地建立在对这些规律和特点的正确认识与合理把握的基础之上。从这个意义上讲，专门档案的管理理论高于专门档案工作的实际经验，前者是对后者的概括、提炼和升华。

专门档案与普通档案的划分，在一定程度上明确了人们对档案这一社会事物的外延的认识。所谓普通档案就是人们所熟悉的党政档案或文书档案，这种档案一般产生于各种政务管理和党务管理等项社会活动中，通常带有普遍性、管理性等特征。而专门档案则必须首先是某一种专业性很强的业务工作活动的历史记录，并带有较强的专业性、成套性、工具性、现实性等特征。科技档案就是专门档案的一大门类，它之所以可以相对独立地存在并受到人们的普遍认同，就是因为它是在科技生产活动领域中产生和形成的，并客观地记载了这些人类活动的科技信息。其他的专门档案，虽然也产生和形成于各种专门性或专业性社会活动之中，但是就它们的实际内容而言，却不能说是科技信息的记录。因此，我们才可以把党政档案（文书档案）、科技档案和专门档案分别加以研究。通过这一分析，我们还可以认识到，目前我国档案学研究中有一部分学者把“基建档案”“产品档案”“科研档案”“天文档案”“地质档案”“水文档案”“地震档案”“气象档案”等种类的科技档案也称为“专门档案”，他们实际上是在广义上使用了“专门档案”这一概念。值得注意的是，一些学者长期以来把“照片档案”“影片档案”“录音录像档案”等称为“专门档案”，这种认识有失偏颇。因为，这些被误认为是“专门档案”的档案，其实是载体特殊的档案而已。如果从形成领域和内容性质方面来看，它们之中也包含着多种不同类型的档案的信息，所以，不能简单地认为它们都是专门档案。只有那些形成于某一项特定的专业活动，并同有关专门档案有着密切的来源和内容方面的关联性的特殊载体档案，才是专门档案。

总之，社会对专门档案概念的认识存在着广义和狭义两种不同理解。广义的专门档案概念是指除了党政档案之外的所有在专业性活动中形成的、具有相对稳定的文件种类和名称的，具有一定保存价值的专门性文件。而狭义的专门档案则主要是指除科技档案和普通档案以外的所有记录、反映专业社会实践活动数据和信息的档案。本书重点说明和介绍的专门档案，基本上是采用了狭义的专门档案概念。

一部教材的完成，往往需要利用大量的相关研究成果和资料。作为本书的编写者，我们由衷地感谢这些相关研究成果和资料的创造者们，正是由于你们的有效付出，才培育出了档案学百花园中的这些蓓蕾和花朵，才使我们有可能酿造出花蜜。我们真心地希望有更多的读者和同仁来分享这本书中的知识，并加入到我们的团队中来，为专门档案的管理理论的建设与发展做出一份贡献。“众人拾柴火焰高”，只要我们坚持不懈，锐意进取，为档案学的建设不断添砖加瓦，那么档案学的大厦就会越来越宏伟，档案事业这一人类“永恒的事业”就会得到更为坚实的理论支撑。

在编写体例上，本书包括“内容提要”“正文论述”“思考题”等部分。每章开头设置“本章提要”，对该章所阐述的内容进行基本介绍。正文论述部分一般分为两个基本层面：一是对有关专门档案的概念、性质、种类、价值和作用等基本理论进行阐述；二是对有关专门档案的管理规则、方法等进行介绍和说明。“本章思考题”部分，是以问题的形式点出学习者应当注意复习和巩固的相关知识。本书最后将编写过程中参考的主要文献列举出来，目的是让读者在学习和研究的过程中可以获得更多的素材线索。

本书第一章、第二章、第三章、第五章、第六章、第九章、第十三章、第十六章由王英玮同志编写；第四章由李海英同志编写；第七章、第八章由于惠敏同志编写；第十章由周艳同志编写；第十一章、第十二章由张孝廉同志编写；第十四章由张越同志编写；第十五章由何文丽同志编写。

在本书的编写过程中，我们得到了中国人民大学信息资源管理学院及有关专业主管部门的领导和老师的大力支持，特别是信息资源管理学院资料室的霍虹老师为本书的编写提供了大量素材，在此我们表示由衷的感谢。由于我们的水平有限，书中的缺点和错误，恳请读者斧正。

王英玮

2003 年 11 月 13 日

于北京中国人民大学信息资源管理学院

目 录

第一章

专门档案概述

本章提要

专门档案是人们通过创造性劳动选留并保存下来，具有证据价值和信息价值的专门记录。专门记录是指机关、企业、事业单位及其他社会组织，在从事某些专业性活动时，为了实现相关的职能目标而制作和使用的，具有比较稳定的文种和记录目的的各种载体类型的，归档保存的专门文件（或第一手资料）。本章重点论述和说明了专门档案的概念、种类、属性特征、价值、功能、作用，以及专门档案发挥作用的主要规律。

第一节　专门档案的概念

一、专门档案的定义

关于专门档案的定义，目前主要有以下几种观点：

● "专门档案，是指在某些专业范围内产生，有比较稳定的文件名称、格式和形成规律，有各自的整理和管理办法的各种门类档案的总称。"①

● 专门档案是各单位在进行某种专门业务工作中形成的档案，如人口普查档案、工业普查档案、儿童抽样普查档案、清房档案、地名地形图档案、土地档案等。

● "专门档案，是指在某些专业职能活动中产生，记录特定的专业信息，具有比较稳定的文件名称、特有的形成规律，从而产生特有的整理和管理办法的各种档案的总称。"②

● "专门档案是指除文书档案和科技档案之外的，所有在专门活动中形成的档案。如会计档案、人事档案、诉讼档案、医院的病历档案、婚姻登记和工商注册登记档案等。……它具有极强的自我独立性和规律性。"③

上述这些专门档案的定义，基本上已经形成了几点认识方面的共识。概括起来说，这些共识性的思想认识包括：

首先，专门档案是档案家族中的一大门类。

其次，它具有与普通档案不同的一些特点。这些特点包括：专门的形成领域，比较稳定的文件名称、格式，各自独立的整理和管理方法等。

---

① 中国档案学会文书处理和档案室学术委员会．专门档案管理问答：第一辑．北京：中国档案出版社，1989：1.

② 王树启，金慧珠．专门档案管理方法．北京：中国档案出版社，1991：1.

③ 冯惠玲，张辑哲．档案学概论．北京：中国人民大学出版社，2001：16.

最后，它的形成规律不同于普通档案。

但是，人们对专门档案的定义方式和切入点却不尽相同。有的采用直接描述型的定义模式，力图指明专门档案的外延特点；有的试图采用揭示型的定义模式，洞悉专门档案的内在规定性；有的采用排除法来定义专门档案；有的则认为"科技档案"也是一种专门档案，而且是"突出的一类专门档案"。这些定义思想，无疑都凝结了有关人员的智慧和创造性的劳动，都是我们今后研究专门档案理论问题的重要思想和逻辑基础。

若想对专门档案的定义有清楚的了解，我们认为应当分析一下专门档案和专门文件之间的关系。专门文件，是文件家族中的重要成员，它是指机关、企业、事业单位及其他社会组织，在从事某些专业性活动时，为了实现相关的职能目标而制作和使用的，具有比较稳定的文种和记录目的的各种载体类型的凭证性记录。专门文件不同于"专用文件"，它们的主要区别在于：首先，两者的形成领域不完全相同。专门文件必须形成于特定的某个专业活动领域，而专用文件则往往强调是在特定部门的某种特定专门职能活动之中形成的；其次，专门文件具有相对广泛的应用领域，即只要某一社会组织或单位承担某一项专业性活动，就会形成这种类型的文件，而专用文件则必须形成于特定的社会组织机构及特定的业务范围内，但这种业务不一定具有专业属性。然而，我们也应当看到两者之间的一定的联系，某些特定社会组织机构在特定的专业范围内使用的专用文件，常常也是专门文件，如司法文件、审计文件、会计文件、公证文件等。但是不能据此认为专门文件就是专用文件，其实在一些非专业性的社会管理活动，如党务管理和政务管理活动中，为了完成或实现某种特定的业务工作目标，如外事业务活动等，也常常使用专用文件。

在一些专业领域，人们一直习惯于将所形成的专门文件称为"专业资料"，如"地质资料""会计资料""水文资料""气象资料""工程资料""公正资料"等等。其实，并不是所有的资料都具有文件的记录性质，即证据性意义。因此，人们为了区分哪些资料具有证据性，哪些资料不具有证据性而仅有参考性或信息意义，又将资料依据其来源属性和凭证属性，划分为第一手资料和第二手资料。其中只有第一手资料才会具有专门文件的记录属性和证据价值。本书为了方便大家理解相关知识内容，有时会将专门文件称为"专门资料"。

专门文件同其他种类的文件一样，也具有生命周期性，是记录连续体的基本构成因素。在纸本时代，我们是通过归档的方式，对处于半现行阶段的专门文件进行筛选后，有目的地保存下来以备日后查考。在信息网络时代，我们是通过实时归档的方式，通过网络系统实现对现行文件的有效控制。因此，现代社会中的专门档案，应当是人们通过传统与现代的方式，对有证据价值和信息价值的专门文件加以选择和留存的结果。

按照记录连续体理论，本书将专门文件的固化形式称为专门记录，是指归档后内容不可改动的归档文件或其类聚体。一份专门文件，经固化后（归档后）就是一份专门记录；能够为某一专业活动提供连续的活动证据的一组归档文件，我们可称之为一项专门记录；具有长期保存价值的，经过分类、鉴定和著录的专门记录集合（记录的类聚形态），就是我们所说的专门档案。无论是哪种形态的专门记录，都是以留存证据为目的而形成的。

在电子环境中，为了更好地保存专门记录，有时需要对其进行转换、迁移、移交等操作，但无论是哪些操作，都不允许改变专门记录（归档文件或归档文件的类聚体）的内容（原有信息）。

鉴于记录连续体理论突破了文件生命周期理论的“文件/档案二元”划分的线性思想，并建立了以“记录”概念为核心的多维度、多层面（亦称构面）的连续体思想，本书在写作过程中会根据不同的情境吸纳其合理的思想内容。

通过上述分析，我们可以为专门档案下一个两段式的定义。

专门档案是人们通过创造性劳动选留并保存下来，具有证据价值和信息价值的专门记录。专门记录是指机关、企业、事业单位及其他社会组织，在从事某些专业性活动时，为了实现相关的职能目标而制作和使用的，具有比较稳定的文种和记录目的的各种载体类型的，归档保存的专门文件（或第一手资料）。

这一定义的含义主要包括：

- 专门档案是专门文件（资料）中的具有证据价值和信息价值的，经归档固化的部分。
- 人们只有通过创造性的选留活动才能实现留存专门档案的工作目标。
- 专门档案形成于人们所从事的各种特定的专业性活动领域。
- 专门档案具有比较稳定的文件（资料）名称、格式和特有的形成规律。
- 专门档案具有突出的现实使用价值和工具功能。
- 专门档案是由专门文件构成的记录证据体系，具有非常重要的专业信息价值。

第一，专门档案是各种专门文件（资料）中的具有证据价值和信息价值的，经归档固化的部分。一般而言，并不是所有的在某一专业性活动中形成的具有特定名称、格式的专门文件（资料），都可以被称为专门档案，只有经过筛选且具有证据价值和信息价值的专门文件（资料）才能被称为专门记录，作为专门档案保存。因此，可以说，专门档案是专门文件（资料）中的精华部分。

第二，专门档案是人们的一种创造性的劳动成果。专门档案是一种“生命体”，但是它并不具有生物学意义上的生命，所以人们只有通过创造性劳动，才能实施有效的筛选。这是因为，每一种专门档案都有其特定的形成规律和特点，而且这些“规律和特点”往往隐藏在一定现象的背后，所以，文件（资料）和档案管理者只有通过创造性的劳动，才能逐步洞悉和把握这些规律和特点，并自觉地在专门档案的管理实践中加以运用。

第三，专门档案形成于特定的专业性活动领域，并具有相对稳定的文件（资料）名称、种类和格式。

第四，专门档案具有突出的现实使用价值和工具功能。同科技档案一样，专门档案通常具有突出的现实使用价值。其他文件（资料）归档后，一般都已经完成或基本完成现行使命，进入“休眠期”，而专门档案形成后的较长时期，正是它们发挥现行效用的活跃时期。而且由于专门档案是各有关单位从事一定专业性活动不可或缺的工具和手段，所以它们与一般的文书档案相比，通常具有较为明显的工具功能。

第五，专门档案是由具有保存价值的专门文件（资料）组成的记录有机体系。专门档案作为对某项专门业务活动过程的记录，只有齐全完整并按照一定规律和特点组织在一起，才能称为“有机整体”，才能发挥大于单份专门文件（资料）个体功能之和的整体功能。因此，我们必须强调专门档案的这种整体特征，并通过有效的管理实践发挥其整体功能。可以说，一份份有保存价值的专门文件（资料）就是构成专门档案有机体的“细胞”，专门档案是专门文件（资料）中的精华。

二、专门档案与相关概念的关系

在实践中，为了更好地管理各种专门档案，必须澄清专门档案同相关概念之间的关系。其中包括：专门档案与文书档案的关系、专门档案与科技档案的关系、专门档案与专业档案的关系、专门档案与照片档案等特种载体档案的关系、专门档案与电子文件的关系、专门档案与专业资料的关系等。

（一）专门档案与文书档案的关系

文书档案是一个约定俗成的概念，一般又称“党政档案”“普通档案”，通常是指在各种党务、政务管理活动中形成的，具有保存价值的公文及其他相关文件材料。由于这个概念在实践中为许多人所使用，所以尽管其名称上有不合乎逻辑之处，但至今仍具有一定的社会影响力。有的同志认为，文书档案就是政务档案，或行政档案，这似乎同我国的实际情况不相符合，因为文书档案之中实际上包括了各个机关单位的党、政、工、团组织机构形成的文书和相关文件材料。那么文书档案同专门档案之间是一种什么关系呢？

1. 形成的领域和内容性质不同

文书档案通常是在各个单位或组织的党团组织管理、行政管理、工会管理等社会活动中形成的，涉及了广泛的社会活动领域。专门档案则主要是各种单位或组织在从事某些专业性活动时形成的，涉及的社会活动领域比较有限。文书档案的内容性质偏重于政治性、行政管理性，通常与各项工作的决策、计划、协调组织、监督检查等活动有关。专门档案的内容性质一般偏重于专业性和现实性，是进行某种现实的专业性管理活动、服务活动、研究活动等不可或缺的重要工具。

2. 文件名称形式、格式规范化程度不同

文书档案的名称形式多种多样，其中既有规范的通用性文件名称，同时也存在着一定数量的不规范的文件名称，并且具有明显的时代特征（如民国时期的文件名称和新中国成立后的文件名称就有很大的区别）。专门档案的名称类型一般比较稳定，并且文件名称往往也能较准确地体现出专门文件的内容属性。另外，文书档案的格式就总体而言，既有统一的法定公文格式，同时也有大量的非规范格式的文书存在。而专门档案中的各种专门文件，一般都具有规范的格式，在整体上，其规范化程度高于文书档案。

3. 形成规律和管理方式不同

文书档案的形成规律与党务管理和政务管理的规律相适应，是这些普遍性社会管理活动的有机组成部分或伴生物。在管理方式方面，各单位文书档案的管理原则、理论和基本方式等，带有一定的相似性，只是具体的运作方式有所不同而已。正是因为存在着这种规律和特点，所以党和国家可以制定较为统一的管理规范、原则等，指导各单位做好文书档案的各项业务管理工作。专门档案的形成规律则往往同有关专业性工作活动的规律相适应，如会计档案的形成规律与会计核算工作的规律相适应，人事档案的形成规律与人事管理活动的规律相适应等。专门档案的管理方式一般都具有较高的规范性和专业性。因为每一种专门档案都有特定的形成规律和特点，并且名称与格式相对稳定且规范，所以为档案行政部门和有关专业主管部门制定相应的管理规范、标准等提供了客观的依据。因此，就特定的某一种专门档案而言，其形成、积累、整理和归档工作，通常具有较高的专业规范性。

4. 价值和作用性质不同

文书档案就其现实作用而言，是“治政之参考”；就其历史意义而言，是为国家或管理者提供“以史为鉴”的史料，并为编史修志提供基本的素材。专门档案就其现实作用而论，是为某一项特定的专业性活动的有效运行，提供基本的保障数据和信息，是“治业之工具”；就其历史意义而言，绝大多数专门档案会随着其现实使用功能的丧失，失去存在的价值，只有其中很少一部分会成为研究历史的素材。

在分析了专门档案和文书档案的主要区别之后，我们也应认识到：它们都是国家的宝贵精神文化财富，是各个组织和单位应当注意收集和管理的重要数据和信息资源；同时它们也都是有关机关组织全宗的有机组成部分。

（二）专门档案与科技档案的关系

科技档案是一种“最大门类”的专门档案。它是指人们在从事科技、生产活动中形成的专业性的有保存价值的科技文件及伴随这种活动生成的有关材料。科技档案概念本身也是一个复合概念，其中包括多种多样的具体类型，如基建档案、设备档案、产品档案、科研档案、医药卫生档案、各种自然现象档案（天文档案、气象档案、水文档案、地震档案等）、地质档案、测绘档案、环境保护档案等。这种门类的专门档案的共性就是：不仅具有一般专门档案的专业性、现实性或称工具性等特点，还具有成套性和内容信息存在较高科技价值属性等特征。科技档案的这些方面的特性，决定了可以将它作为一个相对独立的对象加以研究和管理。

（三）专门档案与专业档案的关系

有的同志认为专门档案又可以称为“专业档案”，这其实是一种误解。因为，这两个概念是依据不同划分标准所得到的两种划分结果。专门档案主要是根据档案的形成领域并结合档案的内容性质这一标准进行划分后得到的结果。按照这种标准，我们可以把档案划分为普通档案（党政档案）和专门档案两大类，专门档案又可细分为科技档案和一般专门档案两个属类。专业档案则是根据社会行业分工这一标准进行划分的结果。它包括一个行业范围内形成的各种类型的档案，其中既有文书档案，也有一般专门档案和科技档案。因此，可以说“专门档案”和“专业档案”是两个有交叉关系的不同概念。

（四）专门档案与照片档案等特种载体档案的关系

有的文章、教材和网页，往往把“照片档案”“声像档案”等视为专门档案的具体类型加以研究，这实际上也是一种误解。其实照片档案、缩微档案等，是从档案的物质载体的角度进行划分所得到的分类结果。按照这种标准，可以把档案划分为传统载体档案和新型载体档案。传统载体档案又可分为石刻档案、金文档案、甲骨档案、简牍档案、缣帛档案、纸质档案等，新型载体档案又可分为照片档案、影片档案、缩微档案、磁介质档案、光磁介质档案等。专门档案中既有传统载体类型的专门文件和材料，也有新型载体类型的专门文件。

（五）专门档案与电子文件的关系

在档案行业标准《档案工作基本术语》（DA/T 1－2000）中，“电子文件”被定义为：“以数码形式记录于磁带、磁盘、光盘等载体，依赖计算机系统阅读、处理并可在通信网络上传输的文件。”根据这个定义，我们可以比较充分地认识到，电子文件是文件存在的一种方式，任何社会领域中形成的文档记录都可以选择这种方式生成、传播和积累保存。所以，随着各个专业活动领域中 IT 技术的应用，如会计信息化、人事数据管理电子化等，越来越多的专门文件记录将会以电子文件的形式存在。因此，我们可以得出这样的结论：电子文件是有关种类的专门档案的一种存在方式，这种存在方式的出现，要求我们在管理专门档案的实践中，必须重视吸纳新的管理理念、管理思想和理论，运用新的管理规则和方式方法。

（六）专门档案与专业资料的关系

这两个概念之间存在着比较密切的关系。在一般情况下，人们通常把对从事某一项专业性活动有参考价值的材料，都称为专业资料。所以，只要专门档案可以用于这种目的，也可以被称为专业资料，是第一手的专业资料。但是，我们应当认识到，虽然两者有密切的关系，但也有较为明显的差异。这是因为，专门档案是一定单位在从事某项专业性活动的过程中形成的，是这种专业性活动的有机组成部分和历史过程记录，并可以为这种专业性活动本身提供直接的具有法律效力的证据；而第二手的专业资料则通常不具有这种直接记录性，往往是通过交换、搜集或购买而得来的，所以这种专业资料一般仅具有参考价值。

三、专门档案的历史溯源

专门档案应当是随着专业性业务活动的兴起而出现的。可以说，没有科学的专业性活动，就不会出现相应的规范性的专业档案。例如，专门档案中的统计档案就有非常久远的历史。马寅初在为陈其鹿所编的《统计学》一书作的序中写道：“统计之术，肇源甚古。禹贡分九州之土壤为九等，周礼载遂大夫掌登万民之数，自生齿皆书于版。战国游说之士，动辄以各国之车骑方里相较絜，此与近世之国势调查将毋同。惜乎学术陵夷，秦烬而后，圣贤之遗制，明君之盛轨，遐哉渺焉而不可考。……盖中国数千年以来，科举之毒，深中于人心。士大夫狃旧习，每立一言，不求参证于事实，但求其为先圣之所曾道；一若先圣之言，可以穷天地亘万世而毫无疑义者，何其傎与！遂至真理愈晦，学术愈衰，而国以竟。西洋则不然，虽一理之微，一物之蕴，一言之立，一策之行，必绳之以事实，证之于计数，求其精微至当，然后心安而理得。自近代统计名家开脱来（Quetelet），葛尔敦（Galton），比亚孙（Pearson）诸氏出，益壁垒一新。举凡行政讲学等事……注重于归纳方法之现象观察；于是统计之术盛行，而学术之真理日昌。户口统计之外，有所谓犯罪统计，经济统计，商业统计，教育统计，皆近代之产物，而为欧美名儒研究专门学问之结果也。”[①] 可见，我国历朝历代都非常重视统计工作，并形成了一定数量的统计档案，但是我国近代意义的统计档案的产生，应当在西方发达国家之后，即20世纪初期。

了解各种专门档案的历史源流，不仅具有一定的学术理论意义，同时也是弘扬民族档案文化的需要，有助于培育民族的历史文化意识，增强民族自信心。

新中国成立后，特别是20世纪60年代后，党和国家在加强对文书档案和科技档案的管理的同时，也开始关注专门档案的管理和研究。但是，直到20世纪80年代以后，我国的一些专门档案的管理工作才开始走上科学化管理的道路。其表现有二：一是国家档案局会同各有关专业主管部门陆续颁布了一系列的专门档案管理办法，如《出版社书稿档案工作暂行规定》《全国地名档案管理暂行办法》《艺术档案工作暂行办法》《关于人民法院诉讼档案保管期限的规定》《人民法院诉讼文书立卷归档办法》《会计档案管理办法》《人民检察院诉讼档案管理办法》《新闻单位宣传报道档案管理暂行办法》《公证档案管理办法》《环境保护档案管理办法》《土地管理档案工作暂行规定》《人事部档案管理暂行办法》《电影艺术档案管理暂行规定》《关于审计档案管理工作的规定》等。二是理论研究成果陆续问世，如河南人民出版社1988年出版的《32种专门档案整理方法》，中国档案出版社1989年、1996年出版的《专门档案管理问答》（第一辑和第二辑），王树启、金慧珠主编的《专门档案管理方法》（1991年中国档案出版社出版），以及中国人民大学出版社出版的诸版《档案管理学》教材和其他一些专门档案管理手册等。理论之树一旦得到实践甘泉的滋润，就会结出越来越多的硕果。

第二节 专门档案的种类和属性特征

一、专门档案的种类划分

关于专门档案的种类划分问题，目前档案学术界基本上存在着以下几种看法：

● 吴宝康主编的高等学校文科教材《档案学概论》一书，将专门档案划分为：“公安档案、诉讼档案、艺术档案、会计档案、人事档案……科学技术档案、社会科学研究档案……”[②] 该书的作者认为，专门档案，是在相对说来专门性的业务工作活动中形成的档案，它包括通常所说的科学技术档案及其他专门档案。

● 王树启、金慧珠认为：“目前我们说的专门档案也是一个大门类，它包括会计档案、审计档案、统计档案、艺术档案、诉讼档案、地名档案、宣传报道档案、招生档案等具体门类。”[③]

● 胡绍华等14位同志编写的《32种专门档案管理方法》一书，则详细地列出了32种专门档案，其中包括：人民法院诉讼档案、人民检察院诉讼档案、公证档案、律师业务档案、保卫组织业务档案、审计事项档案、纪检案件档案、清查干部职工在城镇营建私房档

① 陈其鹿．统计学．北京：商务印书馆，1928：15.

② 吴宝康．档案学概论．北京：中国人民大学出版社，1988：84.

③ 王树启，金慧珠．专门档案管理方法．北京：中国档案出版社，1991：1.

案、信访业务档案、交通监理业务档案、宣传报道档案、党史征编档案、县志征编档案、地名档案、名胜古迹文物藏品档案、文化馆文化艺术档案、表演团体艺术档案、中小学档案、病历档案、会计档案、物价检查案件档案、工业普查档案、工商业务档案、商标档案、保险赔付档案、城镇房屋普查档案、落实私房改造政策档案、统计档案、人才调查档案、人口普查档案、婚姻登记档案、书稿档案等。①

●《专门档案管理问答》一书的第一辑列举了 9 个门类的专门档案，即会计档案、审计档案、诉讼档案、公证档案、艺术档案、教学档案、地名档案、标准档案、商标档案等。该书的第二辑又列举了 8 个门类的专门档案，即干部人事档案、专业技术人员业务考绩档案、婚姻登记档案、病历档案、信访档案、出版社书稿档案、工商企业法人登记档案、律师业务档案等。②

这些观点实际上的分歧主要在于，专门档案之中是否应当包括科技档案。我们认为，虽然科技档案具有专门档案的一般属性和特征，但是各种类型的科技档案还具有按“项目”成套的特性，以及较强的科技属性，另外，人们在过去和现在的档案管理实践中始终把科技档案作为一个同文书档案、专门档案相并列的概念，因此，我们在研究专门档案管理的实践和理论的过程中，也可以尊重这种“约定俗成”的思路来进行。

二、专门档案的一般属性

专门档案的一般属性是指它同文书档案和科技档案等共同具有的属性。其中主要包括：

● 历史记录性。专门档案是特定专业活动的社会历史记录，是人类社会历史记忆的一个重要组成部分。随着社会化专业分工的细化，专门档案所记录的内容将越来越丰富。

● 原始性。专门档案同其他门类的档案一样，都是与人类从事某项社会活动相伴而生的记录物。无论是专门档案的形成过程，还是其所承载的数据、信息内容，都具有原始性的特征。

● 凭证性和参考性。专门档案是有关组织和单位专业性活动过程及其内容的真实凭证，也可以为我们从事有关的专业性活动提供可资参考的丰富的素材和营养。

● 定向积累性。专门档案也是有关全宗档案的有机组成部分，它的形成和积累都应当同全宗里的其他门类的档案一样，首先由其形成者进行必要的集中，然后经过合理的筛选、整理编目后，交由一定的机关档案管理机构或文档中心集中管理，最后具有长远保存价值的专门档案，会与该全宗中的其他具有长远保存价值的档案一起，被交给某一个档案馆集中统一管理。

● 有机联系性。专门档案与其他门类的档案一样，都是由有密切历史联系或逻辑联系的文件构成的有机生命体。这种有机联系性，使专门档案具有了个体文件或其松散联合体等所无法比拟的整体性功能，从而使其具有了更大的使用价值。

---

① 胡绍华，等．32 种专门档案整理方法．郑州：河南人民出版社，1988：1.

② 中国档案学会文书处理和档案室学术委员会．专门档案管理问答：第一辑．北京：中国档案出版社，1989．中国档案学会文书处理和档案室学术委员会．专门档案管理问答：第二辑．北京：中国档案出版社，1996.

三、专门档案的特殊属性

专门档案同普通档案相比，除了具有上述共性特征外，还具有某些个性特征。这些特征主要包括：

（一）专业性

同科技档案一样，专门档案的专业性主要体现在形成领域和内容性质两个方面。

各种类型的专门档案，都是伴随着一定的专业性活动，并作为这种活动的数据和信息记录而形成的。如历史上形成的房屋普查档案、农业普查档案、工业普查档案、知青返城档案、基建项目规划施工审批档案、革命伤残人员档案、革命烈士档案、土地房产证档案、工商经济检查案件档案、卫生防疫防病档案、死亡干部档案、高收入者税收档案、审计档案等，无一不是围绕着某一项专业性活动形成的，并为这些活动的正常进行提供必要的数据和信息记录。

专门档案的内容性质也具有明显的专业性。它们的这种性质是由其所记录和反映的有关单位所承担的专业性活动决定的。一般来说，在哪一种专业性活动中形成的专门档案，就真实地反映了哪一种专业性活动的客观数据和信息，并成为完成这项专业性活动的必要工具和手段。

专门档案的专业性特点，不仅是我们区分它与普通档案的重要依据，同时也是我们合理有效地管理好各种专门档案的基本前提和依据。在实际管理活动中，文档管理机构和人员必须认清所管专门档案的专业属性，并据此确定相应的管理制度、管理方式与方法、管理环节和程序等。每一种专门档案都有其较为突出的专业性特点，如果不了解这些特点，只是按照一般的文档管理做法去管理它，必然会使某种专门档案的管理陷入混乱。

（二）现实性

各种专门档案都具有突出的现实使用价值。这是由人们形成某种专门档案的最初设计（或设想）决定的。人类的社会活动一般是有目的的活动，尤其是人们所从事的各种专业性活动，这种目的性更为突出。在从事这些专业性社会活动的过程中，人们不仅自觉地形成和积累各种相关的数据和信息记录，而且还在现实的管理活动中频繁地使用这些原始的记录来保证其工作的持续性、稳定性和高效性。实践表明，如果一项专业性活动失去了必要的专门档案的保证，那么该项工作便无法正常运作或有效开展。专门档案实际上已经是我们从事有关专业性工作所必需的业务手段和工具。

（三）独立性

专门档案的独立性，或称“自我独立性”，是指专门档案有时可以作为各全宗的一个相对独立的部分而存在并发挥作用。由于每一种专门档案都是围绕着特定的某一项专业活动过程形成的，所以在内容构成上一般都较为完整、客观地记录了该项活动的有关原始业务数据和信息，因此，专门档案可以相对独立地起到支撑有关专业性活动正常开展的作用。总之，专门档案在形成过程、内容属性及作用性质等方面，都表现出较为突出的独立性特征。

专门档案的独立性特点，也是我们合理管理好专门档案的重要依据之一。普通档案一旦脱离全宗，其现实作用和历史作用都会发生明显的“退化”现象，但是，专门档案作为一个相对独立的实体存在，却可以相对独立地发挥较强的现实管理工具作用。然而，我们并不是认为专门档案可以脱离有关机关、组织的全宗而独立存在，只是认为在维护全宗档案的完整性的前提下，根据专门档案的“自我独立性”特点，在物理空间上，允许这种档案在其形成后的一段时间范围内，暂时由其形成者保存。这样做的好处是：有利于专门档案的现实管理工具作用得到更好的发挥，减少由于管理人员对有关专业知识了解不深而带来的利用问题和失误，利用者可以随时查阅使用有关的专门档案，同时也可以避免档案部门过早地陷入频繁的事务性服务活动之中。

专门档案的这种特点，还可以使我们在专门档案的管理实践中，注意通过有效的管理控制，确保其完整性。因为只有实体完整、内容准确的专门档案，才能实现其功能最大化。为此，各有关单位和部门，必须通过建立和健全相关的管理制度和完善的保障机制，努力维护专门档案的完整性和准确性。

（四）规范性

专门档案的名称、格式，以及形成过程和内容组织等方面，均具有较为突出的规范性特征。关于这一点，我们将在以后的各有关章节中详加说明。

（五）准确性

专门档案所记录的数据和信息，必须同客观实际情况保持动态的统一。一方面，专门文件和记录的形成者要严格按照有关法律法规、管理规范、业务标准等，适时地形成内容准确的专门档案；另一方面，专门档案的管理机构和人员，应当按照有关专业性活动的规律和特点，及时收集和补充专门档案，以便准确地反映有关专业性活动的现实性信息。

了解专门档案的准确性特点，可以使我们在现实的管理活动中，自觉地维护专门档案内容的准确性，并根据有关专业性活动发展和变化的实际情况，及时补充新的文件和记录，形成新的专门档案。从一定意义上讲，专门档案作为一种现实工具性较强的档案，其管理工具功能能否具备和实现，关键性的条件之一就是专门档案内容是否真实可靠。内容虚假的专门档案，只会给现实的专业决策和管理活动带来负面影响。

第三节　专门档案的利用价值、功能和作用

一、专门档案的利用价值

专门档案的利用价值，是指各种类型的专门档案所含有的数据、信息、知识，对满足人类从事各种相应的专业性管理活动、业务活动、研究活动等所具有的有用性和有益性。这种利用价值的客观存在，是人们自觉地形成、积累和保存管理专门档案的重要驱动力之一。人类正是根据在以往社会实践活动中所得到的经验和教训，才逐步认识到专门档案管

理的必要性和重要性。

过去的经验说明，哪个单位、地区、国家重视专门档案的管理和研究，哪个单位、地区或国家的有关专业性社会活动就会出现有条不紊良性发展的态势；与此相反，则会出现混乱和无序状态。例如：会计档案管理失当，就会给经济和财务管理活动带来恶劣影响，有关单位、地区或国家就会因此蒙受损失；地籍档案管理不善，就会给土地管理工作造成许多困难，甚至会使国家或集体蒙受巨大的经济损失；教学档案管理不当，有关学校的教学工作便会无法实现有效组织；人事档案管理不好，有关单位的人力资源的合理开发、配置等人事管理工作就会弊端百出，腐败滋生；审计档案管理不良，审计监督活动就无法正常、连续地进行；银行信用档案管理混乱，就会使一些行为人的不法行为、不良做法等得不到有效记录，银行不良资产的比重也会进一步增加。凡此种种，都说明了专门档案存在的价值。

专门档案的利用价值是由其“自然属性”决定的。专门档案所承载的数据、信息和知识等方面的记录，在它们形成后的一定时期内，均具有可以满足人们某种现实管理活动、生产活动、研究活动需要的意义，可以消除人们的专业性活动中的某些方面的不确定性，并可以保证有关工作活动的有效进行。

在专门档案的管理实践中，充分认识和把握各种专门档案的有用性和意义，是专门档案管理者应当承担的一项历史责任。每一名合格的专门档案管理者都应当比较清晰地了解所管理的专门档案曾经解决了哪些方面的问题，含有什么性质或内容的专门档案文件对解决相关问题起到了关键性作用，在以后的工作中还应从哪些方面注意发掘专门档案的数据和信息优势，以便为社会解决更多的问题，化解更多的纠纷，节省更多的资源，创造更多的效益和价值。

对专门档案的利用价值可以依据不同的标准进行不同的分类。

第一，根据专门档案利用价值的显现程度，可以将其划分为现实社会已认识和把握的利用价值与尚未认识和把握的潜在利用价值。

第二，根据专门档案利用价值实现的时间长短，可以将其划分为短期价值、长期价值、永久价值，或现实价值与长远历史价值。

第三，根据专门档案利用价值实现的领域，可以将其划分为经济与财产管理价值、人类资源管理价值、司法监督价值、产权保证价值、审计监督价值、地名规范与管理价值、婚姻管理价值、商标管理价值、信用保证价值、税收保障价值、艺术管理与规范价值、教学管理价值、标准保证价值、诉讼管理价值、土地管理价值、统计监督价值、信访管理价值、出版管理价值、病人管理与医疗研究价值等。

第四，根据专门档案利用价值所涉及的效益大小，可以将其划分为一般价值和重要价值或重大价值。

第五，根据专门档案利用价值的性质不同，可以将其划分为政治价值、经济价值、文化价值、财务价值、法律价值等。

第六，根据专门档案利用价值的基本构成，可以将其划分为现实专业性活动的管理工具价值、专业性活动过程与结果的记忆价值、社会历史文化研究价值等。

二、专门档案的功能

专门档案的功能是指专门档案对各种现实的专业性社会活动及有关的社会历史文化研究所具有的作用能力。各种类型的专门档案的功能既有共同的、基本的方面，同时也有各自比较特殊的方面。这就要求我们在了解和把握专门档案的各种功能的过程中，一方面要注意研究和把握其共性的方面，另一方面也要注重特定的专门档案所具有的功能个性内容。本书将第二方面的内容置于讲述各种具体种类专门档案的章节中分别介绍。下面主要对专门档案的一些一般性功能做如下介绍。

（一）数据和信息储备功能

由于专门档案就是伴随着各种各样的专业性活动形成的，所以其中自然客观地记录和反映了有关专业性活动的数据和信息。这些方面的记录，对于许多专业性活动来说，往往是其唯一的真实数据和信息的记录。可以说，专门档案就是有关专业性活动原始性信息的存储器或资源库。

在现实工作中，人类用来记载和保存专业性数据和信息的手段和介质有许多种类型，如专业图书、专业情报资料、专业报纸杂志等。但是，同直接形成于有关专业性活动之中的专门档案相比，它们往往都不具备原始性的特征。专门档案同这些专业信息、知识材料相比，具有形成过程的直接性和承载数据、信息的原始性等突出特点。所以，我们可以把专门档案比作各种专业性活动的“历史记忆”。因此，专门档案的这种功能，也可以称作“记忆功能”。

合理且有效地保存这种历史记忆，对于各项专业性活动连续有效地进行，是非常重要的。但是，我们同时也应看到这种“原始记忆物”的局限性。一方面，专门档案所承载的数据和信息，具有相对凌乱、琐碎和不系统的特点；另一方面，专门档案所承载的原始信息需要必要的加工、整序和激活，才能显现出真正的价值。

对于一个具体的社会活动主体（一个机关、一个企业、一个事业单位、一个民族或国家等）而言，拥有齐全完整的专门档案是其事业或管理活动获得成功的重要保证，但是，我们绝不能简单地认为，有了专门档案就有了专业信息资源，就有了成功和胜利的砝码。其实，许多种类的专门档案中所存储的数据和信息，如果不按照有关的目的或目标要求加以整序和激活，也只能是“一潭死水”，很难利用它们实现人们所期望的功能目标。因此，那种认为专门档案就是一种信息资源的观念，应当适时加以调整，否则专门档案的利用价值就很难全面、充分地实现。专门档案是一种“信息源”，但并不一定就是“资源”，只有那些按照一定的目的或目标提取、加工、整合、激活之后的专门档案信息，才能成为一种有用的资源。

（二）依据功能

专门档案同社会的各项专业性管理活动和业务活动密切相关。要想实现有效的专业管理，就必须进行科学合理的决策规划、计划指挥、组织协调、监督检查，而这些管理活动的正常有效进行，必须依赖源于专门档案的数据和信息的支撑，否则管理者们就会陷入决策无据、计划失当、指挥无方、组织混乱、监督乏力的境地。

首先，专门档案是进行科学、合理的专业管理工作决策与规划的依据之一。对于一名出色的管理者来说，管理既是“通过别人完成任务的艺术”，同时也是合理运用信息资源达到某种目标的艺术。实践表明，成功的专业管理者必须学会从专门档案中获得营养，只有无知者才会无视专门档案的依据功能。规划是一种基于现实，对未来一定时期范围内所要完成的工作任务、目标、设想、蓝图等做出的总体设计和构想方案。专门档案是管理者了解现实和预测未来的重要依据，因为其中的经验、教训、成就、缺陷和不足等方面的信息一旦被挖掘、激活，就会成为一种重要的支持科学合理规划的依据性信息资源。

其次，专门档案是计划指挥的依据之一。计划可以使机关、组织的活动目标明确、责任清晰。但是，只有建立在科学决策和有效数据指标体系基础上的计划，才具有可操作性。为此，制订计划，特别是涉及有关专业的工作计划时，管理者和相关人员必须利用好现有的专门档案所提供的信息，并对其进行必要的条分缕析，从中找出有用的数据和信息，为合理设定相关的计划目标、标的等提供具体的依据材料。

再次，专门档案是组织协调的重要依据之一。专门档案是围绕着各项专业性活动形成的，既是这些活动的组成部分和证据，同时也是这些活动健康发展的必要保证。如果这些专业性活动的组织协调活动缺乏相关的专业数据和信息，就会使所从事的工作陷于混乱的状态。例如，人力资源管理活动若想实现有效的组织协调，就必须充分挖掘人事档案中的相关数据和信息，并以此为依据，开展人员组织、调配等活动。

最后，专门档案是实现专业监督和有效检查的重要依据之一。一项专业性活动若想按规范和制度有序地进行，只有相关的制度体系还不够，关键是要适时、合理地开展有效的监督检查工作。但是，如果监督检查工作缺乏依据，那么这种活动会流于形式。因而，管理者必须注意从专门档案中获得相关的专业性活动的记录，并以此为根据，切实掌握有关专业性活动的真实情况。

三、专门档案的作用

专门档案的作用是其功能和利用价值的具体体现，它是一个关系范畴。在这个关系范畴中，具有一定功能和利用价值的专门档案（客体）是一个方面，具有某种特定要求的用户（主体）是另一个方面，而利用实践则是必不可少的中介环节。就此而言，专门档案的作用结果往往呈现出一定的倾向性，因为用户的利用目的不同，其利用结果自然也不同。所以，专门档案的作用，就其结果而言，具有积极和消极之分。充分认识到这一点，有助于我们在实际工作中合理地组织专门档案数据和信息的流动，有效地控制这些专门数据和信息的使用对象和范围，尽可能促进专门档案的各种积极作用的发挥，同时有效地抑制或避免专门档案的各种消极作用的发生。

专门档案的积极作用主要包括以下几点。

（一）专业数据和信息的保障作用

专门档案之中所包含的专业性数据和信息，是我们有效从事和组织各种专业性活动的必要条件和保障。如果在专业性活动中缺乏相关的专业数据和信息，那么不仅工作的连续性难以实现，预期的工作目标也难以实现。这是因为，专门档案中所蕴含的数据和信息，是我们有效开展相关专业性活动的重要条件，具有现实的管理工具意义。“工欲善其事，必先利其器”，如果没有或者缺乏专门档案这种“器”，就不可能真正做到“善其事”。为此，各有关单位和部门，务必注意在平时的专业性活动中留下记录，并加以积累保存，合理组织，以便在适当的时机发挥其积极作用。

（二）维系专业工作正常进行的工具作用

工具是人们用以达到认识自然、改造自然、适应自然、利用自然等各种目的的事物的总称。在现实社会活动中，人们需要利用专门档案中的数据和信息来达到有效管理各项专业性活动，实现各种专业工作目标的目的。就此而言，专门档案是一种维系社会各项专业工作正常进行的重要工具。

认识专门档案的这种工具作用，有助于我们在现实的专业性活动中注意通过建立和健全相关的专业文件或专业记录的形成、积累、整序和归档等方面的制度，保证相关专门档案的齐全、完整和有机联系；同时也有助于我们在开展各项专业性活动的过程中，自觉地发挥所形成的专门档案的工具作用，避免“资源”的闲置。

（三）保证各项专业工作合法进行的监督检查作用

任何一项专业工作都必须依据有关的法律、法规、制度和规范来进行。但是各种不良社会风气以及一些不法之徒的违法乱纪行为的影响，造成了一些专业工作领域的腐败问题。为了有效地维护国家和人民的根本利益，我国的审计、税收、公安、司法等部门必须利用有关的专门档案，加强监督和检查，做到警钟长鸣，防患于未然。

另外，在各单位和部门之中，为了及时有效地了解相关问题或工作的进展情况，确保工作的质量与合法性，也可以利用专门档案所记录的数据和信息，进行定期或不定期的监督和检查活动。

（四）再现历史、佐证历史的印证作用

各种专门档案都存留着宝贵的历史记忆，是各项专业性活动的“记忆库”。所以，专门档案是我们研究各种专业性活动历史的宝贵史料。利用这些专门档案，我们可以总结有关专业性活动的经验、教训，发现专业性活动的一般规律和基本特点，从而使当今的专业工作者有条件做到“以史为鉴”，避免走弯路。同时，历史研究实践表明，专门档案可以纠史之谬、补史不足、明史之实，是“今世赖之以知古，后世赖之以知今”的宝贵史料资源。

此外，专门档案同其他门类的档案一样，也具有广泛的凭证作用和情报作用。我们在从事各项专业性活动时，必须注意适时地发挥专门档案的凭证作用和情报作用，以保证各项专业性活动的顺利进行，避免经济损失，避免制造矛盾，避免各种资源的闲置和浪费，避免不良社会后果的出现。

第四节　专门档案发挥作用的一般规律性

规律，亦称“法则”，是事物发展过程中的本质联系和必然趋势。规律具有普遍性、重复性等特点。它是客观的，是事物本身所固有的，人们不能创造、改变和消灭规律，但能认识规律，利用规律来改造自然界，改造人类社会。列宁在《哲学笔记》中引用了黑格尔《逻辑学》中的一段话：“规律不是现象的彼岸，而是直接存在于现象中；规律的王国是现存世界或现象世界的静止的反映。”对此，列宁给予了充分的肯定，并指出“这是非常唯物主义的、非常确切的（从‘静止的’这个词来看）规定。规律把握住静止的东西——因此，规律、任何规律都是狭隘的、不完全的、近似的”①。因此，我们目前所获得的关于专门档案发挥作用的规律性的认识，也仅仅具有相对的意义，并且有待于今后的专门档案管理和利用实践的检验和深化。

总结目前的实践经验和相关的理论研究成果，专门档案发挥作用的规律性主要包括以下几个方面的内容。

一、专门档案发挥作用的突出性

同一般的文书档案相比，专门档案虽然也具有第一价值和第二价值，但是在实现的方式和强度表现方面，却不完全相同。文书档案（或称党政档案、政务档案）之所以被保存，人们主要是看中其在历史研究方面的史料意义和价值，而专门档案的重要性却突出表现在其现实的管理工具作用方面。从实践角度来考察，我们不难发现，各种类型的专门档案都是我们从事各项现实的专业性活动必不可少的重要数据和信息源。如果哪一个单位的专业活动缺乏专门档案的支撑，那么就会影响其工作效率，甚至会造成各种矛盾和损失。为此，充分认识专门档案的这种突出的现实工具作用，有助于我们合理地组织开展各种专门文件和记录的形成、积累、整序、保存和有效利用等工作，有助于专门档案有机体系的形成。

任何一种专门档案，其作用的发挥都是一个客观的、历史的过程，都是一个通过利用实践，由潜在价值转变为现实价值的过程。尽管专门档案具有较为突出的现实使用价值，但是如果在利用实践中，不能适时地把握利用时机，有关专门档案的价值则会被埋没，甚至消失。

二、专门档案发挥作用的定向性

专门档案发挥作用的定向性，突出表现在其作用领域的有限性和作用对象的稳定性方面。专门档案作为有关专门性业务活动的记录，其作用领域自然同其赖以产生和存在的专业性活动领域有着十分密切的关联性。一般而言，围绕着哪一项专门性业务活动形成的专门档案，就会在该项活动的范围内发挥各种现实的作用；一旦脱离开该项专业性

---

① 列宁．哲学笔记．林利，等，译校．北京：中共中央党校出版社，1990：166.

活动领域，其突出的现实作用就会难以实现。

专门档案发挥作用的定向性特点，要求我们在管理方式的选择方面，应注意根据每一种类型的专门档案的突出特点，将它首先置于最需要经常查找利用它的场所，以便保证特殊用户群体相对频繁的利用要求。在实践中，注意到专门档案发挥作用的定向性，就会自觉地选择恰当的归档时间，确定专门档案在形成之后在其直接形成单位合理的保存时限，从而使专门档案真正成为有关专业性活动的重要保障条件。

那种无视专门档案发挥作用的定向性特点，采取不适当的方式管理专门档案的做法，应当在实践之中避免。例如，不考虑专门用户群体从事有关现实的专业性活动频繁查找专门档案的需要，而过早地通过归档的方式，将专门档案集中保存在远离用户群的地方，就是一种不适当的做法。

三、专门档案发挥作用的弹性

专门档案发挥作用的弹性特点，主要表现在相似信息内容的专门档案在作用效果的差异性方面。从某种意义上讲，具有相似内容的专门档案应当具有相同或相似的作用结果。但是，在现实工作中我们却发现，相似内容的专门档案不一定具有相似的作用结果。其原因主要在于：

（1）利用时机的选择是否及时。

（2）利用者的需求和目的不同。

（3）利用者的利用权限不同。

（4）利用时得到的服务质量存在差异。

（5）利用者自身的信息吸收能力存在差异。

专门档案发挥作用的弹性特点，要求我们在专门档案的利用实践活动的组织方面，应当尽可能为用户创造良好的服务条件，同时注意合理地把握利用时机，适时适度地将有关专门档案数据或信息提供给有关的用户，以便充分实现专门档案的价值。

四、专门档案发挥作用的整体效应性

专门档案发挥作用的整体效应性，是指专门档案作为一个有机的专门文件和记录体系，其整体所具有的作用效益，往往大于专门档案个体作用效益之和；个体一旦脱离群体，其所具有的实际作用能力，就会大打折扣，甚至消失。

专门档案发挥作用的整体效应性特点，要求我们在管理专门档案过程中，必须将各种专门档案作为一个个有机整体来对待和培育，坚决反对分散管理和肢解专门档案有机体的错误做法。

完整、系统的专门档案信息是科学地进行专业管理决策，制定相关的管理制度、办法、规范和标准的依据。为此，在实践中充分注意专门档案发挥作用的整体效应性，也是开展科学决策等活动所需要的。

五、专门档案发挥作用的衰减性

专门档案发挥作用的衰减性，是由专门档案利用价值的时限性决定的。绝大部分专门档案的现实作用具有时间效应，相对于专门档案的特定用户群体来说，其利用价值随着时间的推移而减少，甚至趋向于零。这种专门档案的利用价值随着时间的延续而减小的现象，就是我们所说的专门档案发挥作用的衰减性。

专门档案的利用价值的时限性是一种客观存在的事实，也是一种规律性的体现。客观地讲，除了一小部分专门档案具有永久保存价值，并用于研究历史之外，大多数专门档案的利用价值都具有一定的时限性，超过一定的时限，它们便丧失了存在的必要性。这是因为：当现实的专业性工作活动不再需要它们充当管理工具、管理条件或解决问题的手段和证据时，那些不具有长远历史研究价值的专门档案就完成了它们的使命，可以退出历史舞台了。如果继续保存它们，则往往会造成人力、财力和物力的浪费。

不同种类的专门档案利用价值的时限性，也不尽相同。有的专门档案发挥作用的时限可能长一点，有的则相对短一点。在实际工作中，专门档案的管理人员和单位，必须注意加强对有关专门档案作用时限的研究，以便为科学地组织专门档案的鉴定、保管和利用工作服务。那种无视各种专门档案发挥作用衰减性规律的做法，必须在实践中予以避免。

本章思考题

1. 如何正确理解和认识专门档案的概念？
2. 专门档案的种类有哪些？它们的基本性质是什么？
3. 说明专门档案的价值、功能和作用。
4. 专门档案发挥作用的一般规律有哪些？认识这些规律对做好专门档案的管理工作有何指导意义？

第二章
专门档案管理工作

本章提要

本章主要阐述了专门档案管理工作的基本理论，其中包括：专门档案管理的定义、相关要素、性质、原理，前端控制规则、连续性和整体性规则、安全性和效益性规则、继承性和创新性规则，专门档案的质量管理，专门档案的管理体制和管理机构等。

第一节　专门档案管理的概念

一、专门档案管理的定义

专门档案管理是人们为了有效地收集、加工和利用专门档案数据和信息而进行的一种社会活动。据文献记载，作为人类档案管理活动发展的一个阶段，人们对专门档案管理的重视开始于专门档案数量不断增长时期，如我国宋代的“后湖黄册库”等管理专门档案机构的出现就说明了这一点。有学者认为：“随着社会分工的日趋细密，产生了基于各项专业活动需要并为之服务的具有特殊个性的专门档案和专门档案工作。历史上传统的档案工作只管文书档案单一类别的局面，已被管理各种门类档案的繁杂新任务所突破，这正是档案事业向广度和深度发展的一个重要标志。”① 其中的某些见解似乎值得认真推敲，但是如果认为我国对专门档案管理理论的研究是20世纪80年代以来的事情，则是符合历史事实的。可以说，随着人类社会社会化分工的不断发展，专门档案管理活动已经成为各行业、各部门、各有关单位文件与档案管理活动的重要组成部分。专门档案中的专业性数据和信息，目前也已经成为一种重要的社会资源，并为越来越多的人和组织所认识。

专门档案管理作为一种社会性活动，是由活动主体、活动对象和活动方式与手段等要素构成的。在这项管理活动中，有关专门文件和记录的形成者和档案工作者，根据国家的有关法律、法规、制度和规范等，利用所掌握的理论和技术方法，控制和利用专门档案以达到促进和保障有关专业性活动健康有序进行的目标。

专门档案管理的相关要素可以概括为以下两个基本方面。

---

① 中国档案学会文书处理和档案室学术委员会．专门档案管理问答：第一辑．北京：中国档案出版社，1989：1.

（一）专门档案信息资源

“专门档案信息资源”的概念不同于“专门档案”的概念，两者既有区别又有联系，是内涵和外延不同的两个概念。专门档案只是构成专门档案信息资源的一个必要条件，即没有专门档案就无所谓专门档案信息资源；而专门档案信息资源则是指由经过人们合理开发和组织的专门档案中的信息、信息技术、文档人员等要素构成的有机集合。在专门档案信息资源的构成要素中，通过对专门档案的加工处理而获得的有关专业性信息，无疑是构成这种资源的核心要素。此外，相关的信息技术和文档人员等要素，是使这种经过开发和组织的专门档案信息得以有效控制和利用的必要条件。在现代社会条件下，要想使所管理的专门档案中的信息得到有效的开发和组织，就必须借助于现代信息技术手段，而这些技术手段的有效运用又离不开文档人员。

专门档案所承载的数据和信息不能等同于专门档案信息资源。要使专门档案中的数据和信息实现其利用价值和现实效用，就必须凭借文档人员的智力条件以及现代信息技术和其他技术手段。文档人员是控制专门档案信息源、协调专门档案管理活动的主体，是专门档案管理的主体要素。专门档案管理的收集、鉴定、整理、保管、统计、编目检索、开发利用等活动过程，都离不开信息技术的支持。可以说，没有现代信息技术作为强有力的手段，要实现有效的专门档案管理是不可能的。

（二）专门档案管理活动

专门档案管理活动是指人们围绕专门档案的形成、积累、收集集中、整序加工、筛选鉴定、编目检索、保管统计、利用编研等开展的管理与服务活动。同其他门类的档案管理活动一样，专门档案的管理活动，就其过程而言，也可以划分为两项基本内容，即“基础工作”和“利用工作”。

专门档案管理的基础工作主要包括两个方面的内容：一是专门档案的形成和积累工作，其中包括有关专业性文件和记录的产生和记录活动，档案工作人员应当根据相关的“前端控制”制度和方案，参与这种管理活动，并切实履行监督和指导等管理职责；二是专门档案的数据和信息的捕获、收集、鉴选、整序、编目、保管、统计等方面的管理活动。

专门档案管理活动的利用工作内容一般包括：对专门档案及专门档案信息产品的检索、传递、分析、评价和提供利用等活动。

专门档案管理，按照活动主体对象，又可以划分为：

（1）实际业务工作单位或部门所从事的专门档案管理活动。一些种类的专门档案在形成之后，一般由其形成单位或部门实行集中管理和控制，以便保证现实专业性活动的需要。业已实现了办公自动化或网络化办公的单位，应对所形成的文档实行实时归档或“网络归档”，并定期进行物理归档，做到专业性文件和记录多重备份，以便保证专门档案数据和信息的完整、真实。

（2）文件中心或文档信息服务中心所从事的专门档案管理活动。如政府部门设立的人事档案文件中心及其他类型的文件中心等，可以按规定接收和保存有关单位移交来的专门档案，并为移交单位提供快捷的利用服务。文件中心或文档服务中心作为一种中间过渡性的、集约化程度较高的文档保管和服务机构，应当成为我国政府部门和社会大力支持发展的一种中介性的文件与档案管理机构。

（3）机关或企业档案部门所从事的专门档案管理活动。这种档案机构主要负责接收和管理本单位形成的专门档案。

（4）国家档案馆所从事的专门档案管理活动。专门档案是各个立档单位全宗的有机组成部分，一个单位的全宗之中如果缺乏专门档案，该全宗档案的完整性就无法得到保证。专门档案中具有永久保存价值的部分，应当按照国家的有关规定，由机关（或企业）档案室、文件中心整理鉴定好，定期向档案馆移交。

通过上述分析，我们不难认识到：专门档案管理是专门档案的形成单位和国家档案管理机构，为了有效地组织和利用专门档案数据和信息，以传统的或现代的手段，对专门文件、记录和专门档案实施的前端控制、集中与接收、鉴定与整理、编目与检索、保管与统计、开发与利用的社会活动。其中涉及的管理要素主要包括3个，即管理人员、管理技术和手段、管理对象（专门文件、记录和专门档案）。它体现了现代专门档案管理的两个基本方面：专门档案信息资源和专门档案管理活动。

二、专门档案管理的性质

专门档案管理的性质是指专门档案管理与其他门类的档案管理活动不同的个性。由于从广义上讲，科技档案也是一种特殊类型的专门档案，所以我们不再探讨狭义的专门档案管理与广义的专门档案管理在性质上的区别。我们将重点说明专门档案管理与文书档案或党政档案管理在性质上的区别。

第一，专业性。专门档案管理的对象主要形成于各项专业性很强的社会活动之中，这就要求从事这项管理活动的人员，必须了解有关的专业性活动知识，才能较好地组织和管理好专门档案，并为特定的用户群体提供满意的服务。所以，从一定意义上说，专门档案管理的专业性是由其管理对象——专门文件、记录和专门档案的专业性决定的。这也是专门档案管理与文书档案管理相区别的主要标志之一。

认识到专门档案管理的专业性质，可以使我们有效地把握档案管理人力资源培养、培训的内容安排，即在进行一般的档案管理知识培训之后，还要有针对性地进行与所管理的专门档案有关的专业知识的培训工作。同时，也可以使档案学术界注意加强对有关专门档案管理理论的研究工作，注意加强对专门档案特定的管理活动内容和管理方法的研究。

第二，技术性。专门档案管理的技术性，主要体现在管理手段的技术性、管理内容的技术性和管理理论的技术性等方面。许多种类专门档案的管理活动，都要求管理人员掌握专门的管理技术手段。特别是在现代化的办公条件下，如果管理人员不能较好地掌握现代信息技术，那么管理好专门档案就会成为一句空话。专门档案管理的技术性还体现在管理流程或环节的设计、管理内容的界定等方面。各种类型的专门档案都具有其特定的产生、存在和发展运动规律与特点，所以现代社会的专门档案管理活动就必须以此为根据，努力打造适合各种专门档案管理需要的管理流程，并设计好各个环节的管理活动内容。档案学术研究人员，也应注意从实践中汲取经验和营养，提高专门档案管理知识的技术含量，争取为实际工作提供更好的技术指导。

第三，现实性。文书档案的管理更为偏重于保存完整的历史记忆，即“存史”；而专门档案的管理则更为注重专门档案现实作用的发挥。因为就整体而论，专门档案中的绝大部分数据和信息的存在价值，就在于它们是现实社会活动中某种专门性管理的必备工具或手段，所以管理专门档案的重要目标之一，就是实现有关专门档案数据和信息的现实利用价值。

充分认识和把握专门档案管理的现实性特点，有助于我们科学合理地确定各项专门档案管理活动的侧重点，并制订出相应的工作计划和方案，确保管理专门档案工作目标的实现，为社会各项专业性活动的正常有序进行，提供必要的专门档案数据和信息的保障。

第四，实效性。文书档案的管理比较注重管理的长远历史效用，即立档存史；而专门档案的管理比较注重管理活动的现实效用，即为现实的工作、生产、科研等社会活动提供文档信息服务的及时性和有效性。一旦某一种专门档案的管理活动失去了为现实工作服务的机能，那么该项管理活动也就失去了存在的基础和前提条件。例如，人事档案的管理如果不注重其时效性，不能在公务员、企业或公司员工的选拔、任用、提升等方面发挥一定的保障作用，那么社会上就会出现更多的“弃档”现象。所以，专门档案管理的实效性，归根结底就是要保证所管理档案具有一定的现实利用价值，否则无论采用什么高新技术手段，任用知识素养多高的管理人员，都不能达到预期的管理目标。

专门档案管理的实效性，要求我们必须在管理实践中时时注意所管理档案的内容信息是否同不断变化的单位系统因素和社会环境因素相适应。如果发现有不适应或相互矛盾之处，就必须及时调整管理策略，并制定变革方案，以便使专门档案的内容能够适应时代发展的需要。

三、专门档案管理原理

专门档案管理是一种复杂而广泛的社会文档管理活动。它涉及专门档案及其前身专门文件或专门记录、管理技术和手段、管理人员等要素。就宏观而言，专门档案管理是一种多专业、多要素、多手段的社会性文档管理活动。作为一种广泛的社会性文档管理活动，它具有一般文件与档案管理的特点；作为一种专业性和技术性的文件与档案管理活动，它要运用许多相关的专业知识，以及现代技术和手段。同时，专门档案管理并不是为管理而管理，而是指向一定的目标，达到一定的现实管理效果并完成预定的任务。就我国的专门档案管理实践来看，20 世纪 90 年代以后，各行各业的专门档案管理组织和机构，在注重做好传统的专门档案实体管理工作的同时，也逐渐开始重视专门档案的信息管理工作。这表明我国的专门档案管理活动已经进入了一个新的历史发展阶段。为此，对于专门档案的管理原理可以从两个基本方面入手来加以研究，其一是实体管理方面，其二是信息管理方面。

（一）专门档案实体管理的基本原理

长期以来，人们在从事专门档案实体管理的实践中，逐渐认识到：专门档案的实体管理必须始终坚持档案管理的一些基本原理，其中包括全宗原理、文档一体化原理等。下面分别对这两个原理做一些说明。

1. 全宗原理

自从 19 世纪 40 年代全宗思想被提出以来，全宗原理及其核心思想来源原则在世界各国的文件和档案管理实践中起到了较好的指导作用，也成为人们管理档案实体必须遵守的基本管理原理。该原理的基本思想包括有机整体思想和历史主义思想等。在专门档案的管理实践中，坚持全宗原理，就是要努力维护各个全宗档案的完整性和有机历史联系性，注意保持同一个立档单位档案的不可分散性。专门档案实体作为各个全宗档案的组成部分，应当注意保持它与全宗其他档案之间的历史有机联系，不同单位的专门档案实体不能混淆。虽然在实际的管理活动中，有时专门档案由于利用上的需要可能暂时同全宗其他门类的档案相分离，但是从最终的归宿意义上讲，专门档案同全宗中其他门类的档案还是会走到一起的。

在专门档案实体的管理实践中，我们注意合理运用全宗原理来指导实际的管理活动和有关计划安排，就可以有效地防止“肢解”全宗有机体等严重问题的出现，从而在根本上保证有关立档单位社会历史记忆的完整性和有机联系性。

另外，在专门档案管理实践中，注意合理运用全宗原理来管理档案，还可以有效地保证全宗有机体价值的最大化。因为有一些专门档案的利用价值只有在群体的状态下，才能得到充分的体现。相反，如果专门档案实体脱离了有关全宗档案的整体，那么它们的利用价值就会有所衰减甚至消失。

2. 文档一体化原理

文档一体化是建立在文件生命周期理论基础上的一种文件与档案的管理方式。它可以通过各种适合于不同情境的管理模式来实现。在纸质文件占统治地位的时期，文档一体化是通过统一设计文件与档案的管理流程及各个环节的工作内容和任务来实现的。在电子文件时代，文档一体化是通过统一设计的计算机网络管理系统来实现的。

在专门档案的管理实践中，我们运用文档一体化的原理来实施相关的专门文档管理活动，主要具有以下几个方面的优势：

第一，有助于保证专门文件或记录运动过程的连续性。各个立档单位形成的专门文件或记录，是一种按照一定规律和特点运动的文档记录体。为此，我们所设计和施行的管理环节、步骤和流程，必须适应这些规律和特点，否则就会人为地损害专门文件或记录的运动过程，造成管理内容设计和管理活动的紊乱。实践已经证明，在实践中采用“非此即彼”的管理理念和管理方式，造成了文件管理和档案管理的脱节，致使文件管理活动缺乏必要的档案管理方面的考虑，并造成了管理环节和内容设计的重复及整个文档管理活动的低效率。因此，痛定思痛，我们必须综合考虑专门文件或记录与专门档案管理的总体设计问题，避免各自为政的陈旧的管理方式的重演。因此，以文档一体化原理为导向，深入研究所在单位的专门档案的形成规律和特点，设计并实施科学合理的专门文件或记录与专门档案的统一管理方案，才是我们今天应当选择的专门档案管理道路。只有如此，才能从根本上保证专门文件或记录运动过程的连续性。

第二，有助于保证专门档案有机体的完整性和真实可靠性。由于实行文档一体化的管理方式，专门文件或记录的整个运动流程都受到严密的控制，所以可以有效地堵塞以往管理过程中的漏洞，避免有一定利用和保存价值的专门文件或记录的流失，从而从根本上确保作为专门文件或记录的精华而存在的专门档案的完整性。同时，整个管理流程本身的严密性，也可以在一定程度上有效防止文件记录被非法修改，保证专门档案的真实性和可靠性。

第三，有助于提高专门档案管理人员的业务素质，调动管理人员的劳动积极性。在过去的专门档案管理活动中，管理人员更多的是扮演“保管员”的角色，缺乏必要的掌握相关专业知识的内在驱动力。今后，专门档案的管理人员应当在文档一体化思想的指导下，建立和完善有关的监督管理制度，明确“前端控制”方面的职责，积极参与专门文件或记录的形成、组织和管理活动。这就要求专门档案的管理人员必须努力提高自身的专业知识素养，以使自己胜任所担负的角色。

第四，有利于合理配置和使用有限的资源。由于我国是一个发展中国家，每个单位所获得的资源（包括人力资源、物力资源和财力资源等）都比较有限，所以如何合理地配置和使用这些资源，是每个单位都应加以考虑的一个重要问题。专门档案的管理实践表明，自我封闭、各自为战的方式已经成为档案事业发展的主要工作障碍。清除这种障碍的主要改革措施之一，就是消除以往专门文件或记录的管理和专门档案的管理工作流程设计方面的一些人为壁垒，重新按照专门文件或记录的运动规律和特点，设计文档一体化性质的管理流程，去除不必要的工作环节和作业内容，从而节约人力、财力和物力的损耗，使有限的资源得到更为合理的分配和使用。

（二）专门档案的信息管理原理

专门档案的信息管理是专门档案管理活动的一个非常重要的方面。在专门档案的管理中，如果我们的管理活动始终停留在实体管理的层面上，那么专门档案的管理就很难适应时代变革和发展的要求。为此，专门档案的管理既要重视实体层面的管理，同时更应当重视信息层面的管理。只有如此，我们的专门档案管理活动才能取得更大的社会效益。

专门档案的信息管理，一定要遵守以下几个方面的原理来进行。

1. 增值原理

专门档案信息管理活动的目标和基本任务之一，就是实现已有专门档案的信息价值和增值。实现专门档案信息价值的关键是建设信息资源体系和信息系统网络，开展专门档案信息服务活动，实现专门档案信息流的有序流动和有效使用。专业性信息数量的增加（增值）主要通过对零散信息的识别、采集以及长期积累，这些专业性信息的增值则依赖对信息资源的筛选、组织与开发来实现。就总体而论，专门档案信息管理的所有活动都是为了实现信息的价值增加，而这种管理活动的每一步骤，也都是为了实现信息增值。专门档案信息管理的效率是以有关专业性信息增值的量为衡量标准的。

专门档案的信息增值主要是指信息内容的增值和专业性活动效率的提高。它是通过对专门性文档信息及其他相关专业性信息的捕获、接收、存储、加工、传递和利用来实现的。专门档案的信息的增值体现为信息内容能够帮助有关专业的从业者提高他们的决策合理性和实际管理工作的效率，主要表现在以下几个方面：

（1）专业性数据和信息的筛选与过滤。从大量的、零散的、低价值的专门文档数据和相关信源中，发现特定数据和信息的相关性和内在联系，通过提炼、分析、综合和激活，发现事物的本质，减少有关专业管理活动的不确定性，建立可用的专业性信息资源体系，为决策、管理等工作提供必要的信息支持。

（2）对无序的专门档案文档数据和信息进行加工处理，使之有序化和结构化。

（3）在专业性信息资源和专门档案用户之间建立联系，形成专门档案用户群体和专业性信息之间的有效匹配，为专门档案的用户提供高效的信息服务，以提高专门档案用户决策水平和工作效率。

（4）对专门档案信息资源进行开发和知识挖掘，形成高质量的决策知识或可用的决策信息源。

综上所述，专门档案的信息增值要解决两个方面的问题：一是专门档案信源的建设问题，二是专门档案信息资源的存取和开发问题。具体的活动内容包括：

（1）使专门档案所含有的专业性信息达到组织化的要求。专门档案的信息管理活动，一直是为了解决已有信息资源的结构形式与有序形式等问题。早期专门档案管理活动的特点，是以手工方式对专门档案的内容进行编目和加工，以便建立有序的手工专门档案检索系统。20 世纪 80 年代以来，随着信息技术的日益成熟和计算机技术的发展与普及，我国在大规模信息管理的基础上，形成了不同层次的专门档案管理，信息管理成为专门档案管理活动的一项重要内容。如何控制专门档案信息资源的流量和流向，维持专门档案信息流的存取秩序，是专门档案信息管理工作的一个基本问题，也是解决专门档案所含信息增值问题的基础。

（2）建立具有一定涵盖领域的专门档案信息资源体系。现代专门档案信息资源的特点是数量庞大、类型复杂、分布零散。如何使这些广泛分布的专业性数据和信息由原始状态发展为便于开发和利用的二次性和三次性专业性信息，并组成信息资源保障体系，是专门档案信息管理的一个重要课题。这个体系能够保证所有人在单位、地区和国家内外合法有序地存取信息资源。在专门档案信息资源体系的基础上，实现专业性信息捕获、接收、组织、服务和开发的良性循环，建立高效的信息服务网络，是专门档案信息管理的重要任务。

（3）改变“孤岛式”的专门档案信息提供模式，把专门档案信息及相关专业性信息的存取系统整合成一个统一的、功能强大的信息资源存取系统。把分立的、存放在不同地点的、需要用不同查询语言存取的专业性信息检索系统整合成一个高效的、方便利用的信息集合，是实现专业性信息增值的关键领域。

（4）实现专门档案信息的快速查询和获取以及专业性信息资源的深度加工与开发，是实现相关信息向知识转化的关键。在对专业性信息深度加工的基础上，进行数据挖掘和知识发现，对于专门档案信息的增值有重要的作用。

总之，专门档案信息的增值原理可以归结为以下几个方面的内容：

（1）专门档案信息集成增值。

专门档案信息集成是指把孤立、零散的专业性信息或信息系统，整合成不同层次的专业性信息资源体系。它一般可以通过以下方式来实现：

● 把零散的个别专业性信息收集起来形成信息集合。这不但增加了集合中个别专业性信息的价值，而且增加了信息集合的整体价值。零散的专业性信息价值很小或没有价值，因为从个别专业性信息中很难推导出有用的新专业性信息或知识。

● 孤立的专门档案信息系统的集成。把相互隔绝的专门档案信息系统联系起来，实现专业性信息资源的有限网络共享和在联网范围内的资源共享，不但增加了联网范围内专业性信息资源的总量，而且提高了一定范围内的专门档案信息服务质量，大大提高了专门档案信息的存取效率与利用效率，节约了存取成本。

● 社会整体的专门档案信息资源集成。把各个学科、各个地区、各个专门档案信息系统组成一个统一、协调的专业性信息资源体系，实现社会层面的专门档案信息资源管理，协调和优化社会层面的专门档案信息捕获、加工整合、传播和利用体系。

(2) 专门档案信息序化增值。

● 在信息价值链上，大多数的零散信息形态是事实、数据、消息等，它们是互不关联，甚至在内容上相互矛盾的信息孤岛。专门档案信息增值首先体现在捕获的信息集合是有序的。专门档案信息的有序性是专门档案信息活动的结果，是专门档案信息组织的价值体现，目的是实现快速存取。

● 信息序化克服了混乱的信息流带来的信息查询和利用困难，提高了查找专门档案信息的效率，节约了查询成本。

● 有序化的专门档案信息集合是专门档案信息资源建设的基本条件。专门档案信息资源的有序化体现在两个方面：一是各个单位层面上的专门档案信息系统的有序组织；二是社会层面上的专门档案信息资源的有序组织，即一个社会中所有专门档案信息系统实现宏观的协调、信息资源的共享协作和宏观配置。

可见，专门档案信息的序化增值是通过各个单位的专门档案信息系统的组织化和社会的专门档案信息资源的整体组织化实现的。有序的专门档案信息资源体系，可以节约专门档案信息管理和其他社会工作活动的成本，提高各项有关工作活动的效率，降低管理决策活动的风险与不确定性。

(3) 专门档案信息开发增值。

有序的专门档案信息资源不仅能够保证专业性信息的可检性，而且能够根据专业性信息内容的关联，发掘新的信息与知识资源。通过有效传播和内化一个组织中的专门档案信息资源，生产新的信息和知识，提高组织中的人力资源的质量，还可以从已有的专门档案信息资源和知识集合中寻找新的信息、知识和智慧等。

2. 服务原理

专门档案信息管理与一般管理相比，具有更强烈的服务意向。一般管理的目标在于建立一种公共秩序供大家共享，其手段、方法和目标有时是不一致的。比如行政或司法管理往往采取强制手段，有时甚至牺牲少数人的利益以求维护社会的整体利益。也就是说，一般管理的手段和目标在很多情况下是不一致的。专门档案信息管理则不同，它的目标、手段和方法均以服务为宗旨，而且是高度一致的。首先，从专门档案管理的行业性质来看，它属于服务行业，这决定了它必须以服务专门档案用户的手段求得生存和发展，服务是其生存的基础。其次，专门档案管理的所有工作程序、方法和手段，都是为了提高为专门档案用户服务的水平和质量而存在的。如专门档案信息捕获和筛选要考虑专门档案用户的需求，专门档案的信息整序和组织要考虑专门档案用户的检索习惯，考虑专门档案信息系统的易用性和便利性。这些工作的最终目的都是使专门档案用户得到更好的信息服务。专门档案管理不能像一般管理那样，可以在必要时忽视个别用户的利益。它必须贯彻为专门档案信息找用户、为每个专门档案用户找到信息的宗旨，每个用户的合理愿望都应当是专门档案管理者的愿望。

专门档案信息管理服务原理，具有以下几个方面的特征：

（1）专门档案信息管理活动的所有过程、手段和目的都必须围绕提高用户信息满足程度这个核心目标运转。方法、手段的采用，工作的安排，技术的运用，信息系统的设计等都必须具有方便、易用的服务特色；专门档案信息系统设计和技术开发的方向都必须以提高服务质量为宗旨。

（2）专门档案信息资源建设的每一个合理的步骤，都在一定意义上提高了信息的可用性和易用性，专门档案信息管理因在本质上是服务的，所以它的生存与发展，取决于其服务手段、方法的选择和质量。

（3）专门档案信息管理的服务本质不但是信息管理工作的中心环节，而且是信息技术发展的目标和方向。

3. *增效原理*

专门档案信息管理是一种服务性管理，它本身一般并不直接创造价值，也不会直接提高社会活动效率。专门档案信息管理能够通过信息提供和开发，提高有关人员的管理决策水平和社会活动的效率与效益。专门档案信息管理通过对系统中信息流的控制实现专业性活动的物质和能量的节约。专门档案信息管理在本质上是提高个人、组织和社会活动的专业性活动效率的重要保障。这是由专门档案信息及其管理的特殊性决定的。

首先，专门档案信息管理的服务原理表明：专门档案信息管理是为了保证个人、组织和整个社会查询与使用专业性信息而运作的。通过有效利用专门档案信息，有关主体可以节约时间、资金和物资，从而提高他们的社会生产力水平。

其次，专门档案信息资源和信息产品都是一种智力产品，它们都是为了使专门档案用户减少行为的不确定性，或提高活动的效率而被开发出来的。专门档案信息资源及其信息产品的价值就体现在它能让用户的工作目的性更强、工作效率更高。专门档案信息管理是现代社会文档信息管理的一个重要的、有机的组成部分，它是有关专门档案信息用户节约成本、提高效率、实现可持续发展的有效手段。

第二节　专门档案管理的一般规则

专门档案管理的一般规则，应当以档案工作基本原则为指导，充分考虑专门档案的形成规律和特点以及专门档案信息用户的需要等方面的因素来设计。社会的各个行业都有自己的“游戏规则”，它可以有效地约束和规范相关行为人从事某项工作活动的思想和行为，从而保证组织目标或系统目标的实现。专门档案管理规则的研究，过去并没有引起人们的重视，所以相关的研究成果几乎是空白状态。本书所提出的以下几点规则，是基于专门档案的管理经验提出来的，供广大档案工作者在管理专门档案活动中参考使用。

一、前端控制规则

专门档案是一种现实性很强的专业管理工具。它是有关专业管理系统建设与运行的生命线，没有专门档案就没有这些管理系统。为了建立一个良好的现代化的专业信息系统，我们不仅要充分利用各种现代信息技术和正确的开发方法，同时还要注意做好专门档案的管理工作。专门档案的前身就是直接形成于各个相关信息系统或文档系统的专门文件和记录，这些专门文件和记录的质量，不仅直接影响着各项现实工作活动的质量，而且也直接关系到专门档案的质量。专门文件和记录是对有关专业信息系统的系统结构、功能、开发与调试过程的记录，是对系统运行过程中所生成或处理的专业数据和专业信息的记录，同时也是进行专业性管理活动和业务活动的依据。为此，如果我们在专门档案的管理实践中，不注意专门文件和记录的质量，不注意对其形成、存储积累、整序归档、鉴选留存等活动过程的管理和控制，而只是被动地进行接收归档工作，那么专门档案的质量就会失去必要的保证，其工具意义也会受到很大影响。

专门档案的前端控制规则，是一种有效解决专门档案质量问题，保证其工具意义的必要思想和行为准则。它要求做好以下几方面的工作：

第一，参与专门文件和记录的标准化、规范化管理。专门档案的管理主体必须积极参与有关专业系统开发前的论证和设计工作，帮助系统的设计与开发人员选择和制定符合专门档案管理要求的规范和标准。这是由专门档案本身的规范性要求决定的。

第二，参与专门文件和记录的维护管理。专门文件和记录的形成过程，是一个动态的过程，必须保证它们与所记录和反映的对象的高度一致性。假如这些专门文件和记录不能及时准确地记录和反映有关专业性活动的变化情况，那么它们被作为系统的专门档案保存下来后，是不能发挥应有的现实作用的。为此，专门档案的管理主体必须积极参与专门文件和记录的维护管理工作，监督有关人员做好专门文件和记录的修改工作，以便保证它们的质量和利用价值，防止给日后的专业性活动造成混乱和损失。

第三，参与专门文件和记录的跟踪管理活动。专门档案管理主体要根据所管理的专门档案的特点和形成规律，监督和指导有关人员做好专门文件和记录的形成、积累、整理、鉴选和归档等工作。我们应当把专门档案的结果管理模式转变为过程管理模式，注意利用现代信息技术手段，监控专门文件和记录的形成过程、平时的存储保存和加工整序过程、鉴选归档过程。

第四，参与专门文件和记录的管理制度建设。实践证明，必须形成一整套的专门文档管理制度，才能有效保证有关各项专门档案的质量、数量等方面的要求的实现。在现代化的管理条件下，专门文档的管理制度内容可以包括专门文档的标准、修改文档的条件、版本的应用与衔接条件、相关人员的职责和任务、实时归档要求、物理归档要求、文档整序要求、文档鉴选要求等。一套专门文件和记录的管理制度是有效实施专门档案管理前端控制规则的必要保证，否则，前端控制活动就会流于形式。

二、连续性和整体性规则

专门档案的管理是一个为实现特定的目标而进行的连续性整体活动过程。从事专门档案管理必须坚持连续性和整体性规则。该规则要求：

首先，根据本单位专门档案的管理目标设计连续性的整体工作方案。一般而言，是工作目标决定所采取的工作方案，而不是工作方案决定工作目标。在专门档案的管理实践中，有关社会主体要根据自身的专门档案的具体管理目标，制定出相应的专门文档的管理方案，以便保证整个管理工作有序进行，并保证专门档案整体管理目标的实现。但是，我们也在实践中发现，一些单位的专门档案管理却选择了相反的工作步骤，即先派一些专门档案管理人员去学习有关单位的先进的管理经验，然后再照搬过来，开展本单位的专门档案管理方案的设计工作。诚然，学习有关单位的先进管理经验和管理方案是无可厚非的，但是学习者应当知道所学到的那些专门档案管理方案是有关单位根据自己的专门档案管理目标设计的，而不是根据学习者所在单位的管理目标设计的。

其次，根据本单位专门档案管理目标的变动情况修正专门档案的管理方案。由于管理理念、管理对象、管理任务的变化，各有关单位的专门档案管理目标也具有一定的动态性和发展性特征。当专门档案的管理目标出现调整和变化时，我们应当注意及时调整专门档案的管理方案，修正过时的内容和环节，防止管理方案的滞后造成专门档案管理程序的混乱。因此，专门档案管理的连续性和整体性规则就是要求专门档案的管理者根据管理目标的变化情况，及时对专门档案的管理方案做出相应的调整和变革。

三、安全性和效益性规则

专门档案管理的安全性规则要求专门档案的管理主体必须保证专门档案的实体安全，保证专门档案数据和信息的可存取性，保证专门档案内容的安全。保证专门档案的实体安全是安全性规则的最基本要求。专门档案的实体安全主要有两个方面的含义，一是专门档案的数量应当齐全完整，二是专门档案应当是一个由专门文件和记录构成的有机体系。保证专门档案数据和信息的可存取性，也是专门档案管理安全性规则的一项重要要求。如果专门档案的内容数据和信息无法正常存取，那么它的可据性和可靠性就无法保证，所以在专门档案的管理实践中，必须采取相应的措施，避免无法存取的“死文档”的出现。保证专门档案内容的安全，主要涉及两个方面的基本要求：一是保证需要控制使用的专门档案内容数据和信息不被非法查阅或访问，确保专门档案的内容不失密、不泄密；二是保证专门档案的内容不含有病毒。

专门档案管理的效益性规则要求专门档案的管理主体不要压制专门档案合理作用的发挥，不要使专门档案这种宝贵的资源闲置，同时要使投入和效益成正比，否则将会造成这种管理活动的效益低下。信息管理有一条重要的原则，即“越压制，越消退”。如果专门档案的管理主体通过不适当的管理制度和管理方式，限制和阻碍了专门档案信息价值的实现，影响了其积极作用的发挥，那么必然会造成专门档案管理效益的低下，甚至无效益可言，并最终使这项管理活动失去存在的基础和前提。经过加工和鉴选的专门档案是社会的一种宝贵的信息资源，如果专门档案的管理主体不为这种资源的开发利用提供必要的条件，创造良好的氛围，那么有时就会让这种资源处于闲置状态。资源的闲置也是一种浪费，这已经是现实社会的一种共识。因此，专门档案的管理必须讲求效益，档案工作者应当通过创造性的劳动和智慧，为专门档案价值的实现提供更为优质的服务条件。专门档案管理还要注意投入和效益之间的关系，一旦发现我们的某种管理理念、管理方式、管理方法和手段的经济投入（包括人、财、物等方面的投入）不能达到预期的良好的管理效益，就应及时诊断，找出症结，并采取切实的整改措施。那种追求时髦、不问效果的管理理念和管理方式，必须得到及时纠正，否则会给国家、集体造成更大的损失。

四、继承性和创新性规则

专门档案管理的继承性规则，要求专门档案管理主体必须注意总结管理活动的成功的经验和失败、失误的教训，不要一味地否认传统，而应采取辩证的工作方式，汲取传统的专门档案管理工作的精华。那种在目前的专门档案管理实践中出现的，认为实现了专门档案的电子化和管理活动的电子化就可以解决所有专门档案管理的难题的思想和行为，是非常天真幼稚的。

但是，我们强调专门档案管理的继承性规则，并不是否认发展和创新的必要性，相反，在现代社会条件下，专门档案管理还必须注意遵守创新性规则。哈佛商学院 MBA 教材中有这样一段话："每一个新时代的来临都意味着一些人、一些思想和一些行为方式被淘汰，同时也意味着另一些人、另一些思想和另一些行为方式的崛起。"[①] 我国目前的专门档案管理同样也面临着新的发展问题。专门档案管理的创新性规则就是要求我们根据正在变化的环境条件，及时变革专门档案管理的一些过时的管理理念、管理模式和行为方式，以便适应社会的总体发展需要。过去的辉煌注定会成为历史的陈迹。专门档案的管理如果还是全盘沿用过去的管理行为方式，那么这项社会管理活动就会像一些抱残守缺的行业一样，日渐衰老、虚弱，并最终步入自己挖掘的坟墓。

第三节 专门档案的质量管理

专门档案的质量管理问题，是我国专门档案管理过程中遇到的一个新的研究课题。本书将就其中的一些问题进行一定的探讨，供广大专门档案管理者参考。

严格地讲，专门档案质量是指一组固有的属性满足要求的程度。在这里，所谓"固有的"，就是指在专门档案中本来就有的，尤其是那种永久性的特性。专门档案质量管理就是在质量方面指挥、控制、组织、协调的活动，其中包括制定专门档案管理的质量方针和质量目标，进行专门档案质量策划、质量控制、质量保证和质量改进等内容。

专门档案的质量管理要求主要有：以专门档案用户为关注焦点，充分发挥各单位领导者的作用，有关文档形成人员积极参与，开展过程管理，采用系统方法，持续改进专门档案管理业绩，基于事实进行有效的管理决策，不断增强专门档案用户创造价值的能力。具体而言，专门档案的质量管理要求主要包括如下几项内容：

第一，专门档案的质量管理必须以用户为关注的焦点。这是因为，专门档案管理工作之所以能够存在就是因为它拥有自己的用户。不言而喻，从事这项管理活动的组织（机关档案管理机构、文档中心、档案馆等）依存于专门档案的用户。正因为如此，这些组织应当理解专门档案用户当前和未来的需求，努力满足用户的要求，并争取在一定程度上超越用户的期望。

第二，专门档案的质量管理要充分发挥各单位领导者的作用。缺乏单位领导者的重视和支持是一些单位专门档案管理工作滞后的主要成因。这是因为，在一个组织或单位内部，领导者要负责确立专门档案质量管理的宗旨和方向，他们应当创造并保持档案人员能够充分参与实现的专门档案质量管理目标的内部环境。假若领导者对专门档案的质量管理缺乏应有的重视和支持，那么该单位的专门档案管理工作就会缺乏生机，并会直接影响其

---

① MBA 必修课核心课程编译组．哈佛商学院 MBA 课程：管理创新．北京：中国国际广播出版社，2002：4.

他工作活动的质量以及整个单位的工作业绩。

第三，专门档案的质量管理，要求有关文档形成人员积极参与。专门档案的形成人员是专门档案管理工作之本，他们只有充分参与，才能使自己的才能为单位的专门档案管理带来好处，并最终为单位的各项工作活动提供有效的专门档案数据和信息方面的有力支持。

第四，专门档案的质量管理应作为一个过程来实现。在专门档案的管理活动中，将有关资源的使用（人力资源、物力资源、财力资源）作为一个过程进行管理，可以更高效地得到预期的专门档案质量管理结果。从理论上讲，过程是指一组把输入转化为输出的相互关联或相互作用的活动。无论是机关、企业、事业单位，还是其他社会组织团体，为了做好专门档案的管理工作，都必须有一定的资源投入。若想使这些“输入”转化为我们所期望的“输出”结果，就必须对专门档案实施全方位的过程管理。

第五，专门档案质量管理是由相互关联的过程构成的一个工作系统，所以我们要应用系统的方法对其进行识别、分析和管理，这有助于各有关单位或组织提高实现专门档案质量管理目标的有效性和效率。

第六，持续改进专门档案管理业绩，应当成为各单位或组织专门档案质量管理的一个永恒的目标。专门档案的管理质量是一个不断提升的目标。例如，对于一个单位或组织来讲，20 世纪 80 年代和 90 年代的专门档案质量管理目标是不应该相同的。

第七，基于事实进行有效的管理决策。专门档案的有效管理决策是建立在对单位或组织内部和外部的相关数据和信息的合理分析这一基础之上的。没有相对完整、准确的数据和信息，专门档案的质量管理决策就会失去必要的前提和基础。因此，在实际的管理过程之中，我们只有根据本单位或组织的有关事实，才能进行相关的管理决策。

第八，专门档案质量管理的最终目的就是不断增强专门档案用户创造价值的能力。专门档案作为一种重要的社会信息资源，我们管理它的目的不是为管理而管理，而是通过有效的服务，不断增强有关社会组织和单位的竞争力，增强它们的专业管理效果，提高它们的专业管理水平，为人类社会创造更多的价值。

第四节　专门档案的管理体制和管理机构

一、专门档案的管理体制

《辞海》对“体制”一词的解释是：“国家机关、企业事业单位在机构设置、领导隶属关系和管理权限划分等方面的体系、制度、方法、形式等的总称。”专门档案管理体制，必须同现实的专门档案管理需要及社会的政治体制、经济体制等相适应。目前在世界范围内，专门档案的管理体制大致上可以分为两种基本类型，即集中式和分散式。前者是由国家统一掌管，并按专业实行统一管理，各种档案管理机构或文件管理机构密切配合；后者则是由专门档案的形成机构统一管理各自的专门档案，国家不进行统一的干预和控制，而只是通过行业协会或通过制定有关政策，引导相关机构做好专门档案的管理和利用工作。

我国采取的是集中式的专门档案管理体制。根据《中华人民共和国档案法》及其实施办法的有关规定，我国的专门档案管理体制主要包括以下几项内容：

（1）国家档案局主管全国档案事业，对全国的档案事业实行统筹规划，组织协调，统一制度，监督和指导。专门档案管理是国家档案事业的一个重要组成部分，所以必须由我国最高档案行政机关统一掌管。但是这种掌管是宏观性的管理活动，一般是通过制定和组织施行专门档案管理的有关法规、制度、方针、政策、规划、标准等来实现的。同时，为了更好地、更有效地开展专门档案的管理工作，国家档案行政机关还应同各专业主管机关密切配合，共同管理。

(2) 专门档案管理工作按专业实行统一管理。各种专门档案的管理工作都具有较强的专业性特点，按其所属的专业实行统一管理，可以取得更为突出的管理效益。如果无视专门档案的管理特点，而是一味地按照管理普通档案的方式来管理专门档案，就会造成专门档案管理工作的混乱。为此，我们可以这样去解释专门档案管理工作按专业实行统一管理的原因：

第一，这种管理形式是由专门档案自身的属性和特点决定的。其实每一种档案都客观地指出了管理它的最有效的形式，问题是我们能否自觉地通过实践予以认识和运用。各行各业的专门档案管理实践经验表明，按照本行业、本专业的专门档案的特点来制定有关的法规、规范、制度、标准、政策等，就会使有关机构和组织的专门档案管理工作有条不紊地进行。

第二，这种管理形式可以充分发挥各个专业主管部门的优势，从而有效地避免专门档案管理中的一些由于缺乏相应的理论、知识、经验等而产生的失误。各专业主管机关或部门在长期的专业管理实践中，积累了许多宝贵的管理专门档案的经验，有些单位的管理者还在此基础上提炼出了系统的知识产品和信息产品，这些方面的成就都可以为制定切实可行的专门档案管理政策、制度、规章、标准、规范等，提供坚实的实践经验和理论知识方面的支撑。因此，专门档案管理工作按专业实行统一管理，是有着充分的经验保证和理论知识保证的。

第三，这种管理形式可以有效地发挥专门档案的积极作用。各种专门档案的用户主要集中在各个专业范围之内，按专业对专门档案实行统一管理，可以最大限度地满足专门档案用户对专业性数据、信息的利用需要，为用户提供必要的资源保证。因为分散的专门档案信息源是无法及时、充分地满足这些用户的利用需要的。

(3) 各级国家档案行政管理机构或承担档案行政管理职能的国家档案馆，负责按照属地管理原则，对一定地理区域和行政区划范围内的专门档案管理实行监督与指导。从实际工作情况来看，采取这种管理制度，可以使承担国家档案行政管理职能的档案机构树立宏观管理意识，提升管理水平，改善管理效果。一方面，承担国家档案行政管理职能的档案机构可以按照这种管理制度的要求，综合考虑本地区范围内的档案事务，制定出较为严密的档案工作政策、规范，并做好组织协调工作；另一方面，承担国家档案行政管理职能的档案机构还可以按照这种管理制度的要求，及时堵塞一些专门档案的管理漏洞，如一些非国有企业单位的专门档案的管理等。

(4) 各单位的专门档案由各单位的档案机构、档案人员或各级政府部门的国家档案管理机构（如文件中心、档案信息服务中心、档案寄存中心等）集中统一管理，反对分散保存。这种集中管理专门档案的制度，有利于保障各单位专门档案的完整性和有机联系性，并为各项专业性活动的正常有序开展，提供充分的专门档案数据和信息支持。另外，在实际管理实践中，各单位也可以根据所管理的专门档案的具体特点，制定相应的灵活管理办法，如暂时允许专门档案的形成机构在一段时间内保存和使用所形成的现行性很强的专门档案，以便保证各项相关的专业性活动可以更为及时地获得所需要的数据和信息，但是，档案人员和档案管理机构必须注意加强对归档的专门档案的目录信息和有关数据信息的控制，以避免管理失控。集中管理本单位的专门档案，是档案人员、档案机构的职责，同时也是专门档案形成单位、机构和相关人员依法应当承担的义务。

（5）中央和地方各级各类国家档案馆负责集中统一管理具有长远保存价值的专门档案。

总之，在国家档案局的统一掌管下，由承担国家档案行政管理职能的档案机构和各专业主管机关密切配合，共同开展专门档案的管理工作，是我国专门档案管理体制的基本内容。

二、专门档案的管理机构

（一）基层专门档案管理机构

基层专门档案管理机构，是各单位设立的管理专门档案的内部服务性职能部门，一般称为档案室、档案科、档案处、档案资料中心、文档信息中心等。这种专门档案管理机构的特征是：

第一，隶属于一定的机关、组织或企事业单位，是这些单位的内部组织机构，主要负责管理本单位形成的包括专门档案在内的各种门类的档案。诚然，也有一些专门负责管理某一种专门档案的独立的档案机构，一般隶属于本单位的某个内部主要职能部门或综合办公部门。

第二，是本单位或本行业的专业信息咨询中心和服务中心。基层专门档案管理机构集中了本单位的专门档案，通过开展有效的实体管理和信息管理活动，它们可以为本单位的专门档案用户和同行业的专门档案用户提供专门档案数据和信息服务，并成为提供这种信息的咨询中心和服务中心。

第三，是国家专门档案管理的权威性机构之一。分散管理的专门档案的使用价值很难得到充分的保障，只有被集中管理起来的、处于一定文档有机体系中的专门档案的价值才能得到用户的认可。另外，只有基层专门档案管理机构的管理工作做好了，才能为国家档案馆补充高质量的专门档案。

基层专门档案管理机构的类型主要包括：综合性档案机构、单独的档案机构、文档一体化管理机构等。

（二）文件中心或文档信息服务中心

20 世纪 80 年代以来，我国的档案工作者一直没有放弃文件中心的理论和实践探索工作。特别是进入 21 世纪后，文件中心及类似机构的建设实践得到了进一步发展。这充分说明文件中心这种中介性、过渡性的文件与档案管理机构具有较强的生命力。虽然有人曾经质疑在电子文件时代文件中心存在的必要性，但是一些地区的实践已经表明：文件中心在电子文件时代不仅具有强大的生命力，而且承担的社会职能更为重要。可以预见，我国的文件中心建设与发展的步伐会随着我国档案管理体制的不断深化而加速前进。其实，这是文件中心这种文档管理机构所具有的优良品质决定的。它通过对文档等信息资源的集约化管理，实现了为文件与档案的形成者提供高效优质的数据、信息服务的目标，同时也节省了国家档案管理的资金投入，稳定了档案专业人员队伍。

对于专门档案的管理而言，建立和完善有关的专业性文件中心，集中管理和控制专门档案信息资源，也不失为今后我国专门档案管理体制变革的一个取向。

（三）档案馆

档案馆作为国家长久保存档案的基地，自然也是具有长远保存价值的专门档案的归宿。随着我国专门档案管理事业的变革与发展，各级国家档案馆将会越来越重视专门档案的集中和管理及其信息资源的开发利用工作。目前我国负责管理专门档案的档案馆主要有国家综合性档案馆、国家专业性档案馆等。由于专门档案通常都是各个全宗档案的有机组成部分，所以应同全宗的其他门类的档案一起，按规定向国家档案馆移交。此外，国家为了整合有关专门档案信息资源，发挥其综合效益，也可以加强专门档案内容信息层面的集中管理和控制工作，建立专门的专门档案信息服务中心，更好地为专业领域的用户及社会上其他用户服务。实践已经表明，分散保存在各个全宗中的专门档案仅仅是一个个“信息孤岛”，如果将这些“信息孤岛”所拥有的信息加以集中整合，就可以使大量闲置的资源得到充分的激活，并产生更多的社会效益和经济效益。相反，如果我们依然故步自封，那么这些宝贵的信息资源可能依然无法为用户所认识，当然也就无法充分发挥它们潜在的积极作用。

做好档案馆中专门档案资源的开发利用工作，必须实现以下基本管理目标：

第一，档案馆必须树立正确的服务理念。我们是为了使专门档案发挥更为广泛的社会历史作用，才将一定数量的、具有长远保存价值的专门档案接收到档案馆中来的，所以档案馆必须树立正确的信息服务理念，才能避免资源的闲置和浪费，才能积极为用户提供优质的服务。

第二，档案馆必须努力简化利用专门档案的手续，建立和完善相关的管理制度和服务制度。简化的利用手续、完善的利用服务制度等，是我们做好专门档案利用服务工作的必要条件，也是提高专门档案服务工作质量的必然要求。

第三，档案馆必须充分利用现代信息技术，努力加强馆藏专门档案的信息组织工作，逐步实现专门档案信息资源的共享，充分挖掘专门档案信息资源的社会潜力，为社会创造更多的财富和价值。

本章思考题

1. 什么是专门档案管理？专门档案管理包括哪些方面的内容？
2. 专门档案管理的性质是什么？
3. 专门档案管理的原理有哪些？掌握这些原理对做好专门档案管理工作有何意义？
4. 专门档案管理的一般规则有哪些？
5. 如何做好专门档案管理的质量控制工作？
6. 我国的专门档案管理机构有哪些？它们各自的职责是什么？
7. 我国专门档案的管理体制是什么？

第三章

电子专门档案管理工作

本章提要

电子专门档案是专门档案资源的重要组成部分，建立真实、准确、完整、有效的电子专门档案，不仅是电子专门档案安全保管与有效开发利用的需要，也是各专业建设和健康发展的必要条件。本章主要说明了电子专门档案的管理原理、电子记录管理系统的功能需求，介绍了电子专门档案的概念、管理内容和管理要求。

第一节　电子专门档案概述

理解电子专门档案概念的前提之一，是对与其相关的电子专门文档、电子专门文件、电子专门资料、电子专门记录等概念的含义及其相互关系，形成较为清晰的认识。根据《电子档案管理基本术语》(DA/T 58－2014) 及相关专业的术语标准，人们可以形成如下认识。

一、电子专门档案相关概念

电子专门文档是指记录和反映各立档单位专业性活动的有意义的不可再分的最小记录单元。它可以是一份单独的电子文件，也可以是电子文件的一个相对独立的部分，如附件等。

电子专门文件是指国家机构、社会组织或个人在履行其专业职责或处理专业事务的过程中，通过计算机等电子设备形成、办理、传输和存储的数字格式的各种数据及信息记录。它的构成要素包括内容、结构和背景等。其中电子专门文件的内容要素是指以字符、图形、图像、音频、视频等形式表示的文件的主题信息，表达作者意图的文本、数据、符号、数字、影像、声音和图片等信息。结构要素是指电子专门文件的内容组织方式和存储方式，包括逻辑结构和物理结构。逻辑结构是对电子专门文件的内容中各信息单元之间关系的描述，如电子档案的字体字号、文字的排列、章节的构成、各页的先后顺序、插图的标号位置等；物理结构是对电子专门文件在存储设备或载体中的存储位置和文件格式的描述，如字段、字体、文体、页码与段落、代码、格式、载体、附件等方面的信息，以及链接和与其他设备之间的关系等。背景要素是指电子专门文件的形成、传输、使用和维护的框架，可以证明文件形成环境、过程、存在状态及文件间相互关系的信息，包括行政背景、来源背景、业务流程背景以及技术背景等。

电子专门资料是人们在从事各项专业性活动时，通过制作、接收、记录、交换、购买、网上撷取等各种途径和方法形成、搜集、采集而来的，可作为依据（证据）或参考的电子（数字）形态的信息、数据、知识记录的总称。人们一般根据电子专门资料的可靠性和来源的直接性，将其区分为第一手资料和第二手资料。前者是指形成者或制作者接近或直接在专业性历史活动发生当时所产生，可直接作为历史证据的电子（数字）形态的数据、信息记录；后者是指经过后人或他人运用第一手资料进行研究及诠释的经验性、知识性、参考性的电子（数字）形态的信息和知识记录。第一手资料通常包括电子文件、电子（数字）档案、电子信函、数码照片等，又称原始资料，通常是形成者经过搜集整理和通过直接经验而获得的，具有实证性、生动性和可读性的优点，以及证据直接，准确性、科学性强等特点。如在会计核算活动中形成或接收的电子会计资料、在地质专业活动中形成的电子地质资料、在公证活动中形成的电子公证文书、在行政区划勘界活动中形成的电子记录资料等。

电子专门记录是内容得到固化处理的专门文档、专门文件及第一手资料，它是“陈述所达到的结果或提供所执行活动的证据的文件”（GB / T 29246 - 2012/ ISO / IEC 27000 : 2009），参见图 3 - 1。

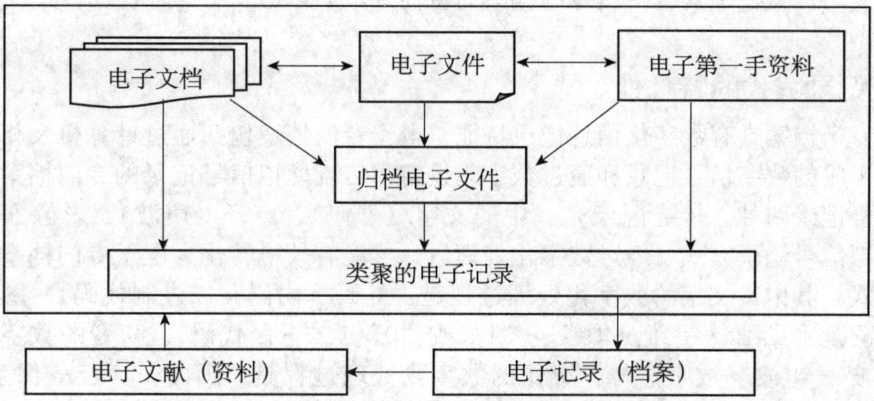

图 3 - 1　电子专门记录（档案）相关概念关系图

电子专业文献是电子文献的一种，又称电子专业出版物。1996 年，国家新闻出版署颁发的《电子出版物管理暂行规定》规定：电子出版物系指以数字代码方式将图、文、声、像等信息存储在磁光电介质上，通过计算机或具有类似功能的设备阅读使用，用以表达思想、普及知识和积累文化，并可复制发行的大众传播媒体。电子专业文献的主要媒体形态包括：磁盘、光盘（CD - ROM，CD - I，Photo - CD）、集成电路卡（IC - card）等。电子专业文献实质上就是有关专业人员依据专门文件、专业记录、专门档案、专业资料等，按照一定的目的，系统加工而成的知识性出版物（包括内部出版物和外部出版物）。电子专门文献除了大家所熟知的电子书刊、电子音像出版物外，还包括电子业务工作手册、业务指南、产品图册等。

二、电子专门档案概念含义

电子专门档案（electronic specialized records）是指具有凭证、查考价值并归档保存的电子专门文件的集合体。它是在数字设备及环境中生成，以数码形式存储于磁带、磁盘、光盘等载体，依赖计算机等数字设备阅读、处理，并可在通信网络上传送的归档文件类聚体，是各种专业活动的原始记录。

可见，电子专门资料概念的外延明显大于电子专门文件的外延，两者是包含和被包含的关系。电子专门文件或第一手的电子专门资料是电子专门档案的前身，电子专门档案则是其中具有凭证价值和查考价值的“精华”。从一定意义上说，电子专门档案是在相关立档单位从事专业性活动中自然生长起来的专门电子文件的集合形态，是第一手的电子专门资料，也是加工出版各种电子专业文献的重要信息源。电子专门记录则是构成电子专门档案的基本单元。在本章中，电子专门记录亦可用于指称电子专门档案，二者有一定的共通之处。我国由于执行归档体制，电子档案概念的外延大于某些国家档案概念的外延，其中包括已经纳入电子记录管理系统（ERMS）、得到集中管控的电子记录，以及进入档案馆的档案管理系统（EAMS）、具有长期保存价值的电子记录。

第二节　电子专门档案的主要特征

电子专门档案除了具备一般专门档案的特征外，通常还具有如下特征。

一、记录方式的特殊性

电子专门档案具有数字化信息记录特征。电子专门档案包括通过计算机及相关数字化设备直接生成的数字信号记录和通过数字化设备将传统模拟信号记录的专门档案转化而成的数字信号记录两种。传统记录方式中的文字（外码）、声音（声波）、影像（画面＋声音）等模拟信号记录方式，经过数字化处理后，才能有效地转化为电子专门档案的数字信号记录方式。其中，文字的数字化处理过程是：外码→内码（二进制代码）。图形的数字化处理过程是：二维→一维→像素→“1”或“0”（二进制代码）。声音的数字化处理过程是：声波→电波→数字信号。影像的数字化处理过程是：画面＋声音→像素（颜色、亮度、饱和度）。

二、对设备和标准的依赖性

对设备的依赖性是指电子专门档案的存取和保存往往依赖数字编码、硬件、软件等技术手段，对技术设备的更新、加密技术、压缩技术等也存在严重的依赖性。对标准的依赖性是指电子专门档案的加工、存储、传递、存取、保存、检索、转换、迁移等，都要受相关标准的制约。

三、存储载体的非直读性

电子专门档案的内容是以比特的形式存在的，比特是肉眼无法直接识别的。而且存储介质上的数据、信息记录密度极大，只有通过相应的软硬件设备才能有效呈现和识读。

四、物理结构与逻辑结构关系的复杂性及对元数据的依赖性

物理结构指电子专门文件（档案）的存在形式，逻辑结构指电子专门文件（档案）的表现形式。元数据是指关于数据的数据，是描述电子专门文件（档案）内容、背景和结构

信息及整个管理流程，又能被计算机及网络系统自动辨析、分解、提取和分析归纳的数据，其中包括标识信息、背景信息、内容信息、结构信息、期限和条件信息、日志信息等。根据2008年国家档案局制定的行业推荐标准《电子文件元数据标准》，电子专门文件（档案）的元数据元素及子元素可参照表3-1、表3-2、表3-3、表3-4、表3-5、表3-6设计。

表3-1　电子文件元数据的标识信息元素及子元素

	元素	子元素
标识信息	1. 来源信息	1.1 文件号
		1.2 发文字号
		1.3 全宗号
		1.4 全宗名称
		1.5 组织沿革
		1.6 类别号
		1.7 类别名称
		1.8 案卷号
		1.9 案卷名称
		1.10 分类号
		1.11 档号
	2. 位置	2.1 当前位置
		2.2 存储位置
	3. 时间	3.1 形成时间
		3.2 处理时间
		3.3 归档时间

表3-2　电子文件元数据的背景信息元素及子元素

	元素	子元素
背景信息	4. 机构	4.1 机构属性
		4.2 机构类型
		4.3 机构代码
		4.4 机构名称
		4.5 部门类型
		4.6 部门名称
	5. 操作者	5.1 作者类型
		5.2 个人 ID
		5.3 个人名称
		5.4 职位名称
		5.5 电子签名
	6. 文件处理	6.1 处理类型
		6.2 处理描述

续前表

	元素	子元素
背景信息	7. 行为依据	7.1 依据名称
		7.2 条款及其内容
	8. 版本	8.1 版本编号
		8.2 版本说明
	9. 关联	9.1 关联文件 ID
		9.2 关联类型
		9.3 关联描述
	10. 文种	
	11. 稿本	
	12. 重要程度	
	13. 紧急程度	
	14. 文件大小	
	15. 文件页数	
	16. 文件份数	

表 3-3　　电子文件元数据的内容信息元素及子元素

类别	元素	子元素
内容信息	17. 题名	17.1 主标题
		17.2 可选标题
	18. 覆盖范围	18.1 时间范围
		18.2 行政区域
	19. 主题词	
	20. 内容描述	
	21. 附件	
	22. 语种	

表 3-4　　电子文件元数据的结构信息元素及子元素

类别	元素	子元素
结构信息	23. 格式	23.1 文件类型描述
		23.2 文件格式及版本
		23.3 模板
		23.4 载体类型
		23.5 载体规格
	24. 软件环境	24.1 操作系统名称和版本
		24.2 操作系统文件
		24.3 数据库系统
		24.4 信息处置平台
	25. 硬件环境	25.1 配置要求
		25.2 网络环境

表 3-5　电子文件元数据的期限和条件信息元素及子元素

类别	元素	子元素
期限和条件信息	26. 权限管理	26.1 密级
		26.2 公开范围
		26.3 使用条件
	27. 安全设置	27.1 数字水印
		27.2 加密方法
		27.3 CA
	28. 处置	28.1 保管期限
		28.2 处置行为
		28.3 预处置时间

表 3-6　电子文件元数据的日志信息元素及子元素

类别	元素	子元素
日志信息	29. 保管日志	29.1 事件类型
		29.2 事件时间
		29.3 事件描述
		29.4 预期行为
		29.5 预期行为时间
	30. 使用日志	30.1 使用类型
		30.2 使用者
		30.3 使用时间
		30.4 使用描述

五、记录信息与原始载体的可分离性

电子专门文件（档案）的存储位置不固定，可以从一个载体转换到另一个载体，可以通过网络传给一个或多个接收者，还可以把电子文件的内容分解后，通过不同的路径传递，存储在不同的地点和不同的设备中进行处理。

六、记录信息的共享性及安全风险性

所谓共享性是指：在获得授权后，任何人都可以通过网络终端，使用某个设备上存储的同一电子专门文件（档案）；一个终端上的电子专门文件（档案）也可以发给若干个网络终端，供合法用户阅读。但是，网络系统的复杂性、网络缺陷和漏洞的存在、黑客的攻击、病毒的入侵、网络安全防范方法的落后等因素，都会在一定程度上影响电子专门文件（档案）的安全。

七、记录数据和信息的易更改性

造成电子专门文件（档案）的记录信息易更改的原因主要包括：（1）磁介质具有可重

写性；（2）磁介质都具有随机读取的功能，可任意定位（磁带除外）；（3）文件与载体的可分离性造成在传递或更换载体时不留痕迹。

八、非实体归档的可能性

传统形态的专门文件只能通过实体归档的方式才能实现，而电子专门文件的归档则可通过物理归档和逻辑归档两种方式实现。其中，逻辑归档是指在计算机网络上不改变原存储方式和位置而实现的电子专门文件向档案部门移交的过程（非实体归档）。物理归档是指把电子专门文件集中下载到可脱机保存的载体上，向档案部门移交的过程。

第三节　电子专门档案的管理理论

开展有效的电子专门档案管理，科学的档案管理理论是必不可少的要件。目前，对我国电子专门档案的管理可以起指导作用的理论主要包括电子记录生命周期（the lifecycle of electronic records）理论[①]和记录连续体（the records continuum）理论。电子文件归档后，即可以成为“电子记录”；电子记录经过分类后，就可以称为“电子档案”。

一、电子记录生命周期理论

1997 年，国际档案理事会电子记录委员会的《电子记录管理指南》将电子记录的生命周期界定为概念阶段、形成阶段和维护阶段。

1. 概念阶段

是指电子信息系统的设计、开发和安装阶段。在这个阶段，应明确保存电子文档、电子文件所需要的技术，并充分考虑电子文件归档和鉴定等方面管理需求的实现。

2. 形成阶段

是指具体的电子文件在可靠的电子环境中产生的阶段。在该阶段，应落实在电子信息系统设计阶段提出的相关功能需求，如电子记录的保管、电子记录的类型和格式、电子记录登记、电子记录的分类、电子记录的内容鉴定和处置、电子记录的元数据采集、电子记录的有效存取等方面的功能需求。

3. 维护阶段

是指对形成后的电子记录进行技术维护和保管的阶段。该阶段包括电子记录从产生后到其永久保存或销毁的全程。尤其是在电子文件归档时，应对归档系统进行有效的监督和控制，以免影响电子记录的恢复、利用和存取。

这一理论的提出，对通过系统的手段实现文档一体化管理具有一定的指导意义。电子记录生命周期理论，对实现电子文档、电子档案、电子资料等记录的前端控制、全程管理等目标具有良好的指导作用。

电子记录生命周期理论的思想同传统经典的“文件生命周期理论”相比，虽然并没有根本性的变化，但也有明显的改进和提升，并将“软件生命周期”的计划、设计和维护思想融

---

① 在我国，有的学者也将电子记录生命周期理论称为“电子文件生命周期理论”。

入其中。传统经典的文件生命周期理论主要有两种类型：一种是美国的“生命史式”的生命周期理论，该理论根据文件和档案的“二元”划分思想，将文件生命周期划分为生产、维护、存取、鉴定与清理、移交、描述、馆藏维护、开放使用等阶段。另一种是欧洲的“社会礼仪式”的生命周期理论，该理论根据文件被参考或使用的频率，将其划分为“活跃期”“半活跃期”“休眠期”或“现行”“半现行”“非现行”文件，记录管理单位依各类判断标准来判定文件的阶段性性质并做出对应处置。这两种生命周期理论的共同特点是：

其一，生命周期理论是一种时间性的思想，周期无论长短，均是时间历程的划分。

其二，生命周期理论是一种线性思想，因为周期的变化有一定顺序。即文件随着时间流逝“必定”产生性质上的改变，其质变是循序渐进的。

但是，传统经典的文件生命周期理论也存在着一定的不足。主要表现在以下方面：

第一，文件生命周期理论只考虑时间维度的线性特征，将文件视为一成不变的实体，即文件自产生后即呈现恒定形态，忽视了社会活动在本质上常是延续、交互关联且无明确终结点的复杂历程的特征。因为同一文件在不同的时空环境中往往有不同的作用与价值，文件的性质与功能变迁不见得就是一种线性的生命历程，因此，以生命周期理论为本的管理思想有其盲点。

第二，文件生命周期理论以文件为叙述主体，说明文件在线性时间维度所展现的阶段性质或阶段性活动，这种以物理实体为特征的记录概念，导致了从业者的思考过度聚焦于实体的管控，而对国家和立档单位的“记录保存活动”的整体有效管理的思考有所欠缺。

第三，文件生命周期理论一般将文件视为人类社会活动的“产物”，这种思想间接地使人们形成了文件是活动终结后所留存的实体的普遍意识，即文件是社会活动的“分泌物”和“副产品”的意识，忽略了文件在个人或立档单位活动中具有的积极作用。例如，法律行动通常需要在文件证据存在的条件下进行；没有文件，就不会有该法律行动的发生。就此而言，文件实为社会行动的重要促成条件。

第四，以文件生命周期理论为本的文件管理思想常沦为组织内被动、弱势、以实体保管为主的业务管理活动。

电子记录生命周期理论在思想内容层面与传统经典的文件生命周期理论的思想存在一定的继承性，尚存在改进和提升空间，但该理论也存在一定的优势。主要表现在：

首先，电子记录生命周期理论将文档一体化思想融入文件和档案管理实践，即将档案管理工作的某些业务活动提前到电子文件的运作与管理阶段，对文件实现了档案化管理，在电子文件的形成、收集等阶段，将电子文件和电子档案管理统一起来。

其次，电子记录生命周期理论引入了前端控制思想，将对文件、档案的管理与控制提前到它们的设计和形成之前。

最后，电子记录生命周期理论引入了全程控制思想，充分考虑到了电子文件全程管理的需要，内容涉及电子文件的产生、利用、保存和处置等每一项具体工作过程。

二、记录连续体理论

20 世纪 80 年代中期，澳大利亚的弗兰克·阿普沃德（Frank Upward）和苏·麦克米希（Sue McKemmish）等人在莫纳什大学（Monash University）成立了“记录连续体研究小组”（从事理论研究并推动相关文件、档案标准的制定），首次提出了“记录连续体”的概念。到 20 世纪 90 年代中期，这一概念得到了国际上许多国家的关注。

在数字环境中，许多具备记录性质的信息并不具有物理实体，所以对物理实体的保管已不再是文件档案专业最根本的任务。在大量的电子信息中辨识出有保存价值者，并给予控制，以保证其有效利用，便逐渐成为文件档案管理的根本任务。记录连续体理论正是基于此种认识提出的一种新管理理论。弗兰克·阿普沃德称之为“后保管时代”（post-custodial）的记录保存理论。因为该理论非常强调记录保存活动对权力结构、身份认同及集体记忆的塑造作用，所以常呈现出浓厚的建构主义（constructivism）与后现代主义（post-modernism）思想的色彩。

记录连续体理论的主要观点可以概括为以下几个方面：

（1）在数字环境中，我们所需要的档案思维应消除（eliminate）传统将“文件”与“档案”二分的管理制度，扬弃文件现行价值与历史价值对立的观点，也反对将组织内的文件管理与其他组织业务视为各自分离、互不相干的活动。扬弃生命周期管理的单向线性作业模式是连续体理论的主要特征。

（2）记录的本质是多元复杂的，在不同时空环境中，同一组记录可同时具备不同的功能、任务与价值。传统档案学中的二元对立观点（如“文件、档案”与“现行价值、历史价值”等区分），在管理实务上过度简化了记录的性质，常导致记录被武断地处置。

记录连续体理论则认为一套有效的记录管理体系（RMS），应能整合各种形式的记录保存活动；在此体系中，记录无论内容繁简或保存时限长短（短如数秒，长至永恒），均应得到适当处置。

（3）在数字环境中，所有与记录生产、使用、管理、保存有关的人员，均须整合在一个完整且可信任的记录保存体制下。在这种体制中，相关人员应体验并承担部分记录保存的责任，方能达成记录保存的使命。记录连续体理论的描述主题包含各种形态的档案实践作为，它勾勒并提倡一个消除“文件/档案”区别的记录保存体系，并敦促各类组织将记录保存活动整合于基本业务活动中，以增进管理效益并加强组织与个人行事的责任制（accountability）。

1996年，弗兰克·阿普沃德提出了一个“记录连续体图示”。该图示将人类社会的记录保存活动概略分成四个不同层次。但各层次的活动既无明确的界限，也不一定遵循特定的时序，据此强调任何记录因观察层次不同，可具有不同意义、功能与价值；各层次的记录保存行动者，因其职能或需求，可以在记录存在的任何时间点，对该记录进行相应保存活动。记录保存的相关处置，不一定遵循记录的生命周期时序；各层次的记录保存工作职能内容，也不一定泾渭分明；各层次的记录保存，在时间上交相渗透，上下合作、互补。

首先，记录连续体理论认为“文件”与“档案”不是线性时间历程的两个端点，而是每一记录在不同时空结构中，在性质上呈现出的两个相对状态；“文件”与“档案”之间为一连续体，没有明确分野。

具体来说，文件生命周期理论对“文件”与“档案”的区分是：记录A在产生后一段时间内都被视为“文件”（对记录产生者尚有某种使用价值）。在通过价值鉴定后，该记录则成为“档案”（对记录产生者不再具有使用价值，但具有历史价值）。而记录连续体理论则认为，记录A在任何时空中都可能同时具有“文件”（记录的原始使用价值）与“档案”（历史价值）的性质；某一记录即使在同一时间点，也可能因使用情境或意义环境不同，既属于“文件”，也属于“档案”。对甲而言，记录A可能是文件；对乙而言，记录A可能具有高度档案性的信息。记录 A 究竟是“文件”还是“档案”，全根据所处环境而定，而不是仅根据文件的形成时间长短而定。

其次，记录连续体理论尽力消除现有文件档案体制中的二分现象。记录连续体理论认为，在立档单位的记录保存体制方面，记录生产与记录保存，不应被看作两种不同的行动；一组记录的生产，就是个体行动者对其活动进行特定方面的捕获与保存。记录“生产”就是某种形式的“保存”行动。一个健全的记录保存体制应将记录生产者也纳入管理架构内。在明确的记录保存意识中，业务执行者要确保所有应被记录的业务活动均有文件记录。

在社会整体的记录保存体制方面，记录连续体理论认为，文件管理与档案管理也不应是二分的工作领域。人类社会的记录保存体制应该是一个连续体。它所涵盖的层次包括从个人到社会的各个方面，整合了记录生产者、文件人员与档案人员的业务管理活动。在此种体制内，应建立一个完整的文件、档案与其他组织职能的“记录保存体系”（an umbrella of recordkeeping），整合组织内外的文件档案人员及相关组织业务人员，以分工协作的方式达成记录保存的目标。

1998 年，苏·麦克米希提出了记录的角色与功能是多方面的这一观点。他认为记录主要具有五种重要功能。这些功能包括：

（1）记录往往是权力与权威的基础，建构了社会关系并塑造行政统御作为。

（2）记录可确认行事责任归属。无论从企业组织管理、社会行政还是从文化或历史的角度来看，记录保存都是建立行政责任制的必要作为。

（3）记录可保存人类社会经验，形成集体记忆。

（4）记录保存是一种见证社会历程的行动，它也塑造个人或集体的身份认同。

（5）记录是一种信息资产，因此记录保存必须发挥对企业或组织运作的增值作用。

三、记录连续体图示

记录保存的目的、使命及其要对应的活动，则可由从个人层级到社会层级的四个构面[①]依照一定的顺序加以解析。这四个构面是：记录生产、记录捕获、记录整理、记录聚合。

弗兰克·阿普沃德对图 3-2 中四个轴的阐释如下。

1. 人类社会的记录保存的四大要素

人类社会的记录保存的四大要素，分别由四个轴来代表：行动主体轴（the identity axis）、社会互动轴（the transaction axis）、凭证轴（the evidence axis）、记录保存轴（the recordkeeping axis）。

（1）记录保存轴。

人类活动常促成或伴随各种信息记录的产生，记录保存轴所代表的是四个有形记录的保存层级：文件（document）、记录（record）、全宗（archive）或单一机构档案、社会机构档案（archives）或跨机构档案。

该轴中的“文件”是指因行动者执行某行动（act）而产生的一组有形信息（不一定

---

① 构面是基本结构面的简称，是一个集合概念，表示由若干基本要素按一定的方式、方法组成的基本结构面。从不同的维度出发，利用一定的条件要素，可以形成不同的构面。记录连续体理论中的构面所描述的是各层级的记录生产与保存活动。

是纸质文件），文件虽然不能完全等同于该行动，但却可作为该行动的代言者（pseudo representation）；每一组文件均有其内容（content）、结构（structure）、生成的背景环境（context of creation），但一份文件尚不足以构成记录，因为所谓的记录必须能反映更丰富的互动环境（context of communication），所以一项记录通常是多件文件共同构成的。根据数份文件共构的关联，我们得以认知记录及其代表的社会活动环境。单一文件仅是一个实体，必须将它置于相关的文件群体中，它才具有“记录”的意义（即“环境性”）。

“全宗”是单一组织所存的记录整体，全宗通常由多组或多层记录构成。来自一个组织的各个子单位的记录，共同反映了该组织的整体活动与业务职能。“档案”则是全宗的汇聚，在图 3－2 中它指的是某个社会或某个地区所有档案性资源的总体，是该社会或地区的档案联合收藏，而不是指某一特定档案馆的收藏。

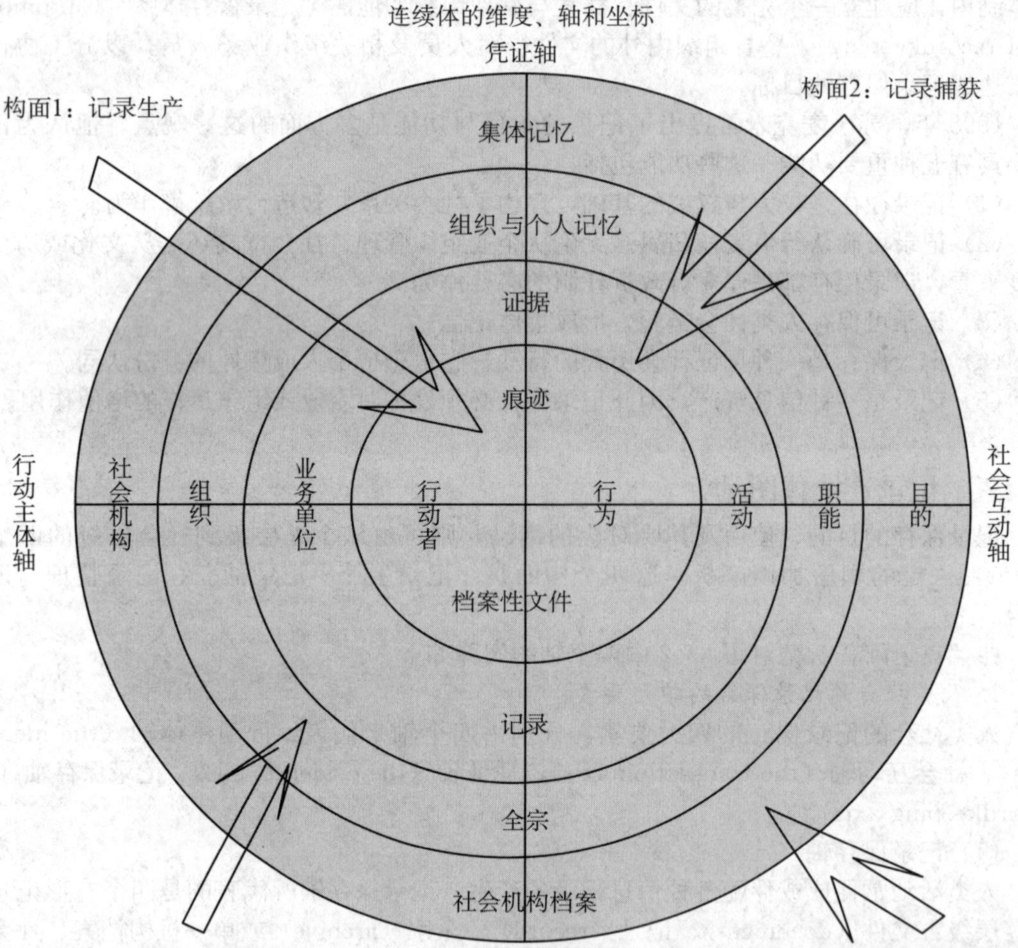

图 3－2　记录连续体图示

资料来源：McKemmish S，Upward F H，Reed B. Records Continuum Model. Encyclopedia of Library and Information Sciences（3rd ed.）. 2010：4447－4448.

(2) 凭证轴。

凭证轴是指有形记录在四个观察层级所呈现出来的证据性质，这四个层级的记录共同见证一个社会的运行始终。每一份文件均是某一社会行动的代表性痕迹（representational trace）；这些代表性痕迹的集合所构成的记录，能为某种集体的行动历程提供证明，所以记录就是事件的证据（evidence）。

全宗层级的记录是塑造组织与个人记忆（organizational/individual memory）的基础，而档案层级的文件收藏则构成了一个社会的集体记忆（collective memory）。

(3) 行动主体轴。

行动主体轴是指从事社会互动行为（transaction）的主体，其中包括四个层级，即行动者［actor（s）］、业务单位［unit（s）］、组织（organization）、社会机构（或社会制度）（institution）。这四个层级的划分是概念性的，各层级与其现实的行动主体的对应也是有弹性的，可根据记录保存的具体情境而定。

这个架构也可用来弹性地观察规模不同的组织。例如，当记录保存的对象为一规模极小的一人公司时，则业务单位可能是这个人从事的各种工作项目（将票务服务、旅馆代订、财务管理等不同性质的工作视为业务单位）；反之，当记录保存的对象为一巨型跨国公司时，记录保存层级与实际组织层级的对应也会随之调整。

无论这四个概念层级如何与现实对应，行动主体轴所强调的都是不同层级的行动主体均有其记录保存的目标、需求与义务，记录保存的内容虽有微观与宏观之分，但保存重要的社会行动证据的目的都是一致的。

(4) 社会互动轴。

社会互动轴是指记录保存者的社会行动形态、职能与目的。其中包括四个层级，即行为（acts）、活动（activities）、职能（functions）和目的（purposes）。这个轴所强调的是有形记录、行动者、社会行动三者之间的对应与关联关系。记录为各层级行动主体在日常社会生活中进行社会互动时形成的有形记录，记录的意义由有形记录的文本及其所处的行动环境共同形成。

记录保存的理由是反映社会互动的职能与目的。即在行动者与业务单位层级，记录所获得并保存的信息应能充分反映组织性业务运行动态；到了组织层级，全宗记录应能充分反映组织整体的职能及行动面貌；从社会层级来看，档案性记录须能充分反映某类型组织或某类社会制度之目的、形态与运作规则。

2. 四个构面

(1) 构面 1：记录生产。

记录连续体理论认为，记录的生产者是个体行动者。个人在日常活动中会从事各种行动，但记录保存格外关切的是具有交流性质的互动（transaction），互动的部分方面会被行动者以某种形式记载下来，形成有形记录。弗兰克·阿普沃德认为，凡是记录均具有潜在的档案价值。

构面 1 的记录单位是“文件”，有证据力的文件是证明行动者曾从事过特定行动的“行动记录”。记录生产本身就是一种记录保存的动作。行动者在社会互动过程中产生格式文件，目的即在保存对该行动的记忆与证据，所以记录生产基本上就是记录保存的一部分。苏·麦克米希认为，记录生产就是一种记录保存，并且是一种选择性的保存。因为任何形式的文件都是对所记录事件的选择性呈现（representation），因此记录生产不是客观中立的行为，相反，它是一种选择性的记忆行为；在从事记录生产的同时，行动者也在建构他所认知的社会现实。

记录连续体理论强调记录生产是社会实践（social practices）的一部分，是记录生产和社会互动双向反馈与相互建构的结果。一个完整的记录保存体应把各种个体行动者纳入管理架构中，以确保记录生产和保存活动是完备的，并足以建立相应的工作责任制。

（2）构面 2：记录捕获（capture）。

记录捕获是一种超越个人行动层级的组织性记录保存活动。这种行动层级所产生的记录实体，即“文件实体”，是人为的选择与建构结果。

在构面 1 的记录生产层级，个体行动者“生产”记录的作为已含有“捕获”的含义；行动者采用书写或其他方式将行动情况记录下来，也就是在进行捕获的动作，所以记录生产就是个人层级的记录捕获。

而构面 2 的行动主体则是一个组织的业务单位，一个单位可能会有若干行动者，每位行动者在从事业务活动时，都生产（亦即进行个人层次的“捕获”）一定数量的文件；但从组织单位的角度看，记录保存不需要（也不可能）保存“所有行动者”产生的“所有记录”，而是重点地捕获能代表或呈现该单位行动者从事组织性活动的记录，以作为单位曾从事的特定活动或发生过的事件的证据。组织性的捕获活动决定哪些文件应当保存、保存多久、应如何保存等。构面 2 说明的“记录捕获”，其实是个体行动者从所属组织的立场出发，对其执行的行动进行有形记录的生产、汇集、整理，以供组织单位利用。

（3）构面 3：记录整理（organize）。

构面 3 说明了母体组织层级的记录保存活动，其中包含了现代组织文件管理的各类实践活动。组织性活动是现代社会运转的基本特征。各种形态的组织是社会行动的基础。

构面 3 所关注的是以母体组织为行动主体所进行的各种活动及其所反映的社会职能。

组织从事记录保存的目的具有多元性。例如，如果将文件视为组织的信息资产，文件管理的目标就会偏重于记录的信息功能。

记录连续体理论是一种强调社会责任的理论，即强调记录与组织行事责任制的关联。弗兰克·阿普沃德的图示将第三个构面的社会互动轴标示为“职能”，目的是强调组织性的记录保存，应能够反映某一组织所承担的社会角色，以满足社会对组织记录的期待，而不仅仅是在保存组织内部所需的信息内容。构面 3 所表达的思想同职能鉴定（functional appraisal）、宏观鉴定（macro appraisal）与文献战略（documentation strategy）等档案鉴定思想有着高度的一致性。

（4）构面 4：记录聚合（pluralize）。

构面 4 说明的是社会层级的记录保存活动。这个层级所关注的行动主体是社会机构。弗兰克·阿普沃德所指“机构”并非单一组织，而是社会现象中较稳定的制度。例如，某国家的教育、金融、司法等制度，或文化习俗现象，如婚姻家庭制度、社会阶级制度、次文化群体规范、各种行业文化等。这个层级的记录保存，要求尽可能捕获足以展现社会繁富层面的重要记录，以便形成社会的集体记忆。

根据弗兰克·阿普沃德的记录连续体图示，构面 4 的基本关注点虽与传统档案学相同，但在实践上却存在较大差异。具体表现在：

其一，在连续体的体制中，一项记录的生成可同时启动四个构面的保存活动。四个构面的行动者可在同一时空范围内，分别对同一项记录做同步处置，不需要依时间顺序进行，即当构面 1 至构面 3 的人员在进行记录的生产、捕获与整理时，构面 4 的档案人员也可同步评估该记录对社会整体的长期性证据价值。

在电子网络环境中，信息可大量复制、传播或同时满足多人的利用需要，可以同步多向实现。由于某些电子信息的更新或消失速度极快（如网络信息与电子邮件），加之信息数量的庞大与科技更新换代的速率等因素的影响，也不允许记录长期累积而不被处置。

其二，在以保管为主的生命周期工作模式中，档案人员的工作主要是保管和监护记录实体；但在后保管时代的连续体体制中，档案专业的重心则是对社会整体的记录保存体制进行运筹帷幄的管理，形成一个馆藏分散、事权分化但合作紧密的记录保存网络，档案机构在网络中扮演指挥控制的枢纽角色。一个档案馆可以没有自行保存的馆藏，仅应担任其所属网络的控管节点并提供存取机制与社会服务。

上述两种理论，是目前指导我国电子专门档案管理的重要思想工具。有效地理解和合理运用这两种理论，并结合各立档单位的电子专门档案管理实践完善和发展其思想内容，对做好各专业的电子专门档案管理，统一人们的思想认识，科学地开展电子专门档案的管理实践，均具有不容忽视的价值。

第四节　电子专门记录的形成与整理

一、电子专门文件的捕获

（一）捕获的概念含义

根据国家档案局制定的行业推荐标准《电子档案管理基本术语》，所谓捕获就是适时获取电子文件及其元数据的方法与过程。电子专门文件捕获是电子专门记录形成的必要条件之一。通过捕获，可以使每个立档单位从事专业性行为活动的个体产生的电子文件（文档）得到有效的前端控制，并为每项电子专门记录的形成奠定坚实的基层。

捕获的对象包括电子文档（document）、文件（record）、组件（component）等。所谓电子文档，是指可以作为一个单元存在的记录信息或信息实体。单个文档可以由一个或多个组件组成。与文件相比，文档是尚未被作为文件捕获的信息，如没有经过分类、登记和固化。电子文件是指在数字设备及环境中生成，以数码形式存储于磁带、磁盘、光盘等载体，依赖计算机等数字设备阅读、处理，并可在通信网络上传送的文件。组件是独立的比特流，它等同于计算机的“文件”概念。组件是相互独立的，它可以单独或与其他组件组合构成文档 。组件的例子包括：

（1）一个网页文件中，电子记录管理系统的文档和其中的 JPEG 图片都是组件。而若网页以 MHT（MHTML）[①] 格式作为单一网页形式存储，则文档和 JPEG 彼此不独立，

---

① MHT 文件又称为聚合 HTML 文档（MHTML）、Web 档案或单一文件网页。单个文件网页可将网站的所有元素（包括文本和图形）均保存到单个文件之中。这种封装可将整个网站发布为单个内嵌 MIME（通过互联网连接传递多媒体资源的一列标准）。MIME 类型通知程序对象所包含的内容（如图形、声音或视频）的聚合 HTML 文档文件，或将整个网站作为一个电子邮件或附件发送。

不能称此二者为组件。

（2）一个字处理文档若包括嵌入链接，且该链接指向外部电子表格，则该电子表格将被视为组件；若电子表格直接嵌入字处理文档，则由于该电子表格并不独立存在，故电子表格不可作为组件。一个带有附件的电子邮件信息可以是一个组件、几个组件或几个文件，这取决于它存储的格式。

（3）若电子邮件主体和所有附件一并存储，彼此不独立，则它们被共同视为一个组件。

（4）若附件和电子邮件主体分开存储，电子邮件主体包含指向附件的内部链接，则每一个附件和主体本身都各是一个组件。

（5）若附件和电子邮件主体分开存储，但电子邮件主体不包含指向附件的内部链接，则每一个附件和主体本身各自可以是一个独立的文件。

电子专门文件的捕获是按照规范要求将电子专门文件及其元数据纳入电子记录管理系统加以管理的过程。捕获概念有广义和狭义两种理解。广义的电子专门文件的捕获包含电子记录管理系统获取电子专门文件及其元数据所需开展的所有工作和方法，包括接收和抓取（撷取）、登记、分类、赋予保管期限等；狭义的电子专门文件的捕获则指电子记录管理系统接收（通常以被动方式）或抓取（通常以主动方式）电子专门文件及其元数据的操作，不包括伴随着这个操作所开展的其他活动，如登记、分类等。本书采用电子专门文件捕获的广义概念。

（二）捕获的要求与方式

1．捕获要求

捕获是电子记录管理系统的起始功能，主要包括：（1）能捕获各种专业系统产生的、各种类型的专门文件及其元数据；（2）能固化电子专门文件的内容，使之在被捕获之后保持不变；（3）能为电子专门文件建立唯一标识符；（4）能建立电子专门文件与分类方案、类目和案卷、其他文件以及元数据之间的关联。

2．捕获方式

电子记录管理系统对电子专门文件的捕获方式应明确被捕获文件的类型、功能需求和相应的约束条件取值等。约束条件取值包括：M（必选）、O（可选）、C（条件必选）。约束条件取O和C时，属性填写说明中未提及的要素表示无须填写该属性值。

（三）电子记录管理系统的电子专门文件捕获功能

1．捕获电子专门文件的功能

（1）定义发送（向系统发送）和查收（在系统中查收）电子文件的角色及其权限（文档管理员负责此类授权）；支持授权用户定义、维护、修改捕获活动中电子文件的捕获范围，修改记入审计跟踪日志；在捕获文件时出现提示信息。

（2）支持以原始格式捕获电子文件（无论其编码方法和技术特征如何）；将原始格式转化为目标格式；同一份电子文件如果存在多种格式，能在不同格式之间保持有效的联系。

（3）捕获对象包含多个组件，且被当成一份文件加以捕获时，系统可保留该文件内数字组件之间的关系。典型的情况如：包含图片的网页、带有附件的电子邮件、带有工作表链接的年度报告、嵌入视频的工作总结等。

（4）将文件中所有组件作为一个整体单元进行检索、显示和管理。在某些情况下，包含多个组件的电子文件在捕获保存时可能需要进行修改，比如将 HTML 网页所有组件转存为一个文档（如 PDF、PDF/A 文档），或者改变链接地址等。系统能将这种修改记入跟踪日志。

（5）电子邮件和其附件作为不同的文件（在这种情况下，不是作为一个包含多个组件的整体）分别捕获时，系统能自动将这些文件进行关联，同时允许用户利用文件之间的关联关系从电子邮件文件中找到每一份附件或从任何一份附件中找到电子邮件文件。

（6）能将其多个文档作为一个整体捕获或分别捕获，并确定每份文件的组成要素之间的关系，使关联信息得到有效记录和保持。

（7）能将包含多个文档的文件作为独立的单元进行检索、显示和管理。允许以复合文件、链接文件、快照或其组合等形式捕获动态网页。支持授权用户定义、维护、修改能够捕获的文件格式类型（即可以捕获的文件格式范围），修改信息被记入审计跟踪日志。能识别任何电子文件或组成文件的文档或组件的格式类型，将文件、文档或组件的格式作为元数据捕获。如在捕获文件时改变了文件之间的关联，能在跟踪日志中自动记录所有变化的细节信息。

（8）当捕获的文件有多种版本时，系统能支持将该文件的所有版本视为一份文件捕获、捕获特定的一个版本、将每个版本都作为单一文件捕获等功能。无论哪种情况，都能记录并保持不同版本之间的联系。如果多版本的文件被作为一份文件捕获，那么系统能将其作为独立的单元进行检索、显示和管理。

（9）除了可以捕获脱机载体或指定位置中的电子文件之外，系统还可以支持从各类文件形成系统中直接捕获文件，包括但不限于：普通的办公软件、工作流应用软件、电子邮件系统、电子商务及网络交易、图形和图像设计系统、条形码支持系统、业务信息系统、多媒体应用软件等。

（10）提供自动捕获或人工辅助捕获功能。自动捕获即将符合捕获范围的文件自动提交到指定位置，通常是在文件生成时或生成后通过与电子文件形成系统的应用程序接口（API）自动执行；提供批量捕获功能，可根据用户定制的文件自动捕获规则，实施电子文件及其元数据的批量导入，并保持导入文件及其组成要素、元数据之间的关联以及文件之间的逻辑层次（如案卷等）和相互联系。

（11）在批量导入时，能导入文件的审计跟踪日志，不限定捕获文件的数量。当重复捕获同一文件时，能发出警告。

（12）捕获不完全或尚未完成文件处理流程的文件时，系统能发出警告，如一份不具备有效的电子签名的发文，或者由未经认可的供应商提供的发货单。支持授权用户定义、维护、修改某些特定种类的文档/文件的完整构成要素，以便捕获时检查验证。能向特定用户发送文件捕获成功的确认信息，以及不能成功捕获的报告。支持授权用户定义、维护、修改某些特定种类的文档/文件的完整构成要素，以便捕获时检查验证。可在文件成功被捕获之后或登记时为其打上捕获或登记的标记。

2. 捕获阶段的元数据管理功能

电子记录管理系统的元数据捕获方式及捕获阶段元数据的管理功能包括：

（1）支持文档管理员定义、维护、修改捕获时各类电子专门文件的元数据方案，包括元数据元素及其类型、元数据元素的取值规则和编码体系等，修改应被审计跟踪记录；能按照事先设定的元数据方案捕获元数据；支持元数据的捕获与电子专门文件的捕获同步进行。

（2）自动将捕获和/或登记日期和时间作为元数据加以捕获，同时将其记入审计跟踪日志。提供支持元数据捕获的自动化手段，其中包括：自动捕获其他系统内文件元数据；根据元数据方案，检查元数据的完备性；根据元数据方案规定的编码体系/编码方案，检查元数据取值的有效性；为需要手工填写的元数据提供值域列表；为需要手工填写的元数据提示一些常见值。

（3）如果不能自动捕获元数据，可以提示用户输入可能的选项；在批量导入时，能自动捕获与文件相关的元数据，同时允许手工输入和修改遗漏或错误的元数据项；能使电子专门文件在登记时可以从其所属类、案卷继承元数据；在专门文件及其元数据之间建立并保持稳固的关联。对于同一专门文件的不同副本、版本、格式，能与其元数据相关联。

（4）当电子邮件的附件以单独的专门文件形式被捕获时，能为其捕获或录入适当的元数据值。

（5）支持多个授权用户完成元数据的捕获（如通过工作流机制分配元数据登录任务）；能明确规定哪些元数据一经登记便无法改动；允许授权用户修改部分元数据；能确保已登记的并且可以修改的专门文件元数据未经授权不得修改。修改信息能记入审计跟踪日志。

二、电子专门记录的登记

1. 登记的内容及要求

根据我国电子文件管理术语的相关标准，所谓登记是指在电子记录进入电子记录管理系统、数字档案馆时，赋予其以唯一标识符的行为。电子专门记录登记的目的是说明文件已经被证实捕获到了电子记录管理系统中。

“登记包括在注册表中记录该文件简要的著录信息或关于文件的其他元数据，并分配给文件一个系统唯一的标识符。通过该标识，文件与它的元数据以及相关的其他文件链接起来，成为一个相互关联的整体。”①

只有文件构成要素完整和特定元数据完整的电子文件才能开始登记进程。若登记前必填的元数据不完整，那么允许文件暂时保存在电子记录管理系统中，等待元数据补充完整之后再行登记。一般采用档号为文件唯一识别符。

承担电子专门文件管理功能的系统，应从捕获电子专门文件开始就对其进行自动登记，通常不需要系统管理员的人工干预。当然，也有例外，即当电子记录管理系统设计没有达到功能需求的目标要求时，也可以进行必要的人机交互式的登记。

2. 电子记录管理系统的记录登记功能

电子记录管理系统的记录登记功能主要包括：

---

① 刘家真，等．电子文件管理——电子文件与证据保留．北京：科学出版社，2009：51.

（1）支持授权用户定义、修改各类标识符的表示方法，但修改应被记入审计跟踪日志；按照既定的唯一标识符构成规则，自动赋予文件、文件的各个版本、文件的各种格式、组成文件的文档唯一标识符，并将其作为元数据与该文件一起保存。在特定情况下，允许用户手工输入、调整文件的唯一标识符。在登记电子专门文件时采用自动方式或由授权用户为文件命名，允许其与原文件名不同。

（2）能在专门文件重名时发出警告，并提醒用户重新命名。只有授权用户才能修改已经登记过的专门文件的名称，且这种修改应被记入审计跟踪日志。对于经登记进入系统的专门文件，能根据既定的分类方案进行分类，确保捕获的每一份文件有类可依。分类能在捕获之前或登记的同时完成。文件能与其使用的分类方案相关联。

（3）登记的专门文件能归入合适的案卷。文件归卷（归入逻辑案卷[①]）能在捕获之前或登记的同时完成。

（4）支持不必重复保存一份专门文件就可以归入多个案卷或类。能在登记一个已在相同案卷中登记过的文件时发出警告。在一般情况下，电子记录管理系统不能限定类或案卷下的文件数量。在特殊情况下，系统可以支持授权用户为类或案卷设定数量限制。

（5）可以在登记过程中自动提供如下支持，便于文件的分类、归卷：显示用户最近使用过的案卷；显示用户使用最频繁的类和案卷；显示包含已知相关文件类和案卷；根据文件元数据或用户配置文件，显示文件分类方案中的相关部分。

（6）允许授权用户在登记文件时创建新案卷，并将文件归入新案卷。每一个分类方案及其中的实体（类、子类、案卷、子卷等）都能拥有唯一标识符。允许在登记时和 / 或之后进行手动输入、完善相关元数据。

（7）支持文档管理员定义、维护、删除、更改文件/文档之间的关联类型，如替代/被替代、主件/副件、链接关系、版本关系、请示/批复关系、连载关系等，并能审计跟踪记录修改信息。

（8）支持授权用户登记文件关联，包括文件以及组成文件的组件、文档，文件的复制件，不同版本文件，其他文件，案卷，类，分类方案，文件类型，文件（文档）格式类型等之间的关联，并能以某种方式显示这些关联。

3. 电子专门记录移动和修改登记

对于电子专门记录的变化管理，电子记录管理系统应具备如下基本功能：

（1）任何用户在捕获过程中和之后均不得修改电子文件的内容；除非根据处置方案销毁、移交文件，否则任何用户在电子记录登记之后都不能删除文件。允许授权用户将文件重新分配到其他案卷或类中。能将修改信息记入审计跟踪日志。

（2）允许复制已有电子文件的部分内容以形成新的独立的电子文件（摘录），并确保原始文件保持完整不变。在系统中对摘录予以登记，并能保持摘录和原始文件之间的关联。能跟踪已登记电子文件的所有副本，在日志中记录这些副本的活动信息。

（3）若原有文件被新文件替代，能支持替代状态，并创建指向替代文件的链接。

4. 电子专门记录的文件类型的定义和管理

对于电子专门记录的文件类型的定义和管理，电子记录管理系统应具备如下基本

---

① 逻辑案卷的具体表现方式可以是文件夹，也可以是揭示案卷标识的元数据。

功能：

（1）支持文档管理员定义、维护、修改不同的文件类型，并记入审计跟踪日志。

（2）允许依据不同的文件类型（可能与不同元数据方案和管理设置挂钩）对文件采取相应的行动。例如，自动赋予某些元数据元素的值，自动归入某类或案卷等。

（3）支持形成或捕获文件的用户使用缺省的文件类型。

（4）无论电子文件存储是集中还是分散，系统都能对文件类型集中管理。

三、电子专门记录的整理

（一）电子专门记录的整理要求

各立档单位可在电子专门记录的拟制、办理或收集过程中完成保管期限鉴定、分类、排序、命名、存储等整理活动，并同步完成纸质专门文件的整理。

立档单位的整理活动应保持电子专门记录内在的有机联系，建立电子专门记录与元数据的关联，并基于业务系统完成电子专门记录、纸质专门文件的整理；声像类电子专门记录的整理由电子专门记录形成部门基于电子记录管理系统或人工完成。

归档电子专门记录保管期限一般可分为永久、定期两种，并根据档案行政管理部门及各专业主管部门制定的档案保管期限表执行。

对电子专门记录的分类要根据立档单位的电子档案分类方案执行。

专业、邮件、网页等类电子专门记录可参照DA/T 22-2015等要求进行分类。各专业主管部门有专门规定的，应按照专业主管部门的规定执行。声像类电子专门记录应按照年度-业务活动等分类方案进行分类。

在整理过程中基于业务系统电子专门记录元数据库建立纸质文件目录数据，涉密纸质文件目录数据的录入应符合国家保密管理要求，目录数据项参照DA/T 46－2009等标准给出的要求执行。

在分类方案下按照业务活动、形成时间等关键字，对电子专门记录元数据、纸质文件目录数据进行同步排序，排序结果应能保持电子专门记录、纸质专门文件之间的有机联系。

按规则命名电子专门记录，命名规则应能保持电子专门记录及其组件的内在有机联系与排列顺序，能通过计算机文件名元数据建立电子专门记录与相应元数据的关联，并由业务系统按内置命名规则自动、有序地为电子文件及其组件命名。在单台计算机中，应用软件形成的电子专门记录，应采用完整、准确的电子专门记录题名命名。声像类电子专门记录可采用数字摄录设备自动赋予的计算机文件名。

各立档单位可参照分类方案，在计算机存储器中建立文件夹集中存储电子专门记录及其组件，完成整理活动。

（二）电子专门记录的分类

1. 分类的含义及其作用

分类是依据分类方案中所规定的逻辑结构、方法和程序规则，按类目对专门业务活动或者专门文件进行的系统标识和整理。分类方案是具有等级结构、根据专业职能和专业活动对专门文件进行分类的系统，分类方案的建立能够方便对专门文件的捕获、保管期限的定义、处置、存取安全控制、检索和维护，对于规范电子专门记录和档案管理活动是必不可少的。

分类的作用主要包括：提供单份专门文件之间的联系，通过单份专门文件的积累提供专业性活动的持续记录；确保文件以长期一致的方式命名；协助检索关于某项职能或活动的所有专门文件；确定专门文件集合的安全保护措施和利用方法；分配特定专门文件集合的用户利用许可或操作许可；分配特定专门文件集合的管理职责；为相关活动分配文件集合；依据分类体系中所规定的逻辑结构、方法和程序规则，按类目对电子专门记录进行系统标识和整理。

案卷的设置与分类方案相联系，最低一级类目往下延展就是案卷，可视为分类方案的细化延伸。物理案卷和逻辑案卷二者可以是统一的，也可以不同。未加特别标注，表示该需求皆适用于物理案卷和逻辑案卷。在某些情况下，还需要把案卷再细分为子卷，一个案卷有可能由多个子卷构成。

2. 建立和配置有效的分类方案

为建立和配置有效的分类方案，电子记录管理系统应具备如下功能：

（1）只允许文档管理员创建专门文件分类方案，以便对电子专门记录进行有等级层次的组织和逻辑组卷；支持对分类方案进行管理和维护；确保分类方案各个部分和所对应的文件、案卷实体之间的有效链接。

（2）能够跟踪分类方案的发展并对其进行维护；允许同时定义和使用多套分类方案；支持个别类目授权用户进行管理，尤其是在分类方案规模较大时以及在特定业务环境中。

（3）支持文档管理员为每个分类方案标注标题和描述，自动赋予标识符；不限制分类方案的层级数目；支持分类方案与其他文件管理流程如捕获、处置、利用、安全管理、统计报告等功能的关联与交互。

（4）支持全部或部分分类方案的导入，允许导入相关的元数据（如保管期限表以及审计跟踪状态等）；支持分类方案以 XML 或者其他开放标准的格式全部或部分导出；支持多种分类方案的定义和同时使用（以适用于多机构专门文件管理或机构合并的情形）。

3. 维护分类方案

维护分类方案是指对类目进行增加、删除、合并、拆分、复制等具体维护行为。为了保证分类方案的质量和稳定性，电子记录管理系统应具备如下功能：

（1）支持文档管理员增加新的类目；新增类目自动继承其父类的相关元数据；允许文档管理员设定各类目的默认元数据。

（2）允许文档管理员合并同一专业性活动中的两个类，并做到之前类目中的所有子类被迁移到之后的类目中；将之前的类目状态设为关闭；在同一个业务活动中将一个独立的类分立为两个类；支持文档管理员在业务活动中复制任何类。

（3）保证在迁移期间所有电子文件与原有分类方案保持正确关联；能在维护分类方案时，自动或者手动调整分类方案元数据，维护行为能被记录在审计跟踪日志中；允许文档管理员或者授权用户标记某类目为关闭状态，防止新类、新案卷或者新文件添加到该类；允许文档管理员或者授权用户删除空类；提供统计报告工具，包括类，案卷，文件的创建、关闭和删除的数量。

（4）提供分类方案维护活动的专门报告。

4. 案卷管理

为做好专门电子文件的案卷管理，电子记录管理系统应具备的功能包括：

（1）能将案卷设置与分类方案对应，在分类方案的最低层级下设置案卷；可对案卷进行子卷划分，并提供子卷层级管理。

（2）设计案卷（子卷）的开放/关闭标记；授权用户关闭案卷之后，能确保无法再向该案卷中添加新的文件或者细分新的子卷；允许授权用户打开已关闭的案卷，添加文件后再次将其关闭，案卷关闭后其内容仍然能够被检索和查看。

（3）允许授权用户增加、删除、移动、合并、拆分或者重新归类一个或者一组案卷（子卷），并能够对案卷的元数据进行自动或者手动调整，调整行为能被记录在审计跟踪日志中；支持文档管理员预先设定案卷的编号规则和命名机制（注意与分类方案的规则保持联系和区别）。

（4）能自动记录案卷管理过程中的有关信息作为案卷的元数据，如形成时间、开放/关闭时间、读写状态、操作者等信息，物理案卷还应记录其实体位置；保证案卷内各文件之间的联系在文件生命周期内不被破坏；限制分配到类目的案卷数量，尤其是逻辑案卷；支持对分类代码的批量修改。

（5）能以 XML 格式或者人们易读的格式输出案卷目录列表。

5. 类和案卷元数据管理的要求

为满足电子专门记录的类和案卷的元数据管理要求，电子记录管理系统应具备如下功能：

（1）支持文档管理员或授权用户对类、案卷的元数据元素进行添加、删除和修改。

（2）允许类目或者案卷继承其父类的元数据；当父类元数据发生变动时，允许其子类继承其相关元数据的变化。

（3）能为类、案卷（子卷）、文件配置一个分类代码，并保证所有的分类代码在同一等级的分类体系中是唯一的，并具有相应的检验机制；能将分类代码作为类目、案卷的元数据存储；分类代码能支持字母、数字或者字母数字混合编排，允许有多种形式的分类代码分隔符，如“—”“/”“.”等。

（4）需要系统自动生成分类代码时，能允许文档管理员在系统配置时设定起始编码和默认增量等属性；具备提供用户自定义元数据域的能力。

第五节　电子专门档案的收集与积累

一、电子专门档案的收集和积累要求

（一）收集和积累的一般要求

电子专门档案的收集范围应是本单位在其主要职能活动中产生的、具有查考利用价值的电子记录，包括相关的支持软件和数据等。当利用计算机系统处理电子专门记录时，应

采取严格的安全措施，保证电子专门记录不被非正常改动。同时应将具有重要凭证性、依据性的电子专门记录适时备份存储于能够脱机保存的载体上。记录了重要文件的主要修改过程和办理情况、有查考价值的电子专门记录及其电子版本的定稿均应被保留。

如果正式文件是纸质的，同时文件形成部门或信息管理部门已通过计算机等数字设备进行了全文转换工作，则与正式文件定稿内容相同的电子专门记录应当保留，否则可根据实际条件或需要，确定是否保留。当所保存的电子专门记录与纸质等不同载体上所保存的文件内容相同时，应在彼此之间建立准确、可靠的标识关系。

对在网络系统中处于流转状态，暂时无法确定其保管责任而不能适时进行逻辑归档的电子专门记录，需采取捕获措施，集中存储在符合安全要求的电子专门记录暂存存储器中，以防散失。对通用软件产生的电子专门记录，应同时收集其软件型号、名称版本号和相关参数手册、说明资料等。对专用软件产生的电子专门记录，原则上应转换成通用型电子文件，如不能转换，则收集时必须连同专用软件一并收集。

对套用统一模板的电子专门记录，在保证能恢复原形态的情况下，其内容信息可脱离套用模板进行存储，被套用模板作为电子专门记录的元数据保存。

每份电子专门记录均须在《电子文件归档登记表》中登记，《电子文件归档登记表》应与电子专门记录同时保存。《电子文件归档登记表》如果制成电子表格，应与电子专门记录一同保存。永久保存的电子表格应附有纸质等拷贝件，并与相应的电子专门记录拷贝一起保存。

以往形成的电子专门记录如存在结构信息、背景信息、元数据不完整或存储载体不符合要求等问题的，应按电子专门记录完整性和有效性的要求及时采取补救措施。无法达到规定要求又不具备迁移条件的，应采取有效措施保持现状，并及时向档案机构移交。

（二）不同类型电子专门档案的收集要求

对于不同类型的电子专门档案的收集，立档单位应考虑遵循如下要求进行。

1. 文本电子专门档案的收集要求

采用文字处理技术形成的文本电子专门档案，如文字文件、表格文件等，收集时应注明文件存储格式、文字处理工具等，必要时同时保留文字处理工具软件。对特别重要的文件，其历次修改稿都有必要保存时，每一稿应以不同的标识区别。定稿电子专门档案的标识应以正式文件文号注明。收集重点是定稿电子专门档案和正式电子专门档案。文字型电子专门档案以 XML 文档和 RTF、TXT 为通用文件格式，一般不宜采用 DOC、WPS、S2、PUB 等其他格式作为永久保存格式。

2. 图像电子专门档案的收集要求

使用数字设备采集或制作而获得的图像电子专门档案，如采用非通用文件格式，收集时应转换为通用文件格式。如无法转换，则应将相关软件一起收集。通用文件格式的图像电子专门档案有 JPEG、TIFF 等。

3. 图形电子专门档案的收集要求

采用计算机辅助设计（CAD）而获得或在绘图中产生的图形电子专门档案（如设计模型、图纸、图画等），收集时应注明软硬件环境和各种相关数据。

4. 动态影像专门档案的收集要求

用视频设备获得并经计算机处理的动态影像专门档案，应收集其压缩计算方法和相关软件，并注意收集其非通用格式的压缩算法和相关软件。影像数据以 MPEG、AVI 为通用文件格式。

5. 声音专门档案的收集要求

用数字音频设备获得的声音专门档案，收集时应注意收集其属性标识、参数和相关软件，并注意收集其非通用格式的相关软件。声音电子专门档案以 WAV、MP3 为通用文件格式。

6. 多媒体专门档案的收集要求

用多媒体设备获得的以及用超媒体链接技术制作的多媒体文件，收集时应保证参数准确、数据完整，并应注意收集其非通用格式的压缩算法和相关软件。多媒体音像数据以 MPEG、AVI 为通用文件格式。

7. 数据文件的收集要求

用计算机软硬件系统进行信息处理形成的各类参数、管理数据文件等，应与电子专门档案一同收集。应能够以 DBF 文件格式或通过 XML 文档进行数据交换。

8. 元数据文件的收集要求

对描述电子专门档案产生及运行过程中各种数据关系及结构的元数据文件，应注意与电子专门档案一同收集。

9. 计算机程序文件的收集要求

使用计算机或在某一软件平台上开发的系统软件、支撑软件和应用软件以及软件的版本等计算机程序，应注意与在此平台上产生的电子专门档案一同收集。

（三）电子专门档案的代码和格式要求

1. 电子专门档案的代码

电子专门档案的代码应包括稿本代码和类别代码两种。电子专门档案稿本代码包括：草稿性电子专门记录，代码为“M”；非正式电子专门档案，代码为“U”；正式电子专门档案，代码为“F”。电子专门档案类别代码包括：文本文件（text），代码为“T”；图像文件（image），代码为“I”；图形文件（graphics），代码为“G”；影像文件（video），代码为“V”；声音文件（audio），代码为“A”；程序文件（program），代码为“P”；数据文件（data），代码为“D”；超媒体链接文件，代码为“O”。

2. 电子专门档案的格式

根据《电子文件归档与电子档案管理规范》的要求，电子专门档案归档格式要具备格式开放、不绑定软硬件、显示一致性、可转换、易于利用等性能，能够支持档案长期保存格式转换。各专业主管部门或行业推荐标准中另有规定和相关要求的，立档单位应遵从其规定执行。

各专业形成的不同类别电子专门档案的存储应采用通用格式，目前国家认可的格式如表 3-7 所示。

表 3-7　各类电子专门档案的通用格式举例

文件类别	通用格式
文本文件	XML、RTF、TXT
表格文件	XLS
图像文件	JPEG、TIFF
图形文件	DWG、DGN
影像文件	MPEG、AVI
声音文件	WAV、MP3

二、电子专门记录的归档

（一）电子专门记录归档程序与要求

第一，电子专门记录的立档单位，可在归档过程中基于业务系统、电子记录管理系统完成电子专门记录及其元数据的清点、鉴定、登记、填写《电子文件归档登记表》（见表 3-8）等主要归档程序。

表 3-8　电子文件归档登记表

单位名称			
归档时间		归档电子文件门类	
归档电子文件数量	卷　件　张　分钟　字节		
归档方式	□在线归档　□离线归档		
检验项目	检验结果		
载体外观检验			
病毒检验			
真实性检验			
可靠性检验			
完整性检验			
可用性检验			
技术方法与相关软件说明登记表、软件、说明资料检验			
电子文件形成或办理部门（签章） 年　月　日		档案部门（签章） 年　月　日	

第二，清点、核实电子专门记录的种类、形成年度、保管期限、件数及其元数据数量等。

第三，对电子专门记录的真实性、可靠性、完整性和可用性进行鉴定，鉴定合格率应达到100％，包括：电子专门记录及其元数据的形成、收集和归档符合制度要求；电子专门记录及其元数据能一一对应，数量准确且齐全、完整；电子专门记录及其元数据格式符合相关标准的要求；以专有格式归档的，其专用软件、技术资料等齐全、完整；加密电子专门记录已解密；电子专门记录及其元数据经安全网络或专用离线存储介质传输、移交；电子专门记录无病毒，电子专门记录离线存储介质无病毒、无损伤、可正常使用。

第四，档案部门应将清点、鉴定合格的电子专门记录及其元数据导入电子记录管理系统预归档库，自动采集电子专门记录结构元数据，通过计算机文件名建立电子专门记录与元数据的关联，在管理过程元数据中记录登记行为，登记归档电子专门记录。

第五，根据清点、鉴定结果，按批次或归档年度填写《电子文件归档登记表》，完成电子专门记录的归档。

（二）电子专门记录归档时间与归档方式

1. 电子专门记录的归档时间

电子专门记录形成或办理部门要定期将已收集、积累并经过整理的电子专门记录及其元数据向档案部门提交归档，归档时间最迟不能超过电子文件形成后的第二年6月。

2. 电子专门记录的归档方式

电子专门记录形成部门或信息管理部门可采用逻辑归档和物理归档两种方式，将符合归档条件的电子专门记录移交至档案机构。逻辑归档可实时进行；物理归档可按照纸质专门文件的规定定期完成，或根据具体情况另行规定。具有稳定、可靠的网络环境和严密的安全管理措施，以及对内容重要的电子专门记录实行制作纸质拷贝件措施的单位可实行逻辑归档，电子专门记录逻辑归档按照归档鉴定标识进行，其归档工作，除存储格式和位置暂时保持不变外，其他均应参照国家档案行政主管部门和各专业主管部门关于专门文件归档的有关规定执行。

应基于安全的网络环境或专用离线存储介质，采用在线归档或离线归档方式，通过电子记录管理系统客户端或归档接口完成电子专门记录及其元数据的归档。

应结合业务系统、电子记录管理系统运行网络环境以及本单位实际，确定电子专门记录及其元数据归档接口并做出书面说明。归档接口通常包括三种：web service 归档接口、中间数据库归档接口、归档电子专门记录及其元数据的规范存储结构。

归档时，应充分考虑电子专门记录的技术环境、相关软件、版本、数据类型、格式、被操作数据、检测数据等技术因素。

3. 电子专门记录的归档范围

各立档单位应按照国家档案局、专业主管部门制定的相关专业文件材料归档和不归档的范围执行，并应包括相应的支持软件与相关的背景信息和元数据，以保证归档电子专门记录的完整性。

4. 电子专门记录的保管期限和保密等级

电子专门记录的保管期限和保密等级划分，应参照国家档案局制定的《机关文件材料归档范围和文书档案保管期限规定》（国家档案局令第 8 号）、《企业文件材料归档范围和档案保管期限规定》（国家档案局令第 10 号）和各专业主管部门制定的定密工作程序规定执行。电子专门记录的背景信息和元数据的保管期限应当与内容信息的保管期限一致。应在电子专门记录的电子目录上逐件标注保管期限和涉密标识。

电子专门记录形成单位在内部局域网或系统专用网的办公自动化系统中设置了鉴定工作的程序与实时逻辑归档功能，其鉴定工作可由系统自动完成。

对不具备实时逻辑归档的计算机系统，或采用单台计算机管理专门文件的，在电子专门记录归档前应进行鉴定，由专门文件形成部门或信息管理部门按照规定的项目对电子专门记录的真实性、完整性、有效性进行检验，确定密级、归档范围，划定保管期限，并由负责人签署审核意见，检验和审核结果填入《归档电子文件移交、接收检验登记表》。

如果专门文件形成单位采用了某些技术方法保证电子专门记录的有效性和完整性，则应把其技术方法和相关软件一同移交给接收部门。

5. 电子专门记录的归档格式要求

参照《电子文件归档与电子档案管理规范》的要求，各立档单位的电子专门记录归档格式要符合如下要求：

（1）电子专门记录归档格式要具备格式开放、不能绑定软硬件、显示一致性、可转换、易于利用等性能，能够支持同级国家综合档案馆将其转换为长期保存格式。

（2）电子专门记录最好以通用格式形成、收集并归档，或在归档前转换为通用格式。版式文件格式应按照 DA/T 47－2009 执行，可采用 PDF、PDF/A 格式。

（3）由文本、位图文件形成的电子专门记录的归档要求是：电子文件正本、定稿、处理单应以版式文件格式归档，其他电子文件、电子文件组件可以版式文件、RTF、WPS、DOCX、JPG、TIF、PNG 等通用格式归档，或按顺序合并转换为一个版式文件。

（4）在计算机辅助设计与制造过程中形成的电子专门记录应按以下要求归档：二维矢量文件以 SVG、SWF、WMF、EMF、EPS、DXF 等格式归档；三维矢量文件，需永久保存的应转换为 STEP 格式归档，其他的可根据需要转为二维矢量文件归档。

（5）由数据库文件形成的电子专门记录，可根据数据库表结构及电子档案管理要求转换为规范格式归档，包括 ET、XLS、DBF、XML 格式。应参照纸质表单或电子表单版面格式，将应归档数据库数据转换为版式文件归档。

（6）照片类电子专门记录以 JPG、TIF 等格式归档；录音类电子专门记录以 WAV、MP3 等格式归档；录像类电子专门记录以 MPG、MP4、FLV、AVI 等格式归档，珍贵且需永久保存的可收集、归档一套 MXF 格式文件。

（7）电子邮件可以 EML 格式归档，网页类电子专门记录可以 HTML 格式归档。

（8）专用软件生成的电子专门记录原则上应转换成通用格式归档。

6. 电子专门记录的元数据归档格式要求

立档单位可依据电子文件归档接口以及元数据形成情况，确定电子专门记录元数据归档格式。经业务系统形成的各类电子专门记录元数据可根据归档接口确定归档格式：选择 web service 或归档电子专门记录及其元数据的规范存储结构等归档接口时，可采用 ET、XLS、DBF、XML 中的任一格式归档。选择中间数据库归档接口时，可与电子专门记录一并由业务系统数据库推送至中间数据库，也可再由中间数据库导出数据库数据文件。声像类电子专门记录元数据，以及在单台计算机中由办公、绘图等应用软件形成的电子专门记录，可采用 ET、XLS、DBF 等格式归档。

7. 电子专门记录的归档检测

进行电子专门记录归档工作时，应按其基本技术条件进行检测。其内容包括：硬件环境的有效性、软件环境的有效性及其信息记录格式，是否受到计算机病毒感染等。应对存储在光盘、磁盘、磁带等介质中的电子专门记录进行检查并清除计算机病毒，且注明是否已经过查毒和杀毒处理。档案机构不能接收含有计算机 Y2K 问题①或其他隐患的电子专门记录。

8. 电子专门记录的归档要求

（1）逻辑归档的基本要求。

第一，档案人员应会同计算机系统管理人员设定查询归档电子专门记录的权限。

第二，电子专门记录归档操作由具体经办人完成，办理完毕的归档电子专门记录要注明一定的标识。

第三，系统管理人员应在指定的服务器上设立存放归档电子专门记录的物理地址，该服务器必须采取磁盘镜像备份措施。

第四，如有电子专门记录产生及运行过程的元数据文件，则应将数据文件与归档电子专门记录一起保存。

第五，档案机构具有对文档数据库的管理权。

第六，应定期将归档电子专门记录备份至能够脱机保存的载体中。

（2）物理归档的基本要求。

使用计算机单机进行文件处理，或计算机局域网信息管理系统功能达不到逻辑归档要求的单位，其电子专门记录的归档采用物理归档方式。基本要求包括：

第一，档案机构应与专门文件形成部门或信息管理部门一起制定电子专门记录物理归档方案。

第二，专门文件形成部门或信息管理部门根据归档方案，在电子专门记录产生时做相应的归档标记。

第三，应随时记录专门文件处理过程中的情况。

第四，办理完毕的电子专门记录应在规定期限内进行物理归档。

9. 归档著录及归档电子专门记录目录

存储归档电子专门记录的载体或装具应贴有标签，标签上应注明载体序号、全宗号、类别号、密级、保管期限、存入日期等，归档后的电子专门记录的介质应设置成禁止写操作的状态。

应将相应的归档电子专门记录的电子目录、相关软件及其说明等一同归档，并附《电子文件归档登记表》；需要长期保存的电子专门记录，应将相应的电子目录存在同一载体上。

归档完毕后，应建立检索目录，专门文件形成部门或信息管理部门应及时清理网上的

① Y2K 问题是指计算机系统的时间具有单调递增性，但同时受到计算机系统时间表示范围的限制，因此引起时间表示的溢出，从而使计算机产生时间问题。计算机 Y2K 问题产生的原因主要是设计人员出于节省存储空间的目的，将计算机系统中的年份编码用两位数字表示。

复制件，并将存有归档前电子专门记录的载体保存至少1年。

归档电子专门记录应按照相应的《电子文件归档登记表》的项目进行著录，并将著录结果制成电子目录和纸质目录。

第六节　电子专门档案的整理

一、电子专门档案的编目

立档单位应对电子专门档案与纸质专门档案进行同步整理审核、编制档号等编目活动，并对整理阶段划定的电子专门档案保管期限与分类结果进行审核和确认，对不合理或不准确的应进行修正。在整理审核基础上，对电子专门档案、纸质专门档案重新排序，并依据排序结果编制文件级档号。

采用文件级档号或唯一标识符作为要素为电子专门档案及其组件重命名，同时更新相应的计算机文件名元数据。

各立档单位可按照DA/T 18－1999以及各专业主管部门给出的要求对电子专门档案、纸质专门档案做进一步著录，规范、客观、准确地描述主题内容与形式特征。

在完成整理编目后，要把电子专门档案及其元数据、纸质专门档案目录数据归入电子记录管理系统正式库，并按要求分类、有序地存储电子专门档案及其组件。

二、电子专门档案的档号编制要求

各立档单位可按照DA/T 13－1994和专业主管部门的档案管理规范与标准，充分考虑电子档案全程管理要求，确定档号编制规则。

立档单位应采用同级国家综合档案馆、专业档案馆的档号编制规则为所收集的电子专门档案编制档号。档号应能唯一标识全宗内任一电子专门档案或纸质专门档案。

以档号作为电子专门档案命名要素时，计算机文件名应能在计算机存储器中唯一标识、有序存储全宗内任一电子专门档案及其组件。

三、归档电子专门档案的分类整理要求

归档电子专门档案的整理可参照国家及专业主管部门制定的推荐标准的要求，将带有归档标识的电子专门档案进行分类。同一全宗内的电子专门档案分类方案应保持相对稳定。按电子专门档案类别代码分别对应组织存储载体。

第七节　电子专门档案的鉴定和处置

一、电子专门档案的鉴定

（一）鉴定的含义

由于我国档案术语概念的外延比国外某些国家的理解要宽泛，其中包括了归档之后的

所有记录和移交给档案管理机构保存的全部历史记录，因此，在制定有关规范和标准的过程中，我们所使用的电子档案术语概念之中其实包括了归档电子文件和移交给档案机构长期保存的电子记录。

《电子档案管理基本术语》对“鉴定”的解释是：对电子文件、电子档案的内容和技术状况进行评估的过程，确认其真实性、完整性、可用性、安全性及其价值等，判断其是否属于归档范围并确定其保管期限。这一术语解释，可以作为电子专门档案的鉴定的基本概念使用。

（二）鉴定的主要内容

电子专门档案鉴定的主要内容包括真实性检验、完整性检验、可用性检验、安全性检验、文件格式检验，以及编制保管期限表和划分保管期限等。

（1）真实性检验（authentication）是指通过管理和技术措施评估电子专门档案是否符合真实性内涵要点的过程。如验证所收到的电子签名等与所发送的是否相同，迁移或转换后的电子专门档案与形成时的原始状况是否一致，是否受到未经授权的增、删、改、利用和隐藏。

（2）完整性检验（integrity check）是指通过管理和技术措施检查电子专门档案及其元数据是否符合完整性要求的过程。如检查所收到的电子专门档案及其元数据是否齐全完好，是否受到未经授权的增、删、改、利用和隐藏，是否对所有授权的增、删、改进行了标记。

（3）可用性检验（usability check）是指通过管理和技术措施验证电子专门档案、载体、应用软件是否符合可用性要求的过程。如检验电子专门档案是否可读、可理解、可检索，载体介质是否完好和兼容，是否附带相应的特殊应用软件等。

（4）安全性检验（security check）是指通过管理和技术措施识别电子专门档案潜在安全性缺陷的过程。如检测电子专门档案是否有病毒等。

（5）文件格式检验（file format check）是指验证电子专门档案是否符合规定的文件格式的过程。

（6）编制保管期限表和划分保管期限。保管期限是指对电子专门档案划定的留存年限。电子专门档案的保管期限是通过保管期限表来加以规范和划定的。保管期限表是鉴定分析的成果，是以表册形式列举电子专门档案的来源、内容与形式，记录鉴定决策，规定处置行为的规范性文件。

保管期限表应当是包括归档范围、保管期限、处置方案等在内的综合性管理工具。保管期限表应保持相对的稳定，不宜频繁变动。保管期限表的主要作用是：明确机构应该生成或者捕获电子专门档案的范围；规定电子专门档案的保管期限；明确电子专门档案保管期限到期后的处置行为；作为电子专门档案销毁的依据。

二、电子专门档案的处置

电子专门档案的处置是指按照规定对电子专门档案实施续存、移交或销毁的一系列过程。

（一）销毁鉴定和解密审查

各立档单位应定期对电子专门档案进行销毁鉴定和解密审查，鉴定、审查程序应符合国家及专业主管部门的有关规定。立档单位可根据本单位的电子专门档案保管期限表进行电子专门档案销毁鉴定，提出被鉴定对象的续存或销毁意见，必要时可与相关职能部门协商。销毁鉴定意见经上级领导或主管部门审核、批准后方可实施。

电子专门档案的解密审查应由各立档单位档案部门、保密部门共同实施，必要时可与相关职能部门协同进行。解密审查意见经上级领导或主管部门审核、批准后方可实施。立档单位要根据电子专门档案所标密级并结合国家有关政策、要求，参照《文献保密等级代码与标识》（GB/T 7156－2003）[①] 等标准，定期对涉密电子档案进行密级审查，实施解密、延长保密期限或提升密级等处置活动。已满保管期限的电子专门档案被移交进馆前，要对其进行解密审查。

（二）转换和迁移

各立档单位要在确保电子专门档案真实、可靠、完整和可用的基础上，参照《信息和文献：数字记录转换和迁移过程》（ISO 13008－2012）等标准实施电子专门档案及其元数据的转换或迁移。通常在出现如下情况时，立档单位实施电子专门档案及其元数据的转换或迁移：

（1）当电子专门档案当前格式将被淘汰或失去技术支持时，应实施电子专门档案或元数据的格式转换；（2）因技术更新、介质检测不合格等原因需更换离线存储介质时，应实施电子专门档案或元数据离线存储介质的转换；（3）当支撑电子记录管理系统运行的操作系统、数据库管理系统、台式计算机、服务器、磁盘阵列等主要系统硬件、基础软件等设备升级、更新时，应实施电子记录管理系统、电子专门档案及其元数据的迁移；（4）当电子记录管理系统更新时，应实施电子专门档案及其元数据的迁移。

立档单位要按照确认转换或迁移需求、评估转换或迁移风险、制定转换或迁移方案、审批转换或迁移方案、转换或迁移测试、实施转换或迁移、评估转换或迁移结果、报告转换或迁移结果等步骤实施电子专门档案及/或元数据的转换或迁移。在确信转换或迁移活动成功实施之后，根据立档单位实际对转换或迁移前的电子专门档案及其元数据进行销毁或继续留存的处置。电子专门档案及其元数据库的转换、迁移活动要记录于电子档案管理过程元数据中，并填写《电子档案格式转换与迁移登记表》（见表 3－9），并重新对经过格式转换后的电子专门档案及其元数据进行备份。

（三）移交、续存和销毁

移交是指将具有长期或者永久保存价值的档案移交综合档案馆的过程。当电子专门档

---

① 该标准规定了文献保密等级的确定、变更和解密的原则，规定了文献保密期限、文献保密等级代码和标识。该标准适用于对文献保密等级的标识，以促进文献信息的管理、交换和使用。

案被移交之后，电子记录管理系统可不再保存被移交的电子专门档案。保管期限为永久的电子专门档案及其元数据自形成之日起五年内要向同级国家档案馆移交，移交工作可根据《电子档案移交与接收办法》、同级国家档案馆和专业主管部门的要求执行。

表 3-9　　电子档案格式转换与迁移登记表

单位名称		
管理授权		
责任部门		
管理类型	□格式转换　□迁移	
源格式或系统描述		
目标格式或系统描述		
完成情况（操作前后电子档案及其元数据内容、数量一致性情况等）		
操作起止时间		
操作者		
填表人（签名） 年　月　日	审核人（签名） 年　月　日	单位（签章） 年　月　日

续存是指当文件保存期满而机构认为电子专门档案依旧有备查作用，需要继续保留一段时间而采取的行为。例如，当电子记录管理系统提醒管理员向档案馆移交电子专门档案时，如管理员触发暂存行为，则电子记录管理系统向档案馆的管理系统成功复制电子专门档案后不会删除原电子专门档案，而是根据设定的续存时间继续保留电子专门档案。续存，是指自然万物在各种程度上都是连续存在的，不同的只是存在的地方和时间。电子专门档案经过鉴定后如果依然存在保存价值，则应采用续存的处置方式继续保存。

销毁是指消除或删除失去价值的电子专门档案，使之无法恢复的过程。销毁分为逻辑销毁和物理销毁。所谓逻辑销毁是指电子记录管理系统删除记录在存储系统上的存放位置的指针，但记录实体依旧存放在存储系统之中。所谓物理销毁是指电子记录管理系统不但删除记录的存放位置指针，而且从存储系统中将记录实体也删除。无论是逻辑销毁还是物理销毁，电子记录管理系统都不能销毁被销毁文件的元数据以及相关操作日志。销毁应在受控的方式下，通过完整的销毁流程加以实施，文档管理员和授权用户的销毁权限是受到严格限制的。销毁不等同于删除。

电子专门档案的销毁可参照国家有关规定与程序执行。立档单位应在在线存储设备、异地容灾备份系统中彻底删除列入销毁范围的电子专门档案，电子记录管理系统应在管理过程元数据、日志中自动记录鉴定、销毁活动，将被销毁电子专门档案的元数据移入销毁数据库。

销毁电子专门档案的离线存储介质，应对其实施破坏性销毁。实施销毁前，对备份于其中的其他电子专门档案进行离线存储介质的转换。属于保密范围的电子专门档案，其销毁应按国家保密规定实施。立档单位应填写《电子档案销毁登记表》（见表 3－10）并归档保存。

电子专门档案的鉴定销毁应参照国家关于档案鉴定销毁的有关规定执行，必须在办理审批手续后实施。销毁前应编制销毁清册，指定监销人，并确保信息彻底销毁。属于保密范围的电子专门档案，如信息存储在不可擦除的载体上，则应当采用物理或化学的方法连同存储载体一起销毁，并在网络中彻底清除。

表 3－10　　电子档案销毁登记表

单位名称		
销毁授权		
被销毁电子档案情况（范围、数量、大小等）		
在线存储内容销毁说明		
异地容灾备份内容销毁说明		
离线存储介质销毁说明		
销毁起止时间		
操作者		
填表人（签名） 年　月　日	审核人（签名） 年　月　日	单位（签章） 年　月　日

三、电子记录管理系统的鉴定和处置功能

电子记录管理系统应具有维护归档范围和保管期限的自动功能。各立档单位的保管期限表的业务管理应依照有关国家和行业的相关规定进行，制定适于系统管理的电子专门档案的归档范围和保管期限表。

（一）电子记录管理系统的鉴定功能

良好的电子记录管理系统应具备如下支持电子专门档案的鉴定功能：

（1）只允许文档管理员创建或者维护保管期限表；允许文档管理员对保管期限表进行修订，并将修改内容、修改原因、修改者、日期等信息记录在审计跟踪日志当中。

（2）保证保管期限表的任何改动都能立即应用到采用该保管期限表的所有实体；能提供保管期限表的导入导出功能；支持将保管期限表与分类方案进行衔接，对类指定一个默认的保管期限条目，案卷和文件的保管期限可继承它们的上级案卷或者类目的保管期限。

（3）支持保管期限表同记录所属的类、案卷建立关联；如果某一案卷在适用保管期限表时出现冲突，系统能遵循分类方案中对象级别越低，其自带保管期限的优先级越高的原则，通过文档管理员加以协调解决。

（4）如果文件因分配到多个案卷中而存在继承保管期限的冲突，系统能够跟踪所有的保管期限和处置行为，支持各项处置的独立性，保证文件满足相应案卷的保管期限要求。

（5）能长久保存保管期限表，并保证其在系统迁移时依然有效；能提供报告功能，并允许授权用户对保管期限表进行查找。

电子记录管理系统在实施保管期限管理时，能满足：显示所有或者特定类、案卷所对应的保管期限；为文档管理员或者授权用户显示特定保管期限的所有对象；允许文档管理员审查、比较和确认类、案卷的保管期限，并解决保管期限的冲突；允许文档管理员或者授权用户通过预定义的保管期限列表为每个类、案卷分配保管期限；允许类或者案卷继承父类的保管期限；当案卷或者文件从原类目中移动到其他类目时，能自动用新的类的保管期限代替旧的类的保管期限，同时允许文档管理员或者授权用户手动更改保管期限；允许文档管理员或者授权用户冻结某些案卷，在冻结期间该案卷不会被处置。

（二）电子记录管理系统的处置功能

1. 设置的处置行为和行为触发条件功能

其中包括：

（1）能根据国家档案局批准的处置权或者是相关机构对专门记录的处置要求来制定处置方案。

（2）只允许文档管理员管理处置行为。

（3）能预先定义处置方案，并可结合分类方案对某类文件预定义处置行动（移交、销毁、续存）。

（4）支持以工作流方式实施处置流程，并按档案管理部门定义的标准格式导入和导出处置类型；支持定义和维护处置方案（文件应采取的处置行动），处置行动的方式可采用时间触发（即文件保管到期后触发预定的处置行动或处置工作流，并予以提示）、事件触发（当特定事件发生后触发处置行动，允许文档管理员定义和管理事件列表）等。

（5）对于触发处置行为的文件，系统支持的处置程序（过程）应包括通知文档管理员或其他授权用户、审核处置行为、确认后实施相关处置行为等。

(6) 能够对一个分类实体分配多个处置类型；支持以自动触发的方式进行处置，减少人为干预。

(7) 能够在自动触发处置决定的程序之前提醒文档管理员对即将触发的行为做出回应；本级类、案卷所设定处置行为能优先于其上层分类实体的处置行为。

(8) 将所有处置行为的日期和其他细节作为处置对象的元数据予以记录。

(9) 支持处置方案与其他管理工具，包括保管期限表、分类方案等的集成管理。

(10) 支持对处置方案的各项管理和维护功能，包括创建处置方案、标识并存储处置方案、基于处置建议推荐文件工作流程、修改处置方案、删除处置方案、审核处置方案。

(11) 在审计跟踪日志中记录所有处置行为的活动；确保改动处置类型后对所有应用该类型的对象立即生效。

(12) 通过自动跟踪或定期手工检查方式识别超过保管期限的电子文件，以决定文件的处置触发时间。

(13) 支持处置活动的持续性，当某处置行为被触发后，允许文档管理员设置后续处置类型，如原处置行为属于“移交”的，经审核后可设置“续存”处置行为。

2. 电子专门档案的移交功能

为有效保存立档单位的电子专门档案，已经保存在立档单位的电子记录管理系统中的电子专门档案需要转移到其他系统，这个处置过程称为移交。移交可分为内部移交或外部移交。内部移交是指记录移交到机构中的其他系统中，外部移交通常是将满足移交条件的电子专门档案移交到档案馆（室）。从技术层面说，这个转移过程也可被视为导出或迁移。迁移是将记录送到其他地点或系统使用，立档单位的电子记录管理系统中的电子专门档案一直被保存，只有当迁移被确认是成功的，才可以删除原电子档案。导出则是为另一个系统产生副本的过程，但是电子记录（档案）依然保留在原系统中，并不删除。

在实现上述管理需求的过程中，一个良好的电子记录管理系统应具备的功能包括：

(1) 允许将电子专门档案移交或者迁移到另一个电子记录管理系统或者档案馆的处置行为。

(2) 按照目标系统的格式规范移交电子专门档案，尤其是档案馆规定的格式。

(3) 移交能被记录在审计跟踪日志中（记录事项包括移交的日期、分类编码、标题、用户、移交原因等）。

(4) 保证移交电子专门档案的完整性，能输出电子专门档案所有的成分，并且能保护它们之间的正确联系（包括将文件及其元数据和日志一同导出，不得分散）；导出对象（文件、案卷等）的内容和结构不被破坏；属于复合电子专门档案的所有组成部分作为一个整体被导出；导出的对象与其元数据保持联系；电子专门档案分类方案所有的类、案卷、子卷、文件的元数据应保持完整。

(5) 支持在移交文件后，由文档管理员或授权用户在确认移交成功后删除所移交的电子专门档案。

(6) 生成关于移交的过程报告，包括移交案卷和记录的数量，移交状态，移交错误、未成功移交的档案，未成功移交的原因等。

（7）对未移交成功的电子专门档案进行二次移交；为已移交的记录和案卷保留文件管理元数据；对被移交的电子专门档案添加档案管理所需的元数据；对移交电子专门档案元数据进行批量修改。

（8）以捕获格式将电子专门档案导出，并支持以目标系统所要求的格式导出。

3. 电子专门档案的销毁功能

为了实现电子专门档案的删除目的，电子记录管理系统应满足如下功能需求：

（1）文档管理员根据销毁管理程序实施销毁行为，通过完整的工作流程对销毁行为进行审批。

（2）销毁活动应记录在审计跟踪日志中，需要记录的内容包括销毁的日期、分类编码、标题、用户、销毁原因。

（3）销毁操作应在收到确认通知后执行，并允许文档管理员关闭销毁的功能。

（4）如果一份电子专门档案已被授权销毁，则其所有备份和相关版本都应被销毁；档案被销毁后，应当将销毁状态添加至档案的管理元数据当中；支持逻辑销毁和物理销毁。

（5）保证物理销毁的结果是对所有授权对象的彻底删除或不可用，机构应采用谨慎的方法避免可使用恢复技术进行数据恢复。逻辑销毁后依旧能够复原文件存放位置指针。

（6）生成关于销毁的过程报告，包括销毁记录和案卷的数量，移交状态，销毁错误、未被成功销毁的档案，未成功销毁的原因。

4. 电子专门档案的续存功能

其中包括：

（1）能够在移交或者销毁前向文档管理员提交确认信息时触发续存行为。

（2）允许文档管理员根据需要设定相应续存时间；允许多次续存电子专门档案。

（3）当处置行为设定为移交 + 续存时，应能够将移交的记录按照移交规范导出；电子专门档案能够按照续存时间继续在电子记录管理系统中予以保留。

（4）电子专门档案续存后，能将续存状态添加至电子专门档案的元数据中。

（5）能生成关于续存的过程报告，并指出续存记录、案卷的数量，续存的原因等。

第八节　电子专门档案的元数据管理、检索和利用

一、电子专门档案的元数据管理

元数据是指描述电子文件和电子档案的内容、背景、结构及其管理过程的数据。基于此，电子专门档案的元数据应是描述电子专门档案的内容、背景、结构及其管理过程的数据。元数据既是电子记录管理系统主要的管理对象，又是电子记录管理系统管理文件和记录的基本工具。元数据形成、捕获和管理的整个过程将贯穿于电子专门档案的整个生命周期。电子记录管理系统应支持使用元数据来描述文件和记录，从而使文件和记录自动管理程序得以实现，并维护电子专门档案的真实、完整、可用和安全。

电子专门档案的元数据管理，就整体而言，应包括详细和准确的元数据元素及其定义的元数据内容标准、元数据方案管理和元数据过程管理等内容。

（一）元数据标准的制定及其主要作用

元数据标准的内容一般包括元数据元素及其定义，各立档单位可以参照行业推荐标准《电子文件元数据标准》、《元数据标准化基本原则和方法》、《文书类电子文件元数据方案》（DA/T 46-2009）、《照片类电子档案元数据方案》（DA/T 54-2014）等相关元数据标准，以及所在专业的元数据标准、规范，结合本立档单位的实际情况，自行采纳。

电子专门档案的元数据标准，除了具备一般性元数据标准的确认和检索、著录描述和资源管理功能外，还应特别注意实现电子专门档案的保护和长期保存功能。

从信息管理角度看，元数据标准一般包括了描述一个具体的电子专门档案对象所需要的数据项集合，各数据项的语义定义、著录规则和计算机应用时的语法规定等，通常包括识别信息、数据质量信息、内容信息、产生和维护信息，元数据参考信息和联系信息等内容。元数据内容标准是从功能、数据结构、格式、语义、语法等角度制定而成的。

电子专门档案的元数据应具备对记录的格式信息、制作信息、保存条件、转换方式、保存责任等进行详细描述和确认的功能。因此，元数据生成后，要实时进行维护，将它与对应的电子专门档案一起进行封装，从而保证元数据功能的实现。

元数据为电子专门档案的信息管理、发现和获取提供了一种实际而简便的方法。通过元数据，用户对电子专门档案资源进行深入、详细的了解，包括电子专门档案信息的格式、质量、处理方法和获取方法等各方面的细节信息；对于电子专门档案的生产者、制作者和管理者来说，可以利用元数据进行电子专门档案的维护。元数据标准可以适用于电子专门档案资源共享、数据编目、数据发布、网络检索服务等。

（二）元数据方案及其管理

电子专门档案元数据方案应对元数据格式从语义、结构和句法三个方面进行完整定义。

1. 语义

语义是元数据方案中所有概念实体（或称元素）的定义，是一个元数据方案的基本要素，也是元数据应用和元数据互操作的重要条件。元素是一个元数据方案的基本单元，为了避免应用过程中出现歧义、多义等现象，必须用元数据在语义层次上对每个元素进行逐一显性化描述。各立档单位可以参照国际标准《信息技术 元数据注册系统（MDR） 第3部分：注册系统元模型与基本属性》（GB/T 18391.3－2009/ ISO/IEC 11179－3：2003）中对元数据的语义定义和描述的说明。

第一，元数据元素的语义标识和语义内容描述（见表3－11）。

表 3-11　元数据元素的语义标识和语义内容描述

类别	子类	具体描述
对元数据元素的语义标识和语义内容描述	语义标识	标识符
		优先标识
		同义标识
		提出时间
		修改时间
		版本
	语义内容	定义
		必备性
		用途
		注释
		定义来源

第二，元数据元素的语义关系描述（见表 3-12）。

包括对元数据元素的纵向和横向语义关系的显性描述。其中横向语义关系的描述还包括对相关元数据标准之间的元素的映射关系的描述。

表 3-12　元数据元素的语义关系描述

类别	子类	具体描述
对元数据元素的语义关系描述	纵向语义关系的描述	子元数
		子元数
		……
	横向语义关系的描述	相关元素
		相关元素
		……
		相关映射
		相关映射
		……

第三，对元数据元素的语义值的描述（见表 3-13）。

表 3-13　元数据元素的语义值的显性化描述

类别	具体描述
对元数据元素的语义值的显性化描述	值表示形式
	值限定
	值类型
	允许值
	最小出现次数
	最大出现次数
	值含义
	值定义域

第四，元素据元素描述方法（见表 3-14）。

表 3-14　　元数据元素描述方法一览表

编号	按一定规则排列的元数据的顺序号。
中文名称	元数据元素的中文标识。
英文名称	元数据元素的英文标识。
定义	元数据元素的含义描述。
目的	描述该元数据元素的必要性和作用。
约束性	说明采用该元数据元素的强制程度，分“必选”“条件选”和“可选”。“必选”表示必须采用；“条件选”表示满足某一特定条件必须采用；“可选”表示根据用户需要可选可不选。
可重复性	元数据元素是否可以重复出现。
元素类型	元数据元素所属的分类。如容器型、基本型和复合型等。
数据类型	为表达元数据元素值而制定的值集合的描述符。包括字符型、数值型、时间日期型、逻辑型（是/否，真/假）。容器型元素没有数据类型。
编码修饰体系	对该元数据元素信息的描述应遵循的编码规则。
域值	可以分配给元数据元素的值。
缺省值	该元数据元素的默认值。
子元素	该元数据元素具有的下属元素。
信息来源	元数据元素值的来源。
相关元素	与该元素有密切关系的元素。
注释	对元素的进一步说明。

2. 结构

电子专门档案的元数据集是由一系列的元素组成的，元素之间的相互关系形成了元数据的结构。元数据的结构类型主要包括平面型、树型和复杂型三种。例如：DC 就是典型的平面型元数据方案，其中的 15 个元素基本上处于同一个平面结构之中；EAD 是典型的树型元数据方案；MACR 则是典型的复杂型元数据方案，也是较为常见的元数据结构类型。

国家档案局在制定我国的电子文件、电子档案管理元数据标准的实践中，将开放档案信息系统（Open Archival Information System，OAIS）所提供的档案元数据设计参考模型作为重要参考依据，设计了包含提交信息包（SIP）、档案信息包（AIP）和分发信息包（DIP）的数据模型，实现了电子记录、电子档案的内容、结构和背景信息的封装，目的是确保电子记录和电子档案在分散与集中管理过程中的真实性、完整性和有效性，并确保其在不同系统间的安全传输。

OAIS 参考模型针对数字信息的长期保存和维护的档案系统提供了一个概念性的框架，描述了一个档案系统存在的环境、档案系统的功能组织以及支持档案处理的信息基础结构。OAIS 参考模型于 1999 年 5 月首次发布，在国际标准化组织（ISO）和空间数字系统咨询委员会（Consultative Committee for Space Data Systems，CCSDS）的推动下，逐步成为数字档案系统普遍遵从的标准规范。

OAIS 参考模型同时支持数字化的和物理存在的存档信息。它对数字化信息给予了较多关注，这些数字化信息或者是作为档案的主体，或者是作为对数字化资源以及物理存档资源的支持信息存在。OAIS参考模型中提供了一个完整的档案信息保存功能，包括接收、档案存储、数据管理、保存规划、行政管理和分发。它同时论述了数字信息从一种媒体或格式到另一媒体或格式的移植、信息表示的数据模型、信息保存中软件的作用、档案系统之间数字信息的交换等。它还确立了各个档案功能内部和外部的接口，以及一系列在这些接口之上的高层服务。

OAIS参考模型中定义了6个功能实体，图3-3描述了OAIS中功能模型的框架结构。

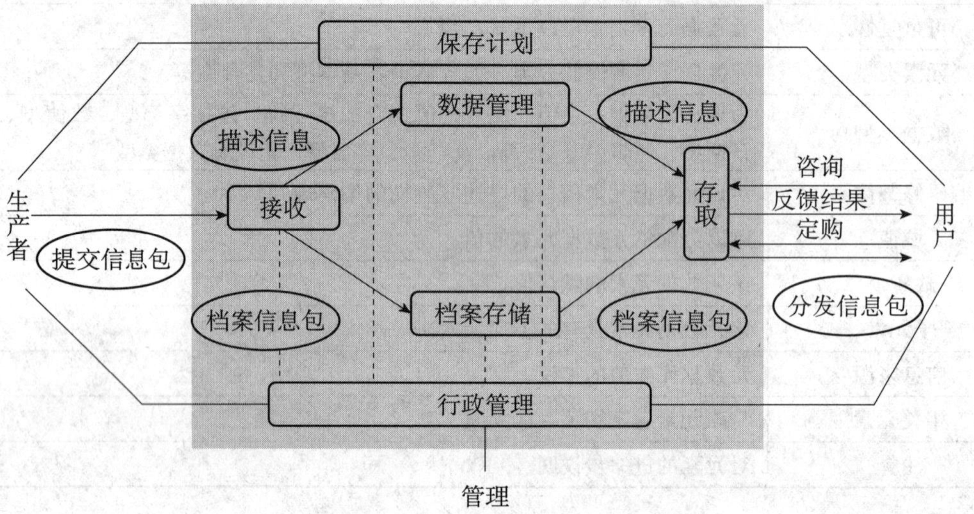

图3-3 OAIS参考模型

每个功能实体的职责分述如下：

其一，接收（ingest）功能。这一实体提供的服务和功能是从信息生产者那里接收提交信息包，并且对内容存储和内容管理进行准备，以使所提交信息能够在档案系统中进行存储和管理。接收功能包括：接收提交信息包；对子提交信息包进行质量确认；生成符合档案系统数据格式和文件标准的档案信息包；从档案信息包中抽取出描述信息以存入档案数据库；协调对档案存储和数据管理的更新与修改工作。

其二，档案存储（archival storage）功能。这一实体为存储、维护和检索档案信息包提供服务。档案存储功能包括：从“接收实体”接收档案信息包，并将它们添加到永久存储库中；管理存储体系；更新档案资源的存储媒体；进行例行的或专门的错误检测；提供灾难恢复功能；为存取提供档案信息包以实现档案提取。

其三，数据管理（data management）功能。这一实体为两类描述信息提供保管、维护和存取服务。这两类描述信息分别是：识别和证明档案资源的描述信息；识别和证明行政管理数据的描述信息，行政管理数据是用来管理档案馆的。数据管理的功能包括：管理档案数据库（维护数据库中概念模型及视图的定义，维护系统的参照完整性等）；执行数据库更新（装载新的描述信息或档案管理数据）；对管理数据提供查询功能以产生检索结果集；从这些检索结果集中生成查询报告。

其四，行政管理（administration）功能。这一实体是向档案系统的所有工作提供服务的。行政管理功能包括：与信息生产者进行商讨，以达成提交协议；对提交内容进行审计，以确保提交内容符合档案标准；对系统的软硬件环境进行配置和管理；提供系统监督功能，如监测并提高档案系统运作，详细记录、报告档案的内容；对档案的内容进行移植和修改；建立并维护档案标准和政策；提供客户支持；提出存储请求。

其五，保存计划（preservation planning）功能。这一实体提供的服务和功能是监测OAIS的环境，提供相关建议以确保在OAIS中存储的信息在长期一段时间之后，仍然能够被相应的目标用户（DC）访问。保存计划的主要功能有：为迁移当前的档案资源而评价档案内容；周期性地提供存档信息建议，以迁移当前的档案馆藏；对档案系统的标准和政策进行建议；监测技术环境和目标用户的服务需求及知识背景的变化。保存计划同样包括设计信息包（information package，IP）的模板；提供设计帮助和相关评价以对这些模板进行专业化处理，形成特定的提交信息包和档案信息包。保存计划还包括开发详细的迁移计划，开发迁移软件原型和相应测试计划以实现管理移植目标。

其六，存取（access）功能。这一实体为支持用户而服务，它支持用户对OAIS所存信息的存在、描述、位置和可用性做出测定，让用户可以请求并接收信息产品。存取功能包括：与用户进行沟通以接收请求；对于某些特别保护的信息实施限制存取控制；对用户的申请给予回复（分发信息包、反馈结果和报告）并传送给用户。

OAIS对信息对象进行了高度抽象，以“信息包”的概念来说明档案生产者向OAIS的提交过程和OAIS向档案消费者的分发过程。一个信息包是一个包含内容信息（content information）和保存描述信息（preservation description information，PDI）两种信息对象的容器。内容信息和保存描述信息被认为是通过封装信息（packaging information）进行封装和标识的，而为了使封装的信息包可以被了解和发现，需要通过描述信息（descriptive information）对信息包进行描述。图3－4对OAIS的信息模型框架进行了描述。

第一，内容信息：这是最初的保存目标。它由内容数据对象和与数据对象相关的表征信息组成。内容数据对象包括物理对象或数据对象。表征信息则是使内容数据对象能被指定用户群读懂的信息。

第二，保存描述信息：应用于内容信息并且对保存内容信息而言是必需的。它能够永久对内容信息进行解释，有了保存描述信息才能确保清楚地识别内容信息，并且懂得内容信息产生的环境。它主要侧重于描述内容信息以前和现在的状态，保证它们被唯一标识，并保证它们不会被非法改动。保存描述信息分为四个类型：来源信息（存储内容信息的历史记录，包括内容信息的来源、所做的变化、编辑者等）、背景信息（描述的是内容信息与信息包之外的其他信息的关系。例如，背景信息可能描述了内容信息为什么产生，并且它与另一个可利用到的内容信息对象有什么关系）、参考信息（引用信息中存储和描述内容信息的识别机制；提供了一个或更多的标识符或系统标识符，通过这些标识符，内容信息可以被唯一地识别出来）和固化信息（指存储数据完整性检查信息或数据验证信息，主要用于保证特定的内容信息不会被非法改动，如数字签名等）。

第三，封装信息：在特定的媒体类别中将软件包中的组件和可识别的实体进行实际或逻辑绑定。

第四，描述信息：能够提供足够的数据资源特征信息，以保证用户对需要的资源进行访问。

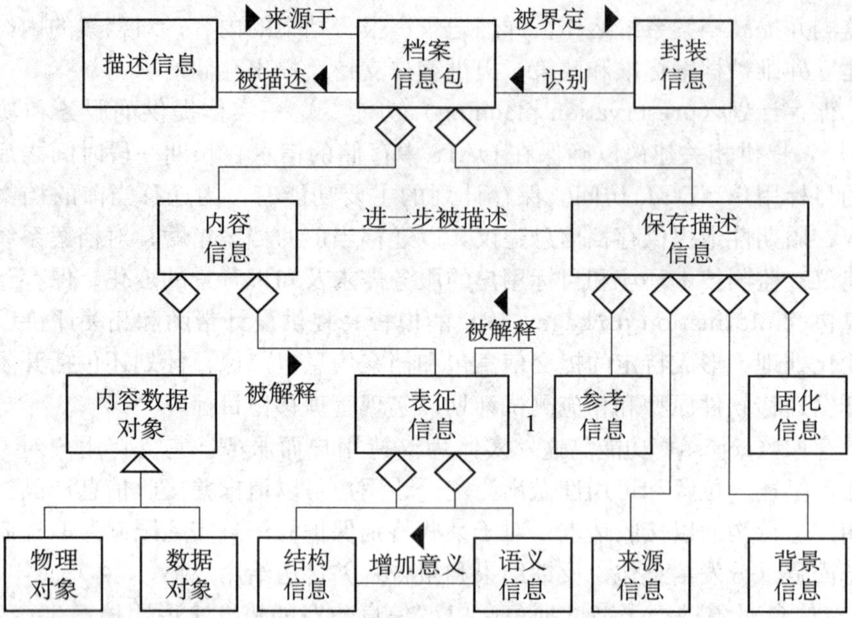

图 3-4　OAIS 的信息模型框架

3. 句法

电子专门档案的元数据方案的句法是指对元数据的语义与结构以计算机可读或人工可读的形式化方法描述，也被称为编码格式。编码不仅是元数据长期保存、互操作的基础，同时也可以在应用中直接作为元数据挖掘、展现的技术平台。

从标准、开放和互操作角度考虑，采用标识语言对元数据集进行描述是目前元数据方案普遍采用的句法模式。现代立档单位普遍采用的元数据方案编码格式有 XML Schema 和 RDFS。XML Schema 采用 XML 形式定义和描述文档的结构，可以很方便地利用 XML 的解析器和相关工具进行文档处理。由于 XML Schema 引入了数据类型，所以非常有效地提升了对数据的描述能力。RDFS 采用了 RDF 的句法来进行 RDF 规范的描述，不仅可以描述资源的属性，而且可以对资源的意义与关系进行描述，是一种近似于语义层次的 XML Schema 描述语言。RDFS 可以对元数据方案的结构、对象与属性的关系、属性和属性之间的关系等进行很好的描述。

总之，使用标记语言作为元数据的编码，有利于电子专门档案数据的开放、互操作和长期保存。但由于标记语言过多地考虑用户的可读性利用需求，因此在一定程度上影响了电子记录管理系统的效率。

二、电子专门档案的检索

检索是按照用户指定参数定位，利用和查看系统资源（包括类目、电子专门记录、电子专门文件、电子专门文档等实体及其元数据）的过程。

（一）电子记录管理系统的主要功能

（1）检索模块遵循存取控制要求，对没有权限的查询方式不予支持，对于不在用户权限范围内的检索结果不予显示，对于不可视的元数据项不予显示，检索过程原则上不得进行任何编辑动作等。

（2）检索模块支持对类目、记录、文件、文档、组件、元数据、目录、全文等层次的检索；允许用户检索权限范围内所有的资源对象及其元数据；允许用户检索电子记录、物理记录。

（3）允许检索对象处于在线、近线或离线状态；支持选定范围内的检索，包括跨全宗、跨卷检索；支持无条件查询，即对整个（或基于用户视角可视的范围）库藏目录进行浏览。

（4）支持条件检索，条件来源可以是任何有检索意义的元数据项，如各类编号（如电子文档号）、分类标识、位置、各类时间（及其范围条件）、文件类型、标题、关键词等；允许用户使用自由文本检索文件全文。

（5）支持组合条件查询。包括：允许用户同时使用文件管理元数据和文件内容进行组合检索；支持卡片式查询，将查询条件配置在一个显示界面上，方便用户输入；支持检索结果导出；支持布尔检索、部分匹配和通配符检索（模糊检索）。

（6）检索模块与其他功能模块集成，因其多作为其他功能的入口，如捕获、利用、处置等。支持查询频率统计报告功能。

（二）电子记录管理系统的可选功能

（1）检索模块以用户为中心进行设计，注重用户界面和用户检索过程的友好性；能通过专门查询模块或快速查询通道等多种方式查询文件。

（2）提供统一的检索界面，无论是查询类、案卷、文件还是元数据等。

（3）提供友好的检索界面，包括：显示检索进度提示、显示用户完整提问、估计检索完成时间、保留用户最近使用的检索词。

（4）支持采取树形展开等方式浏览，浏览内容包括目录、内容及其他元数据。

（5）支持以日历方式输入日期、联想式词语输入；允许用户设定和更改检索字段；支持受控词表检索（概念检索），据此可进行扩大、缩小、相关检索及同义词检索；支持递进检索，即在检索范围内实施二次检索；支持用户对检索途径进行定义、保存和再利用。

（6）提供智能检索手段，包括：根据检索频率设计用户问答进行自动检索，为用户设置缺省查询选项，提供查询结果相关性分析。

（7）允许用户对检索结果进行选择和分组，并重新排列结果清单，允许同时进行查看、传输和打印。

（8）支持根据检索结果进行扩展显示，即可显示该结果的上级或下级层次（如结果为案卷的，可展开卷内文件；结果为文件的，可上溯到所属案卷，也可显示包括文件内容在内的各元数据项）。

（9）支持对查询结果的显示格式进行设置，允许用户指定：查询结果显示的顺序，每页显示的数目，每次检索返回结果的最大数量，查询结果显示的元数据。

（10）允许配置一个搜索引擎而不是默认的搜索引擎；支持多用户的并发检索。

三、电子专门档案的利用

（一）电子专门档案的利用要求

利用是指查找、使用或检索电子专门档案的权利、机会和方法。

利用需求的重点在于对利用途径、利用权限的管理，同时要求立档单位为利用需求提供良好的政策环境。各立档单位封存的电子专门档案载体不得外借使用，利用时使用拷贝件；应严格遵守保密制度，利用具有保密要求的电子专门档案时，必须符合国家或有关部门的保密规定；查阅或复制应在权限规定的范围之内，未经批准，任何单位或人员不得擅自复制电子专门档案。

（二）电子记录管理系统功能

（1）立档单位应在规章环境中建立利用工作指南，以便在系统设计中制定电子记录管理业务规则，包括：结合划密解控工作确定可利用文件的范围；明确不同密级的利用条件和允许的利用操作，规定对文件的利用权限以及利用条件，内部和外部用户的利用限制、利用期限，利用期限期满后的调整。

（2）注意利用权限的管理与存取控制的结合；只有在通过认证机制确认授权用户的身份后才能允许执行相应的利用操作；指定认证的方法，即立档单位根据自己的需要确定适当的认证方法。

（3）支持系统管理员赋予指定的用户、用户组或角色在一定时间范围内对指定对象的使用权，并维护利用许可。

（4）提供读取原始电子文件的能力，包括硬件和软件环境，也可采用第三方软件实现本功能，保持对原始文件格式的向后兼容性。若能支持以用户选择的数据格式输出电子文件的功能，则可以更好地满足用户需求。

（5）能在利用中维护电子文件的真实性，包括维护文件的内容、文件的背景信息、文件的结构、文件的正确显示。

（6）支持在利用过程中正确还原电子文件内部各组件或电子文件之间的关系；能提供电子文件复制服务。

此外，电子记录管理系统还应为用户提供良好的显示和打印功能。显示是指资源对象以用户可以接受的方式展现的过程。电子记录管理系统应根据用户要求，提供显示不同格式的通用显现工具；同时支持用户在授权范围内对可打印对象物理输出的过程；在打印输出中要明确对象范围、参数设置，系统管理员应对打印进行良好的管理。

第九节　电子专门档案的存储、统计

一、电子专门档案的存储

（一）电子专门档案的存储及其基本要求

存储是指以经济、有效、安全的方式保护、存取和管理电子专门档案以便利用的过程。存储是电子专门档案管理的重要内容，其中包括从技术和智能两个方面来确保真实性文件得以长久保存而涉及的过程和行动计划。立档单位可从电子专门档案存储载体的寿命、存储容量、系统独立性和成本，存储条件和处理过程中载体的物理特性和化学特性，转换和迁移方案，防止非法利用、防止丢失或损坏、防盗、防灾等方面考虑电子专门档案的存储，以保证其在整个保存期内的可存取性、真实性、可靠性、完整性和可用性。

存储的基本要求包括：

（1）应为电子专门档案及其元数据的安全存储配置与电子记录管理系统相适应的在线存储设备。

（2）电子记录管理系统应依据档号等标识符构成要素在计算机存储器中逐级建立文件夹，分门别类、集中有序地存储电子专门档案及其组件，并在元数据中自动记录电子专门档案在线存储路径。

（3）在线存储系统应实施容错技术方案，定期扫描、诊断硬磁盘，发现问题应及时处置。

（二）电子专门档案的存储技术

电子专门档案的存储技术主要有在线存储、离线存储及近线存储等。

所谓在线存储是指存储设备安装在系统中，系统可直接访问数据的存储技术。电子专门档案在线存储设备主要包括磁盘、磁盘阵列等存储介质。采用这种存储技术，可满足电子专门档案用户对高利用率数据的频繁、高速操作的要求。

所谓离线存储是指存储设备经人工安装后，系统才能访问数据的存储技术。离线存储主要用于电子专门档案的数据备份，但其访问速度慢、效率较低。离线存储设备所采用的存储介质主要有光盘和磁带等。

所谓近线存储是指存储设备自动安装后，系统能够自动访问电子专门档案数据的存储技术。近线存储主要适用于不经常使用到或访问量不大的电子专门档案数据，通常需要较大的存储容量。近线存储设备包括光盘塔、光盘库、低端磁盘阵列、高端磁带设备等，寻址迅速、传输率高，但读取速度比在线存储慢。

（三）电子专门档案的复制及其主要技术

电子专门档案的复制是指在同种类型的载体上制作完全相同的电子专门档案的副本。例如，电子专门档案的备份副本可采用从光盘到磁盘（带）的方式进行。电子专门档案的复制，可根据电子专门档案的实际需要，采用转换、迁移与仿真等技术来实现。

所谓电子专门档案的转换是指在保证档案原有内容（信息）不发生变化的前提下，变更档案的载体形式或文件格式的技术。而迁移则是指在不改变电子专门档案格式的前提下，将电子专门档案由一种软硬件配置转移到另一种软硬件配置的技术。所谓仿真是指模仿电子专门档案产生时的软硬件环境，使电子专门档案能够以原始面貌（初始格式、版面与内容等）显示，功能性也能得到保护的技术。实践表明，电子专门档案的仿真有助于保护、辨认那些极大依赖特殊硬件与软件而又无法在新、旧技术平台间进行迁移的电子专门档案。

（四）电子记录管理系统存储的功能要求

从一般意义上讲，电子记录管理系统应考虑到存储介质和设备、存储格式及存储管理等方面的需求。

1. 存储介质和设备要求

存储电子专门档案的介质的理化性质应符合《电子文件归档和管理规范》《磁性载体档案管理与保护规范》等的要求。相关系统应能够提供基本的存储管理功能（或借助第三方软件），实现对存储介质的状态监控和报告。存储介质应在特定环境下使用和存储，以保证在该环境下介质能达到其预期寿命；在对存储介质的各项管理活动中（例如，在介质检测和更换过程中）不允许对文件安全造成损坏；支持存储介质的定期更新，以防止介质老化，定期更新信息应自动记录到系统中；提供基本的载体管理（包括防止载体过载、监测载体误码率及破损载体恢复工具）等。

2. 存储格式的一般要求

电子记录管理系统应记录格式转换的相关元数据信息（如原始格式、新格式、转换时间等）；报告文件及其组件的格式和版本，便于进行格式监控，控制格式过时导致的风险。此外，立档单位的电子记录管理系统也要考虑满足如下要求：

第一，选用符合《版式电子文件长期保存格式需求》（DA/T 47－2009）的文件格式用于长久保存。

第二，在存在多种格式的情形下，以原始格式与长期保存格式保存电子专门档案，并建立二者的关联。

第三，提供格式转换的能力，能按照要求的目标格式标准对电子专门档案进行批量转换，并支持以时间为条件触发格式转换工作流。

3. 存储管理的一般要求

电子记录管理系统应支持将电子文件及其元数据一起保存在电子记录管理系统中，并负责维护它们的关联；制定适当的存储规划以保证系统升级后电子专门档案的可用性与完整性；并保证在系统升级、文件迁移或转换、介质更新时没有数据丢失或损坏。

此外，用于存储电子专门档案的系统最好可以支持在线、近线与离线存储，并可对存储方式进行选择；支持集中式与分布式存储；允许电子文件在存储前进行压缩（压缩机制应可靠，对用户透明，与管理系统集成，不能破坏文件及其元数据）；允许管理员配置存储容量。

二、电子专门档案统计

（一）电子专门档案统计的概念

统计是指对与某一现象有关的数据的搜集、整理、计算、分析、解释、表述等活动。电子专门档案的统计则是根据国家或立档单位的实际需要，对电子专门档案的数量、质量、管理状况等开展的统计活动。根据《电子文件归档与电子档案管理规范》（GB/T 18894－2016）的要求，立档单位"可按档案门类、年度、保管期限、密级、卷数、件数、大小、格式、时长、销毁、移交等要素，对室藏电子档案数量等情况进行统计；按年度、档案门类、保管期限、卷数、件数、利用人次、利用目的、复制、下载等要素，对电子档案利用情况进行统计"。电子专门档案的统计一般采用统计报表的形式，集中而有序地表现统计结果。

（二）电子专门档案的统计表

电子记录管理系统应有效地满足这种统计表的功能需求。

统计表功能是指提供有关电子专门档案管理的各种统计信息和描述分析报告。统计表功能的强弱与系统功能、记录数量和用户的需求存在着很大的关系。

统计表通常可以分为两种形态：一种是常规统计表，另一种是自定义统计表。常规统计表是在系统中事先定义好的，可以定期或者不定期自动生成的报表，主要用于记录（档案）管理常规信息的统计。自定义统计表要求系统提供统计表设计和制作功能，并依据用户的特殊统计需求，设计、制作特殊的统计表。统计表功能不一定集中在一个统一的功能模块（或区域）中，可分散于各个业务功能模块中，在系统设计时可针对具体情况及系统设计的要求来确定。

用于电子专门档案管理的系统，应能够满足如下功能需求：

（1）提供统计表功能以生成相关统计数据信息及其他特定信息。

（2）限制一般用户生成报告、访问报告的权限。

（3）以图形化界面的方式为管理员或者授权用户提供报表自定义功能。

（4）提供各类形式的统计图形和图例功能。

（5）具有打印报告、以 HTML 页面的形式阅读报告和以 PDF 文件存储报告的功能。

此外，管理系统还可以考虑增加通过色彩、图形、图标的形式对统计信息加以注释说明的功能。

（三）电子专门档案的统计指标及统计模板

1. 统计指标的确定和选择

用于电子专门档案的基本统计指标应当包括：捕获某种专门文件总数量；特定时间段所捕获专门文件的数量；特定部门所捕获专门文件的数量；形成的案卷（子卷）的全部数量，特定案卷（子卷）中全部专门记录（档案）的数量；分类（子类）的全部数量，特定类（子类）中全部案卷（子卷）和专门记录（档案）的数量；不同开放等级的专门文件数量；特定类（子类）中不同开放等级的案卷（子卷）和专门文件的数量；特定案卷（子卷）中不同开放等级的专门记录（档案）的数量；不同保管期限的专门记录（档案）的数量；特定类（子类）中不同保管期限的案卷（子卷）和专门记录（档案）的数量；特定案卷（子卷）中不同保管期限的专门文件的数量；全部或者特定案卷（子卷）内文件目录列表；移交专门记录（档案）统计信息［移交记录（档案）所属时间、目录列表、数量、移交人员、接收人员、移交时间、移交前审核信息、病毒检验信息等］；销毁专门记录（档案）统计信息［销毁记录（档案）所属时间、销毁理由、目录列表、数量、销毁人员、销毁时间、销毁前审核信息等］；暂存文件统计信息［暂存记录（档案）所属时间、暂存延续时间、暂存理由、目录列表、数量、审核信息等］；特定时间段内借阅文件人次；特定案卷（子卷）内借阅记录（档案）人次；特定记录（档案）借阅人次；记录（档案）开放等级变更信息统计；记录（档案）保管期限变更信息统计等。

根据需要，还可以增加诸如不同格式的文件、记录（档案）数量和大小统计，全部记录（档案）的大小统计等指标。

2. 统计模板管理

为方便开展电子专门档案的统计工作，及时制作和捕获相应的统计模板，并对其进行有效的管理和应用，就成为相关电子记录管理系统的一项基本的功能选择。电子记录管理系统应具备的统计模板管理功能一般包括：能够捕获专门文件、记录（档案）目录统计表；能够提供开放等级变更统计表；能够提供保管期限变更统计表；能够提供文件、记录（档案）开放情况登记表；能够提供移交文件、记录（档案）统计表；能够提供销毁文件、记录（档案）统计表；能够提供续存文件、记录（档案）统计表；能够提供实体档案存放地点统计表；能够提供记录（档案）利用情况年（月）统计表等。

第十节　电子专门档案的保管、移交和安全管理

一、电子专门档案的保管

电子专门档案的保管应符合国家档案局《磁性载体档案管理与保护规范》的要求，采用专门的保护设备和保护技术措施。存储电子专门档案的载体应做防写处理；避免擦、划、触摸记录涂层；单片载体应装盒竖立存放，避免挤压；载体应存放在防光、防尘、防磁、防有害气体的装具中，应远离强磁场、强热源，并与有害气体相隔离；环境温度控制在 17℃～20℃，相对湿度控制在 35％～45％。重要的电子专门档案必须备份三套，异库异地保管。

各立档单位档案机构应定期对保存的电子专门档案进行抽样机读检验，磁性载体每满 2 年、光盘每满 4 年进行一次抽检，抽检率不低于 10％，并将检验结果填入《电子档案管理登记表》。如发现问题，应及时采取恢复措施。磁性载体上的电子专门档案，要每 4 年转存一次。原载体同时保留时间不少于 4 年。

各立档单位档案机构每年均要对电子专门档案的读取、处理设备的更新情况进行一次检查登记。如网络系统扩充或系统设备更新，应确认库存载体与新系统、新设备的兼容性。如不兼容，要及时对电子专门档案进行迁移操作。

对库存电子专门档案进行迁移操作前，要制订严密的迁移操作计划。库存电子专门档案必须在完整、准确和有保障的前提下进行更新复制。复制或补救新版后，旧版或有问题的载体仍需保存 3 年。档案人员应参与迁移工作，并填写《电子档案迁移登记表》。

二、电子专门档案的移交

各立档单位应适时将形成时间已满 5 年的（有特殊规定的除外）、属永久保管的电子专门档案移交至同级国家综合档案馆或专业档案馆（室）进行集中保管。保管条件达不到要求的单位，或有其他特殊情况的单位，经专业主管机关或档案行政管理部门同意，可提前移交。

电子专门档案的移交与接收，可采用在线与离线两种方式进行，各形成单位可根据实际情况选择确定移交与接收的方式。专门档案的形成单位在网络上移交电子专门档案时，应在专网或内网上进行，并要履行相应的交接手续。

形成单位在移交电子专门档案之前，应对涉及国家秘密的电子专门文件进行审核，对需要变更密级和解密的文件，应按照《中华人民共和国保守国家秘密法》（简称《保密法》）及其实施办法中的变更密级和解密的有关规定，进行变更密级和解密工作。对需要继续保密的电子专门文件，应明确其解密日期。

形成单位在移交电子专门档案之前，移交方与接收方均应对准备移交或接收的每套电子专门档案载体及其技术环境进行检验，合格率达到 100％时方可进行交接。

形成单位在进行离线移交电子专门档案时，应做到：存储载体外观完好、整洁无损；数据完整、内容准确、编目规范；记录的字节数、检索条目等著录项目与登记一致，手续完备；无计算机病毒。如果形成单位采用了某些技术方法保证电子专门档案的有效性和完整性，则应把这些技术方法和相关软件一同移交给接收单位。

国家综合档案馆或专业档案馆（室）在接收电子专门档案时，应核实电子专门档案真实性、完整性、有效性的检验记录及审核手续，核实登记表、软件、说明资料等是否齐全。对特殊格式的电子专门档案，应核实其相关的软件、版本、操作手册等是否完整。

国家综合档案馆或专业档案馆（室）在接收电子专门档案时，应按照要求及检验项目对电子专门档案逐一验收。检验不合格的，应退回形成单位重新制作，并再次对其进行检验，履行移交手续。

国家综合档案馆或专业档案馆（室）验收合格后，完成《电子档案移交、接收检验登记表》的填写、签字、盖章环节。登记表一式两份，一份交电子专门记录形成单位，一份由档案馆（室）自存。

撤并单位的电子专门档案应按规定向接管单位、同级国家综合档案馆或专业档案馆（室）移交。

三、电子专门档案的安全管理

电子专门档案的安全管理是为了防止对电子专门档案未经授权的访问、修改或删除而采取的管理手段和管理措施。其中主要的内容是跟踪审计管理和权限管理。

（一）电子专门档案的跟踪审计

跟踪是指捕获（撷取）、记录和维护电子记录管理系统、数字档案馆系统运转信息或电子专门档案运转和利用信息的过程。审计是利用跟踪过程中形成的信息检查电子专门档案状态的活动。

跟踪审计是对电子记录管理系统重要行为的记录，包括系统管理员、用户、系统自身的行为。它显示这些行为是否遵循规定，确保未被授权行为被识别和跟踪。但是，如审计所有行为，信息量会非常庞大，所以要允许系统管理员选择、决定跟踪审计的行为类型。

为实现电子专门档案的安全管理目标，各立档单位应在设计电子记录管理系统的过程中，注意满足和实现如下基本功能需求：

（1）记录跟踪功能。在记录捕获、登记、分类、利用、迁移和处置等环节跟踪文件的运转和利用过程。

（2）行为跟踪功能。记录对文件操作的具体行为，包括行为描述、行为步骤、行为对象、行为日期、行为人员等要素。

（3）系统管理员确定跟踪的行为对象功能。包括电子文件、案卷、全宗（或其他组合层次）、元数据等。

（4）系统管理员确定跟踪的行为功能。包括检索、创建、删除、编辑等，例如：文件的捕获，分类方案、保管期限表、处置协议等重要文件管理工具的编辑修改，处置行为的编辑修改，重要元数据的改变，用户管理活动，权限管理活动，文件删除或销毁，处置决定等。

（5）自动追踪记录功能。自动追踪记录跟踪审计事件的信息，并把审计信息作为文件的元数据。

（6）设置跟踪审计参数功能。让管理员设定自动记录的事件与行为。

（7）跟踪审计数据防篡改功能。确保在任何情况下，跟踪审计数据都不能被更改，或数据的任何部分都不能被任何用户（包括管理员）删除。

（8）跟踪审计活动的被记录功能。确保跟踪审计本身的设置和之后每一次重新设置都记录在跟踪审计中。

（9）跟踪审计的长期维护功能。要尽可能长时间地维护跟踪审计，至少是电子文件或其案卷的生命周期。

（10）跟踪审计数据可按要求审查功能。如按照事件、用户、文件、角色、时间等，以便当审计一个具体事件时，所有相关数据可被访问，不熟悉该系统的外部授权用户也可以完成相应操作。

（11）提供跟踪审计报告功能。能够从跟踪审计中挑出相关信息产生特定报告。

（12）记录文件及其元数据的任何注释与修改，并及时报警的功能。

（13）审计信息导出功能。审计信息易于按要求导出而不影响系统跟踪审计。

（二）电子专门档案的权限管理与备份

权限是指根据操作者身份所确定的职能、权利等，用于保证对电子专门档案的合法操作。电子记录管理系统应采用必要的身份识别技术，用于区分操作者角色和权限。具体的技术方法包括密码口令、IC身份卡、指纹识别技术、视网膜识别技术等。

备份是指将电子专门档案或电子记录管理系统的全部或部分复制或转换到存储载体或独立的系统上。备份的方式包括异质备份、同质备份，同城备份、异地备份等。立档单位可以根据实际需要，采用同城异质备份、同城同质备份、异地异质备份、异地同质备份等方式。

所谓异质备份就是将电子专门档案信息转换到其他类型的载体上。例如，将电子专门档案备份为纸质或缩微胶片就属于异质备份。异地备份是指将电子专门档案的备份件保存在不同地点。

为了有效地防范各种潜在的风险，立档单位应具有一定的数据复原能力，即从原始的字节流中恢复数据资源的原貌，并保证数据资源的可读性和可用性。数据复原包括数据灾难恢复、数据格式恢复等。但是，由于数据复原无法评估数据恢复的成果，故仅在长期保存方法无法发挥作用时才可以使用。

为了有效地保护立档单位电子专门档案的安全，应对突发灾难的降临，立档单位应进行有效的灾难备份，并具有一定的灾难恢复能力，制定相应的应急处置预案。其中，灾难备份是指为了应对突发灾难而对电子专门档案、电子记录管理系统、网络系统、基础设施、专业技术支持能力和运行管理能力进行备份的过程。灾难恢复是为了将电子专门档案、电子记录管理系统从灾难造成的故障或瘫痪状态恢复到可正常运行状态，并将其支持的业务功能从灾难造成的不正常状态恢复到可接受状态而设计的活动和流程。应急预案则是立档单位为保障电子专门档案的安全而制订的应急响应和灾后恢复的计划。

电子记录管理系统应能提供电子专门档案和元数据的定期备份功能，一旦系统瘫痪、崩溃而使文件丢失，通过备份能够恢复原有数据。具体的功能需求应包括：

（1）支持所有类、案卷、文件、元数据、审计跟踪信息和系统配置设置信息的自动备份和恢复功能，该功能或由系统自身提供，或由系统环境下和其有接口连接的设备提供，并能在需要时恢复。

（2）支持备份数据的独立物理存储。

（3）允许管理员指定备份周期，选择系统中相应数据进行备份，确定备份存储介质、系统或存放地点（离线存储、独立系统、异地备份等）。

（4）支持管理员在系统故障后利用备份恢复整个系统，以保证全部数据的完整性与业务的连续性。

（5）支持管理员在系统故障点利用最近的备份恢复整个系统的功能。

（6）支持通过备份和恢复功能还原审计跟踪信息，并将备份恢复信息记录在审计报告中。

（7）限定只有授权管理员才能恢复系统的备份。

（8）能确定不能恢复或重建更新的数据，并通知管理员。

本章思考题

1. 电子专门档案的概念是什么？

2. 电子专门档案的主要特点有哪些？

3. 记录连续体理论的主要思想内容是什么？
4. 电子专门记录的捕获要求是什么？
5. 电子专门记录的整理内容和系统功能要求是什么？
6. 电子专门档案的收集和积累要求是什么？
7. 电子专门档案的元数据管理要求是什么？
8. 电子专门档案的存储类型和要求是什么？
9. 电子专门档案的鉴定和处置内容及要求是什么？
10. 如何开展电子专门档案的检索和利用工作？

第四章

会计档案与会计档案管理

本章提要

会计档案是指单位在进行会计核算等过程中接收或形成的，记录和反映单位经济业务事项的，具有保存价值的文字、图表等各种形式的会计历史记录，包括纸本会计档案、电子会计档案等种类。本章着重说明和介绍了会计档案的定义、属性与特征、价值与作用，以及会计档案管理工作中的前端控制、收集、整理、鉴定和利用服务等工作环节的内容。在说明传统的会计档案管理理论和方法的同时，本章还介绍了电子会计档案的管理规则与基本方法。

第一节　会计档案的概念

一、会计档案的定义

会计档案的定义可以表述为：会计档案是指单位在进行会计核算等过程中接收或形成的，记录和反映单位经济业务事项的，具有保存价值的文字、图表等各种形式的会计历史记录，包括纸本会计档案、电子会计档案等种类。这一定义的基本含义如下：

第一，定义指明了会计档案的形成者——各种社会实践主体。会计档案形成者的社会广泛性，决定了会计档案来源的广泛性。可以说，只要是具有经济活动的地方，一般就会产生会计记录，形成会计档案。就人类社会的现状来说，社会上的会计类型是多种多样的，如农业会计、工业会计、商业会计、税务会计、事业单位会计、企业会计、保险会计、交通运输会计等等。从会计的专业属性来说，不仅有预算会计、管理会计、决算会计、责任会计，还有成本会计、涉外会计、国际会计等等。

第二，定义指明了会计档案的特定形成领域——会计核算专业活动。专门档案的突出特点之一，就是有明显的专业属性。在定义中指明会计档案的主要形成领域，可以使会计业务部门和档案管理部门更为有效地认识和把握会计记录［包括具有凭证性的会计文件(资料)、会计资料］的形成规律与特点，并且据此确定较为科学、合理的管理方案。

第三，定义指明了会计档案的价值属性特征——具有一定的保存价值。并非所有的会计核算资料都可以作为会计档案保存，否则就会出现“有文必档”现象。

第四，定义揭示了会计档案的本质属性——会计核算专业活动的历史记录。会计档案的管理实践表明，有一些会计记录、会计资料是伴随着会计核算专业活动直接形成的，有一些会计记录是在一定的会计核算专业活动之后编制或刻录的，但是，就总体而论，各种会计档案依然是会计核算专业活动过程及其结果的有机组成部分，其所承载的会计数据和会计信息也具有明显的凭证性特点。

第五，定义说明了会计档案的存在形式特征。《会计档案管理办法》（中华人民共和国财政部、国家档案局令第79号）的第三条规定："本办法所称会计档案是指单位在进行会计核算等过程中接收或形成的，记录和反映单位经济业务事项的，具有保存价值的文字、图表等各种形式的会计资料，包括通过计算机等电子设备形成、传输和存储的电子会计档案。"从中我们不难看出，会计档案的主要记录形式包括文字、图表等形态，其存在方式包括纸本和电子两种主要方式。

值得说明的是：《会计档案管理办法》中对"会计档案"的解释，从逻辑学角度看，是属于"界说"性质的说明，重点在于强调国家和单位管理会计档案的范围，而并非逻辑学上所讲的"定义"。另外，各单位在从事会计核算业务活动中所形成的或接收的"会计资料"，是会计行业的一种习惯性说法，这种"会计资料"并不是通常意义上的通过交流、购买、网络信息采集等方式获取的，仅具有会计业务活动参考价值的第二手资料，而是指围绕着相关单位的会计业务活动直接形成或接收到的第一手资料。基于此，本书在多数情况下会采用"会计记录"这种专业表达法，但为了便于人们理解《会计档案管理办法》，有时也会采用"会计资料"这种概念表达法。

二、会计档案的属性和特征

会计档案同其他门类的档案，都是人类社会活动的历史记录，为此它们都具有原生性、记录性、文化性、信息性、知识性、有机联系性、凭证性、真实性和可靠性等一般属性和特征。

会计档案作为一种专门性的档案资源，也具有自身的一些属性和特点。概括起来说，主要包括突出的专业性、形成过程的序时性、承载内容的严肃性（合规性）、数据记录的平衡性、会计记录与会计资料格式的规范性等。

（一）突出的专业性

与文书档案或党政档案相比，会计档案的产生领域和内容性质，都具有明显的专业性特点。首先，就会计档案的产生领域来说，各个单位的会计档案都是在本单位的会计核算活动中形成的，是这种专业性会计活动的一个有机的组成部分。会计档案是经济业务活动的重要依据，保证了"业务留痕"目的的实现，使各单位的经济业务活动具有了可回溯性和可追溯性、可审计性，同时也是开展经济活动、进行经济分析、开展经济研究、进行经济决策的重要根据和信息参考材料。其次，就会计档案的内容性质来说，无论是会计凭证、会计账簿还是会计财务报告及其他会计资料，无论是纸本会计记录还是电子会计记录，都具有反映和记录会计核算活动及其结果的专业特点。突出的专业属性，是会计档案最基本的特征，也是我们鉴别会计档案和文书档案的一个重要尺度。

（二）形成过程的序时性

总体而言，会计档案的形成过程具有明显的序时性特点。会计档案是按照会计年度逐年形成的，具有一定的时间连续性特点。从会计档案中的各种记录和资料的形成程序来看，有关单位在会计核算活动中首先形成的是会计凭证，而后根据会计凭证所提供的数据制作各种会计账簿或按要求生成各种会计账册，最后根据会计账簿或会计账册编制各种会计报表等会计财务报告。这些工作步骤环环相扣，依时顺序形成，否则就会违背会计法规和有关会计工作制度的要求。

（三）承载内容的严肃性（合规性）

会计档案作为对于国家和社会经济活动的历史记录，它所承载的内容是否严格按照有关会计工作立法、制度和规范来形成，直接关系到社会基础的稳定性。试想，如果所保存的会计档案的信息缺乏可信性或真实性，那么据此所制订的社会经济与发展计划、所做出的经济管理决策等等，都将难以科学有效地进行，甚至会给有关方面带来巨大的经济损失。为此，国家往往通过严格的会计立法、建立和健全会计管理业务准则、明确相关责任、加强会计审计和控制工作、强化从业人员的业务培训等措施，保证会计数据和会计活动信息的准确性、可靠性和真实性。从具体单位的角度来看，为了保证本单位正常的生产秩序和工作秩序、科研秩序等，各单位一般都从健全会计管理制度、明确责任目标、完善内部控制体系等方面，加强对会计文件（资料）、会计记录、会计资料的管理和控制，以保证会计档案所承载的信息、数据的完整性、准确性和合规性。

（四）数据记录的平衡性

会计档案的三种主要存在形式会计凭证、会计账簿和会计报告，所反映或记录的同一项经济活动或财政开支的记录数据必须相符，不能出现相互矛盾、弄虚作假、虚报或瞒报等方面的问题。在手工会计时代，由于会计人员的操作失误或有意识地篡改等方面的原因，往往会造成所记录和反映的有关数据的不准确或误差，从而引发会计凭证、会计账簿和会计报告所记录的数据之间的不平衡问题。在会计信息化的条件下，也会由于会计数据的录入不准确，会计系统操作人员的误操作，以及一些不法之徒有意篡改计算机系统程序或执行非法操作等方面的原因，造成各种相关会计核算数据的不平衡。

（五）会计记录与会计资料格式的规范性

为了严肃会计制度，保证会计核算工作正常有序地进行，各个国家、各个行业和各个地区与单位，都无一例外地详细规定了会计记录、会计资料的具体格式或范式。从历史上看，不同时期的会计档案的格式一般均有所不同，但是在一定的时间范围内，会计档案通常都是按照统一的规范格式形成的。会计记录、会计资料的名称、类型与它们所记录和反映的会计数据性质的高度一致性，也是会计档案与其他类型档案的主要区别之一。

实行会计核算信息化以后，产生了许多依附于计算机磁性介质的记录与资料，会计人员的所有日常工作以及历年会计档案的查找利用，均可在计算机上完成，这也给会计档案赋予了许多新的特点：

第一，会计信息的存储范围和领域的扩大化。信息化条件下的会计档案不仅承袭了纸本会计档案信息内容，而且还包括存储在计算机硬盘中的会计数据及其他磁性介质或光盘上的会计数据。信息化条件下的会计档案存储的会计信息的范围和领域得到了扩大。

第二，会计信息对软硬件环境的依赖性。传统的会计档案由于多采用模拟方式记录和存储会计信息和数据，因此一般具有直观可视性的特征；但是存储在磁性介质上的会计档案信息和数据则多采用数字方式来加以记录，所以必须在特定的计算机硬件与软件系统环境中才能够读取和利用。信息化条件下的会计档案的系统依赖性是这种新型会计档案的一个需要注意的特点。正因为如此，我们在注意留存相关的会计信息和数据的同时，更应当通过元数据方式保存反映其产生背景、内容、结构及管理历史的各种数据。

第三，存储介质的多样性。信息化条件下的会计档案的载体除了传统意义上的纸张外，更主要的是磁性介质（磁带和磁盘）和光盘。

第四，会计信息的易复制性和易更改性。信息化条件下的电子会计档案所记录的信息和数据等，具有易遭破坏、篡改，但却难留痕迹的特征；同时它们又受介质的质量、存放环境、存储信息的有效期等因素的影响。因此，对信息化条件下的电子会计档案保管的安全性、完整性要求，比对纸本会计档案的要求更高。

第五，信息化条件下的会计档案的现代化管理要求更高。一般来说，实行会计信息化的时间越长，会计档案涉及的计算机财务软件的版本数量越多，电子会计档案也就越需要采用合理的理论和方法，进行更为系统的科学管理。

三、会计档案的价值、功能和作用

（一）会计档案的价值概念及其构成

会计档案的价值，是指会计档案对人类社会的现实实践活动和长远的历史文化建设所具有的积极意义。它是由各种有用性和有益性构成的一个概念体。但是应当注意的是，会计档案价值的产生根源，是各种会计记录、会计资料的形成者以及会计档案管理者等社会活动主体的各种有效付出的凝结。其中包含了这些社会主体的创造性劳动、智慧、经验、知识、辛劳等。因此，会计档案的价值实质上反映了广大会计工作者、档案工作者同其他社会实践主体之间的一种互动关系。认识到会计档案价值的这种本质规定性，对于我们重视会计人员和会计档案人员等社会群体所承担职责的社会存在必要性，是十分有益的。

会计档案的价值构成，主要包括以下几个方面：

（1）会计档案是制订财务计划的重要数据源；

（2）会计档案是进行科学经济决策的信息源；

（3）会计档案是维护正常经济、工作秩序的法定证据，是实施会计审计、会计监督的必要条件，也是促成新经济活动的信息支持源泉；

（4）会计档案是研究社会经济文化存在与发展规律的重要文献源；

（5）会计档案是开展历史研究的记忆库；

（6）会计档案是储备会计工作经验、技术、智慧和教训的知识库。

（二）会计档案的功能

会计档案的功能，就是指它对其形成单位或社会的经济管理活动和历史文化建设等所具有的作用能力。在潜在的条件下，会计档案的功能是中性的，没有利弊、积极与消极之分。但是在显现的条件下，会计档案的功能则会以一定的作用形式表现出来，并且具有一定的倾向性，同时也会具有利弊、好坏之分。会计档案的基本功能包括：

（1）原始凭证功能；

（2）历史查考功能；

（3）历史记忆功能；

（4）维护经济秩序的功能；

（5）促成新业务产生的功能。

（三）会计档案的作用

会计档案的作用是会计档案功能的具体体现，主要包括以下几个方面：

1. 信息保障作用

会计档案为国家经济建设实行综合平衡和制订国民经济发展计划，反映和考核国民经济各部门有关计划和预算的执行情况，提供重要的信息。会计档案可以为制订经济计划、进行经济可行性研究、开展科学的经济决策、有效地领导经济工作等，提供各种有用的数据和信息；同时，会计档案也可以为研究国家的经济建设活动规律和特点，为合理的经济政策的制定等工作，提供重要的数据和信息资源。

2. 维系管理作用

会计档案是保护国家财产，打击经济领域犯罪活动和反对不正之风的有力工具。会计档案的这种突出的维系管理作用，已经得到了世界各国政府的广泛重视。各国政府还通过建立和健全有关的会计工作法律、法规、制度、规范等，保证会计档案内容信息的可靠性、完整性和系统性，以便充分发挥会计档案的这种作用。

3. 监督检查作用

会计档案是监督、检查和维护国家财政纪律，确保国家利益不受侵犯的重要凭据。实践经验表明，会计档案对保护国家财产、监督国家财务制度和财经纪律的执行情况、查处违法经济案件、打击经济领域的犯罪活动等，都具有重要的凭据作用。

4. 经济、历史研究作用

会计档案是研究经济和财政历史的可靠史料。会计档案是管理经济活动的历史真实记录，它的经济与历史研究作用，就是充分地开发利用高质量的会计信息资源，通过缜密的分析，总结与探索国民经济发展的经验、成果及教训，发现规律和所存在的问题，从而有针对性地进行相应的调整，正确地制定出一定时期的经济与社会发展战略、发展规划、发展方案。诚然，会计档案作为社会经济历史的真实记录，作为社会记忆的一个有机的组成部分，也是“今世赖之以知古，后世赖之以知今”的不可或缺的宝贵史料资源。

5. 凭证、查考作用

会计档案是机关工作、企业管理工作的必要手段和工具。会计档案的凭证作用，是由会计档案的特点决定的。从会计档案的形成过程来说，它是在各种会计核算活动中自然形成的，记录和反映了各个单位财政收支、资金使用及周转等活动的具体过程信息。它对任何依法建立的、相对独立的社会实践主体的经济活动和财务开支情况，都有明确的记录和反映。因此，会计档案是各个单位从事经济管理活动和财政管理活动的重要凭据或历史证据。会计制度不健全、会计档案管理混乱的单位，常常会由于缺乏充分的会计核算证据而蒙受不应有的经济损失，有的企业单位甚至会因此而面临破产的危险。相反，已经建立了正常的会计管理制度并能够认真组织施行的单位，不但其会计档案完整、系统，而且也能据此有效地保证其正常的工作、生产或科研秩序，及时地解决问题、化解各种经济业务纠纷和矛盾。

会计档案的查考作用也是会计档案在机关、组织、企业、事业单位工作管理中的一项重要作用。因为会计档案之中蕴藏着十分丰富的经济、财务、资金来源和利用等方面的数据和信息资源，所以它可以为各有关单位进行经济决策、制订科学合理的财务工作计划，提供可信的查考信息依据。

第二节　会计档案人员对现行会计记录、会计资料的监督与控制

一、会计档案人员对现行会计记录（资料）监督与控制工作的依据

（一）理论依据

会计档案人员对会计记录（资料）的形成、积累、整理和归档工作进行监督，有着坚实的理论依据。会计信息的运动规律表明，任何载体上存储的会计核算信息都具有一定的生命活动周期，而且处于不同运动和发展阶段上的会计信息所具有的功能和作用形式、作用发生的频率等，也是有一定区别的。一般认为，会计信息的运动生命周期可以划分为三个阶段，即会计信息的产生与形成阶段、会计信息的暂时保存阶段、会计信息的销毁或长期保存阶段。其中第一个阶段是会计信息频繁发挥作用的活跃期，第二个阶段是会计信息发挥作用的半活跃期，第三个阶段是会计信息的销毁期或保存期，主要供日后的经济与历史研究使用。为了保证作为会计档案保存的会计信息具有较高的质量（如完整性、系统性和可靠性等），会计档案管理人员必须切实地履行监督和指导职责，加强对会计记录（资料）的形成、积累、整理和归档工作的指导。

文档一体化理论是会计档案人员对会计记录（资料）等会计信息实行有效管理控制的重要理论依据之一。

（二）实践依据

实践工作的经验也表明，如果会计档案人员始终处于会计信息管理和控制的“后台”，而对会计记录（资料）和现行的会计文件（资料）的设计、形成、积累、平时使用，以及整理和归档等“前台”的工作漠不关心、缺乏认识、疏于监督和控制，那么就很难切实地保证会计档案及其所承载信息的完整性、系统性和可靠性。

（三）法规制度依据

实行有效的前端控制，会计档案机构和会计档案人员还必须以相关的法规制度为依据。其中最为重要的依据就是《中华人民共和国会计法》（以下简称《会计法》）以及《会

计档案管理办法》等法规性文件。《会计法》的第二十三条规定：各单位对会计凭证、会计账簿、财务会计报告和其他会计资料应当建立档案，妥善保管。为了实现这一规定的目标，档案机构和档案人员必须了解会计记录（资料）或会计信息的前期形成和管理与控制方面的情况，这样才能实现建档目标，实现对会计信息记录的有效管理。

二、信息化条件下的会计记录（资料）信息的有效前端控制

在信息化条件下，传统的会计档案管理理论和方法已经显现出一定的不适应性。为此，我们必须认真了解和掌握信息化条件下会计档案信息及其管理的新特点，及时对会计档案的管理理论和方法进行补充和完善，才能使该理论具有实践的品格，才能使其发挥对会计档案管理实践的指导作用。那么，会计记录信息管理系统与传统的手工会计系统相比，具有哪些特点呢？

第一，会计记录信息管理系统缺乏交易处理痕迹。由于以往手工会计系统中严格的凭证制度在信息化会计系统中逐渐削弱甚至消失，凭证所起到的较强的控制功能会逐渐弱化，其中部分交易几乎不会留下什么痕迹。这种问题的存在，无疑给会计信息的有效控制带来了一定的难度。

第二，内部控制的程序化使得内部控制具有一定的依赖性，同时也增加了会计记录信息管理系统差错反复发生的可能性。信息化系统中内部控制具有人工控制与程序控制相结合的特点。信息化系统的许多应用程序中都包含了一定的内部控制功能。这些程序化的内部控制功能的有效性取决于应用程序，如果程序发生差错或不起作用，人们的依赖性以及程序运行的重复性就会使失效控制长期不被发现，从而造成系统在特定方面发生错误或违规行为的可能性增大。

第三，会计记录信息管理系统的交易授权及其执行与手工会计系统存在差异。授权、批准控制是一种常见的、基础性的内部控制。在手工会计系统中，一项经济业务的每一环节都要经过具有相应权限人员的签章。但在会计记录信息管理系统中，有关业务人员则可利用特殊的授权文件或口令，获得某种权力或运行特定程序，由此引起失控而造成损失的案件不胜枚举。例如：业务人员被客户收买，非法取得他人口令绕过批准程序开出销售提单；非法核销客户应收款及相关文档；窃取公司顾客订单密码信息，开出假订单，骗走公司产品等。

第四，信息化条件下的会计档案信息的控制范围扩大了。传统的内部控制主要针对交易处理，而在信息化条件下，由于系统建立和运行的复杂性，内部控制的范围相应地扩大了。它包含了传统手工系统所没有的控制内容，如修改程序、系统权限、网络系统安全等方面的控制等。

第五，在会计记录信息管理系统中，会计信息存储数字化。我们知道，以文字、图像、声音等模拟方式记录的信息，通常具有可直接识读性。但在信息化系统下，会计档案信息以电磁数字信号的形式存储在光磁介质中，不能直接识读，并且很容易被篡改或删除而不会留下任何痕迹；此外，电磁介质易受损，所以会计档案信息也面临着丢失或毁坏的威胁。

第六，网络技术的发展及其在会计活动中的进一步应用，带来了许多新问题。网络技术无疑是目前 IT 发展的方向，会计记录信息管理系统也不可避免受到其影响，特别是互

联网在财务软件中的应用，对会计记录信息管理系统的影响将会是革命性的。目前财务软件的网络功能主要包括远程报账、远程报表、远程审计、网上支付、网上催账、网上报税、网上采购、网上销售、网上银行等，实现这些功能就必须有相应的控制，从而形成会计记录信息管理系统内部控制的新问题。

针对上述种种新问题、新矛盾，我们认为必须采取相应的对策和措施，及时调整我们的传统管理理念、管理原则、管理方法等，努力探索信息化条件下会计档案信息的有效控制措施和办法。会计记录信息管理系统环境下的内部控制，应当包括以下几个方面的主要内容。

（一）会计记录信息管理系统的一般控制

一般控制是指对任何一个会计记录信息管理系统都普遍适用的，为确保系统的安全可靠而对系统的构成要素（硬件、软件、操作人员）及其环境实施的控制。其具体工作内容有：

1. 组织与管理控制

组织与管理控制是指通过机构设置、工作分工、岗位职任的制定、权限的划分等形式施行的控制。其基本目标是通过建立恰当的组织机构和职责分工机制，达到相互制约、相互牵制、防止或减少错误与舞弊发生的目的。对系统管理岗位和审核岗位的控制尤为重要。系统管理主要负责系统的硬软件管理工作，从技术上保证系统的正常运行，具体包括：掌握网络服务器及数据库的超级口令，负责网络资源分配，监控网络运行；按照主管人员的要求，对各岗位分配权限、对数据的安全保密负责；负责对硬件、软件、数据的管理与维护工作。系统管理岗位应保持相对稳定，若有变动应办理严格的交接手续。审核岗位主要负责监督计算机及信息化系统的运行，防止利用计算机进行舞弊，具体包括：审查机内会计数据与书面会计文件（资料）或会计记录的一致性；监督会计数据保存方式的安全性、可靠性和合法性，防止发生非法修改历史数据的现象；对系统运行各环节进行审查，防止存在漏洞等。

2. 应用系统开发、建立和维护控制

应用系统开发控制是针对系统开发阶段而言的，具体包括：系统开发前应进行可行性研究和需求分析；开发过程应进行适当的人员分工；按规范收集和保管有关系统的文档信息并加以保密等。系统建立控制则是针对系统建立阶段而言的，具体包括：资源的适当配置；系统的调试应有各岗位人员的参与；新的系统应与传统系统并行一段时间并经有关部门审批后才能替代传统系统使用；严格的验收程序等。系统的维护是指日常为保障系统正常运行而对系统硬软件进行的安装、修正、更新、扩展、备份等方面的工作。系统维护控制就是针对这些工作而实施的控制。

3. 系统软件控制

系统软件控制是指为保证系统软件运行正常而预先在系统软件内部设计的各种处理故障、纠错、保证安全的控制。

4. 系统操作控制

系统操作控制主要表现为操作权限控制和操作规程控制两个方面。操作权限控制是指每个岗位的人员只能按照所授予的权限对系统进行作业，不得超越权限接触系统。系统应制定适当的权限标准体系，使系统不被越权操作，以保证系统的安全性。操作权限控制常采用设置口令等方式来实现。操作规程控制是指系统操作必须遵循一定的标准操作规程进行。标准操作规程包括软硬件操作规程、作业运行规程、用机时间记录规程等。

5. 数据和程序控制

数据和程序控制主要是指对数据、程序的安全控制。程序的安全与否直接影响着系统的运行，而数据的安全与否关系到会计档案信息的完整性、可靠性和安全保密性。数据控制的目标就是做到在任何情况下，数据都不会丢失、损毁、泄露或被非法侵入。常用的控制包括接触控制、丢失会计档案数据的恢复与重建控制等。数据的备份是数据恢复与重建的前提，是一种常规的数据控制手段。在网络环境条件下，我们可利用两个服务器进行双机镜像映射备份。

程序的安全控制是要保证程序不被修改、不被损毁、不被病毒感染。常用的控制包括接触控制、程序备份等。接触控制是指非系统维护人员不得接触到程序的技术资料、源程序和加密文件，从而减少程序被修改的可能性；程序备份则是指有关人员要注明程序功能后备份存档，以备系统损坏后重建安装之需。程序的安全控制还要求系统使用单位制定具体的防病毒措施，包括对所有来历不明的介质在使用前进行病毒检测，定期对系统进行病毒检测，使用网络病毒防火墙以防止日益猖獗的网络病毒侵入等。

6. 网络的安全控制

网络安全性指标包括数据保密、访问控制、身份识别、不可否认和完整性。

（二）会计记录信息管理系统的应用控制

应用控制是对会计记录信息管理系统中具体的数据处理活动所进行的控制。应用控制可划分为输入控制、计算机处理与数据文件控制和输出控制。

1. 输入控制采用的控制方法

主要包括：建立科目名称与代码对照文件，以防止会计科目输入错误；设计科目代码校验，以保证会计科目代码输入的正确性；设立对应关系参照文件，用来判断对应账户是否发生错误；试算平衡控制，对每笔分录和借贷方进行平衡校验，防止输入金额出错；顺序检查法，防止凭证编号重复；二次输入法，将数据先后两次输入或同时由两人分别输入，经对比后确定输入是否正确等。

2. 计算机处理与数据文件控制采用的控制措施

包括：登账条件检验，即系统要有确认数据经复核后才能登账的控制能力；防错、纠错控制，即系统要有防止或及时发现在处理过程中数据丢失、重复或出错的控制措施；修改权限与修改痕迹控制，即对已入账的凭证，系统只能提供留有痕迹的更改功能，对已结账的凭证与账簿以及计算机内账簿生成的报表数据，系统不提供更改功能等。

3. 输出控制采用的控制措施

包括：只有具有相应权限的人才能执行输出操作，并要登记操作记录，从而达到限制接触输出信息的目的；打印输出的信息记录要进行登记，并按会计档案要求保管。

第三节　会计档案的收集

会计档案的收集，就是按照国家有关法律、法规和制度的要求，将具有一定保存价值的会计记录（资料）整理归档，定期移交给档案机构集中管理的一项档案业务活动。

一、会计档案收集的一般要求

首先，会计档案收集必须贯彻执行“统一领导、分级管理”的基本原则。

会计档案必须集中统一管理，不能分散存放，这是会计档案收集工作的最基本的要求。以个体形式形成的会计文件（资料）、会计记录（资料），只有通过会计人员和会计档案管理人员的创造性劳动，按照会计记录（资料）的形成规律加以集中和系统化，才能成为以有机体形式存在的会计档案。残缺不全的会计档案，往往会因为其赖以生存和发挥作用的有机体受到致命的损伤，而使其现实证据价值和历史研究价值大打折扣，甚至丧失其本应具有的利用价值。

其次，会计档案的收集活动必须自觉地遵循会计档案的形成规律。

会计档案作为社会的一种重要的信息资源，其所承载的信息也同样要经历信息作用的活跃期、半活跃期和不活跃的保存期或死亡期等几个基本的运动阶段。为此，我国应当根据会计档案信息的存在和运动规律，合理地确定会计记录（资料）的集中工作方案或工作计划，选择恰当的时机、合理的人员、适当的机构来完成该项任务。一般来说，在会计信息的活跃期和半活跃期，由于会计部门和会计人员、审计机构和审计人员都需要较为频繁地查阅使用所形成的会计记录（资料）或会计档案，所以将会计记录（资料）的最初收集和保管工作交由会计人员或会计机构来完成，而由会计档案人员履行业务监督和指导等方面的职责，常常会实现较好的管理效果。因为这样做既可以充分发挥会计部门和会计人员熟悉业务及会计记录（资料）来龙去脉的优势，以及档案人员熟悉档案管理要求和相关管理制度、管理规范的优势，同时也可以为现实的会计工作和审计工作对档案的频繁利用，创造就近查找、随时使用的方便条件。

改革开放以来，我国的会计核算工作已经摆脱了过去的那种事后记录、计算和反映范围狭隘的局面，形成了一个包括预测、计划、控制、计算、考核、分析等环节的较为完整的经济核算体系。会计档案正是在各种经济管理、生产管理、经营销售、预算决策的会计活动中逐件积累形成的，具有一定的形成规律和特点。这就要求会计档案的管理人员，包括会计人员和档案人员认真研究会计档案的形成过程和规律、特点，并自觉地遵循所洞悉到的规律性认识结果，科学地、及时地、有效地组织会计记录（资料）的集中、收集归类、整理立卷、适时移交等工作。

再次，会计档案的收集工作必须保证会计档案的齐全完整、信息准确。

我国经济建设的发展需要客观、系统、准确的信息服务，如果各立档单位的会计档案信息内容不完整、不系统、不准确，就会给有关的经济管理决策及科学合理的经济与社会发展计划的制订等工作造成障碍，同时也会使有关企业、事业单位的“愿景”的实现成为泡影。为此，会计档案的收集就显得格外重要，因为只有齐全、完整、系统、准确的会计信息，才能确保各项经济管理工作、事业管理工作健康有序地进行。

最后，会计档案的收集工作要注意质量优化、成分充实。

会计档案收集工作不仅要注意归档会计档案的数量是否齐全完整，而且也要注意所接收或集中的会计档案的质量是否优化，成分是否充实。只讲数量不讲质量、不讲成分的做法，常常会出现“有文必档”的现象，造成会计档案体积的膨胀，浪费国家有限的管理经费，同时也会造成人力资源的空耗。为此，必须通过收集工作把好会计档案的入口关，对不具有档案价值的会计文件、会计记录、会计资料等及时加以处置。另外，质量优化还体现在维护会计记录（资料）之间的有机的历史联系方面。如果收集来的会计档案之间缺乏一定的历史有机关联性，就会给日后的保管和利用带来一定的混乱。

二、会计文件（资料）的归档制度

会计文件（资料）的归档制度是确保一个立档单位会计档案系统积累和质量的一项重要的业务制度。该项业务工作制度的建设必须明确规定两个方面的基本内容：其一就是要规定相关的业务工作内容，解决做什么的问题；其二就是要规定完成归档工作事项的相关保证措施，解决如何做到的问题。在以往的理论和实践之中，我们对于第一个方面的问题解决得较好，但是对第二个方面的问题却往往有所忽视。实践证明，凡是两个方面的内容兼备的会计文件（资料）归档制度，一般都会产生良好的实践效果。相反，如果没有相关的保证措施，该项制度就会流于形式，不能真正起到有效的规范和控制作用。

（一）会计文件（资料）归档制度的一般内容设计

会计文件（资料）的归档制度内容可以分为归档范围、归档时间、归档要求、归档份数和归档手续等。

1. 归档范围

就是哪些会计记录和会计文件（资料）可以作为会计档案保存，哪些会计记录、会计文件（资料）不能作为会计档案保存。一般来说，根据会计档案鉴定标准（保管期限表）的规定，具有一定保存价值的会计凭证、会计账簿、会计报告及其他会计记录（资料），均应作为会计档案保存。归档的会计记录和会计文件（资料）主要来源于财政机关的总预算会计、单位预算会计、建设银行会计、机关经费会计、税收机关会计、建设单位会计，以及企业、事业单位会计。会计记录和会计文件（资料）的归档范围，主要包括财政部和国家档案局发布的《会计档案管理办法》所规定的四类会计记录和会计文件（资料）。具体来说，以下类型的会计记录和会计文件（资料），均应归档保存。

（1）会计凭证，包括原始凭证、记账凭证；

（2）会计账簿，包括总账、明细账、日记账、固定资产卡片及其他辅助性账簿；

（3）财务会计报告，包括月度、季度、半年度、年度财务会计报告；

（4）其他会计资料，包括银行存款余额调节表、银行对账单、纳税申报表、会计档案移交清册、会计档案保管清册、会计档案销毁清册、会计档案鉴定意见书及其他具有保存价值的会计资料。

同时满足下列条件的、单位内部形成的属于归档范围的电子会计文件（资料）可仅以电子形式保存，形成电子会计档案：

（1）形成的电子会计文件（资料）来源真实有效，由计算机等电子设备形成和传输；

（2）使用的会计核算系统能够准确、完整、有效地接收和读取电子会计文件（资料），能够输出符合国家标准归档格式的会计凭证、会计账簿、财务会计报表等会计文件（资料），设定了经办、审核、审批等必要的审签程序；

（3）使用的电子档案（记录）管理系统能够有效接收、管理、利用电子会计档案，符合电子档案的长期保管要求，并建立了电子会计档案与相关联的其他纸质会计档案的检索关系；

（4）能够采取有效措施，防止电子会计档案被篡改；

（5）建立电子会计档案备份制度，能够有效防范自然灾害、意外事故和人为破坏的影响；

（6）形成的电子会计文件（资料）不属于具有永久保存价值或者其他重要保存价值的会计档案。

在满足上述规定条件的前提下，单位从外部接收的电子会计文件（资料）中，附有符合《中华人民共和国电子签名法》规定的电子签名的，可仅以电子形式归档保存，形成电子会计档案。

值得注意的是，为了保证这些会计档案的可读性，必须在归档时注意将相关的支持软件及其说明材料等一并归档保存。

不需要作为会计档案归档保存的文件材料主要包括：

（1）为参考需要而交流或购买来的会计业务材料；

（2）不属于会计档案性质的文件或记录材料，如财会部门经办的有关财会工作的方针、政策、制度、预算计划、工作总结、工作报告，以及其他来往文书等，都不属于会计档案范围，而应当按照文书档案的管理办法进行管理；

（3）所有打印或复印的会计记录或文件的废件。

2. 归档时间

就是会计人员或会计机构应当向本单位档案人员或档案部门移交整理好的会计档案的时间。

一般情况下，当年形成的会计档案，在会计年度终了后，可由单位会计管理机构临时保管一年，再移交单位档案管理机构保管。特殊情况下，因工作需要确需推迟移交的，应当经单位档案管理机构同意。单位会计管理机构临时保管会计档案最长不超过三年。在临时保管期间，对会计档案的保管应当符合国家档案管理的有关规定，且出纳人员不得兼管会计档案。

3. 归档要求

就是对会计文件（资料）归档的职责，以及会计档案保管单位的质量等所提出的相关要求。一般性的归档要求是：归档的会计文件（资料）、会计记录应齐全完整，保持文件（资料）之间的有机联系，适当区分保存价值，便于日后会计档案的保管和会计档案信息资源的开发利用。具体性的要求，各个立档单位可以根据本单位的具体情况，以及会计文件（资料）、会计记录的产生和形成的规律和特点加以规定。但是，一般应当包含如下几个方面的内容：

（1）单位会计管理机构在办理会计档案移交时，应当编制会计档案移交清册，并按照国家档案管理的有关规定办理移交手续。

（2）未设立档案机构的单位，应当在会计机构内指定专人保管需要归档的会计档案。

（3）出纳人员不得从事会计档案的归档工作，更不能兼管归档的会计档案。

（4）纸质会计档案移交时应当保持原卷的封装。电子会计档案移交时应当将电子会计档案及其元数据一并移交，且文件格式应当符合国家档案管理的有关规定。特殊格式的电子会计档案应当与其读取平台一并移交。单位档案管理机构接收电子会计档案时，应当对电子会计档案的准确性、完整性、可用性、安全性进行检测，符合要求的才能接收。

（5）按照会计制度的统一规定，年终在办理决算以后，会计凭证、会计账簿、财务报告等应一律归档保存，以备查询。

（6）归档的会计文件（资料）和记录，必须经过鉴定并划定合理的保管期限。

（7）需要整理的会计文件（资料）和记录，必须按照国家的有关要求认真整理好。

（8）归档会计文件（资料）和记录的制成材料和书写材料必须符合档案安全保护的要求。

（9）财会部门和经办人必须按期将应归档的会计档案全部移交档案部门，不得擅自封包保存。

（10）档案人员或档案部门必须按期接收会计人员或会计机构移交来的会计档案，并进行仔细清点和检查，不得借故推诿拒收。

（11）与纸质会计文件（资料）、记录有关联的其他载体形式或介质的会计数据和会计信息的记录，如磁盘、磁带、光盘、缩微胶卷、缩微平片、会计电子文档的支持软件，以及检索工具、数据库文件等，也应一并移交。

（12）必须经常对计算机硬盘上的数据建立备份。一般每月不得少于一次。不得直接对硬盘上的会计数据和作为正式会计档案的备份磁盘或磁带上的会计数据进行任何非法操作，不得随意删除硬盘和软盘上的会计数据，如果恢复计算机系统的数据，必须使用最新的备份文件。

（13）必须妥善保管好会计数据的备份文件，备份用的磁盘应贴上写保护标签，并用印章或封条签封，由专人负责保管，备份文件应置于安全、洁净、防热、防潮、防磁的环境中，并定期进行转存，存储有会计数据的计算机硬盘和备份文件不得随意放置或外借使用。

4. 归档份数

是指归档的会计文件（资料）、会计记录的实际份数。一般性质的会计文件（资料）和会计记录，只要归档一份即可。但是特殊的会计档案，一般应留有安全副本或备份文件，以防不测。

5. 归档手续

会计档案形成后应首先在会计机构保管一年，期满后应当由会计机构编制移交清册，移交本单位档案机构统一保管，未设立档案机构的，应当在会计机构内部指定专人保管。在移交会计档案时，交接双方必须按规定履行一定的移交手续，具体做法是：档案人员应当根据会计档案移交清册，详细清点案卷；经认真核对无误后，交接双方应在会计档案移交清册上履行签字手续，交接双方各存一份，具体格式参见表 4-1。

表 4-1　　　　**移交清册**

单位名称

档案年度

保管年限

年　　月　　日　　第　　页

编号	档案题名	册数	页数	档案装具（柜、箱、架）号	保管期限	备注

移交单位　　　　接收单位

经手人　　　　经手人

（二）会计文件（资料）归档制度的保证措施设计

会计文件（资料）归档制度的保证措施的设计，是为了有效地保证上述各项规定事项能够得到切实的贯彻施行。一般情况下，应将有关类型的会计记录或会计文件（资料）的积累和归档，纳入会计人员的岗位职责范围，把归档工作落实到人，以保证归档的会计档案的质量。具体分工各单位可以根据具体情况加以确定。例如，各种会计凭证，可以规定由出纳、会计主管或制证员负责积累和归档；总账由主管会计人员归档；现金账由出纳会计员归档；银行账由银行会计员归档；各种明细分类账由会计员负责归档；会计报表由主管会计或会计机构负责人负责归档；会计软件文件、电子会计文件等由程序设计员负责归档；会计档案鉴定方案、移交清册、保管清册、销毁清册、保管期限表等，由会计档案员负责归档。

（三）会计核算系统中电子会计档案收集管理制度

单位的会计档案包括贮存在磁盘（软盘和硬盘）上的会计文件（资料）和会计凭证、会计账簿、会计报表等书面形式的会计核算文件。

会计核算系统内数据文件及其备份和作为会计档案打印输出的各种凭证、账册、报表，应按有关财会制度使用、收集。

1. 现金记账凭证及日记账的输出及收集

现金收（付）业务要做到当日业务当日清。现金记账凭证一律由专职会计人员手工做记账凭证，审核无误后当日输入计算机并打印出现金日记账页，审核后交现金出纳人员核对现金库存，相符后出纳员及主管负责人在账页上盖章，按月编页码装订成册加盖封印，年终将各月现金日记账按顺序装订成册，加盖封印，妥为保管。

在满足《会计档案管理办法》（第七、八、九条）等相关规定的前提条件下，也可仅以电子的形式保存。

2. 银行记账凭证、账册的输出与收集

银行记账凭证分机制凭证和手编记账凭证两种，有关财务人员必须及时把经审核无误的原始凭证或手编记账凭证当日输入计算机并打印银行日记账页，以保证银行出纳当日业务当日清算，银行账页经银行出纳审核无误后，出纳和主管会计签字盖章，按月装订成册，年终将各月银行日记账按顺序装订成册，并加盖封印，妥为保管。

在满足《会计档案管理办法》（第七、八、九条）等相关规定的前提条件下，也可仅以电子的形式保存。

3. 转账凭证的输入、输出与收集

转账凭证包括手编凭证与机制凭证两种，有关会计人员应及时将审核无误的原始凭证或手工编制的记账凭证输入计算机。机制凭证在输入计算机后要打印出来，并与手编凭证同样装订成册，妥为保管。

在满足《会计档案管理办法》（第七、八、九条）等相关规定的前提条件下，也可仅以电子的形式保存。

4. 科目汇总表、账表打印时间

现金、银行日记账每天打印。银行余额调节表每月打印一次。总分类账和各明细分类账每月打印一次。现金、银行存款、转账记账凭证的科目汇总表每月打印一次，并同该本记账凭证一起装订。

5. 打印输出与签章

由机器打印输出的会计档案发生缺损时，必须补充打印，并要求操作人员在打印输出的账页上签字盖章，由财务主管签字盖章认可。

6. 数据备份收集

由于会计核算数据的重要性，必须经常进行备份工作，以避免意外和人为错误造成数据的丢失；发生会计数据丢失时，必须及时用备份数据进行恢复。

在日常工作中，应准备三套软盘循环使用，隔日进行备份，以避免意外和人为错误造成对工作的干扰。

需要做备份的会计文件包括系统设置文件、科目代码文件、期初余额文件、本月账务文件、报表文件及其他核算子系统的数据文件。

会计核算系统内凭证及总分类账、明细分类账、报表应视同会计文件（资料）按月做两套软盘备份，交会计档案保管员分别放置在不同的地方妥为保管。

7. 电子会计档案的集中管理

会计档案存档手续：打印输出的凭证、账册、报表，必须有会计主管的签章才能存档保管。

为了保证备份数据的安全，备份软盘必须贴上写保护标签，装入盘套，存放在安全、洁净、防热、防潮、防磁的场所。

由打印输出的凭证、账册、报表等书面形式的会计档案按《会计档案管理办法》规定的保管期限和管理办法管理。

随计算机配置而来的操作系统、各类应用程序软件以及购买的商品化会计核算系统软件，以及上述软件的备份磁盘，必须作为会计档案保管。

各类会计档案的出借，必须经过会计主管审批同意并签章，如果对备份磁盘的操作可能危及该备份磁盘的完整性，应制作该备份磁盘的复制件，使用复制件进行操作。

必须加强会计档案的保密工作，任何人如有伪造、非法涂改变更、故意毁坏数据文件、账册、备份磁盘的行为，将受到行政处分，情节严重者，将追究其法律责任。

第四节　会计档案的整理

整理工作是会计档案管理工作的一项主要业务活动。无序的、不系统的、无条理的会计档案，不但不便于安全保管，也不便于科学地组织会计信息资源的开发利用工作。整理可以为会计档案的合理保管和利用，提供一个最基本的物理性的会计文件（资料）有机体系。

一、会计档案整理的内容

会计档案的整理，就是对全宗内的会计档案进行分类、组合、排列和编目的活动。简单地说，会计档案的整理工作，就是对有关的会计档案进行整序的活动。会计档案整理工作的内容主要包括以下几项。

（一）会计档案的分类

会计档案的分类，就是以会计核算业务为基础，以维护会计文件（资料）之间的历史有机联系和方便保管、利用为目标，设计并执行会计档案划分方案的活动过程。

（二）会计档案的组卷

会计档案的组卷，就是依据各个终端类内会计文件（资料）之间的相互联系，在适当鉴别会计文件（资料）或会计记录的保存价值的基础上，按照便于保管和利用的基本要求，将互有联系的、保密等级和保存价值相同或相近的会计记录、会计文件（资料）组合在一起的活动。

（三）会计档案的排列

会计档案的排列主要包括案卷内文件（资料）或记录的排列，以及案卷的排列等工作内容。

（四）会计档案的编目

会计档案的编目就是通过一定的方式或方法，将会计档案的分类、组合及排列的整理工作成果固定下来的活动。

二、会计档案的分类

会计档案分类有广义和狭义之分。广义的分类包括会计档案种类的划分、会计档案实体的分类和会计档案信息内容的分类等三个方面的内容。每一种分类所针对的实际工作对象和所要达到的目标是不一致的。本书主要介绍会计档案实体的分类要求、标准和方法等。

（一）会计档案的分类要求

会计档案的分类应当严格地按照如下几点分类要求来进行。

第一，会计档案的分类标准及分类方法的选择与运用，应当具有一定的客观性。

一方面，分类人员必须注意根据会计核算业务工作的特点，深入分析和把握会计档案的基本特征和主要特点，并以此作为会计档案分类的依据。另一方面，分类人员还必须注意在分类标准的选择和运用过程中，努力选择会计档案自身突出的属性和特点作为分类标准，并应注意保持一级类目的划分标准的长期稳定性。只有这样才能保证分类体系的相对稳定性，才能对分类实践起到切实的指导作用，并保证会计档案分类工作的连续性。如果首先采用了较为次要的划分标准作为一级类目的划分依据，就会给整个会计档案的分类体系带来不稳定的因素，严重的还会影响会计档案分类工作任务的顺利完成。

第二，会计档案的分类体系必须符合逻辑性要求。

分类是一项逻辑性极强的工作活动。在确立会计档案分类方案的逻辑体系结构时，应当注意自觉地遵循形式逻辑中的划分原则。

第三，会计档案的分类体系和分类结果必须具有实践性。

首先，会计档案的实体分类要有明确的目的性。其次，会计档案实体分类要充分考虑到会计文件（资料）、会计记录的特点和实际状况。最后，会计档案分类应依据一定的分类技术要求来进行。

总之，会计档案实体分类的实践性，要求我们在从事会计档案分类的活动时，既要考虑到当前会计工作的管理和利用的需要，考虑到会计档案实体分类工作同其他相关工作的相互衔接（如同立卷工作的相互配合等），又要考虑到将来会计档案的现代化管理和会计档案信息资源的综合开发利用的需要。

（二）会计档案的分类标准

会计档案的分类标准，又称会计档案的分类根据。会计档案实体的分类标准，是指对档案原件进行整理分类时所依据的文件属性和特征。其中包括来源标准、时间标准、内容标准和形式标准等类型。

（1）来源标准，如组织机构标准等。进行会计档案的分类，必须注意首先分清会计档案的所属全宗，即依据会计文件（资料）、记录的来源属性，将不同立档单位的会计档案区分清楚，并将会计档案与有关立档单位的档案视为一个有机的统一整体加以整理和管理。

（2）时间标准，如会计年度标准等。

（3）内容标准，如会计类型、会计科目等。会计档案是在会计核算活动中，按照一定的会计活动类型，如税收会计、经费会计、税收统计等进行的。而且各种类型的会计活动也是根据会计业务活动的繁简，通过设立不同的会计分科来完成的。会计档案的分类应当根据需要反映会计档案的内容属性特征。

（4）形式标准，如会计文件（资料）、会计记录的种类等。这是会计档案分类时经常采用的一种分类标准。

（三）会计档案的分类方法

在会计档案的分类实践中，常用的会计档案分类方法主要包括以下几种类型。

1. 会计年度-会计文件（资料）形式（凭证、账簿、财务会计报告、其他会计资料）-保管期限分类法

这种分类方法首先按会计年度分开，再把一个会计年度的会计档案按财务会计报告、账簿、凭证和其他会计资料 4 种形式分为 4 个二级类，然后在 4 个二级类内按永久、30 年、10 年、2 年的顺序排列，一年编一个案卷流水号。这种分类方法简便、容易掌握，分类与保管同一，便于查找和利用。详见表 4-2、表 4-3、表 4-4、表 4-5。

表 4-2　企业和其他组织会计档案分类表

年度类	形式类		保管期限类
2016 年	财务会计报告	年度财务会计报告	永久
		月度、季度、半年度财务会计报告	10 年
	账簿	总账、明细账、日记账、其他辅助性账簿	30 年
		固定资产卡片	固定资产报废清理后保管 5 年
	凭证	原始凭证、记账凭证	30 年
	其他	会计档案保管清册、销毁清册、鉴定意见书	永久
		会计档案移交清册	30 年
		银行存款余额调节表、银行对账单、纳税申报表	10 年
2017 年	财务会计报告	年度财务会计报告	永久
		月度、季度、半年度财务会计报告	10 年
	账簿	总账、明细账、日记账、其他辅助性账簿	30 年
		固定资产卡片	固定资产报废清理后保管 5 年
	凭证	原始凭证、记账凭证	30 年
	其他	会计档案保管清册、销毁清册、鉴定意见书	永久
		会计档案移交清册	30 年
		银行存款余额调节表、银行对账单、纳税申报表	10 年

表 4-3　财政总预算单位会计档案分类表

年度类	形式类		保管期限类
2016 年	财务会计报告	政府综合财务报告、财政总决算	永久
		国家金库年报（决算），基本建设拨、贷款年报（决算）	10 年
		下级财政、本级部门和单位报送的综合财务报告	2 年
	账簿	总账、明细分类、分户账或登记簿	30 年
	凭证	财政总预算拨款凭证和其他会计凭证	30 年
		国家金库编送的各种报表及缴库退库凭证、各收入机关编送的报表	10 年
	其他	会计档案保管清册、销毁清册、鉴定意见书	永久
		会计档案移交清册	30 年
		银行存款余额调节表、银行对账单	10 年
2017 年	财务会计报告	政府综合财务报告、财政总决算	永久
		国家金库年报（决算），基本建设拨、贷款年报（决算）	10 年
		下级财政、本级部门和单位报送的综合财务报告	2 年
	账簿	总账、明细分类、分户账或登记簿	30 年
	凭证	财政总预算拨款凭证和其他会计凭证	30 年
		国家金库编送的各种报表及缴库退库凭证、各收入机关编送的报表	10 年
	其他	会计档案保管清册、销毁清册、鉴定意见书	永久
		会计档案移交清册	30 年
		银行存款余额调节表、银行对账单	10 年

表 4-4　　行政单位、事业单位会计档案分类表

年度类	形式类		保管期限类
2016 年	财务会计报告	部门财务报告、部门决算	永久
		单位会计月、季度报表	10 年
		所属单位报送的部门财务报告、部门决算，所属单位报送的会计月、季度报表	2 年
	账簿	日记账、总账、明细分类、分户账或登记簿	30 年
		单位固定资产卡片	固定资产报废清理后保管 5 年
	凭证	各种会计凭证（原始凭证、记账凭证和传票汇总表）	30 年
	其他	会计档案保管清册、销毁清册、鉴定意见书	永久
		会计档案移交清册	30 年
		银行存款余额调节表、银行对账单	10 年
2017 年	财务会计报告	部门财务报告、部门决算	永久
		单位会计月、季度报表	10 年
		所属单位报送的部门财务报告、部门决算，所属单位报送的会计月、季度报表	2 年
	账簿	日记账、总账、明细分类、分户账或登记簿	30 年
		单位固定资产卡片	固定资产报废清理后保管 5 年
	凭证	各种会计凭证（原始凭证、记账凭证和传票汇总表）	30 年
	其他	会计档案保管清册、销毁清册、鉴定意见书	永久
		会计档案移交清册	30 年
		银行存款余额调节表、银行对账单	10 年

表 4-5　　税收会计档案分类表

年度类	形式类		保管期限类
2016 年	财务会计报告	税收年报（决算）	永久
		税收会计报表	10 年
		所属税务机关报送的税收会计报表	2 年
	账簿	日记账、总账、税收日记账（总账）、明细分类、分户账或登记簿	30 年
	凭证	国家金库编送的各种报表及缴库退库凭证	10 年
	其他	会计档案保管清册、销毁清册、鉴定意见书	永久
		会计档案移交清册	30 年
		银行对账单	10 年
2017 年	财务会计报告	税收年报（决算）	永久
		税收会计报表	10 年
		所属税务机关报送的税收会计报表	2 年
	账簿	日记账、总账、税收日记账（总账）、明细分类、分户账或登记簿	30 年
	凭证	国家金库编送的各种报表及缴库退库凭证	10 年
	其他	会计档案保管清册、销毁清册、鉴定意见书	永久
		会计档案移交清册	30 年
		银行对账单	10 年

2. 会计年度-保管期限-组织机构分类法

首先按会计年度分开，再把一个年度的会计档案按不同保管期限分开，然后，在同一保管期限内，按单位内的组织机构的顺序进行排列（同一组织机构先排报表、后排账簿与凭证）。一年编一个案卷流水号。各级财政总预算会计单位可采用这种分类方法。详见表 4-6。

表 4-6　会计档案分类表

<table>
<tr><th>年度类</th><th>保管期限类</th><th>组织机构类</th></tr>
<tr><td rowspan="12">2016 年</td><td rowspan="3">永久</td><td>××处</td></tr>
<tr><td>××处</td></tr>
<tr><td>……</td></tr>
<tr><td rowspan="3">30 年</td><td>××处</td></tr>
<tr><td>××处</td></tr>
<tr><td>……</td></tr>
<tr><td rowspan="3">10 年</td><td>××处</td></tr>
<tr><td>××处</td></tr>
<tr><td>……</td></tr>
<tr><td rowspan="3">2 年</td><td>××处</td></tr>
<tr><td>××处</td></tr>
<tr><td>……</td></tr>
</table>

3. 会计年度-会计类型-文种（形式）-保管期限分类法

把会计档案先按会计年度分开，再把一个年度的会计档案按会计类型（如税务部门的税收计划、税收会计、经费会计）分设属类，然后按同一属类内的会计档案的报表、账簿、凭证、其他的顺序结合保管期限进行排列。各级税务机关的会计档案分类可采用这种方法。

另外，一些省份的会计单位，也将会计档案的分类同会计档案的移交工作结合起来，并且提出了如下两种整理会计档案的分类方法：

（1）保管期限-会计年度-文种分类法。即首先根据鉴定工作的结果将同一种保管期限的会计档案作为一个大类，然后再根据会计年度标准划分每个大类中的二级类目，最后再把各个年度类别中的会计档案按照文种划分成三级类目。根据这种分类的结果，我们可以较为便利地将具有相同或相似保存价值的会计档案集中起来加以排列。并且在一部分保管已满一定期限的会计档案被移交档案馆或剔除销毁后，不用进行费时费力的倒架，便可以将新形成的会计档案放置在已经腾空的档案装具中。

（2）保管期限-文种-会计年度分类法。这种分类方法与上一种分类方法的区别在于：二级类目的划分标准和三级类目的划分标准不同。

企业会计档案的分类方法，根据《工业企业档案分类试行规则》（1991 年 7 月国家档案局发布）的要求，应当“按文件形式（名称）设置”会计档案类的二级类目及二级以下类目，即会计报表、会计账簿、会计凭证和其他等。对于规模较大的企业，可以在二级类目下设置三级类目。如在会计账簿类目下设立“总账”“明细账”“日记账”“辅助账簿”等三级类目；在会计凭证类目下设“原始凭证”“记账凭证”“汇总凭证”等三级类目；在会计报表类目下设立“年度会计报表”“月（季度）会计报表”“财务快报”等三级类目。

高等学校的财务会计档案的分类方法，一般可以分为以下五类：

第一类：综合类。其中包括上级有关财务工作的文件，本校财务管理的有关规定、计划、总结、请示、批复等文件，学校基金管理工作文件，有关财务管理方面的其他文件，会计档案移交清册，会计档案保管清册，财会档案销毁清册等。

第二类：会计报表类。其中包括决算报表（含基建综合决算），预算会计报表，年度以上规划表、分配计划、测算表，年度以上的各种统计报表（含工资报表），季度以下的各种计划和统计报表。

第三类：会计账簿类。其中包括涉及外事的会计账簿，总账，预算内账簿（如明细账、分户或登记账等），学校专项基金账簿，日记账（如现金日记账和银行存款日记账等）。

第四类：会计凭证类。其中包括涉及外事的会计凭证，预算内各种原始凭证和记账凭证，预算外各种原始凭证和记账凭证，学校基金的各种原始凭证和记账凭证，银行存款余额调节表，会计拨款凭证及其他会计凭证，银行对账单，涉及债权、债务及未清理完毕事项的会计凭证等。

第五类：工资清册类。其中包括工资发放名册、卡片，工资转移证明、通知存根，各种奖金、奖学金、贷学金、助学金名册、卡片等。

三、会计档案的组卷

所谓组卷，又称立卷，就是将互有联系的、保存价值和保密等级相同或相似的纸本会计记录、会计文件（资料）组合成会计档案保管单位的活动过程。

（一）纸本会计核算文件（资料）、记录的立卷方法

纸本会计核算专业文件（资料）和记录的立卷方法的选择，必须方便会计文件（资料）和记录的保管与利用。对于已经形成的会计核算专业文件和记录，可以由会计人员或会计机构按照归档制度的要求，视不同情况，采取平时归卷和年终调整立卷相结合的方法，进行整理立卷。

1. 凭证的立卷方法

会计凭证是各单位经费收支的原始记录，是会计记账的依据。这种类型的会计记录具有严格的时间特征和序时性，它们是按照时间顺序逐日产生，并按月结算的。当会计凭证的内容被登记到会计账簿上后，有关会计人员应将各种记账凭证连同所附原始凭证，按时间顺序整序，并依据它们形成的顺序依次编号（页号），所附原始凭证应折叠整齐。在实践中，我们也可根据会计凭证数量的多寡，采取每月订一本或每月订数本的做法加以整理。每本会计凭证的厚度最好不超过 2 厘米。具体的做法可以区分为以下几种情况：

（1）较大单位如果所形成的凭证数量过多，可以把不同类型的会计凭证，如收款凭证、付款凭证、转账凭证等，分别制作传票，分别编写页号，并分别装订。

（2）对于一些不便随同记账凭证一同装订或保管的价值明显不同的原始凭证，如涉外凭证、工资名册、对资改造凭证等，应当抽出单独装订。但是，应当在原来的记账单上注明所抽出的凭证的名目、数量和去向，并注意要由立卷人签名。

（3）其他种类的会计凭证，如送款单、付款委托书、缴款书、医疗报销单等，应当根据会计制度的有关要求，按照时间顺序编写页号，并装订成册。

（4）会计凭证装订时一定要注意去掉金属物，加上封面与封底，在左侧用脱脂棉绳装订，然后在封面上做好编目工作。如填写清楚单位名称、案卷题名、全宗号、目录号、年度、月份、凭证起止号和张数、保管期限、分册号等事项。会计凭证封面上的张数，应填写凭证中记账凭单的张数；记账凭单的附据张数，应当以每件反映金额的原始单据为单位进行计算。

最后，装订人员和主管会计人员都应在整理好的会计凭证上签章。

2. 账簿的立卷方法

会计账簿的整理立卷比较简单，这是由于会计账簿在形成时，一般都有固定的格式和明确的分类，所以在年终结账、决算后稍加整理，一本账簿就可以成为一个案卷。整理立卷时应当注意以下几点：

（1）死页账中的空白页不能折账去掉，应保持账簿本身的完整性。

（2）活页账可以折账，会计人员将账中的空白账去掉后可重新组织，并应当在账页的右上角编上页码，加上账簿封面和封底，用脱脂线绳装订成册；有的活页账账页较少，可将科目内容相近的账页按类别排列编号，合并装订成册。

（3）重新整理的账簿，应在账簿封面上标明立卷部门、案卷题名、年度、页数、全宗号、目录号、案卷号、保管期限等事项。

（4）跨年度使用的固定资产账簿，应在使用完的那一个年度立卷。

3. 财务报告的立卷方法

财务报告主要包括月度财务报告、季度财务报告、年度财务报告，其主体部分主要是各种会计报表。在立卷时，一般可以按照月报、季报、年报的种类分别立卷，也可以按照报表的性质分别立卷（如一般分析、小结检查、总结等）。应当注意的是：本单位的报表与下属单位的会计报表应当分开立卷；年度会计报表要单独立卷；季度、月度的会计报表，可以依据文件的数量情况，合并或分开立卷；各级财政机关的报表，可以按照报表的名称，以及报表所反映的地区、行业等进行组卷。

在对所形成的会计报表进行整序时，应去掉金属物，并在报表的右上角编号。月报、季报可不编页号，以册为计算单位。如因会计报表的数量少，保存价值相似的月报或季报同年报放在一起立卷时，应当注意编页号，并用线在报表的左侧装订。组织在一起的会计报表，应加上封面与封底，并在封面上著录立卷部门、案卷题名、年度（月度、季度）、页数、档案号、保管期限等事项。

总之，会计核算专业文件的立卷，不必采用文书档案的整理方法。在具体做法上，对过去已经整理立卷的会计档案，一般没有必要重新拆封加工，也不必另外增加封面、封底，当然也没有必要重新进行案卷的编目。

（二）纸本会计档案的立卷编目

会计档案的立卷编目，是指通过一定的方式和方法，将会计档案组卷工作的系统化成果固定下来的一项业务活动。其编目工作的内容主要包括以下几个方面。

1. 拟制案卷题名

各类案卷一般都应当拟制有规范的题名，以便为日后查找和利用提供一个基本的检索标识。会计档案的案卷题名一般应包括立档单位或责任者因素、时间因素、会计档案文种因素等。如“某某机关某年某月会计凭证”“某某公司某年会计账簿”“某某单位某年会计年度报告”等。

2. 填写卷内目录

除了订本账、会计凭证外，其他会计档案的案卷均应填写卷内目录。卷内目录应用于永久和定期（保存年限在10年以上者）保管的案卷，按照格式用耐久或比较耐久的书写字迹材料书写或打印。其中“所在张次”一栏一般只需填写每份文件的开始页码，最后一份文件务必填写其起止页码。

3. 案卷封面其他项目的编目

（1）立卷部门。应填写具体的内部机构的名称。

（2）类别。应填写会计报表、会计账簿、会计凭证等不同的类别名称。

（3）起止时间。应填写会计记录或会计文件（资料）的最早和最晚形成时间。

（4）档案号。应填写全宗号＋目录号＋卷号或册号，或者年度号＋分类号＋案卷号或册号等。

4. 备考表的编目

除了由订本账和会计凭证组成的案卷外，其他案卷一般均应加入备考表。备考表的内容一般包括以下两个方面：

（1）本卷需要说明的情况。包括归档前的情况，如页数、价值、保管情况、相关文件的档案号等；归档后的情况，如鉴定后卷内文件的变更情况、保管状况（字迹状况、载体状况等）。另外，案卷中文件的缺损、补充及移出等需要说明的情况，也可以写入备考表。

（2）本单位财务负责人、立卷人或经办会计人员的签章。

5. 卷脊的编目

卷脊的编目项目一般包括全宗号、目录号、册号、类别、保管期限、凭证号等。

四、纸本会计档案排列与案卷目录的编制

（一）会计档案的排列方法

会计档案的排列一般是根据会计档案分类方案所确立的分类体系，实行分类排列的方法。会计档案的排列一般可以采用以下四种方法中的一种。

1. 年度-类别-保管期限排列法

这种排列方法就是将一个会计年度形成的会计档案，分为会计报表、会计账簿、会计凭证和其他会计档案四大类，然后再把不同保管期限的会计档案分别按保管单位组织，并在大类中分别依保管期限降级排列，一年编一个流水号。其优点是：方法简便，易于掌握，保管和分类统一，便于查找利用。这种方法适用于单位预算会计档案。

2. 年度-保管期限-组织机构分类排列法

这种排列方法就是先将一个会计年度内形成的会计档案按保管期限分开，然后按组织机构划分属类，在各个组织机构的类别内再按会计档案的五种类型加以排列，一年编一个

流水号。这种分类排列方法的优点是：时间段限清楚，能够体现一个单位会计档案的完整性，查找利用方便。这种方法适用于总预算会计档案。

3. 年度-会计类型分类排列法

这种排列方法就是按年度设置会计档案的大类，在大类中按税收计划、税收会计、经费会计等会计类型划分属类，然后将同一属类内的会计档案按会计档案的五种类型排列。它的优点是：能反映会计活动的不同阶段和性质，保持档案的内在联系，能体现全宗内会计档案的系统性，便于会计人员随时查阅，也便于今后查用。这种方法适用于税收会计档案的案卷排列。

4. 会计文件（资料）或会计记录形式分类排列法

这种排列方法就是按照会计报表、会计账簿、会计凭证和其他会计档案四大类，按年度、保管期限降级排列，一类编一个大流水号。这样排列的优点是：第一，类目体系清楚，管理方便，便于查找和利用。第二，经过一定年限的保存后，对应销毁的会计档案，我们按类销毁，并不影响其他类别案卷的排列顺序，且分类目录可作为销毁清册，无须重新编制。这种方法适用于行政事业单位和中小型企业的会计档案。

由于各个单位大小不同、性质不同、社会往来不同，形成会计档案的类别也不尽相同，因此，会计档案的分类排列要从各单位的具体情况出发，不能强求一致，更不能不考虑各单位会计档案的具体特点和形成规律，搞大一统或者一刀切。

（二）会计档案号的编制方法

会计档案数量庞大，保管期限多样，利用频繁。为了最后固定会计档案案卷分类排列的物理顺序和空间位置，并为会计档案的统计、保管和查找利用创造条件，我们必须对所有的会计档案案卷进行编号。因此，在案卷的排列编号上要尽量适应本单位会计档案形成的特点。这里主要谈两种编号法。

1. 不需要向档案馆移交会计档案的单位的会计档案号

即按会计报表、会计账簿、会计凭证和其他会计档案四大类，根据保管期限不一、载体大小不一的具体情况，加设属类给予区别，分别从 1 号开始逐年流水编号。会计档案案卷的档案号的一般模式为：

会计档案号＝会计档案代字（代号或代码）＋大类号和属类号＋案卷号

三部分之间用“—”连接，用以确定会计档案案卷的物理顺序和空间位置。为了便于大家理解，我们给出下列例子，供在实际工作中参考。

例一：会计报表类案卷的编号

(1) KJ—1.1—31

KJ——会计档案的代码

1——会计报表分类代号

1——年终决算报表

31—— 案卷的顺序号（简称案卷号）

(2) KJ—1.2—16

KJ——会计档案代码

1——会计报表分类代号
2—— 季、月报表分类号
16——案卷顺序号

例二：会计账簿类案卷的编号

(1) KJ—2.1—11
KJ——会计档案种类代码
2——会计账簿分类号
1——现金日记账和银行存款日记账分类号
11——案卷顺序号

(2) KJ—2.2—18
KJ——会计档案种类代码
2——会计账簿分类号
2——总账分类号
18——案卷顺序号

(3) KJ—2.3—16
KJ——会计档案种类代码
2——会计账簿分类号
3——明细账分类号
16—— 案卷顺序号

例三：会计凭证类案卷的编号

(1) KJ—3.1—29
KJ——会计档案种类代码
3——会计凭证分类号
1——记账凭证分类号
29——案卷顺序号

(2) KJ—3.2—5
KJ——会计档案种类代码
3——会计凭证分类号
2——转账凭证分类号
5——案卷顺序号

例四：KJ—2.1.1—2
KJ——会计档案代码
2.1.1—— 从左至右依次为：会计核算文档类号、会计报表类号和年度决算报表类号
2——案卷号

为了减少会计档案号的编号位数，我们也可以将上述三段式的会计档案号缩写为两段式。如 KJ—2.2—23 可以缩写为 KJ2.2—23。

这种会计档案号一般适用于不需要向档案馆移交的国家机关、社会组织档案。

2. 高等院校财会档案号

根据国家教育部《高等学校档案工作规范》的要求，高等院校财会档案号一般可以采用以下模式：

财会档案号 ＝ 年度代号＋财会档案分类号＋案卷号

例一：1999—CK1.1—2

1999——财会档案形成年度代号

CK1.1——财会档案代码、财会报表分类号、决算报表分类号

2——财会决算报表案卷号

例二：2000—CK2.2—3

2000——财会档案形成年度代号

CK2.2——财会档案代码、财会账簿分类号、总账分类号

3—— 总账案卷号

有的单位也采用双位制的编号形式来编制会计档案的二级类目的分类号，如 KJ11 表示会计档案的“会计报表类”，KJ12 表示会计档案的“会计账簿类”，KJ13 表示会计档案的“会计凭证类”，KJ14 表示会计档案的“其他类”。如果各个类别还需要进一步划分，那么所形成的三级类目就应当用自然数依次在各个二级类目范围内分别编制流水分类号。

3. 需要向档案馆移交会计档案的立档单位会计档案号

由于会计档案是各个立档单位全宗档案的有机组成部分，所以在编写会计档案号时，我们应当采取以下模式来完成这项工作：

会计档案号＝ 全宗号＋目录号或类别号＋案卷号

在编号时应当在各段编号之间增加连接符号“—”。

例一：A021—5—7

A021——全宗号（是根据各立档单位全宗档案首次入馆的时间先后顺序，依次在“全宗名册”上获得的序时流水编号）

5——案卷目录号（简称目录号，是对登记会计档案案卷的每一本案卷目录，依形成时间先后顺序所编制的代号）

7——案卷号（是会计档案案卷在每一本案卷目录中进行登记时所获得的顺序流水登记号）

例二：A018—KJ1.2—35

A018——全宗号

KJ1.2 ——会计档案分类号（其中包括会计档案代码 KJ，会计报表分类号 1，季、月报表分类号 2）

35——案卷号（各终端类内案卷的顺序编号）

（三）会计档案案卷目录的编制

会计档案的案卷目录的作用包括：它可以固定会计档案案卷的分类排列顺序，记录和反映会计档案整理工作的成果，以便科学地管理会计档案；它可以揭示和介绍会计档案的信息内容，是一种基础性的检索工具，为利用会计档案信息提供了最基本的查找手段；它

是会计档案的保管清册和总账，是统计会计档案数量的一种管理性工具。

为了保证会计档案案卷目录的质量，编制会计档案案卷目录工作一般应当由会计部门负责完成，这也是会计管理工作的一个有机组成部分。《会计档案管理办法》规定：当年形成的会计档案，在会计年度终了后，可暂由本单位财务部门保管一年，期满之后，原则上应由财务会计部门编制清册移交本单位的档案部门保管。其中所谓的“编制清册”，是指编制案卷目录。编制会计档案的案卷目录，通常的做法有以下几种。

做法之一：一个单位一个会计年度形成的会计档案，应按会计核算与其他会计文件（资料）等大类各编一本目录。

做法之二：按会计凭证、会计账簿、会计报表和其他会计文件（资料）四大类各编一本目录。

做法之三：一个单位一个会计年度形成的会计档案，按保管期限降级排列编一本目录。

在编制会计档案案卷目录的实践活动中，值得我们注意的是：保管期限不同的案卷，一般应该分别编制案卷目录，尤其是永久保管的会计档案，应单独编制案卷目录。这样做的主要目的是：有助于会计档案的安全保管，有利于会计档案的移交，减少重新编目工作的负担。

会计档案案卷目录，是以案卷为单位进行登记编制的，记录和反映案卷内容和成分并按一定次序编排的一览表。它是一种传统的手工管理性检索工具，又称“案卷名册”。会计档案案卷目录的著录项目主要有以下一些记录事项，在实际工作中，我们也可以根据管理和检索会计档案信息的需要增加或减少其中的有关著录项目。

（1）顺序号：案卷在本册目录中的登记顺序编号，一般采用自然数，从 1 开始，依次填写。一本案卷目录中的顺序号的位数，必须控制在 3 位数字之内。从理论上讲最大的顺序号是 999。

（2）案卷编号：一般亦可简称为“案卷号”。一般情况下应填写会计档案案卷的分类编号，如“KJ2. 2—3”“CK1. 1—6”“KJ—3. 1—8”等。

（3）原凭证号：是指记账时按会计科目赋予的凭证编号或发文字号及有关账册的类号等。如“会移资 01 表”“银收字第 2 号”“转字第 8 号”等。

（4）案卷题名：就是案卷封面上所填写的用以揭示卷内文件内容和形式特征的简短文句。目录中的题名必须和实际对应的案卷的题名保持高度的一致。

（5）起止年月日：就是案卷内会计文件（资料）开始使用的时间与终止使用的时间。如：“20020826—20021231”。

（6）张数（页数）：即案卷内实存的会计文件（资料）的张数或页数。其中会计凭证的页数通常是指综合后记账凭证的页数，但是原始凭证的张数必须写在记账凭证的相关项目内，以防止其遗失或被虚报冒领。如果是由原始凭证单独组成的案卷，则应填写实际存在的原始凭证的张数。

（7）保管期限：案卷的保管期限一般有永久和定期两种。具体填写时应当注意所填写的保管期限与案卷封面上的保管期限相一致。如果保管期限发生变更，则应填写新确定的保管期限。

（8）存放位置：是指案卷在档案部门的档案装具中的具体存放位置。该项目一般应在会计档案归档后，由会计档案管理人员负责填写。

（9）备注：一般是为注明个别案卷的一些特殊情况而设计的一个辅助项目。如某一件原始凭证是涉外的，则应注明“涉外永久”等字样。

会计档案案卷目录的格式参见表 4－7。

表 4－7　　会计档案案卷目录

顺序号	案卷号	原凭证号	案卷题名	起止时间	张数	保管期限	存放位置			备注
							排号	栏号	格号	
1	KJ—1.2—2	会资 01	某某单位 2015 年 1—4 季度资金平衡表	20150430—20151231	68	15	10	3	8	
2										
3										
4										
5										

会计档案案卷目录是一种重要的检索工具，也是要长远保存的会计档案清册。因此，在填制时，一定要用耐久性较好的书写材料填写，尽可能用碳素墨水或蓝黑墨水，不要用纯蓝墨水，更不要用圆珠笔填写。书写字迹要端正、清楚，不要潦草，使人难以辨认。另外，书写要用已公布的规范简体字，不要自造简体字。每页案卷目录填写完后，要认真校对，案卷目录与案卷封面所写的内容要完全相符，以免出现差错，给提供利用带来不便。

随着会计档案管理现代化的逐步实现，以及信息化会计的发展，我们也应当利用计算机编辑和打印出高质量的案卷目录。

会计档案的案卷目录要编制一式四份，其中一份由会计部门保管供日常使用。其他三份案卷目录，一年后连同会计档案一同移交本单位的档案室或档案人员。

第五节　会计档案的鉴定和处置

一、会计档案鉴定的内容、意义和要求

（一）会计档案鉴定工作的内容

会计档案鉴定工作是会计档案管理工作中的关键性业务环节。它一般包括以下几个方面的业务工作内容：

其一，会计档案价值的鉴定工作。该项业务工作一般是根据国家财政主管部门和国家档案局统一制发的会计档案保管期限表，结合本单位或本部门会计工作和会计文件（资料）或会计信息记录的具体特点和形成与利用规律，编制具体的会计档案保管期限表，并以此为依据开展对本单位会计档案的实际保存价值的鉴定活动。这项工作的具体内容可以划分为：归档前鉴定和归档后鉴定。归档前鉴定是由会计业务部门或有关会计人员在本单位档案部门或档案人员的协助、监督和指导下，对所形成的会计文件（资料）或会计信息记录，根据会计档案保管期限表进行筛选，剔除没有保存价值的文件或记录材料，对有保存价值的会计文件（资料）或会计记录以件或卷为单位，划分保管期限。归档后会计档案

的鉴定又称定期鉴定，就是对已满一定保存时限的会计档案所进行的鉴定，将依然具有保存价值的会计档案挑选出来继续保存，把失去保存价值的会计档案剔除销毁。

其二，会计档案质量的鉴别与审核工作。应当根据国家会计立法、《会计档案管理办法》、企业或事业单位会计制度等法规文件的要求，切实做好会计文件（资料）或会计记录的质量核查工作，以便确保归档会计文件（资料）或会计记录的质量。

（二）会计档案鉴定工作的意义

会计档案鉴定工作的意义主要表现在以下几个方面。

1. 会计档案鉴定有利于实现会计信息的优化

在现代信息社会中，社会主体对信息的占有量固然十分重要，但是如果只重视信息的量的积累而忽视质的打造，那么，信息就很难成为一种真正意义上的资源，甚至会成为一种阻碍社会进步的包袱。合理的会计档案鉴定可以有效地清除会计信息中的垃圾信息和不必要的冗余信息，从而有效地净化会计档案有机体，并使之更加充满生机。

2. 会计档案鉴定有利于合理地使用有限的人力、物力和财力资源

由于会计档案数量巨大，如果不能适时地进行鉴定工作，就会使各有关单位无力承担保存的巨大压力。为了使社会和单位的有限资源得到最为有效的利用，会计部门和档案部门都必须努力做好会计文件（资料）、会计记录或会计档案的鉴定工作。只有如此，才能使有限的人力、物力和财力真正用于具有一定保存价值的会计档案的管理上。反之，则会影响有价值的会计档案保管条件的改善，甚至会直接影响具有长远保存价值的会计档案的寿命。

3. 会计档案鉴定有利于在发生突然事件时及时抢救重要的会计档案

会计档案的鉴定客观上使我们分清了玉石，并为我们有效地实现重点管理提供了明确的对象。档案的管理会面临许多自然的或人为的突发事变，如地震、洪水、泥石流、火灾、战争等，如果抢救不及时，档案就会遭受严重的损失。所以，会计档案的管理必须充分考虑这方面的因素，将重要的、具有长远保存价值的会计档案经过鉴定挑选出来，集中保存。

4. 会计档案鉴定有利于保证电子会计文件（资料）和记录的证据价值

在信息化时代，会计信息的记录方式同传统的记录方式相比已经发生了很大的变化，因此鉴定工作的内容同以往相比也发生了较大的变化。过去我国开展会计档案的鉴定工作的目的之一，就是解决巨大的会计文件（资料）、会计记录数量同我们有限的保存空间、管理费用之间的矛盾；而在会计信息化时代，我们开展会计档案的鉴定工作的主要目的则是更好地维护会计信息记录的真实性、完整性和可读性等。电子会计文件（资料）或记录只有真正确定了其真实性、完整性和可读性，才能保证它成为历史的证据，并获得证据价值。

（三）会计档案鉴定工作的组织管理要求

国务院财政部门和国家档案行政管理部门主管全国会计档案工作，共同制定全国统一的会计档案鉴定工作制度，对全国会计档案工作实行监督和指导。县级以上人民政府财政部门和档案行政管理部门管理本行政区域内的会计档案工作，并对本行政区域内的会计档案工作实行监督和指导。

会计档案鉴定工作应当由国家机关、社会团体、企业、事业单位和其他组织（以下简称单位）档案管理机构牵头，组织单位会计、审计、纪检监察等机构或人员共同进行。

单位应当定期对已到保管期限的会计档案进行鉴定，并形成会计档案鉴定意见书。经

鉴定仍需继续保存的会计档案，应当重新划定保管期限；保管期满，确无保存价值的会计档案，可以销毁。

经鉴定可以销毁的会计档案，应当按照以下程序销毁：

（1）单位档案管理机构编制会计档案销毁清册，列明拟销毁会计档案的名称、卷号、册数、起止年度、档案编号、应保管期限、已保管期限和销毁时间等内容。

（2）单位负责人、档案管理机构负责人、会计管理机构负责人、档案管理机构经办人、会计管理机构经办人在会计档案销毁清册上签署意见。

（3）单位档案管理机构负责组织会计档案销毁工作，并与会计管理机构共同派员监销。监销人在会计档案销毁前，应当按照会计档案销毁清册所列内容进行清点核对；在会计档案销毁后，应当在会计档案销毁清册上签名或盖章。

（4）电子会计档案的销毁还应当符合国家有关电子档案的规定，并由单位档案管理机构、会计管理机构和信息系统管理机构共同派员监销。

（5）保管期满但未结清的债权债务会计凭证和涉及其他未了事项的会计凭证不得销毁，纸质会计档案应当单独抽出立卷，电子会计档案单独转存，保管到未了事项完结时为止。单独抽出立卷或转存的会计档案，应当在会计档案鉴定意见书、会计档案销毁清册和会计档案保管清册中列明。

二、会计档案鉴定规则

（一）高龄规则

高龄会计档案的销毁应当慎重。一个单位早期的会计档案的重新鉴定，应当充分估计到这些会计档案对于该单位早期历史研究所具有的价值，而不应当简单地参照现行的会计档案保管期限表做草率的决定。例如，有的单位在鉴定新中国成立初期的会计档案时，发现少数基本原始凭证。如果根据现行的鉴定标准，这些档案早就可以销毁了，但是如果鉴定人员这样做了，那么我们依靠什么来了解当时该单位的财务活动、经济活动情况呢？

（二）客观性规则

会计档案鉴定应当避免主观性的决断。会计档案的鉴定必须以有关的标准，以及对会计档案本身保存价值的合理预测为依据来进行。各个立档单位都应当按照财政部和国家档案局颁发的《会计档案保管期限表》，结合本单位的会计档案的实际情况，编制本单位的会计档案保管期限表，并用以指导本单位的会计文件（资料）、会计记录或会计档案的鉴定工作。任何随意处置会计档案的主观性、武断性思想和行为都应当避免。

（三）整体性规则

会计档案的鉴定应当充分考虑全宗档案的整体性。会计档案作为各有关单位全宗的一个有机的组成部分，应当在鉴定时注意从全宗的整体意义上衡量具体会计档案的保存价值。一般来说，一个立档单位的社会地位重要、承担的社会职能重要，那么它所形成的会计档案的保存价值也较大；相反，如果一个立档单位的社会地位较低，且承担的社会职能不是很重要，那么它所形成的会计档案的保存价值也就较小。

（四）双重价值规则

鉴定会计档案的价值，必须首先认识清楚会计档案所具有的对其形成者和社会的双重价值属性。一方面，会计档案在形成之初，主要的作用对象就是本单位的利用者或有关审计单位的利用者；另一方面，一些具有长远保存价值的会计档案又对我们的子孙后代研究社会经济文化历史具有重要的查考价值。因此，在会计档案的鉴定实践中，我们必须充分分析和预测会计档案对于现实的单位财务会计工作及其他机关工作所具有的凭证依据价值，以及会计档案所具有的长远历史研究价值。

（五）当机立断规则

虽然鉴定工作是一项经验性很强的活动，但是我们也不能借口经验不足，当断不断；否则将会给日后的会计档案保管工作及定期鉴定工作带来越来越沉重的包袱。对于依据鉴定标准反复甄别确无保存价值的、准备剔除销毁的会计档案，应当及时处置。因为历史的经验已经证明，暂时的保留决定很可能就意味着“永久保存”。

（六）未结禁销规则

凡是事关未结事项的会计档案，一律不得剔除销毁。

（七）依附性规则

凡是对于存取电子会计档案具有支持作用的信息化系统设计文件、应用程序软件、购买的商业化信息化软件等，其保存期限应当同它们所支持的有关会计档案的保存期限相同。

（八）可靠性规则

作为会计档案保存的电子会计档案，必须有完整的反映其生成和保存、维护过程的元数据。

三、会计档案鉴定标准和保管期限表

（一）会计档案价值鉴定的一般标准

一般来说，会计档案价值鉴定的一般性标准，主要包括两种类型，即会计档案自身的属性和保存状况标准、社会利用需要标准等。

1. 会计档案自身的属性和保存状况标准

（1）来源标准。

即会计档案形成者的社会地位及所承担职能的重要性。

（2）内容标准。

即会计档案所记录内容的重要性。承载独一无二内容的会计文件（资料）或记录的价值一般较大，含重复性内容的会计文件（资料）或记录的保存价值通常较低；内容准确可靠的会计文件（资料）或记录的价值较大，内容充满错漏的会计文件（资料）或记录的价值较小。

（3）时间标准。

即会计档案的产生或形成的年代、时期的重要性。年代久远的会计档案具有宝贵的文化遗产价值。

（4）形式标准。

即会计档案的文种的重要性。特殊形式的会计文件（资料）、记录应当选样留存。

（5）完整性标准。

会计档案越完整，其整体价值越大；会计档案不完整，残存会计档案的个体价值会有所提高。

（6）依附价值标准。

命令文件、程序文件、系统维护文件及其他支持会计记录信息管理系统的软件，它们的保存价值主要取决于有关系统的生命周期以及该系统生成的文件的保存周期。

（7）法律遵从标准。

相关法律、行政规章、业务管理规程等所要求的会计档案最低保存年限，各单位在开展会计文件（资料）、会计记录的鉴定实践时必须注意遵循。

2. 会计档案鉴定的社会利用需要标准

（1）本单位财会工作、经济管理工作、经济决策工作的需要。

（2）审计单位检查、核实有关经济事务的需要。

（3）公检法部门依法调查有关经济案件的需要。

（4）单位员工的查询需要。

（5）历史研究的需要。

值得注意的是，鉴定会计档案的保存价值不能根据一时的利用需求强度、利用者人数的多寡等因素轻易决断。

（二）会计档案的保管期限的划分依据

会计档案的保管期限是依据会计档案的价值大小及其发挥作用的时间的长短确定的。目前，我国档案部门一般根据国家财政部和国家档案局的有关文件精神和规定，将会计档案的保管期限划分为永久和定期两种。对于需要定期保存的会计档案，国家规定要采取定量的划分方法，具体划分会计档案的保管年限。2016 年 1 月 1 日开始实施的《会计档案管理办法》，将会计档案的定期保管期限划分为 10 年、30 年两种。对于一些所属单位报送的会计档案的保管期限，该办法规定为保存 2 年。对于一些事关固定资产的会计文件（资料），如“固定资产卡片”“行政单位和事业单位固定资产卡片”等，该办法规定应在有关固定资产报废清理后保管 5 年。单位会计档案的具体名称如有同《会计档案管理办法》附表所列档案名称不相符的，应当比照类似档案的保管期限办理。

会计档案的保管期限的计算方法是：从会计年度终了后的第一天算起。国家规定的会计档案的保管期限，一般是指有关档案的最低保存年限。在实际工作中，各单位可以根据实际利用的经验、规律和特点，适当延长有关会计档案的保管期限，但是必须有较为充分的理由，并做好记录，归入本单位的全宗卷保存。

（三）各种保管期限会计档案的构成

1. 企业和其他组织会计档案的保管期限构成

根据《会计档案管理办法》的规定，企业和其他组织会计档案的保管期限构成应依据

表 4－8 执行。

表 4－8　　企业和其他组织会计档案保管期限表

序号	档案名称	保管期限	备注
一	会计凭证		
1	原始凭证	30 年	
2	记账凭证	30 年	
二	会计账簿		
3	总账	30 年	
4	明细账	30 年	
5	日记账	30 年	
6	固定资产卡片		固定资产报废清理后保管 5 年
7	其他辅助性账簿	30 年	
三	财务会计报告		
8	月度、季度、半年度财务会计报告	10 年	
9	年度财务会计报告	永久	
四	其他会计资料		
10	银行存款余额调节表	10 年	
11	银行对账单	10 年	
12	纳税申报表	10 年	
13	会计档案移交清册	30 年	
14	会计档案保管清册	永久	
15	会计档案销毁清册	永久	
16	会计档案鉴定意见书	永久	

2. 财政总预算、行政单位、事业单位和税收会计档案保管期限的构成

根据《会计档案管理办法》的规定，财政总预算、行政单位、事业单位和税收会计档案保管期限构成应依据表 4－9 执行。

表 4－9　　财政总预算、行政单位、事业单位和税收会计档案保管期限表

序号	档案名称	保管期限			备注
		财政总预算	行政单位事业单位	税收会计	
一	会计凭证				
1	国家金库编送的各种报表及缴库退库凭证	10 年		10 年	
2	各收入机关编送的报表	10 年			
3	行政单位和事业单位的各种会计凭证		30 年		包括：原始凭证、记账凭证和传票汇总表
4	财政总预算拨款凭证和其他会计凭证	30 年			包括：拨款凭证和其他会计凭证
二	会计账簿				
5	日记账		30 年	30 年	

续前表

序号	档案名称	保管期限			备注
		财政总预算	行政单位事业单位	税收会计	
6	总账	30 年	30 年	30 年	
7	税收日记账（总账）			30 年	
8	明细分类、分户账或登记簿	30 年	30 年	30 年	
9	行政单位和事业单位固定资产卡片				固定资产报废清理后保管 5 年
三	财务会计报告				
10	政府综合财务报告	永久			下级财政、本级部门和单位报送的保管 2 年
11	部门财务报告		永久		所属单位报送的保管 2 年
12	财政总决算	永久			下级财政、本级部门和单位报送的保管 2 年
13	部门决算		永久		所属单位报送的保管 2 年
14	税收年报（决算）			永久	
15	国家金库年报（决算）	10 年			
16	基本建设拨、贷款年报（决算）	10 年			
17	行政单位和事业单位会计月、季度报表		10 年		所属单位报送的保管 2 年
18	税收会计报表			10 年	所属税务机关报送的保管 2 年
四	其他会计资料				
19	银行存款余额调节表	10 年	10 年		
20	银行对账单	10 年	10 年	10 年	
21	会计档案移交清册	30 年	30 年	30 年	
22	会计档案保管清册	永久	永久	永久	
23	会计档案销毁清册	永久	永久	永久	
24	会计档案鉴定意见书	永久	永久	永久	

注：税务机关的税务经费会计档案保管期限，按行政单位会计档案保管期限规定办理。

四、会计档案的合理处置

会计档案的处置就是已满一定保管期限的会计档案或立档单位发生变化时，对原单位形成的会计档案做出续存、销毁、移交决定的一项会计档案管理活动。一般情况下，可以按照以下方法处置已满一定保管期限的会计档案。

（一）基本要求

第一，单位应当定期对已到保管期限的会计档案进行鉴定，并形成会计档案鉴定意见书。经鉴定仍需继续保存的会计档案，应当重新划定保管期限；保管期满，确无保存价值的会计档案，可以销毁。

第二，会计档案鉴定工作应当由单位档案管理机构牵头，组织单位会计、审计、纪检监察等机构或人员共同进行。

第三，经鉴定可以销毁的会计档案，应当按照以下程序销毁：

（1）单位档案管理机构编制会计档案销毁清册，列明拟销毁会计档案的名称、卷号、册数、起止年度、档案编号、应保管期限、已保管期限和销毁时间等内容。

（2）单位负责人、档案管理机构负责人、会计管理机构负责人、档案管理机构经办人、会计管理机构经办人在会计档案销毁清册上签署意见。

（3）单位档案管理机构负责组织会计档案销毁工作，并与会计管理机构共同派员监销。监销人在会计档案销毁前，应当按照会计档案销毁清册所列内容进行清点核对；在会计档案销毁后，应当在会计档案销毁清册上签名或盖章。

（4）电子会计档案的销毁还应当符合国家有关电子档案的规定，并由单位档案管理机构、会计管理机构和信息系统管理机构共同派员监销。

第四，正在项目建设期间的建设单位，其保管期满的会计档案不得销毁。

第五，保管期满但未结清的债权债务会计凭证和涉及其他未了事项的会计凭证不得销毁，纸本会计档案应当单独抽出立卷，电子会计档案单独转存，保管到未了事项完结时为止。

第六，单独抽出立卷或转存的会计档案，应当在会计档案鉴定意见书、会计档案销毁清册和会计档案保管清册中列明。

（二）单位发生变动时会计档案的处置要求

单位发生变动时对会计档案的处置，按照《会计档案管理办法》的规定，应符合如下要求：

（1）单位因撤销、解散、破产或其他原因而终止的，在终止或办理注销登记手续之前形成的会计档案，按照国家档案管理的有关规定处置。

（2）单位分立后原单位存续的，其会计档案应当由分立后的存续方统一保管，其他方可以查阅、复制与其业务相关的会计档案。

（3）单位分立后原单位解散的，其会计档案应当经各方协商后由其中一方代管或按照国家档案管理的有关规定处置，各方可以查阅、复制与其业务相关的会计档案。

（4）单位分立中未结清的会计事项所涉及的会计凭证，应当单独抽出由业务相关方保存，并按照规定办理交接手续。

（5）单位因业务移交其他单位办理所涉及的会计档案，应当由原单位保管，承接业务单位可以查阅、复制与其业务相关的会计档案。对其中未结清的会计事项所涉及的会计凭证，应当单独抽出由承接业务单位保存，并按照规定办理交接手续。

(6) 单位合并后原各单位解散或者一方存续其他方解散的，原各单位的会计档案应当由合并后的单位统一保管。单位合并后原各单位仍存续的，其会计档案仍应当由原各单位保管。

(7) 建设单位在项目建设期间形成的会计档案，需要移交给建设项目接受单位的，应当在办理竣工财务决算后及时移交，并按照规定办理交接手续。

(8) 单位之间交接会计档案时，交接双方应当办理会计档案交接手续。

(9) 移交会计档案的单位，应当编制会计档案移交清册，列明应当移交的会计档案名称、卷号、册数、起止年度、档案编号、应保管期限和已保管期限等内容。

(10) 交接会计档案时，交接双方应当按照会计档案移交清册所列内容逐项交接，并由交接双方的单位有关负责人负责监督。交接完毕后，交接双方经办人和监督人应当在会计档案移交清册上签名或盖章。

(三) 电子会计档案的处置要求

电子会计档案应当与其元数据一并移交，特殊格式的电子会计档案应当与其读取平台一并移交。档案接收单位应当对保存电子会计档案的载体及其技术环境进行检验，确保所接收电子会计档案的准确、完整、可用和安全。电子会计档案的具体处置方法，可参照本书第二章的有关内容执行。

第六节　会计档案信息的利用服务

会计档案信息的潜在利用价值，只有通过利用实践这一中介环节才能得以实现。会计档案信息利用服务工作，实质上就是为会计档案的利用者找到所需要的有关会计档案信息，为具有某种潜在价值的会计档案找到有关的利用者的活动。

一、会计档案信息的服务规则与要求

(一) 会计档案信息服务的基本原则

1. 真实性原则

真实性原则又称客观性原则，是指会计档案信息服务机构或人员向会计信息利用者提供的会计档案数据和信息，应与会计核算对象的客观事实相一致。

2. 可比性原则

会计档案信息的服务机构，应对所提供的会计信息处理方法、会计指标进行必要的检查，目的是发现这些信息本身是否符合国家有关会计核算的规定，以便使会计档案信息的利用者们有条件对会计信息进行比较、分析和汇总。

3. 及时性原则

会计档案信息服务机构和人员要不断提高会计信息服务工作的响应速度，及时有效地满足合法的会计信息利用者的利用需求。

4. 公开公正性原则

财务公开是各级人民政府政务公开建设工作的一个重要组成部分。随着我国社会民主化的进程，公民的参政和议政意识越来越强。他们需要了解纳税人的钱是否得到了合理、合法的使用。另外，会计信息的公开也是企业信息公开的一项重要内容。通常我们所说的企业对外公开会计信息，是指向上级主管部门公开、向社会监督部门公开、向社会公开等。

5. 合理保密性原则

根据国家法律和机关、企业、事业单位的有关管理制度，一些会计档案信息可以在利用时取得信息豁免权，即由有关的会计档案信息的形成者决定是否应当对外公布。这些会计数据和会计信息，往往事关一个国家、一个机关、一个企业的机密事项，如果过早地公开使用，就会给国家、集体、组织等造成一定的损失。所以，在利用实践中，我们必须注意分清会计档案信息的访问权限、使用权限，针对不同的会计信息利用者提供不同范围的信息服务。

（二）会计档案信息利用服务的基本要求

（1）单位应当严格按照相关制度利用会计档案，在进行会计档案查阅、复制、借出时履行登记手续，严禁篡改和损坏。

（2）单位保存的会计档案一般不得对外借出。确因工作需要且根据国家有关规定必须借出的，应当严格按照规定办理相关手续。

（3）会计档案借用单位应当妥善保管和利用借入的会计档案，确保借入会计档案的安全完整，并在规定时间内归还。

二、会计档案信息利用服务的途径与方式

（一）会计档案信息利用服务的途径

会计档案信息的利用需要，可以通过以下几种基本途径来满足。

途径之一：通过提供原件，满足利用者的会计信息利用需要。会计档案的原件，是具有法律作用和凭证价值的重要书证。所以，它是我们解决各种矛盾、化解各种纠纷、佐证各种事实的真凭实证，是令人信服的历史证据。许多会计档案信息的利用者非常看中会计档案原件的这种特性，并且为解决、查实各种实际工作事项，往往都希望会计档案的管理机构提供原件来满足其利用需要。对于会计档案管理机构来讲，只要利用者的利用需要合理合法，并且可以在有效的监控条件下进行，就可以提供会计档案的原件，满足利用者的利用需要。但是，在一些特定的情况下，这种服务途径就不能采用。如在原件破损严重、缺乏必要的监控措施、原件未经编目登记、利用者利用目的不清或不合法等情况下，会计档案管理机构或人员不能擅自提供会计档案原件服务。

途径之二：通过电子网络平台，满足利用者的会计信息利用需要。通过设定不同利用者的访问权限，会计档案信息控制管理部门可以为不同类型的利用者提供与其“身份”相符合的会计档案信息。电子网络所提供的会计信息服务可以不受时间和空间的限制，从而

大大提高会计档案信息的利用效率。

途径之三：通过提供会计档案副本或复制品，满足会计信息利用者的利用需要。

途径之四：通过提供会计信息加工品，满足会计信息利用者的利用需要。

（二）会计档案信息利用服务的方式

1. 阅览服务

阅览服务是指档案管理部门在特定的场所开辟阅览室，向会计信息的利用者提供会计档案信息的一种服务形式。它是目前我国档案管理部门向利用者提供会计档案信息服务的一种主要形式。

2. 外借服务

会计档案的外借服务，是指会计档案管理部门为满足某些需要原件或副本做证据等特殊的利用需求，暂时将会计档案借出馆（室）外使用的一种服务方式。在档案馆，会计档案一般是不借出馆外利用的。档案室将会计档案的原件外借给本单位的领导和有关业务部门的情况多一些，有时，如认为必要，档案室还可采取“送卷上门”的主动服务方式，充分发挥会计档案的作用。在档案馆的提供利用活动中，珍贵的或易损的会计文件（资料），以及特殊载体的会计档案，一般不能借出馆外使用。

3. 展览与陈列

展览与陈列，是指档案管理部门按照一定的主题，以展出会计档案原件或其复制品的方式，系统地揭示和介绍档案馆（室）藏中有关会计档案的内容与成分的一种服务方式。

4. 制发复本

制发会计档案复本服务，是指档案管理部门根据利用者的合理需要，以原件或已有的会计档案副本为依据，通过复制（包括静电复印、照拍、晒印、摹写、抄录等）、摘录等手段，向利用者提供会计档案复制品的一种服务方式。

5. 制发会计档案证明服务

一般来说，档案证明是指档案馆（室）根据有关档案用户的询问和申请，为核查某种事实在馆（室）藏档案中的记载情况（有无记载和如何记载）而摘抄编写的一种书面证明材料。制发会计档案证明也是档案管理部门开展档案提供利用服务的具体方式之一。

6. 目录信息服务

会计档案的目录是联系利用者与会计档案信息的一座桥梁。由于会计档案信息的特殊属性，许多收藏在档案管理部门的会计档案的信息内容和成分，利用者知之甚少或知之不详。实践表明，印发、出版、交换会计档案的目录（索引、指南），是一种有效的解决问题并提高库藏会计档案利用率的服务方式。

7. 咨询服务

档案咨询服务，是档案管理部门满足利用者需要的一种经常性的服务方式。会计档案咨询服务是指档案管理部门答复利用者询问、指导其利用会计档案信息资源的一种服务方式。

三、会计档案内容的保密

利用与开发会计档案信息资源绝不是毫无限度的，而应当根据国家法律、法规及各企业或事业单位的管理制度，有条不紊地进行。

（一）会计档案内容泄密的渠道

（1）非法窃取单位会计档案文件；

（2）物质利诱、收买或恐吓威胁会计档案知密人；

（3）会计人员或会计档案管理人员流动带走会计档案机密信息；

（4）会计人员从事第二职业；

（5）假借合作名义，骗取重要财务信息；

（6）宣传人员缺乏保密意识，在对外宣传过程中泄露机密会计信息；

（7）在商业技术合作、洽谈生意、座谈交流等活动中，疏于防范而导致会计信息泄露；

（8）会计档案管理不善；

（9）计算机网络设施管理措施不善等；

（10）会计档案查询使用权限失控等。

（二）OPSEC 法的应用

OPSEC（Open Platform for Security）法是在当今一些先进国家比较流行的一种保密方法。其基本含义就是：根据每一条信息的相对重要性来确定合适的保护措施。它旨在了解竞争对手如何得到信息，会如何利用信息来对付自己的对手，失去信息会付出多大的代价，保护信息又需要多少成本。

与传统的保密手段不同的是：这种方法承认所有单位都有薄弱的地方，但它也注意到并不是所有的薄弱之处都值得保护。OPSEC 法不是不顾成本地去回避风险，而是以一种合理的、高效的费用方式来避免风险，这是它与大多数单位保护信息的方法的不同之处。这种方法的优点在于：它能通过减少不必要的保密开支来节约支出；在发生泄密问题时，它可对泄密造成的损失在战略规划中定性。

OPSEC 法的运用可以分为以下 5 个步骤：

（1）确定关键信息。关键信息是指会使竞争对手从中获得超越本单位的竞争优势的信息。同时，关键信息也是你希望从竞争对手那里获取的信息，比如进货渠道、定价方法、关键客户、商业秘密、产品配方、战略规划、收购计划等。

（2）威胁分析。主要是指确认竞争对手能在多大程度上得到你的信息并利用该信息。简而言之就是他们有什么能力？他们是否了解你的数据库？他们知道对于你的单位，应了解的最重要的东西是什么吗？他们已经了解了什么？他们的最高决策层是如何看待这些情报的？

（3）薄弱点分析。单位最容易泄密的地方在哪里？单位的管理人员了解这些问题吗？应该保密的地方是否透露了过多的信息？

（4）风险评估。什么可能发生？什么会发生？竞争对手得到某条信息以后会产生什么影响？你是否会失去顾客、市场份额、技术优势？这些损失如果出现，你将采取哪些补救措施？哪些信息应长时间地保密？

（5）采取对策。与传统的保密方法不同，OPSEC 法的对策改变了人们做事的方式、思考的方式和决策层对信息的看法。要让一个单位放弃长期以来形成的旧观念，就要改变现状，以不同的新方式来思考问题，这需要有魄力和决心。

在会计档案管理，特别是在会计档案信息资源的利用服务工作中，注意保守会计档案中的机密事项，是一个十分严肃的政治问题，有关部门和档案管理人员、会计人员都必须给予足够的重视，否则会给国家和单位造成不同程度的损失。但是，在实际工作中，我们又不能把会计档案的保密问题绝对化，而应当采取合理的解决方案来处置这类问题。将 OPSEC 法应用于会计档案的管理实践，不失为一种有益的探索。

第七节　电子会计档案的管理

一、电子会计档案概述

会计信息化是以计算机技术为手段，在会计核算和财务管理领域替代手工操作，从事记账、编制会计报告以及财务管理等过程。会计信息化信息处理具有如下特点：以电子计算机为计算工具，数据处理代码化，与纸本会计记账相比速度快、精度高；数据处理人机结合，系统内部控制程序化、复杂化；数据处理自动化，账务处理一体化；信息处理规范化，会计存储磁性化；具有选择判断及做出合理决定的逻辑功能。

（一）电子会计档案的含义

《企业会计信息化工作规范》指出，电子会计档案是指存储在计算机硬盘中的会计数据、用其他磁性介质或光盘存储的会计数据和计算机打印出来的书面等形式的会计数据。会计数据是指记账凭证、会计账簿、会计报表等数据。《会计基础工作规范》第四十五条规定："实行会计电算化的单位，有关电子数据、会计软件资料等应当作为会计档案进行管理。"因此在会计信息化过程中形成并归档保存的各种账簿、报告、凭证，存储会计数据和程序的软盘、光盘及其他存储介质，系统开发运行中编制的各种文档及其他会计信息资料均属于电子会计档案的范畴。《会计档案管理办法》也明确了会计档案中包括"通过计算机等电子设备形成、传输和存储的电子会计档案"。电子会计档案管理是重要的会计基础工作。

（二）电子会计档案的特点

纸本会计档案是指会计凭证、会计账簿和财务会计报告等会计核算专业材料，它是记录和反映单位经济业务的重要资料和凭据。这些资料和凭据具有严格的序时性、数据平衡性和严肃性。随着各类财务软件的使用，单位在实行会计信息化管理后，会产生许多依附于计算机的数据与资料，财务人员的所有收集、录入工作以及历年来形成的会计资料的查阅都在计算机财务软件上完成，同以往的人工记账会计档案相比，电子会计档案出现了许多新的特点。

1. 存储范围的扩大化

电子会计档案除了包括打印输出的记账凭证、会计账簿、会计报表外，又包括了存储在计算机存储介质（包括软盘、硬盘、磁带、光盘等）上的电子化会计凭证、账簿和报表等数据，还包括相应信息化环境下的计算机系统软件、财务软件及其开发文档等内容。

2. 系统环境的依赖性

纸本会计档案直观性强，人们可以不借助任何技术手段而直接查看到会计信息。而电子会计档案必须在特定的计算机硬件与软件环境下才可重现，对计算机系统环境具有依赖性。

3. 信息处理的便易性

手工系统的会计档案信息载体是纸张，占用的空间大，不易保管，查找数据比较困难；信息化系统的会计档案信息载体是各类存储介质，占用空间小，容易保管，数据查找方便快速。电子会计档案会计信息的数字化，使会计人员从繁重的手工核算报表中解脱出来，大大提高了会计档案的利用效率，便于会计档案信息的资源共享。

4. 安全易受威胁性

由于会计数据被记录在磁盘或光盘等磁性介质上，在技术上对电子数据非法修改可做到不留痕迹；由于会计数据的高度集中，未经授权的人员有可能通过计算机和网络浏览全部数据文件，复制、伪造甚至销毁重要的数据；由于受计算机软硬件环境限制，计算机硬件损坏、计算机病毒感染、财务软件升级等都使会计档案的安全受到威胁。

5. 管理软件系统化

实行会计信息化的时间越长，会计档案与财务软件的各类版本就越多。实行会计信息化档案管理后，对软件的要求更系统化了。

二、电子会计档案管理工作

为了更有效地做好会计信息化工作，根据电子会计档案的特点，要分别做好会计档案的收集、管理、保存、利用等方面的工作。

（一）电子会计档案的收集

电子会计档案的收集是指在一定的时间间隔内，一般按一个会计年度（为了录入数据的安全，每月月结后，最好把数据导出保存），把计算机系统中的所有会计数据拷贝（备份）存储到磁性介质或光盘上，从而形成脱离于原计算机系统的会计档案。财务部门应把财务数据的备份文件保存好，并记录好档案形成的时间、会计数据的内容及备份，以便在计算机硬件系统损坏后，恢复原有的会计记录信息管理系统的备份数据。此外，计算机硬件（硬盘的容量、内存的大小）、系统的型号、外部设备的配套类型，计算机采用的操作系统，财务软件的版本，不同数据库系统类型都对会计数据的形成有一定的影响，要分别登记财务软件的系统名称、版本号，财务软件的销售与维护公司的名称、地址、电话与联系人，以及与信息化软件系统相配套的各种说明书及使用手册，以备系统发生故障时能及时修复。

（二）电子会计档案的集中管理

各级财政部门建立会计档案馆，实行会计档案集中管理。目前我国绝大多数企业单位的会计档案均实行分散管理，这种方式存在不足：会计档案容易丢失或被擅自销毁、不利于监督和检查、不利于会计档案信息的安全、不利于电子会计档案载体（磁盘、光盘）的保管。电子会计档案实行集中管理，即各单位除现金日记账、保管账必须在本单位登记保存外，其他账目包括总账、明细账、成本账以及会计凭证等一律移交会计档案馆保存，这样可加强对原始凭证的管理，在每年会计报表报出后，由单位保管的现金日记账、保管账等连同报表以及其他会计资料一起移交会计档案馆。为了保证会计档案的完整、正确，归档的会计档案必须附有会计注册师的审计报告，并在审计报告后附会计档案明细清单。集中保管可以方便监督和检查，可以确保会计档案信息的安全及载体的长期保存。信息化会计数据高度集中在磁盘、光盘上，企业未经授权的人员出于私利和不正当目的，有可能通过计算机和网络浏览全部数据文件，伪造、销毁一些重要的会计数据。集中保管会计档案可在一定程度上阻止这些行为发生。[①]

（三）电子会计档案的保存

电子会计档案管理人员应当定期将相应的会计数据备份到磁性介质上。为了更好地保存备份数据资料，以适应会计档案的保管期限，应根据会计信息化档案信息载体的物理特性，采用“AB备份法”进行数据的备份。而且，每份备份上要注明形成档案的时间与操作员姓名，贴上写保护标签；同时设立备查登记簿，认真登记备份的时间、备份人员、备份数量及保管方式等内容。除保存各版本的备份财务数据外，还应保存对应版本的会计信息化软件系统版本软件，因为在不同版本软件下形成的会计档案会计数据的结构有可能不同。对采用磁性软盘或光盘保存的档案，一定要定期进行检查，定期进行复制或重新刻录。一般情况下，单位每一至两年应对电子会计档案进行一次大的清理，发现纸质档案有损坏要进行修补，而对磁性介质档案每两年应进行一次复制，以防止损坏。同时对采用磁性软盘或光盘保存的档案的保存环境也有一定的要求，应远离磁场，注意防潮、防尘、防划伤等，防止磁性软盘或光盘因质量问题或保存原因而造成损坏，使会计档案丢失，造成无法挽救的损失。

由于计算机技术的飞速发展，不同时期的电子会计档案所依赖的系统软件、数据库软件、信息处理软件在不断变化，而且新的软、硬件系统不一定兼容旧的系统，这就造成了不同时期电子会计档案的非兼容性和不通用性，影响了后期对会计档案的调用和信息处理，可能会给会计工作带来档案数据报废失效的重大损失。因此，在电子会计档案的保管工作中，除了采取保存不同时期会计档案所依赖的软件环境（包括相应版本的财务软件、数据库系统、操作系统以及财务软件开发说明书）这一常规、保守做法外，还应采取更加积极的做法，就是根据财务软件的更新，及时把往年的电子会计档案数据更新为新的软件

---

① 吕榜珍，杜兰珍．电算化会计档案信息失真的原因及其防范．兰台世界，2007（9）．

数据格式，以保持不同时期电子会计档案数据格式的一致性与兼容性。[①]

（四）电子会计档案的利用

在信息化环境下，会计档案管理工作应该向“保管、开发和利用并重”的方向转变。会计档案的专业性很强，主要供本单位的财会部门查阅、利用。由于会计资料和会计数据存在一定的连续性，因此需要经常对会计资料和会计数据进行查阅，例如：未了结的债权债务；在建工程的相关数据；未到期的证券、债券；对处理历史遗留问题有重要参考价值的数据等。随着软件系统的不断升级，我们要查阅的会计档案会出现两种情况：（1）所查阅的会计档案的版本号与当前会计记录信息管理系统版本号一致，即通过信息化软件系统中的档案进行查阅即可；（2）所查阅的会计档案的版本号与当前会计记录信息管理系统版本号不一致，即需在另外一台电脑上安装相对应版本的信息化系统，然后再进行查阅。

另外，可以通过收集整理历年的数据对本单位财务状况进行比较和分析，为单位的决策者提供可靠的经营决策依据，改善单位经营管理、提高单位经济效益。我们还可以利用会计档案信息化的数据设计出一些有利于管理与决策的数据图表，建立一套比较完善的决策支持系统，为单位制定规划、计划，调查取证以及进行决策提供依据和咨询材料，实现电子会计档案的再利用。我们应该充分利用现代计算机技术，建立会计档案信息资源系统（可作为企业 ERP 系统的一个组成部分），通过对会计档案信息资源的挖掘、整理，提高会计档案的合理开发和充分利用，增强会计档案信息资源的共享性。要在坚持保密原则的前提下，使会计档案管理工作从“封闭式”管理向“开放式”“互动式”管理转变，以适应信息化时代的需要，开创电子会计档案管理的新局面。

三、加强电子会计档案管理的具体措施

加强电子会计档案的管理，已成为会计档案管理工作的一项紧迫、复杂、长期的任务，信息化环境下的会计档案管理工作除了应严格执行《会计档案管理办法》《企业会计信息化工作规范》等有关规定外，还应针对电子会计档案的特点和电子会计档案管理面临的问题，做好以下几方面的工作。

（一）建立健全法规和制度，规范电子会计档案的管理

我们应该健全电子会计档案管理的法律法规，制定严格的内部管理制度，加强对电子会计档案的管理和控制，使其在各项工作中发挥更大的作用。建立切实可行的管理制度，如制定细化的电子会计档案管理办法、电子会计档案岗位责任制、电子会计档案操作管理制度、安全保密制度、计算机硬软件和数据管理制度等内部管理制度，是管理好电子会计档案的保障。应严格按照电子会计档案的归档制度、保管制度、定期备份制度、借阅制度、销毁制度等实行规范化的管理。

---

① 蔡亦农．电算化环境下的会计档案管理．中国农业会计，2008（1）．

（二）加强教育，提高信息化会计管理人员的综合素质

一方面，会计人员是会计档案信息的生成者和见证者，是防止会计档案信息失真、保证会计档案信息质量的第一道防线。应加强职业道德教育，教育会计人员自觉遵守会计法律、规章制度，牢固树立真实、准确、负责的道德规范，把诚信原则、职业道德贯彻于会计工作之中。同时加强对会计人员的业务知识和现代化专业技术的培训，提高会计人员素质，促进会计档案信息质量的提高。

另一方面，会计档案管理人员素质的提高是电子会计档案规范化、科学化管理的保证。除了要具备传统的会计档案管理专业知识外，还必须具备信息化基础知识，计算机软、硬件基础知识，网络工程和信息系统知识，较高的计算机操作技能。要通过多种方式进行培养教育，使电子会计档案管理人员既具有良好的思想品德、高度的责任感、良好的工作态度，又具备丰富的会计信息化业务知识、档案管理专业知识、现代化的操作技能和潜在的创新意识与能力。

（三）规范会计信息化财务软件，强化会计档案管理的前端控制

加强会计档案信息的前端控制，包括在会计软件程序研制开发、维护过程中，采取有效控制来确保程序的正确性、安全性，以及在电子会计档案信息的形成和维护阶段进行监督，确保会计数据不被篡改、破坏。有关部门应尽快制定出一些具体法规或通过行业协会制定统一的财务软件标准，加强对财务软件销售公司和开发商的管理，进一步规范会计信息化软件市场。选用功能符合本单位实际业务需要的信息化会计软件，最好是具有档案管理辅助功能的信息化软件。相关的具体会计准则要对会计信息化的软件采用的标准、软件的安全性、具体的会计处理方法、会计信息的规范使用、会计信息化文档的保管以及会计信息化人员的责任做出指导和说明。

（四）做好信息化会计系统的安全管理，保证会计档案的完整安全

一是建立健全信息化会计系统的安全管理制度。对会计人员、会计管理领导的职责要严格规范，加强对密码、口令、授权的管理。并制定相应的管理规范，如网络、机房、服务器管理规范，会计信息存储管理规范，安全操作规范等，将监控与操作分离，实现系统内部的有效控制。二是采用先进成熟的计算机操作系统、先进的通用软件开发平台和数据库技术，对数据库文件彻底加密，并在软件功能上采取必要的控制手段，如提示功能、保护功能、检验功能等，从源头上防范。三是采取必要技术手段来防范病毒及黑客对网络会计系统的攻击，可以采用认证技术、访问控制策略、防火墙技术、入侵检测与安全审计技术等。财务部门应建设独立的内部网络，由财务部门管理，并与外部网络进行物理隔离，从根本上保证会计系统的安全性。针对对外公布的会计数据，可单独设立一台服务器与外网相连，将要发布的数据从内部网络服务器中复制到该服务器进行发布，这样即使该服务器被攻击，也不会影响到内部网络会计系统的安全性。

（五）保持电子会计档案保管手段的先进性，严格控制库房环境

一方面，电子会计档案的新型存储介质不断出现，体积越来越小、容量越来越大、性能越来越好、质量越来越可靠。另一方面，随着计算机软件技术的发展，处理电子会计档案的数据库技术、压缩技术也在不断进步。因此，电子会计档案的保管手段必须与时俱进，紧跟当代计算机技术发展，不断引进先进的存储介质和技术手段，更新旧的、落后的存储介质和技术。只有这样，才能更加有效地保证电子会计档案的安全性和时效性。

同时，须严格控制电子会计档案磁性载体材料的保存环境。会计档案馆可建立专门磁盘和光盘库，做好库房的防磁、防尘、防光、防有害气体、严格控温控湿等工作，加强库房管理，并定期进行检查。有条件的企事业单位要提供环境清洁与温湿度稳定适宜的专用会计档案存放仓库；配备具有高清晰度打印能力的激光或喷墨打印机，以它们作为打印纸质会计档案的工具。由于电子会计档案对软硬件环境依赖性强，所以要定期进行迁移，防止载体损坏，造成电子会计档案信息丢失。

本章思考题

1. 如何理解会计档案的定义？会计档案的特点是什么？
2. 会计档案的积极作用形式有哪些？
3. 如何建立本单位的会计文件（资料）归档制度？
4. 会计文件（资料）的立卷方法有哪些？
5. 会计档案的分类标准与方法有哪些？
6. 会计档案的鉴定规则是什么？
7. 会计档案的保管期限如何确定？
8. 电子会计档案的概念及其管理依据是什么？
9. 电子会计档案的管理内容和要求是什么？

第五章

人事档案与人事档案管理

本章提要

人事档案是组织、人事管理部门或其他有关部门在人事管理活动中形成的，关于个人经历和德才表现，并以个人为单位集中保存起来以备查考的人事材料。它具有专指性、真实性、全面性、动态性和保密性的特点，可划分为学生档案、工人档案、干部档案、军人档案四个部分。本章以干部档案为重点，对人事档案的收集、鉴别、整理和利用等工作进行了论述，对著名人物、流动人员和下落不明人员等特殊人员档案的管理进行了介绍，对人事档案管理与人力资源开发的关系以及新形势下人事档案工作的改革等问题进行了探讨。

第一节　人事档案概述

一、人事档案的定义

人事档案产生于人事管理活动。自从有了国家政权，有了对人的管理，就有了对人进行记录和管理的人事档案。西周时期产生了记录王室、官员世袭的家谱，这成为我国人事档案的雏形。隋唐时期确立了三省六部制度，建立了官员的任命、考核和管理的比较严密的制度，并进而形成了专门记录官员姓名、职务、履历、业绩的文件——“甲历”和专门保管“甲历”的库房——“甲库”。对官员进行管理的这种方式为后世所继承，并在明清时期有了进一步的发展。

中国现代人事档案工作起步于中国共产党成立之后开展的革命战争之中，建立于新中国成立以后。目前，人事档案制度初步建立，人事档案的管理工作逐步规范化、标准化、科学化，全国规模的人事档案工作体系基本建立。与此同时，我国也开展了人事档案工作的理论研究，尤其是20世纪80年代以后，档案界对人事档案进行了理论研究，出版了一系列有关人事档案工作的专著。如王法雄的《人事档案管理概论》（湖北人民出版社，1984年）、劳动人事部人事教育局和安徽省人事局组织编写的《人事档案管理》（劳动人事出版社，1987年）、邓绍兴的《人事档案学》（中国青年出版社，1990年）、朱玉媛主编的《现代人事档案管理》（中国档案出版社，2003年）等。除了这些以人事档案工作为主题的专著，有关人事管理和档案管理的许多著作把人事档案工作作为其中的内容之一进行了专门的论述，如陆国泰主编的《人事行政学》（高等教育出版社，1991年）、潘玉民的《专门档案管理概论》（辽宁大学出版社，1993年）、和宝荣主编的《机关档案工作》（高等教育出版社，1994 年）、中国档案出版社出版的《专门档案管理问答（第二辑）》（中国档案出版社，1996 年）等。此外，我国有关部门发布了一些有关人事档案管理的行政规章，如《干部档案工作条例》《流动人员人事档案管理暂行规定》《干部人事档案材料收集归档规定》《干部档案整理工作细则》等，在对人事档案工作做出具体规定的同时，也对人事档案的一些理论问题做出了具体规定。这些理论著作和规章制度对人事档案概念进行研究和规定的要点如下：

- 人事档案是专门档案中的一种；
- 人事档案是干部档案、工人档案和学生档案的总称；
- 人事档案产生于人事管理活动，由组织、人事或劳动部门形成；
- 人事档案反映的是一个人的经历和德才表现。

将上述要点综合起来，人事档案可以定义为：人事档案就是组织、人事管理部门或其他有关部门在人事管理活动中形成的，关于个人经历和德才表现，并以个人为单位集中保存起来以备查考的人事材料。根据这样的定义，个人履历、自传、学历、参与学习和工作等活动的鉴定、考核材料，政治历史、社会关系情况的审查材料，加入党派的材料，任免、录用、聘用、奖惩材料，工资级别等其他对组织有参考保存价值的材料都可以是人事档案中的材料。

二、人事档案的特点

人事档案是以人为轴心的专门档案，因此，人事档案在具有一般档案属性和特点的同时，还具有其自身的属性和特点。

（1）人事档案是个人成长经历的记录，其内容具有专指性。人事档案是机关、组织为了实现人事工作知人、用人的目的，围绕着一个人而产生的，其内容反映的是一个人的经历和德才表现。此外，人事档案的立卷方式也与其他档案的立卷方式有所不同，它一般是按照一个人的姓名特征来对案卷进行组织的。无论是在内容上还是在形式上，人事档案都具有明显的个人专指性。

（2）人事档案材料是经过组织认可的个人材料，其内容具有真实性。人事档案是记录一个人经历和德才表现的个人材料，但是记录一个人的经历和德才表现的个人材料并不都是人事档案，那些能够真实记录本人情况的个人材料，经过组织认可之后才能转化成为一个人的人事档案（有的时候，有些记录本人情况的个人材料只有经过了本人的认可后才能成为一个人的人事档案）。

（3）人事档案是对一个人德智体各方面情况的记录，其内容具有全面性。人事档案是正确地了解人和使用人的工具，其内容不但反映本人的历史，而且还反映本人的现实；不但反映本人的业务，而且还反映本人的思想；不但反映本人的专长，而且还反映本人的不足；不但反映本人的贡献，而且还反映本人的错误。一个完整的人事档案可以客观地反映一个人的全部情况。

（4）人事档案是变化发展的，具有动态性。人事档案是反映一个人整体面貌的文件材料，是一个人社会实践活动的记录。人的社会活动是不断进行的，因而有关一个人的人事档案也会在社会实践活动中不断地产生，这也就使得有关一个人的人事档案的内容会不断得到充实和丰富。此外，一个人一生中会在不同的单位里工作，或者一个人的社会地位会随着个人的发展而有所变化（如职务的升迁），这些变化都会使一个人的人事档案不可能固定在一个单位里保管，而是要随着本人的流动而流动，要保管在不同的单位。

（5）人事档案具有保密性。由于人事档案涉及人员本身的自然情况、工作学习情况和身体健康等方面的内容，其中必然涉及当事人经历的重大事件、工作失误及家庭和个人隐私等内容，所以人事档案在相当长的时期内是保密的，处于封闭状态，不对外开放。按照《组织工作中国家秘密及其密级具体范围的规定》，党政机关干部人事档案的密级划分为绝密级、机密级和秘密级三个密级。

三、人事档案的种类划分

（一）学生、工人、干部、军人的人事档案

人事档案是围绕着一个个关系人形成的一种专门档案。社会中的人由于其工作和活动都有不同的性质和职能，据此可以分成不同的种类，相应地，人事档案也就产生了不同的类别。根据人事档案关系人的不同，可以将人事档案分为：学生档案、工人档案、干部档案、军人档案四个类别。

学生档案是学生在校学习过程中形成的、能反映学生成长情况的材料。学生档案是学校对学生进行了解、培养、管理的记录和依据，为学生升学或参加工作等提供情况。一般说来，学生是一个人进行有组织生活的第一阶段，因此学生档案是一个人形成人事档案的最初阶段，其内容较之于其他人事档案要简单一些。

工人档案是反映工人个人经历、劳动态度、思想品德、业务技能与奖惩等情况的档案材料。这种档案主要产生在企业、事业单位中，其内容较学生档案要多一些，但较之于干部档案要少一些。

干部档案是干部个人经历、思想品德、业务能力、工作表现和工作实绩的反映。和干部的范围比较广泛一样，干部档案的范围也比较广泛，有多少种类的干部就有多少种类的干部档案。较之于学生档案和工人档案，干部档案的内容也最为复杂。需要说明的是，在过去几十年的时间里，“干部”一词的含义宽泛，只要是大专以上学历的毕业生，不管其从事什么样的工作，都称为“干部”，都要纳入国家财政供养的范围。在我国进行人事管理制度改革和推行国家公务员制度以后，以“干部”和“非干部”对大专以上学历的毕业人员进行划分已经不适应现代人事管理工作的需要。“干部”一词的内涵发生了很大的改变，“干部”这一称谓或将成为一种历史现象。相应地，“干部档案”的内涵也将会发生相应的变化，“干部档案”这一称谓或将成为一种历史现象，人事档案会以一种新的标准来进行划分。

军人档案指记录中国人民解放军、武装警察部队人员经历及其“德、能、勤、绩”等方面情况的档案。

（二）机关人员、企事业单位人员、流动人员、军事单位（部队）人员的人事档案

根据社会上不同人员的从业职业特征，目前我国在人事档案管理实践中，也将人事档案的种类划分为机关人员人事档案、企事业单位人员人事档案、流动人员人事档案、军事

单位（部队）人员人事档案等四种类型。

机关人员人事档案是指在各级党委、人大、政府、政协、纪委、人民法院、人民检察院和各民主党派、人民团体等机关工作的干部人员的人事档案。其中包括国家公务员人事档案、普通工作人员人事档案等。

企事业单位人员人事档案是指在国有企业和事业单位供职的人员的人事档案。包括企业干部人员人事档案、职工（员工）人事档案、事业单位干部人事档案。

流动人员人事档案是人事档案的重要组成部分。根据中共中央组织部、人力资源和社会保障部、国家发展和改革委员会、财政部、国家档案局联合发布的《关于进一步加强流动人员人事档案管理服务工作的通知》（人社部发〔2014〕90 号）的规定，流动人员人事档案的范围具体包括：（1）非公有制企业和社会组织聘用人员的档案；（2）辞职辞退、取消录（聘）用或被开除的机关事业单位工作人员档案；（3）与企事业单位解除或终止劳动（聘用）关系人员的档案；（4）未就业的高校毕业生及中专毕业生的档案；（5）自费出国留学及其他因私出国（境）人员的档案；（6）外国企业常驻代表机构的中方雇员的档案；（7）自由职业或灵活就业人员的档案；（8）其他实行社会管理人员的档案。

军事单位（部队）人员人事档案是指中国人民解放军、武装警察部队等军事机关、部队的现役人员的人事档案。

（三）在（现）职人员、离退人员、已故人员、失联人员的人事档案

根据人事档案关系人的职业状态及生命状态等特征，可以把人事档案区分为在（现）职人员档案、离退人员档案、已故人员档案和失联人员档案等种类。

在（现）职人员的人事档案是指在机关、企事业单位及其他社会组织中从事现职（现役）工作的各种人员的人事档案。其中包括干部档案、企事业单位人员档案、职工档案、军人档案等。

离退人员的人事档案是指已经办理完离休、退休、退役等相关手续的非现职（现役）人员的人事档案。

已故人员的人事档案是指已经被证实死亡人员的人事档案。

失联人员的人事档案，习惯上又称“无头档案”，是指长期失去关系人下落或难以找到关系人下落的相关人员的人事档案。

第二节　人事档案管理

人事档案管理是人事工作的一个重要组成部分，这项工作主要包括人事档案的收集、鉴别、整理、利用和转递等内容。

一、人事档案的收集与鉴别

（一）人事档案的收集

所谓人事档案的收集就是人事档案管理部门通过各种渠道将其所管人员已经形成的分

散的人事档案材料集中起来，统一进行保管。人事档案的收集是人事档案管理工作的起点，只有及时、全面地收集了有关一个人的全部的人事档案材料，一个人的人事档案才能完整、全面地反映一个人的历史面貌，同时只有开展了人事档案的收集工作，才能为人事档案工作其他各业务工作的开展提供物质基础。因此，从这一意义上说，人事档案收集工作是人事档案管理工作的最重要的环节。

要做好人事档案的收集工作，需要明确人事档案的收集范围、要求、途径和方法。

1. 人事档案材料的收集归档范围

人事档案是一个人经历和德才表现的历史记录。以干部人事档案为例，干部人事档案材料收集归档工作遵循真实、全面、及时、规范的原则，重点收集反映干部自然情况和德、能、勤、绩、廉等方面的材料，并根据经济社会发展和组织工作的需要，不断充实完善干部人事档案的内容。

在人事档案的所有类别中，干部档案是内容最为全面的一种，干部档案中的内容基本上包括了其他类别人事档案的内容。根据《干部档案工作条例》《干部档案整理工作细则》和《干部人事档案材料收集归档规定》等有关文件的规定，干部人事档案材料归档范围包括：

（1）履历材料：履历表和属于履历性质的登记表等材料。

（2）自传材料：自传和属于自传性质的材料。

（3）报告个人有关事项的材料：领导干部个人有关事项发生变化的报告表等材料。

（4）考察、考核、鉴定材料：考察材料；在重大政治事件、突发事件和重大任务中的表现材料；定期考核材料，年度考核登记表，援藏、援疆、挂职锻炼等考核材料；工作调动、转业等鉴定材料；后备干部登记表（提拔使用后归档）等材料。

（5）审计材料：经济责任审计结果报告。

（6）学历学位材料：高中毕业生登记表；中专毕业生登记表；普通高等教育、成人高等教育、自学考试、党校、军队院校报考登记表，入学考试各科成绩表，研究生推免生登记表，专家推荐表；学生（学员、学籍）登记表，学习成绩表、毕业生登记表，授予学位的材料，毕业证书、学位证书复印件，党校学历证明；选拔留学生审查登记表等参加出国（境）学习和中外合作办学学习的有关材料；国务院学位委员会、教育部授权单位出具的国内外学历学位认证材料等。

（7）培训材料：为期两个月以上的学员培训（学习、进修）登记表、考核登记表、结业登记（鉴定）表等材料。

（8）职业（任职）资格材料：职业资格考试合格人员登记表或职业（任职）资格证书复印件；教师资格认定申请表等材料。

（9）评（聘）专业技术职称（职务）材料：专业技术职务任职资格评审表、申（呈）报表，聘任专业技术职务审批表等材料。

（10）反映科研学术水平的材料：当选为中国科学院院士、中国工程院院士的通知；遴选博士生导师简况表；博士后工作期满登记表；被县处级以上党政机关、人民团体等评选为专业拔尖人才的材料；科研工作及个人表现评定材料，业务考绩材料；创造发明、科研成果鉴定材料，著作、译著和有重大影响的论文目录。

（11）政审材料：上级批复、审查（复查、甄别）结论、调查报告及主要依据与证明材料；本人对结论的意见、检查交代或情况说明材料；撤销原审查结论的材料；各类政审表。

（12）更改（认定）姓名、民族、籍贯、国籍、入党入团时间、参加工作时间等材料：个人申请、组织审查报告及主要依据与证明材料、上级批复；计算连续工龄审批材料等。

（13）党、团组织建设工作中形成的材料：中国共产党入党志愿书、入党申请书、转正申请书；整党工作、党员重新登记工作中民主评议党员的组织意见，党员登记表，党支部不予登记或缓期登记的决定、上级组织意见；不合格党员被劝退或除名的组织审批意见及主要依据材料；取消预备党员资格的材料；退党、自行脱党材料；恢复组织生活（党籍）的有关审批材料；中国共产主义青年团入团志愿书；加入或退出民主党派的材料。

（14）表彰奖励材料：县处级以上党政机关、人民团体等予以表彰、嘉奖、记功和授予荣誉称号的审批（呈报）表、先进人物登记（推荐、审批）表、先进事迹材料；撤销奖励的有关材料等。

（15）涉纪涉法材料：处分决定，免予处分的意见，上级批复，核实（调查、复查）报告及主要依据与证明材料，本人对处分决定的意见、检查、交代及情况说明材料；解除（变更、撤销）处分的材料；检察院不起诉决定书；法院刑事判决书、裁定书；公安机关做出行政拘留、限制人身自由、没收违法所得、收缴非法财物、追缴违法所得等的行政处理决定等。

（16）招录、聘用材料：录（聘）用审批（备案）表；选调生登记表及审批材料，选聘到村任职高校毕业生登记表；应征入伍登记表，招工审批表；取消录用、解聘材料。

（17）任免、调动、授衔、军人转业（复员）安置、退（离）休材料：干部任免审批表及相应考察材料；干部试用期满审批表；公务员登记表，参照公务员法管理机关（单位）工作人员登记表；公务员调任审批（备案）表，干部调动审批材料；援藏、援疆、挂职锻炼登记（推荐）表；授予（晋升）军（警）衔、海关关衔、法官和检察官等级审批表；军人转业（复员）审批表；退（离）休审批表等材料。

（18）辞职、辞退、罢免材料：自愿辞职、引咎辞职的个人申请、同意辞职决定等材料，责令辞职的决定，对责令辞职决定不服的申诉材料、复议决定；辞退公务员审批表、辞退决定材料；罢免材料。

（19）工资、待遇材料：新增人员工资审批表、转正定级审批表，工资变动（套改）表、提职晋级和奖励工资审批表或工资变动登记表，工资停发（恢复）通知单；享受政府特殊津贴的材料；解决待遇问题的审批材料。

（20）出国（境）材料：因公出国（境）审批表，在国（境）外表现情况或鉴定等材料；外国永久居留证、港澳居民身份证等的复印件。

（21）党代会、人代会、政协会议、人民团体和群众团体代表会议、民主党派代表会议形成的材料：委员当选通知或证明材料，委员简历；代表登记表等。

（22）健康检查和处理工伤事故材料：录用体检表，反映严重慢性病、身体残疾的体检表；工伤致残诊断书，确定致残等级的材料。

（23）治丧材料：生平，非正常死亡调查报告等材料。

（24）干部人事档案报送、审核工作材料：干部人事档案报送单；干部人事档案有关情况说明等材料。

（25）其他材料：毕业生就业报到证（派遣证），人事争议仲裁裁决书（调解书），公务员申诉处理决定书（再申诉处理决定书、复核决定），再生育子女申请审批表等有参考价值的材料。

国有企业和事业单位的干部和流动人员的人事档案材料的收集归档，可以参照上述归档范围执行。

人事档案是在人们的实践过程中产生的，实践的持续和发展使得一个人的人事档案的产生也具有了持续性和动态性的特点。因此，在收集人事档案时必须根据人事档案的这个特点，注意人事档案材料的补充。例如，一个人岗位、地位变化后会产生新的履历材料，一年、一段时间或一个特定的工作结束后会产生新的总结、鉴定和自传材料。有的时候在日常人事工作中发现一个人的人事档案不够完整，缺少过去某段经历或某个方面的档案等，在这些情况发生时都需要对人事档案进行补充。

2. 人事档案材料的收集归档要求

（1）建立有效的收集归档机制，履行归档手续。

各单位的人事档案材料形成部门，必须按照有关规定规范制作人事档案材料，建立人事档案材料收集归档机制，在材料形成之日起一个月内按要求送交人事档案管理部门归档并履行移交手续。

（2）建立联系制度，及时掌握材料形成信息。

人事档案管理部门应当建立联系制度，及时掌握形成人事档案材料的信息，主动向人事档案材料形成部门、人事档案关系人和其他有关方面收集人事档案材料。

（3）建立材料审核制度，严格执行审核制度。

各单位的人事档案管理部门必须严格审核归档材料，重点审核归档材料是否办理完毕，是否对象明确、齐全完整、文字清楚、内容真实、填写规范、手续完备。

（4）维护人事材料的成套性，及时补充缺少材料。

成套材料必须头尾完整，缺少的档案材料应当进行登记并及时收集补充。

（5）注意管理规范，手续齐备。

归档材料填写不规范，手续不完备，或材料上的姓名、出生时间、参加工作时间和入党时间等与档案记载不一致的，材料形成部门应当重新制作，补办手续，或者由具有相关管理权限的组织（人事）部门审改（或出具组织说明）并加盖公章。归档材料一般应当为原件。证书、证件等特殊情况需用复印件存档的，必须注明复制时间，并加盖材料制作单位公章或人事关系所在单位组织（人事）部门公章。人事档案材料的载体应使用符合国际标准 A4 型（长 297 毫米，宽 210 毫米）的公文用纸，材料左边应当留有 20～25 毫米装订边，字迹材料应当符合档案保护要求。

（6）明确归档时间，及时整理。

符合归档要求的材料，必须在接收之日起一个月内放入本人档案，一年内整理归档。

（7）严明纪律，强化治理。

在人事档案材料收集归档工作中，各人事档案材料形成部门、人事档案工作人员和关系人必须严格执行并遵守“五不准”的纪律要求，即不准以任何借口涂改、伪造档案材料，不准将应归档材料据为已有或者拒绝、拖延归档，不准将归档范围之外的材料擅自归档，不准将虚假材料和不符合归档要求的材料归入档案，不准私自、指使或者允许他人抽取、撤换或销毁档案材料。根据中共中央组织部 2009 年 7 月 16 日印发的《干部人事档案材料收集归档规定》的要求："对违反干部人事档案材料收集归档工作纪律的，视其性质、情节轻重和造成的后果，对负有主要责任的领导人员和直接责任人员进行批评教育，或给予党纪、政纪处分。其中，档案工作人员参与涂改、伪造档案材料的，要从严从重处理，并不得继续从事干部人事档案工作。"

3. 人事档案收集的途径

人事档案材料的来源广泛，有个人形成的，也有组织形成的；有个人自然产生的，也有组织专门填写形成的。同时，在一个人的一生中，一个人可能会在不同单位或组织中工作，这些不同的单位和组织都会成为人事档案的新来源。只有搞清了各种人事档案材料的来源，才能在档案收集工作中做到心中有数，才能确保人事档案材料收集的及时、齐全和完整。

人事档案材料的收集主要通过下列途径来进行：

（1）通过组织、人事、劳资部门收集各种履历、考核、任免、调动、晋升行政职务、晋升专业技术职务、学位、学衔、工资、离退休等材料。

（2）通过筹备召开各种代表大会的机构收集大会形成的反映个人情况的材料；通过党团组织、工会等有关部门收集入党入团、党团登记、党团鉴定、退党退团等材料。

（3）通过纪律检查、行政监察、保卫、司法部门收集违法乱纪的个人检查、受处分方面的材料。

（4）通过教育管理部门和学校收集学习成绩、学历、鉴定、奖励等方面的材料。

（5）通过科技、业务部门收集业务考绩、技术发明、论文篇目、成果贡献评价等方面的材料。

（6）通过卫生部门收集新近的体检材料。

（7）通过原工作单位收集过去形成的档案材料。

4. 人事档案的收集方法

人事档案的收集方法主要有定向收集、定时收集和追踪收集三种。

定向收集是向经常产生人事档案资料的一定的单位和部门进行的收集工作。

定时收集就是按照事先确定的某一时间或某一时间周期向有关部门进行收集，这种收集方法是由人事档案材料产生的特点决定的：其一，一年中的某些特定时间会产生大量的人事档案材料，如年末、季末、五一、十一等，通常都有总结或表彰活动，在这些活动中都会有人事档案材料产生。其二，人事档案的产生具有连续性，不是一次形成的，因而必须以年、半年甚至季度为周期进行收集。

追踪收集就是在发现档案不全时，根据现有的档案或现有档案所反映的人所提供的线索进行收集。

（二）人事档案的鉴别

人事档案的鉴别就是人事档案管理部门根据一定的原则和方法，对收集起来的人事档案材料进行真伪的甄别和价值的鉴定，以决定其存毁或进行其他方面处理的过程，其实质是决定一份档案文件能否作为人事档案中的内容归档保存起来。人事档案的鉴别是人事档案工作中极其重要的环节，是保证人事档案精练、真实和实用的重要手段，这项工作贯穿在人事档案工作过程的始终。

1. 鉴别工作的原则

人事档案的鉴别工作不是一项单纯的业务工作，而是一项政治性、政策性很强的工作。要做好这项工作，首先，要坚持实事求是的原则。坚持实事求是，就是要以有关文件和规定为依据来判定材料的价值，确定材料的取舍，这是鉴别工作的基本标准。有关部门制定了一系列清理人事档案材料的政策规定，这些规定明确了鉴别工作的政策界限、工作程序和人事档案的内容及归档范围。这就要求人事档案工作者必须深刻领会文件的精神实质，在对某些事情有了新的结论之后，要将原来不正确的组织结论、决定、调查报告、调查证明材料和揭发批判材料等，一律从人事档案中剔除销毁，以确保人事档案的准确、真实。

其次，要坚持辩证唯物主义和历史唯物主义观点，对具体问题做具体分析的原则。党和国家的文件及有关的方针、政策对于人事档案材料的鉴别只具有宏观的指导意义，要对某些特殊的档案材料进行鉴别，还必须按照马克思主义的立场、观点和方法对具体问题做具体的分析，在鉴别一份人事档案材料时，要根据人事档案材料的内容、用途及产生的客观历史条件对其价值做出准确的判断，切忌主观臆断和望文生义。

最后，要坚持归档材料必须符合归档范围的原则。最近一些年，党和国家制定了一系列的有关人事档案工作的方针、政策，对各种类别人事档案的归档范围做出了明确的规定。在进行人事档案材料鉴别时，一定要按照相应的鉴定细则和归档范围，由专人负责审查把关。对某些有争议的材料，应组织有关人员共同讨论、商议或请示人事档案部门的负责人。不能把应当归档的材料剔出处理，也不应当把不属于归档范围的材料归入人事档案。

2. 人事档案材料鉴别的内容

人事档案材料鉴别的内容包括以下七个方面。

(1) 判断其是否属于人事档案。按照人事档案收集的内容，要从已经收集起来的材料中把属于人事档案的材料挑拣出来，或者把不属于人事档案的材料清除出去。以履历、自传和鉴定材料为例，个人的履历表、简历表、登记表、自传、鉴定材料应该作为人事档案来保留，而本人或他人撰写的传记、年谱、回忆录则不是人事档案，而是书稿档案或资料。

(2) 确定其是否属于该人的档案材料。中国人重名的概率较大，有的时候也会出现一人多名的现象。在对人事档案材料加以鉴别时必须通过对籍贯、家庭出身、年龄、性别、工作单位、入党时间、参加工作时间、职务、工资级别、个人经历等诸多因素进行综合考虑，从而确定一份材料是否是该人的档案材料。如果发现有同名异人、张冠李戴的，或不属于干部档案内容和重复多余的材料，应清理出来。

(3) 查明材料是否处理完毕。归入人事档案的材料必须是处理完毕的材料，正在处理或正在发挥现行效应的材料不是人事档案材料。

(4) 检查材料是否齐全、完整。首先，归入人事档案的材料都是经过一定处理程序的材料，每份材料不能有头无尾，也不能缺少必要的处理意见和处理标识，更不能缺张少页。其次，一个问题通常要有多份材料，在人事档案中反映每一个问题的材料都必须完整成套。例如，政治历史问题审查的材料一般包括审查结论（或批复意见）、调查报告、证明材料、本人交代材料等。处分材料一般包括处分决定（包括免予处分的决定）、调查报告、上级批复、个人检讨或对处分的意见等。鉴别后完整者才可归档，不完整者则要加以补充。对头尾不清、来源和时间不明的材料要查明注明后再归档。凡是查不清楚或对象不明确的材料，不能归档。

（5）审查材料是否重复。人事档案每一件材料保存数量不超过三份，多者剔除。

（6）检查手续是否完备。归入人事档案的材料，要严格履行登记、审查、批准的手续。凡规定需组织盖章的，要有组织盖章。审查结论、处分决定、组织鉴定、民主评议和组织考核中形成的综合材料，应有本人的签署意见或组织注明“经过本人见面”。任免呈报表注明任免职的批准机关、批注时间和文号。出国、出境审批表须注明出去的人物、目的及出去与返回的时间。凡是手续不完备或撰写不符合要求的，都要补齐手续，合乎要求后归档。

（7）确定材料是否有保存价值。在判断人事档案的价值时，除了要考虑上述几个方面外，还要看其是否直接反映了一个人的政治思想表现、文化专业水平、工作态度和工作表现、工作业绩和贡献等方面的情况，对于一些不能直接反映这几个方面情况的材料，或者似是而非、模棱两可、不能说明问题、没有定论、起不了说明作用的旁证材料，不要作为人事档案保存下来。

3. 对不归档材料的处理

经鉴别不需作为人事档案保管的材料，要对其进行妥善的处理。其方法有四：

一是转出。对别的单位有价值的材料，应填写《转递人事档案材料通知单》，转给有关部门，接收单位也要按有关规定办理接收手续。

二是退还。经过鉴别后，可退还的人事档案材料有两大类：一类是手续不完备或没有办理完毕的材料，要退还材料形成单位，说明原因，提出意见，限期交回人事档案管理部门。另一类是奖状、荣誉证书、任命书、日记等不应归入人事档案的材料，应退还个人保管或处理。退还材料时要开列清单，然后报领导审批。批准后人事档案管理部门要保存退还材料清单。在有关单位或个人接收退还材料时，要对退还材料进行清点，并在退还材料清单上签字或盖章。

三是留存。对于虽然不属于人事档案的范围，但是对于组织、人事部门的工作具有一定的参考价值的材料，经整理后可由组织、人事部门妥善保存起来，供日后工作时参考。

四是销毁。经过鉴别证实没有保存价值的材料，应按有关规定予以销毁。凡是准备销毁的材料，应仔细审查，逐份登记，写明销毁理由，经主管领导批准后，方能销毁。

二、人事档案的整理

人事档案的整理是根据一定的原则和方法，将收集起来、经过鉴别的人事档案材料，以个人为单位，进行分类、排列、登记目录、技术加工和装订等，使之成为系统化和条理化的专门案卷。人事档案的整理是人事档案管理的重要方面，由于人事档案是随着一个人的社会实践活动的不断开展而不断形成的，所以人事档案的整理与其他种类档案的整理完全不同，它是一个连续进行的过程。在建立一个人的人事档案时需要对收集来的材料进行整理，在一个人的人事档案已经组成系统化、条理化的案卷以后，由于不断有新材料产生，其整理需要不断地进行。

（一）人事档案整理的要求

干部档案是人事档案中内容最全面的一种，干部档案的整理要求也是整个人事档案的整理要求。按照《干部档案整理工作细则》的规定："整理干部档案，须做到认真鉴别、分类准确、编排有序、目录清楚、装订整齐。通过整理使每卷档案达到完整、真实、条理、精练、实用的要求。"

所谓"完整"，有两个方面的要求。一是指人事档案内容整体的完整性，即反映一个人各个生活阶段"德、能、勤、绩"各个方面的材料都被完整无缺地安排进人事档案中的某一个位置。二是指每一份或每一项材料的完整性。例如，一个人的处分材料要齐全，既要有结论、报告和批复，也要有本人的检查及与结论有关的旁证材料。所谓"真实"，就是一个人的档案材料的内容必须符合本人的实际情况。凡是诬蔑不实、似是而非、无限夸大的材料都应被剔除销毁或另做处理，使整理后的人事档案能够准确地反映当事人的本来面目。所谓"条理"，是指人事档案案卷要分类合理，编排有序，目录清楚。所谓"精练"，是指在完整、真实的基础上清除没有价值或价值不大的材料以及与本人无关的材料，力求内容精干、简洁、集中。所谓"实用"，是指档案材料分类、排列、目录登记等要科学、规范，便于利用，能提高查准率和查找速度。

（二）人事档案整理的内容

1. 人事档案的分类

人事档案的分类就是根据人事档案材料的性质、内容和名称等属性，把性质相同、内容上相互联系的集中在一起，不同的区别开来，使每一个人的档案都成为一个条理清晰、内容系统的有机体系。

在人事档案的各大类别中，无论是干部档案、军人档案、工人档案还是学生档案，其内容都不是单一的。在对一个人的档案进行整理时，必须根据档案的内容、数量的不同而划分为不同的类别。档案内容复杂、数量较多时，可以多设立一些类别；档案内容简单、数量较少时，可以少设立一些类别。以干部档案为例，按照中共中央组织部发布的《干部档案工作条例》《干部档案整理工作细则》和《干部人事档案材料收集归档规定》的规定，干部档案的内容可以分为十类（见表5-1）。

表5-1　　干部人事档案分类表

大类		属类		类目范围说明
类号	类名	类号	类名	
一	履历材料			主要包括以反映干部本人自然情况，经历、家庭和社会关系等情况为主要内容的材料。中央和地方各级党委委员（候补委员）、人大常委会委员、政协委员简历。
二	自传材料			包括自传和属于自传性质的材料。自传是个人撰写的关于自己家世、身世和主要社会关系的自述。

续前表

大类		属类		类目范围说明
类号	类名	类号	类名	
三	考察、考核、鉴定材料；审计材料			包括干部人事管理工作中，组织人事部门通过各种途径，对干部德、能、勤、绩、廉进行调查、评价的材料。归入本类的材料，必须是经过组织研究认可正式形成的，手续完备，能正确、历史地反映干部实际情况，具有查考价值的鉴定、考察、考核材料。
四	学历学位材料；职业（任职）资格材料；评（聘）、套改和晋升专业技术职务（职称）材料；反映个人科研学术水平的材料；培训材料	（一）	学历学位材料	主要包括记载和反映干部学习、技能、科研水平的各种材料。
		（二）	职业（任职）资格和评（聘）专业技术职务（职称）材料	
		（三）	反映科研学术水平的材料	
		（四）	培训材料	
五	政审材料；更改或认定姓名、民族、籍贯、国籍、出生日期、入党入团时间、参加工作时间等的材料			干部审查和干部基本情况更改形成的材料。
六	党、团组织建设工作中形成的材料			主要包括干部参加党、团组织的有关材料；加入民主党派的材料。
七	表彰奖励材料			主要包括对干部给予奖励或表彰的材料。
八	涉法违纪材料；党纪、政纪处分材料			
九	工资材料、任免材料、出国（境）材料、参加会议的代表登记表材料	（一）	工资材料	工资、待遇材料。
		（二）	任免材料	招录、聘用材料；任免，调动，授衔，军人转业（复员）安置，军（警）衔审批，检察官、法官、海关关衔等级审批，退（离）休材料；辞职、辞退、罢免材料；公务员登记表、参照公务员法管理机关（单位）工作人员登记表。
		（三）	出国（境）材料	出国（境）材料。
		（四）	参加会议的代表登记表等其他材料	党代会、人代会、政协会议、人民团体和群众团体代表会议、民主党派代表会议形成的材料。
十	健康检查和处理工伤事故材料；治丧材料；干部人事档案报送、审核工作材料；学生报到证等其他材料			录用体检表；反映严重慢性病、身体疾病的体检表；工伤致残诊断书；确定致残等级的有关材料；生平、非正常死亡调查报告等；干部档案报送单、干部档案有关情况说明、交费年限登记表等材料。

2. 人事档案材料归类中特殊问题的处理

（1）报送的新任管理干部档案，第四、第九类材料必须进行二级分类。各单位对非中管、省管干部档案，目前可根据实际情况逐步调整，利用三年至五年时间调整到位。

（2）内容交叉材料归类问题的处理方法：自传材料的归类，应以内容和用途为依据，不能单纯按名称归类，如以自传为主的履历或简历表也应该归入第二类；学生登记表、学习（培训）鉴定表、学习（培训）考核表归入第四类；过去更改或认定姓名的材料是归在第一类的，中共中央组织部最新规定要求调整到第五类；“三龄一历”认定材料统一规定归在第五类；享受政府特殊津贴材料归第七类；干部任免审批表及所附的考察材料或表现材料归第九类第二小类；中央和地方各级党委委员（候补委员）、人大常委会委员、政协委员简历归第一类。

3. 人事档案的正本和副本

人事档案正本和副本的划分主要适用于干部档案。干部档案正副本的建立主要是为了保证档案的安全，以便能更及时有效地为人事工作或其他有关工作服务。1980 年中共中央组织部制定的《干部档案工作条例》规定，中央管理的干部，每人的人事档案都应建立正本和副本。省、自治区、直辖市以下各级党委管理的干部和中央各部委管理的干部，其人事档案是否需要分别建立正本和副本，由各省、自治区、直辖市和中央各部委自定。1990 年修订的《干部档案工作条例》第九条规定：“各级组织、人事部门对所管理干部都要建立干部档案。干部档案分为正本和副本，副本根据工作需要建立。”

人事档案的正本主要由全面反映一个人的历史和现实情况的完整的人事档案材料构成。副本是正本的浓缩，由正本中的部分材料组成，扼要地反映该人的概貌。副本材料中有的，正本中一定要有，但正本中有的，副本中不一定有。

干部档案正本的内容主要有十大类，这十大类的内容在前文“人事档案的分类”中已经叙及。干部档案副本的内容主要由正本中以下类别主要材料的重复件或复制件构成：

第一类中的近期履历材料。

第三类中的主要鉴定、干部考核材料。

第四类中的学历、学位、评（聘）专业技术职务（职称）的材料。

第五类中的政治历史情况的审查结论（包括甄别、复查结论）材料。

第七类中的奖励材料。

第八类中的处分决定（包括甄别、复查结论）材料。

第九类中的任免呈报表和工资待遇的审批材料。

其他类别中多余的重要材料，也可归入副本。

人事档案分建正本、副本以后，其正本由主管部门保管，副本由主管或协管部门保管。

4. 人事档案的技术加工

在人事管理过程中形成的一些材料，不但其书写形式不符合人事档案工作的要求，而且其规格和外形也很不规范，作为档案不便于保存。因而在档案材料整理的过程中必须进行必要的技术加工，使其符合人事档案管理的要求。人事档案的技术加工包括：

（1）对制成材料和书写材料中不符合归档要求的进行复制，对破损的进行抢救，一般可采用修复、打印、抄写、复印等方式。对于那些打印、抄写的材料，要进行认真、细致的核对，确保其准确无误，然后要注明复制单位和日期。

（2）对于大于 A4 规格的材料在不损害档案内容的情况下进行剪裁，不能剪裁的进行折叠，使之整齐美观。折叠时，要根据材料的具体情况，采用横折叠、竖折叠、横竖交叉或梯形折叠等办法。折叠后的档案材料，要保持整个案卷的平整，文字、照片不得损坏，便于展开阅读。

（3）对于破损、卷边、折皱和小于 A4 规格的档案材料要进行裱糊。主要方法有：单面裱糊、夹面裱糊、开窗裱糊、鱼鳞或梯形托裱、胶纸粘贴等。裱糊用的衬纸必须采用白纸。糨糊和胶水必须能防虫蚀、不腐蚀纸张。裱糊后的档案材料要晾干，不得在阳光下暴晒或使用高温烫烤。

（4）对于幅面过窄或破损而未空出装订线的档案材料，应首先进行加边，然后打眼。打眼时不得压字或损伤内容。

5. 人事档案材料的排列、编目和装订

（1）排列。人事档案材料的排列就是将各类型的材料按照一定的顺序排列起来，其作用在于通过排列，使每一份文件都有一个固定的位置，使之更有条理、更系统地反映各类材料之间的内在联系，更进一步地体现分类的作用。人事档案的排列方法有：

第一，按材料形成的时间排序。适用于干部人事档案材料第一、二、三、四、七、十类材料。第四、第九类材料排序时，在采用二级分类后的各小类中分别按时间排序。

第二，按材料的内容以及材料之间的内在联系排序。适用于第五、六、八类材料。其中，第五、第八类材料的排列顺序一般为：上级批复、结论或处分决定，本人对结论或处分决定的意见、调查报告、证明材料、本人检讨或交代材料等中。第六类材料中，入团志愿书应排在入团的其他材料之前；入党志愿书应排在入党的其他材料之前，党员登记表等可按时间先后依次排序。

（2）编目。所谓编目就是编制人事档案目录（见表 5－2）。目录是所保管的人事档案材料的清单，是著录案卷或文件内容成分并按一定次序编排的一览表，对人事档案材料所在的位置起固定和指引作用。对每个类别中的档案材料进行排序后，要用铅笔在每份材料首页的右上角编上类号和顺序号，并在其右下角逐页编写页码。中共中央组织部要求的最新的页码编写方法为：凡有图文的页面，每面作为一页，有封面的材料从封面开始编写（便于将来同数字化档案扫描的页码相统一），空白纸和托裱用的衬纸不计页数，复制件和原件应视为一份材料，统一编写页数。

表 5－2　　干部人事档案目录

序号	材料名称	材料形成时间			页数	备注
		年	月	日		

注：目录规格为 A4 纸型。根据中共中央组织部最新要求，“类号”改为“序号”，“材料制成时间”改为“材料形成时间”，删除“份数”栏。

编目的具体要求包括：

第一，档案材料应按照排列顺序，逐份逐项进行编目，做到目录清楚，填写准确。书写目录要工整、准确、清楚、美观，使用规范的书写材料，不得使用圆珠笔、铅笔、荧光笔、水彩笔、红墨水、纯蓝墨水和复写纸书写。档案目录不能粘贴涂改。

第二，在每类目录之前应注明材料类号和类别名称。

第三，“序号”一栏填写材料类号和排列顺序号。序号栏的规范填写方法是：材料类号用汉字的“一”至“十”，二级分类的类号用“（一）”至“（四）”，顺序号用阿拉伯数字。

第四，“材料名称”一栏根据材料题目填写。没有题目或题目不规范的，应另拟题目。材料的题目过长，可适当简化。凡原材料题目不符合实际内容的，须另行拟订题目。拟订或简化题目，必须确切反映材料的主要内容或性质特点。

第五，“材料形成时间”一栏填写材料落款时间。有多个时间的材料，一般以最后的时间为准。复制的档案材料采用原件的形成时间。时间填写要尽量详细、规范，有具体年月日的，必须填写齐全。

第六，“页数”一栏填写材料的页数，按编好的页数如实填写。

第七，“备注”一栏填写需要说明的情况。归档材料因为内容相关而合并为一份材料的，要在备注栏中进行简要说明，如附有考察材料的干部任免审批表、复制件等。

第八，每类目录之后须留出适量的空格，供补充档案材料时使用。特别是第三、四、九类等，不能在同一页中填写其他类别材料的条目。

（3）技术加工。技术加工是指对纸张破损、幅面不规则或字迹材料不符合归档要求的档案材料进行的技术加工处理活动。其主要内容包括：

第一，对纸张破损或字迹材料不符合要求的档案材料，应采用复印、扫描、拍摄等方法进行复制。复制件应附在原件后，与原件作为一件。

第二，幅面过大的档案材料应进行折叠或裁剪。折叠后的档案材料要保持平整，文字、照片、印章、图形不倒立，不横放，便于展开阅读。裁剪时不得损坏档案材料上的文字、照片、印章、图形等内容。注意，从保护档案原貌、简化整理的目的出发，不要对档案材料进行过度裁剪。

第三，幅面过小的档案材料应进行托裱，装订边过窄或装订线内有文字的材料应加边。档案材料一般应留够 25 毫米的装订边，不够的应加边。有些材料幅面太小无法装订，应当在材料的底部托上一层质量较好的纸张。

第四，档案材料上的订书钉、曲别针、大头针等金属装订物应当拆除。

第五，每份档案材料应各自独立，严禁将多份材料以缝纫、裱糊等形式粘连在一起。

（4）装订。人事档案材料的装订内容和主要要求包括：

第一，档案目录置于卷首，卷内材料顺序与目录相符。

第二，档案材料左边留 25 毫米的装订边；装订对齐方式为左下对齐。

第三，在左侧打孔装订，做到结实、齐整、美观，不掉页、不倒页、不压字、不损坏文件，方便阅读，人事档案如果太厚，应该分成两卷装订。打孔要求：在左侧装订线上打 3 个孔装订；中间孔距上、下孔（从孔中心算起）83 毫米，下孔距材料底边 54 毫米，孔中心距左边沿 12 毫米，孔直径 5 毫米。档案中原有小于 A4 纸型且已按照要求装订的档案材料，不需要重新打孔和裱糊。

第四，分卷装订时，必须保证同一类材料分在同一卷中。

第五，档案卷夹材质应符合档案保护要求，报送的新任干部档案必须使用规定的卷夹。卷夹背脊要附边签，用于书写干部姓名、籍贯、档案编号等，书写姓名不得使用同音字或不规范的简化字。

6. 人事档案整理必须遵守的其他事项

（1）必须遵守国家《档案法》《保密法》和干部人事档案工作有关规定，保守秘密，确保档案的安全。

（2）不得私自涂改、圈画、污损、撤换、抽取、增添或伪造档案材料。

（3）不得擅自处理或销毁档案材料，整理中审核剔出的档案材料，须进行登记，经主管领导审核批准后区别不同情况予以处理。

（4）在整理中，要加强对档案材料的管理，防止材料丢失或泄露材料内容。

（5）干部人事档案副本材料的具体内容主要由干部人事档案正本的主要材料复制件（或重复件）构成。

（6）根据中组部《关于做好文件改版涉及干部人事档案有关工作的通知》（组通字〔2012〕28 号）要求，人事档案的整理还应注意：安全保密，“要针对工作中的每个环节逐一制定安全保密措施，查找隐患，堵塞漏洞，严格保密，确保万无一失”；保证质量，“档案用纸、档案卷盒、档案袋等所用材料应符合国家档案有关标准；干部人事档案库房设备应符合国家有关规定”；保证重点，“现职干部人事档案是此次工作的重点，要注意做好这些档案材料归档、目录调整和卷盒更换等工作。离退休干部和去世干部的档案，新归档材料较少，各单位可根据各自实际酌情处理或不作调整”；保障经费，“工作所需经费，由本级财政予以解决，要注意从实际出发，厉行节约，避免浪费”。

三、人事档案的利用

人事档案的利用就是人事档案管理部门通过一定的方式和方法，将其所保管的人事档案或人事档案中的信息提供给有关方面利用的过程。提供人事档案利用是实现人事档案工作根本目的的主要途径。是否将人事档案或人事档案中的信息及时、方便地提供给有关方面利用也是衡量人事档案工作水平高低的重要标准。这项工作不但关系到现代社会中的人力资源能否得到有效的开发，也关系到人事档案工作能否得到更大的发展。

（一）人事档案利用工作的方式

人事档案的利用主要有以下几种方式：

一是提供阅览。利用者在办理一定的手续后，可到人事档案管理部门直接查阅档案。这种利用方式一般是在人事档案部门的利用室或由其提供的特定的空间内进行。这种利用方式的一个重要特点是能够确保档案的安全。

二是提供外借。这种利用方式是利用者将档案拿到人事档案室之外去利用。按照党和国家有关人事档案工作的规定，人事档案一般不外借，但是遇到特殊情况时，在履行了一定手续之后也可以将人事档案拿到档案室之外利用。这种利用方式的一个最大的缺点是不便于人事档案的保密，同时也会使人事档案的实体安全难以得到强有力的保证。

三是出具档案证明。当利用者需要人事档案中的某些方面的内容作为凭证时，人事档案管理部门可以在允许的范围内为利用者提供档案证明。提供证明的方式可以是复印、拍照，也可以是档案内容的摘抄。制作档案证明必须以单位的名义盖章，以示法律责任。

四是提供综合性的档案信息。这种利用方式是人事档案管理部门对其所保管的人事档案的信息进行分析和综合，形成有关人员的一定方面的信息集，提供有关方面利用（主要是机关内部使用），如有关人员的学历信息、学位信息、工资变动信息、奖惩信息、论著信息等。

五是咨询服务。这种利用方式主要是人事档案管理部门根据有关方面的来电、来函或口头咨询，提供有关人员的某些方面的信息。提供档案咨询服务是一种比较快速、便捷的服务方式，但是这种利用方式不易实现对利用者身份及其利用目的的直接考察，因此在提供咨询服务时必须对利用者的身份和利用目的进行认真的考核，要注意政策的界限。

（二）利用人事档案的理由及范围

人事档案是一种特殊的档案，具有很强的机密性。在提供档案利用时，档案工作者必须尽可能积极、稳妥地提供优质的档案服务，但同时也必须维护档案的完整与安全，做到不泄密，不失密。为此，人事档案的利用必须有充分的理由，能够利用的档案必须有适当的范围。

人事档案利用的理由一般有以下几个方面：一是组织上为了办理某人的任免、调动、出国、升学、离退休、军队干部的转业和复员等事务，或者有关部门为了对某人进行组织处理（如加入党、团等），需要对其进行考察了解。二是有关部门为了对某人某个问题进行复查，做出结论和进行批复。三是纪检、公安、安全保卫部门因特殊需要，需借用某人的档案。四是某人与某个重大事件有关联，需利用人事档案进行查证或核实。五是某人子女或直系亲属因入团、入党、招工、提干、参军、升学、出国而进行政治审查，需要了解其有关情况并出具证明。

根据党和国家有关人事档案利用的规定，在确定人事档案的利用范围时应注意以下几点：一是查阅和外借人事档案的必须是该人员的主管单位、协管单位或其上级机关的组织、人事、纪检或监察部门。二是非主管单位或个人一般不得查阅和借用人事档案，但由于某人是某个重大问题的关键的证明人，或者与某个重大案件有直接关系，并且由于某种原因不能直接作证或提供有关情况的，或者编史修志等工作需要了解某人经历，而由于某种原因，本人不能提供情况的，可以向其提供某些特定的档案。三是任何个人不得查阅或者借用本人及其直系亲属的档案。

（三）人事档案利用的程序

人事档案的利用工作一方面是向利用者提供优质高效的服务，另一方面也必须确保档案实体和档案信息的安全。因此人事档案的利用必须具有一定的手续，同时利用的手续必须简便易行，不能过于烦琐。在实际档案利用服务工作中，由于档案利用的内容和方式不同，在提供档案利用服务时，应该根据不同的情况履行不同的程序，在不同的程序中履行不同的手续。

1. 提供查阅的程序

一是利用者写出查阅档案报告，说明查阅对象、原因（目的）、内容、要求以及查阅者的姓名、职务和政治面貌。报告上要有领导签字，并加盖公章。二是经过人事档案管理部门的审核和批准。要审查其查阅档案的理由是否充分，利用范围是否相符，手续是否齐备，并据此提出阅档的具体意见。可查阅者，送领导批准。三是正式查阅。查阅前，接待人员应审查查档介绍信和有关证件，在验明查阅者的目的与身份无误后，再将有关档案登记后交给利用者。阅完之后，将档案及时收回、清点，审查后送回库房。

2. 提供外借的程序

人事档案的外借可以参照《干部档案工作条例》的有关规定来进行："档案一般不外借。如必须借出使用时，要说明理由，经过主管部门负责人批准，并严格履行登记手续，限期归还，不得擅自转借他人。"提供档案外借的程序，一是借用人事档案的单位提供手续完备的借阅档案报告。二是人事档案管理部门审核借阅理由和借阅范围，经主管领导批准后方能使用。三是对外借档案进行登记，并限定归还日期。四是在归还外借的档案时，必须认真检查清点，确认无误后，在外借登记册上及时注销。

3. 出具档案证明的程序

出具档案证明的程序，一是提供出具档案证明的申请，申请必须说明出具档案证明的理由和目的。二是人事档案管理部门根据有关规定和申请者的需要，制作档案证明。三是档案证明材料经领导人审阅，并加盖公章。四是对档案证明材料登记后发出。

四、人事档案的转递

人事档案的转递工作是指人事档案管理部门之间、档案管理部门与形成档案材料的部门及借用人事档案的部门之间，通过机要交通或直接派人送取的途径，转出和接收人事档案、人事档案材料的工作。具体来说，某人因工作调动改变了主管单位时，其档案应转至新的主管单位；在办理干部职务的任免、奖励、处分等工作中，形成了新的人事档案材料，形成新的材料的单位，要按照干部管理权限，将材料转给管理人事档案的部门。

根据《干部档案工作条例》，转递人事档案时要遵守如下一些规定：一是人事档案须通过机要交通转递或派专人送取，不准邮寄或交本人自带。二是县级以及相当于县以上的各级党委组织、人事部门，可以直接转递人事档案。三是转出的档案必须完整齐全，并按规定经过认真的整理装订，不得扣留材料或分批转出。四是转递档案必须按统一规定的《人事档案转递通知单》的项目详细填写，严密包封，按规定密级发出。五是收到档案材料的单位，在对转递的材料进行核对后，在回执单上签名盖章并及时退回。逾期一个月未退回执者，转出单位应写信催问，以防档案材料丢失。

五、特殊人员的人事档案管理

（一）特殊人员的范围

对于什么是特殊人员，目前并没有明确的界定。这里所说的特殊人员主要包括以下几类人员：一是那些在一定的历史时期，对社会的政治、经济、军事、科学、教育等某个领域或几个领域产生过较大的社会影响或有过较大贡献的著名人物。如杰出的政治家、军事家、经济学家，卓有成就、富有名望的社会活动家、教授、科学家、教育家、思想家、实业家、作家、书画家、艺术家等，各个时期的英雄人物、著名劳动模范，影响特别大的反面人物等。二是没有固定单位或者工作单位不能保管其档案的流动人员。按照《流动人员人事档案管理暂行规定》等有关文件的界定，流动人员主要包括：（1）辞职或辞退的机关人员、企事业单位专业技术人员和管理人员；（2）与用人单位解除劳动合同或聘用合同的专业技术人员和管理人员；（3）待业的大中专毕业生；（4）自费出国留学人员；（5）外商投资企业、乡镇企业、民营科技企业、私营企业聘用的专业技术人员和管理人员；（6）外国企业常驻代表机构的中方雇员；（7）其他流动人员。三是人档脱离、档案保管单位查不到下落的人员。这些人员的存在使得人事档案管理部门保存了为数不少的“无头档案”。

（二）特殊人员档案的管理

1. 著名人物档案管理

著名人物档案的管理与一般的人事档案的管理没有什么原则性的不同，主要的不同就在于著名人物档案收集的范围要广泛一些。由于著名人物的社会活动非常广泛，活动地域变化也较多，因此其档案较为分散。在收集这些人员的档案时，除了要收集《干部档案整理工作细则》所规定的十大类材料之外，还应该注意收集以下几个方面的材料：（1）反映其生平的各类书表；（2）各种证件；（3）自传性材料；（4）工作和学习笔记；（5）与友人、亲属及其他人的来往书信、便笺、电报、电话记录等通信材料；（6）本人各种著述的原稿、修改稿和定稿，设计图纸等；（7）有关人物、报刊、杂志为其编写的传记、报告文学、事迹介绍，以及对其作品论著的评介性材料；（8）政府或组织对其发出的任免书、奖惩材料、所授勋章及领导人为其所题的题词；（9）本人的照片及有关活动的录像、录音带等；（10）本人或家庭的家谱、财产文书、账目等；（11）本人在公务活动中形成的材料；（12）遗书、委托书等遗言性材料及丧葬形成的讣告、悼词等材料。

2. “无头档案”的管理

“无头档案”的产生主要有四个方面的原因：一是人员调动之后，档案保管单位没有及时地将其档案转递给新的用人单位，久而久之，档案管理单位查找不到该人的下落，形成有档无人的局面。二是人员调离之后，在转递人事档案时出现差错，造成档案转递不到位，不得不退回原单位保管。三是在近些年各单位用人制度改革之后，一些新的用人单位在用人时不再查看人事档案，一些调动工作的人因为原单位不放档案，或者因为寄存档案需要缴纳一定的费用，最后选择抛弃了自己的档案，对自己的档案不闻不问。四是最近一些年国家不再包办大学毕业生的分配，一些没有找到工作的毕业生由于各种原因也选择了抛弃自己的档案的做法。在造成“无头档案”现象出现的四种原因中，前两种原因是人事档案保管单位工作不到位造成的，后两种原因是档案所记录的主体主观上对于自己的档案不重视、主动“弃档”造成的。媒体报道，最近一些年，“弃档”现象有愈演愈烈之势。有人对人事部全国人才流动中心、北京市人才服务中心、中国上海人才市场、中国北方人才市场、中国南方人才市场以及四川、贵州等省人才交流服务中心进行了不完全统计，全国至少有 60 万“弃档族”。仅成都市人才中心代管的档案中，就有五分之一的档案成为没人要的“死档”，存放时间最长的已达 15 年，四川省有关部门估计，全省的人才“死档”已超过 20 万份。[①]

对于已经产生的“无头档案”要严肃认真地处理，首先要对“无头档案”进行认真的鉴别，对有保存价值的档案材料，要认真查找有关人员的下落，并转给有关部门。对查找

---

① 傅华．聚焦人事档案．中国档案，2003（4）．

不到有关人员下落的“无头档案”，移交档案所记录主体的原籍档案馆保管，对无保存价值的档案材料，需要造册登记，并在请示有关领导同意后销毁。

针对“无头档案”产生的原因，要防止“无头档案”的产生，首先要加强人事档案的转递工作，在人员工作调动后，及时将其档案转交给所在单位，不要造成人档脱节。其次，在转递人事档案时要认真细致，加强工作的责任心，防止出现转借或转递档案不到位的情况发生。最后要加强宣传，增强社会档案意识。有专家预言，人事档案的功能确实有弱化的趋势，但弱化不等于无用。“弃档”是暂时的，目前的“死档”不知道哪一天就会“复活”，因为在当前的情况下，在社会活动中有很多手续离开了档案根本就寸步难行。例如，一些较大的公司聘用人员时仍然需要人事档案，出国办理手续时需要档案，评聘职务时需要档案，退休时也需要档案。①

第三节　流动人员人事档案管理与公共服务

根据《中华人民共和国档案法》、中共中央组织部《关于进一步从严管理干部档案的通知》（中组发〔2014〕9号）、人力资源和社会保障部等五部门《关于进一步加强流动人员人事档案管理服务工作的通知》（人社部发〔2014〕90号）、《关于简化优化流动人员人事档案管理服务的通知》（人社厅发〔2016〕75号）等法律和文件的规定，流动人员人事档案管理与服务工作应包括如下基本内容。

一、流动人员的人事档案管理

（一）流动人员的人事档案管理体制

流动人员人事档案管理，实行集中统一、归口管理的管理体制。流动人员人事档案管理的主管部门是县级以上（含县级）人民政府的人力资源社会保障部门。政府的人力资源社会保障部门应接受同级党委组织部门的监督和指导。流动人员人事档案具体由县级以上（含县级）公共就业和人才服务机构以及经人力资源社会保障部门授权的单位管理，其他单位未经授权不得管理流动人员人事档案。严禁个人保管本人的人事档案或他人的人事档案。跨地区流动人员的人事档案，可由其户籍所在地或现工作单位所在地的公共就业和人才服务机构负责管理。

（二）流动人员的人事档案范围

目前，我国的流动人员的人事档案主要包括：非公有制企业和社会组织聘用人员的人事档案；辞职辞退、取消录（聘）用或被开除的机关事业单位工作人员的人事档案；与企事业单位解除或终止劳动（聘用）关系人员的人事档案；未就业的高校毕业生及中专毕业生的档案；自费出国留学及其他因私出国（境）人员的人事档案；外国企业常驻代表机构的中方雇员的档案；自由职业或灵活就业人员的人事档案；其他社会流动人员的人事档案。

---

① 傅华．聚焦人事档案．中国档案，2003（4）．

二、流动人员人事档案的公共服务

（一）流动人员人事档案基本公共服务内容

流动人员人事档案管理服务是基本公共就业和人才服务的重要内容。政府为流动人员人事档案管理提供的基本公共服务内容包括：

（1）人事档案的接收和转递；

（2）人事档案材料的收集、鉴别和归档；

（3）人事档案的整理和保管；

（4）为符合相关规定的单位提供人事档案查（借）阅服务；

（5）依据人事档案记载出具存档、经历、亲属关系等相关证明；

（6）为相关单位提供入党、参军、录用、出国（境）等政审（考察）服务；

（7）党员组织关系的接转。

各级公共就业和人才服务机构可以根据本地的实际情况，进一步拓展公共服务内容，完善服务标准和服务流程，推进服务的规范化和精细化，不断满足服务对象的基本需求（见表5-3）。

表5-3　流动人员人事档案基本公共服务内容

1	档案的接收和转递	档案接收
		档案转出
2	档案材料的收集、鉴别和归档	档案材料收集
		档案材料鉴别
		档案材料归档
3	档案的整理和保管	档案整理装订
		档案保管
		档案数字化、电子化
4	为符合相关规定的单位提供档案查（借）阅服务	档案查阅
		档案借阅
5	依据档案记载出具相关证明	存档证明
		经历证明
		亲属关系证明
		无犯罪记录证明
		其他证明
6	为相关单位提供政审（考察）服务	参军政审
		录用考察
		入党政审
		出国（境）政审
		升学政审
		其他政审
7	存档人员党员组织关系的接转	

（二）流动人员人事档案接收和转递要求

根据国家有关规定，流动人员的人事档案接收和转递服务应满足如下基本要求：

（1）各级公共就业和人才服务机构不得拒收符合存放政策以及按照有关政策规定转来的流动人员人事档案；

（2）接收的档案应真实、准确、完整、规范，如实反映存档人员的出生日期、教育培训、工作经历、职务任免、职称评审、奖励处罚、政治面貌等基本情况；

（3）要加强与存档人员本人、工作单位及相关部门的联系，及时收集有关材料，建立规范的收集、鉴别、整理、归档机制；

（4）存档期间不再调整档案工资；

（5）档案转递时，行政（工资）介绍信、转正定级表、调整改派手续等材料不再作为接收审核流动人员人事档案的必备材料；

（6）转递档案时应严密包封并填写档案转递通知单（见表 5－4），通过机要交通或派专人送取，严禁个人自带档案转递。

（三）流动人员人事档案管理服务信息化要求

信息化是流动人员人事档案管理服务的重要手段和发展方向。各地政府应大力推进流动人员人事档案信息化建设，全面掌握流动人员的数量、结构、分布、流向等情况，更好地服务于高校毕业生及中专毕业生就业、流动人才党员管理等工作。研究制定流动人员人事档案信息化建设标准，推进档案数字化，实现数据向上集中，完善资源共享、异地查阅、统计分析等功能，为全国跨地区档案信息的共享和管理服务水平的提升奠定基础。建立流动人员人事档案基本情况定期统计分析和信息报送制度，探索建设诚信档案、业绩档案等，充分发挥流动人员人事档案的凭证、依据和参考作用。

（四）流动人员人事档案安全管理的要求

各级公共就业和人才服务机构要牢固树立流动人员人事档案安全防护意识，切实做好档案安全管理工作。要不断研究和改进档案的保管方法和保管技术，提高流动人员人事档案库房的安全防灾标准，建立健全人防、物防、技防“三位一体”的安全防范体系。对已建立的流动人员电子人事档案，要采取措施，确保信息安全和长期可用。要健全并严格执行各项规章制度，完善监测和防护措施，开展经常性的档案安全检查，及时发现和排除隐患，严防失密、失窃、损毁等档案安全事故发生。

（五）流动人员人事档案基本公共服务经费保障制度

2015 年 1 月 1 日起，我国取消了人事关系及档案保管费、查阅费、证明费、档案转递费等名目的费用。

各级公共就业和人才服务机构应提供免费的流动人员人事档案基本公共服务。

各级人民政府要将相关经费纳入同级财政预算，可参考保管的流动人员人事档案数量等因素确定经费数额，要加大对流动人员人事档案库房、服务场所和信息系统等基础设施的投入，保障相关工作正常开展。

表 5-4 流动人员人事档案转递通知单存根

第　　号

已将________同志的档案共________卷，材料共________份，转往________________。 经办人（签名）　　　　　　　　　　发件单位（盖章） 年　　月　　日

流动人员人事档案转递回执单

第　　号

<table>
<tr><td colspan="7">________________：
兹将________同志的档案材料转去，请按档案内所列目录清点查收，并将回执退回。

经办人（签名）　　　　　　　　　　发件单位（盖章）
年　　月　　日</td></tr>
<tr><td>姓名</td><td>原工作单位</td><td>转递原因</td><td>正本
（卷）</td><td>副本
（卷）</td><td>档案材料
（份）</td><td>备注</td></tr>
<tr><td></td><td></td><td></td><td></td><td></td><td></td><td></td></tr>
<tr><td>回
执</td><td colspan="6">________________：
你处于______年______月______日转来第______号存档人员转递通知单中所开列的________同志的档案共____卷，材料共____份，已全部收到，现将回执退回，请查收。

收件人（签名）　　　　　　　　　　收件单位（盖章）
年　　月　　日</td></tr>
</table>

（六）流动人员人事档案管理的纪律规定

各级公共就业和人才服务机构要严格按照《档案管理违法违纪行为处分规定》（监察部、人力资源和社会保障部、国家档案局第 30 号令）和中共中央组织部《关于进一步从严管理干部档案的通知》的有关要求，承担起业务把关责任，在档案和材料接收、查（借）阅、转递、保管等环节，严格制度、全程把关、不留死角。

严禁任何单位和个人涂改流动人员人事档案，严禁在年龄、工龄、党龄、学历、经历和身份等方面弄虚作假，严禁为不符合政策规定的人员新建、重建档案，不得无故推诿拒收档案，不得出具虚假证明，不得擅自向外公布或泄露流动人员人事档案内容。

对违反上述规定的，由党委组织部门和政府人力资源社会保障部门严肃查处，视情节轻重给予当事人和相关责任人批评教育或党纪、政纪处分；触犯法律的，要依法追究责任。

（七）流动人员人事档案管理服务工作的组织领导

各级人力资源社会保障部门要将流动人员人事档案管理服务作为一项重要工作，切实加强组织领导和指导监管。

各级公共就业和人才服务机构要严明纪律，完善制度，从严管理流动人员人事档案。

各级公共就业和人才服务机构要加强流动人员人事档案管理服务人员队伍建设，选配政治可靠、作风正派、责任心强、业务素质好的中共党员从事档案管理工作。

各级公共就业和人才服务机构要开展党性教育、理论学习、业务培训、工作交流和纪律约束等多种形式的教育培训活动，提高流动人员人事档案工作人员的政治素质、政策水平和业务能力。

各级公共就业和人才服务机构要开展流动人员人事档案服务窗口作风建设活动，建立作风建设长效机制，不断提升服务水平和质量。

三、简化优化流动人员人事档案管理服务

根据《关于简化优化流动人员人事档案管理服务的通知》（人社厅发〔2016〕75 号）的要求，各级公共就业和人才服务机构应按照下述要求，简化和进一步优化流动人员人事档案管理服务工作。

（一）推进流动人员人事档案管理服务信息公开

1. 公布机构目录和办事指南

各地要汇总整理辖区内公共就业和人才服务机构以及授权管理流动人员人事档案的机构（以下简称档案管理服务机构）信息，包括机构名称、地址和联系方式等，并实行动态更新。要全面落实《关于进一步加强流动人员人事档案管理服务工作的通知》（人社部发〔2014〕90 号）明确的基本公共服务内容，并结合本地实际，梳理服务项目，细化办事流程，编制服务指南，明晰办事时限和注意事项。要通过各级政府网站、相关专业网站、服务场所显示屏以及印制手册等形式，向社会公开档案管理服务机构信息和办事指南。有条件的地方可开通官方微博、微信公众号等，及时发布相关信息。

2. 加强对重点群体的指导

各地要积极做好面向高校毕业生等重点群体的政策解读，每年在高校毕业生离校前后，将档案管理服务政策作为就业创业政策咨询、就业指导等活动的重要内容，加大宣传力度，引导做好档案转递工作。

3. 宣传普及档案政策知识

各地要通过多种渠道组织形式多样的流动人员人事档案管理服务知识宣传，介绍档案材料内容、形成过程及主要功能，提高用人单位和存档人对档案重要性的认识，强化档案材料收集意识，营造良好工作氛围。

（二）促进流动人员人事档案管理服务便民利民

1. 实行档案接收告知承诺制

档案管理服务机构在接收档案时，要本着实事求是、便民利民的原则，对缺少材料的，实行告知承诺制。要认真审核和甄别档案材料，对缺少关键材料的，一次性告知所缺材料及其可能造成的影响，经本人做出书面知情说明、承诺补充材料后予以接收，或与原工作单位协商退回并补充材料。对缺少非关键材料的，采取先存后补的方式予以接收。关键材料一般是指用于核定存档人的出生日期、参加工作时间、入党时间、学历学位、工作经历等重要信息的材料。

2. 取消办理转正定级等手续

为简化办事环节和手续，今后档案管理服务机构对初次就业的流动人员不再办理转正定级手续。机关事业单位和国有企业在招考、聘用、招用流动人员时，可参考档案中的劳动合同、企业录用手续等材料及就业登记、劳动用工备案、社会保险缴费记录，认定参加工作时间和工作年限。档案管理服务机构要通过多种渠道，指导、督促用人单位和个人及时将上述材料收集归档。流动人员人事档案存档期间，档案管理服务机构不再办理档案工资记载、调整相关手续。

3. 畅通档案转递渠道

档案管理服务机构转递档案时不再开具行政（工资）介绍信。应届高校毕业生档案被档案管理服务机构接收、成为流动人员人事档案后，即可按照有关规定进行转递。个人跨地区就业且按照有关规定办理入职手续后，其档案在有人事档案管理权限的机关事业单位、国有企业和流动人员人事档案管理服务机构之间可直接办理转递手续。档案转递时，转出机构要在档案内附上档案材料目录清单，通过机要交通或专人送取方式进行转递，不得个人自带档案。

4. 推进前台业务受理、后台政策协调

办理社会保险代缴、退休初审、专业技术资格评定等其他基于档案延伸服务的档案管理服务机构，要加强前台服务和后台政策的协调，及时反映有关共性问题，并配合行政管理部门研究制定合理可行的解决办法，积极为存档人解决难题。

5. 强化人力资源社会保障系统信息共享

各地要建立人力资源社会保障部门内部信息共享机制。档案管理服务机构要加强与其他经办机构的信息互通和数据衔接，依据档案材料可出具相关证明的，不再转递档案。

6. 推进档案信息化工作

各级人力资源社会保障部门要加快流动人员人事档案电子化、数字化工作，建立全国流动人员人事档案基础信息数据库，推动数据向上集中，方便档案信息异地查询，加强信息安全管理。有条件的地方可开发流动人员人事档案管理服务网上办事平台，推广网上预审、网上受理、网上办理，提高管理水平和服务效率。

（三）规范收费行为

1. 严格落实取消收费规定

档案管理服务机构要不折不扣地贯彻落实取消档案收费和人才集体户口管理服务费（包括经营服务性质的收费）的决定。各级人力资源社会保障部门要积极协调同级财政部门落实《关于进一步加强流动人员人事档案管理服务工作的通知》（人社部发〔2014〕90号）文件要求，将流动人员人事档案基本公共服务相关经费纳入同级财政预算，参考保管的档案数量等因素确定经费数额。

2. 规范基于档案的延伸服务的收费行为

不得将参加社会保险、职称评审等业务与档案保管挂钩，杜绝以档案为载体的捆绑收费、隐形收费行为。对基于档案延伸的其他服务，严格按物价部门核准的收费依据和标准进行收费，并且做到公开透明；没有收费项目和收费标准的，一律不得收费。

3. 加大对基础设施建设的投入

各地要结合制定"十三五"规划、实施金保工程二期、加强基层就业和社会保障服务设施建设等，加大对流动人员人事档案库房、服务场所和信息系统等基础设施建设的投入，保障档案管理服务工作正常开展。

（四）健全流动人员人事档案管理服务工作体系

1. 建立科学合理的服务体系

各省级人力资源社会保障部门要根据当前辖区内档案管理服务机构现状，建立科学合理的流动人员人事档案管理服务体系，形成以县级及以上公共就业和人才服务机构为主体，授权管理服务机构为补充的流动人员人事档案管理服务工作格局。省级、地市级档案管理服务机构要充分考虑县级档案管理服务机构的实际服务能力和条件，不得强行推行档案属地化管理服务，对现已保管的流动人员人事档案，除因用人单位或本人申请档案转递外，一律不得以任何理由进行清退。

2. 落实人事档案管理的主体责任

对用人单位集体委托存档的，原则上由用人单位工商营业执照或组织机构代码登记的同级档案管理服务机构负责；对个人委托存档的，按照本人自愿选择，由其现工作单位所在地或户籍所在地的档案管理服务机构负责。鼓励用人单位办理集体委托存档业务，加强档案材料收集，提高管理服务效率。有人事档案管理权限的国有企业、国有控股企业和事业单位，要依据有关规定做好本单位干部职工档案的管理工作。

3. 强化行政部门指导监督职能

各级人力资源社会保障行政部门要将流动人员人事档案管理服务作为公共服务的重要内容，切实加强组织领导，做好统筹规划，明确职责分工，完善政策制度，强化监督检查。对存在虚假宣传、推诿拒收、无故清理档案、违反档案保密纪律等行为的档案管理服务机构，要加强问责，督促整改。流动人员人事档案比较集中的超大城市人力资源社会保障部门，要尽快制定并实施在本地就业的非户籍流动人员的人事档案管理服务相关规定。

4. 统一思想，提高认识

各级人力资源社会保障部门要统一思想，提高认识，切实贯彻落实好简化优化流动人员人事档案管理服务的各项措施，加强服务窗口作风建设，创造性地开展工作，为人才流动就业服务，为大众创业、万众创新服务。

第四节　人事档案的审核工作

人事档案审核工作是维护人事档案的权威性、真实性，从严管理干部，保护人事档案关系人的合法权益，保证社会公平正义的重要管理活动。中共中央组织部及各级人事管理部门都非常重视此项工作的开展。

一、人事档案审核工作开展的主要法律法规依据

《干部档案工作条例》第二条指出：干部档案是干部个人经历和社会实践的记录，是干部思想品德、业务能力和工作情况的反映，是历史地、全面地考察了解和正确选拔使用干部的重要依据。该条例也是开展人事审核工作的重要法规依据。目前，我国在开展人事审核工作中所依据的规范性文件主要包括：

- 中共中央组织部《干部人事档案造假问题处理办法（试行）》（中组发〔2015〕23号）；
- 中共中央组织部《关于进一步从严管理干部档案的通知》（中组发〔2014〕9号）；
- 中共中央组织部、人事部、公安部《关于认真做好干部出生日期管理工作的通知》（组通字〔2006〕41号）；
- 中共中央组织部办公厅《关于进一步开展干部人事档案审核工作的通知》（组厅字〔2006〕5号）；
- 中共中央组织部《干部人事档案审核工作检查验收办法》（2006年）；
- 国家教育委员会、总参谋部、总政治部《关于中国人民解放军院校学历证书实行统一制作和管理的通知》（教学〔1995〕2号）；
- 国家教育委员会、人事部、劳动部《关于博士生和在职人员考取硕士生学习期间工龄计算问题的通知》（教高〔1990〕001号）；
- 中共中央组织部、劳动人事部《关于确定建国前干部参加革命工作时间的规定》（中组发〔1982〕11号）等。

二、人事档案审核工作开展的主要内容

一般应重点审核干部的“三龄两历一身份”和家庭情况等信息。“三龄”即干部的出生日期、参加工作时间和入党时间，“两历”即干部的学历学位和工作经历，“一身份”即干部身份。

造成人事档案的“三龄两历一身份”问题的原因是多方面的。首先，人事档案关系人出于自身利益有意歪曲事实，在干部年轻化的大趋势和私益的驱动下，将年龄报低，党龄、工龄报长，学历报高。其次，关系人在填写时不够认真，随意填写，造成人事档案中有多项记载。例如在填写年龄时，有时填农历，有时填公历；在填写党龄时，由于时间较

长，忘记了具体的日期，大概估填一个。最后，有的工作人员疏忽失误，档案由于保存时间较长而字迹不清，档案保管失当致使档案污损，以及请他人代填等，都会造成信息不准确等问题。

关系人的基本信息是其历史的记录，是考察了解人员和选拔任用干部的重要依据。因此，做好人事档案审核工作非常重要。

人事档案审核的一般方法是：先依据最新的干部任免审批表和干部履历表，将其作为现在工作中使用的干部相关信息，再到涉及该信息的材料中反查核对，比照最新的干部任免审批表和干部履历表的信息是否与材料的记载一致，不一致之处要做好记录并做核实处理，差缺的材料要进行补充。具体审核可按下述方法进行。

（一）出生日期的审核依据、要点和方法

1. 出生日期的审核认定依据

出生日期的认定应以人事档案中最早形成材料记载的出生日期为依据。最早形成材料记载的出生日期有涂改的，要查找相关材料（原始户籍材料和亲属材料）予以印证。

2. 出生日期的审核要点

重点审核最新干部任免审批表填写的出生日期是否与档案中最早形成材料记载的时间一致。出生日期记载前后是否一致的界定方法是：

（1）若最新干部任免审批表的出生日期记载与档案中最早形成材料记载的时间一致，且大部分主要材料均一致，则该档案的出生日期不存在问题；

（2）若最新干部任免审批表的出生日期记载与档案中最早形成材料记载的日期不一致，且无相应的认定材料或有认定材料但没有更早于档案中最早形成记载的出生日期的材料的相关材料（档案材料或原始户籍材料）作为依据，则该档案中最新的干部任免审批表等材料的出生日期存在问题，须进行相应记录及整改。

3. 出生日期的审核程序

（1）比对信息。首先详细审核档案材料记载的下述三个材料的出生日期，并判断最早形成材料记载的出生日期、最新干部任免审批表和其他主要材料记载的出生日期是否一致。最早形成材料记载的出生日期是指：根据档案目录中材料形成时间，常见的最早形成材料是中学毕业生登记表、入学（入伍、招工）政审表、入团志愿书、应征入伍登记表、招工登记表和体检表等。其他材料包括公务员登记表、最新干部履历表和军人身份证号登记表填写的身份证号中记载的出生日期等。

（2）涉嫌造假。出生日期涉嫌涂改造假主要指涉嫌涂改最早形成材料记载的出生日期等情况；出生日期涉嫌材料造假主要指涉嫌伪造记载出生日期的最早形成材料等情况。可通过逻辑推算进行初步判断：根据记载推算上学、参加工作、入党年龄等是否合理，并进行判断，如按照《党章》规定，入党时要年满 18 周岁；根据家庭成员年龄推算其年龄是否合理，即对档案材料记载的相关信息进行互相比对印证，如根据干部履历表、自传、政审材料、入团志愿书、干部任免审批表等材料中填写的家庭成员年龄，推算其出生日期是否合理。

（3）有认定情况的审核。档案中如有关于出生日期的相关认定材料，需对下列情况进行判断：认定是否符合文件规定；认定材料是否齐全完整。人事档案第五类中须有以下材

料：个人申请，所在单位党委（党组）或组织人事部门的调查报告，原始户籍内册、登记卡片、出生证复印件等证明材料，按干部管理权限上级党委（党组）或组织人事部门的批复；2006 年 10 月以后，人事档案第五类中须有组织认定和相关证明材料。认定结果是否使用：出生日期认定后，形成的干部任免审批表及涉及出生日期的相关材料是否使用了认定结果。

4. 出生日期的问题处理建议

最新干部任免审批表出生日期记载与档案中最早形成材料记载的出生日期不一致又没有其他认定材料的，以最早形成材料记载的出生时间为依据对出生日期进行认定，并应对相关信息进行整改（如出具相关的认定材料），必要时应重新制作最新干部任免审批表。以后形成的干部任免审批表及涉及出生日期的相关材料必须使用最早形成材料记载的出生日期。若有符合规定的认定，则用认定的出生日期。对出生日期审核应特别强调以下三点：

（1）组织认定时间若与干部档案中最早记载的时间不一致，必须有更早于档案中最早记载出生日期的材料的相关材料（档案材料或原始户籍材料）作为依据，没有依据的组织认定无效。

（2）组织上认定干部的出生日期是以本人档案或户籍档案的最早记载为依据，而不是以身份证为依据。

（3）军队转业干部在部队期间认定出生日期的，如符合中共中央组织部有关政策规定，且依据充分，则该认定有效；否则应重新予以认定。

（二）参加工作时间的审核依据、要点和方法

1. 参加工作时间的审核认定依据

参加工作时间以参加工作时形成材料记载的时间为依据。

2. 参加工作时间的审核要点

重点审核最新干部任免审批表的参加工作时间和参加工作时形成材料记载的时间是否一致。参加工作时间前后是否一致的界定方法是：

（1）若最新干部任免审批表的参加工作时间和参加工作时形成材料记载的时间一致且档案中其他主要材料的参加工作时间也一致，则该档案中的参加工作时间不存在问题；

（2）若最新干部任免审批表的参加工作时间和参加工作时形成材料记载的时间不一致，且无相应证明材料的，该档案中的参加工作时间前后不一致，须进行整改。

3. 参加工作时间的审核程序

（1）确认材料齐全、制作规范。确认参加工作的有关材料是否齐全完整。如职工登记表、招生（入伍、招工）政审材料、知青“上山下乡”证明、录（聘）用审批（备案）表、应征入伍登记表、招工审批表、毕业生转正定级审批表等。

（2）比对信息。判断参加工作时形成材料和最新干部任免审批表记载的参加工作时间是否一致。

（3）涉嫌造假。主要指涉嫌涂改档案材料中的参加工作时间，涉嫌有虚假的记载参加工作时间的材料。

（4）有认定情况的审核。档案中如有关于参加工作时间的相关认定材料，认定其是否

符合文件规定，要注意有无组织批复；凡更改参加工作时间而没有组织批复的，不予承认。同时要认定材料是否齐全完整。有的干部因为有“上山下乡”“文革”延迟分配等经历而申请更改参加工作时间，须经组织批准；认定材料一般包括个人申请、组织调查、有关证明、组织批复等。

4. 参加工作时间的问题处理建议

最新干部任免审批表的工作时间和参加工作时形成材料记载的时间不一致，且无相应的认定材料的，应以档案中参加工作时形成材料记载的时间为依据。并对相关信息进行整改，必要时应重新制作最新干部任免审批表。以后形成的干部任免审批表、工资审批表等材料必须使用认定后的工作时间。

（三）入党时间的审核依据、要点和方法

1. 入党时间的审核认定依据

入党时间以入党时形成材料记载的时间为依据，入党志愿书是证明党员身份和党员入党时间的重要材料。

2. 入党时间的审核要点

主要审核入党志愿书中入党时间记载是否与最新干部任免审批表中的信息一致。入党时间前后是否一致的界定方法为：(1) 若最新干部任免审批表与入党志愿书的入党时间记载一致，且与档案中其他主要材料记载一致，则该档案中的入党时间不存在问题；(2) 若最新干部任免审批表与入党志愿书的入党时间记载不一致，则须进行整改。

3. 入党时间的审核程序

(1) 确认材料齐全、制作规范。查看入党志愿书、入党申请书、1985 年党员登记表、1990 年党员登记表等材料是否齐全。应当注意的是：1985 年以前入党的须有 1985 年党员登记表，预备党员不填写；参加过 1990 年党员登记的还须有 1990 年党员登记表，若单位未组织 1990 年党员登记的，须有相关证明。

(2) 比对信息。须详细审核人事档案中记载的入党时间，并判断下列两个时间是否一致：入党志愿书中记载的入党时间、最新干部任免审批表中记载的入党时间。在我党的不同历史时期，党员入党时间的计算方法各有不同，具体如下：1956 年 9 月 15 日—1969 年 3 月 31 日，入党时间为党员大会接收为预备党员之日（须经上级党委批准）；1969 年 4 月 1 日—1977 年 8 月 11 日，入党时间为上级党委批准之日；1977 年 8 月 12 日—1982 年 9 月 5 日，入党时间为上级党委批准为预备党员之日；1982 年 9 月 6 日至今，入党时间为党员大会接收为预备党员之日（若上级党委审批时明确具体入党时间的，则以该时间为准）。

(3) 涉嫌造假。主要指入党材料造假。审核人员应注意查看入党志愿书、入党申请书等入党材料是否真实，与档案中其他材料的记载是否一致，注意分析各时间信息的逻辑关系。

4. 入党时间的问题处理建议

最新干部任免审批表和入党志愿书的入党时间记载不一致的，须以入党志愿书记载的时间为准，入党时间前后记载不一致的，须对相关信息进行整改。以后形成的干部任免审批表等材料必须使用入党志愿书中记载的入党时间，缺少入党志愿书的，须按规定重新填写归档，填写的个人情况截至重新填写之日，同时须有组织的相关证明材料。

5. 入党时间的其他情况处理办法

加入民主党派的，须有加入民主党派的材料。加入民主党派时间以材料为准。民主党派的党员身份及入党时间的确定要按照该党派相应的章程来确定。其中，民革入党时间为支部大会通过之日；民进、民建、民盟、农工党、致公党、九三学社入党（会、盟、社）时间为地市级以上组织批准之日；台盟入盟时间为省级以上组织批准之日。档案中须有相关审批材料或真实有效的证明材料。

（四）学历学位的审核依据、要点和方法

1. 学历学位的审核认定依据

学历学位以反映学历、学位的材料为依据，均归在干部档案第四类。

2. 学历学位的审核要点

重点审核最高学历学位材料是否齐全，该学历学位国家是否认可，最新干部任免审批表中的学历学位信息是否一致。该档案中最高学历学位是国家认可的，审核要求包括：材料齐全且与最新干部任免审批表一致，该档案中学历学位记载无问题；材料不齐全时存在问题，须补齐学历学位材料。该档案中最高学历学位国家不认可，则以档案中可认定的下一级学历为最高学历。

3. 学历学位的审核程序

（1）确认材料齐全、制作规范。

审核常见学历学位材料是否齐全。a. 中专：中专学生登记表、学习成绩表和毕业生登记表。b. 专科：高校学生登记表、学习成绩表和毕业生登记表。c. 本科：高校学生登记表、学习成绩表、毕业生登记表和授予学士学位决定。d. 硕士研究生：报考攻读硕士学位研究生登记表、硕士研究生登记表、硕士研究生学习成绩表、硕士毕业研究生登记表和授予硕士学位决定。参加硕士研究生单独考试的，还应有专家推荐表。专业硕士应有学位课程进修成绩表和硕士学位审批材料。同等学力申请硕士学位者（没有学历），须有学位课程进修成绩表和授予硕士学位的材料，还须有国家统考科目成绩合格证书（通知单）复印件。具体来说，除必须通过学位授予单位硕士研究生培养方案规定的课程考试外，1996年开始一般须通过国家组织的外语水平考试，1998年开始一般须通过国家组织的外语水平考试和学科综合水平考试。e. 博士研究生：专家推荐书（2份）、报考攻读博士学位研究生登记表、博士研究生登记表、博士研究生学习成绩表、博士毕业研究生登记表和授予博士学位决定。同等学力申请博士学位者（没有学历），须有学位课程进修成绩表和授予博士学位的材料。

审核非常见学历学位材料是否齐全。a. 大学普通班：高校毕业生登记表或高校选拔学生登记表。b. 国（境）外学历学位：国（境）外学校出具的学历学位证书复制件、学习成绩单，驻外使领馆出具的学习证明，教育部留学服务中心出具的认证材料。c. 党校学历：大专、大学——学员成绩表、毕业学员（登记）鉴定表或学历证明。党校研究生——在职研究生班考核登记表、在职研究生班毕业学员登记表。中央党校研究生一般有毕业论文评审答辩情况表、毕业学员政治思想情况评鉴表和学员党性锻炼小结。

根据档案中学历学位材料记载，按全日制和在职分别审核，尤其要注意以下几种情

况：a. 党校学习取得学历学位。分为两类，一类为国民教育学历学位，是指经国家教育主管部门批准，纳入国家招生计划并经全国统一考试录取在党校学习的学生所取得的学历学位，填入“全日制教育”栏。另一类是党校学历，指除国民教育学历外由党校按照有关规定，经考试录取后在党校学习的学生所取得的学历，采取写实的办法，如在职研究生、大学或大专学历前加“中央党校函授本科”“中央党校在职研究生”或“××省（区、市）委党校函授本科”“××省（区、市）委党校在职研究生”等，填入“在职教育”栏。b. 各类成人高等教育（电大、函大、夜大、职大、业大、管理干部学院等）或通过高等教育自学考试取得的学历，在填写学历时应具体写明，如“电大本（专）科毕业”“自学高考大专毕业”等。c. 干部专修科学历。干部专修科学制二至三年，属于专科层次的全日制教育学历。此类学历可以认定为大专学历，填入“全日制教育”栏。d. 大学普通班学历。指 1970 年至 1976 年经推荐选拔进入普通高校学习的学生，学制一般为二至三年，学历一般填为“大学普通班”。注意，博士后不是学历学位。

（2）涉嫌造假。主要指涉嫌学历学位材料造假、上学经历造假等情况。

第一，通过档案材料鉴别来判断是否存在涉嫌造假。通过审核成绩表、毕业生登记表和毕业生鉴定等材料，结合干部简历、学习时间、学习内容等信息判断学历学位是否真实准确。

第二，进一步查实。如存疑点，可通过以下方式进一步鉴别。

a. 查学校名录：教育部高校学生司编写的《高等教育学历问题咨询手册》，分历史阶段分别列举了国内所有高校的名录，可查核发证学校是否属实。b. 查证书式样：普通高等教育自 1994 年到 2000 年，成人高等教育自 1993 年到 2000 年使用的学历证书均为教育部统一印制，可照此查对。c. 网上查询：2001 年起，全国实行各类高等教育学历证书电子注册制度，可直接在中国高等教育学生信息网上进行查询。d. 到毕业院校进行查证。e. 教育部留学服务中心认证：对境外颁发的学历学位证书，可通过教育部留学服务中心进行认证。

4. 学历学位的问题处理建议

审核最新干部任免审批表和学历学位材料中记载的国家认可的最高学历学位信息是否一致，不一致时审核认定相关信息后进行整改，必要时应重新制作最新干部任免审批表。以后形成的干部任免审批表等材料必须使用经认定的学历学位信息。

（五）工作经历的审核依据、要点和方法

1. 工作经历的审核认定依据

工作经历以反映工作经历的材料为依据，主要包括干部任免审批表、干部履历表等。

2. 工作经历的审核要点

以最新干部任免审批表的简历作为现使用的信息逐一进行倒查，反查各类材料，一一印证干部的每段经历。重点审核每一次职务变动是否均有干部任免审批表，提任的是否有考察材料，任免职时间是否正确，经历时间是否衔接。特别要注意的是：1997 年以后任副科以上职务的，干部任免审批表必须要有，提任职务的要有考察材料。

3. 工作经历的审核程序

（1）根据最新干部任免审批表审核干部任职经历，查看干部任免审批表和考察材料是

否齐全。判断其职务晋升是否符合相关规定，是否属于破格提拔。

（2）涉嫌造假。根据履历、自传、学历学位、工资、任免等材料综合判断干部工作经历是否真实，有无造假嫌疑。

4．工作经历的问题处理建议

（1）1997年以后任副科以上职务的必须有干部任免审批表，因年代久远无法找到的，可用任免通知或党组会议纪要代替。

（2）任免材料中的“德才表现”可视为考察材料。

（3）简历的时间前后要衔接，如1999.01—2001.02、2001.02—2004.05，不得空段。

（4）工作经历信息有出入的须进行整改，必要时应重新制作最新干部任免审批表；以后形成的干部任免审批表等材料须使用认定后的工作经历。

（六）干部身份的审核依据、要点和方法

1．干部身份的审核认定依据

干部身份以进入干部队伍的相应材料为依据，包含企事业单位和乡镇聘用制干部的材料。

2．干部身份的审核要点

重点审核转干、录干、聘用制干部的审批材料是否真实有效，聘用干部审批材料是否按规定进行续、转聘。

3．干部身份的审核程序

进入干部队伍一般应具有相应的材料。其中包括：

（1）直接就业：报到（派遣）证、转正定级审批表。

（2）工人转干：转干审批表、以工代干审批表。

（3）军转干部：战士提干审批表、军校学员转正定级审批表、转业审批表。

（4）公务员：公务员过渡审批表、公务员登记表、参照公务员法管理机关（单位）工作人员登记表。

（5）外部调任：须有相应的调动审批材料，2008年3月以后从其他单位调任机关或者参照公务员法管理机关的须有公务员调任审批（备案）表。

4．干部身份的问题处理建议

若无转干、录干、聘用制干部的材料，须由单位做出说明并加盖组织印章；若材料存在疑问，应查找批准单位的批复文件或其他依据材料核对。

（七）家庭情况的审核依据、要点和方法

1．家庭情况的审核认定依据

干部档案中记载干部家庭情况的材料比较多，主要包括第一类中的履历材料，第二类中的自传，第五类中的政审材料，第六类中的入团志愿书、入党志愿书和党员登记表，第九类中的干部任免审批表、初次出国审批表，第十类中的相关材料等。

2．家庭情况的审核要点

重点审核干部任免审批表、干部履历表等材料。审核家庭信息是否符合实际情况。家

庭情况记载是否存在问题的界定方法为：若档案材料记载的家庭信息符合实际情况，则该档案的家庭情况记载不存在问题；若档案材料记载的家庭信息不符合实际情况，或干部最新的家庭信息在档案中没有反映，则该档案的家庭情况记载存在问题，须进行整改。

3. 家庭情况的问题处理建议

重点核实最新干部任免审批表中反映的家庭情况是否符合当时实际。当干部重新组建家庭时，最新的家庭情况应在人事档案中反映。

（八）干部履历表的审核依据、要点和方法

1999 年以前参加工作的，须有中央组织部制发的 1988 年版和 1999 年版干部履历表；1999 年以后参加工作的，须有 1999 年版干部履历表。对缺少此类材料的要按如下方法处理：

（1）没有相应的 1988 年版、1999 年版干部履历表，要尽量查找收集。

（2）1988 年版干部履历表确实找不到的，可以不再补充填写。

（3）缺 1999 年版干部履历表的，必须及时填写（1999 年以后参加工作的也必须补充填写）。补填 1999 年版的干部履历表时，应根据干部填写时的情况逐项填写。干部履历表所填信息应真实、准确、规范、完整，必须有照片、本人签名、填表时间和组织印章。

（九）年度考核登记表的审核方法

人事档案中应有 1994 年以来的年度考核登记表，若没有则必须补齐。因年代久远无法查找的，由组织做出考核情况说明并加盖公章，年度考核登记表必须有本人签字、组织印章。

三、人事档案造假问题处理

干部人事档案造假，是指以谋取不正当利益为目的，采取篡改、伪造等手段，造成干部信息失真失实的行为。2015 年 11 月，中共中央组织部根据《中华人民共和国档案法》《党政领导干部选拔任用工作条例》《干部档案工作条例》等法律法规，为贯彻全面从严治党、从严管理监督干部的要求，坚决整治干部人事档案造假问题，维护干部人事档案的真实性、严肃性，提升干部工作的公信力，制定并发布了《干部人事档案造假问题处理办法（试行）》（中组发〔2015〕23 号）。该办法主要适用于对公务员、参照公务员法管理人员、国有企业和事业单位领导人员等档案造假行为的处理。

（一）对干部人事档案造假问题的处理原则

对干部人事档案造假问题进行处理，应坚持的主要原则包括：

（1）实事求是、准确定性原则；

（2）区别情况、恰当处理原则；

（3）宽严相济、惩教结合原则。

（二）对干部人事档案造假行为的认定

有下列情形之一的，可认定为存在干部人事档案造假行为：

（1）篡改、伪造出生时间、参加工作时间、入党时间、学习经历、工作履历、民族成分等信息的；

（2）篡改、伪造公务员（干部）、企事业单位人员身份等材料的；

（3）篡改、伪造学历、学位等材料的；

（4）篡改、伪造评（聘）专业技术职称（职务）等材料的；

（5）篡改、伪造加入中国共产党或者民主党派等材料的；

（6）篡改、伪造党代会代表、人大代表、政协委员等材料的；

（7）篡改、伪造录（聘）用、招工、入伍、转业安置、工资待遇等材料的；

（8）篡改、伪造考核、考察、任免、鉴定、政审等材料的；

（9）篡改、伪造评先评优、奖励等材料的；

（10）擅自抽取、撤换、添加、销毁档案材料的；

（11）冒用、顶替他人身份等材料，在入学、入伍、招工、招录等方面谋取不正当利益的；

（12）存在其他篡改、伪造情形的。

（三）对干部人事档案造假行为当事人的处理

1. 有下列情形之一的，对当事人进行处理

（1）直接或者请托他人对本人档案材料实施造假的；

（2）本人亲属、特定关系人及其他有关人员对本人档案材料实施造假，本人知情、默许，或者当时不知情但知情后未及时向组织报告的；

（3）对档案中有关问题，拒不配合组织调查，不如实说明情况或者提供虚假情况的；

（4）存在其他违规违纪违法情形的。

2. 有下列情形之一的，对直接责任人（包括干部人事档案材料形成部门、干部工作机构、干部人事档案工作机构的有关人员和其他参与造假人员）进行处理

（1）接受他人请托或者利用职务、工作上的便利，直接实施造假的；

（2）违规查阅、借阅、转递档案等，为他人造假提供方便的；

（3）不认真履行职责，发现存在明显问题的档案材料不及时报告、不按照规定处理的；

（4）在干部人事档案造假问题调查工作中，隐瞒、歪曲事实真相，提供虚假材料或者销毁有关证据的；

（5）存在其他违规违纪违法情形的。

3. 有下列情形之一的，对有关领导人员进行处理

（1）授意、指使或者纵容、默许有关部门和人员实施档案造假行为的；

（2）干扰、阻挠有关部门对档案造假问题进行调查、处理的；

（3）拒不执行上级处理意见或者违规变通处理的；

(4) 本地区本单位档案造假问题突出，且查处不力的；

(5) 存在其他违规违纪违法情形的。

对出现上述所列情形的，应对当事人和有关人员给予相应的组织处理。情节较轻的，给予批评教育、责令书面检查、诫勉处理；情节较重的，给予停职检查、调离岗位、限制提拔使用处理；情节严重或者干部群众反映强烈、造成恶劣影响的，给予引咎辞职、责令辞职、免职、降职处理。

干部人事档案造假行为涉嫌违纪的，由纪检监察机关依据《中国共产党纪律处分条例》等有关规定处理；涉嫌违法犯罪的，由司法机关依据有关法律规定处理。

《干部人事档案造假问题处理办法（试行）》施行前，已经做出结论如需进行复查复议的，适用当时的规定或者政策。尚未做出结论的，如果行为发生时的规定或者政策不认为是违规的，依照当时的规定或者政策处理；如果行为发生时的规定或者政策认为是违规的，而《干部人事档案造假问题处理办法（试行）》不认为是违规或者处理较轻的，依照该办法规定处理。

通过干部人事档案造假获取的不正当利益，经组织审查认定后，应依据有关规定予以纠正、撤销或者取消。在干部选拔任用工作中，应当严格审核干部人事档案，凡发现涉嫌造假的，一律暂停选任程序，进行调查核实；问题未查清前不得提拔或者重用。

值得注意的是：对干部人事档案造假问题进行处理，应当在深入调查核实、仔细甄别鉴定的基础上，必要时听取本人陈述，经集体研究决定；坚持具体问题具体分析，将篡改、伪造档案材料的行为与“填写不一致”“信息勘误纠正”等情况严格区分开来，确保处理结果客观公正；领导干部因干部人事档案造假问题受到组织处理或者党纪、政纪处分的，其影响期按照有关规定执行。

四、从严管理干部人事档案的基本要求

2014 年 6 月 12 日，中共中央组织部为解决少数干部为了个人目的在档案上弄虚作假，有的组织人事部门审核把关不严，致使涂改伪造年龄、学历、身份等问题，落实中央从严管理干部的要求，坚决整治干部档案工作中的不正之风，严明组织人事纪律，制发了中共中央组织部《关于进一步从严管理干部档案的通知》（中组发〔2014〕9 号）。该通知对从严管理干部人事档案提出了明确要求。

（一）严禁干部档案弄虚作假

干部档案真实性是干部工作严肃性的基本保证，涂改伪造干部档案属于违法违纪行为。各地区各部门要严格执行《党政领导干部选拔任用工作条例》《干部档案工作条例》等有关规定，严禁涂改干部档案，严禁在“三龄两历一身份”等方面弄虚作假。各级干部要自觉讲诚信、懂规矩、守纪律，严肃对待个人档案，如实填写有关材料，确保档案信息真实准确。

（二）严格实行干部人事档案任前审核制度

各级组织人事部门要按照干部管理权限和“谁管理、谁把关，谁考察、谁审核，谁签

字、谁负责”原则，对拟选拔任用干部、交流任职干部、军队转业干部和新进干部队伍人员的档案进行严格审核，重点审核“三龄两历一身份”等内容。发现档案涂改、材料和信息涉嫌造假的，要立即查核，未核准前一律暂缓考察并停止任职、录用程序。特别要严格执行《关于认真做好干部出生日期管理工作的通知》（通字〔2006〕41号），在办理干部录用、任免等事项时，要对干部的出生日期进行认真核对、确保无误，凡已经组织认定而干部本人又要求更改出生日期的，均不再办理。

（三）严格审核干部任前公示信息

按照《关于严格审核干部任前公示信息的通知》（组厅字〔2012〕36号）要求，干部选任部门要认真审核干部任前公示信息，发现有疑义的要立即查核，未核准前不得公示；经查核没有问题但有特殊情况可能引起公众质疑的，公示时应做必要说明。

（四）严格干部人事档案日常管理

干部人事档案材料形成部门要认真核对有关信息，确保归档材料真实准确、规范完整，杜绝假材料。干部人事档案使用部门要严格遵守查借阅纪律；严禁在查借阅过程中涂改、抽取、撤换、添加档案材料；借阅的档案要妥善管理，严禁擅自转借。干部人事档案管理部门要坚持从严管档，逐份审核归档材料；严格查借阅审批手续，查借阅归还的档案要逐卷逐页审核；严格干部人事档案转递制度，严禁将档案交个人自带或转递。组织人事部门要加强与纪检监察、政法、人社、教育等相关部门和军队的协调联系，共同研究解决干部人事档案管理中的薄弱环节和突出问题，制定完善相关政策。要创新干部人事档案管理的方法和手段，积极推进干部人事档案数字化，不断提高管理人事档案的工作水平。

（五）严格落实干部人事档案工作责任制

干部选任部门负有档案使用把关责任，发现干部人事档案涂改造假、重要信息记载不一致等问题，要立即报告、认真核实、及时处理。干部人事档案管理部门负有业务把关责任，在档案和材料接收、查借阅、转递、保管等环节，要严格制度、全程把关、不留死角。严格执行《党政领导干部选拔任用工作责任追究办法（试行）》《档案管理违法违纪行为处分规定》，凡发现干部人事档案弄虚作假的都要全程倒查，存在隐情不报、把关不严等失职渎职行为的，不仅要查处当事人，而且要追究相关责任人的责任。

（六）从严加强干部人事档案队伍建设

各级组织人事部门要按照《干部档案工作条例》规定，坚持标准、严把入口，选配政治可靠、作风正派、责任心强、业务素质好的中共党员从事干部人事档案工作；根据工作需要，及时充实力量、优化结构，保持队伍相对稳定。要强化党性教育和纪律约束，着力引导干部人事档案工作人员坚持原则、公道正派、敢于担当，切实增强事业心和责任感，坚决抵制各种不正之风。要加强业务培训，提高干部人事档案工作人员的业务水平和工作能力。要把从严管理与关心爱护结合起来，从思想、学习、工作、生活等方面关心干部人事档案工作人员，及时帮助解决实际困难，充分调动他们的积极性，努力建设一支爱岗敬业、默默奉献、富有“安、专、迷”精神的干部人事档案队伍。

本章思考题

1. 什么是人事档案？它有什么特点？
2. 人事档案管理的主要理论依据是什么？
3. 如何开展人事档案材料的归档工作？
4. 如何确定人事档案材料的归档范围？
5. 如何进行人事档案的分类？
6. 人事档案的编目有何要求？
7. 如何做好档案利用服务工作？
8. 如何加强对流动人事档案的管理？
9. 人事档案审核工作的内容和要求是什么？
10. 如何有效进行人事档案审核工作？

第六章

审计档案与审计档案管理

本章提要

审计档案是国家审计机关、内部审计机构和社会审计组织在审计活动中直接形成的、具有保存价值的、各种形式的历史记录。本章主要介绍和说明了审计档案和审计档案管理的基本知识，内容涉及审计档案的定义、特点、作用等方面的基本理论，以及审计档案的归档、鉴定、整理、现代化管理等方面的业务工作原理与方法。

第一节　审计档案概述

我国的审计监督制度由来已久，源远流长。早在距今 3 000 多年前的西周时期，我国就出现了带有审计职能的官职——宰夫，这是国家审计的萌芽。我国审计机关成立以来，始终坚持以财政财务收支的真实、合法为重点，紧紧围绕改革开放和政府工作中心，全面开展预算执行审计和其他各项审计，审计工作在维护国家财经法纪、促进廉政建设、保障国民经济健康发展等方面，发挥了不可替代的作用。

一、审计档案的定义

审计档案是国家审计机关、内部审计机构和社会审计组织在进行审计活动中直接形成的、具有保存价值的、各种形式的历史记录。

这一定义的基本含义是：

（一）审计档案的形成者是国家审计机关、内部审计机构和社会审计组织

根据《中华人民共和国审计法》，我国实行审计监督制度。审计组织机构由国家审计机关、内部审计机构和社会审计组织所组成。国家审计机关是国家财政经济综合监督部门，代表国家进行审计监督，组织审计工作，是审计组织体系的主导。目前国务院设的审计署，各省、自治区、直辖市、地、市、县设的审计局，都是国家审计机关。内部审计机构是国家各级主管部门和企业事业单位内部建立的审计组织，它是审计组织体系的基础。《中华人民共和国内部审计条例（起草稿）》中指出应当设立独立的内部审计机构的单位如下：财政收支、财务收支金额较大或者所属单位较多的国家机关、事业组织和社会团体；上市公司、金融机构和大中型国有企业及国有控股企业；国家大型建设项目的建设单位；

经济比较发达的乡（镇）；法律、法规规定应当设置内部审计机构的单位。社会审计组织是指经有关部门批准注册的审计、会计组织，如审计师事务所、会计师事务所。社会审计组织是依法独立承办审计查证和咨询服务的事业单位，它主要受国家审计机关和企业事业单位组织的委托进行审计，是国家审计和内部审计的补充。

（二）审计档案是在审计活动过程中直接形成的产物

审计档案产生于审计活动过程之中。所谓审计，是由专职机构和人员，依法对被审单位的财政、财务收支及其有关的经济活动的真实性、合法性、效益性进行审查，评价经济责任，用以维护财经法纪，改善经营管理，提高经济利益。在我国，审计监督实施过程通常包括制订审计项目计划、审计准备、审计实施、审计终结四个阶段。在审计活动中所产生的审计通知书、授权审计通知书、委托审计通知书、审计报告、审计结论和处理决定等审计业务文件，构成了审计档案的主要范围。审计档案的形式多种多样：从记录方法方面分，有文字、图像和声音；从载体形式方面分，有纸张、感光材料、磁性材料和光盘；从文件种类方面分，有通知书、报告、决定等。

（三）审计档案是具有保存价值的审计文件材料

在审计监督活动中产生的，终结的审计项目形成的并处理完毕的，对日后工作有查考作用的纸质文件材料，经过归档保存，就是审计档案。而在审计档案信息管理系统中产生的电子文件，由于电子文件的自身特点，已经很难区分文件与档案的区别，所以，要对电子文件进行前端控制，在文件的办理过程中就同时进行归档保存。

（四）审计档案是审计活动的历史记录

这是审计档案的本质属性。由于审计档案是由审计活动过程中产生的文件材料转化而来的，具有很强的原始性，因而它真实地记载了审计活动的历史过程。

二、审计档案的特点

剖析审计档案的特点，对科学管理好审计档案至关重要。审计档案除具有与其他档案的共同点之外，还具有以下特点：

（一）专业性

审计监督是一种特殊的职能活动，记录和反映这种特殊职能活动的审计档案，充分体现了审计专业的特点。无论是审计文件的产生，还是在审计文件的归档、整理等环节，都要根据审计条例进行，体现审计工作的特点和程序。因此，审计档案的管理应按照它本身的自然规律科学管理。

（二）内容密切联系

审计监督是一种特殊的职能活动，在实施每项审计工作时，必须遵循规定的程序进行。审计工作通常包括确定审计对象、拟定审计工作方案、发出审计通知书、具体实施审计、提出和审定审计报告、做出审计决定等主要阶段。整个审计工作程序的密切相关决定了审计档案彼此之间内容的密切联系，从审计方案到审计报告，从审计取证材料到审计决定，都相互关联，一环扣一环。特别是在审计报告与取证材料之间，审计报告与审计结论和处理决定之间，审计报告与被审计单位的书面意见之间，如果缺少一方，另一方的存在就失去前提和依据。

（三）形式规范划一

审计监督不同于其他经济监督，它是依法独立进行的活动。为了体现审计监督的严肃性和权威性，审计署对审计业务文件的种类、格式、尺寸、使用范围做了明确规定。尽管审计项目不尽相同，但在各种审计活动中使用的审计文书种类是相同的。

三、审计档案的作用

审计档案是审计监督活动的历史记录，它除了具有文书档案的参考凭证信息价值以外，还有自身的作用。

（一）审计档案有助于复核检查已完成的审计工作

审计工作是一项综合性的经济监督工作。我国审计工作的根本目的是加强对财政和财务收支的监督，保护国家财产，提高经济效益，严肃财经法纪，促进社会经济的发展。审计机关在从事审计监督工作时，需要与任何一个涉及国家资金的具体单位交涉，常常涉及对单位和个人的处理，进而，复审项目时有发生。审计档案系统完整地反映了每一个审计项目从开始到结束的全部审计过程的基本情况，有关部门和有关人员借助审计档案能够掌握了解审计案情，以便复核检查已完成的审计工作。

（二）审计档案有利于提高审计工作质量

我国审计制度虽然历史悠久，但作为现代意义的审计工作，还需要不断完善，总结实践经验，逐步提高审计工作水平。审计档案真实地记录了每一个审计项目的被审核的情况，可以为系统地回顾审计实践中的经验教训，掌握审计工作的客观规律提供完整的材料。

（三）审计档案为研究审计历史和审计理论提供信息

审计活动是人类社会经济发展到一定历史阶段的产物，审计学的研究是一个新的领域。审计理论研究工作，要借鉴古今中外研究成果，但主要是对审计实践进行总结。理论的发展，离不开实践的支持，审计档案提供了来源于实践的第一手资料，是研究审计历史与理论的依据。

（四）为开展审计宣传教育提供素材

审计档案中保存着大量的生动的有关财务收支、经济规律、经济效益等方面的材料，它可以向公众宣传国家财经政策法规，教育群众自觉抵制不正之风，提高经济效益和社会效益，为深化改革和经济建设起到宣传教育作用。

总之，审计档案的作用是多方面的，除上述以外，审计档案还有方便开展调查研究，加强信息沟通，考核选拔审计干部，积累审计案例服务于审计教学等方面的作用。

第二节　审计档案的管理

审计档案管理的内容主要包括：审计文件材料的集中归档，审计档案的整理、鉴定、保管、利用、编研等业务环节的工作。

一、审计文件的归档

审计文件材料的归档，是指把在工作中形成，已经办理完毕或告一段落，具有保存价值的审计文件材料，按照一定的制度和要求收集齐全，经整理，移交到档案部门实行集中统一管理。

（一）归档范围

审计署和国家档案局《审计文件材料立卷归档工作程序》（审办发〔1991〕158 号）第七条规定："凡记录和反映审计机关在履行审计职能活动中直接形成的文件、电报、信函、凭证、笔录的原件及其复制件、照片、音像磁带，以及与审计事项有关的其他文件材料，均属审计档案的收集范围。"审计文件材料具体的归档范围如表 6-1 所示。

表 6-1　审计文件材料归档范围

1. 上级机关对审计立项的指示、批示和下达的审计项目任务文件。
2. 审计通知书。
3. 审计报告（或复审意见），审计机关审定审计报告（复审意见）的会议纪要或会议记录摘要。
4. 审计报告所列问题的证明材料。
5. 被审计单位对审计报告的书面意见。
6. 有关审计处理的请示，审计事项的报告及上级机关的批复、批示。
7. 审计（含复审）结论和决定或审计意见通知书。
8. 被审计单位关于执行审计结论和决定情况的报告。
9. 罚款、没收款、扣缴款，停止拨款、贷款、冻结银行存款，封存账册等文书及回执。
10. 被审计单位对审计结论和决定的复审申请，对审计（含复审）结论和决定的申诉材料；有关人员对审计（含复审）结论和决定的申诉材料。
11. 依法做出审计结论和决定的法规目录或摘要，上级机关有关本项目问题处理的政策界限。
12. 有关本审计项目的情况报告、通报。
13. 审计调查报告及其有关文件材料。
14. 各种调查取证材料。
15. 移交处理意见。
16. 群众来信或来访记录。
17. 项目审计计划或审计方案，有关本项目计划安排方面的意见、请示、报告、批复和其他有关材料。
18. 与本项目有关的其他材料。

为了准确地掌握审计文件材料归档的范围，《审计文件材料立卷归档工作程序》中，在规定应该归档审计文件材料范围的同时，又进一步明确了不归档审计文件材料的范围，具体如下：

（1）与本项目无关的文件材料。

（2）未用作审计报告所列问题依据的文件材料。

（3）未经领导审阅、签发的未生效的文电草稿和文件的一般修改稿。

（4）审计过程中摘录的供参阅的非取证材料和笔录。

（5）重份文件材料。

（二）归档时间

审计文件材料办理完毕，按规定应在次年6月以前由业务部门或承办人员向档案室移交。因为审计监督事项既有按年度运行的，也有跨年运行的，有些项目审计之后，还有续审和复审的问题，亦可采取立卷完毕随时归档的方法。如果因故不能按时归档，需要同档案部门沟通，征得档案部门同意。

（三）归档要求

1991年出台的《关于审计档案管理工作的规定》明确规定了立卷工作原则：“审计档案立卷工作，实行谁审计谁立卷，边审计边收集整理，审结卷成的原则。”这一原则是在审计实践及档案管理经验基础上总结出来的，它符合审计档案的形成规律。

根据《归档文件整理规则》（中华人民共和国国家档案局2015年10月25日批准，2016年6月1日实施），“一般以每份文件为一件，正文、附件为一件；文件正本与定稿（包括法律法规等重要文件的历次修改稿）为一件；转发文与被转发文为一件；原件与复制件为一件；正本与翻译本为一件；中文本与外文本为一件；报表、名册、图册等一册（本）为一件（作为文件附件时除外）；简报、周报等材料一期为一件；会议纪要、会议记录一般一次会议为一件，会议记录一年一本的，一本为一件；来文与复文（请示与批复、报告与批示、函与复函等）一般独立成件，也可为一件”。这个归档规则是国家档案局推荐实行的。以件为单位，只是取消了装订成卷，内部审计机构和社会审计组织，对接受审计机关委托审计所形成的文件材料，应负责收集、整理，放入档案盒，并移交归档。也就是说，原来的立卷形式只是以另一种盒装形式体现，审计文件材料的内在联系仍然保留。

“谁审计谁立卷”，是指在审计机关档案部门的指导下，由各业务部门承办审计项目的审计人员收集审计活动中形成的文件材料，按要求进行立卷。审计机关所进行的审计活动涉及广泛，各业务部门职责权限不尽相同，它们形成的审计档案也各有所异，不可能采取一般公务文书统一由办公部门立卷的方法。实际上各业务部门的审计人员，既是审计工作的参与者，又是审计文件材料的形成者和承办者，对文件材料的形成承办过程都比较熟悉了解。这样做可以保证归档文件材料的完整准确。

“边审计边收集整理，审结卷成”，要求审计机关建立健全审计文件材料立卷归档制度，完善立卷归档工作责任制。由于审计文件材料是随着审计工作进程逐渐形成的，所以立卷归档工作首先应列入项目审计计划。从确定审计项目开始，审计组应指定专人负责文件材料工作，将审计工作各个阶段中产生的文件材料，随时收集并保管，审计工作终结时按归档范围整理。

审计文件材料的立卷，采用按职能分类，按项目立卷的方式。立卷时应把审计监督和行政管理两类文件材料分开立卷。一般说来，审计文件材料应以项目为单位进行立卷，一个审计项目的文件材料放一个档案盒或数个档案盒，不得把两个或两个以上项目的文件材料合并。盒内文件材料排列顺序，主要有三种方法：

（1）按审计程序排列法。即将盒内审计文件材料按照审计工作程序的先后顺序进行排列，这种方法简单易行，但不利于查阅。

（2）按重要程度排列法。即将盒内审计文件材料按重要程度进行排列，虽然此法主次分明，但不易掌握，影响文件之间联系。

（3）按单元排列法。即先将需归档的审计文件材料，分为结论性材料、证明性材料和立项性材料三个单元，然后每个单元内再根据不同情况和需要按不同顺序进行排列。

综上所述，归档的审计文件材料在质量上要达到完整和精练的要求。按照《审计文件材料立卷归档工作程序》规定，“完整”的要求是：每一年度执行审计项目计划所形成的审计文件材料，均应收集齐全；每一审计项目所形成的文件材料，均应收集齐全；每一案卷内重要文件的各种稿本，均应收集齐全。“精练”的要求是：在立卷过程中严格按文件材料保存价值决定取舍。应做到：按职能分类，防止审计监督和行政管理两类文件混合立卷和不必要的重复性立卷；对审计证明材料，应以审计报告所列问题的需要为标准，区分经过核实和未经过核实、已用作依据和未用作依据的材料，分别加以取舍；与审计报告所列问题无关或未经核实的材料，均不立卷；对各种审计文书的历次修改稿，除有重要内容的修改稿应立卷归档外，一般修改稿不必归档。

二、审计档案的整理

审计文件材料经过业务部门的整理，组成了有内在联系的有机体，归档移交到档案部门实行集中统一管理。档案部门对审计档案原则上保持原来的整理状态，个别需要重新整理的，需征求业务部门的意见，并和业务部门共同整理。正常情况下，档案部门对审计档案的整理，只是从整个档案保管的范围，对审计档案加以分类排列并编目。

（一）审计档案的分类排列

主要有两种方法：

（1）年度-组织机构分类排列法。即先把审计案卷按年度分开，然后在每个年度下面再按组织机构分类排列。这种年度结合组织机构分类排列方法是审计机关审计档案分类采用的主要方法。它不受机构变动影响，对于归档的审计案卷可以依次上架，不需留空和倒架。

（2）年度-审计事项分类排列法。即先将审计案卷按年度分开，然后在每年度下再按审计事项分类排列。

不论采用何种分类排列法，一个审计机关的案卷分类排列应当统一，且前后保持一致，不得随意调整变动。

（二）审计档案的编目

档案盒应根据摆放方式的不同，在盒脊或底边设置年度、保管期限、起止件号、盒号等必备项，并可设置机构（问题）等选择项。其中，起止件号填写盒内第一件文件和最后一件文件的件号，中间用“—”号连接；盒号即档案盒的排列顺序号。

另外，还要编制审计档案案卷级、文件级著录卡和各种分类目录和专题目录，以便于日后检索查询。

三、审计档案的鉴定

审计档案的鉴定工作包括三个方面的工作内容：（1）审计文件整理立卷时，根据归档与不归档标准，确定立卷归档的文件；（2）对已经立卷归档的审计文件，确定其保管期限；（3）对保管期限已满的审计档案鉴定，决定存留，销毁失去保存价值的审计档案。

上述审计档案鉴定工作，必须从审计档案内在价值出发，以全面历史的观点，考察审计档案的作用，判定其保存价值。

为确保审计档案鉴定有据可依，1986 年审计署、国家档案局制发了《审计档案保管期限表》，1987 年做了修订。根据审计档案保管期限的国家标准，审计档案的保管期限分为永久、长期、短期三种。凡反映审计监督主要职能活动和基本历史面貌的，需要长远利用的档案，应划为永久保管。凡在相当长的时间内本机关需要查考的档案，应列为长期保管，保存时间为 16 年到 50 年。凡在较短时间内本机关需要查考的档案，应列为短期保管，保存时间为 15 年以下（含 15 年）。目前，《审计档案保管期限表》仍是确定审计档案保管期限的具体依据，具体如表 6－2：

表 6－2　审计档案保管期限表

顺序号	条款名称	保管期限
1	一般审计项目	
	（1）上级领导交办的*重大的**和涉及对领导干部处理的审计事项	永久
	（2）重要的***审计事项	长期
	（3）一般的审计事项	短期
2	行业审计项目	
	（1）重大的和涉及对领导干部处理的审计事项	永久
	（2）重要的审计事项	长期
	（3）一般的审计事项	短期
3	定期报送审计项目	
	（1）重要的审计事项	长期
	（2）一般的审计事项	短期
4	厂长（经理）离任经济责任审计项目	
	（1）重要的审计事项	永久
	（2）一般的审计事项	长期
5	审计调查项目	
	（1）重要的审计调查事项	长期

续前表

顺序号	条款名称	保管期限
	（2）一般的审计调查事项	短期
6	移交外单位处理的审计项目	
	（1）重要的审计事项	长期
	（2）一般的审计事项	短期
7	以外单位为主，审计机关参加查处的审计项目	
	（1）重要的审计事项	长期
	（2）一般的审计事项	短期

注：*“上级领导交办的”是指当地党政领导和上级审计机关交办的审计事项。

**“重大的”是指：

（1）对本级政府部门的全面审计和下级政府的财政审计事项。

（2）对全国或整个地区带倾向性问题的审计事项。

（3）违纪金额巨大、性质严重、情节恶劣的审计事项。

***“重要的”是指：

（1）对本级政府各部门所属行政和企业、事业单位的全面审计事项。

（2）对本地区带有倾向性问题的审计事项。

（3）涉及对人的处理问题的审计事项。

为保持审计项目文件之间的联系和完整，审计档案应以审计项目为单位划分保管期限。审计档案的保管期限，从案卷所属年代的下年初开始计算。

对超过保管期限的审计档案的鉴定，应由审计机关办公厅（室）和有关审计业务部门的负责人和档案人员组成鉴定小组共同进行。对确无保存价值的审计案卷，应清点核对，登记造册，经机关领导人批准后销毁。销毁审计档案时要严格执行档案监销制度，指派两人监销，销毁人在销毁清册上签字。

四、审计档案的利用

审计档案的利用是指档案部门为审计人员提供档案服务，以满足审计监督活动对档案的需要。积极开展审计档案的利用工作，是档案部门的重要的职责之一。

审计档案的利用有直接利用和间接利用两种方式。直接利用是为利用者提供审计档案的原件；间接利用是利用审计档案信息，编辑各种参考资料提供给利用者。其中，直接利用是基本的、大量的，而间接利用则挖掘档案的潜在价值。

为做好审计档案的利用工作，档案部门需要做到以下几点：

（1）编制完备的检索工具。审计档案检索工具揭示室藏档案内容成分，是查找审计档案的工具。审计档案检索工具种类很多，档案人员可根据工作需要编制归档文件目录、审计项目卡片（目录）。

（2）设立阅览室。为便于审计档案利用，加强对利用档案的保密和监督，档案部门要设立阅览室，在指定场所接待查档人员阅卷。

（3）建立健全审计档案保管、安全保密制度。要采用先进手段和科学方法保管档案，严格各项管理措施，确保档案不丢失、不损坏、不泄密。

（4）完善审计档案借阅制度。审计档案利用的主要对象是审计机关的领导和各业务部门。一般情况下，审计档案不对外借阅，确需借阅者，需经审计机关负责人批准。具体来说情况如下：

● 本机关审计部门的项目承办人因工作需要，可以借阅本部门归档的审计档案。非归档部门需要借阅该审计档案，应经有关负责人批准。

● 上级审计机关调借审计档案，应根据正式调卷函件，经本机关领导批准。其他外单位调借审计档案时原则上不得借出，因特殊情况必须借出时，应经本机关领导批准。凡是调借的审计档案都需办理借出手续，并规定调借限期。对于借出的审计档案，其使用者一律不准转借其他单位和他人使用。

● 外单位查阅审计档案需经批准。关于摘抄文件，审计处理决定等结论性文件可以摘抄，证明性材料不得摘抄。

● 对调阅和借出的审计档案要按时催还，并认真进行检查，如有文件材料短缺、污损或涂改等情况，应及时报告并予以追查。

● 档案人员应严格遵守借阅保密制度，不得随意扩大审计档案利用范围，擅自提供审计档案。

（5）建立利用登记制度，对档案利用效果予以登记统计。

（6）有条件的档案部门，可以提供电子审计文件借阅，减少文件原件的使用。

五、审计档案的编研

审计档案的编研是以室藏审计档案为基础开展的，档案人员按照一定题目将审计档案信息汇集起来，编研各种参考资料，提供较系统的信息给利用者。做好审计档案编研工作是做好审计档案利用工作的有效方式，也是主动为利用者提供服务的重要手段。

审计档案编研题目很多，从目前审计机关档案部门实践来看，审计档案的编研工作成果主要包括以下几种：

（一）审计监督大事记

所谓大事记，是指按时间顺序记载历史事实发生的表册。审计监督大事记是大事记的一种，它主要是按时间顺序记载本机关审计监督活动中的重大事件，为总结工作、发现规律提供参考资料。

（二）审计基础数字汇集

审计基础数字汇集是以数字的形式反映审计活动的参考资料。它将审计项目、审计效益等数字汇总在一起，既为掌握情况、研究审计活动提供参考材料，又能为制定审计工作规划和决策提供依据。

（三）行业审计综述

编写行业审计综述，可以为工作决策提供依据。行业审计综述包括行业审计基本情况、倾向性问题、主要经验教训等内容。

（四）审计项目简介

审计项目简介是对某一审计项目进行简要说明介绍的材料。选择典型的审计案例进行简介，既可以对审计工作提供参考借鉴，还可以为培养审计人员提供教学素材。

（五）审计年鉴

审计年鉴是全面反映审计机关审计监督活动的综合工具书。其内容包括全年度审计概况，国家审计、内部审计、社会审计等审计实践，及审计科学研究和审计现代化等项目。

第三节　审计工作现代化对审计档案管理的影响

一、审计工作现代化概述

从 20 世纪 80 年代开始，计算机应用到包括审计工作在内的各个行业。但此时的办公自动化只是办公自动化的雏形，计算机只是辅助起草文件等，做些简单的操作。随着计算机技术的发展，会计电算化已得到极大发展，记账凭证一旦输入，此后的各种处理通过计算机均可自动进行。会计工作从手工处理到电算化，对审计工作产生了重大影响。审计工作也不可避免地搭上了通往现代化的列车。

与以往手工审计比较，现在的审计工作有着很大的不同：

一是审计线索不同。在手工记账环境下，会计凭证、账簿、会计报表等各种审计线索，都是看得见的文字资料，都按照一定的标准严格登记。审计时，可以根据需要通过从原始凭证到会计报表的顺查或从会计报表到原始凭证的逆查来进行审计。在会计电算化环境下，审计线索发生了变化，一种是我们可以直接看到的，如输入的原始凭证、打印出的会计报表等；另一种是不能直接看到的，如存储在软、硬盘上的会计数据等。审计人员对进行会计电算化的被审计单位审计时，必须提出审计要求，应将系统的各种数据文件都保留下审计线索，这样在审计时就可很方便地获取必要的数据，进行重新组合和处理，以得到审计需要的信息。

二是审计方法发生了变化。手工记账环境下，审计人员主要采用审阅原始凭证、核对账表是否相符等手工方法进行审计。在会计电算化环境下，相应地就要用计算机辅助审计系统来进行审计。

三是审计内容发生了变化。会计电算化环境下，要检查系统的控制是否严密，结构是否合理，系统处理逻辑是否清楚，输入输出是否正确等等，内容比手工记账环境下的审计增加很多，对审计人员的要求也更严格了。

《中华人民共和国审计法实施条例》和国务院办公厅《关于利用计算机信息系统开展审计工作有关问题的通知》（国办发〔2001〕88 号）规定，审计机关有权检查被审计单位运用计算机管理财政收支、财务收支的信息系统（简称计算机信息系统）。被审计单位应当按照审计机关的要求，提供与财政收支、财务收支有关的电子数据和必要的计算机技术文档等资料。审计机关在对计算机信息系统实施审计时，被审计单位应当配合审计机关的工作，并提供必要的工作条件。简单地讲，计算机审计包括对计算机管理的数据进行检查和对管理数据的计算机进行检查等两个方面。

（一）审计人员对计算机管理的财务数据或其他相关数据进行检查

审计人员利用计算机，对被审计单位计算机管理的数据进行检查，是审计机关履行审计职责的重要环节。它与手工审计相比，基本的审计目标和审计范围是相同的，审计的方法和技术却发生了改变，主要是审计机关和被审计单位双方都利用计算机作为作业的工具，即一方用计算机记录财务会计核算和经营管理数据，一方用计算机进行审计。

审计机关对计算机管理数据的审计，一般不直接使用被审计单位的计算机信息系统进行查询、检查，而是将被审计单位的有关数据引入到审计人员的计算机上，利用审计软件进行查询、分析，主要是为了避免影响被审计单位计算机系统正常运行，规避审计风险。

近年来，审计机关总结审计经验，自行开发了一些审计软件，并注意在实践中修改完善。审计软件的应用，改进了审计的手段，提高了审计的威慑力。

审计人员使用计算机进行审计，给查错纠弊带来了极大的方便。审计人员很容易实现对某一类数据的查询和筛选，使手工审计条件下无法做到的详细审查成为可能。同时审计人员不仅能引入财务数据，还能引入相关的管理数据，将两者结合起来审计，便于发现管理上的漏洞和舞弊行为。如国家审计机关在对某国有商业银行的审计中，就利用计算机对上千万条管理信息和财务信息进行综合检索，发现了香港不法商人使用循环担保的手段骗取银行贷款 3 亿元的违法犯罪线索。

审计软件的运用提高了审计工作效率。如审计机关在对一个大型企业 400 多个品种价值 14 亿元的固定资产进行审计时，计算机仅运行 5 分钟，就逐笔计算出多提折旧 1 659 万元的问题；若用手工实施，两个审计人员最少需要半个月时间。

（二）关于检查、测试被审计单位用于管理财务数据的计算机系统

随着信息技术的发展和普及，计算机在国民经济各行业、各企业事业单位的生产和经营中成为须臾不可离的管理工具。计算机信息系统本身出现的错弊，是十分重要的错弊，甚至是其他错弊产生的根源。审计机关如果忽视这种会计信息失真现象的新形式，仅仅对计算机管理的电子数据进行审计，极有可能是信息化条件下的“假账真查”。

对被审计单位用于管理财务数据的计算机的检查，是信息化条件下审计工作的新的工作内容。其主要目标是：发现并揭示计算机信息系统设计、运行、管理和维护中存在的问题与风险，明确置信程度，促使其安全有效运行，提供可靠的财务会计信息。

近几年，审计机关在检查、测试被审计单位用于管理财务数据的计算机系统方面迈出了实质性的步伐，加强了研究和实践，在对电子数据进行审计的同时，加强了对计算机软件在合法性、正确性、安全性等方面是否存在漏洞和缺陷，有无非法和错误的处理和控制等方面的检查，注意揭示和惩处利用计算机应用软件进行欺诈与舞弊的事件，促进被审计单位加强管理，完善内部控制。

2001 年以来，审计署对多个国有商业银行的计算机应用软件进行审计，均发现部分功能模块存在漏洞与缺陷，有的参数设置违反了国家法规，影响到系统的合法使用、安全

运行和数据的正确处理。

2001 年 9 月，审计署在北京举办了“2001 计算机审计国际研讨会”。参加会议的有中国、澳大利亚、加拿大、德国、印度、挪威、巴基斯坦、瑞典、英国、乌克兰、越南等 11 个国家的最高审计机关，以及中国香港特别行政区、澳门特别行政区最高审计机关的代表共 45 人。从研讨会上交流的情况看，由于我国审计机关认真贯彻中央提出的科教兴国战略，在计算机审计方面跟上了国际潮流，在采集被审计单位数据、查错纠弊的技术方法上有所突破创新。

与国外审计信息化发展相比，我国审计工作现代化起步较晚，起点较低。国外的有些做法非常值得我们借鉴，其中包括：

(1) 审计机关的审计手段与被审计单位信息化建设的步伐基本适应或同步，在硬件设备、人员知识结构方面能够紧随其后。

(2) 广泛利用审计软件或数据处理软件对被审计单位的电子数据进行抽样、计算、分析和综合，获取审计所需要的信息。

(3) 审计人员对被审计单位信息管理系统的可靠性、安全性进行检查评估，并将其作为审计的基础。

(4) 制定了信息化审计操作指南，并有专门的计算机人员或 IT 审计师为审计人员提供咨询或直接参与审计。

(5) 财会软件的开发应用必须预留数据通道供审计工作使用。

(6) 运用网络技术，实现对被审计单位的远程审计和审计业务的远程管理。

二、审计档案管理电子化和网络化

会计电算化和计算机辅助审计使审计工作发生了很大的变化，同时审计档案管理工作也随之受到较大的影响。

这主要表现在审计工作从手工模式转变为电子模式，在审计过程中，审计电子文件就大量产生，需要即时归档保存，并对文件进行著录，确定保管期限，实现电子文件的前端控制，一些传统手工档案管理环节提前，这一切都需要借助审计信息管理系统来完成，自动弹出窗口提示操作。审计档案不仅有手工审计方面的内容，而且增加了软、硬盘保存的审计数据、证据、审计报告等磁介质材料，还有审计系统自身产生的电子文件，如何管理这些电子审计电子文件，对传统的档案管理理论提出了新的挑战，比如，对原来的归档制度要做相应的完善来适应现实的变化，这就要求归档时间、归档范围、归档要求、归档手续等做相应的补充以指导工作，保证归档的电子审计文件完整和真实，相应的系统管理软件也要归档，并对电子文件的元数据做详细的著录。

另外，审计工作一直与财政、税务有业务联系，在未来审计单位势必与财政、税务等被审计单位联网，实现联网审计。而且当前被审计单位财会系统种类繁多，且没有统一透明的数据接口，也需要建立网络审计信息管理系统，以统一网络审计工作平台，便于审计档案管理电子化和网络化。实现联网审计，一个最大的优势就是网络后台数据库的共享，这样将大大地提高检索速度，提高检索准确率和审计档案的利用率，另外，这也是未来的电子政府要构筑的模式——构筑网上政府，实现网上办公。

未来审计档案管理工作要依托于网络审计工作管理系统，将审计文档的管理环节纳入整个审计工作，重新设计审计工作流程，不必等到审计项目办理完毕后所有的审计文件材料才整理归档，真正实现审计档案的电子化和网络化。

本章思考题

1. 审计档案的含义是什么？简述其具体有何特点。
2. 审计档案的作用表现在哪些方面？
3. 审计档案的归档具体有什么要求？
4. 审计档案如何分类？
5. 如何开展审计档案的利用？
6. 简述计算机应用对审计档案管理工作的影响。

第七章

诉讼档案与诉讼档案管理

本章提要

诉讼档案是司法机关和案件当事人等有关主体，按照相关法律程序和规定，在诉讼活动中形成的，具有保存价值的各种记录。本章着重阐明了诉讼档案的含义、内容和种类、特点以及价值作用等基本问题；详细介绍了诉讼档案的管理，主要包括诉讼档案的接收归档、分类和整理、鉴定、检索和利用等，并讲授了诉讼档案管理信息化的原则、要求等有关知识。

第一节　诉讼档案概述

一、诉讼档案的含义

诉讼是司法机关在案件当事人和其他有关人员的参与下，按照法定程序，为解决案件而进行的活动。在我国，司法机关代表国家行使司法权，一般是指人民法院、人民检察院；另外，公安机关、国家安全机关、监狱侦查部门、军队保卫部门等其他有刑事侦查权的机关在进行刑事诉讼的过程中也扮演了同样的角色。

诉讼档案，是指司法机关和案件当事人等有关主体，按照相关法律程序和规定，在诉讼活动中形成的，具有保存价值的各种记录。《人民法院诉讼档案管理办法》中指出"诉讼档案是国家重要的专门档案之一，是人民法院审判活动的真实记录，是对国家和社会具有保存价值的历史记载，是人民法院进行审判工作的重要依据和必要条件"；《人民法院电子诉讼档案管理暂行办法》中规定"电子诉讼档案，是指人民法院在诉讼活动中形成的、具有保存价值且应归档保存的电子诉讼文件，以及案卷归档后经数字化处理产生的纸质诉讼档案的电子版本"；《人民检察院诉讼档案管理办法》中指出"诉讼档案是指各级人民检察院在依法办理案件过程中形成的具有保存价值的各种形式和载体的诉讼文书材料"，人民检察院的诉讼档案是检察活动的记录，是做好检察工作的必要条件。

诉讼档案伴随着司法机关的诉讼活动产生、形成，是对整个诉讼活动真实、原始的记录，涉及立案、侦查、预审、起诉和审判等阶段形成的各种形式的诉讼文件材料及有关物证材料。其中，诉讼文书是诉讼档案的重要来源，根据《辞海》（2000年版）的解释，诉讼文书是"为进行诉讼而制作的文书。如起诉书、起诉状、各种笔录、判决书、裁定书、调解书等。法律规定某种诉讼行为必须以书面进行时，这种诉讼文书就是诉讼行为有效的条件之一。该文书须按照法定格式制作，否则无效"。

随着我国民主法治进程的加快，诉讼档案及诉讼档案管理在司法机关的地位和作用都愈加重要。

二、诉讼档案的内容和种类

诉讼档案是一个集合性的概念，内容丰富，包括：控告、检举或自首的材料；原告的起诉状或口诉笔录，被告的答辩状；检察机关关于起诉、免予起诉或不起诉的决定；调查笔录和调查取证材料；调解笔录和其他调解材料；审判庭审判笔录，合议庭评议笔录，案情报告、审判委员会决议或记录；判决书或裁定书、调解书、宣判笔录等；当事人向上一级法院上诉的材料，上一级法院的判决书或裁定书；有关立案、起诉、开庭的通知、公告、传票、提票等。

根据诉讼活动的内容性质，诉讼活动可分为刑事诉讼、民事诉讼和行政诉讼三类，各类诉讼活动严格依照相关法律规范进行。与此对应，可将诉讼档案分为刑事诉讼档案、民事诉讼档案和行政诉讼档案等。

刑事诉讼档案是在审理刑事犯罪案件中形成的。在刑事诉讼档案中，有第一审刑事诉讼档案、第二审刑事诉讼档案、死刑复核档案和刑事审判监督档案。刑事诉讼案件一般经过公安机关、人民检察院和人民法院三个部门处理，即由公安机关侦查预审，人民检察院起诉，人民法院裁决，最后交付执行机关执行。所以，刑事诉讼档案就其整体来说，除人民法院的审判案卷以外，还应包括公安机关的预审卷、人民检察院的起诉卷和执行机关的执行卷。

民事诉讼档案是在审理产权、财产继承、损害赔偿、婚姻、合同等民事纠纷案件中形成的，有第一审民事诉讼档案、第二审民事诉讼档案、民事审判监督档案和民事执行档案。

行政诉讼档案是当公民、法人或者其他组织认为行政机关和行政机关工作人员的行政行为侵犯其合法权益时，依照相关法律向人民法院提起诉讼，在该类案件审理中形成的有保存价值的各种记录。

三、诉讼档案的特点

了解和掌握诉讼档案的形成规律和特点，是我们有效地管理和利用诉讼档案的重要前提条件之一。现代意义上的诉讼，是一种解决社会系统中利益冲突的机制和一种专门的法律活动，具有极强的法律性、程序性和规范性。在这一过程中产生和形成的诉讼档案，具有以下特点。

（一）极强的专业性

人民法院是国家审判机关，它独立进行审判，只服从法律。人民法院审理各类案件是根据法定的诉讼程序进行的，诉讼档案是随着审判活动进展而逐步形成的，是受诉讼法制约的，无论在立案编号、案件审理、诉讼文书制作，还是在立卷、归档保管等环节，都要体现诉讼法的要求，体现特定的程序。因此，诉讼档案有很强的专业性。

（二）规范的文体和严谨的格式

诉讼档案不仅在文体上讲究规范，而且在表达方式、章法结构以及语言文字的运用上，都有比较严格和比较完备的规定和要求。这是因为审判工作必须用相应的文书形式来记载和认定才能生效。各种文书规格样式，甚至尺寸、字体、字号、印色、线条、印信等都有严格的规定。文体的不规范和格式的不严谨都会直接影响诉讼档案的效用。

（三）特定的法律效力

人民法院审理各类案件都要依据国家法律。一个案件的诉讼档案材料，只反映特定的对象和问题，最后形成的具有法律效力的文件，只对特定的对象有效，不是人人都必须遵守的一般规范，因此说诉讼档案具有特定的法律效力。

（四）高度的关联性

诉讼档案的高度关联性主要表现为诉讼档案案卷的完整性和不可分割性。在诉讼档案中，一个案件从收案、审理到结案所形成的各类诉讼文书，构成一个完整的有机整体。跨年度诉讼文书，立卷不受时间限制，不允许按年度分别立卷，同一案件的诉讼档案，不允许任何人为的分割。诉讼档案的完整性一旦被破坏，其价值和作用便无从体现。

正确认识某类专门档案的特点，是为了对其进行科学的管理和合理的开发利用。事物的属性总是多方面的，对其特点的理解和概括往往也具有一定的相对性。相对于一般党政机关形成的文书档案而言，诉讼档案的专业性强非常明显；此外，在我国有《中华人民共和国民事诉讼法》《中华人民共和国刑事诉讼法》《中华人民共和国行政诉讼法》等对诉讼活动进行严格的规范，各类诉讼活动都必须依法进行，这种极强的法律性和规范性也使诉讼档案表现出特定的专业性。因此，对于诉讼档案，应该在全面分析其作为档案所具备的基本属性的基础上，深入认识其特点。

四、诉讼档案的价值和作用

诉讼档案作为各种审判活动的记录，反映了人民法院依据国家法律，维护当事人合法权益、惩罚犯罪、维护正常社会秩序的职能和具体活动。它来源于审判活动，又直接为审判工作服务，是人民法院日常审理、再审、复查各种刑事、民事和行政案件，处理申诉案件，总结工作经验，掌握犯罪心理与行为规律和特点等必不可少的重要依据和条件。诉讼档案的价值和作用主要表现如下。

（一）诉讼档案是保证司法公正和维护当事人合法权益的凭证依据

诉讼档案是伴随着各种案件的审判活动直接形成的真实的历史记录，记录了司法机关和当事人在整个过程中的关键活动，对于司法机关贯彻执行国家法律、法令的情况，总结审判工作经验，落实政策，维护司法公正，保障人民群众的合法权益，具有重要的凭证作用和信息保障作用。

（二）诉讼档案是研究法制史和司法活动规律的重要信息源

由于诉讼档案比较全面客观地记录和反映了各个历史时期我国人民法院的审判工作过

程及其结果等方面的情况，所以它无疑具有研究司法审判工作历史的史料的品格。它对研究者了解各个时期的社会历史情况而言，是不可多得的第一手材料，对于编写各种相关的地方史志、探索有关社会问题的解决方案和对策等，均有一定的参考价值。

（三）诉讼档案是法学研究、案例教学、社会法制宣传教育的素材

实践表明，法学研究如果不能以诉讼档案为依据，就不能有效地发现和揭示各个历史时期社会犯罪的特点和规律，同样也就不能获得各种诉讼活动的经验和教训。诉讼档案中的典型案例，是法律教学和法制宣传教育的生动素材和不可缺少的资料。法律教学如果缺乏具体、生动的案例支持，不仅教学效果会受到一定影响，而且也无法清楚地说明有关法学理论的真正含义；法制宣传如果只是一些干巴巴的条文，没有相应的案例辅助，也很难为社会民众所理解和接受。

（四）诉讼档案是国家制定法律、政策的必要依据

诉讼档案的内容可以客观地反映出我国司法实践的具体情况，据此，我们可以及时有效地发现相关的法律漏洞及国家政策的缺失之处，并为制定和出台新的法律和政策提供充分的依据材料。社会历史实践表明，司法审判实践是推动我国法治建设的重要动力，而诉讼档案正是提供这种动力的“燃料”。

（五）诉讼档案是司法检查的重要法律依据

诉讼档案是对法院的工作进行全面检查，总结经验教训以及对某些案件重新甄别、再审的主要依据。我国在 20 世纪 70 年代末和 80 年代初，曾对新中国成立以来判处的一些案件进行了再次甄别，无论是维持原判、重新量刑还是予以平反，其结论都是依据诉讼档案做出的。此外，通过分析诉讼档案中所记录的一系列的案例，可以对一定时期人民法院的审判工作进行检查，了解其在执行法律方面所取得的成效和存在的问题。

诉讼档案的价值是多方面的，在现代社会还将会有更多的表现形式。因此，我们要结合我国社会民主法治的进程，从现实和长远，从不同的利用主体和不同的利用目的等角度，深入挖掘并不断丰富诉讼档案的价值与作用，并将其有效激活，以更好地维护公民权益，推进法治中国建设。

第二节　诉讼档案的管理

一、诉讼档案管理概述

诉讼档案管理是在尊重诉讼档案形成特点和规律的基础上，按照一定的原则和方法，对诉讼活动中形成的有价值的各种形式的记录进行收集、整理、鉴定、保管并提供利用的过程。诉讼档案管理是司法机关业务活动的重要组成部分，也是我国整个档案事业的重要组成部分。科学的诉讼档案管理，是推进司法公正、提升审判质效、更好地维护社会公平正义的重要保障。新中国成立以来，我国法治建设取得了巨大成就，法治观念日益深入人

心，民主法治理论不断丰富，社会主义法治实践不断发展，依法治国基本方略得到了重视和实施，人权和公平正义得到了更加充分的实现。在此进程中，记录诉讼活动的诉讼档案的管理也在不断发展完善。

20世纪60年代，中国的诉讼档案管理进入了规范化管理阶段。1960年7月23日，最高人民法院、国家档案局发布了《关于全国地方各级人民法院档案管理工作中若干规定的通知》，对人民法院的档案管理中有关指导关系、立卷原则、档案的鉴定与销毁和档案移交等问题提出了指导意见。20世纪80年代，最高人民法院和国家档案局联合印发了《人民法院诉讼档案管理办法》；最高人民检察院和国家档案局联合印发了《人民检察院诉讼档案管理办法》《人民检察院诉讼文书立卷归档办法》《关于人民检察院诉讼档案保管期限的规定》等规范文件。进入21世纪后，2000年，最高人民检察院和国家档案局联合印发了《人民检察院诉讼档案管理办法》《人民检察院诉讼文书立卷归档办法》《关于人民检察院诉讼档案保管期限的规定》等。2013年，最高人民法院和国家档案局联合印发了《人民法院诉讼档案管理办法》《人民法院电子诉讼档案管理暂行办法》，两个办法为诉讼档案管理提供了更加科学的依据，并对信息化背景下大量出现的电子诉讼档案的管理进行了解释说明和规范。2016年9月，最高人民法院、最高人民检察院、公安部联合印发了《关于办理刑事案件收集提取和审查判断电子数据若干问题的规定》，为规范电子数据的收集提取和审查判断，提高刑事案件办理质量提供了依据。

二、诉讼档案的接收归档

（一）诉讼档案接收的基本要求

诉讼档案是国家档案资源的重要组成部分，负责诉讼档案管理的机构（档案处、科、室）要全程关注，并积极主动地组织好诉讼档案的归档工作。在诉讼活动进行中，对正在办理的案件，随时了解案件文件材料的归档情况；对已办结的案件，要督促立卷承办人按照有关规定及时将有保存价值的案件材料立卷归档；接收档案时，档案管理人员必须逐卷查点清楚，并按照文书立卷归档的制度规范及其他业务管理的要求，检查案卷质量，符合要求者才予以接收；在接收过程中，应注意履行必要的交接手续。对接收归档的诉讼档案不得擅自增添或者抽取材料，确需增减材料的，应严格按照规定程序进行，并经有关人员审批同意，且须在备考表中注明。

（二）人民法院诉讼文书材料的立卷归档

1. 立卷归档的主体

人民法院诉讼文书材料，由审判业务部门书记员负责收集、整理、立卷，承办法官负责检查归档案卷质量。人民法院审判业务部门书记员应当从立案开始着手收集案件的各种诉讼文书材料。案件办结后，应当认真检查核对材料，确保诉讼文书材料的齐全完整。

人民法院档案机构负责监督和指导本院各审判业务部门诉讼文书材料的收集、整理和立卷归档及诉讼档案的接收，并在接收归档的诉讼档案的案卷封面上加盖“归档”章。

人民法院在诉讼活动中形成的各种载体的诉讼档案，以及由于人民法院撤销、分立、合并等原因，由该院接管的诉讼档案，均属于该院诉讼档案接收范围，任何部门或者个人不得据为己有或者拒绝移交归档。

2. 立卷归档的时间

各级人民法院审判业务部门应当在案件办理完毕后三个月内，将全案诉讼文书材料、电子文件、庭审录音录像等移交归档；因特殊情况需要延期归档的，最迟不得超过六个月。

3. 立卷原则

人民法院的诉讼文书材料，根据刑事、民事、行政、赔偿、执行等案件类别，按照年度、审级、一案一号的原则，单独立卷。同一案件由于再审、执行等原因形成几个案号的档案，实行并卷保管的，应当在相关案卷封面和检索工具上注明移出、移入的案号；未实行并卷保管的，应当相互注明参见号。

诉讼文书按照保密、方便利用的原则分立正卷和副卷。无不宜对外公开材料的，可以不立副卷。入卷的诉讼文书材料，一般只保留一份。判决书、裁定书、调解书正本应当保留三份，装入卷底证物袋内备用。入卷诉讼文书材料应当保留原件，未能提供原件的可保存一份复制件，摘录、复制的材料应当注明来源、名称、日期，并写明经办人姓名，入卷备查。

4. 立卷规范

（1）入卷的诉讼文书材料用纸一般以 A4 纸型为标准，纸张过大的要折叠，纸张过小、订口过窄或者有字迹的要粘贴衬纸，纸张破损的要进行修补。文件制成材料或者字迹材料等不利于档案保管的（如热敏纸传真件、用不耐久材料书写的文件等），应当对文件进行复制。文书材料上的金属物必须剔除。

（2）重要的外文及少数民族文字材料应当附上汉语译文。

（3）需要附卷保存的信封，要打开展平加贴衬纸，邮票不得取掉。票据加贴衬纸时要平铺粘贴，一页纸上粘贴多张票据时，应当防止重叠遮盖，并在空白处注明此页粘贴票据张数。

（4）卷宗的装订必须牢固、整齐、美观。卷内材料右齐下齐，三孔一线进行装订，长度以 180 毫米左右为宜。卷宗的厚度不能超过 15 毫米，同时不能超过 200 页；材料过多的，应当按顺序分册装订，且均从“1”开始编写页号。卷宗装订后，应当在卷底装订线结扣处粘贴封志，由立卷人或者档案机构加盖骑缝章。

5. 不需要归档的诉讼文书材料

（1）重份材料；

（2）无保存价值的来信、信封、转办单；

（3）常用法律、法规、规章、司法解释复制件；

（4）法律文书未定稿；

（5）与本案无关的材料；

（6）其他不需要归档的材料。

（三）人民检察院诉讼文书材料的立卷归档

1. 立卷归档主体

案件承办人应当从受理案件开始收集有关诉讼文书材料，结案后及时整理，确保材料齐全、完整，符合归档要求；办案部门负责人应当对本部门的诉讼文书材料立卷归档工作进行监督、检查；档案部门应当严格审查归档质量，对符合要求的档案，应当履行交接手续，对不符合要求的档案，应当退回办案部门重新整理。

2. 归档范围

诉讼文书材料，包括人民检察院在依法办理案件过程中形成的法律文书、证据材料及其他相关材料。通常，人民检察院在办案过程中形成的以下文书材料应当立卷归档：(1) 法律文书的正式件、签发稿（包括统一业务应用系统中法律文书的审批表）及领导同志重要修改稿；(2) 受理案件的相关文书；(3) 表明案件来源的立案线索、举报、控告、申诉材料，领导交办材料等；(4) 关于案件的请示、批复（包括电报、电话记录、口头指示记录等）和讨论案件记录、阅卷笔录等材料；(5) 证据材料（包括作为证据的视听资料、电子数据）；(6) 处理结果；(7) 赃款赃物清单；(8) 其他具有保存价值的材料。

3. 归档时间

一般情况下，人民检察院的诉讼文书材料，由案件承办人在案件办结的年度归档，归档时间最迟不超过下一年第二季度。

4. 立卷规范

归档诉讼文书材料用纸，一般以 A4 纸型为标准。纸张残缺破损、过小或者过大以及字迹偏左、装订后影响阅卷的，应当进行修补、粘贴衬纸或者折叠等。附有金属物的应当剔除。需要归档的信封，根据其大小粘贴衬纸或者折叠，邮票应当保留。卷内材料应当右齐下齐，一般使用蜡线三孔双线装订，确保整齐、美观、牢固。每本案卷一般不超过 200 页或者厚度不超过 20 毫米，超过时可以分卷装订。

(四) 诉讼档案移交应注意的问题

发生机构变动时，诉讼档案的移交应注意解决好以下几个方面的问题：

(1) 地区或城市被撤销、合并时，法院的全部档案应当由原法院负责收集整理好，作为一个独立的全宗，按照上级人民法院的决定交由所在地的人民法院保管。还没有办结的案件，要随着工作一起移交有关法院继续办理，办理后形成的全部案件卷宗，由办理案件的法院归档保存。

(2) 地改市或市改县的，人民法院作为立档单位并没有发生根本性的变化，只是业务工作范围有所调整而已，因此变化前后所形成的档案，按原全宗保管。

(3) 区县的人民法院，对于已归档的诉讼档案，不可分散，要保留在原法院。新建法院为工作需要也可以借用或复制原法院的档案。尚未结案的诉讼文书及相关材料，应归属新法院；结案后形成的全部卷宗由新法院保管。

(4) 在机构撤、并等改革工作中，法院和检察院的诉讼档案一般不得分散和销毁。但是经过鉴定，确实没有保存和利用价值的诉讼档案及相关证物材料，应根据有关规定登记造册，在报送领导审查批准并经上级法院同意后，也可以销毁。

(5) 撤、并单位要指派一名院领导负责诉讼档案的管理工作。任何个人不得私自处置所在单位的诉讼档案。档案人员在调离原工作岗位之前，必须认真负责地做好档案整理和移交工作。

三、诉讼档案的分类和整理

诉讼档案的整理是诉讼档案实体管理的核心内容，其具体工作主要包括诉讼档案的分类、立卷、排序和编目等。在诉讼档案的实体管理工作中，整理工作起着巩固接收归档成果的作用，同时又是开展鉴定、保管等各项管理活动的必要条件和基础。在诉讼档案的信息管理工作中，整理工作的成果又是实现各种类型信息组织、检索及开发信息产品、知识产品等利用目标的重要前提。因此，诉讼档案的整理工作是整个诉讼档案实体管理工作的核心。

（一）诉讼档案的分类体系

诉讼案件立案后，即由承办书记员收集有关本案的各种诉讼文书材料，根据刑事、民事、行政、执行、国家赔偿等案件类别，按年度、审级、一案一号的原则进行分类整理。

不同性质的案件，诉讼活动中形成的诉讼档案的数量、类型各不相同。通常，在确定案件类别之后，分类的第一层次，以年度为标准进行，跨年度的案件，以收案年度为准。分类的第二层次，以审级为标准进行，一审、二审的诉讼文书分别组卷归档，同一案件，若审级发生变化，上一级收案法院要另行编号立卷。目前，我国实行的是两审终审制，即当事人如果对地方各级人民法院审判的一审案件做出的裁决和裁定不服，有权向上一级人民法院上诉；人民检察院有不同意见的，也可以向上一级人民法院提出抗诉。上一级人民法院对上诉和抗诉案件做出的判决和裁定，是终审的判决和裁定。由最高人民法院直接审理的一审案件，最高人民法院做出的判决和裁定，都是终审的判决和裁定，当事人必须遵照执行。因此，在分类组卷时，一定要分开审级。分类的第三层次，以案件为标准进行，一案一号，一案一卷（过厚则分数卷）。

完整科学的分类标准体系，有助于诉讼档案分类和立卷工作的开展，避免了自行其是、各自为政等问题的出现。上述分类标准体系，符合诉讼档案的形成规律，与诉讼活动的开展相一致，层次分明、内容明确、编号准确、易于操作，有助于对诉讼档案的科学管理，也有助于对诉讼档案的查找与利用。

（二）诉讼文件材料的排序

档案整理要保持文件之间的固有联系，反映实践活动的原貌。一般来说，诉讼案件立案之时，也就是该案件诉讼文书开始形成的时候；而结案之时，也是该案件诉讼文书的终结之日。因此，对于诉讼文件材料的整理排序，要充分体现诉讼文书的形成特点。在案件终结的时候，诉讼文件材料的排列和立卷，都要依据诉讼文书形成时间的自然顺序，避免随意性。诉讼文件材料排列顺序的基本要求是：按照诉讼程序和文件材料形成时间，兼顾文书之间的有机联系进行排列。

1. 人民法院诉讼文书

第一，正卷材料。

（1）立案审批表；（2）起诉状、上诉状、抗诉书、案件移送函等表明案件来源的材料；（3）原审人民法院裁判文书；（4）受理通知书、应诉通知书及送达回证或者其他送达凭证；（5）答辩状及送达回证或者其他送达凭证；（6）诉讼费收取手续；（7）送卷函、调卷函；

(8) 当事人身份证明、授权委托书；(9) 调查、询问、讯问笔录、调查取证材料；(10) 当事人提供的证据材料；(11) 诉前保全、财产保全材料；(12) 司法鉴定材料；(13) 传票、提押票；(14) 开庭通知、公告、庭审笔录；(15) 代理词、辩护词、被告人陈述词；(16) 延长审理期限审批表；(17) 撤诉书；(18) 判决书、裁定书、调解书、决定书、司法建议书和其他法律文书正本及送达回证或者其他送达凭证；(19) 宣判公告、宣判笔录、委托宣判函；(20) 死刑执行命令；(21) 物证处理材料；(22) 妨碍诉讼的强制措施材料；(23) 民事、行政执行材料；(24) 案件移送函存根、退卷函、退卷函存根、上级人民法院裁判文书正本；(25) 其他诉讼文书材料。

第二，副卷材料。

(1) 阅卷笔录；(2) 案件审理报告；(3) 合议庭评议案件笔录；(4) 审判委员会讨论案件记录；(5) 延长审理期限的申请及批示材料；(6) 判决书、裁定书、调解书、决定书、司法建议书和其他法律文书原本刊；(7) 执行死刑照片和其他执行死刑材料；(8) 其他不宜对外公开的材料。

第三，其他材料。

死刑复核案件、执行案件的诉讼文书材料排列顺序按照有关具体规定执行。减刑、假释案件的有关材料，承办人民法院应当单独立卷，原审人民法院收到减刑、假释裁定后，可以将减刑、假释裁定装入原审卷宗的证物袋中。

2. 人民检察院诉讼案卷

在人民检察院的诉讼案卷中，归档的诉讼文书材料，可以分别立卷为刑事诉讼类案卷、控告申诉类案卷、民事行政检察类案卷和其他类案卷。卷内材料应当按照实际办案程序和文书材料形成时间、兼顾文书之间相互联系的原则依次排列。其中，证据材料可以先按照材料名称、问题特征分类，再按照时间先后顺序排列；单一犯罪嫌疑人案件的讯问笔录，按照讯问时间先后顺序排列；共同犯罪案件的讯问笔录，先按照犯罪嫌疑人在犯罪中的主次地位、再按照时间先后顺序排列；材料多的共同犯罪案卷，可以分立总卷和分卷，总卷存放综合性的材料，分卷存放犯罪嫌疑人个人材料。

刑事诉讼案卷中的立案侦查、审查起诉案卷和民事行政检察案卷根据情况可以分立正卷和副卷。正卷主要存放诉讼过程中依法应当提供的法律文书、主要证据及其他材料；副卷主要存放其他法律文书、证据以及在办案过程中产生的请示、报告、讨论意见等内部材料。

（三）诉讼档案的编目

各个案件的诉讼文件材料，按照上述顺序排列好后，必须通过编目的形式将其工作成果固定下来，通过对每个诉讼案卷的基本编目，也可以为诉讼档案的查找和信息开发利用工作提供基本的前提条件。诉讼案卷的编目工作内容主要包括：编页码，填写卷内文件目录，著录案卷封面，填写备考表等。

1. 编页码

诉讼文书材料经过系统整理排列后，应当逐页编号。页号一律用阿拉伯数字编写在有文字纸张正面的右上角，背面的左上角，空白页面不需要编页码。卷宗封面、卷内目录、备考表、证物袋、封底不编页号。对于页码编制过程中出现的重码，应在编重的页码的右边用小写的英文字母“c”做出标记，并在备考表中说明。另外，如果出现漏编的页码，则应按照漏编的页码先后顺序，依次补编为：L1，L2，L3，……其中的字母“L”表示漏编。最后将所有漏编的页码登记在备考表上。

2. 填写卷内文件目录

诉讼案卷的卷内文件目录，是所有卷内文件材料的一览表，不仅可以固定卷内文件材料的排列顺序，而且也是统计和查阅卷内文件的依据。一份诉讼文书只编一个顺序号，铅印、打印件的原本和正本编一个顺序号。卷内目录应按诉讼文件材料的排列顺序逐件填写，标明起止页码，字迹要工整、清晰。对原审判决书、裁定书，必须写明“××法院判决书”或“本院原审判决书”。新形成的判决书，应写明判决书的原本和正本。分立正卷、副卷的案卷，也应分别写明原本和正本。公函，应写明“致××单位函”。不同类型的材料，不要混合用一个顺序号登记；同类型但内容比较复杂的材料，也要分别登记。调查取证材料，应一份登记一个顺序号，写明“××对××问题的证明”。

卷内目录应当与卷内材料相符，按照文书材料排列顺序逐件逐项填写。卷内目录除最后一件须填写起止页号外，其余的只填起始页号。

3. 著录案卷封面

案卷封面应当标明全宗名称。封面各项应当逐项填写齐全，字迹清晰、工整、规范。诉讼案卷封面的主要著录项目有：案卷的审级、年度、收案号、案由、送案机关、本案有关当事人、案卷承办人员、收结案时间、审判结果等。填写案卷封面，要求书写工整，逐项用毛笔或钢笔填写齐全，其中结案日期应填写宣判日期。如果填写项目不全，内容不准确，书写不工整，就会给档案管理利用工作造成困难。填写卷宗封面，除按规定逐项记录外，还应注意：对初审、复核、抗诉案件，应在被告人一栏中，把主犯、同案犯都填上。集团性案件上诉或申诉的，一般只填上诉人或申诉当事人；如果全案改判或部分变更，则应把所有当事人都写上。由当事人（案犯）亲属代为申诉或上诉的，必须填写当事人，否则会为日后查卷带来不便。民事案件和经济纠纷案件，除填写原告、被告人外，如果是法人与法人，法人与个人打官司的，还应在当事人一栏填写单位名称和法定代理人。

4. 填写备考表

备考表包括卷内诉讼文件情况说明、立卷人、检查人和立卷日期等。卷内诉讼文件情况说明记录卷内文件缺损、修改、补充、移出等情况以及其他需要说明的事项。立卷人由负责整理归档文件的人员签名或者盖章。检查人由负责检查归档案卷质量的人员签名或者盖章。立卷日期填写归档案卷整理完毕的日期。

备考表一般应置于卷末，用以说明整个卷宗的文件材料归档前后的情况，有些单位不注意填写备考表，存在着严重的管理隐患，因为在没有认真填写备考表的情况下，档案管理人员无法及时准确地了解案卷内文件材料归档前后的保存状况和完整情况，更不便于明确责任和卷宗的组卷时间。所以，认真填写好每一个案卷内的备考表，是诉讼档案整理编目工作的一项必要内容。

（四）证物及其他载体材料的整理

归档的物证，凡能附卷保存的均应入卷，无法装订的可以装入卷底证物袋内，同时在证物袋上标明证物的名称、数量、特征和来源。不能附卷的物证，应当另行存放，并与案卷相互标注相关档案信息。不宜保存的物证，应当拍照附卷，实物经主管领导批准后销毁，并在备考表中注明。随案归档的录音带、录像带、光盘等载体的档案，应当在相应的装具上标明案号、当事人姓名或者名称、承办人和书记员姓名、归档日期等信息。

对于同一案件来说，其文字材料、音像材料和证物都有着密切的内在联系，因此必须编同一个号，划为同一保管期限，但可以分别保管（如证物多在档案袋内保管），并需要采取相应的特殊保护技术。

（五）诉讼档案的卷宗编号

诉讼档案的卷宗编号，必须坚持唯一性原则。根据《人民法院诉讼档案管理办法》《人民法院诉讼文书材料立卷规范》等规定，各级人民法院档案机构应当对接收归档的诉讼案卷，按照年度、一案（册）一号的原则进行编号、排架。同一案件由于再审、执行等原因形成几个案号的档案，实行并卷保管的，应当在相关案卷封面和检索工具上注明移出、移入的案号；未实行并卷保管的，应当相互注明参见号。在人民检察院，其诉讼档案也按照一卷一号的原则编制档号，按照结案年度-保管期限-组织机构的方法进行排列。

可见，一案（册）一号是诉讼档案卷宗编号的一个重要原则。实行这一原则的原因，在于以下几个方面：第一，一号到底制能体现诉讼程序的审级制度。一个案件的审级，是从收案开始依据法律确定的，案号是依照收案时的时序编定的。每个案件一经按审级编定案号后，如无法定的理由，绝对不能改变。由于诉讼文书是人民法院审判活动的结果，而审判活动又必须按法定的程序进行，所以诉讼文书的形成是受诉讼程序制约的。表现在案件的编号上，也必须符合诉讼程序，依据诉讼法办事。这不仅仅是单纯的技术性管理方式，而是一项事关全局的工作事项，一旦编错，会给有关案件的工作带来不便。

第二，一号到底制有利于协调工作，简化手续，提高效率。一号到底制固定了一个案件审理过程中诉讼文书和所有向外发文的编号，收案号就是所有行文的发文号。收案号编定后，只要不是案件发生变化需要改变审级，则从收案到结案以及判决发生法律效力后处理申诉，均要使用收案号发文，不受年度的限制。调阅时，可以直接按收案号（即判决号）查出所需的案卷，非常便捷。

第三，一号到底制可以将案件编号、诉讼文书的立卷归档与诉讼档案的接收、保管和借阅等工作有机地结合起来。这有利于诉讼档案的管理，也有利于保证案卷的齐全完整。档案部门按照业务部门的收案号逐一接收应归档的卷宗，对加强归档检查、保证归档卷宗的质量具有良好的控制作用。

第四，实行一号到底制，有利于把目前全国人民法院诉讼文书立卷和诉讼档案管理制度统一起来，有利于实现人民法院诉讼档案工作的标准化、规范化。

总之，贯彻一号到底制对做好诉讼档案的编号工作至关重要。它所涉及的工作环节很多（如行文字号、立卷归档、档案接收、整理、保管、鉴定、统计、编制检索工具等），但其中最关键的环节就是收案编号。因为它是各个环节工作的起点，若收案编号的把关不严格，就会造成一案多号、多案一号、重号、漏号等方面的问题，影响人民法院、人民检察院工作的正常开展。

四、诉讼档案的鉴定

诉讼档案的鉴定是根据对诉讼档案利用价值的分析，按照有关规定划分诉讼档案的保管期限，剔除无保管价值的或已满一定保存期限的诉讼档案并予以销毁的工作。档案鉴定一直是档案管理领域的热点和难点问题，诉讼档案作为司法机关档案的重要组成部分，其存毁命运影响更加深远，因此，对于诉讼档案的鉴定更应坚持科学的原则，慎重进行。

（一）诉讼档案的鉴定规则

诉讼档案的鉴定应当遵守如下规则：

（1）诉讼档案的鉴定应根据各类案件的性质、情节、刑期、社会影响、史料价值等因素的综合分析结果来进行。

（2）诉讼档案的鉴定应逐案、逐卷地审查，不能脱离同一案件的文件材料整体，孤立地判定单份诉讼文书及有关材料的价值。

（3）每个案件审结立卷之后，案件承办人要根据保管期限表的有关条款，提出保管期限的划分意见。

（4）对保管期满的诉讼档案的处置，应由鉴定小组负责进行。

（5）诉讼档案的鉴定人员必须熟悉鉴定业务、审判业务或检察业务。

各单位在具体进行诉讼档案鉴定的实践中，还可以根据本单位鉴定对象的特殊性，提出更加具体的规定和要求，以便保证诉讼档案的鉴定工作能够顺利进行。

（二）诉讼档案的保管期限

1. 人民法院诉讼档案的保管期限

按照《人民法院诉讼档案管理办法》，人民法院诉讼档案的保管期限分为永久和定期两种，定期分为60年和20年。凡具有长远查考利用价值的，划定为永久保管；凡在较长时间内具有查考利用价值的，划定为60年；凡在较短时间内具有查考利用价值的，划定为20年。

其中，刑事诉讼档案保管期限，应当根据刑期、被告人身份、案件的影响程度和审理程序综合划定，取其中最长的保管期限。共同犯罪案件档案，全案的保管期限以刑期为划分标准时，以被告人中的最长刑期为准划定；根据案件的影响程度等其他因素划定的保管期限更长的，取最长的保管期限。民事诉讼档案的保管期限，应当根据诉讼标的额、当事人身份、案件性质、案件的影响程度和审理程序综合划定，取其中最长的保管期限。行政诉讼档案的保管期限，应当根据当事人身份、案件性质、案件的影响程度和审理程序综合划定，取其中最长的保管期限。国家赔偿诉讼档案永久保管。减刑或假释案件档案、刑事附带民事及刑事财产刑执行案件档案、民事诉讼执行案件档案、行政诉讼执行案件档案的保管期限按照原诉讼案件档案的保管期限划定。调解结案的民事案件档案的保管期限可以适当降低一个等级。

诉讼档案的保管期限从案件的判决书、裁定书或者调解书发生法律效力的下一年起算。同一案件因不同审级、不同年代形成的案卷，其保管期限从终审结案的下一年起算。

此外，为反映不同历史时期人民法院工作的面貌，应当根据案件的不同类型，选择一定比例的典型性案卷永久保管（见表7-1、表7-2、表7-3）。

表 7-1　　人民法院刑事诉讼档案保管期限

类别	序号	条款名称	保管期限
（一）按刑期划定	1	死刑、无期徒刑、十五年以上有期徒刑的案件	永久
	2	五年以上不满十五年有期徒刑的案件	60 年
	3	不满五年有期徒刑的案件	20 年
（二）按被告人身份划定	1	省级及以上人大代表、政协委员犯罪的案件	永久
	2	县级及以上人大代表、政协委员犯罪的案件	60 年
	3	党、政、军、民主党派和人民团体中职务相当于厅级、师级以上干部犯罪的案件	永久
	4	高级工程师、高级会计师、教授、研究员或同等职称以上人员犯罪的案件	永久
	5	社会知名人士犯罪的案件	永久
	6	邪教、恐怖活动组织骨干分子犯罪的案件	永久
	7	单位犯罪的案件	永久
	8	外国人、港澳台居民、民族宗教人士犯罪的案件	永久
（三）按案件的影响程度和审理程序划定	1	在本辖区内社会影响较大的案件	永久
	2	经再审改判的案件	永久
	3	宣告无罪的案件	永久
	4	犯罪嫌疑人、被告人逃匿、死亡的没收违法所得案件	永久
	5	对依法不负刑事责任的精神病人的强制医疗案件	永久
	6	撤诉、终止、移送的案件	20 年
	7	调解或者当事人和解的自诉案件	20 年
	8	当事人和解的公诉案件	20 年
（四）其他	1	其他具有长远查考利用价值的刑事案件	永久
	2	其他在较长时间内具有查考利用价值的刑事案件	60 年
	3	其他在较短时间内具有查考利用价值的刑事案件	20 年

表 7-2　　人民法院民事诉讼档案保管期限

类别	序号	条款名称	保管期限
（一）按本院依规定受理案件的诉讼标的额划定	1	较大的	永久
	2	一般的	60 年
	3	较小的	20 年
（二）按当事人身份划定	1	省级及以上人大代表、政协委员为当事人的案件	永久
	2	县级及以上人大代表、政协委员为当事人的案件	60 年
	3	党、政、军、民主党派和人民团体中职务相当于厅级、师级以上干部为当事人的案件	永久
	4	高级工程师、高级会计师、教授、研究员或同等职称以上人员为当事人的案件	永久
	5	社会知名人士为当事人的案件	永久

续前表

类别	序号	条款名称	保管期限
（三）按案件的影响程度和审理程序划定	1	在本辖区内社会影响较大的案件	永久
	2	涉外、涉港澳台、涉民族宗教的案件	永久
	3	经再审改判的案件	永久
	4	判决、裁定或者调解后当事人反复申诉的案件	60年
	5	撤诉、移送、终止的案件	20年
	6	选民资格、宣告失踪或者死亡、认定公民无民事行为能力或者限制民事行为能力、认定财产无主案件	永久
	7	确认调解协议、实现担保物权案件	20年
	8	依照督促程序、公示催告程序审理的案件	20年
（四）按案件性质划定	1	姓名权、肖像权、名誉权、荣誉权等人格权纠纷案件	永久
	2	不动产物权纠纷案件	永久
	3	著作权、专利、商标等知识产权纠纷案件	永久
	4	金融、保险、证券、期货、破产、融资租赁、公司股权等民商事纠纷案件	永久
	5	环境污染责任纠纷案件	永久
	6	抚养、扶养、赡养、收养、监护权、分家析产纠纷案件	60年
	7	继承纠纷案件	60年
	8	劳动争议、人事争议案件	60年
	9	无因管理、不当得利案件	20年
（五）其他	1	其他具有长远查考利用价值的民事案件	永久
	2	其他在较长时间内具有查考利用价值的民事案件	60年
	3	其他在较短时间内具有查考利用价值的民事案件	20年

表7-3　　人民法院行政诉讼档案保管期限

类别	序号	条款名称	保管期限
（一）按当事人身份划定	1	国务院各部门或者省、自治区、直辖市人民政府及所属工作部门为当事人的案件	永久
	2	自治州、设区的市的人民政府及所属工作部门为当事人的案件	60年
	3	县、自治县、不设区的市、市辖区的人民政府及所属工作部门为当事人的案件	60年
	4	乡、镇人民政府为当事人的案件	20年
	5	省级及以上人大代表、政协委员为当事人的案件	永久
	6	县级及以上人大代表、政协委员为当事人的案件	60年
	7	党、政、军、民主党派和人民团体中职务相当于厅级、师级以上干部为当事人的案件	永久
	8	高级工程师、高级会计师、教授、研究员或同等职称以上人员为当事人的案件	永久
	9	社会知名人士为当事人的案件	永久

续前表

类别	序号	条款名称	保管期限
（二）按案件的影响程度和审理程序划定	1	在本辖区内社会影响较大的案件	永久
	2	涉外、涉港澳台、涉民族宗教的案件	永久
	3	涉及行政相对人重大人身、财产权益的案件	永久
	4	经再审改判的案件	永久
	5	判决、裁定后当事人反复申诉的案件	60 年
	6	撤诉、移送、终止的案件	20 年
（三）按案件性质划定	1	涉及房屋、土地、山林、水利等不动产权益的行政案件	永久
	2	确认发明专利权的案件	永久
	3	海关处理的案件	永久
（四）其他	1	其他具有长远查考利用价值的行政案件	永久
	2	其他在较长时间内具有查考利用价值的行政案件	60 年
	3	其他在较短时间内具有查考利用价值的行政案件	20 年

2. 人民检察院诉讼档案的保管期限

在《人民检察院诉讼档案管理办法》中，诉讼档案保管期限划分为永久和定期，定期分为 60 年和 30 年两种。诉讼档案保管期限一般从结案后下一年起算。因涉及累犯、申诉、加（减）刑等先后形成的多本案卷，其保管期限应当从最后审理结案的下一年起算，并适用其中最长期限。各级人民检察院应当根据国家有关规定对保管期限届满的诉讼档案进行鉴定工作。经鉴定仍有保存价值的诉讼档案，应当根据其实际价值适当延长保管期限继续保存（见表 7－4、表 7－5、表 7－6）。

表 7－4　　人民检察院刑事诉讼案卷档案保管期限表

类型	序号	条款名称		保管期限
（一）直接受理立案侦查案件	1	移送起诉案件	重要的	永久
			一般的	60 年
	2	撤销或者不起诉案件		60 年
	3	初查不立案案件		30 年
（二）审查逮捕、审查起诉案件	1	批准（决定）逮捕或者决定起诉案件	重要的	永久
			一般的	60 年
	2	不批准（不予）逮捕案件	重要的	60 年
			一般的	30 年
	3	决定不起诉案件	重要的	永久
			一般的	60 年
	4	移送上级人民检察院批捕或者起诉后留存案件		30 年
	5	退回公安机关补充侦查案件		30 年
	6	对下级检察院不批准逮捕或者决定不起诉复议、复核案件	改变原不批准逮捕或者不起诉决定	60 年
			维持原不批准逮捕或者不起诉决定	30 年

续前表

<table>
<tr><th>类型</th><th>序号</th><th colspan="3">条款名称</th><th>保管期限</th></tr>
<tr><td rowspan="5">（二）审查逮捕、审查起诉案件</td><td rowspan="2">7</td><td rowspan="2">核准追诉案件</td><td colspan="2">重要的</td><td>永久</td></tr>
<tr><td colspan="2">一般的</td><td>60年</td></tr>
<tr><td>8</td><td colspan="3">不予核准追诉案件</td><td>30年</td></tr>
<tr><td>9</td><td colspan="3">没收违法所得案件</td><td>60年</td></tr>
<tr><td>10</td><td colspan="3">强制医疗案件</td><td>60年</td></tr>
<tr><td rowspan="22">（三）刑事诉讼监督案件</td><td rowspan="2">1</td><td rowspan="2">通知（建议）立案或者撤案案件</td><td colspan="2">重要的</td><td>60年</td></tr>
<tr><td colspan="2">一般的</td><td>30年</td></tr>
<tr><td rowspan="2">2</td><td rowspan="2">要求行政机关移送案件的案件</td><td colspan="2">重要的</td><td>60年</td></tr>
<tr><td colspan="2">一般的</td><td>30年</td></tr>
<tr><td>3</td><td colspan="3">对下级人民检察院报请延长羁押期限案件</td><td>30年</td></tr>
<tr><td>4</td><td colspan="3">提出抗诉案件</td><td>永久</td></tr>
<tr><td>5</td><td colspan="3">撤回抗诉案件</td><td>60年</td></tr>
<tr><td rowspan="2">6</td><td rowspan="2">提请抗诉案件</td><td colspan="2">重要的</td><td>永久</td></tr>
<tr><td colspan="2">一般的</td><td>60年</td></tr>
<tr><td>7</td><td colspan="3">最高人民法院通报的死刑复核案件</td><td>永久</td></tr>
<tr><td rowspan="3">8</td><td rowspan="3">申请（提请）监督死刑复核案件</td><td colspan="2">提出检察意见的</td><td>永久</td></tr>
<tr><td colspan="2">函转最高人民法院的</td><td>30年</td></tr>
<tr><td colspan="2">审理后直接结案的</td><td>30年</td></tr>
<tr><td rowspan="9">9</td><td rowspan="9">刑事执行监督案件</td><td colspan="2">（1）羁押必要性审查</td><td>30年</td></tr>
<tr><td colspan="2">（2）指定居所监视居住执行检察</td><td>30年</td></tr>
<tr><td colspan="2">（3）临场监督执行死刑</td><td>60年</td></tr>
<tr><td rowspan="2">（4）财产刑执行监督</td><td>重要的</td><td>60年</td></tr>
<tr><td>一般的</td><td>30年</td></tr>
<tr><td colspan="2">（5）纠正超期羁押</td><td>30年</td></tr>
<tr><td rowspan="3">（6）被监管人死亡与事故检察</td><td>构成犯罪，依法立案侦查</td><td>永久</td></tr>
<tr><td>制发纠正违法通知书</td><td>60年</td></tr>
<tr><td>不构成犯罪，提出处理建议</td><td>60年</td></tr>
</table>

续前表

<table>
<tr><th>类型</th><th>序号</th><th colspan="3">条款名称</th><th>保管期限</th></tr>
<tr><td rowspan="3">（三）刑事诉讼监督案件</td><td rowspan="3">9</td><td rowspan="3">刑事执行监督案件</td><td>（6）被监管人死亡与事故检察</td><td>发出检察建议</td><td>30 年</td></tr>
<tr><td rowspan="2">（7）办理减刑、假释或者暂予监外执行或者收监执行</td><td>重要的</td><td>60 年</td></tr>
<tr><td>一般的</td><td>30 年</td></tr>
<tr><td>（四）未成年人检察案件</td><td></td><td colspan="3"></td><td>参照“审查逮捕、审查起诉的刑事案件”确定保管期限</td></tr>
<tr><td>（五）司法协助案件</td><td></td><td colspan="3"></td><td>30 年</td></tr>
</table>

表 7-5　　人民检察院控告申诉案卷档案保管期限表

<table>
<tr><th>类型</th><th>序号</th><th colspan="2">条款名称</th><th>保管期限</th></tr>
<tr><td rowspan="8">（一）受理的控告、申诉、举报案件</td><td rowspan="2">1</td><td rowspan="2">立案案件</td><td>重要的</td><td>60 年</td></tr>
<tr><td>一般的</td><td>30 年</td></tr>
<tr><td>2</td><td colspan="2">纠正违法行为或者提出检察建议案件</td><td>60 年</td></tr>
<tr><td>3</td><td colspan="2">不受理或者不立案或者不支持申诉案件</td><td>30 年</td></tr>
<tr><td>4</td><td colspan="2">举报失实案件</td><td>30 年</td></tr>
<tr><td>5</td><td colspan="2">维持原决定案件</td><td>30 年</td></tr>
<tr><td>6</td><td colspan="2">转本院其他部门处理或者移送其他单位案件</td><td>30 年</td></tr>
<tr><td>7</td><td colspan="2">控告申诉终结决定案件</td><td>60 年</td></tr>
<tr><td rowspan="5">（二）申诉审查、复查案件</td><td>1</td><td colspan="2">提出抗诉案件</td><td>永久</td></tr>
<tr><td>2</td><td colspan="2">提出再审检察建议案件</td><td>60 年</td></tr>
<tr><td>3</td><td colspan="2">纠正原决定案件</td><td>60 年</td></tr>
<tr><td>4</td><td colspan="2">不予抗诉或者维持原决定案件</td><td>30 年</td></tr>
<tr><td>5</td><td colspan="2">审查结案案件</td><td>30 年</td></tr>
<tr><td>（三）刑事赔偿案件</td><td></td><td colspan="2"></td><td>60 年</td></tr>
<tr><td rowspan="2">（四）赔偿监督案件</td><td>1</td><td colspan="2">提出监督意见案件</td><td>60 年</td></tr>
<tr><td>2</td><td colspan="2">不提出监督意见或者不立案案件</td><td>30 年</td></tr>
<tr><td>（五）司法救助案件</td><td></td><td colspan="2"></td><td>60 年</td></tr>
</table>

表 7-6　　人民检察院民事行政检察案卷档案保管期限表

条款名称	保管期限
（一）提出抗诉或者提出再审检察建议案件	永久
（二）公益诉讼案件	永久
（三）提出检察建议或者提出纠正违法通知案件	永久
（四）提请抗诉案件	60 年
（五）终结审查案件	60 年
（六）不支持监督申请案件	30 年
（七）支持或者督促起诉案件	30 年

（三）诉讼档案鉴定工作的组织

诉讼档案的鉴定工作直接关系到诉讼档案的生死存亡，加之孤本数量多，同人民群众的根本利益联系密切，所以必须严格地、有组织地开展此项工作。目前，按照国家相关规定，对保管期限届满的诉讼档案，应以办公厅（室）主任（未设主任的以主管秘书）为主，与审判人员、档案人员共同组成鉴定小组，逐案进行鉴定。可见，诉讼档案鉴定工作的组织形式，应当是鉴定小组。那么鉴定小组应当承担哪些方面的工作职责呢?

首先，鉴定小组应当制定具体的鉴定工作标准。具体而言，就是依据现行的《人民法院诉讼档案保管期限表》或《人民检察院诉讼档案保管期限表》的条款内容要求，结合本院的诉讼档案的状况，编制适合本院诉讼档案价值判定和保管期限划分的具体鉴定工作标准，经本院主管领导审核批准后，作为实际鉴定工作的规范尺度，严格执行。值得注意的是，近年来，随着我国民主法治进程的不断加快，部分法律法规不断修改完善，因此，最高人民法院、最高人民检察院和国家档案局应结合各项法律法规的变化，及时完善诉讼档案鉴定和保管期限的相关规定，以便使我国诉讼档案鉴定工作的开展更加规范、更加科学合理地进行。

其次，明确鉴定小组开展鉴定工作所采用的方法。如“直接鉴定法”“剥笋法”等。鉴定方法直接影响着鉴定工作的效率和效果，鉴定小组应结合诉讼档案的特点和形成规律、档案鉴定的基本原则与方法，总结回顾以往本单位鉴定工作的经验教训，不断优化和完善诉讼档案鉴定工作的具体方法。

再次，对鉴定工作的疑难问题进行集体讨论，形成集体意见，供领导决断时参考。诉讼档案的鉴定工作决定诉讼档案的命运，往往涉及多方当事人、多个组织机构以及司法机关，对于其中出现的疑难问题，应征求多方意见，集体讨论，力争形成较为科学合理且具有可操作性的意见，供领导参考。

最后，负责编制鉴定报告和诉讼档案销毁清册。

诉讼档案鉴定小组的工作步骤安排，可以参照以下设计来进行。

第一步：根据刑期长短判断诉讼档案的价值，划分其保管期限。鉴定小组的成员可以将全部或一个年度的某一类案件（如刑事案件、民事案件、行政案件、经济案件等）作为一个整体来考察，并按照刑期判定其保存价值。比如死刑、无期徒刑、十五年以上有期徒刑案件的诉讼档案均永久保存。

第二步：根据犯罪人身份判定诉讼档案的价值，划分其保管期限。鉴定小组成员在第一步鉴定工作的基础上，可以按照犯罪人的身份，进一步区分诉讼档案的保存价值，划分其保管期限。比如，涉及省级及以上人大代表、政协委员，党、政、军、民主党派和人民团体中职务相当于厅级、师级以上干部，高级工程师、高级会计师、教授等人员，社会知名人士，邪教、恐怖活动组织骨干分子以及外国人、我国港澳台居民、民族宗教人士等人员的诉讼档案，均应永久保存。

第三步：根据案件的研究价值和审理程序划分卷宗的保管期限。鉴定小组成员在上述两步工作成果的基础上，还应进一步按照有关案件的政治、经济、文化研究价值，以及案件的审理程序，判定相关卷宗的保存价值并划分其保管期限。凡是经过省、市、自治区常委审批过的案件卷宗，新中国成立以来历次政治运动判处的有重大影响的案件卷宗，直接证据不足而间接证据充分、经批准下判的案件卷宗，无被告人供述、证据确凿、认定下判的案件卷宗，最高人民法院作为判例和批准类推的案件卷宗，“文化大革命”期间的所在地区重大“打砸抢”案件的卷宗，体现从严政策的典型案件的卷宗，特赦案件卷宗，经复查甄别并平反的案件卷宗等，应当永久保存。

第四步：根据案件性质，判定诉讼档案价值，划分保管期限。鉴定小组成员可以根据案件的性质，具体判定有关案件卷宗的保存价值，划分其保管期限。如危害国家安全罪中，凡是依据我国《刑法》的有关规定，给国家和人民的根本利益造成严重危害的案件的卷宗，均应永久保存；其他的相关卷宗则只具有较长时间的查考利用价值，所以只需长期保存即可。

第五步：集体攻关，解决疑难问题。对于鉴定过程中遇到的个别疑难案件的卷宗的价值鉴定，可以进行集体研究，并在综合分析影响案件卷宗保存价值的各种相关因素的基础上，合理地预测和评价其保存价值。对于介于两者之间的卷宗，过去的处理方式多为“就高不就低”，采取“升一档”的做法，这种做法容易造成人们鉴定活动中的懒散作风，而且一旦过高地估计了有关卷宗的保存价值，还会造成有限的档案管理资源的浪费，同时也不利于诉讼档案定期鉴定工作的开展。因此，最好是通过鉴定小组成员的充分讨论，划定一个最低的保存年限，并在卷宗的备考表上注明“到期后须重新鉴定”。对于集团性犯罪的案件卷宗，鉴定小组在划分保管期限时，应以案件中最高的保管期限来确定所有卷宗的保存期限。

（四）诉讼档案销毁工作

诉讼档案的销毁工作是一项严肃细致的活动。在各级人民法院，对保管期限届满的诉讼档案进行鉴定时，对保管期限届满，经鉴定仍有保存价值的诉讼档案，应当提升保管期限等级继续保存；经鉴定确定销毁的诉讼档案，应当对案卷进行数字化扫描备份，同时将判决书、裁定书、调解书或者其他结论性材料取出，按照年度、类别、案号的顺序整理立卷，永久保存。对经鉴定确定销毁的刑事诉讼档案中的公安、检察卷，在销毁前应当书面通知公安、检察机关，由其确定存毁。在人民检察院，经鉴定确无继续保存价值的诉讼档案，应当清点核对，登记造册，经分管检察长批准后送指定销毁机构，由两名以上工作人员全程监销。监销人员应当在销毁清册上签字。销毁报告和销毁清册应当存档，永久保存。销毁前，应当将其中由人民检察院制作、能说明全案基本情况的结论性法律文书取出一份整理装订后，列入原案卷归档年度永久保存。

凡是列入销毁范围的档案，档案部门都要编造销毁清册（单）。销毁清册（单）一般包括顺序号、目录号、收案号（即卷号）、当事人姓名、案由、册数、销毁原因、备考等记录事项。销毁清册（单）还要有销毁人、监销人、批准人的签字及单位盖章。鉴定小组成员在编制销毁清册（单）时，要逐项登记，经本院院长审查批准，报上一级人民法院或检察院备案后，由档案人员和规定的监销人员共同销毁，并在销毁清册（单）上签字。销毁报告和销毁清册（单）要永久保存。

五、诉讼档案的检索和利用

各级人民法院档案机构应当根据诉讼档案的分类方案，对接收归档的诉讼档案进行分类编号，编制科学的检索工具。使用信息系统管理档案的人民法院，应当编制案卷级和卷内文件级目录索引；未使用信息系统管理档案的人民法院，应当编制案号、案由和当事人名称索引。

（一）诉讼档案的检索

诉讼档案的检索主要包括建立检索工具体系和根据用户需求，利用建立的检索工具体系，帮助用户查找所需要的诉讼档案及其数据或信息等内容。档案部门在接收诉讼档案后，要根据实际需要编制手工检索工具或建立诉讼档案数据库。其中手工检索工具除已有的案卷目录外，还有人名索引、人名卡片目录等。人名卡片目录的基本内容应包括当事人姓名（曾用名、别名、化名、代号）、性别、年龄、案由、地区、案号、档号等，也可以根据需要增加一些著录项目，如当事人籍贯、审判结果、收案与结案时间、上诉日期、发还日期、归档日期等。一个案件如果涉及几个人，对每个人都应设立单独的卡片。经济案件，如经济合同纠纷案件，也可以按其法人代表的姓名制卡。卡片排列的方法可以选择姓氏笔画排列法、四角号码排列法、汉语拼音字母排列法等。

档案管理部门应当努力完善诉讼档案的检索工具体系，尤其是随着我国信息化进程的加快，司法信息化的水平也不断提高。使用信息系统管理档案的司法机关，应当编制案卷级和卷内文件级目录索引，提高计算机检索水平，及时、准确、完整、有效地满足诉讼档案用户的利用需要。

（二）诉讼档案的利用

诉讼档案的开发利用，有助于充分发挥诉讼档案服务司法机关、服务社会的作用。档案部门应建立和完善诉讼档案利用制度，根据利用主体和诉讼档案涉密程度，确定诉讼档案的利用范围、利用方式和利用程序，即既保证诉讼档案被合理、充分利用，又要避免在利用过程中因国家秘密、商业秘密、个人隐私等泄露可能造成的不良社会影响及后果。

在各级人民法院，工作人员因工作需要，可以查阅、借阅本院与其工作相关的诉讼档案。上级人民法院可以查阅、调阅下级人民法院诉讼档案。经档案所在人民法院审查同意，同级人民法院之间可以查阅、复制诉讼档案正卷有关内容，下级人民法院可以查阅、复制上级人民法院诉讼档案正卷有关内容。有关单位确因工作需要，持单位介绍信和经办人工作证，经档案所在人民法院审查同意，可以查阅、复制诉讼档案正卷有关内容。人民法院与有关单位已有相关借阅规定的，按照相关规定进行。案件当事人持身份证或者其他有效身份证明（当事人是法人的，应持法定代表人身份证明、工商登记证明复印件），可以查阅诉讼档案正卷有关内容。律师持执业证、律师事务所介绍信、当事人授权委托书、当事人身份证明复印件，可以查阅诉讼档案正卷有关内容。其他诉讼代理人持身份证或者其他有效身份证明、当事人授权委托书、当事人身份证明复印件，可以查阅诉讼档案正卷有关内容。当事人或者诉讼代理人可以申请复制所查阅的档案材料。经批准复制的材料，由档案工作人员核对无误后，加盖人民法院档案证明专用章，与档案原件具有同等的效力。借阅、调阅人民法院诉讼档案的有关部门和人员，应当在六个月内归还档案，确因工作需要继续使用的，应当办理续借手续，续借时间不得超过三个月。

在各级人民检察院，工作人员因工作需要，可以利用本院诉讼档案。其他人民检察院和人民法院以及公安、国家安全、纪检监察等机关工作人员因工作需要查阅、借阅诉讼档案的，应当持单位介绍信、工作证件到档案所在人民检察院档案部门或者办案部门提出申请。档案部门在征得办案部门书面意见并报分管检察长审批后，方可办理利用手续。需要查阅、摘抄、复制诉讼档案的，律师可以持律师执业证书、律师事务所证明和委托书或者法律援助公函，其他辩护人或者诉讼代理人可以持身份证明和委托书，向档案所在人民检察院案件管理部门提出申请。案件管理部门通知办案部门根据情况到档案部门办理相关手续。对已有电子版本的诉讼档案，一般原则上不提供纸质原件，只提供复制件。复制件加盖档案证明专用章后，与档案原件具有同等效力。非检察院工作人员利用诉讼档案的，原则上只提供正卷相关内容。

（三）诉讼档案信息的公开

随着我国社会主义市场经济的发展，我国民众的参与意识和主人翁意识也在不断增强。特别是社会公众政治生活民主化要求的呼声越来越强烈。对国家的信息公开制度的建设要求，也涉及人民法院的审判信息和人民检察院的检务信息的公开问题。实践表明，透明的审判活动，是取信于民的一种有效方式。同时，人民法院和人民检察院的诉讼档案信息的公开，也使社会公众有可能监督法院或检察院的工作活动，防止司法腐败。审判信息和检务信息的公开，也为历史研究者，特别是法制史研究者，提供了大量可资利用的第一手材料，使他们有可能更为深入地研究有关的犯罪特点和规律。

中共中央《关于全面推进依法治国若干重大问题的决定》提出："构建开放、动态、透明、便民的阳光司法机制，推进审判公开、检务公开、警务公开、狱务公开，依法及时公开执法司法依据、程序、流程、结果和生效法律文书，杜绝暗箱操作。加强法律文书释法说理，建立生效法律文书统一上网和公开查询制度。"这对我国的司法公开提出了新要求、新方向。随着我国司法体制改革的不断深入，司法公开也在探索前进。诉讼档案信息来源于诉讼活动，是伴随着审判活动形成的诉讼文书、诉讼证据以及其他相关材料的集合体，诉讼档案信息公开是司法信息公开的重要组成部分。诉讼档案信息的公开范围、公开方式、公开程序、利用主体、利用目的等问题，都是值得关注与深入研究的；在我国不断加快信息公开的进程中，诉讼档案信息公开既要遵循整个国家信息公开的基本原则与理念，同时又要注意诉讼档案的特点，具体问题具体分析，保障公民权益，有效推动司法水平的提升。

六、诉讼档案管理信息化

伴随着全球科技日新月异的发展，互联网、大数据成为时代发展的重要方向，大力推动信息化建设已成为各行各业顺应时代发展潮流的必然选择。先进信息技术的推广和应用，有力地推动了各个领域的飞速发展。司法机关的信息化建设是我国信息化建设的重要组成部分，也是司法机关一场深刻的自我革命。司法信息化是指司法机关利用信息技术，开发应用各类信息系统，打破传统工作方式，不断提高工作效率，推动司法现代化，以更好地维护社会公平与正义。司法信息化的深入发展，使得诉讼档案从形成到管理直至利用，整个过程都产生了新的变化，诉讼档案管理信息化在现代诉讼档案工作中越来越重要。

（一）诉讼档案管理信息化概述

诉讼档案管理信息化是指在诉讼档案的收集、整理、鉴定、提供利用等整个过程中，树立先进的信息化管理理念，全面应用现代信息技术，不断推动诉讼档案管理的现代化，以更好地实现诉讼档案管理活动的根本目标。

近年来，最高人民法院不断推动档案工作的信息化和规范化建设。目前已完成包括新中国成立以来的最高人民法院诉讼档案、行政文书档案，以及新中国成立前的晋冀鲁豫、晋察冀边区法院，华北人民法院，新中国成立后的东北、西北、华北、华东、中南、西南六个大区分院，铁路高等法院等 11 个全宗的历史档案的数字化工作，研发了档案信息化管理系统，实现了在机关专网上查阅已数字化的新生档案。

对于诉讼档案管理信息化，可从以下几个方面进行理解：第一，在诉讼档案管理理念方面，树立并提升“信息化意识”。档案工作者在管理中应敢于打破原有的工作思维和旧有的工作方式，树立敏锐的信息技术意识，积极利用各种先进的信息技术，提高管理效率并使诉讼档案管理的各个环节更加科学合理。第二，在诉讼档案管理过程中，注重诉讼档案管理“全过程信息化”。各级法院、检察院等司法机关信息化水平的提升，为诉讼档案管理信息化提供了良好的土壤，同时也提出了更高的要求。诉讼档案管理应始终围绕如何利用先进的信息技术，着眼于充分发挥诉讼档案对本组织、对全社会的价值与作用，从诉讼档案的形成开始，实现信息技术对收、整、用等各个环节的全过程覆盖。第三，在具体管理方式上，实现信息技术与档案管理的深度融合。从诉讼档案管理不同阶段的目的和管理特点出发，认真分析不同信息技术的优势，在技术与管理的深度融合中，充分发挥信息技术对诉讼档案管理的促进和推动作用。

（二）诉讼档案管理信息化原则

1. 统筹规划原则

诉讼档案管理信息化应坚持实行统筹规划、统一管理的原则，诉讼档案管理信息化是一项长期系统的工程，影响因素众多。统筹规划表现为对人财物力的统筹，也表现为制度、标准、规范的统一，还包括诉讼档案管理与其他各项工作的协同等。通过全方位的统筹规划，做好顶层设计，有助于各方因素的协同，有助于诉讼档案管理信息化的健康持久发展。

2. 安全保障原则

先进的信息技术为诉讼档案的管理和利用提供了强有力的技术支撑，但不可避免地也伴随着一系列的安全风险。诉讼档案是诉讼活动的真实原始记录，在信息化过程中，应时刻强化诉讼档案的安全管理意识，维护诉讼档案在信息化环境中的齐全完整和真实准确，确保电子诉讼档案的可读可用。既要坚持诉讼档案在司法公开中的合理公开和利用，也要避免因不合理的获取而引发个人隐私、商业秘密泄露以及给国家安全带来危害。

3. 有效利用原则

诉讼档案对于司法机关以及国家和社会具有重要的凭证依据和信息支持作用。科学合理的诉讼档案管理，是诉讼档案提供利用的重要基础。在诉讼档案信息化建设中，应坚持以为司法活动留痕，便于组织和社会利用为导向，更加便捷、高效地为利用者提供服务，维护司法公正，保障公民权益。

（三）诉讼档案信息化的基本要求

1. 丰富电子诉讼档案资源

电子诉讼档案，是指司法机关在诉讼活动中形成的、具有保存价值且应归档保存的电子诉讼文件，以及案卷归档后经数字化处理产生的纸质诉讼档案的电子版本。可见，当前电子诉讼档案来源于两方面：一是诉讼活动中直接形成的电子诉讼文件，即在案件办理过程中，通过计算机等电子设备形成、办理、传输和存储的文字、图表、图像等电子文件，通常包括法律文书的电子文本、电子证据、电子庭审录音录像等；二是对传统纸质诉讼档案的数字化。

对于上述第一种情况，司法机关在案件审结后应按时将有保存价值的电子诉讼文件归档，并以案件为单位进行整理，同时建立案卷级和卷内文件级目录数据，并将目录数据与电子诉讼文件对应关联，目录数据与电子诉讼文件同步归档，且须采用符合国家规定的通用格式存储。此外，电子诉讼文件元数据应与电子诉讼文件一并归档，电子诉讼文件元数据是指描述电子诉讼文件的内容、结构、背景和管理过程的数据。电子诉讼文件归档后，可采用在线或者离线方式存储。归档部门可以通过在线或者离线方式将电子诉讼档案数据及其管理权转移至档案机构，档案机构应当配备必要的软硬件设备，对接收的电子诉讼文件进行质量检查，质量检查内容包括数据的准确性、完整性、可用性和安全性等。

对于上述第二种情况，纸质诉讼档案的电子版本制作可以采用在案卷归档后对卷内材料进行集中数字化的方式，也可以采用在案件办理过程中对纸质诉讼材料进行同步数字化的方式，并建立案卷级和卷内文件级目录数据，目录数据应当真实、准确、完整；对于库藏纸质诉讼档案没有完整电子目录数据的，一般应当在纸质诉讼档案的电子版本制作过程中，形成库藏纸质诉讼档案的完整电子目录数据。对纸质诉讼档案的电子版本也应进行质量检查，检查的内容包括目录数据、图像文件以及数据挂接等。通常，采用集中数字化方式制作纸质诉讼档案的电子版本时，由档案机构牵头负责实施和管理；采用同步数字化方式制作纸质诉讼档案的电子版本时，由诉讼材料形成部门负责对纸质诉讼材料数字化形成的电子版本进行真实性、有效性和完整性的认定，由归档部门负责电子案卷的整理合成，确保电子案卷与纸质案卷同步归档，由档案机构负责电子案卷的质量验收和归档接收。

2. 安全管理电子诉讼档案

电子诉讼档案可以采用在线或者离线方式存储保管。在线存储应当使用档案专用存储服务器；离线存储可以选择使用数据磁带、档案级光盘、固态硬盘、硬磁盘等耐久性好的载体；重要电子诉讼档案可以转换成纸质或者缩微胶片进行异质备份。对于电子诉讼档案进行离线存储或者异质载体备份时，制作的载体一般不少于两份，一份用于保存，另一份用于利用；制作完毕的所有载体应当形成目录，记录载体内的文件信息等内容，也可在载体或者载体盒上设置与信息系统相关联的条形码、二维码、无线射频等机读标签。

信息技术部门负责为电子诉讼档案管理系统的有效安全管理提供技术支撑；档案机构会同信息技术部门共同做好电子诉讼档案的在线和离线备份工作；对离线存储的电子诉讼档案应定期进行抽样机读检查或者转存，发现问题应及时采取恢复措施。

3. 加强建设电子诉讼档案服务平台

档案机构应当遵循统一管理、分级审批、区别利用的原则，为利用主体提供真实可靠的电子诉讼档案。各级司法机构应当充分利用信息技术手段，深入挖掘电子诉讼档案价值，积极开展电子诉讼档案的著录和检索工作，构建完善的电子诉讼档案服务平台，比如通过在线阅览、数据传输与移转、打印输出等，扩大电子诉讼档案资源的应用范围。

我国最高人民法院将信息化建设作为一场深刻的自我变革，将信息化成果应用于审判执行和法院管理的各个领域，取得了显著成效，电子诉讼档案查阅服务平台的建设不断完善；同时，利用信息系统和智能化服务，实现了网上立案、办案、执行和网上办公，实现了数据的实时统计、实时更新和互联互通，建成了审判流程公开、庭审活动公开、裁判文书公开、执行信息公开四大平台，不仅实现了对审判、执行工作全程监督、全程留痕，同时方便了公众的查找与利用，并有效地加强了对司法大数据的管理、分析和应用，促进了审判体系和审判能力现代化。

本章思考题

1. 简述诉讼档案与诉讼文书的关系。
2. 诉讼档案的特点有哪些？
3. 简要分析诉讼档案的价值与作用。
4. 如何科学合理地开展诉讼档案的整理工作？
5. 如何开展诉讼档案的鉴定工作？
6. 谈谈你对诉讼档案信息化建设的认识。

第八章

信用档案与信用档案管理

本章提要

信用档案是有关管理机关为信用主体建立的，记录和反映信用主体在从事各种社会实践活动中的信誉和行为规范状况，具有一定查考利用价值的原始信息记录。本章着重阐明了信用档案与信用档案管理的基本理论、原则和方法，内容涉及信用档案的概念、特征、种类、价值等方面的基本理论，以及信用档案的收集归档、鉴定、整理和信息利用等方面的应用性原理与工作方法。

第一节　专门档案的概念

随着我国社会主义市场经济的发展，法人和自然人的信用状况越来越受到人们的重视。如何建立和完善适应社会发展需要的信用档案管理体系，如何为社会提供满意的信用档案信息服务，已经成为档案部门和档案人员关注的重要问题。本节将着重说明信用档案的概念含义、特征、种类和价值等方面的理论问题。

一、信用档案的定义

我国对信用档案的研究开始于20世纪末期。到目前为止，人们对信用档案的概念研究已经形成了以下几种具有典型意义的思想认识：

● 信用档案，是管理机关为信用主体建立的，以及信用主体自身形成的有关信用主体在政治、经济、法律、道德等社会实践活动中信誉和行为规范状况的归档保存的文件材料的总称。①

● 有关企业、个人或其他组织信用问题的数据信息即为信用档案。②

● 信用档案主要是指法人、其他组织和个人在经济交往、职能管理和日常生活等社会活动中形成并反映信誉状况，对国家和社会具有保存价值的各种记录。③

● 信用档案是指单位或个人在经济活动和社会活动中形成的反映其信用行为状况、诚

---

① 该定义参见《内蒙古自治区信用档案管理办法（试行）》（内档发〔2002〕第5号）。

② 朱武梅，郝慧明．建立信用档案的调查与思考．中国档案，2002（6）．

③ 该定义参见《关于加强本市信用档案管理的通知》，上海市档案局、上海市信息化办公室2002年12月19日发布。

实守信与遵纪守法程度、保存备查的原始记录。信用档案直接反映本单位经济实力、诚信、履约状况及监管部门、新闻媒体等对单位的评价。①

● 信用档案是由相关机构根据业务需要，收集、整理和保管的反映个人和企业信用状况的信息材料。

● 信用档案是各种社会实践主体在信用管理活动中形成的反映信用主体信用状况的具有一定保存价值的原始记录。

● 信用档案是由法定机构集存管理的，反映国家机构、社会组织和个人在社会交往活动中信用状况原貌的各种形式的记录。②

上述这些定义的存在，说明我国对信用档案的认识还存在着一定的差别，但同时也反映了社会对信用档案的重视。我们认为，给信用档案下定义必须充分考虑到两个方面的需要，即人们认识信用档案本质的需要和管理信用档案的需要。因此，对信用档案所下的定义除了注意揭示其本质和本质规定外，还应在一定程度上明确信用档案的外延，以便为信用档案的管理活动指明实际的管理对象。正是基于这种考虑，我们不主张采用过于简短的定义模式。

信用档案的定义思想中一般应当包括这样一些因素：信用档案的形成者因素、信用档案的形成领域因素、信用档案的内容因素、信用档案的本质属性因素和信用档案的主要形式因素等。为此，我们认为信用档案的定义可以表述为：

> 信用档案是有关管理机关为信用主体建立的，记录和反映信用主体在从事各种社会实践活动中的信誉和行为规范状况，具有一定查考利用价值的原始信息记录。

这一定义的含义包括：

第一，它说明了信用档案形成和积累的特殊性。一般的档案都是有关形成者记录自身工作、生产、生活等方面的实践活动信息和思维活动信息的材料，是有意识地保存起来以备查考的。而信用档案则主要是社会上的某些机构组织，为了有效地维护正常的市场经济秩序、法律秩序、政治秩序、文化秩序、工作秩序、生活秩序等，有意识建立的反映信用主体的信誉状况、行为规范状况的信息记录。信用档案的建设目的也非常明确，就是为了帮助有关单位或个人合理合法地了解相关的信用主体的征信情况。所以，信用档案的形成和积累都具有较强的现实目的性。

第二，它说明了信用档案的基本内容构成。信用档案的内容通常较为单一，主要是对信用主体信誉情况和行为规范状况的记录，通常不会涉及其他方面的信息内容。就信用档案的内容性质而言，主要是记录和反映信用主体的“诚实守信”“遵纪守法”“践言守约”，以及“失信毁约”“违纪违法”等方面的信用状况。

第三，它说明了信用档案的价值特征。一般来说，凡是对有关单位或个人了解信用主体（单位信用主体和个人信用主体）的信用状况等具有一定查考利用价值的信用信息记录材料，才有必要作为信用档案保存起来，以备现实工作查考。诚然，一些信用档案的留存也具有其他方面的原因，如为历史研究储备必要的史料等，但是，作为一种现实性很强的

---

① 该定义参见《中国兵器工业集团公司信用档案管理暂行办法》（兵档字〔2003〕65 号）。

② 颜海．信息档案及其管理研究综述．图书情报知识，2003（6）．

管理信息资源，它的主要作用依然是对社会或个人的现实使用价值。

第四，它说明了信用档案的信息来源的多样性。记录在信用档案中的信息和数据，有的来源于信用主体所在工作单位的记录，有的来源于社会执法部门对信用主体社会行为的评价信息记录，有的来源于新闻媒体的评价，有的来源于监管或监督部门的评价，有的来源于社会公众的评论等。信用档案的这种特征，无疑增加了信用档案管理工作的复杂性。

第五，它揭示了信用档案的本质属性。信用档案是信用主体信誉状况或信用状况的原始信息、数据的记录，它较为客观地反映了信用主体在以往的社会活动中的征信情况。

第六，它说明信用档案的存在方式是多种多样的。除了传统的文字、图像和声音等形式的信用信息记录形式外，为了便于有关部门和人员了解信用主体的信誉状况，电子形式的信用档案将成为其存在的主要方式。为此，管理信用档案的单位应当不断提高其信用档案的现代化管理水平，逐步走出一条数字化、网络化的信用档案管理道路来。

二、信用档案的属性和特征

一般认为，信用档案的属性和特征是由信用活动的属性与特征决定的。信用档案作为一种“新生事物”究竟有什么样的属性和特征呢？研究信用档案的属性和特征的观点中，对其比较统一的认识主要包括两个方面：一是信用档案也是档案的一种，所以它应具有档案所具有的属性；二是信用档案具有的独特性质。研究信用档案，首先不能忽略它是一种档案，要将其放在这个背景下去研究，即它是集档案与信用为一体的一种具有很强的社会性的产物。因此，信用档案也具有档案的原始记录性、有机联系性、文化性、信息性、知识性、凭证性、真实性和可靠性等一般属性和特征。但它同时还具有某些不同于其他档案的特性。这些特性概括起来说，主要包括如下几点。

（一）征信功能的激活性

对于大部分信用档案而言，其最初的主要功能并非信用管理功能，而是相关的其他职能活动的历史记录。档案形成者的信用管理实践激活了这些在其他职能活动中形成的档案信息的信用管理与维护功能。例如，税务登记及各种纳税报表、工商登记记录等，都是在企业经营管理活动中，围绕着税收管理、工商管理等职能活动形成的，其首要功能并非信用管理功能，但这些档案中包含有信用主体的信用信息记录，所以企业在信用管理实践过程中，也把这些档案由休眠状态唤醒、激活并重新引入现行利用阶段，使它们得以实现企业征信管理功能。

（二）记录信息内容的严肃性

信用档案作为国家和社会信用管理活动的历史原始记录，它所承载的信息内容是否严格按有关立法、制度和规范来形成，直接关系到社会基础的稳定性。信用档案记录信息是否准确，会直接影响到信用主体的信用评价，并对他们的社会生存和发展造成影响。从一定意义上讲，信用档案的内容过高或过低地评价信用主体的信誉状况，都会对信用主体或社会造成一定损害，甚至是巨大危害。因此，保证信用档案所承载信息内容的严肃性是非常必要的。

（三）记录信息的相对开放性

这是信用档案的另一显著特点。这是由信用档案反映对象即信用主体状况的特点决定的。信用主体的信用状况处于不断的变化之中，只有把他们的信用信息及时记录到信用档案之中，才能真正反映信用主体的信用状况，所以，信用档案的信息管理系统必须具有开放性，及时同外界进行信息交换。诚然，这种开放性并不是绝对的，而是相对的。因为凡是涉及信用主体个人隐私及其他受到法律保护的可以豁免公开的信息内容，任何组织和个人都不能擅自公开，否则就会给有关的信用主体的信誉带来一定的损失和危害。

（四）构成结构的相对稳定性

人们评估信用主体的信用状况需要一定的信用数据和信息，一般地说，这些信用数据和信息的来源、形式等方面具有一定的稳定性和结构性，这种稳定性和结构性直接导致了信用档案内容构成的结构性。对于同类型的信用主体，其信用档案的内容具有相似性和一致性。个人信用状况需要从工龄、信用卡、债务收入比例、银行开户情况、信用档案年限等方面来考察；企业的信用状况，可以从企业的历史背景、经营状况、资质、产品质量、服务质量或服务水平，以及企业自身的信用历史等方面来考察。各种类型的信用档案一般都具有相当的结构性。档案部门完全有可能在调查研究的基础上，为特定的信用档案制定一定的规范和标准，设计相应的管理模板。同时，这也为信用档案管理的信息化建设、信用信息的共享创造了基本的条件。

（五）利用价值的现实性

信用档案具有突出的现实使用价值。一般来说，人类的社会活动是有目的的活动，尤其是人们所从事的各种专业性活动，这种目的性更为突出。在从事社会信用管理这一专业性活动过程中，人们不仅可以自觉地形成和积累各种相关的数据和信息记录，还可以在现实的管理活动中有效地使用这些原始的信用数据和信息的记录，并以此来保证其工作的连续性、稳定性和高效性。与普通档案不同，信用档案从建立之初就具有突出的现实性，信用档案正是在不断的现实使用过程之中，发挥着其威慑、表彰等方面的作用，并如实地记录和反映相关信用主体的信誉状况。

（六）形成领域的广泛性

从形成领域来看，信用档案涉及面较为广泛。信用档案不仅存在于专门的信用机构中，它涉及信用主体方方面面的信息，由于信用评价不是单方面而是多角度的，因而信用档案涉及面非常广。从大的方面讲，有关某一信用主体的信用记录往往分别产生于多个职能部门。例如贷款记录在银行部门，交税记录在税务部门，个人犯罪记录在公安部门，企业记录涉及工商、质检等部门，其他各种企业和个人交费记录产生于水、电、供暖、有线电视等多家部门。从某一部门内部来看，有关某一信用主体的信用记录在许多情况下，也产生于多个内设职能部门。如在银行，各信贷管理部门产生的信贷档案和授信管理部门产生的授信档案之中，都有涉及某一信用主体的信用记录；在工商部门，某一企业的信用记录往往产生于企业注册、商标广告、合同监督等多个管理部门；在公安部门，某人的犯罪记录可能涉及刑事、经济、治安等多方面内容。

（七）存在方式的电子主流性

从今后的发展趋势来看，信用档案的存在方式应以电子形式为主。全国信用体系的建立必须依靠先进的信息技术，逐步收集、处理信用主体分散在各部门的信用记录，而全国统一的信用数据库中信用记录的查询更是离不开网络技术的支持。朱镕基曾在政府工作报告中指出，信用体系建设要广泛采用现代化监管手段，综合利用信息网络资源，实现互联互通、信息共享。在这种总体要求下，数据的采集、传输加工、利用都是以现代信息技术为依托的，因而信用档案存在方式也必然以电子形式为主。

（八）反映内容的相对动态性

从运动方式来看，信用档案的整体内容是处在不断更新的状态之中的，应实行动态管理。信用主体只要存在并介入社会的政治生活、经济生活、文化生活，就会不断有新的信息产生，只有实行动态管理，才能保证信用档案内容的准确、完整和真实，使信用档案始终全面、客观地反映信用主体的信誉状况。可以说，信用档案内容的动态性，是对信用档案实施有效管理的思想基础，也是信用档案有别于其他档案而独有的性质。

信用档案的上述性质，是我们科学地管理信用档案的重要前提。信用档案的管理原则和管理措施、方法的设计，都必须充分考虑信用档案的这些性质。

三、信用档案的种类

信用档案种类划分是我们有效地认识和管理它的重要前提。由于信用档案具有多种属性和特征，所以，在实际工作中或学术研究中，人们可以根据需要对信用档案进行相应的种类划分。

（一）按照信用档案的内容属性划分

根据这种标准，可以把信用档案划分为政治信用档案、经济信用档案、法律信用档案、道德信用档案等类型。每一种类型的信用档案，还可以按照其内容性质做进一步划分。如经济信用档案可以划分为信贷信用档案、税收信用档案、会计信用档案、消费信用档案等具体种类形式。

（二）按照信用主体划分

根据这种标准，可以把信用档案划分为个人信用档案、企业信息档案、中介机构信用档案和政府信息档案。[①] 这种划分结果有助于我们顺利地了解和掌握有关信用主体的信用状况及其遵纪守法情况，认识组织和个人的信誉情况。

---

① 卜鉴民．信用档案管理初探．档案与建设，2002（9）．

（三）按照信用档案的内容构成划分

根据这种标准，可以把信用档案划分为综合性的信用档案和单一性的信用档案。凡是内容涉及两种类型以上的信用主体的信用档案，就可以称为综合性的信用档案。这种综合性的信用档案，通常是由社会的有关管理部门负责收集、整理和建立的，目的是加强社会的诚信建设，维护正常的社会生产秩序、商业秩序、生活秩序、教育秩序、金融秩序等。而单一性的信用档案则通常是社会的某个组织或企业在自身的工作活动中形成的，记录和反映社会某一方面信用或信誉状况的信用档案。如银行机构建立的个人信贷信用档案，税收机关建立的企业纳税信用档案等。

（四）按照信用档案的价值划分

根据这种标准，可以将信用档案划分为具有广泛社会利用价值的信用档案和仅具有一定局部利用价值的信用档案。例如，社区管理部门建立的，反映本社区居民信用状况的信用档案，一般就是具有局部利用价值的信用档案。而社会管理机构建立的反映一定行政区划或专业系统范围内的各个信用主体的信誉情况和遵纪守法情况的信用档案，往往都具有广泛的社会利用价值。

（五）按照信用档案的信息记录方式划分

根据这种标准，可以将信用档案划分为文字的、图形的、音频的、视频的、电子的等类型。根据不同信息记录方式来划分信用档案，可以有效地采取不同的方式管理不同类型的信用档案，最大限度地发挥信用档案的现实作用。

（六）按照信用档案的载体划分

根据这种标准，可以将信用档案划分为纸质的、胶片的、磁质的或光磁介质的等类型。这种划分可以使我们采取不同的保管方法，有效地管理和保护信用档案，延长信用档案的使用寿命。

四、信用档案的利用价值

信用档案的利用价值，是指信用档案所含有的数据、信息、知识，对人们从事各种社会实践活动的有用性和有益性。它一般通过信用档案所发挥的各种积极作用表现出来。随着我国诚信制度和社会信用体系的逐步建立和完善，信用档案的利用价值及其重要性，将不断为社会所认识。档案部门应当积极地参与信用档案的建设活动，并积极地推动信用档案信息资源的开发和利用工作的深入开展。

信用档案的利用价值和主要作用集中表现在以下几个方面。

（一）信用档案是建立和完善我国信用体系的重要保障

在社会主义市场经济的建设过程中，信用体系的建设能否健康有序地进行，关键性的条件之一就是信用档案。如果没有完整的记录和反映有关信用主体信用状况的信用档案，那么就会失去维系正常社会秩序的基本保障条件。这是因为，信用档案比较客观地记载了信用主体的信誉或信用方面的原始数据和信息，是社会有关方面了解各个组织或个人以往信用状况的基本前提条件。只有充分利用信用档案所提供的有关信用主体的信用状况的数据和信息，社会有关方面才能有效地避免潜在的危险和损失，堵塞管理漏洞，彰显正义，打击邪恶，维护正常的市场经济秩序和社会政治、法律、道德秩序。

（二）信用档案是我们营造良好的社会信用环境、服务于经济建设大局的重要条件

信用缺失是市场经济建设和发展过程中的一个十分严重的问题，它会造成“制假贩假”“坑蒙拐骗”“逃税漏税”“不讲信用”“背信弃义”“钻政策、制度、法律空子”等社会丑恶现象泛滥，所以加强社会诚信环境的营造，已成为我国社会主义市场经济的一项十分重要的工作任务。信用档案是我们完成这项历史使命的一个必要条件。朱镕基在九届人大五次会议上做的政府工作报告中指出：“加快建立企业、中介机构和个人的信用档案，使有不良行为记录者付出代价，名誉扫地，直至绳之以法。”信用档案在规范市场经济行为以及社会的法律行为和道德行为等方面，往往可以起到威慑、维系、示警等作用。

（三）信用档案是提高社会信用意识的重要手段

在传统社会，人们长年生活在封闭的村庄，彼此之间非常熟悉，人们之间的口头交流足以使任何欺骗行为广为人知，每个人的历史都存储在别人的脑海里，对欺骗行为的惩罚即使不能施加于欺骗者本人，也可以通过家庭成员而实现。因此，该种社会状态下人们的信用意识较强。但现代社会却与传统的“乡村社会”不同：居民的流动性较大，交易双方通常不认识，相互之间也缺少如乡村社会中存在的其他制约关系，使得对相对人的惩罚措施受到很大限制；开放的社会也使得人们较不在乎闲言碎语的议论，从而使信誉机制失灵。因此，在当今开放的社会中，相当部分的社会群体信用观念淡薄，这就需要培育全民的社会信用意识。利用信用档案这一有效的手段进行宣传，可以使守信者获得更多的利益，同时也可以使失信者名誉扫地，从而提高整个社会的信用意识水平。

（四）信用档案是规范政府行为的必要保证

在大力建设和发展社会主义市场经济的今天，政府的信用问题已经成为企业和社会公众关注的热点之一。若想使政府管理让社会公众满意，首先，政府自身要讲信用，树立信用的榜样，这样才能对其他信用实体实施管理；其次，政府有关部门要指导企业建立信用管理的基本制度；最后，要稳定政策，增加政策透明度，这样企业和个人才有稳定的预期，从而追求长远利益行为。这些政府的管理目标的实现，无一不以建立信用档案，并切实发挥信用档案的作用为前提条件。

（五）信用档案是建立良好的信用制度和失信惩罚机制的重要依据

实践证明，现代政府只有面向市场，运用市场规则，强化信用管理的内部约束机制和利益激励机制，才能取得良好的社会管理效果。企业只有自觉加强信用建设，并遵循诚实

信用、公平竞争原则，依法开展生产经营活动，自觉接受社会有关方面的监督管理，才能获得长期效益。同时，社会只有对失信行为进行相应的惩罚，才能有效地遏制失信行为。这些实践活动的实现，必须获得一定的证据支持才能顺利进行。信用档案就是“储备”这些证据的唯一“数据仓库”或“信息库”。所以只有合理地培育和利用好信用档案这种信息源，才能形成良好的社会信用制度，并使失信行为人受到应有的惩罚。

（六）信用档案是确认有关人员信用资格的重要凭据

在现代社会中，信用已经成为一个人从事某项事业或职业的重要资格。“信用本身是一种资格”的理念已经为社会上多数人所接受。那么如何证明一个人的信用程度如何呢？信用档案所记录的有关信用主体的信用状况数据和信息，无疑是至关重要的凭据。每一行业的从业资格，往往会和一定人员在以往这个行业里面的经历过程中的信用挂起钩来。所以从这个意义上来说，信用档案对于有关相对人担任某一些职务或从事某一职业，往往起着不可忽视的凭证作用。

第二节　信用档案的管理

信用档案的管理质量直接关系到信用档案利用价值的实现程度。为此，我们必须认真做好信用档案的归档、鉴定、整理和利用工作，为信用档案积极作用的发挥创造基本的条件。

一、信用记录材料的归档

信用记录材料的归档，应当按照一定的归档制度来进行。信用档案的归档制度是各有关单位依法制定的统一规定本单位或本部门、本行业信用记录材料的归档范围、归档时间、归档要求及归档手续的规范性、依据性文件。各有关单位必须根据上级主管部门的要求，依据档案法律法规和制度，结合本单位、本地区、本行业的信息档案的形成规律和特点，切实做好信用记录材料的归档制度的建设工作。信用档案的归档制度通常包括以下几个方面的内容。

（一）确定归档范围

由于信用档案是有关立档单位全宗档案的有机组成部分，必须实行集中统一管理，才能有效保证信用档案的完整、安全和有效利用，所以，必须根据信用档案的形成规律和特点，严格划分本单位、本地区或本行业信用档案的归档范围（见表 8－1、表 8－2）。

表 8－1　《内蒙古自治区信用档案管理办法（试行）》中规定的信用档案归档范围

第七条　信用档案是一个管理机关、信用主体的档案整体的有机组织部分，应作为一个门类，由档案部门或档案人员集中统一管理。文件材料形成部门或个人不得拒绝归档。 第八条　管理机关在监督管理活动中，根据职责分工，各自为所管理的信用主体确定建立信用档案的归档范围。凡是能够证明信用主体资格、资质、资信和社会实践活动信用状况的基本依据文件材料和评价认定、奖励处罚的结论性文件材料，均应归档保存。

续前表

1. 证明信用主体资格的申请或变更登记注册与批准的文件材料；吊销资格的文件材料。 2. 证明信用主体资质、资信能力的申报材料，认定文件、证件，年检、验审的文件材料。 3. 证明信用主体有关银行、税务、会计信用状况的申报与评价认定的文件材料。 4. 证明信用主体经营管理水平的贯标、认证与其他规范达标管理中的申报、认定与复检复审的依据与结论性文件材料。 5. 证明信用主体诚信守法和优良社会信誉所授予的各类荣誉与评价的文件材料。 6. 对信用主体涉案查处、消费者投诉查处、经济审计、违约处罚以及其他违法违规处罚的记录和结论。 7. 其他能够证明信用主体信用状况的文件材料。 第九条　各类企业信用档案的归档范围。 1. 证明企业及法人资格的各类登记注册申报的文件、证件；核准、验审、年检等文件、证件。 2. 证明企业资质能力的包括资质等级、管理体系标准达标的申报与认定的文件、证件、证物，其他有关文件、证件、证物。 3. 证明企业资信水平的资产、资金、资本运营评估确认文件、证件、表册。 4. 证明企业产品品质的商标注册、检验，商标品牌的评价确认，产品质量、安全与市场准入认证、验审，专利申报与确认，产品与服务评优等方面的文件、证件、证物。 5. 证明企业有关银行、税务、会议信用等级与商业信用等级的申报与确认的文件、证件、证物。 6. 证明企业市场行为的各类合同、协议履约状况的文件、证件、证物。 7. 证明企业经营管理水平、社会活动所获得各类荣誉的文件、证件、证物。 8. 对企业有关产品、服务、价格、环保、社会承诺等方面的投诉及处理的结论性文件材料。 9. 企业控诉和应诉案件的查处结论文件，企业受各类处罚的通报和结论文件。 10. 企业内部审计和社会审计结论性文件材料、整改结果文件材料。 11. 社会舆论、新闻媒体对企业评价报道的文章、照片和其他音像材料。 12. 其他记录和反映企业信用状况的文件材料。 第十条　各类中介机构信用档案的归档范围。 1. 中介机构（组织）及法人代表资格认定的注册登记、年检、机构代码、业务范围设定等方面申报、确认的文件、证件、证物。 2. 证明中介机构（组织）资质能力的资质等级申报、确认，从业人员构成、法人代表社会兼职等方面的文件、证件、证物。 3. 证明中介机构（组织）履约能力的有关物质资源、智力资源评估、验证、登记等方面的文件、表册、证件以及履约情况的记录。 4. 中介机构（组织）信用等级评估的申报与确认的文件、证件、证物。 5. 中介机构（组织）获得的各类荣誉、优良信用记录等方面的文件、证件、证物。 6. 中介机构（组织）被审计、投诉、处罚等方面的结论性文件。 7. 中介机构（组织）对从业人员管理、考核、聘用、淘汰、奖罚等方面的文件材料。 8. 媒体对中介机构（组织）信用状况的评价、服务对象的反馈等方面的文章、照片和其他音像材料。 9. 其他有关信用状况的记录。 第十一条　个人信用档案的归档范围。 1. 证明个人身份和自然状况的相关证件、登记表册。

续前表

2. 证明个人履约能力的有关财产、收入和智力资源等方面的登记表册、评估验证和担保的文件、证件。 3. 证明个人还贷、纳税、守约等商业信用记录的文件材料。 4. 证明个人遵守社会公约、道德规范和社会信用等方面各种形式的记录与证件。 5. 有关个人不良行为的记录和违法、违规处罚结论等文件材料。 6. 其他信用记录材料。

表 8-2　《赤峰市药品监督管理局管理相对人信用档案管理办法(试行)》中规定的信用档案归档范围

（一）管理相对人的基本情况 1. 单位名称、许可证号。 2. 单位地址及联系方式。 3. 单位法定代表人或负责人。 4. 药品经营企业质量负责人（驻店药师）。 5. 直接从事药品生产、经营、使用人员的法律法规、业务技能培训情况。 6. 直接从事药品生产、经营、使用人员的健康检查材料。 （二）管理相对人良好信用情况 1. 零售药店被命名为“经营质量管理规范药店”信息、“经营质量管理放心药店”信息。 2. 药品使用单位被命名为“规范药房（库）”信息。 3. 药品生产、经营单位 GMP、GSP 认证信息。 4. 管理相对人在工作中做出优异成绩受到政府各级部门表彰、授予荣誉称号信息。 （三）管理相对人不良行为情况 1. 因质量问题（生产、经营、使用假劣药品）受到行政处理的材料。 2. 因超出《药品生产许可证》《医疗机构制剂许可证》依法核准的生产（配制）范围、从事药品生产活动受到行政处理的材料。 3. 因超出《药品经营许可证》依法核准的经营方式从事药品经营受到行政处理的材料。 4. 因超出《药品经营许可证》依法核准的经营范围受到行政处理的材料。 5. 无“证”生产、经营、使用药品受到行政处理的材料。 6. 未经批准擅自从事特殊药品经营受到行政处理的材料。 7. 未取得市药监部门“上岗资格证书”上岗的记载信息。 8. 未经健康检查上岗的记载信息。 9. 因广告违法受到行政处理的信息。 10. 因价格违法受到行政处理的信息。 11. 因其他违法违规受到行政处理或社会舆论的批评的信息。

确定信用档案的归档范围，必须注意依法行事，注意保护有关信用主体的知识产权和个人隐私权。另外，确定信用档案的归档范围还应充分考虑国家信用体系和信用制度建设的需要，不能盲目扩大信用档案的收集归档范围。此外，根据信用档案的内容动态性特点，档案管理部门还应注意及时补充反映信用主体新情况的数据记录和信息记录材料，以便保证信用档案内容的相对完整性和现实性。

（二）确定归档时间

目前已经建立信用档案的单位或部门，对信用档案的归档时间一般都有比较明确的规定。通常的做法是：对于传统纸质载体的信用数据和信息记录材料，归档时间一般是在次年的 6 月底以前；而对电子形态的信用数据和信息记录，通常采用实时归档方式。例如，《内蒙古自治区信用档案管理办法（试行）》规定："应归入信用档案的文件材料，应于次年的 6 月底前归档；证件、音像材料、实物和其他动态信用记录，随产生随归档。"再如，《关于加强本市信用档案管理的通知》（上海市档案局、上海市信息化办公室 2002 年 12 月 19 日发布）要求："凡属市档案馆档案接收范围内的企业形成的信用档案，包括企业概况、业绩报告、审计报告、资质（荣誉）证书等材料及有关数据，应在 2003 年 6 月底以前分别复制一套送交市档案馆；之后，每年 10 月底以前将上一年产生的有关材料及数据复制送交市档案馆，形成长效报送机制。各资信、征信机构应在 2003 年 6 月底以前，将 3 年前形成的有关信用档案复制一套送交市档案馆；从 2004 年起，每年 10 月底以前将形成满 3 年的有关信用档案复制送交市档案馆。"

为保证信用档案利用价值的实现，各单位在确定本单位信用档案的归档时间时，应当坚持及时性原则，否则就会使信用档案失去其发挥作用的最佳时机。

（三）确定归档份数

信用档案的归档份数应当充分考虑到两个方面的因素：一是方便利用，二是有效地维护文件材料之间或记录之间的有机历史联系。所以，信用档案在原则上应归档一份，但对其中与其他门类档案密不可分的文件材料，为保持相关档案的完整性，要同时归入相关档案一份。当文件材料只有一份时，可以将其复制件归入信用档案，原件归入有关门类的档案。在已经实现了文档一体化的部门，将应归档的电子文件形式的信用档案制成文本，归入信用档案，同时做好安全备份工作。

（四）确定归档要求

信用档案的归档要求的确定，也要充分考虑到信用档案的构成情况。对于传统的纸质信用文件材料所组成的案卷，可以参照文书档案的管理要求来确定。而对特殊载体形式的信用数据和信息记录，则应提出相应的新要求。例如，在对纸质档案进行数字化处理时，可以根据信用档案类别依次进行扫描等数字化处理，实行计算机全文存储、全文检索，并将相应的备份保存在光盘等可以脱机保存的物理介质上。对电子形态的信用档案，应按国家有关标准的要求填写电子文件登记表。

（五）确定归档手续和相应的奖惩措施

为了保证信用档案的完整、准确、真实，还应在归档制度中明确规定信用档案的归档手续，遵守有关规定应获得的奖励，以及违反有关规定应受到的处罚等方面的内容。

归档制度的建立，对于保证信用档案的完整和安全，实现信用档案的有效利用，都具有十分重要的现实意义。良好的信用档案归档制度必须具有一定的激励性，使有关单位和个人能够积极主动地做好信用档案的平时积累、保存、整理、挑选、鉴别、移交等业务工作。

二、信用档案的鉴定

信用档案的鉴定是信用档案管理工作的一项重要业务活动，其工作质量如何，将直接关系到信用档案管理和利用实践的质量。为此，必须加强对这项业务工作的管理，努力提高信用档案鉴定工作的水平，维护信用档案的真实、准确和完整。

信用档案的鉴定工作主要包括三个方面的工作内容：一是信用档案的质量鉴别工作；二是信用档案的价值鉴定工作；三是信用档案的处置工作。信用档案的质量鉴别工作的主要任务，就是通过调查研究、核实比较，确认归档信用档案的内容真实性和可靠性，同时也要对信用档案的完整性进行必要的鉴别。信用档案的价值鉴定工作的主要任务，就是依据一定的鉴定标准和鉴定规则，判定信用档案保存价值的大小，确定其保管期限。信用档案的处置工作的主要任务，就是将已满一定保管期限且已经失去保存价值的信用档案，剔除销毁；将虽然已满一定保存期限，但依然具有保存价值的档案，适当延长保存期限，继续保存。这里将重点介绍信用档案的价值鉴定工作的一些做法。

信用档案的价值鉴定工作的关键性工作环节，就是编制适合一定单位信用档案价值鉴定工作需要的鉴定标准——信用档案保管期限表（示例一见表8-3，示例二见表8-4）。

信用档案保管期限表是信用档案鉴定工作的重要依据，它具体列举了有关类型的信用档案鉴定条款，并明确地指出了其来源、内容和形式等方面的特征，以及这些条款所涉及的信用档案的保管时限。

同其他档案的保管期限表一样，信用档案的保管期限表也是由条款、保管期限、备注，以及总的说明等部分构成，其中条款和保管期限是最主要的项目。目前我国信用档案的保管期限的划分方法并不统一，其中既有定性的划分方法，也有定量的划分方法。定性划分保管期限的方法，将信用档案的保管期限划分为“永久”“长期”和“短期”三种。定量划分保管期限的方法，将信用档案的保管期限划分为5年、10年、15年、20年、永久等。从发展角度看，采用标时法来逐步细化信用档案的保管期限，是今后信用档案鉴定工作的一个必然趋向。这是因为：采用标时定量的方式，可以有效地促进信用档案鉴定工作质量的提高，减少信用档案管理资源的浪费，提高信用档案的整体管理效益；同时，采用定量划分保管期限的方法，也可以使人们充分认识到积累鉴定经验、提高理论研究水平的必要性，并自觉地总结信用档案鉴定、利用等工作的经验，不断补充和丰富鉴定工作知识。

在开展信用档案鉴定工作时，鉴定人员还应当依据相关制度在归档时鉴别文件材料是否真实、准确、完整，并根据信用主体信用状况的实际变化，对已到保存期限的信用档案进行定期鉴定，剔除已不能反映信用主体真实状况的档案材料并予以销毁；同时对计算机管理系统信用主体的信用信息，依照相关制度进行更新。信用主体认为不实或不当的信用信息，要查证核实。对确定为不实的或有误的信息，要及时剔除或更正。

表 8－3　　信用档案保管期限表

1. 记录与反映信用主体资格、资质、资信能力的最后文本的信用档案，信用主体消亡后保存 5 年。

2. 信用主体品牌、商标注册、评价等档案材料永久保管。

3. 证明信用主体履约能力、信用等级、经营管理水平等方面的最后文本的档案材料，信用主体消亡后保存 5 年。

4. 信用主体的产品认证、复验方面的信用档案，在该产品不再生产经销后保存 10 年。

5. 信用主体获得的各类荣誉的文件、证件，国家级的永久保管；自治区级的保存 20 年；其他的保存 10 年。

6. 信用主体涉及重大案件的查处结论性档案保存 20 年，一般案件的查处结论性材料保存 10 年。

7. 信用主体受到审计、投诉等类结论性档案材料，保存 5～10 年。

8. 信用主体其他良好信用记录视重要程度保存 10～15 年；不良信用记录保存 5～10 年。

9. 其他无法确定保存期限的文件材料，参照其他门类档案同类文件材料的保存期限处理。

资料来源：《内蒙古自治区信用档案管理办法（试行）》。

表 8－4　　×××工业集团公司信用档案管理暂行办法

一级类		二级类		保管期限
类号	内容	属类号	内容	
0	单位基本状况	0	证明企业资格的各类注册登记申请的批准文件、证件；核准、验审、年检等文件、证件	永久
		1	企业产品的商标注册、检验、商标品牌的评价确认，产品质量、安全与市场准入认证、验审、专利申请和确认等方面的文件、证件	永久
		2	企业注销文件	长期
		3	其他证明企业信用资质的材料	长期
1	单位信用等级评估	0	银行等级评价申报、批准材料、文件和获得的证书、牌匾	长期
		1	纳税信用等级的申报和评价材料（包括纳税申报表、纳税信用等级证书或牌匾）	长期
		2	财务信息等级申报、会计信用状况与评价材料，证明企业资产、资金的材料和资本运营评估确认文件、证件、表格	长期
2	合同契约	0	劳动合同的履约状况材料（包括合同签订、仲裁综合材料，劳动保障年检证、年度检查合格证、社会保险登记证、缴纳费用登记证等）	永久
		1	经济合同、协议履行状况的文件、证件和证物（包括供应、销售租赁、合作经营、建设投资等）	长期
		2	商务合同、协议的完约记录材料，纠纷处理的结论性文件、公证书、裁定书等	长期
3	质量与管理体系标准认证	0	产品与质量体系认证的文件、证件、证物	长期
		1	管理体系达标的申请与认定的文件、证件、证物	长期
		2	其他材料	短期

续前表

一级类		二级类		保管期限
类号	内容	属类号	内容	
4	规范经营与荣誉	0	单位社会活动中和党建、精神文明建设获得的荣誉证书、牌匾、奖杯等	永久(国家级)、长期(省部级)、短期(其他)
		1	经营管理方法获得的荣誉证书、牌匾、奖杯等	同上
		2	安全管理方面获得的荣誉证书、牌匾、奖杯等	同上
		3	质量管理、售后服务获得的荣誉证书、牌匾、奖杯等	同上
		4	其他专业管理获得的荣誉证书、牌匾、奖杯等	同上
		5	环保、卫生方面获得的荣誉证书、牌匾、奖杯等	同上
		6	单位文化、工会获得的荣誉证书、牌匾、奖杯等	同上
		7	维护职工权益获得的荣誉证书、牌匾、奖杯等	同上
		8	社会捐助、捐献和其他贡献获得的荣誉证书、牌匾、奖杯等	同上
		9	媒体评价方面的文章、照片、光盘、录音带等	同上
5	消费者投诉		单位产品、服务、价格、环保、社会承诺等方面受到的通报、处罚、投诉及处理结果的结论性文件材料	短期
6	单位审计	0	审计工作制度、规范、规定和获得的荣誉	长期
		1	单位定期内审的结论性文件材料	长期
		2	单位接受审计的结论性文件及整改结果材料	长期
7	案件控诉、应诉、查处	0	单位维权、控诉、侵权方面的材料和查处结论材料	长期
		1	应诉案件的查处结论材料	长期
		2	其他被有关方面处罚的通报、结论性文件材料	短期
8	法人代表个人信用材料	0	单位法人代表证、法人资格证	永久
		1	单位法人在社会活动中信誉状况的有关材料	永久
9	其他	0	建筑资质、资信和优良工程评定材料	长期
		1	保卫、保密工作获得的荣誉证书、奖杯、牌匾等	长期

三、信用档案的整理

信用档案的整理包括信用档案实体整理和信用档案数据信息整理两个方面的内容。所谓信用档案的实体整理，就是对信用档案的原件进行分门别类、组合、排列、编目，使之成为一个有机体系的业务活动。凡是尚未采用计算机管理的单位，可以沿用以往的纸质文件整理方法；已经采用计算机管理的单位，应当参照国家档案局的推荐标准（如《归档文件整理规则》等），结合本单位信用档案的具体情况，开展信用档案实体的整理工作。所谓信用档案的数据信息整理，就是将信用档案的内容数据，按照一定的数据格式要求，予以加工整序，使之成为便于查找和利用的信用信息资源的业务活动。进行信用档案的数据信息整理，一般应按照有关的行业主管部门颁发的相关数据标准或规范文件［如《房地产企业及执（从）业人员信用档案系统数据标准（试行）》（建办住房函〔2002〕521号）］的要求进行。如果目前尚无相关的数据标准，则可以通过借鉴和参考其他有关行业主管部门颁发的信用档案数据格式标准，结合本单位信用档案的内容状况，积极编制本单位的信用档案数据格式规范，并报送本单位的业务主管部门备案。

（一）信用档案的实体整理

1. 信用档案的分类

鉴于我国许多单位的信用档案仍然是以纸质文件材料为主的实际情况，加强信用档案的实体整理工作是十分必要的。信用档案的实体整理应当依据信用档案的形成规律、内容特征、载体形式进行合理分类。信用主体建立的和管理机关为信用主体建立的信用档案，其分类方法与类别设置，不强求一致。

例如，有的单位将所收集到的信用档案按照信用档案的实际内容情况划分为以下类别：

XY1——单位基本状况。

XY2——单位信用等级评估。

XY3——合同履约情况。

XY4——质量、管理体系标准认证。

XY5——规范经营、荣誉、获奖。

XY6——消费者投诉。

XY7——单位、地方、国家审计情况。

XY8——案件控诉、应诉及查处情况。

XY9——法人代表信用情况。

XY10——其他。

上述各类所包容的信用档案，还应根据实际形成的信用档案数量情况，决定是否进一步划分二级类。

2. 类内信用档案的组合、排列与编目

在尚未实现计算机管理的单位，信用档案在按照分类方案分门别类后，就可以将每个“终端类”（不需要进一步划分的类别）内所包容的信用文件材料，按照它们的相互联系，在区分载体和保存价值的基础上，组合成若干个保管单位（案卷）。具体的整理方法可以参考以往文书档案的立卷方法，这里不再赘述。

在已经实现了计算机辅助管理或办公自动化的单位，可以采用如下步骤，对各个“终端类”内的信用文件材料加以整理：

第一步：区分“件”，即将存在密切联系的信用文件材料视为一件，并采用相应的装订方法，把它们组合在一起，以便统一编号。

第二步：区分价值，即按照信用档案保管期限表的规定，详细划分每一件信用档案的保管期限，并将相同保管期限的信用档案类聚在一起（按价值分类）。

第三步：按形成时间顺序排列，即以件为单位，将同一保存价值的信用档案按照其形成时间的先后顺序，依次加以排列。

第四步：加盖归档章或档号章。在每一件信用档案的首页的上方空白处，加盖归档章或档号章。其格式如表 8-5 所示。

表 8-5　　归档章或档号章格式

全宗号	年度	室编件号
类目或类号	保管期限	馆编件号

C008	2003	128
XY3	永久	

上表中的“C008”表示信用档案所在全宗的编号，“2003”表示年度，“128”表示信用档案的第三类（XY3）中的信用档案件号，“永久”为该件档案的保管期限。

第五步：登记目录。将排列好的信用档案，以件为单位，按年度和保管期限，打印出归档信用档案目录。目录格式如表 8-6 所示。

表 8-6　　归档文件目录

件号	责任者	文号	题名	日期	页数	备注

第六步：装盒上架。档案盒脊应标明信用档案的类别、年度、文件材料的起止件号。

3. 信用档案的档号

信用档案的档号主要由信用档案的代号、分类号、年度、保管期限、件号等部分构成。在编制信用档案的档号时，应当遵守档号的一般编制规则。其具体编号示例如下：

XY1·3·2003·Y—12

示例中的“XY”为信用档案代号，“1”为信用档案一级类目中第一类的分类号，“3”为第一类中的第三个属类的编号，“2003”为年度，“Y”为永久保存的信用档案的代号，“12”为该类中信用档案的文件件号。

由于有的单位已经采用标时法标识信用档案的保管期限，所以对于信用档案的档号中的“保管期限”一项，可以直接标出具体的保存年限。如：

XY8·2·2003·20—28

例中的“20”就是编号为“28”的信用档案的保管期限。

为了使信用档案的档号更有利于计算机的管理，各个信用主体及负责集中管理信用档案的单位，还应通盘考虑档号的每一组成部分的字段长度，以实现现代化管理的需要。

（二）信用档案的信息整理

信用档案的信息整理是现代信息社会，特别是市场经济发展的客观要求。一般来说，信用档案只有经过合理的信息整理，才能实现快速查找、方便使用等管理目标。实践表明，如果囿于传统的手工管理模式，那么信用档案的建档目标是很难真正实现的。为此，必须充分利用各种相关的现代信息处理技术，努力实现信息档案管理的现代化目标，为建立社会的信用制度和诚信保障体系提供优质服务。

信用档案的信息整理是针对其内容而言的，即利用各种相关的现代技术设备和手段，实现信用档案信息的数字化存储和网络检索等目标。

信用档案的信息整理工作步骤主要包括：

第一步：对传统载体的信用档案进行数字化处理。在开展这一步工作时，应当按照统一的数据格式要求，对信用档案进行扫描。对于扫描后的信用档案内容，要进行认真的校对核实，以保证信用档案数据的真实性。在开展此项工作时，我们还应当注意依据信用档案的类别属性，分类进行信用档案的数字化转换工作。对于已经实现了办公自动化或网络办公的单位，可以在本单位的管理信息系统开发设计时，及时提出相应的功能需求，以便使系统在正常运行以后，可以自动地将档案部门所需要的电子文档数据和信息，传输到档案部门所指定的某一节点。这样做的目的是可以实现对信用主体所形成的相关文档数据和信息的有效控制，同时也可以有效地保证本单位、本地区、本行业的信用档案数据和信息的完整、准确、真实，避免“二次”数字化等重复劳动问题的出现。

第二步：利用计算机对信用档案进行著录和标引。这一步整理工作的目的就是为了建立信用档案目录数据库，方便有关用户的查询，同时也可以有效地控制用户的访问权限，维护有关信用主体的合法权益。信用档案的数据著录条目的格式，可以参照有关标准来进行，如 EAD 标准等。

第三步：对数字化形态的信用档案信息进行安全备份。每一备份都应填写“盘号”及其他有关记录事项，如“信用档案的档案号”等。一般可以将有关数据存储在光盘、磁盘等物理介质中，并根据需要决定安全“副本”的份数。但在一般情况下，至少应当“一式四份”，并将其中的一到二份异地保存。

第四步：填写信用档案电子登记表。电子文件登记表的格式，可以参考国家标准《电子文件归档与管理规范》的附录《电子文件登记表》的格式来设计。其中的记录事项应包括“文件特征”、“设备环境特征”（硬件环境、软件环境等）、“文件记录特征”（记录结构、记录字符及图形文件格式、文件载体）、“制表审核”（填表人、审核人及相关日期等）、“文件编号”、“题名”、“形成时间”、“文件性质代码”、“文件类型代码”、“载体编号”、“保管期限”、“备注”等。此外，为了方便检索，还应在光盘、磁盘的包装材料上加贴标签。标签的格式一般可以设计为表 8-7 的格式。

表 8-7　　包装标签格式示例

代号	分类号	顺序号	光(磁)盘号

标签中的“代号”是指信用档案的代号，“分类号”和“顺序号”是指信用档案的档号，“光（磁）盘号”是指对光盘或磁盘的编号。

总之，信用档案的信息整理是实现信用档案信息资源组织化、结构化的必要途径。只有实现了信用档案的内容信息的组织化，才能使信用档案发挥更大的作用。

四、信用档案的利用

无论是信用主体自己建立的信用档案，还是社会有关管理单位为信用主体建立的信用档案，只有真正发挥它们的各种积极作用，才能使人们认识到开发利用信用档案信息资源的重要性。“人无信不立，国无信则衰”，这是当今社会的一种共识。在建设和发展社会主义市场经济的过程中，信用档案的作用已经为越来越多的人所认识。但是，我国信用档案的信息服务体系还存在着一些问题。比如，信用档案的信息服务的覆盖面过小，部分地区入网单位的数量较少，信用档案信息服务系统建成的不多；在已经建好的系统中也存在着信息内容方面的问题，尤其是不良行为信息不完整、不全面，不符合信用档案信息系统的建设要求；少数地区没有按照统一的数据标准进行系统建设，影响了全国信用档案信息系统的信息共享等等。为此，必须提高社会的信用档案意识水平，完善信用档案的管理体制，改善信用档案的管理方式和手段，增强信用档案的管理效能。

（一）信用档案利用服务管理的措施

具体做法包括：

1. 充分利用新闻报道、宣传等手段，不断提高社会的信用档案意识水平

在以往的工作中，我们非常重视对信用档案意识的重要性的宣传，但是对一部分“受众”而言，宣传并不是他们主动获取信息的主要方式和渠道。所以，不能把宣传当成提高社会信用档案意识水平的唯一手段。从某种意义上来说，新闻报道是让社会组织和公众认识信用档案重要价值的最佳方式之一。因为在看新闻的过程中，受众实际上是在主动选择自己需要接受哪些方面的信息。所以，利用新闻报道来改善整个社会的信用档案意识水平，无疑是一种较好的工作方式和手段。

2. 完善信用档案的信息利用制度

各有关方面必须认真做好信用档案信息利用制度的建设。应当在保证信用档案完整、真实、准确的前提下，逐步建立和健全信用档案的信息资源开发利用的制度体系，使信用档案的利用合法化、有序化。

3. 改善信用档案的利用条件

为纸质信用档案编制目录、索引、指南等检索工具，有条件的单位要建立机读目录，以实现快速、准确检索的目标。通过对信用档案进行扫描或其他数字化处理，建立信用档案数据库，实现联机检索和网络查询，逐步建成行业或地区性的信用档案信息网，并与国家信用档案信息网链接，实现信息共享。以国家综合档案馆为基地，广泛收集、征集管理机关形成的以及信用主体建立的各种载体形式的信用档案信息材料，或运用计算机及其他数字化手段处理的信用档案信息，建立地区性信用档案信息中心，向社会提供有效的信用信息服务。

4. 完善信用档案的利用服务制度

在信用档案的利用制度中，一般需要说明这样一些事项：查寻和利用信用档案或相关

信用信息，要出示身份证、工作证或单位相关证明，说明查寻目的、利用范围、利用方式，履行登记手续，缴纳相应的费用等。如果利用网络终端查询，则应履行有关的注册登记手续，并且要符合相应的用户访问权限规定。

（二）信用与信用档案利用服务

在大力发展社会主义市场经济的今天，人们已经越来越认识到信用的价值。

在现代社会，信用不仅仅是一种反映信用主体信誉状况、诚信情况的信息，它同时更是一种“资格”、一种“财富”、一种“权利”。每个信用主体的信用状况如何，并不是靠自己的宣传就能够获得社会认可的，而必须借助于信用档案才能实现。一个政府、一个行业、一个单位、一个人物的信用状况，都必须借助于信用档案所提供的数据和信息，才能得到有效确认。所以，一个信用主体若想在社会上获得一定的生存和发展空间，就必须拥有良好的社会信用度；一个国家若想建立和完善健康的社会秩序、市场秩序，就必须加强国家信用体系的建设。值得我们注意的是：信用档案的建设及其有效利用，是国家信用体系建设的一项关键性工作内容。

有专家指出，信用体系的建立、信用等级的评估是一个巨大的社会工程。尽管当前各行业内信用等级评定标准等工作还不完善，但各个行业都在积极建设之中。在各个行业的信用评价体系完善之后，社区信用档案将吸纳各个行业的信用信息，形成一个覆盖区域内各个方面的信用信息网络，社区信用档案也会成为一个区域内比较完善的单位和个人信用信息的交流平台。如果每个区域都有这样一个信用档案库，都建成一个信息交流平台并实现互相对接，全国范围的社会信用评价体系就可以建立。所以，从某种意义上说，社会信用评价体系所提供的服务就是信用档案数据和信息服务。没有或缺乏信用档案的支撑，任何信用体系的建立、信用等级的评估工作都会无法进行。因此，我们可以得出这样一些结论性认识：

信用是现代信息社会的一个重要特征，没有信用的个人、单位、行业、政府和国家，是没有前途的；信用档案为我们提供了了解和认识有关信用主体信用情况的数据和信息，是我们建设社会信用体系的必要条件。如果说信用是一种资格、一种财富、一种权利，那么信用档案就是决定有关信用主体能否获得这些“资源”的必要前提和基础。

（三）信用档案利用服务工作应当注意的问题

信用档案的利用服务是一项政策性较强的工作。在开展此项工作活动中，档案工作者应当注意处理好以下几个方面的问题。

1. 注意保护信用主体的合法权益

在提供信用档案信息服务的过程中，对有关社会用户的利用需求是否应当给予满足，关键要分析清楚他们的利用目的。一般来说，凡是有利于维护正常的社会秩序，能够促进社会道德风尚健康发展的利用需求，档案部门都要积极予以满足。但是对于那些有损组织或个人合法权益的利用需求，如泄露商业机密、个人隐私等，就应当严格控制。

2. 注意公平、公正、公开原则的合理运用

在提供信用档案信息服务的过程中，档案部门不能采取“内外有别”的暗箱操作，而

应当在保证信用主体合法权益不受侵害的前提下，实施公开、公平、公正的服务政策。只有如此，才能使给社会造成严重危害的信用主体得到惩戒，加大失信者的失信成本，同时使遵纪守法者获得更多的社会“资源”配置。在信用档案信息服务的过程中，档案部门必须认识到：诚信不应是单向的，而应当从政府做起；政府必须做市民诚信的表率。为此，对于政府公务员的信用状况方面的信息，以及政府各个职能部门或机构的信用信息，必须公开提供利用。

3. 注意所提供信用信息的及时更新

由于信用主体本身信用状况信息具有动态性，所以在提供信用档案信息服务的实践中，必须保证向有关的用户提供反映信用主体最新情况的信息。因为过时的有关信用主体的信用数据和信息的使用，往往会给信用主体造成不良的社会影响，所以档案部门对于这些方面的信用信息，必须给予足够的重视。在信用档案的管理实践中，档案部门还应注意及时更新有关信用主体的信用信息，以保证为社会提供最真实、最有效的信用信息服务。对已经纳入数据库管理的信用档案信息，也应当按规定对有关的数据记录进行补充、更新，以便使有关数据记录能够及时反映相关信用主体的最新情况。

4. 注意信用档案信息服务形式的多样性

尽管网络信息技术在我国的发展很快，但是依然有相当数量的组织和个人不能或不会利用信息网络查询或获取所需要的有关信用主体信用状况的数据和信息。为此，档案部门绝不能把信息网络作为发布信用档案信息的唯一途径，而应当把传统的服务方式和现代信息服务方式有机地结合起来，为社会用户提供多层面、多途径的信用档案信息服务。

第三节　社会信用档案管理体系建设

近些年来，随着我国社会经济的发展进步，对于信用回归的呼声愈来愈高，切实加强社会信用建设、逐步在全社会范围内形成以诚实为本、操守为重的良好风尚，加快建立包括个人、企业、政府和中介机构在内的信用档案体系，直接关系到我国信用制度建设与社会信用体系完善，是当前构建和谐社会的重要课题之一。

一、个人信用档案管理体系建设

（一）建立个人信用档案管理体系的必要性

个人信用档案是对个人信用情况的原始记录，包括个人身份证明和个人资产以及个人在社会活动中形成的信用情况记载，其个人信用记载是个人信用档案的核心部分，用以表明其信用程度，也是每个公民是否诚信或诚信度的重要凭证。其内容包括道德信用与资产信用两个方面，或者按照内容属性又可分为静态内容——信用主体相对稳定的基本材料，以及动态内容——信用主体在社会活动和经济活动中形成的信用信息和情况。[①] 个人诚信是社会正常运行的重要基础，否则个人的生存与社会的正常秩序都会受到严重影响。而且

---

① 陆建香．论人事档案与个人信用档案．兰台世界，2006（14）．

市场经济也是建立在诚信基础上的，信用也是市场经济正常运行的道德基础。国家、社会、个人都需要诚信，个人是组成社会的细胞，没有个人的信用，也谈不上社会和政府的信用，可以说政府信用和企业信用最终都取决于个人信用，个人信用水平反映了整个社会的信用水平。另外，个人信用档案在我国还属于新生事物，个人信用档案体系建设还处于探索之中，并未走上规范化、法制化的轨道。从理论上和实践中，建立个人信用档案体系都迫在眉睫。

（二）个人信用档案管理体系建设方向

一些大学为了深入素质教育，构建大学生诚信教育体系，开始建立大学生诚信档案制度，学校按照其档案管理要求把每位大学生在读期间的学习、生活等方面的信用情况记录下来，形成大学生诚信档案。温州首创公务员信用考核，由其个人信用档案记录情况决定升迁。2005 年北京市西城区人民检察院根据市政法委和市检察院提出的建立干警廉政信用评价机制的要求，结合检察工作实际，建立了干警职业信用档案制度。重庆市政府法制办公室称该市在 2006 年底前建立全市公务员“信用档案”，公务员的个人信用信息将与履职信用信息一起纳入档案记录和公务员考评的范围。[①]

1. 个人信用档案管理体系

个人信用档案资料是紧随每个人的学习、工作、生活情况逐渐积累形成的，个人的活动涉及社会各种部门，其信息可能散存于学校、工作单位、金融机构、商业、医院、公用管理部门、房管部门、司法部门、海关等，而我国现有国情是各地区各行业条块分割，信息采集与使用自给自足，共享程度低。如无特殊情况，没有哪个部门或个人去汇集公民各方信息资料，形成完整的公民个人信用档案。这使得建立完整的个人信用档案显得更加必要。建立统一的个人信用制度，应该按照人员隶属关系，有组织地汇集散存于社会各部门的个人信用信息资料，形成系统完整的个人信用档案。

2. 规范个人信用档案的来源与内容

建立个人信用档案的最终目的在于树立人们的诚实守信意识，监督约束不良信用行为的发生。因此，对个人信用档案的来源与内容的确定必须慎之又慎，要将法定的涉及个人隐私的信息资料与合法的征信信息资料加以区分，使信息来源真实可靠，档案内容真实可信。个人信用档案的信息来源主要是：本人提供、国家机关的公告、金融机构和商业机构以及其他利益关系的机构和人员提供、媒体的公开报道。档案内容应包括：个人基本信息——个人身份、受教育经历及程度、工作履历、荣誉记录、不良记录；个人信用信息——守法信用、公德信用、借贷信用、纳税信用、信用评定等级记录。

3. 重点加强大学生信用档案建设

大学生信用档案是指关于大学生信用状况的原始记录。它是在大学生信用活动中形成的第一手资料，是最原始的记录，是大学生向社会证明其诚信度的凭证。大学生信用档案体系是建立社会信用制度的一个重要方面，也是社会、学校、学生共赢的一项工程。从长远来看，它对加强学生的道德修养教育、培养诚信为本的观念十分必要。通过高校师生的共同努力和社会各界的大力支持，大学生信用档案建设能够不断完善，讲诚信重操守者能

---

① 张策佳．关于现阶段个人信用档案工作的思考．四川档案，2006（2）．

得到社会回报，规范的经济秩序能回归校园文明，构建和谐校园、建立诚信社会的愿望定能实现。[①] 高校在大学生信用档案管理中应更新观念，探索新的管理模式，发挥信用档案诚信教育的作用。[②]

4. 个人资信档案登记制度建设

个人资信档案登记是开展个人信用业务活动的基础。在国外，金融机构向消费者或私营企业主发放个人贷款之前，都需要向有关机构查询该借款者的资信情况，而提供这类服务的机构往往是专业的个人资信档案登记机构，例如美国的"信用署和信用报告署"，其信息十分完备，可以向发放贷款的金融机构提供关于消费者利用贷款的种类及余额、过去的利用情况、偿还历史等各种信息。涵盖全国每个企业、每个成人经济活动、资信情况的电子信息系统，可以随时为各金融机构提供即时的、历史的和全面的资料。[③]

5. 档案部门应该有所作为

档案部门在全社会建立个人信用档案中必须做好自己的工作。建立个人信用档案，是档案部门面临的全新课题，也给档案工作带来了新的发展机遇。档案部门要关注信用档案工作发展的新动向，认真履行职能，在个人信用档案工作中有所作为。一是要尽快与立法机构合作制定个人信用档案管理办法和工作标准；二是要加强对个人信用档案工作的法律监督；三是对社会征信机构积极开展个人信用档案工作的业务指导，提供专业人员培训及技术保障。

二、企业信用档案管理体系建设

企业信用档案是指企业在内部生产经营管理以及与其他社会组织、个人交互过程中形成的记载和反映企业信用状况的原始记录。加强企业信用档案体系建设，是整个社会信用体系建设的重要组成部分，是使档案工作更好地服务于改革开放和现代化建设的一个重要切入点，是市场经济正常运行的重要基础和现实需要，是企业自身长期可持续发展的内在需求，也是档案事业服务于经济建设的具体体现。

（一）加强对企业信用服务市场的监管

应加强对企业信用服务市场的监管，建立必要的监管制度，依法规范企业信用服务机构的运作，维护国家经济信息安全和社会稳定。要加快制定相关法规，对企业信用服务业管理和政务、企业信息披露等进行规范，特别要处理好企业信息披露利用与保护企业商业秘密的关系。

（二）丰富企业信用服务行业投资渠道

应当鼓励、支持和引导民间资金投资设立企业信用服务机构，并通过市场化的方式提供信用服务。目前，有些地方政府介入企业信用服务领域，甚至提出要对有不良记录的企

① 陈京玲，崔杰．高校建立学生信用档案的尝试．档案管理，2007（3）．

② 周琴．大学生信用档案管理策略研究．兰台世界，2007（20）．

③ 纪艳彬，吴瑞丽．发达国家的个人信用制度及借鉴．职业时空，2006（14）．

业加强监管，并附加了诸多限制。其实，企业只要具备市场主体资格，政府就有为它们创造平等竞争机会的义务，而不应对其合法的市场行为加以限制。政府的作用应是加强对企业信用服务行为的规范，促进政务信息公开，不宜直接设立和经营企业信用服务机构。

（三）注重企业信用档案数据库建设

各单位在加强文书档案管理的同时，要特别留意专业档案中涉及信用内容的部分，积极与相关的业务部门配合，把它们作为档案管理工作的重点来进行安排。目前，企业信用档案一般分存在各类档案中，从实体保管的角度来讲，不便于抽出来单独保管，但是可以利用备份集中保管或在计算机系统上建立企业信用档案数据库，这些做法比较恰当和实际，既方便利用，又不打乱原有档案管理体系。

（四）形成专门的信用档案管理系统

企业信用档案工作涉及面很广，不仅国家机关在行政管理工作中会形成企业信用档案，银行、保险等金融机构的信贷等业务中有这方面的内容，其他工商企业甚至个人也会产生企业信用档案。现阶段档案部门的工作重点应是尽早建立专业的企业信用档案，把信用信息从有关的种类档案（工商登记档案、银行借贷档案、公安司法档案、税务档案等）中剥离出来，建立各行业、各部门的企业信用档案。同时，要加强标准化建设，为各专业的企业信用档案整合、信息共享及信息安全奠定基础。[①]

三、政府信用档案管理体系建设

政府信用是构建社会诚信体系的主导因素与楷模因素。对于政府信用建设的重要性，无论从哪一个角度去强调都不过分。而政府信用建设的重要举措之一就是要建立政府信用档案。档案是历史的记录，政府信用没有历史记录，任何评价政府信用的说法都将失去依据。

一方面，政府信用档案建设之于社会信用体系建设具有巨大的模范作用。建立政府信用档案，把政府官员实施行政的一举一动都记录在案，其实质是政府实施建设社会信用体系过程中的自我约束的表率。它向社会全体成员显示，社会信用实质上是政府带领社会全体成员共同努力的结果。加强政府信用档案建设是政府率先重视自己的信用，用以推动全社会其他成员注重信用的举措，因此，政府信用档案的建立，是政府约束自己、回应公众信任和期待的一个实实在在的具体措施。[②] 而且，信用道德教育最好的教材就是已经形成、积累起来的社会信用档案，尤其是这些政府信用档案中记载的活生生的正反典型事例，必然会成为信用道德教育的生动教材。

另一方面，政府信用档案建设对于社会信用系统建设具有重要的监管作用。从我国目前信用建设的实际情况出发，在社会信用体系建设过程中，政府必将起着最重要的主导作用。这一主导作用主要体现在对社会信用体系建设的监管上，而在监管的全过程中，政府

---

① 刘娟．谈企业信用档案建设．档案，2006（1）．

② 何致武．加强政府信用档案的管理．档案学通讯，2007（5）．

的信用档案工作将会起着重要的保证作用。为了凸显和充分发挥其监管作用，应该明确政府信用档案的管理机构为同级人民代表大会，对政府信用等级评定应该广泛涉及民意代表对政府的评价、金融部门对政府的评价、各级法院对与政府信用有关的裁决或判决、其他各方面的意见评价等。当然，监管作用的发挥还离不开信用法制建设。立法的目的在于创造信用开放和公平享有使用信息权利的环境。应该把政府信用档案体系建设融入覆盖全社会的信用监督奖惩机制中去，支持扶植信用行业的规范发展。

四、社会信用档案管理体系运行模式

（一）政府主导型模式

政府主导型信用管理模式主要以法国为代表并为欧洲国家所采用，所以也称为欧洲模式。这种模式是由政府委托中央银行或金融监管部门的内设机构负责信用档案管理。以法国为例，国家社会信用体系以中央银行建立的中央信贷登记系统为主体，个人及企业信用档案的建立和提供利用，都通过政府出资兴建的全国数据库来实现，可以为金融机构提供无偿服务。可见，政府在信用档案管理中扮演了主要角色。在这样的信用档案管理体系中，各金融机构向中央银行提供信用信息成为义务，信用档案的建立和管理具有明显的强制性和高度的集中性，可以充分利用国家行政部门的资源。因此，信用档案能以较低成本建立，国家信用档案管理得以成为非营利性的活动，而且这种模式获取数据全面、准确、及时，不存在法律问题。[①]

我国许多城市在信用体系建设的过程中，开始尝试建立信用档案征集服务机构，已初步形成了两种模式：一种是依托某一企业监管部门建立类似的机构，比如北京市就是依托工商局。另一种是依托国家综合档案馆建立政府监管的区域性档案信息利用服务中心。前者多是借鉴国外的做法，而后者结合我国国情，具有如下四点优势。

1. 可以保持与现有法律相衔接

我国《档案法》明确规定，档案馆是保管和利用国家档案信息资源的基地，对地方各类档案的收集、保管、利用是其依法承担的责任和义务。

2. 档案馆已经积累了相当高的信誉

档案馆作为保存国家档案信息资源的基地，在社会上具有其他中介机构和资信公司无法替代的信誉，以档案馆为依托开展信用档案的收集与利用，提供信用数据的单位和个人比较令人放心，获取信用信息的利用者比较信服，因而比较容易推进信用档案管理体系的建立。

3. 可利用已有的物质基础与管理能力

目前各级档案馆具备较好的保管条件、完善的制度和较完备的技术设备与专业人才，尤其在档案管理软件的开发、现代化管理设备的应用及服务能力与水平上具有较大优势。全国许多档案馆正在筹建数字化档案馆，逐渐开展网上档案信息咨询，为今后开发信用数据库打下较好的基础，尤其是我国档案馆网络体系比较健全，便于信用档案管理体系在全国的铺开和数据共享，避免了商业运作中出现的利益冲突、组织不力等不利因素。

---

① 邓维康，等．浅议我国信用档案管理体系的构建．档案与建设，2006（12）．

4. 易于打破部门封锁和信息垄断

在信用数据的开放与使用等方面，目前我国还没有明确的法律规定，政府部门和一些专业机构掌握的可以公开的资讯没有开放，造成信用信息的垄断。另一方面，一些系统和行业纷纷建立自身的信用体系。而根据许多地方法律法规，地方各级综合档案馆已经是合法的区域性档案信息中心，理应可以较好整合各行业各部门的信用系统，形成信息资源共享、对社会开放的全国统一的信用档案管理体系。[①]

(二) 市场主导型模式

市场主导型信用档案管理模式的代表是美国，所以被称为美国模式。这种模式是信用档案的管理主要由商业性服务公司通过市场化的运作方式实现，而政府并不直接承担和参与信用档案的管理。由私人兴办的各种信用机构首先搜集各种资信信息，然后按照客户的要求为客户提供各种资信服务，并收取服务费以获取报酬和利润。信用管理的市场化运作形成专门的信用市场，各资信公司在信用市场上相互竞争，优胜劣汰，从而使整个行业资信服务的水平不断得到提高，进而使整个社会的信用活动也得到保障。在美国，1860 年第一家民营的信用局在纽约布鲁克林成立，美国个人信用市场从此发展起来。此后，经过 100 多年的市场选择，现在只剩下艾贵发（Equifax)、益百利（Experian）和环联（Trans Union）三家大公司，其资产都在 10 亿美元以上，各自都拥有庞大的信用档案数据库。

信用档案管理的商业化运作模式有利于信用档案的积累、集中与共享，降低政府的管理成本与信用风险。信用评价虽然是道德化的反映，但这种评价首先是基于一种商业交往的需要。在市场经济中，任何市场行为都是有成本的。经济主体在经济活动中，为减少交易风险而利用信用记录（档案），并为此向征信机构支付费用是十分自然的事情。信用档案作为一种资源、一种市场要素，同样应该在商业化运作中完成积累与集中，实现共享。[②]

(三) 法制化、规范化信用档案管理运行平台

无论是政府主导还是市场主导，社会信用档案管理体系建设都离不开法制化、规范化的运行平台。目前，世界上信用档案管理模式以美国为代表，各个征信公司以其拥有的信用档案数据库而成为社会主要信用档案管理部门。其成功的管理模式离不开美国发达的市场经济与信贷消费及电子货币的普遍应用，而其完善的信用法律体系则起到至关重要的保障作用。美国在信用法律方面的法律有《信贷机会平等法》《公平贷款记录法》《诚实信贷法》《公平信用报告法》等。[③] 加强信用档案的法制建设，为信用档案建设提供法制保障，包括三个方面。

1. 加强信用体系的法制建设

包括对现有法律法规中有关信用方面的条款进行修改、补充和完善，并以法规形式确定信用制度的基本规范，建立和完善统一的诚信制度和信用评估制度。同时，还要完善失

---

① 王欢喜．试论 WTO 与信用档案体系的构建．浙江档案，2002 (7)．

② 刘雪梅，等．论建立我国信用档案管理的商业化运作模式．郑州大学学报（哲学社会科学版)，2004 (6)．

③ 傅薇．国外信用档案管理模式简介及比较分析．档案与建设，2003 (8)．

信行为的制裁机制，明确规定各种失信行为的定罪和量刑，建立“守信者褒、失信者惩”的良性信用机制，加大对不良信用行为的惩罚力度。

2. 加强信用档案的法制建设

要建立统一的信用档案法律法规，规定信用信息的征集、整理、归档、保管、利用等一系列标准；对信用档案整理、归档的步骤、手续，保管的地点、方式等做出明确的规定；对信用档案管理人员的权利和责任也要做出明确的规定。

3. 建立信用档案的公开和利用制度

由于信用档案涉及个人隐私和名誉，公开和利用信用档案必须有法律依据，因此，要制定信用档案的公开和利用法规，妥善处理隐私权和商业秘密问题。[①] 前不久颁布的《政府信息公开条例》涉及的是政务信息公开，部分涵盖了政府信用档案，对于企业信用档案甚至个人信用档案的公开及利用并未提及，因此公开与利用信用档案仍然面临诸多困难。

本章思考题

1. 信用档案定义的含义是什么？信用档案具有哪些方面的特征？
2. 信用档案的种类划分有何意义？
3. 信用档案的利用价值有哪些？
4. 信用档案的归档范围如何确定？
5. 信用档案的鉴定工作包括哪些方面的内容？
6. 为什么说定量划分信用档案的保管期限更有利于有效管理信用档案？
7. 信用档案的整理包括哪两个方面的内容？
8. 信用档案的利用服务工作应当注意哪些方面的问题？
9. 怎样规划社会信用档案管理体系？
10. 如何处理个人信用、企业信用、政府信用档案管理体系之间的关系？

---

① 马晓芳．中外信用档案比较．山西档案，2009（2）．

第九章
统计档案和统计档案管理

本章提要

统计档案，是各级国家统计机关和企事业单位的统计部门在进行统计调查、统计分析等统计活动时直接形成的，具有一定保存价值的各种数字、文字、图表、声像及电子载体形式的历史记录，是具有有机历史联系的文件体系。本章主要介绍和阐述了统计档案的定义、特点、形式及其主要作用等统计档案管理的基本理论知识，并介绍了我国目前统计档案的集中、归档、整理、利用、编研等业务管理工作的有关理论、原则和方法。

第一节　统计档案概述

一、统计档案的定义

关于统计档案的定义，目前主要有以下几种：

● 统计档案，是在研究各种社会经济现象、经济管理活动以及社会发展情况时产生的具有保存价值的统计设计、统计调查、统计分析、统计报表和统计资料等，它是认识社会的重要手段，也是管理国家、管理企事业单位、对国民经济和社会发展实行监督的有效工具。

● 统计档案，顾名思义是各级国家统计机关在进行统计活动时直接形成的、具有查考价值的各种数字、文字、图表形式的历史记录。

● 统计档案，是以文字、数字形式，以科学的分类汇总、比较法，用各种图表、曲线表示的反映科研、生产、销售、应用等涉及社会经济活动各个方面的客观记载。

● 统计档案是包括原始记录、统计报表、统计台账、统计调查分析、统计文件、统计执法案例等在内的有保存价值的统计资料。

分析上述定义，我们可以看出它们之间既有相同之处，也有不同之处。就其共同点而言，它们都揭示了统计档案的形成领域、价值属性和存在形式。只是在对形成领域的具体表述上，仍存在一定的差别，如在对统计档案形成领域的表述上，有的将其定义在研究活动中，有的将其定义在具体的社会经济活动中，还有一些将其定义在统计活动中等。

它们的不同点也有很明显的表现，这就是对统计档案的属概念的使用上，有“历史记录”“客观记载”，还有很多实际工作部门将统计档案称作“统计资料”等。另外，对统计档案的形成主体界定不是很明确，有的将其界定为“各级国家统计机关”，大部分定义则没有明确指出其形成主体。这种不一致的情况，反映出目前各统计单位对统计档案的管理思想还不一致，还存在很多模糊性认识。我们知道理论可以用来指导实践，但是用这种模糊性认识来指导统计档案管理实践，必将造成统计档案管理的混乱。因此，各级统计机关有必要对统计档案的定义达成明确的认识。

我们认为，在给统计档案下定义时，应考虑到以下几个因素：

第一是形成者因素，即形成主体因素。这个因素揭示了统计档案的来源，有利于管理者明确统计档案的收集范围，也便于日后进行集中归档。

第二是形成领域因素。这个因素明确了究竟哪些领域中形成的档案才是统计档案，有利于管理者对档案的积累。

第三是价值因素。并不是说所有的统计性文件如统计设计、统计调查、统计分析等都要作为档案保存，只有其中具有保存价值的，我们才会将它收集、整理、归档，作为统计档案保存。

第四是表现形式因素。这指的是统计档案的具体外在表现形态，是对其具体样态的描述。

第五是本质属性因素。任何事物都具有其本质属性，这是它区别于其他事物的依据。正因为此，在对事物下定义时，一定要明确事物的本质属性。

综上所述，我们认为：

> 统计档案，是各级国家统计机关和企事业单位的统计部门在进行统计调查、统计分析等统计活动时直接形成的，具有一定保存价值的各种数字、文字、图表、声像及电子载体形式的历史记录，是具有有机历史联系的文件体系。

在这个定义中，我们全面考虑了各方面的因素，对统计档案进行了明确的界定。

二、统计档案的特点

统计档案作为一种专门档案有着自己的特点，我们应该准确地理解和把握它的特点。因为只有清楚地了解了统计档案这一管理对象的基本特点，管理者才能制定正确的管理制度，科学地进行统计档案的保管和利用服务工作。一般来说，统计档案主要有以下几个主要特点：

第一，数量大。这是统计档案的一个突出特点。统计档案担负着为宏观决策和微观管理提供服务的重任，统计资料来自社会经济的各个领域，可以说统计档案是从数量方面来说明问题的，就是“用数字说话”，它是用大量数字语言来反映事物的本质和整体。这些数字信息集中反映了一个地区、一个部门的国民经济和社会发展水平，具有较强的说服力。

第二，种类多。近年来，市场经济的发展对统计工作提出了更高的要求，仅仅以表格（或统计图）形式呈现已不能满足实际工作的需要了，常常是表式年年有变，指标年年增加；统计档案的种类也越来越丰富，并有逐年增加的趋势。

第三，统一性。统计工作中采用的指标含义、计算方法、分类目录、调查表式和统计编码等全国或各省都是统一的，所形成的统计档案从总体上也反映出了它的统一性。各单位的统计也都是按照国家规定的统计范围、统计目录、统计指标、计算方法、计算价格、计算口径、报送时间来搜集、整理统计数字和提供统计资料。所以统计档案有统一性的特点。

第四，时间性。这主要表现在反映时间和形成时间两方面：在反映时间上，一般来说有月报、季报、半年报和年报，这对于我们分开并按时间线段组卷十分有利；在形成时间上，一般来说月报、季报、半年报都在次月形成，年报在次年一季度形成。统计档案的时间性有利于我们抓住时机进行收集。

三、统计档案的种类

统计档案目前主要有统计报表（统计图表）、统计资料和统计分析三个种类。

（一）统计报表

统计报表是由国家或地方政府统计机构统一设计的调查文件，并以此形成了按照统一格式、统一时间、统一程序，自下而上提供统计资料的报告制度。统计报表有国民经济基本统计报表和专业统计报表两种。

国民经济基本统计报表是国家搜集农业、工业、交通、基建、商业、劳动工资、物资、财政等方面最基本的统计资料制成的统计报表，旨在为党中央和各级领导了解情况、指导工作、制定政策、编制和检查计划提供依据。专业统计报表，是业务部门为专业管理工作需要而制定的统计报表，在本系统使用，主要是搜集有关部门的业务技术资料以作为国民经济基本统计报表的补充。地方统计报表主要是为适应地区特点而补充制定的地区性统计报表。

统计报表又分为日报、旬报、月报、季报、半年报和年报。

（二）统计资料

统计资料是统计工作的成果，是研究社会经济发展规律，总结历史经验，对统计调查所取得的各项原始资料进行科学加工与汇总（包括历史资料）的结果。统计资料为统计分析提供了基础和前提条件。统计就是通过统计资料为社会主义建设和国家管理服务的，也是通过统计资料发挥其检查、监督作用的。

（三）统计分析

统计分析是运用整理、汇总的统计资料，综合分析国民经济各方面的发展速度和比例关系，检查、监督并分析国民经济计划的执行情况，从中发现新情况、新问题，提出有数字、有情况、有分析的统计分析报告。

四、统计档案的作用

由于统计档案所提供的资料对社会上的各行各业乃至整个国民经济的发展都有着重要的作用，因此在改革开放、建立和发展社会主义市场经济的大潮中，统计档案作为专门档案的重要组成部分，越来越受到国家各部门、社会各行各业的高度重视。尤其是统计业务档案，它真实地记录了当时当地经济发展的速度、规模、效益，是研究、制定经济政策的重要依据，具有其他门类档案不可代替的作用。统计档案的重要作用主要表现如下。

（一）统计档案是经济社会发展成果的真实记录，具有重要的史料价值

统计档案中集结了国民经济和社会各行各业的发展成果，既是了解各行各业每个发展阶段情况的必不可少的资料，也是研究一定区域社会经济发展情况的珍贵的历史记录。

（二）统计档案是研究经济发展规律、制定经济政策的主要依据

通过对统计档案所提供的数字信息的研究，我们可以清楚地看到一个地区、一个部门的发展情况，进而从中找出制约经济发展的不利因素，通过调整经济政策，促进经济的高速发展。没有统计档案，我们就很难掌握经济发展的度，因此也就很难制定正确的经济政策。

（三）统计档案是进行经济预测、制定长远规划的重要资料

统计档案所提供的信息，既有年度信息，又有季度、月度信息，既有部门、行业信息，又有地域综合信息。这些信息都是进行统计预测所不可缺少的信息，是统计预测的客观依据。

（四）统计档案记载了统计人员从统计学角度研究经济的成果

统计部门是经济管理的综合部门，又是经济监督的重要部门。统计人员在从事统计调查的过程中，通过对若干个经济现象的研究所写出的统计分析和统计论文，是由表及里的深化分析成果，对于调整发展速度，研究当时国家和社会的发展经济政策，具有重要的参考价值，是领导进行宏观决策的重要依据。

第二节　统计档案的管理

统计档案管理的内容主要包括实体管理和信息管理两个方面的工作内容。其中实体管理主要包括统计文件材料的集中归档，统计档案的整理、编目、保管、统计等业务环节的工作；信息管理主要包括建立统计档案的检索工具体系，提供统计档案数据和信息服务，开发统计档案信息资源，生产各种信息产品和知识产品等方面的工作内容。

统计档案是国家全部档案的一个组成部分。统计档案的管理，要根据集中统一管理档案的原则和统计档案的特点来进行。如国家旅游局颁布的《旅游统计管理方法》中就指出：全国旅游统计资料由国家旅游局统一管理；地方旅游统计资料由当地旅游行政管理部门统一管理；专项旅游统计资料由实施专项旅游统计调查的机构负责管理。

一、统计档案的集中归档

（一）统计档案的收集

统计档案的收集是指将分散形成和保存在国家各级统计机关的统计档案，按照国家的

有关规定，通过例行的接收制度和专门的征集办法，有计划地分别集中到各有关档案馆（室）的活动。在统计档案的管理中，收集是重要的环节，也是发挥统计档案综合效能的基础工作。

收集工作是否做好，衡量的标准主要是看应归档的统计文件材料是否达到了齐全完整。

所谓齐全，有两层含义：一是对统计专业总体而言，如统计档案是由国民收入、农业等8个专业所组成，立卷时缺一不可；二是指该归卷的统计文件材料要齐全，否则就很难开展综合统计分析，也不便于日后利用。

所谓完整，是对单份统计材料而言，各专业统计材料，特别是报表，应按国家法定格式编制，不能缺号少页，同时还要将汇总依据置于汇总表之后，保持其完整。总之，在实际工作中，既要注意材料的安全，又要考虑材料的完整。

要做好统计档案的收集工作，应该注意以下几个方面：

首先必须明确归档范围，知道该收哪些，不该收哪些。所以，就要求对统计部门的职能活动有清楚的了解，弄清楚内设机构每年都形成哪些统计文件材料，以确定其归档范围。

其次就是要采取合理而有效的办法，解决如何收的问题。在开展统计文件材料收集工作时，可采取以下三种方法：一是熟悉统计专业，了解统计工作程序，明白在每个程序中都会形成哪些统计材料，这些统计材料是否需要归档，是否齐全完整，做到心知肚明；二是广泛开展宣传，解除思想顾虑，有些业务人员对档案工作原则不了解，习惯于留小家底，以图自己方便，这种思想必须通过宣传教育解决好；三是掌握散失线索，追根究底搞收集。

（二）统计档案的归档

统计档案的归档是指国家各级统计机关的文件处理部门或业务部门及文件工作者，将各项统计工作中形成并办理完毕的文件整理立卷，定期移交给本机关档案室集中保存的活动过程。简言之，就是按照国家规定把统计档案交给统计机关档案部门集中保存的过程。

实践表明，统计文件的集中归档必须依靠严格的归档制度才能顺利实现。统计档案的归档制度主要包括以下几个方面的内容。

1. 归档范围

归档范围，是指办理完毕的文件材料应当归档及不应当归档的范围。统计文件的归档范围，是指哪些统计文件材料应当作为统计档案保存，哪些统计文件材料不应作为统计档案保存。明确统计档案的归档范围，是保证统计档案齐全完整的重要前提条件。统计文件材料归档范围，一般包括8个专业29个类别：

1 国民收入

1.1 国民收入统计

2 农业

2.1 农业统计

2.2 农村经济综合统计

2.3 县（市）农业经济卡片
2.4 农村专业户、新经济联合体基本情况调查统计
2.5 农产量抽样调查综合统计
2.6 农村住户调查统计
2.7 农村经济基本情况调查统计
3 工业、交通运输邮电、物资供应、能源
3.1 工业普查统计
3.2 工业定期统计
3.3 交通运输邮电统计
3.4 物资供应统计
3.5 能源统计
4 固定资产投资、建筑业
4.1 固定资产投资统计
4.2 建筑业统计
4.3 地质勘探、勘察设计统计
4.4 城市公用事业统计
5 贸易、物价
5.1 商业统计
5.2 国际收支统计
5.3 旅游统计
5.4 海关进出口综合统计
5.5 对外经济贸易综合统计
5.6 物价统计
5.7 城市住户调查统计
6 人口
6.1 人口变动情况抽样调查统计
6.2 人口、计划生育统计
7 劳动工资
7.1 劳动工资统计
7.2 社会统计
8 城市基本情况
8.1 城市基本情况统计

企业的统计报表，工业企业的有：企业概况、工业总产值及主要产品产量、工业净产值、主要技术经济指标、主要产品生产能力、主要专业生产设备、金属切削机床及锻压设备、动力设备、主要财务成本指标、主要工业产品成本、工业企业基本概况、工业企业简要情况等。交通、商业等企业也有各自的报表。

除此以外，上级统计部门颁发的统计报表制度、指标解释、编表说明以及问题解答等指导现行统计工作的文件材料，在原始统计材料的基础上，经过加工整理，翻印或编印的精、平装本也应归档。综合性的季报、半年报、月报的汇总依据，过录表，未经领导签发

的草表，已被审核后的新表所代替的旧表，清理出来的重份报表，基层报送的旬报（电快报）和日报不归档，由有关业务部门留存。《统计信息》《统计工作动态》《统计内参》等按文书档案要求立卷，存入文书档案中。

2. 归档时间

根据统计制度的统一规定，统计报表在第二年三月份最后一批年报报出，年报会审以后，应及时整理立卷归档，由档案室集中统一管理。但由于统计报表、统计资料使用比较频繁，为了便于工作，可采取“分别对待”的办法。工业、农业、固定资产投资、商业、物资、劳动工资、大中型企业登记卡片、人口普查、城市社会经济、国民收入、综合财政、城市职工家庭收支调查、农民家庭收支调查等年报和典型调查、专题调查报表、统计分析报告、年度的国民经济统计汇编等，经整理、立卷后一律归档，由本单位档案室集中统一保管。上年度的季度、月份统计表整理组卷后，为便于工作可由各业务处（科）负责人或指定专人暂为保管。如产品产量、产值报表在生产科，主要财务成本指标和8项经济指标执行情况报表在财务科，固定投资报表在基建科，物资报表在供销科，劳动工资报表在劳资科。在年终后，月份、季度报表，统计员应按业务分工，把自己保管的报表按归档要求进行整理立卷，在第三年上半年或适当时间向本单位的档案部门移交，由档案室集中统一保管。月报、旬报可由各业务科室统计员保管。因为统计员对自己专业的报表口径、范围、统计分组和分类方法、指标计算方法比较熟悉，由统计员自己立卷，既加强了他们对统计档案的责任心，又有利于保证档案组卷的质量。但档案部门应根据档案归档要求，对这些部门的统计人员进行业务指导、监督与检查。

3. 归档份数

一般情况下，统计文件的归档份数要根据统计工作和研究工作的需要来确定，同时也要充分考虑到统计档案的具体特点和保管需要。对于纸质文件来说，可以保存一份，但重要的或使用频繁的纸质文件也可以采取“双套制”或“多套制”等方式来保存。对于照片、录音、录像等传统载体的统计档案，可参照纸质档案的办法来确定归档时间。对于电子统计档案，至少要留存3套，并做到异地存放，以确保其可据性和可读性。同时，电子统计档案也可以实行“双轨制”，即一套（或多套）电子形式的统计档案，一套纸质或缩微形式的统计档案。

4. 归档要求

统计文件的基本归档要求是：按照统计活动的特点和规律，保持统计文件之间的有机联系，区分价值，方便统计工作及其他各项工作的利用。

各级统计部门应视自身的具体情况，在上述基本要求的框架内，设计并提出本部门的统计文件的归档要求。

5. 奖惩要求

在归档制度中，必须对认真完成统计文件归档职责的单位或个人，依据《中华人民共和国档案法》和《中华人民共和国统计法》的有关规定，给予一定的奖励；对于未能认真履行归档职责的单位或个人，统计部门应当给予一定的处罚或限期改进。如《中华人民共和国档案法》第九条明确规定：“在档案的收集、整理、保护和提供利用等方面成绩显著的单位或者个人，由各级人民政府给予奖励。”《中华人民共和国统计法实施细则》第三十二条也明确规定了所谓情节较重的违法行为：

（1）虚报、瞒报、伪造、篡改统计资料数额较大或者占应报数额的份额较多的。

（2）虚报、瞒报、伪造、篡改或者拒报统计资料，二年内再次发生的。

（3）虚报、瞒报、伪造、篡改、拒报或者屡次迟报统计资料，被责令改正而拒不改正的。

（4）虚报、瞒报、伪造、篡改、拒报或者屡次迟报统计资料，造成严重后果或者恶劣影响的。

（5）在接受统计检查时，拒绝提供情况、提供虚假情况或转移、隐匿、毁弃原始统计记录、统计台账、统计报表以及与统计有关的其他资料的。

（6）使用暴力或者威胁的方法阻挠、抗拒统计检查的。

（7）国家统计局依法认定的其他行为。

《中华人民共和国统计法实施细则》第三十三条规定：企业事业组织有《统计法》第二十七条第一款所列违法行为之一的，由县级以上人民政府统计机构或者国家统计局派出的调查队予以警告，并可以处5万元以下的罚款。个体工商户有《统计法》第二十七条第一款所列违法行为之一的，由县级以上人民政府统计机构或者国家统计局派出的调查队予以警告，并可以处1万元以下的罚款。

二、统计档案的整理

统计档案的整理工作，就是对所积累或收集的统计文件，按照其形成规律和特点，进行分类、立卷、排列和编目等活动。其目的是建立统计档案的实体管理秩序，使所保存的统计档案有序化、条理化，便于保管和利用，并维护统计文件的有机历史联系。

统计档案的整理一般可分为八个步骤。

（一）分类

统计档案的分类是统计档案整理工作的核心内容。它是指将立档单位形成的统计档案，按其来源、内容、时间或其他形式特征，划分为若干类别，使其进一步条理化、秩序化。在统计档案的分类中，分类体系起着很重要的作用。分类体系是否科学、合理，不仅会关系到其他统计档案业务管理目标的实现，更会直接关系到统计文件之间的有机联系能否得到有效维护。因此，统计档案的分类必须坚持档案分类的一般性要求，同时根据统计活动以及统计档案的形成、运动和发展的特点和规律，找到最能体现统计档案的完整性、系统性、条理性和成套性的分类体系。实践表明，在统计档案的管理过程中，如果我们能自觉地遵守统计档案分类的客观性、逻辑性、实践性和思想性等方面的要求，就能够较好地维护统计文件之间的有机联系，并能为统计档案工作的开展奠定良好的基础。反之，如果不顾统计档案的形成规律和特点，那么就必然会在实践中经历挫折。

统计档案的分类主要分为以下几个步骤：

首先，分开年度，不同年度的档案不能混淆。跨年度的统计档案，应放在内容针对的年度里。如2001年的国民经济和社会发展情况，要在2002年度形成，但因其内容是记录和反映2001年的，故应放在2001年度档案中。而几个年度的统计，应放在最后的年度中。

其次，分开专业，一个年度内的统计档案，不同专业必须分开。

再次，分开形式和问题，即在一个专业内将不同形式的分开，同一个形式的将不同问题的分开。

最后，分开保管期限。各种统计报表制度、各种统计调查方案、各种统计年报表、经济卡片、一次性调查表、各种统计分析材料划归永久；各种季度统计报表（包括半年报）划归长期；各种月份统计报表划归短期。

（二）立卷

统计档案按年度、专业、保管期限分开以后，就可以在终端类内进行立卷工作了。统计档案可按统计报表制度、统计报表、统计分析资料等分别立卷，组织保管单位。统计机关的报表，按年报、季报（半年报）、月报分别立卷，组织保管单位；基层的年报、季报（半年报），按地区或部门立卷，组织保管单位，在保管单位内，按专业表号顺序排列。综合年报和一次性调查报表，汇总表后附汇总依据（或计算数据表），其保管期限一致，综合性的季报（半年报）、月报表后不附汇总依据。不同专业、不同形式、不同问题的统计文件材料都不能混合立卷，组织保管单位。一般一个保管单位以100页左右为宜。

（三）编页号

立好卷后，要认真编页号。文件材料的正面页号编在右上角，文件材料的背面页号编在左上角，编页号要用铅笔。

（四）填写卷内文件目录和备考表

卷内文件目录分8开、16开两种。主要项目有顺序号、责任者、题名、表号、时间、页号、缩微号等。

（1）顺序号：填写卷内文件材料排列先后的序号。

（2）责任者：填写文件的署名者。

（3）题名：填写文件的标题，一般应照实抄录。没有标题或标题不能说明文件内容的文件，可自拟标题，外加“[]”号。

（4）表号：填写文件材料上编制的表号。

（5）时间：填写文件材料的形成时间。填写时可省略“年”“月”“日”，在表示年、月的数字右下角加“.”号。

（6）页号：填写卷内文件材料所在之页的编号。

（7）缩微号：填写文件材料缩微品的编号。

备考表也分8开、16开两种。主要项目有：卷内材料有关情况说明、立卷人、立卷时间、检查人、检查时间、本卷历次变化情况说明、说明人、时间。

（1）卷内材料有关情况说明：填写卷内文件材料缺损、修改补充等情况。

（2）立卷人：填写立卷责任者。

（3）立卷时间：填写完成的立卷日期。

（4）检查人：填写检查责任者。

（5）检查时间：填写检查的日期。

（6）本卷历次变化情况说明：填写卷内文件材料移出、销毁等情况。案卷立好以后发生或发现的问题由有关的档案管理人员填写并署名、标注时间。

（7）说明人：填写说明责任者。

（8）时间：填写说明时间。

（五）案卷各部分的排列

使用硬卷皮组卷，无论装订与否，其案卷各部分的排列格式均是：案卷封面-卷内文件目录-文件-备考表-封底。使用软卷皮组卷，其案卷各部分按下列格式排列：软卷封面（含卷内文件目录）-文件-封底（含备考表），以案卷号排列次序装入卷盒保存。

（六）装订

案卷采用三孔一线的方法装订较为适宜。16开的文件材料用16开的卷皮装订。8开（为主）的统计报表用8开的卷皮装订。利用电子计算机处理的统计数据，如果形成的是一张数米长的纸带，可由计算机折叠成统一的幅面，不装订，装进比其幅面大一点的卷盒；如果形成的是若干张纸带，可按科技图纸的折叠方法，叠得略小于卷盒，装订成册，放入卷盒。如果统计文件材料装订线内有字迹的，在装订前，要另裱装订线，有破损或字迹不清的，要及时裱糊或誊清。

（七）填写案卷封面

案卷封面项目有：全宗名称、类目名称、案卷题名、统计起止时间、件数、页数、保管期限、档号、全宗号、目录号、案卷号。

（1）全宗名称：填写该立档单位的全称或通用简称。

（2）类目名称：填写全宗内分类方案的第一级类目名称。如果是按内设机构分的类，就填写内设机构名称；如果是按问题分的类，就填写问题。

（3）案卷题名：一般由立卷人自拟。案卷题名应当准确概括本卷文件的主要制发机关、内容、文种。文字应力求简练、明确，以不超过25个字为宜。

（4）统计起止时间：填写卷内文件所属的起止年月日。

（5）件数：填写本卷内的总件数。

（6）页数：填写本卷内的总页数。

（7）保管期限：填写立卷时划定的案卷保管期限。

（8）档号：封面档号由全宗号、目录号、案卷号组成。

（9）全宗号：填写档案馆指定给立档单位的编号。

（10）目录号：填写全宗内案卷所属目录的编号，在同一个全宗内不允许出现重复的案卷目录号。

（11）案卷号：填写目录内案卷的顺序编号，在同一个案卷目录内不允许出现重复的案卷号。

（八）案卷排列

一个年度统计档案的案卷排列，首先分开永久、长期和短期。在同一保管期限内，按照专业类别的顺序分开。在一个专业内，按照统计报表制度、统计报表、统计分析资料的顺序，本级、上下级的顺序排列。一年编制一个案卷流水号。

三、统计档案的编目

统计档案案卷整理好后，就应该进行编目工作。

统计档案案卷目录由统计档案案卷目录封面、统计档案案卷目录、统计档案案卷目录备考表三部分组成。统计档案案卷目录封面如表 9-1 所示。

表 9-1　　统计档案案卷目录封面

第　　号全宗 第　　号目录 （目录名称） 编制单位： 年　　月　　日

统计档案案卷目录的主要项目有：案卷号、题名、时间、件数、页数、保管期限、备注等。栏目的内容，按案卷脊背和卷皮上的登记照录即可，没有的就空着。统计档案案卷目录备考表式样如表 9-2 所示。

表 9-2　　统计档案案卷目录备考表

年共有　　卷（其中永久：　　长期：　　短期：　　） 案卷目录有关情况说明 编制人： 年　　月　　日

一个年度的统计档案编制一本案卷目录，一式三份，一份留存本单位，两份随统计档案移交同级档案馆。

四、统计档案的利用

统计档案的利用，是统计档案保管部门以所收藏的统计档案为依据，通过一定的方式和方法，直接提供统计档案信息，为社会各项事业服务的一项业务活动。积极提供统计档案信息资源，为领导宏观决策、宏观规划和统计工作提供有效服务，是统计档案工作的基本目的。从事统计档案工作的人员，应明确服务方向，熟悉档案情况，编制档案著录卡片（著录卡片的著录项目包括题名与责任者项、文本项、密级与保管期限项、时间项、载体形态项、丛编项、标准编号及有关记载项、提要项、排检与编号项）等适用的检索工具，积极主动地提供档案利用，为各项工作服务。

统计档案提供利用的途径和方式有很多，如统计档案的外借服务、统计档案的咨询服务等。统计档案保管部门应该充分利用所掌握的统计档案信息，搞好统计档案的提供利用工作，特别是统计档案的咨询服务。

统计咨询是统计整体功能的一项重要内容，随着社会主义市场经济体制的日益完善，对统计咨询的要求更加迫切。无论是宏观调控，还是微观管理，都需要以相应的统计档案为依据。因此，统计档案保管部门应做好统计档案的咨询服务。如《中华人民共和国统计法实施细则》第十七条就明确规定：县级以上各级人民政府统计机构必须做好统计信息咨询服务工作，充分利用可以公开的社会经济信息为社会公众服务。符合国家有关规定，在《统计法》和统计制度规定之外提供统计信息咨询，实行有偿服务。各级地方政府的统计管理条例中也做了同样的规定，如《湖南省统计管理条例》第二十一条中规定：各级人民政府统计机构应当建立健全统计资料定期公布制度，充分利用可以公开的统计资料，适时为社会提供咨询服务。在统计制度规定之外提供的统计信息咨询，按国家规定实行有偿服务。

在开展利用工作中，要认真填写统计档案利用情况统计表，通过这一统计表分析利用工作情况，总结利用工作规律。统计表式样如表 9－3 所示。

表 9－3　　统计档案利用情况统计表

项目/数量 年代	利用人次	利用案卷数													备注
		合计	农业	工业	交通运输	邮电	物资供应	能源	贸易	物价	人口	劳动工资	城市基本情况	其他	

凡是查阅统计档案的单位和个人，都必须严格遵守借阅制度，不许在统计档案上涂改、勾画、批注、剪裁，不允许拆散、损坏或转借统计档案，违者要依据《档案法》追究责任。凡查阅、抄录、复制、借阅、利用档案的部门或个人，都必须填写借阅统计档案登记簿（借阅统计档案登记簿主要项目有：顺序号、借阅时间、借阅单位部门或个人、借阅案卷数量、档案的目录号及案卷号、借阅期限、借阅人、归还日期、利用效果），说明用途和是否抄录、复制或借回本部门使用。外单位借阅统计档案，须经本单位主管领导批

准。统计档案原件一般不外借。档案工作人员对归还的档案，要当面查清并在档案借阅簿上予以注销。如有损坏或丢失，应及时追查，并报主管领导。

各级统计机关在开展统计档案工作时，要按照统计档案工作程序进行，以保证统计档案工作有条不紊地健康发展。

五、统计档案信息的编研

统计档案信息的编研就是统计档案工作人员以所保管的统计档案为基础所进行的编辑和研究工作。

统计档案信息编研工作的成果是形成统计单位的各种统计文件汇编、统计档案参考资料等。这些编研成果对于各级统计部门开发统计档案信息资源、搞好统计档案工作具有重要的意义。如统计档案工作人员把具有研究价值和实用价值的统计档案信息进行编辑、加工后，推荐、分发给统计部门有关人员使用或公开，不仅有利于本单位或部门统计工作的开展，而且可以更加广泛地发挥统计档案在各项事业中的作用，对于实现统计档案信息资源共享也是十分有益的。

另外，统计档案信息的编研工作也是提高统计档案保管部门工作水平的一个重要途径，可以促使统计档案保管人员素质的提高。同时，开展统计档案信息的编研工作，也是保护统计档案原件的一项有效措施。因此，统计档案部门应该重视对统计档案信息的编研工作。

本章思考题

1. 什么是统计档案？它的定义有哪些？
2. 统计档案的主要特点是什么？
3. 统计档案的种类有哪些？它具有哪些方面的作用？
4. 如何做好统计文件的归档工作？
5. 如何有效地开展统计档案的整理工作？
6. 如何合理地组织统计档案的利用和编研工作？

第十章
标准档案与标准档案管理

本章提要

标准档案是在制定、修订标准的过程中，直接形成的具有保存价值的各种文件、材料（包括图表、文字材料、计算材料、音像制品和标样等）。本章阐述了标准档案的概念含义、特点、存在形式、利用价值等基本理论问题，并对标准档案的收集、鉴定、整理、检索、保管和利用等业务工作环节的应用理论、规则和技术方法等，进行了比较深入的说明和介绍。

第一节　标准档案概述

一、标准档案的定义

标准，是对重复性事物和概念所做的统一规定。它以科学、技术和实践经验的综合成果为基础，经有关方面协商一致，由主管机构批准，以特定形式发布，作为共同遵守的准则和依据。

标准化，是在经济、技术、科学及管理等社会实践中，对重复性事物和概念，通过制定、发布和实施共同遵守的标准，来获得最佳秩序和社会效益。

标准档案是人类在社会生产活动中从事标准化工作的劳动成果和智慧的结晶。随着技术革命的发展，标准档案的内容日益丰富。早期，人们将标准档案定义为：系统记述和反映某一单位或某一系统的标准化活动，具有保存价值，并且按照一定的归档制度，作为真实的历史记录集中保存起来的原始标准文件。其形式有纸质文件、录音带、录像带、胶片、照片等等。20世纪90年代，国家技监局颁布了《标准档案管理办法》，在第二条中将标准档案定义为："在制定、修订标准过程中，直接形成的具有保存价值的各种文件、材料（包括图表、文字材料、计算材料、音像制品和标样等）。"

由标准档案的定义，我们可以看出：

（1）标准档案必须是标准化活动中产生的标准文件材料，即反映标准化活动的过程（包括标准制定、修订、更改、作废、更新换代）的文件材料。

（2）标准档案必须是具有一定保存价值的标准文件材料，它具有历史作用与现实作用，同时又受到价值法则的支配和制约，有价值则存，无价值则舍。

（3）标准档案必须是对标准化活动的真实、可靠的历史记录，是在标准化活动中直接产生的，是第一手原始材料，而不是主观臆造、虚构的材料。

（4）标准档案必须是按照一定的归档制度集中保管起来的标准文件材料。标准档案作为一种知识信息，具有体系性和系统性，在正常的情况下，归档的标准文件材料必须是经过系统整理的材料。

二、标准档案的特点

标准档案是在一定范围和一定时间内具有约束力的一种特定形式的文件，通过标准化活动这样一个技术立法过程赋予其一定的法规性，不仅标准的制定、修订、审批要按特定的程序进行，而且，标准文件材料自身无论是编写格式还是内容构成都要符合法规的特有形式。标准档案的这种特点体现在以下几个方面。

（一）标准档案的计划性

标准化工作要纳入国民经济和社会发展计划。以国家标准为例，所有国家标准的制订计划都要经过国务院标准化行政部门汇总、审定、协调、批准后，才能开始实施。凡未列入国家计划的项目是不予审查，也不能报批发布的，因而也形不成标准档案。根据这一特点，档案部门可依据有关的标准化发展规划和年度计划，有计划、有步骤地收集和管理标准档案。这种计划性还体现在国家对于标准文献的编制、审批、出版、贯彻，均规定有严格统一的程序。它是按照既定的标准化计划和编制技术任务书，有组织、有步骤地进行工作的具体成果。标准档案通常是将科研、设计、研制工作的成果加以浓缩、提炼后，以文字形式固定下来的。

（二）标准档案的系统性

一个国家、一个系统或一个部门的所有标准，无论是在质的方面，还是在量的方面，都存在着客观的内在联系。它们相互依存、相互衔接、相互补充、相互制约，构成一个有机整体，即标准体系。标准化活动都是按照一定的标准体系表来进行的。标准体系表中指明了一定范围及一定时期内应形成的全部标准及各项标准之间在空间和时间上的相互关系。这一特点决定了标准档案具有较强的系统性。

（三）标准档案的比例性

标准体系具有一个重要的特性，就是比例性。标准体系的比例性是指不同种类的标准之间和不同专业的标准之间存在着一种数量比例关系。它是对国民经济体系的内在比例关系和各方面的标准化状况的反映。因此，各类标准之间也存在着一定的数量比例关系，标准的总数也受到一定的限制。以国家标准为例，从世界工业发达国家看，一般情况下，国家标准的数量都维持在一万个左右，数量变化不大，只是在内容上随着科学技术的进步不断地进行着更新。因此，各类标准档案的数量也都维持在一定的水平上。

（四）标准档案的完备性

标准化作为一种技术立法活动，要严格按照规定的程序进行，在每一个阶段都要形成规定的标准文件材料，在标准报批时按规定归档。标准文件材料不完备，标准是不能批准发布的。随着时间的推移和国家技术、经济的发展，标准要不断补充、修改、更新，从而使同一对象的标准档案不断充实，日益完备。

（五）标准档案的时效性

标准是以科学、技术和先进经验的综合成果为基础而编制的，随着科学技术的发展和时间的推移，新的技术和产品层出不穷，必然对现行标准产生影响。为了保证标准的时效性，许多国家都对标准使用期限以及复审周期做了严格规定，并及时进行修订、补充、确认后废止。据统计，科技文献的平均寿命不超过 10 年，本书对各类科技文献（包括标准档案）的平均时效进行了简单对比，如表 10-1 所示。

任何标准的实施都有一定的时限。标准发布实施后，标准的审批、发布部门必须根据技术和经济发展的需要，对标准组织复审，重新确认标准的有效性或做出修订、废止的决定。复审间隔时间不得超过 5 年。标准修订时，自新标准实施之日起，原标准即自行作废。因此，标准档案的作用随着标准的修订或废止而发生变化，必须根据标准的复审间隔对档案的有关内容不断进行调整和补充。

表 10-1　各类科技文献的平均时效

文献类型	科技图书	期刊论文	标准档案	科技报告
平均时效（年）	15	4	4	10
文献类型	学位论文	政府出版物	会议文献	专利文献
平均时效（年）	6	4	3	8
文献类型	产品样本	技术档案	科技报纸新闻	工作文稿述评
平均时效（年）	4	4	0.8	1

（六）标准档案的简明性

标准作为技术法规，其编写要求准确、简明，只对有关问题做出规定，不包含任何说明性的材料，所以标准的篇幅较短，大多数标准只有几页。

（七）标准档案的规范性

国家标准化机构对其出版的标准文献及其档案材料管理都有一定的格式要求，这就使其成为一种具有体裁划一、编排合理、统一编号等形式特点的档案文献体系。标准文献是一种公认的技术依据，为了避免对标准条文产生各种不同的解释，造成法律纠纷，标准制定过程中产生的各种档案因此也带有法律文件所特有的那种措辞准确、逻辑严谨的特殊文风。另外，标准档案文献的装帧不同于专著、期刊、专利说明书及其他出版物，为识别和利用提供了便利。

三、标准档案的形式

标准档案主要有文字形式、图样形式、缩微品形式和声像材料形式几种。

文字形式的标准档案一般是用文字、数字来表达的，比较典型的有标准编制说明、课题任务书、课题技术经济论证报告、标准草案、科研成果鉴定书等。

图样形式的标准档案主要是地质、环境、气象等活动中形成的图样，也包括用于产品零部件、工装设备及建筑等的标准中的图样。图样的形式有原始图样、底图、蓝图等。

缩微品形式的标准档案主要是标准文件的缩微品和在标准制定、实施过程中，根据实际需要制成的缩微品。

声像材料形式的标准档案是指在制定标准过程中产生的录音带、录像带等，它们是标准课题研究的重要工具。

四、标准档案的价值

随着科学技术的发展，标准档案的价值也越来越受到人们的关注。标准档案的价值主要体现在以下几个方面：

（一）标准档案能为标准的贯彻实施和标准复审工作提供依据

标准档案是对标准化活动的真实的历史记录，在标准贯彻实施的过程中，如果遇到疑难问题或者发生争议，标准档案可以作为解决问题的依据。标准档案中的许多标准文件材料，如标准立项计划等是标准复审时必须参考的凭证。在标准更改、作废时，也需要利用有关的标准文件材料作为依据。

（二）标准档案能为标准起草工作创造条件

标准化工作的重要特点之一，是在起草标准时必须遵循“继承性”原则，即要与同类课题的有关现行标准在技术上协调一致。为此，起草一项标准时就必须充分研究、分析与标准化对象有关的各种材料，首先就是有关的标准档案。这样不仅能使新标准同现有的标准不发生矛盾，而且能借鉴标准档案中的成果，避免重复劳动，节约时间、人力和财力。

（三）标准档案是重要的信息源

标准是集体劳动的成果，是许多专家的知识经验的高度概括和综合。它是信息传播的一种特殊媒介，代表着一种信息源和情报源。标准档案中所记录的情报信息，是经过严格的科学验证、精确的数学计算并以现代科学技术的综合成果和先进经验为基础而取得的。因此，它在理论上是科学的，技术上是可行的，经济上是合理的。随着时间的推移和科学技术的发展，标准档案还要不断充实、不断更新，从而保证其中所含信息的现实性和可靠性。

（四）标准档案能为标准化研究提供原始素材

标准档案具有较强的系统性，它反映了标准体系的完整性和标准的配套水平。通过系统地分析、研究标准档案，能为研究有关的标准发展情况、建立标准体系、评价标准水平等标准化研究提供重要的、全面的原始材料。

总之，充分利用标准档案，能促使标准化工作进展得更为顺利，能为其他工作的开展提供有利条件。

第二节　标准档案的管理

一、标准档案管理的地位和作用

标准档案管理，即标准化领域中的科技档案管理，就是对标准化活动中所产生、记录标准化科研成果和实践经验的标准文献，以及其他领域中与标准化有关的情报资料，有组织地、及时地进行收集、加工、存储、报道、分析、研究并提供档案利用服务等一系列活动的管理。

标准档案管理是确保标准化工作顺利开展的不可缺少的环节，在标准化过程中占有重要的地位。同时，它又是科技档案管理的一个重要分支。它的产生和发展都是由标准化事业发展的需求所决定的。离开了国内外广泛开展的标准化活动，标准档案管理就失去了赖以存在和发展的基础；相反，标准档案管理也能动地促进了标准化事业的发展。可以说，标准化事业的发展，在一定程度上取决于标准档案管理开展的水平，取决于标准档案的利用率和吸收速度。因此，标准档案管理是现代化标准化管理不可分割的组成部分。

标准档案管理最本质、第一位的作用是促进标准化事业的发展，从而对国民经济建设起“加速”作用。档案管理不同于生产活动，不直接从事创造性发明，也不能直接创造物质财富，但是，档案信息一旦为科研、生产部门所吸收和利用，就可以产生巨大的经济效益，它可以使人类创造的知识发挥更大的作用，对物质生产部门创造产品起直接加速和间接加速作用。直接加速是指，标准档案管理提供的标准信息完全符合利用者的特定需求，所提供的标准档案信息便可直接转化为生产技术，或转化为标准化管理部门的决策支持服务；间接加速是指，所提供的标准档案并不能直接利用，但能对档案利用者起到启迪思维、引起联想的作用，然后才能产生效果。可以说，标准档案管理是把人类的智慧结晶——标准，向着标准化科研成果、先进的生产技术或正确的部署与行动等方面转化的重要途径。

二、标准档案的收集

标准档案的收集就是通过正常的接收制度和其他收集方法，把分散在各单位、个人手中的标准档案，集中到各有关单位档案室或各级专业档案馆中来。

要做好标准档案的收集工作，应该注意以下几点：

（1）了解标准档案的形成规律，掌握收集工作的主动权。标准档案的形成规律就是标准文件材料转化为标准档案的规律。了解这一规律，才能掌握一个单位标准档案形成的数量、时间以及应该达到的质量标准，从而及时主动地进行收集。如果只是坐等接收，有什么收什么，就难免出现标准档案不完整、不准确、不系统的情况。

（2）协助技术业务部门做好标准文件材料的形成、积累、整理、归档等工作，为完整、准确、系统地收集标准档案创造条件。标准档案部门要从每项标准化工作活动之始入手，协助技术业务部门做好标准文件材料的形成工作。同时搞好调查摸底，了解各个标准课题的特点、进度和应该形成哪些文件材料。可由各标准技术业务部门、计划部门和标准档案部门共同拟订出有关标准课题研究项目标准文件材料的形成大纲，作为标准文件材料形成、积累的依据，也作为标准档案部门收集档案的依据。标准文件材料形成之后，应由技术业务部门进行积累、整理、立卷和归档工作，标准档案部门也应给予必要的协助、指导和监督。

（3）抓住标准制定、修订等环节，通过标准审定会议、标准课题研讨会议、标准化工作会议和标准化学术会议等有利时机进行集中收集。标准档案部门要了解并争取参加这些活动，以利于收齐收全有关的标准档案材料。

三、标准档案的鉴定

标准档案的鉴定就是评定标准档案科学的、历史的和现实的价值，从而确定其保管期限和剔除不需要保管的档案。对标准档案的保存价值，应当定期进行鉴定。鉴定工作要在有关单位主管领导、标准化人员和标准档案管理人员参加下进行。

（一）标准档案鉴定的必要性

标准档案鉴定的必要性指的是为什么要开展标准档案的鉴定工作的问题，我们可以从以下几个方面来分析：

（1）通过鉴定能够控制标准档案的数量，提高质量，保持馆（室）藏档案最优化。由于鉴定工作决定标准档案的存毁问题，长期以来，许多单位都采取慎之又慎的态度，这是有一定道理的。但是如果走向极端，有文必档，只增不减，势必会造成档案冗余度增大，浪费人力、物力、财力，把有价值的标准档案湮没在大量失去保存价值的档案材料之中，降低整个馆藏档案的质量，不便于保管、利用。为了改变这种弊端，必须通过鉴定工作，定期地剔除无保存价值的标准档案。标准的时效性较强，一般5年左右就要进行复审。与此相适应，标准档案部门要随着标准的复审开展鉴定工作，从而提高馆藏档案的质量，保持最优化状态。

（2）鉴别主次、分别管理，便于应付意外事故。通过鉴定，剔除无保存价值的档案，把不同价值的档案区分开来，分别保管，能相对地改善档案的保管条件，便于保护重点档案。一旦发生水灾、火灾、地震和战争等意外事故，也能有重点地进行抢救。

（3）通过鉴定，能够熟悉馆藏，发现问题，改善和加强档案管理工作。标准档案鉴定工作实质上就是标准档案工作人员会同各技术业务部门对标准档案的技术内容和管理状况的联合检查。通过鉴定，有助于了解馆（室）藏档案的基本情况，发现标准档案管理中存在的问题，从而采取措施，改进工作。

（二）标准档案鉴定的要求

标准档案鉴定是一项非常重要的工作，因此必须严格地按照要求来进行。标准档案鉴定的要求包括：

第一，要全面领会、认真执行档案管理机关和专业领导机关统一制定的标准档案价值鉴定规则和保管期限表的有关规定。

第二，组建本单位的鉴定委员会（或小组），并认真履行其职责。

第三，严格履行档案作废销毁的审批手续。

第四，以全面的、历史的和发展的观点，科学地评定标准档案的保存价值。

全面的观点包括：一是指标准档案实际效用的全面性，即在评定标准档案价值的同时，又要评定它的经济效益和社会效益；二是指利用范围的全面性，标准档案虽然形成于本系统，但是它除了在本单位、本系统发挥作用外，还可以作为情报资源进行横向交流，促进其他地区和单位经济技术的发展。

历史的观点要求我们认识到：标准档案是一定历史时期的产物，它从一个侧面记述反映了一定历史时期的科学技术水平，因此不能由于技术内容过时就一律剔除销毁。

发展的观点要求我们认识到：标准档案的保存是个历史的过程，不仅要从过去和今天的角度来评定它的保存价值，还要预见它将来可能发挥的作用。比如一些停、缓的标准研究课题，必须考虑到将来恢复研究时利用的需要。某些暂时失败的研究课题的材料，要考虑留作以后借鉴参考。

（三）标准档案鉴定的价值标准

标准档案的鉴定采用直接鉴定法，对每个案卷都要具体地分析和详细审阅，逐套逐卷乃至逐份地评定其价值。标准档案保管期限的长短和有无保存价值是由标准档案本身所具有的使用价值决定的。评定标准档案的价值应从以下几个方面入手：

1. 技术效果

标准的技术效果是指一项标准在实际生产设计上所能起到的作用，这是衡量标准的质量和水平高低的重要标准。标准的技术效果好，相应的标准档案就具有较高的保存价值。

2. 经济效益

标准的经济效益是指能否以尽可能少的劳动耗费，取得尽可能多的有用效益。标准的经济效益好，表现在两个方面：一是能提高产品质量，降低成本，节约资金和人力等；二是可以相对地减少在实施标准化的过程中所支出的试验费、调研费和新增加的设备费等。经济效益好的标准，其档案的保存价值也相应地就高一些。

3. 社会效益

标准化工作是一项技术复杂，政策性也比较强的工作。它的涉及面很广，相关的因素也很多，关系到国家、企业和广大人民群众的利益。因此，评价标准的客观效果不能只从技术效果和经济效果方面来考虑，还要从整体利益出发看它的社会效益。较好的标准及其档案，除具有较好的技术效果和经济效益之外，还必须有较好的社会效益。

根据这些标准，我们可以划分标准档案的保管期限。一般采用定性的划分方法，即将标准档案的保管期限划分为“永久”“长期”和“短期”等。国家技监局的《标准档案管理办法》中，将标准档案按保管期限分为永久的和长期的两种。

需要永久保管的文件材料主要有：

（1）上级下达任务的文件。

（2）标准报批稿。

（3）标准编制说明及其附件。

（4）意见汇总处理表。

(5) 标准审查会议纪要或函审结论。

(6) 标准报批公文。

(7) 标准申报单。

(8) 标准发布本。

(9) 标准正式出版本。

(10) 标准修改通知单及其附件。

(11) 标准作废通知单。

需要长期保管的文件材料主要有:

(1) 论证报告。

(2) 调研报告。

(3) 试验验证报告。

(4) 标准征求意见稿(最后一稿)。

(5) 标准送审稿。

(6) 等同、等效采用的国际标准或国外先进标准原文或译文,主要参考资料(只保管难得的,一般的只列目录和出处)。

(7) 标样。

规定还指出,永久保管的标准档案,按国家档案管理部门的规定办理;长期保管的标准档案,应当是现行的和最近两次修订的标准的档案。属长期保管的废止标准档案,继续保管 10 年。标样在保管期限内已经失效的,按保管到期的规定处理。

(四) 标准档案鉴定的程序

标准档案的鉴定,工作量大,技术性强,往往要涉及整个单位的所有技术业务部门。要做好这项工作,必须得到本单位领导人和所有技术业务部门的重视和支持。

在做好思想准备、组织准备、物资设备准备的基础上,要有计划、有步骤地开展具体的鉴定工作。鉴定时,先由专业技术人员运用直接鉴定法审阅有关标准档案的内容(不能只看档案目录和案卷标题),对照保管期限表的有关条款,提出处理意见,并同时填写价值鉴定表,然后把鉴定表交给鉴定委员会进行复审,并签署处理意见。

鉴定结束后,要由鉴定委员会写出鉴定工作总结报告。被确认已经超过保管期限、失去保存价值的标准档案,应当编制清册,经主管领导签字后销毁,并注明销毁时间和处所,由监销人员签字后,将清册归档。

四、标准档案的整理

标准档案的整理工作,就是对所积累或收集的标准文件,按照其形成规律和特点,进行分类、组卷和排列的活动。其目的是使标准档案的实体管理有序,使标准档案便于保管和利用,并维护标准文件的有机历史联系。

(一) 标准档案的分类

标准档案的分类应从标准档案的客观实际出发,针对本专业系统或本单位标准化工作范围、性质和程序的具体情况，选用适当的分类方法。

1. 标准档案基本大类的划分

标准档案的分类体系，应根据本单位标准档案的基本种类来确定，如产品标准、零部件标准、基础标准、工艺装备标准、工艺标准、材料标准、环境保护标准等几种标准档案，均可设为大类。在实际工作中，许多单位除了上述基本大类之外，还设有“综合类”或“其他类”，以包容那些综合性材料或其他材料。实践证明，这种做法是可行的，但设这种性质的类涉及范围不要太广，以免冲淡整体分类体系的严密性。

大类的排列，除“综合类”为首，“其他类”排在最后之外，其余的主体大类，应突出标准档案的重点，将重点标准档案放在前面，然后根据类别之间的相互关系安排其他大类的排列次序。比如把产品标准、零部件标准、基础标准等大类放在前面，工艺标准、工装标准、材料标准等大类放在其次，环境保护标准等大类放在后面。

2. 标准档案具体类目的划分

标准档案的大类确定之后，在每个大类中，应根据标准档案的内容构成和形成特点，设置相应的下位类，以形成不同的类别层次，构成一个完整的体系，一般分两三个层次即可。

由于每个大类的内容构成和性质不同，可分别采用不同的分类方法：

（1）按产品、零部件的型号分类。即以一个型号产品或零部件的标准档案作为分类的基本单元，对产品或零部件标准档案进行属类的划分。这种分类方法能够保持每项产品和每项零部件标准档案的完整性。

（2）按标准档案的类型分类。这种分类方法适合于结构简单、通用性强的标准对象。如工艺装备标准档案，可分为工具标准、卡具标准、量具标准、刃具标准、模具标准等。在属类之下，还可划分为不同的小类。材料标准也适用这种分类方法。

（3）按用途分类。如把基础标准分为通用技术语言标准、精度与互换标准、结构要素标准等。

（4）按工种分类。如把工艺标准分为铸造工艺标准、锻造工艺标准、热处理工艺标准等。

（5）按工作方法和工作手段分类。如把方法标准分成试验方法标准、检验方法标准、分析方法标准、测定方法标准、抽样方法标准等。

（6）按标准对象的性质分类。如把环境保护标准分为废水处理标准、废气处理标准、废渣处理标准等。

（7）按文件名称和问题分类。综合性文件、指令性文件、指导性文件和计划、总结材料等，可按文件名称和不同的问题进行分类。

（二）标准档案的组卷

标准档案组卷，就是把互有联系的标准档案，以卷、册、袋、盒等形式组合起来，形成一个有机的保管单位。

1. 组卷的要求

标准档案的组卷是有一定的要求的，只有按照要求来组卷才能保证标准档案案卷的质量。

（1）卷内文件必须是一个有机联系的集合体，互不相干的文件不应该放在一起组卷。

（2）具有不同保存价值的标准文件材料应该分别组卷。分别组卷与保持文件有机联系发生矛盾时，应以保持文件材料的有机联系为主。

（3）机密、绝密文件应单独组卷。为保持有机联系，不同密级和不需保密的文件组成一卷时，其案卷的密级应以卷内文件的最高密级为准。

（4）案卷以卷、册、袋、盒为保管单位，力求整齐、美观，便于保管和提供利用。

2. 组卷的方法

（1）按标准项目组卷。卷内的标准文件材料在卷内目录中按固定的顺序一一列出，包括：批复国家标准函（附底稿）、部门或技术委员会呈报文、审查报告签署单、标准报批稿、标准编制说明、审定会议纪要（包括出席审定会议人员名单）或函审材料、主要意见汇总表和处理情况、重要来往函件、国家标准（铅印本）等九种文件材料。这九种文件自成一套，组成一个案卷。

这是一种固定模式的组卷方法，组卷结果、每个案卷所包括的文件类型基本一致，能够全面反映每一项国家标准从标准立项、制定、审定、报批直到形成正式标准文本的全过程。

（2）按标准研究课题组卷。一般编制、研究标准项目的单位，基本上要按这种方法组卷。如果一项标准研究课题的文件材料不多，即可成套地组成一个案卷；如果文件比较多，可按课题的不同研究阶段分别组卷。

（3）按问题组卷。即按照标准文件材料所反映的技术问题组卷。如有关某项技术标准的合理化建议、标准贯彻执行过程中发生的问题及处理情况、标准化专业会议等，都可围绕单独的问题形成一套标准文件材料。

除了上述三种组卷方法以外，还可以结合时间、编制者、文件名称组卷。但这些方法往往只能起到辅助作用。

（三）卷内文件的排列

按照上述标准档案组卷的要求和方法组好卷后，就要进行标准档案卷内文件的排列，可遵照以下几种方法进行排列：

（1）按既定次序排列。国家标准审查管理机关所用的卷内目录，已印制了固定的目录内容，并有严格的顺序，卷内文件具体排列时就按规定次序一一排列。

（2）按课题研究阶段排列。卷内的文件材料如果涉及几个研究阶段，可先按研究阶段的先后次序排列，每个阶段内的文件材料再按形成的时间顺序排列。一个案卷内的文件材料只限一个研究阶段时，可直接按形成时间或内容所涉及的时间进行排列。

（3）按行文程序和从属关系排列。如先排来文，后排复文；先排正文，后排附件；先排标准正本，后排报批稿、讨论稿等。

（4）按重要程度排列。即先排重要的，后排一般的。

卷内文件经过排列之后，再编张号，填写卷内目录、备考表和案卷封面，至此组卷工作完成。

五、标准档案的检索

（一）标准档案的著录

近年来，标准档案部门为适应电子计算机检索的需要，开始使用标引著录工具单。这种方法便于将档案目录直接输入电子计算机，便于按照标准项目成套地检索、利用标准档案。它的特点是：

(1) 把著录项目的内容直接记入标准档案标引著录工作单上，而不是记在检索卡片或簿式目录上。

(2) 以标准课题的全套档案为单位进行著录，而不是以单份文件或单个案卷为单位进行著录。

(3) 严格按著录规则的规定填写标准编号、索取号、标准名称、自由词、更改单号、更改日期、课题负责人、技术评定获奖等级等。

(4) 标准档案标引著录工作单直接作为电子计算机的数据输入单使用。

标准档案标引著录工作单包括下列著录项目：

标准编号：一般由标准代号、标准发布的顺序号和发布该标准的年代号等构成。在填写标引著录工作单时以标准编号为独立单位填写。

索取号：在标准档案管理中将标准编号兼作索取号时，单项标准编号课题可直接将标准编号作索取号使用。如果是多项标准合为一个课题研究并整理归档的，该课题档案中第一个标准编号作为索取号。假如归档时根据归档顺序已给档号的，这个档号可当作索取号。

标准名称：填写标准名称的全称，标准名称中的代号和有关产品的型号、工程项目的代号也是标准名称不可分割的组成部分时，应全部按照原文著录。

自由词：未经规范化的、用以表达档案内容特征的词汇。这些词汇一义多词和一词多义的现象比较普遍，容易出现用词不统一或概念不清的情况。在当前，适当使用自由词，配合主题词充分表达档案内容特征还是必要的。但必须适当控制，并力争把自由词转换为规范化的主题词。

主题词：在选择主题词时应充分考虑检索用词汇的专业范围和隶属关系，以便准确确定主题词。一个项目填写两个以上主题词时，两词之间用“·”分隔。

编制单位：又称责任者，是指档案文件的形成者。同时有多个编制单位的，可只著录为首的编制单位；全称较长的单位，可著录易于识别的简称，但必须有统一的简称表或代码表。同时著录两个以上的编制单位，各单位之间要用“·”隔开。

分类号：要根据《中国档案分类法》进行著录。

档号：案卷的代号，一般由标准编号和案卷顺序号组成。要按原号全文著录。

归档内容：可按照案卷标题著录。

课题负责人：著录真实姓名。两人以上时可用“·”分隔。

技术评定获奖等级：按原评定等级的实际情况著录。

保管期限：分为永久、长期和短期三种期限。

各种年月日：标准发布日期、批准日期、实施日期、出版日期、更改日期、归档日期等一律用阿拉伯数字著录，如“19990901”，即为1999年9月1日。

归档卷数、归档页数、归档人等项目按实际情况著录。

（二）标准档案的标引

标准档案标引是指通过标准文件材料或案卷的主题分析给出检索标识的过程。按照不同的标准可以将标准档案标引分为不同的方式。在此，我们主要介绍标准档案的主题标引。

标准档案主题标引的一般程序主要有：

1. 主题分析与主题概念的拟定

主题分析的第一步是审阅文件。阅读文件或案卷的标题可以大概了解文件或案卷的主题。但有的标题不能揭示文件或案卷的主题内容，必要时要浏览文件的重要章条或全文、附件等。通过对内容特征的分析，弄清档案文件所论述的中心内容和研究对象。档案文件的内容分析，一般应着重抓以下要点：

（1）档案文件所论述、制定、修订、调查、研究、试验、探讨的标准化课题对象。

（2）档案文件中处理主要对象的方法，包括设计、分析、计算、试验、检验等。

（3）档案文件论述的主要对象的有关物理因素，如机械性能、物理性能、稳定性等。

（4）档案文件的研究或调查所用的设备、方法，如X射线检查、破坏性试验、高压试验等。

（5）研究所处环境，如处于热带地区、高原地区、沙漠地区、水下环境等。

2. 选定主题词

主题分析的结果必须转化为主题标识，就是选择恰当的主题词来表达文件或案卷的主题概念。标准文件或案卷的主题词多数是复合主题与并列主题。复合主题，又称多元主题，是指一份文件或一个案卷虽然论述的是一个主题，却需要用两个以上的主题词组配起来表达。并列主题，又称多主题，指一份文件或一个案卷反映了两个以上的主题，需要用若干主题词通过逻辑组配共同表达主题。因此在选定主题词时，就存在一个对该主题进行概念分析和综合的过程。先将主题概念分解为若干部分，然后从《标准文献主题词表》中选择相应的主题词组配表达。确定选用的主题词，一般文件为3～8个，个别文件可以少于3个或多于8个；案卷的标引深度可以多于8个主题词，一般以不超过10个为宜。

3. 标引记录

主题标引的结果要记录在卡片或书本式目录、磁介质等载体的主题词项目内，供检索使用。

4. 审核

为保证标引质量，要对主题标引结果进行审核，以提高标引工作的一致性和准确性。

（三）标准档案检索工具

标准档案检索要依靠不同类型的检索工具和多种检索途径来实现。

1. 标准档案检索工具的功能

标准档案检索工具一方面能够把档案的特征著录下来，经过系统排列，使之形成查找档案的线索，存贮在一定载体上。另一方面，可把存贮的信息传输出去，使利用者迅速而准确地检索出所需要的档案。

2. 标准档案检索工具的编制要求

（1）编制检索工具时，既要从当前的实际情况出发，又要充分考虑将来的需要。检索体系一经确定就不宜经常变动，要有一定时期的稳定性。要尽可能地采用标准化、规范化的检索工具，为实现档案管理现代化做准备。

（2）标准检索工具是一个单位全部标准档案的集中描述。凡是本单位的标准档案都应著录在检索工具之中。

（3）著录项目应尽可能完备，要侧重填写档案内容特征。要根据本单位具体情况适当增加著录项目，为利用者提供较多的检索线索和信息量。

（4）著录内容要准确。检索工具中的各项著录内容要与库藏档案的实际情况相符。

3. 标准档案检索工具的配套选择

不同形式的检索工具各具特点，能够从不同角度反映档案的内容和形式特征，以便利用者从不同角度进行查找利用。因此，要在调查了解客观需要的基础上，合理利用几种形式的检索工具，使之相互补充，形成一个比较完整的检索体系。

目前，标准档案部门要有针对性地选用如下几种标准档案目录：

（1）标准编号目录：这是按照标准的原来编号进行组织排列的目录。它便于标准化人员、科技工作者直接按标准编号查找利用档案。

（2）专业分类目录：即按照专业标准的分类体系来组织排列目录。它便于按不同专业和学科集中查找利用档案，不熟悉标准编号的人利用这种目录比较方便。

（3）分级标准目录：按照国家标准、专业标准、地方标准、企业标准、国际标准和国外标准等组织目录。这种目录便于分级查找利用。

（4）分类目录：按照本单位标准档案分类方案组织目录。它直接而全面地反映本单位库藏标准档案的构成体系，便于利用者了解库藏情况和按类查找利用，也便于管理人员分类管理档案。

（5）专题目录：根据特定需要，按照选定的专题编写目录卡片，并按照专题的分类方案进行排列的专门性目录。这种目录便于标准课题研究者集中利用某一专题的档案。

（6）主题目录：主题目录以主题词表所列的规范词作为主题标识和查找依据，按主题词的汉语拼音字母顺序、汉字笔画顺序和部首顺序组织排列。使用这种目录，只按主题词字序就可直接查到所需的标准档案，给不熟悉标准编号、档案分类、标准分级、专业分类情况的利用者创造了方便条件。

六、标准档案的利用服务

标准档案的利用服务工作，是指标准档案部门通过各种途径和方法向利用者提供标准档案的工作。通过开展标准档案的利用服务工作，可以促进生产建设的发展和科学技术的进步。

（一）标准档案利用服务的基本要求

1. 坚持三个面向，服务于社会主义现代化建设

面向生产科技领域，面向基层，面向科技、管理人员，服务于社会主义现代化建设，是标准档案利用工作的根本方向和最基本的要求。其中“三个面向”具体是指：

（1）面向生产科技领域。标准档案来源于生产科技领域，因此也要服务于生产科技领域，要积极主动地为工农业生产、交通运输、基本建设、科学技术研究及其管理工作提供各种标准档案，用以规范、协调生产科技活动，促进生产建设和科学技术的发展。

（2）面向基层。标准档案的具体利用场所是企事业单位的标准化科室、设计室、各种技术业务科室、生产车间和标准化研究单位。基层单位既是形成标准档案的“基地”，也是利用标准档案的第一线。面向基层就是要积极地为基层各单位提供标准档案。

（3）面向科技、管理人员。广大科技、管理人员是标准档案的直接利用者。只有了解他们的工作任务、工作计划和对标准档案的需求，才能真正掌握标准档案利用工作的规律，从而及时主动地提供有关档案材料，直接促进生产、科技工作的开展。

2. 了解需要，熟悉馆藏，及时准确地提供利用

了解需要，首先就是要了解国民经济发展总目标、总方针和有关的标准发展规划及年度计划。这样才能认识和掌握科学技术与标准化的发展趋势，从而预测出标准档案利用的趋势。其次要了解和掌握本专业系统、本地区和本单位标准制定、修订、更改、复审、贯彻执行的工作计划和活动情况，从而有针对性地提供标准档案。

熟悉馆藏，是指档案人员要熟知库存标准档案的数量、分类、完整准确状况、利用效果和重点标准档案的技术内容、技术水平、现实利用价值等情况。只有熟知馆藏，才能迅速、准确地提供利用。

3. 正确处理利用和保密的关系

利用工作中，既要坚持保密制度，严守技术秘密，又要随着科学技术的发展适时地调整有关标准档案的密级，及时开放不需要保密的档案，为社会主义现代化建设提供较多的标准档案信息。

（二）标准档案提供利用服务的主要形式

1. 建立标准档案阅览室

建立标准档案阅览室，供有关人员查阅标准档案，这种利用方式手续简便，档案材料调阅周转快，利用率高，效果好，既方便利用者使用，又便于工作人员管理。

2. 标准档案的借出

标准档案一般不外借。特殊情况需要外借时，应当经主管领导批准，并限期归还。管理标准档案的机构应当履行一定的手续，并建立健全标准档案借阅制度。

（1）借阅证制度。借阅证由标准档案部门制发，主要在本单位内部使用。借阅证由借阅人身份和借阅登记栏两部分组成。借阅人身份部分的项目有：所在部门、姓名、性别、年龄、职务、职称、借阅范围、填发部门、填发日期、借阅证号及单位印章、借阅人照片等。借阅登记栏包括借阅年月日、栏号、标准编号、档案名称、归还日期、接收人、备注

等项目。

标准档案的借出和归还都必须凭借阅证办理，以此维护档案出借的纪律，保障档案的安全，并约束借阅人及时、完整地归还档案。

（2）代卷卡制度。代卷卡应登记有关标准档案的档号、份数、张数、借阅人姓名、所在单位、借期、还期等项目。代卷卡是案卷的替身，平时放在案卷封底里面，当案卷借出时，就在代卷卡上填写借阅者的姓名、单位和借出日期，放在借出案卷原来存放的位置上，以便明确本案卷的去向。案卷归还时，应在代卷卡上注明归还日期。

（3）催还和续借制度。案卷借出后，档案管理人员要经常检查代卷卡，有过期未还的，要及时催还。如果需要继续利用，应办理续借手续。

3. 标准档案的复制供应

采用现代复制技术（如照相、静电复印、晒蓝等）复制档案，能够既快又准、大批量地满足利用者的需求。

4. 标准档案的咨询服务

咨询服务就是通过查阅标准档案和标准文献材料，以所得信息来回答利用者提出的有关问题，从而指导其利用标准档案信息资源的一种服务方式。咨询服务工作包括两个方面：

（1）专项问题和数据咨询，是指回答提问者关于标准化工作某项技术问题和技术数据的询问。

（2）指导性咨询，是指对利用者在阅读和查找标准档案时遇到的问题进行解答和指导。

七、标准档案信息研究

档案信息研究，又称档案调研，就是根据特定的需求，对档案信息进行定向选择和科学抽象的研究活动。

定向选择，就是根据特定的需求，从数量激增、高度离散、真伪并存的信息海洋中，收集和获取有用的信息并进行整序。文献调查和社会调查是获取有用信息的两大途径。信息整序，就是将收集到的档案信息资料，按照信息的内容特征和形式特征，进行浓缩、数据整序、图标显示和信息存储等，使档案信息实现微观和宏观上的有序化，以供标准研究之用。

科学抽象，就是在档案收集和信息整序的基础上，运用比较和分类、归纳和演绎、分析和综合、想象和类比等思维方法，透过现象，揭示研究对象的本质、规律和联系，深化认识。最后，针对选题的目的，形成答案，提出有事实、有分析、有观点、有建议的调研报告。

（一）标准档案信息研究的特点

标准档案信息研究是一项获取信息和生产信息的创造性科学劳动，属于科技研究的范畴，它既是科学研究的一个方面，同时又与自然科学研究不尽相同。因此，标准档案信息研究除具有一般科技研究的基本属性和档案文献编纂的一些属性外，还具有自己的许多特点。

（1）在研究对象上，档案信息研究以科学技术研究成果——各种标准及其应用所提供的知识和经验为对象。

（2）在研究方法上，一般科技研究除了通过独立思考、查阅参考文献外，其认识工具主要是各种仪器和设备，靠实验、计算、分析、测试等具体手段来开展；而标准档案信息研究则以档案收集、文献调查、社会调查为基础，通过一系列的分析、综合、论证、推理等抽象思维活动，辅之以必要的计算等手段。前者使用的是仪器设备等硬工具，而后者使用的则是档案、资料、文献、概念、方法等软工具。

（3）在研究成果上，一般科技研究的成果是产生某种理论、方法或有新的发明创造；而标准档案信息研究则是产生对标准建设的某种新的认识、建议或方案。

（4）在功能和作用上，从微观上看，尽管标准档案信息研究也属于科技研究范畴，但并不等于一般科技研究本身。一般说来，它在科学规划时起选题定向的作用，在选题确定后起方法准备的作用，在研究进行过程中起实施辅助的作用，在研究最终完成后起效果评价与反馈的作用。从上述意义上讲，标准档案信息研究应看作对一般科技研究和标准制定起指导、准备、辅助和评价作用的一种科技研究活动。

从宏观上看，标准档案信息研究的社会功能和基本作用表现在：一是对社会中不断产生、不断吸收和不断老化的，通常处于无序运动状态的标准信息流和标准档案群体进行整序，即对高度分离的标准信息进行定向获取、浓缩和集中，对迅速老化、高度稀释、冗余和杂伪的信息进行筛选、去伪、辨析和选优，从而满足社会对标准信息化的需求。

（二）标准档案信息研究成果的形式

标准化领域中的档案信息研究主要包括：标准化方针、政策方面的档案研究；标准化发展水平、动向的档案信息研究；各国标准化工作的主要经验、教训方面的档案收集研究工作；某一专业领域标准化发展水平与趋势的研究与预测等等。标准档案信息研究成果的形式有书面成果和非书面成果。书面成果中常见的有以下三种：（1）情况反映类，主要是向领导机关反映某些重要情况，比如标准建设的汇总分析；（2）研究报告类，如综述报告、评述报告、专题报告等；（3）手册、系列档案汇编等，在平时积累和全面调查基础上综合汇总的系统档案资料。

本章思考题

1. 说明标准档案概念的含义。
2. 标准档案的特点有哪些？掌握这些特点对做好标准档案的管理工作有何积极意义？
3. 标准档案的价值本质是什么？标准档案的利用价值的构成如何？
4. 标准档案的收集应注意解决好哪些方面的问题？
5. 如何变革目前标准档案保管期限的划分方法？
6. 如何做好标准档案的著录和标引工作？
7. 开展标准档案的利用服务工作，可以选择哪些具体的工作方式？
8. 标准档案管理的地位和作用是什么？
9. 标准档案信息研究与一般性的科学技术研究的区别是什么？

第十一章

病案与病案管理

本章提要

病案就是病人诊疗记录的案卷。比较完整的概念是医务人员对病人疾病治疗过程所记录的文件。它客观地、完整地、连续地记录了病人的病情变化及诊疗经过，是临床进行科学诊断治疗的基础材料，也是医学科学的原始资料。本章集中介绍了病案的基本概念含义、特征、作用和价值，详细说明了病案管理的基本原理和相关规则与方法，内容涉及病案的立卷、收集、整理、质量检查、供应等业务管理活动，以及现代化设备在病案管理中的应用等。

第一节　病案概述

我国有着悠久的医学发展历史。著名的《黄帝内经》奠定了中国医学的理论基础。殷商时期的甲骨档案中就已经出现了“疾首”“疾止”“疾舌”“疾上”“前疾”“疾身”等文字记录；《周礼》一书中也有病案史方面的记载。汉代出现了完整的病案，《史记·扁鹊仓公列传》中记录了当时的医学家淳于意的25例病案，称为“诊籍”，其中10例死亡病历，真实地记录了有关情况，是后世病案的鼻祖，也是中国医学工作者有意识地明确记录病案的最早文献记载。

一、病案的定义

病案又称“病历档案”，社会上一般称其为“病历”或“病历资料”等。我国的传统医学将其称为“诊籍”“医案”或“脉案”。1953年卫生部召开的医政会议将其定名为“病案”。在国际上，一般称之为medical record（医疗记录）或health record（健康记录）或case history（病例历史）等。目前，人们对病案的定义主要有：

- 病案是指医务人员在医疗活动过程中形成的文字、符号、图表、影像、切片等资料的总和，包括门（急）诊病历和住院病历。①
- 病案是由参与病人医疗的卫生专业人员所记载的关于病人生活史和保健史的事件汇编，它包括病人的病史及治疗史。病案必须及时撰写，要有充分的资料鉴别病人，支持诊断，评判治疗并准确记录结果。

---

① 具体内容可参见《医疗机构病历管理规定》。

● 病案“就是病人诊疗记录的案卷。比较完整的概念是医务人员对病人疾病治疗过程所记录的文件。它客观地、完整地、连续地记录了病人的病情变化及诊疗经过，是临床进行科学诊断治疗的基础材料，也是医学科学的原始资料”①。

这三个定义都比较好地揭示了病案的形成主体、形成领域和主要形式特征。但相对而言，第二个定义更为科学准确一些。因为它从病案的内容构成、时间跨度和编写要求等方面，较为完整地反映了病案的实际情况。同第一个和第三个定义相比，它主要具有以下优点：

首先，该定义较为全面地说明了病案的基本内容构成。病案是由参与病人医疗的卫生专业人员所记载的关于病人生活史和保健史的事件汇编，它包括病人的病史及治疗史。而第一个定义则只是描述了病案的主要形式特征。第三个定义把病案仅仅看作医务人员对病人疾病治疗过程所记录的文件，也不能全面地反映病案的全部内容。

其次，该定义中使用了“事件汇编”的概念来说明病案的构成方式，比采用“案卷”这一概念更为具体明确。一方面，病案的内容构成确实是病人病史和治疗史的客观历史记录，同时这些数据记录是通过卫生专业人员的有意识劳动才汇集在一起的。而“案卷”只能够表达病案是一组有密切联系的、保存价值和保密等级相同或相近的文件组合体，不能形象地说明病案的实际情况。另一方面，“事件汇编”比“案卷”更具有个性化色彩，避免了“千档一面”问题的出现。

最后，该定义根据病案的特殊性质，在定义中着重提出了病案的形成要求，即及时撰写病案，为鉴别病人、支持诊断、评判治疗提供充分的资料，准确记录有关结果。虽然比其他定义显得冗长，但是它却使病案的形成者和使用者都能够较好地通过定义所提供的信息，了解病案的基本形成要求和主要作用。

随着越来越多的医院采用医院信息系统（HIS），电子病案的概念也应运而生，并成为HIS的发展趋势。所谓电子病案是指计算机化的病案，它的内容包括纸质病案的所有数据和信息。电子病案不仅指静态病案数据和信息，还包括提供的相关服务信息。在实际工作中，各个医院可以利用电子病案系统，实现病人信息的采集、加工、存储、传输和服务。大力发展电子病案是医院信息管理的发展趋势。我国的电子病案发展比美国、日本、新加坡等国家晚，所以，可以通过认真研究他国的成功经验，结合自身的发展需要，逐步建立和完善我国的电子病案系统。

二、病案的特征

管理病案的基本前提条件之一，就是要了解病案的基本特征。认识和把握这些特征，可以使我们采取更具针对性的方式来合理地管理和利用病案及其所蕴藏的信息资源。那么病案究竟具有哪些特点呢？

马家润、刘爱民同志在《专门档案管理问答》（第二辑）中认为，病历档案有以下特点：（1）服务对象单一；（2）立卷工作做在卷内文件产生之前；（3）形成周期长；（4）使用频繁。② 这些认识对于我们今天研究病案的特点具有一定的启发作用。但是，在界定病

---

① 中国档案学会文书处理和档案室学术委员会．专门档案管理问答：第二辑．北京：中国档案出版社，1996：104.

② 中国档案学会文书处理和档案室学术委员会．专门档案管理问答：第二辑．北京：中国档案出版社，1996：109-110.

案的特点时，有一个问题必须加以注意，即不能把病案管理工作的特点作为病案的特点。为此，我们认为病案的特点可以归纳为以下几点。

1. 一人一案

一般来说，病案的形成是以个人为单位（个别国家是以家庭为单位）形成和积累起来的。按照这一特点来形成和管理病案，可以保证病案的完整性和系统性，为医务人员了解病人的病史和治疗史提供最为详细的数据和信息。

病案的这种特点，对各个医院的病案管理工作具有一定的制约作用。它要求病案的建立和管理，必须以一个个病人为核心来进行，病案的编号、排列、归档、整理、鉴定、利用和保管等，都必须充分考虑病案的这一特点，决不能分散病人的病案记录。

2. 病案内容的隐私性

世界上许多国家的法律中都将公民的医疗信息列入可以豁免公开的信息之列。通常只有病人或其直系亲属及负责治疗的医务人员才能查阅病人的医案。其他人员如果未经同意或许可就擅自查阅或公布涉及病人隐私权内容的病案，则属于违法行为。

了解病案的这一特点，对于建立和健全病案的管理制度，特别是安全保密制度和利用制度，具有一定的现实意义。

3. 利用价值的多样性和长远性

病案是医务人员劳动和智慧的结晶，这是病案的价值源泉。正因为病案具有这一特点，才使它能够成为医疗诊断、临床治疗、教学科研的宝贵信息资源。一些典型病案，由于详细记录了有关疾病的诊疗过程及其结果方面的信息，所以是难得的医学研究素材。一份完整的病案就是一部活教材，也是临床教学中最需要的案例资料。另外，病案也是研究以医疗为中心的全部医院工作的信息库，它对评价医院的医务质量、效率是必不可少的依据，同时也是进行医疗工作决策和制定科学工作计划的基础。

这一特点要求我们在管理病案的过程中，既要注意所形成病案内容的完整性和系统性，同时又要注意充分发挥病案所载数据和信息的作用，加强对病案的信息层面的管理工作，注意病案数据的挖掘和合理利用，为繁荣祖国的医学事业服务。

4. 形成周期长、保存分散

病案的形成和积累往往会伴随一个人的一生，所以它的形成周期是比较长的。一个人一生之中可能会到不同的医院就诊，这就使得一个病人的病案材料分散在不同的医院之中，如果没有统一的病案信息系统，就会给病人的疾病诊断带来一定的影响。为此，如何有效地保证每个人病案的完整性和系统性，就成为医院病案管理的一个难题。所以，根据病案的形成周期长、信息记录实体保存分散的特点，各个医院一方面要注意完整地积累病人在本院就诊过程中形成的诊断、治疗信息材料，同时也要通过完善网络信息管理系统，努力整合有关医院的同一病人的病案信息。

随着电子计算机和网络技术的迅速发展，以及医院管理理念和管理模式的变革，各大医院都在努力开发和利用医院信息系统（HIS），电子病案开始走上历史舞台，并发挥着越来越重要的作用。那么，电子病案与传统的病案相比，又具有哪些方面的新特点呢？

第一，内容更加翔实、全面、充分。

电子病案不是简单地将纸质病案记载的各项内容输入电脑，而是通过 HIS 将各个科室的诊疗数据汇集在一起，在任意时间、任意地点采集病人的临床数据；不仅能记录病史、病程、诊疗情况、护理情况，还可以记录CT、MRI、核医学、超声等影像图片和声像动态，完成以病人为中心的信息集成。医生可以随时随地提取有关信息，了解情况，并开展有效的治疗工作。

第二，标准化程度更高。

现行普通病案虽然有统一的首页、书写格式和医疗文书书写规定，但书写的随意性很大，不同医生所写的病案很难完全规范。而电子病案的形成，则必须以医学术语的标准化为前提。电子病案的疾病名称、基本格式、医疗用语、传送方式、图像压缩等均应有统一的规范，病案中的各种基本情况也应设立统一编码（如地址编码、职业编码、家庭编码、医疗设施编码等），并执行形成地区、国家和国际的标准，以利于信息资源共享与交流。同时，电子病案的开发利用提高了医生书写病案的质量和效率，减轻了医生繁重的病案书写劳动，有利于他们集中主要精力开展临床诊治。

第三，可以实现广泛的诊疗数据和信息共享。

随着网络技术的发展，电子病案可以在广域网环境下实现数据传递和信息共享，并可以在任何时间和地点为任意一个授权者提供所需要的病人数据。无论病人到哪家医院就诊，都能提取到自己的病案；同时医务人员能实现异地远程会诊、异地随访，展开网上疑难病例讨论等。

第四，医务人员查询和利用更加方便。

利用以往的病案，我们必须先查索引，找到住院号，再搬运病案进行翻阅，不仅速度慢，劳动强度大，而且信息不够全面集中。电子病案特有的数据格式和集中的存储，有利于快捷输入，迅速检索查询、调用处理各种诊疗信息，为临床、教学、科研提供大量集成数据材料，同时也为统计分析、医院管理提供了全面可靠的资料，大大提高了病案的利用效率。

第五，数据和信息存储更加简便易行。

传统病案的保存必须有足够空间，规定保存期限，同时还要解决纸张的磨损、老化以及防潮、防火、防蛀等保护方面的诸多问题，并耗费大量人力和物力。电子病案有效的存储体系和备份方案，能实现大量存储和实时存取的统一，占用空间小，保存容量大，能长久保存。病案是保密性文件，它们包含的资料是病人生活的一部分，必须始终考虑到病人的隐私权。病案内容具有法律效力，不允许医疗以外人员阅览、窃取、篡改。病人的隐私权和病案安全性是电子病案必须解决的问题，这不仅要有电子技术手段作保证，还要有相关的法律作保障。

三、病案的作用和价值

病案所提供的数据和信息，是医院信息系统之本。它凝结着广大医务工作者的辛劳和智慧，是他们创造性劳动的结晶。如果没有广大医务工作者在诊断、治疗、护理等工作中的各种有效付出，病案的作用和利用价值也就无从谈起。所以，医务工作者的各种有效付出（辛劳、奉献、智慧、牺牲等）才是病案的唯一价值源泉。关于病案的作用，根据马家润和刘爱民同志的研究结果，主要包括以下几个方面。

（一）病案是医疗不可缺少的依据

医院建立和保存病案的主要功用是为病人治疗和保健服务。病案记录了医生每次对疾病的诊断、病情观察、治疗方法以及药物的应用，是医生了解病情的可靠资料，既为病人本次疾病治疗服务，又为日后医疗服务。某些慢性病或长期患病的病人，当疾病急性发作危及生命，必须争取时间时，找出既往病历档案参考，即可做出恰当处理，挽救病人生命。病历档案是医务人员对疾病正确诊断和决定治疗方案不可缺少的重要依据。

（二）病案是临床教学的生动教材

内容完整的病历档案，堪称医学教学活的教科书，它的示教意义有时超越书本和直观教学。由于病案记录了病人的发病、诊疗过程到痊愈或死亡，以及病人远期疗效的随诊等全部情况，是一篇极有系统的临床情况的真实记录，可反映出整个病例的全貌。而在床边直接检查病人教学，学员所能了解到的只是病人整个病程中的即时情况。尤其是典型病例和某种疑难或稀有病症的病历档案，更是生动的教材。医院定期组织的出院病人病案讨论会，又是对实习医师、住院医师最切实际的临床医学教育。

（三）病案是科学研究的重要资料

病案内包含着最新、最丰富、最具体的医学科学实验和临床医疗实践的重要资料。通过对这些资料的研究分析，可以总结出新经验，用以指导临床实践；经过资料的积累，再总结，如此周而复始，使医学科学理论和临床医疗实践不断推向新的水平。如：我国对绒毛膜上皮癌和恶性葡萄胎的诊断治疗取得国际上的领先水平，是与积累了大量的病案息息相关的。通过积累、研究病历档案，可以增强所获结论的准确性，扩大医学研究的范围，促进医学科学的发展。

（四）病案是医院管理的重要信息和依据

医院管理，就是按照医院工作的客观规律，合理地组织医院的全部医疗经营活动，使医院内各部门的业务活动经常处于最佳状态之中。为保证系统运行的正常进行，医院管理人员必须掌握信息资料，而病案正是研究和实施以医疗为中心的全部医院工作的一种信息，是计划、组织和检查医院工作，进行科学管理的可靠依据。

病案内记载了医务人员对疾病的观察、诊断，所施医疗方法及其医疗效果，以及医疗经验等。真实完整的病案标志着医院工作人员的业务素质，为病人服务的态度和医疗业务及学术科研水平。查阅一定数量的病案，可为鉴定医院服务质量、评定等级医院提供依据。病案也是医院内考核医生业务水平、职称晋升必要的参考材料。

（五）病案是医师不断总结经验、提高医疗水平的重要基础

书写好病案是临床医师的基本训练。通过病案书写的锻炼，可以培养出科学严谨的工作作风，独立思考的能力和用唯物辩证的观点观察问题、分析问题、解决问题的能

力，以及对疾病系统检查、正确诊断处理的技能。医生诊治病人，从完整详尽的病案中找出线索确定诊断最为可靠。同时病案还可作为医生自修的教材。在医疗实践中借鉴病案，可不断丰富自己的经验、知识。若能经常分析总结一个时期的病案，从中可以学到很多有效的治疗方法和对疾病处理的经验。

（六）病案是医院统计工作的可靠依据

病案是医院医疗业务统计的原始资料之一，是医疗业务活动数量和质量统计分析的可靠依据。对各种疾病的发生和死因分析，可供疾病防治、监测和领导检查工作、制订计划参考使用。用病案作为统计的原始资料，不仅准确可靠，还可以准确地提供各种统计数字。

（七）病案是合理利用医疗资源，对医疗费用进行有效监控的重要参考资料

由于医疗成本的不断上涨，医疗质量的提高，医疗费用不断攀升，致使各个国家负担的医疗费用不断增加。美国政府经过多年研究，于1983年对享受老年医疗保险及贫困医疗补助住院病人的医疗费用采取诊断相关分组（DRGS）的方法支付费用。将不同年龄、不同医疗服务、不同资源消耗等的疾病划分为若干组，规定了每组的最高住院天数及医疗费用。不管病人住院时间长短，按受多少医疗服务，均按统一规定的费率支付。如果病案书写不完整或病案管理人员分类有误，就会导致医院蒙受经济损失。美国政府的这一措施有效地减少了卫生经费开支，促使各医院重视病案书写，努力提高医疗诊断水平。可见，病案对医疗保健制度改革和医疗保险事业发展具有参考价值。

（八）病案可作为法律的重要依据

由于病案是患者病情客观的原始记录，所以有些医疗纠纷、伤残事故处理、社会上一些诉讼案件或个案调查，要以病案作为评议、处理或判明责任的依据，它可以给医生以公正的保护，同时也为维护病人的正当权益提供合理的保证。举世瞩目的赵氏奇案诉讼中，为了证实赵碧琰与其子赵宗阳的血缘关系，以保护我国公民在日本的巨额财产，有关单位在北京协和医院查到了赵宗阳幼年时的病案，从而取得了有力的法律证据。

（九）病案是重要的历史资料

一所医院的病案客观地记录了这一单位的发展史。以北京协和医院为例，该院现保存着自1914年起一百多年的病案，这些病案记载了每个病人的疾病情况、诊治方法和效果，对于总结和了解百年来我国和世界医学进展、各种疾病预防和治疗方法的改进、医学和人民卫生保健事业的进步，无疑是一份宝贵的历史资料。病案作为一个整体，也反映了一定的社会历史情况，同时反映了近代病案科学管理的发展史。北京协和医院1921年建立了病案管理部门，制定了规章制度和管理方法。从该院保存的病案中可以发现这样一个事实：1921年至1932年上半年的11年间共收治住院病人46 000人次，其中霍乱只有16例，占病例总数的0.35‰；1932年下半年至1933年上半年，这一年中收治住院病人5 669人次，其中霍乱55例，占病例总数的9.70‰；新中国成立后的40多年间未收治过霍乱病人。病案的数字清楚地揭露了1932年日本帝国主义在我国华北地区对我国人民进行细菌战争试验的罪恶事实，也证实了新中国成立以来我国人民卫生防疫工作、保健事业取得的成就。

可见，病案是医院中各级医务人员辛勤劳动的结晶，病案中汇集了各级医务人员的劳动成果，病案的内容系统地、完整地、真实地记载了所有有关医务人员为病人所做的工作。这些记录能够客观准确地反映医院的基础医疗，起到了基础医学与临床医学间的桥梁作用，加强了医学体系的完整性。它还反映出医院内各级医务人员的医德、医风、医技水平，以及医院的管理水平等。因此，一份病案对病人，对医院、诊所及其他医疗单位，对医师及其他医务工作者，对科研、统计和教学，对医疗质量的评估，对病人支付医疗费用审核均有不同的价值。

病案是医疗、教学、科研三位一体的极其宝贵的资源。正确的治疗来源于正确的诊断，疾病的诊断过程就是研究认识疾病的过程。病人病程变化、临床治疗、用药、各项检查都需要病案记载下来，故病案既是临床诊疗的原始记录，又是病人今后治疗的参考资料。

案例：有一位病人因冠心病在北京海淀区某医院住院，经过一段时间治疗好转出院。后其出差到上海又因旅途奔波工作劳累旧病复发，当地医院非常想了解病人以往的住院情况，以便进行比较，确定最佳治疗方案。北京海淀区某医院以最快的速度找到该病人以前的病案传真发送到上海，为挽救病人的生命提供了资料，争取了时间。因此，病案是医务人员对疾病正确诊断和确定医疗方案不可缺少的重要依据。

一份内容完整的病案就是一部活的教科书，临床教学中最需要有价值的病案。一些典型的病例和某些疑难或稀有病症病案，可以丰富教学的内涵，可使临床教学更具吸引力。病案还肩负着促进医学发展的使命，在医学研究中占有极为重要的地位。通过积累病案资料，不断总结临床成功和失败的经验，从而对疾病的规律产生新的认识，可以提高和发展医学理论，更好地指导临床科学研究。

目前，病案管理已成为一门专业化的学科，它是医院管理的重要组成部分。医院管理是按照医院工作的客观规律，合理安排组织医院的全部医疗经营活动。因此，病案就是研究和实施以医疗为中心的全部医院工作的信息资料，病案管理工作是实施医院管理，评价医院工作质量、效率，进行工作预测和决策的基础。人们在工作中越来越感到离不开病案。没有病案信息，医生无法诊断治疗，领导也无从进行管理。

随着我国经济和社会的发展，社会主义市场经济体制的建立，法制体系日益完善，人民群众法制观念不断增强，自我保护意识不断提高，病案的价值和功能也在不断地延伸和扩展。它不仅服务于病人和医院，在医患关系紧张，医疗过错、纠纷时有发生的今天，还可为解决医疗纠纷，保护病人、医师及医院的利益提供重要依据。随着新的《医疗事故处理条例》的出台，以及2002年4月1日起施行的《最高人民法院关于民事诉讼证据的若干规定》中的举证责任倒置原则的确立，病案在法律关系中的作用越来越重要。《医疗事故处理条例》中规定，患者有权复印病案，医疗机构无正当理由，不得拒绝为患者提供复印病案，拒绝复印病案，未按要求书写、保管、封存的行为将受到行政或纪律的处分。

案例：北京某结核病防治院因丢失一位患者的病案而赔偿3 000元。法院认为该医院作为医疗机构，有义务保管病人病案，以保证患者正常就医。但因工作失误，丢失了患者病案，给患者今后治疗带来一定影响，应承担相应的民事责任。法院判该院赔偿患者损失费 3 000 元。

其实一份病案的价值是不能完全用金钱来衡量的，但这个案例确确实实以法律的形式对病案价值、作用给予了确定。因此，病案可以成为法律上的重要证据。它不仅能保护医生也能保护病人的利益。培养和树立病案法律责任意识，将是医务人员的一项重要社会任务。

此外，病案在统计、医疗保险等方面都起着无法替代的重要作用。

第二节　病案的管理

按照国家有关规定，病案管理部门的基本任务是：负责集中管理各医院的病案；按时收取出院（包括死亡）病人的全部病历材料及各种检验文件；负责出院病案的整理、查核、登记、装订及保管；按照国际疾病分类方法编制疾病分类和手术操作分类索引及病人姓名索引等检索工具；负责临床、教学和科研等方面所需要病案的利用服务；负责办理院际病案摘录和经过医务科同意的来调接待工作；配合统计人员做好有关统计资料的整理分析；认真做好病案质量检查，提出改进意见；切实做好病案库的安全工作，维护病案的完整与安全；根据医疗、教学和科研总结的需要，配合做好对病人的随诊工作；对医疗用的各种簿册表单进行审核，保证格式规范统一；拟定病案管理的规章制度；完成其他有关任务等。

一、病案归档

病案的归档通常可以划分为两种方式：集中式和分散式。所谓集中式归档，又称“一号集中制”“两号集中制”“两号分开制”“一号分开制”，是指将病人的住院记录、门诊记录和急诊记录等，集中在一个病案夹内并编一个号码或住院记录与门诊记录分别编码、分别归档，但都要集中存放在病案科内。所谓分散式归档，是指将病人的病案分散在多个医疗部门，分散于病案科之外，如特殊的治疗科室等，它可能是采用同一的单一编号，也可能采用完全没有关联的几个号码。分散存放在其他部门的病案要置于病案管理人员的严格监督和控制下。下面我们再进一步说明一下集中式归档的 4 种基本形制。

（一）一号集中制

它是把病人的住院记录、门诊记录和急诊记录等方面的数据材料，集中在一份病案中，配以一个统一的编号，放在一处（病案科或病案室）保存。例如，中国医学科学院肿瘤医院的病案管理就采用了这种集中归档方式。

（二）两号集中制

它是指把病人的住院记录和门诊记录分别编号，但病案却集中在一种编号下管理，只归档一份病案。门诊病案、住院病案各自建立编号系统，两号并存，各自发展。

上述两种归档形制，在医院范围内，最大限度地保证了病人病案数据和信息的完整性、连续性和系统性，比较全面地集中了病人的诊疗信息材料。

（三）两号分开制

它是对病人的门诊病案和住院病案分别编号，二者单独存在，互不关联，但仍存放在病案科内。门诊病人只用门诊病案，住院病案则供病人住院期间的医疗和今后的教学与科研之用。目前，北京地区采用这种归档方式的医院较多，如北京宣武医院、友谊医院、同仁医院、中国人民解放军总医院（301 医院）、朝阳医院等。

（四）一号分开制

它与两号分开制的区别主要在于：将住院病案与门诊病案分开归档，但却要求统编一个病案号。如北京的协和医院就采用了这种归档方式。

病案归档要求把病案按照一定顺序系统排列，以便在需要时能够快速、准确地查找出来。这就需要病案管理人员建立和健全病案的归档系统。一般情况下，可以考虑选择如下几种方式来进行归档工作：

- 按姓名归档。如果不采用编号的形式来管理病案，那么病人的姓名就会成为唯一的管理依据。如将病人的病案按照汉语拼音字母的顺序加以排列，或者按照其他拼音文字的字母顺序进行排列，都是这种方式的具体存在形式。
- 按户口集中存放归档。这种方式的归档就是以病人的户口为依据，家庭中的所有成员都分别建立病案，但都必须集中装在户主的封袋内。我国的一些街道保健组织多采用这种归档方式。
- 按号码归档。其中包括“顺序流水归档法”“尾号归档法”“中间号归档法”“尾号切口归档法”4 种具体方法。

所谓顺序流水归档法，就是把病案按照其编号的顺序进行排列，又称“大排号”或“大流水”。如北京的许多大中型医院的病案归档就采用这种方法。

所谓尾号归档法，就是将病案的 6 位或 7 位编号号码分为 3 部分，排列时，先看一级号（尾号）；在一级号相同的情况下，查找二级号（中间号）；在二级号也相同的情况下，最后使用三级号（查找号）。按数字从小到大进行病案排列归档。

例如：

168938 这个病案号码可以划分为 3 个部分：

16	89	38
三级号	二级号	一级号
（查找号）	（中间号）	（尾号）

排列时，先看尾号 38；在尾号相同的情况下，查找中间号 89；在中间号也相同的情况下，最后使用查找号 16。按数字顺序，从小到大排列病案。如：

118087	002196
128087	021196
138087	022196
148087	032196
158087	042196
…	…

尾号归档法能够减少或杜绝归档错误，提高归档的效率和准确性。在大中型的综合性医院，尾号归档法应该同序列号归档法并用。即尾号归档法用于活动性病案，被筛选出的不活动病案（置于第二库房）采用序列号归档法。

中间号归档法与尾号归档法的不同之处是一级号、二级号、三级号的位置不同。例如：

14	68	89
二级号	一级号	三级号

排列时，先看病案号码中的一级号 68；在一级号相同的情况下，查找二级号 14；在二级号也相同的情况下，最后使用三级号 89。按数字顺序，从小到大排列病案。如：

308512	318512	328512
308513	318513	328513
308514	318514	328514
308515	318515	328515
…	…	…

所谓尾号切口归档法与尾号归档法相似，它先把病案号码从右至左分为 4 组。例如：

病案号 096942，分组为：

尾号：2（个位数字）。辫号：4（十位数字）。圈号：9（百位数字）。查找号：096（其余数字）。

例如：

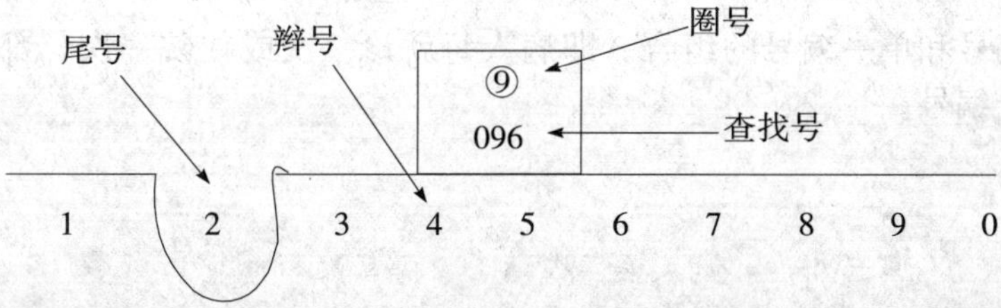

二、病案的编号

病案的编号简称病案号，是对病案实行科学管理的基本前提条件之一。收集病人身份证明材料及分派病案号是对每一位住院病人或就诊病人所做的第一步管理工作，也是日后获得恰当的病人身份材料的唯一途径。实践证明，病案号的编制，是实现病案有效管理的最为简便易行的方法。

病案号的编号方法包括系列编号法、单一编号法、系列单一编号法三种类型。下面我们将逐一介绍。

（一）系列编号法

即病人每住院一次或门诊病人就诊一次就给一个新号。换言之，就是每一次都把病人作为一个新病人对待，发给一个新号，建立新的病人姓名索引及新病案，并与该病人以前的病案分别存放。由于这种编号方法会造成同一个病人的病案数据和信息的分散，不便于全面了解病人的诊疗史和保健史，所以它目前的应用范围仅限于复诊率较低的医院。

例如：

某医院的一位病人的病案的系列编号为：
第一次就诊　　000123
第二次就诊　　000516
第三次就诊　　000815

（二）单一编号法

即在每位病人第一次来医院时，不管是住院、看急诊或门诊，只发给病人一个病案号。不论病人在门诊、急诊或住院治疗多少次，都用这个唯一的病案号。这种编号的方法可以有效地保证病人的病案全部都能集中在一起，便于医生全面系统地了解病人的以往病史和诊疗数据和信息，并真正做到了一案一号。

例如：

某医院的一位病人的病案编号为：
第一次就诊时的病案号　　000088
第二次就诊时的病案号　　000088
第三次就诊时的病案号　　000088

（三）系列单一编号法

它是系列编号和单一编号的组合。即病人每就诊一次或住院一次，都发给一个新号，但最终只有一个编号。

例如：

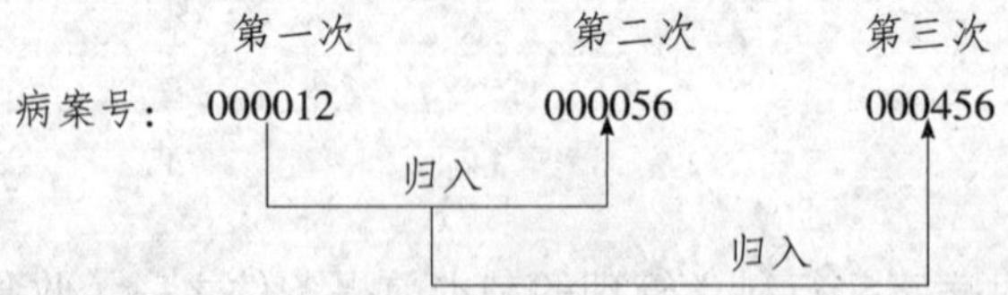

采用这种编号方法，一个病人最终只有一份病案，一个病案号。但是，此种方法也存在着一定的局限性，即在归档或查找时，需要在消除的原病案号位置上设一指引卡，以表示病案最终所在的位置，因此病人的就诊次数越多，病案架上的指引卡也就越多。基于此，这种病案编号法的应用并不广泛。

病案编号的具体形式主要包括：数字编码制、字母数字混合编码制、关系编码制、社会安全号编码制、家庭编码制、冠年编码制等。

(1) 数字编码制。就是按阿拉伯数字的顺序，从 0 开始，依照时间的发展分派病案号。如：000000，000001，000002，…，000011，000012，000013。这种编号法的方法简单，容易分派和控制，所以在我国得到了最为广泛的使用。

(2) 字母数字混合编码制。即将数字和字母按照一定的位序结合起来使用。如：MM8886。虽然有的医院至今还使用这种病案号的编码法，但其已经不具有普遍性。

(3) 关系编码制。就是指病案编号的一部分或全部，在某种意义上与病人有关联。可以采用国家统一编制的身份证号或出生号作为病案的编号来使用。如果采用出生号作为病案编号，应使用出生日期 8 个数字中的 6 个数字，另外还可以增加其他的数字，如表示性别的数字，表示地区编码的数字及 2 到 3 个或更多的数字作为顺序号，以便区分生日相同的病人。

例如：

64	12	24	1	02	4
年	月	日	性别	顺序号	地区号

(4) 社会安全号编码制。即直接采用每个公民出生时获得的社会安全号作为病案号使用。目前，美国使用这种编码制较为普遍。

(5) 家庭编码制。即以家庭为单位，一个家庭发给一个代号，再加上一些附加数字表示家庭中的每一个成员。

例如：

某个家庭的病案编码为：3245

01＝（家庭）户主　02＝配偶　03＝长子　04＝长女　……

这种病案编码法主要适用于门诊治疗中心、社区医疗和街道保健部门。因为它强调以家庭为单位来编号，所以有助于开展家庭医疗咨询、家庭保健和家族疾病的预防等工作。

(6) 冠年编码制。即在具体的数字病案编号前冠以年号，以便统计和分辨每一年的病人数量。

例如：

2003 年的病案号可以编为：20030001，20030002，…，20030999。

2004 年的病案号可以编为：20040001，20040002，…，20040999。

三、挂号室（组）的查建病案工作

每个病人的病案都要经由各个医院的挂号室（组）来建立。挂号室（组）是病人病案的产生基地。我国大多数医疗单位对一般门诊病人采用门诊手册，某些需要在医院继续治疗的病人，要建立正规的病案，俗称“大病案”。建立病案应遵循如下几个方面的条件要求：

第一，凡是与医院订立了医疗合同的单位的病人，当他（她）第一次来门诊或急诊就诊时，就应当为其建立正规的病案。

第二，虽然是非合同单位的病人或居民，但医生认为治疗其病需要建立病案时，也要建立正规的病案。

第三，外籍病人就诊时，应建立病案。

第四，一切住院病人，包括非合同单位的病人和合同单位的病人，本地病人和外地病人，都应建立病案。

一旦病人在某个医院建立了病案，应将医疗手册中的全部记录转贴在正规的病案中，以便保持医疗手册所记录内容的连续性和完整性。另外，医院还要发给病人挂号证，标明其病案号，并告知病人不再使用医疗手册。

医院门诊的病案号必须准确无误，绝不能产生重号、错号或漏号现象。在病人要建立病案时，工作人员要搞清病人是否曾经在本院建过病案。当获知病人曾经建过病案时，应设法查找出病人原来的病案号，以避免发生重号问题。当出现重号时，应当及时加以纠正，去新号留旧号。同时要防止产生漏号，当发现有漏号现象时，须及时予以补全。当病人在一个医院属第一次建立门诊病案时，工作人员要主动询问病人，根据病案首页病人身份证明所需的内容，详细询问，不得遗漏任何重要信息。

为了方便平时的查找和利用，挂号室（组）的工作人员应将填有病人身份证明材料的卡片制成病人人名索引。这种人名索引的著录项目一般包括：病人姓名、病案号、性别、出生年月、职业、出生地、民族等。病人人名索引是查找病案的重要检索工具之一。

病人人名索引的编排方法有：偏旁部首法、笔画法、五笔检字法、四角号码法、罗马拼音法、注音字母法、汉语拼音法、四角号码与汉语拼音合用的编排方法。我国北方地区现在使用汉语拼音法的较多，南方地区使用四角号码法的较多。国外常用的病人人名索引排列方法有：字母顺序排列法、语音顺序排列法、语音索引系统等。

四、病案供应

目前，病案的利用仍以调用原始病案为主，因此，病案的供应工作是否及时、准确、直接关系到病案中数据和信息的有效利用。供应工作在病案为医疗、教学、科研发挥其作用的过程中，是一个不可缺少的环节。在我国医院等级评审中，抽查病案有一份找不到，就要扣去评审总分的 5 分。因此可以说，供应工作反映着病案管理的整体水平。病案管理人员必须做到检索病案动作要快，抽取出的病案要准确，对病案需求者要认真负责、态度好。

病案供应工作的内容包括：查找、登记、运送、回收、整理、粘贴检查检验回报单等。每道工序完成质量的好坏，都会影响医疗、教学、科研工作的开展。因此对每个工作环节都要有明确的操作方法及要求。

病案要由医院统一保存，实行全封闭式的管理。在任何情况下，病案都不得在病人、病人家属或院外人员中传递。供应组的工作人员负责门诊（含急诊）、住院病案的供应。根据病人挂号证上的病案号查找病案，填写病案示踪卡或建立计算机示踪系统，并及时将门诊病案送至就诊科室，住院病案不能出门诊。当病人再次住院时，一经办理了住院手续，工作人员要将老病案及时送至病房，并做好登记工作。有些医院由医师根据需要到病案科办理借阅手续后，再向其提供老病案。当医师因科研、教学需要使用病案时，应到病案科进行登记，在病案科的阅览室内进行阅读。住院病案原则上不出病案科。病人在门诊就诊后工作人员要对病案回收（包括科研用毕的病案），进行销号处理、顺号、归档上架或变更去向以及整理、查找粘贴各种回报单及病案单页。

病案供应工作的特点是工作量大，时间紧迫，程序和环节多，并要求做到及时、准确、全面。如果工作稍有差错，就会给临床诊疗工作带来困难，延误病人就诊，甚至会造成工作混乱。要做好这项工作，不仅需要付出很大的体力劳动，同时还必须掌握病案管理的全面知识，它体现着病案管理工作的质量水平，需要各级领导及有关方面的重视和支持。

五、病案整理

病案整理工作是将各方面的记录和信息材料收集起来，按照一定的组织系统及要求加以编排整理。在整理过程中进行病案的质和量的分析，并检查病案内的各个组成部分，以确定材料的完整性、准确性，使病案的组成统一化，内容系统化，以利于利用时能较快地找到所需要的数据和信息。病案整理是整个病案管理工作的第一步，整理后才便于病案管理工作下一步日常业务工作的开展。

病案的整理工作分为：住院病案的整理和门诊病案的整理。整理组的工作主要是针对住院病案进行的，即住院病案的整理。

住院病案的收集方法主要有：（1）由整理组专人每日下病房收集出院病人病案；（2）待病人办理出院结账手续后，整理组专人每日到住院结账处收取病案；（3）由病区定期把出院病人病案派专人送到病案科。北京地区的大中型医院采用第一种方法的较多。

在工作人员收取住院病案前，病案是由护士站护士收集、保存的。在收取病案时，对有老病案者应注意将老病案一并收回，未及时收回者应做好登记，并催促医师及时归还。整理组的工作人员将收回的病案记录单页按统一的顺序加以整理、装订，整理过程中如发现材料不全应及时与临床科室联系。

病案科整理过程中的病案排列（即出院病案排列顺序）为：

（1）病案首页。

（2）出院记录（或死亡记录）。

（3）入院记录。

（4）住院病历。

（5）病程记录（按页数次序排列）：手术前讨论记录、麻醉记录（或产前记录）、手术记录（或分娩记录）、手术后病程记录。

（6）特殊治疗记录单（如糖尿病、心力衰竭等，按页数次序排列）。

（7）会诊记录单（按日期先后排列）。

（8）护理病历。

（9）护理计划单（按页数次序排列）。

（10）护理记录单（按页数次序排列）。

（11）特别护理记录单（按页数次序排列）。

（12）特殊检查报告单（按页数次序排列）。

（13）专科检查表（如视野检查表、听力检查等）。

（14）常规化验报告单。

（15）特殊化验报告单。

（16）尸体解剖报告单。

（17）医嘱单（按页数次序排列）。

（18）体温单（按页数次序排列）。

（19）以前住院病历。

（20）死亡病人的门诊病历。

（21）随诊或追查记录、来往信件、证明书等。

以上的排列次序只代表我国大部分医院的总体排列方式，各个医院可根据自身的特点和性质，在个别项目上做一定的调整。有的医院不将护理病历整理装订到病案中，而是单独保存，三年后进行销毁（因法律规定，护理病历具有法律效力的时限为三年）。总之，病案的整理工作要符合利用要求的编排原则，便于医疗材料的查考和利用。

病案中的各项材料按顺序排列好后，工作人员要进行打孔和装订。对第一次建立住院病案者要在病案封皮上标明病案号，与住院处登记的出院单进行核查，并进行各种登记（手工填写或计算机输入），如：出入院日期登记、转科病人登记、诊断符合情况登记等。

六、病案质量检查

病案整理工作结束后，工作人员要检查每份病案首页是否有临床科主任的签字，以示科内主管领导对该医师书写的病案已检查把关。若未签字，工作人员要将此病案放在专门的架子上，并通知临床科主任来病案科检查审核签字。之后，病案进入下一个工作流程——病案质量检查。病案的质量管理是医院质量管理的核心内容之一，也是病案管理的基础环节。病案质量不佳将会严重妨碍病案管理日常工作的进行，使病案利用率下降，甚至影响到病案利用后的最终结果。病案的质量不仅反映了各个医院的医疗技术，同时它对提高医院的管理水平和医疗技术水平，有效地保护病人的身体健康，都有很重要的作用。由于它是在病人治疗结束后进行的，常被划为病案终末质量管理。但在实际工作中病案质量管理并不单独进行，而是与病案形成过程中的病案质量管理统一进行。因此，对病案质量负有责任的不仅仅是病案管理人员，医院的每一位医务人员也都负有一定的责任。

病案质量是病案书写质量和病案医疗质量的总称。病案质量管理包括两方面，病案的书写质量（又称表面质量或外在质量）和病案的医疗质量（又称内在质量）。

病案书写质量是指病案形成过程中的具体要求，也就是说，病案单元的质量包括病案的书写格式、书写规则、要求和病案的规格、式样以及病案质量与医疗质量的关系等。评价病案书写质量的标准包括：

- 病案各项内容完成的及时性。
- 病案各项内容的准确可靠性（上级医师查房记录是可靠性依据之一）。
- 病案整体内容的完整性。
- 病案书写科学性，包括简洁明了、重点突出、层次清楚、概念明确、连贯系统等要求。

病案医疗质量是通过病案来评价医疗质量的优劣，通常所说的医疗质量是就诊断、治疗、护理、药剂而言。病案医疗质量主要从四个方面来评价医疗质量：

- 诊断是否正确、及时、全面。
- 治疗是否有效、及时、彻底。
- 疗程的长短。

● 有无因医疗措施不当而给病人带来不必要的痛苦、损害和感染。

通常病案质量检查组的工作人员不是或不全是病案专业人员，而是由医院中有丰富临床经验的专家、教授级的医师组成，对病案书写质量进行等级判定、打分。对不合格书写者通知本人到病案科进行修改，情节严重者给予必要的行政及经济处分。

七、病案编目

经过质量检查的病案，就可以进入病案管理工作的下一个比较重要的环节——疾病分类和手术操作分类工作。病案编目工作是病案科各项业务的基础。无论是手工操作还是利用计算机系统，所收藏的病案都需要经过编目加工。编目工作的质量和效率对病案科各项业务活动都有直接的影响。

我国正在使用的疾病分类标准是《疾病和有关健康问题的国际统计分类》第十次修订本（以下简称 ICD－10）。ICD－10 共分三卷。卷三为字母顺序索引，供编码人员确定主导词后查找编码使用。该卷共收入疾病（包括症状、体征和不明确情况）、损伤（包括损伤的临床表现及其外部原因）以及药物和化学制剂中毒的有关术语和编码 63 000 多条。卷一用于核对、确定编码，以确保编码的准确。卷二为指导手册，通常编码人员不使用卷二。

ICD－10 的第三卷索引很厚，共 1 374 页。其结构内容分为：前言、索引中容易误读的汉字、疾病和损伤性质的字母顺序索引（第一个索引）、损伤和外部原因索引（第二个索引）、药物和化学制剂表索引（第三个索引）。

前言中包含了一些简单的说明。索引中容易误读的汉字专门列了一张表，由于索引先将名称按汉语拼音拼写出来，然后按英文字母的顺序排列（即汉语拼音-英文字母的顺序排列），因此读错音将容易导致查不到编码的结果。

疾病编码、损伤性质和肿瘤的形态学编码都要在第一个索引中查找获得，损伤的外部原因编码要在第二个索引中查找获得，中毒的外因及其在第十九章的中毒外因编码都可以在第三个索引中查找获得。三个索引都是独立的索引，每个索引都有首字拼音和笔画检字表。

ICD－10 第一卷的内容包括：

前言
致谢
世界卫生组织疾病分类合作中心
国际疾病分类第十次国际修订会议报告
三位数类目表
内容类目表和四位数亚目
第一章　某些传染病和寄生虫病（A00－B00）
第二章　肿瘤（C00－D48）
第三章　血液及造血器官疾病和某些涉及免疫机制的疾患（D50－D89）
第四章　内分泌、营养和代谢疾病（E00－E90）
第五章　精神和行为障碍（F00－F99）

第六章　神经系统疾病（G00－G99）
第七章　眼和附器疾病（H00－H59）
第八章　耳和乳突疾病（H60－H95）
第九章　循环系统疾病（I00－I99）
第十章　呼吸系统疾病（J00－J99）
第十一章　消化系统疾病（K00－K93）
第十二章　皮肤和皮下组织疾病（L00－L99）
第十三章　肌肉骨骼系统和结缔组织疾病（M00－M99）
第十四章　泌尿生殖系统疾病（N00－N99）
第十五章　妊娠、分娩和产褥期（O00－O99）
第十六章　起源于围生期的某些情况（P00－P99）
第十七章　先天性畸形、变形和染色体异常（Q00－Q99）
第十八章　症状、体征和临床与实验室异常所见，不可归类在他处者（R00－R99）
第十九章　损伤、中毒和外因的某些其他后果（S00－T98）
第二十章　疾病和死亡的外因（V01－Y98）
第二十一章　影响健康状态和与保健机构接触的因素（Z00－Z99）
肿瘤的形态学
死亡和疾病的特殊类目表
定义
关于命名的条例

在ICD－10第一卷中，我们经常要使用的是内容类目表和四位数亚目、肿瘤形态学编码。这两部分的编码的编排方法是首先按照英文字母的顺序，然后是数字的大小排序，因此很容易确定一个编码在第一卷中的位置。

ICD－10的编码采用字母数字混合编码的形式。编码是由类目、亚目、纲目组成。类目为三位数编码，包括一个字母和两位数字。亚目是指四位数编码，包括一个字母、三位数字和一个小数点。疾病分类时不是每一个疾病编码都有亚目。ICD－10中规定：凡是没有亚目者才可放在类目，否则必须分至亚目。细目是指五位数编码，包括一个字母、四位数字加一个小数点。细目在ICD－10中仅在第十三章、第十九章和第二十章出现三处。细目为选择性使用，但对于第十九章中表示骨折开放性或闭合性的细目编码，要求必须使用，不是选择性编码，其他两处为选择性使用的编码。

例如：

类目、亚目、细目的表示：

髌骨开放性骨折编码为：S82.01。其中，S82为其类目，S82.0为其亚目，S82.01为其细目。

ICD－10编码时，采用以病因为主的多轴心（或称混合分类轴心）的方法。常用的分类轴心有：病因、解剖部位、病理改变和临床表现。

手术操作分类，我国推广使用的是《国际疾病分类：手术与操作》（第九版临床修订本）

(以下简称 ICD-9-CM-3)，即美国的 ICD-9-CM 第三卷（手术操作卷）。

ICD-9-CM-3 共一卷书。前半部分是一个类目表，用于核对编码（相当于 ICD-10 的第一卷），后半部分是一个医疗操作汉语拼音字母顺序索引（相当于 ICD-10 的第三卷），其查找方法与 ICD-10 大体相同。ICD-9-CM-3 根据解剖部位分为 16 节，编码从 01.01 到 99.99，具体见表 11-1。

表 11-1　　ICD-9-CM-3 分节表

内容名称	编码范围
1. 神经系统手术	01-05
2. 内分泌手术	06-07
3. 眼部手术	08-16
4. 耳部手术	18-20
5. 鼻、口腔和咽部手术	21-29
6. 呼吸系统手术	30-34
7. 心血管系统手术	35-39
8. 血液和淋巴系统手术	40-41
9. 消化系统手术	42-54
10. 泌尿系统手术	55-59
11. 男性生殖器官手术	60-64
12. 女性生殖器官手术	65-71
13. 产科操作	72-75
14. 肌肉骨骼系统手术	76-84
15. 体被系统手术	85-86
16. 各种诊断性和治疗性操作	87-99

ICD-10 和 ICD-9-CM-3 每一章都有具体的分类规则，需要编码人员有扎实的编码规则基础知识，还要具备医学基础知识及临床知识。对疾病和手术操作编码时不仅仅要关注病案首页上的疾病诊断和手术名称，还要注意实际审阅病案，必要时还要与临床医师沟通，才能保证编码的准确性。

将疾病分类和手术操作分类编码制成索引的工作称为编目工作。可以采用手工管理和计算机管理两种方式。目前北京地区的三级医院绝大多数采用的都是由北京协和医院编制的软件系统。若医师需要借阅科研病案，医师只需提供病人的疾病或手术操作名称，病案工作人员将编码输入计算机，计算机就会自动检索出所有符合该情况病人的病案号，检索起来非常方便、快捷。

八、现代化设备在病案管理中的应用

目前，无论是三级医院还是中小型医院，都建立了自动病人信息工作系统。其目的是有效地检索信息，为病人的医疗，为统计、科研及教学服务。实现信息管理是现代化医院的一个主要标志，实现医院信息管理的必然途径是建立医院信息系统。病案信息是医院信息系统的基础。通常，电子计算机应用于病案管理方面的有：病人姓名索引系统（PMI）；入院、转科及出院或死亡系统（AID）；疾病及手术操作索引系统；病案定位即示踪系统；门诊病人预约系统；病案完成系统；出院摘要系统等。

随着计算机技术的迅速发展，传统的计算机人工输入方式存在速度慢、差错率高的缺点，取而代之的是快速、准确的条形码信息自动识别技术。近年来，发达国家已成功地将条形码技术应用于医院计算机管理系统，其病案管理系统包括门诊挂号系统和病案追踪系统等。在北京，应用条形码自动识别技术的医院有：北京大学第一附属医院、北京协和医院、北京医院、北京安贞医院等。

目前，缩微品的法律书证作用已被许多国家的法律承认。利用缩微技术可以将病历逐页拍照缩印在胶片上保存，并可通过阅读器放大后阅读，还可通过复印机复印还原。缩微胶片不仅可以永久保存，而且销毁纸质病案后，可以节省库存空间95%以上。目前北京地区采用缩微技术的医院有：北京宣武医院、北京朝阳医院、中国人民解放军总医院（301医院）等。

随着科学技术的发展，计算机的存储介质也发生了变化，如目前采用激光技术的光盘可存贮大量信息，每张光盘能存贮病案2万～4万页。光盘作为电子病案的载体，不仅具备高效的查询功能，还可将部分有关信息存放到工作站，通过信息高速公路进行国内、国际信息交流。光盘存贮可避免病案纸张存在的霉变、风化及虫蛀的情况，有可长期保存、缩小存贮空间等优越性。但是，目前市场上的光盘质量及其保存寿命还需要进一步加以研究。

无纸化病案是病案管理的一个发展方向。病案记录也逐渐转向非纸张载体。现在主要应用的有三种医用卡：

（1）缩微照片卡，能输入1 000～3 000个汉字，但不能保护隐私。（2）IC卡，能贮存1 000～8 000个汉字，常用于献血、军队标记、急救医疗、处方、健康诊断记录等。（3）光卡，能记录200万～450万个汉字，可输入病人一生的病案记录。光卡的容量可以增大，可追加记录，但不能修改和取消记录，能保护患者的隐私。光卡是目前用于医疗病案记录的最新信息管理方法，它改变了传统的病案管理模式。然而，目前我国尚未应用此项技术。

另外，采用现代录音听打系统，也可解决医师书写病案之苦，并将节省下的时间用于医疗工作。这种系统，在世界上的一些发达国家的许多教学医院均已得到应用。医师可随时应用设在手术室、病房或病案科等处的录音听打系统，口述录音入院记录、手术记录及各项操作记录等。所得录音经病案科受过训练的打字员打印或输入计算机，或经声音转为文字的新技术转入计算机存贮。此方式所获病案记录及时，内容确切，质量较高。

本章思考题

1. 如何理解病案的含义？病案具有哪些基本特征？
2. 病案的价值和作用有哪些？
3. 病案归档的方法是什么？
4. 病案的编号方法是什么？
5. 病案供应工作的内容有哪些？
6. 病案编目的内容有哪些？
7. 病案管理中如何合理运用现代化设备？

第十二章

公证档案与公证档案管理

本章提要

公证档案是公证机构依法进行公证活动和当事人从事民事、经济活动真实、完整的记录。本章着重阐明了公证档案与公证档案管理的基本理论、原则和方法。内容涉及公证档案的概念、特征、种类、作用、价值等方面的基本理论，以及公证档案的收集归档、鉴定、整理和信息利用等方面的原理与工作方法。

第一节　公证档案概述

一、公证档案的定义

根据《中华人民共和国公证法》所规定，公证是公证机构根据自然人、法人或者其他组织的申请，依照法定程序对民事法律行为、有法律意义的事实和文书的真实性、合法性予以证明的活动。

公证机关的公证文书是国家的重要专业文书之一，它所形成的档案，是公证机关进行公证证明活动和当事人从事民事活动的真实记录，反映了公证机关贯彻执行国家法律、法规和党的各项方针政策的情况，体现了公证机关的基本职能。

公证档案是公证机构依法进行公证活动和当事人从事民事、经济活动真实、完整的记录，是法律效力存在的重要基石，是公证制度建设和社会制度建设的宝贵资料。

这一定义揭示了公证档案的形成过程、涉及领域和价值属性。公证档案的形成必然是与人们进行公证活动密不可分的，由此可见，每一项公证活动由始至终形成的材料都是构成一份公证档案的重要成分。公证档案涉及民事和经济活动，由此也可判断出其涉及领域的广泛和重要性。由于公证档案有法律效力，它的价值就不仅仅局限于普通文书档案的领域，可以说，公证档案的作用非常广泛，它不仅是档案的形式之一，也是社会制度建设的重要力量。

二、公证档案的作用

作为档案的一种，公证档案除具有档案的一般作用之外，还有其特殊的作用。只有充分认识和利用公证档案的特殊作用，才能在公证档案利用中使其发挥出最大的价值。

公证档案在公证工作中的作用具体表现在以下几个方面。

（一）公证档案对参与市场经济活动的行为人起着约束和限制作用

公证档案作为公证活动的有形记录，是当事人和公证人关于特定公证事项情况的最原始、最真实的第一手资料，是最原始的记录。公证档案是当事人在某时某地的具体真实的行为记录，也就是当事人的一举一动、一言一行都是由公证人员以文字形式一一记载下来并确定其真实合法性的。除了公证书外，在公证案卷中还有许多不同类型的材料（包括录音、录像等材料），都是要经过公证人员严格审核和当事人核对签字后归档备查的，因此它们与公证书一样重要，具有同等的法律效力。公证档案帮助、引导公民和法人从事各种合法的民事、经济活动，维护当事人之间的民事权利义务关系。在市场经济活动中，人们受到公证档案的制约，它是人们必须承认并遵守的有效约束力，使人们的行为受到控制。

（二）公证档案是证明事实真相的依据

在市场经济活动中解决矛盾和纠纷的办法通常是调解和诉讼。公证是国家公证机关依据《中华人民共和国公证法》在公证业务活动中按照一定的程序形成的，具有特定书证的作用。公证事项一旦经过合法公证，其真实性和合法性就被公证机关认可，一旦发生纠纷，要以公证档案为依据进行调解，做出裁决，解决争执。在大量调解和诉讼实践中，司法机关和各级行政主管部门对公证书一般都给予采纳。可见公证档案的真实性是具有法律效力的，它是重要的法律证据之一。

（三）公证档案工作对公证管理人员起着督促和激励作用

人们在工作中只有不断地总结和思考才能取得进步。一个认真、负责的公证人员应该通过定期或不定期地查阅自己承办和他人承办的公证案卷，仔细推敲其中的细节，找出不足和差距，总结经验教训，在以后的工作中加以改进和提高。这样，才能不断提高自己的工作水平，才能更好地适应市场经济对公证人员的要求。

公证档案与国家的其他档案一样有重要的利用价值，只有充分认识到它的作用，才能最大限度地发挥其实用价值，使公证档案在社会发展中起到推动作用。

三、公证档案的种类

公证档案的来源广泛，内容复杂，涉及社会政治经济生活的各个方面，公证档案可以按照不同的标准进行分类：

（1）按办理方式划分，可分为证明业务档案与非证明业务档案；

（2）按公证文书的使用范围划分，可分为国内公证档案、涉外公证档案、涉港澳台公证档案；

（3）按公证文书的用途划分，可分为经济公证档案、民事公证档案；

（4）按公证文书的使用范围和用途划分，可分为国内经济公证档案、国内民事公证档案、涉外经济公证档案、涉外民事公证档案、涉港澳台经济公证档案、涉港澳台民事公证档案。

其中国内公证档案是指公证机关根据我国公民、法人或其他组织的申请办理的公证文书在国内使用的公证事务中形成的档案。又分为国内经济公证档案和国内民事公证档案。

经济公证档案是指公证机关根据规定和当事人的申请，对公民、法人的经济法律行为以及与经济有关的法律文书、事实的真实性、合法性予以证明的司法活动中形成的档案。国内经济公证档案包括：经济合同公证、购销合同公证、借款及金融公证、租赁合同公证、建设工程承包合同公证、技术合同公证、企业公证、法人公证、农村公证、房地产公证等。

民事公证档案是指公证机关对民事法律规范调整平等主体之间的财产关系和人身关系所形成的具体的民事权利义务关系进行公证，以确认其民事权利义务关系的真实性、合法性的档案。国内民事公证档案包括：遗嘱公证、继承公证、收养公证、赠与公证、民事协议类公证等。

涉外公证档案是指在申请公证的当事人、证明对象或公证书使用地诸因素中至少有一个以上涉外因素的公证事项，公证机关对于含有涉外因素的公证事项的真实性、合法性给予证明的活动中形成的档案。分为涉外经济公证档案和涉外民事公证档案。涉外经济公证档案包括：涉外经济合同公证、涉外企业公证、涉外贸易公证、涉外金融公证等。涉外民事公证档案包括：涉外继承公证，涉外收养公证，出国留学、定居、探亲等所需的公证，涉外婚姻家庭公证，涉外身份与经济公证等。

涉港澳台公证档案是指公证机关办理的公证当事人或当事人之一是港澳台同胞，或公证文书发往香港、澳门、台湾地区使用的公证事项档案。

(5)《中华人民共和国公证法》第十一条规定：根据自然人、法人或者其他组织的申请，公证机构办理下列公证事项：合同；继承；委托、声明、赠与、遗嘱；财产分割；招标投标、拍卖；婚姻状况、亲属关系、收养关系；出生、生存、死亡、身份、经历、学历、学位、职务、职称、有无违法犯罪记录；公司章程；保全证据；文书上的签名、印鉴、日期，文书的副本、影印本与原本相符；自然人、法人或者其他组织自愿申请办理的其他公证事项。围绕这些公证事项所形成的档案，均是公证档案存在的基本形式。

四、公证档案的特点

公证档案与一般的文书档案相比有其自身的特点，充分认识这些特点，是进行公证档案管理工作的必要环节。公证档案的特点具体表现如下。

（一）公证档案具有较强的专业性

公证档案是一种专门档案，它在内容和形式上都是反映公证业务活动的，因此，公证档案的管理与其专业性质密切相关，在管理活动中必须充分认识到其专业性，才能有效指导管理工作。公证档案在划分年度上不是以传统的自然年度来划分，而是以事件的发生年为准。比如有的公证案件不是在同一年度内完成的，这类跨年度的案件材料必须归在收案的年度，而且文件材料的形成必须按照公证法律程序进行，这与一般公文有明显不同。

（二）公证档案在用途上具有广泛性

由于公证业务形式多种多样，公证档案在不同的领域均可发挥其特殊的作用。比如：

国家和地方重点工程和项目建设招投标，土地使用权出让、转让协议，参与构建知识产权法律服务体系、打击侵犯知识产权行为，办理商标、专利事务，办理反倾销、反垄断等涉外案件等等。可以说，公证档案是在政治经济生活中的各个领域均具有强制影响力的法律承认的形式，其重要性可见一斑。

（三）公证档案具有完整性和不可分割性

公证档案不同于普通的文书档案，它组卷的原则只有一个，即以案例为主体组卷，一个公证案件的全部材料组成一个案卷，不能随意分开。这样既保证了公证材料的完整，又兼顾相互间的联系，使利用更加有效便捷。

（四）公证档案具有一定的保密性

公证档案涉及方方面面的内容，有些甚至涉及个人隐私和国家机密，比如财产继承、子女收养等，在一定时期和一定范围内都具有一定的保密性。这就要求公证人员有严格的职业操守，来维护公证的真实和公平，对社会创造予以应有的尊重和肯定，为和谐社会奠定坚实基础，提供有力保证。

（五）公证档案具有法律效力

公证机关对申请公证的各种民事、经济案件进行公证后就产生了特定的法律效力，如有违反行为，根据公证档案的记录，可以使当事人的合法权益受到保护，使违法行为受到惩罚。《中华人民共和国公证法》的颁布为我国公证事业的改革发展提供了法制保障，同时，也为公证档案工作创造了有利的条件。

第二节　公证档案的管理

公证档案的管理内容主要包括公证文书的集中归档、整理、编目、鉴定、保管、统计、移交、利用等环节。可以说，各环节相辅相成，共同构成一份公证档案的完整的管理过程。

一、公证档案管理的基本原则

我国的公证档案管理工作实行集中统一管理原则。《中华人民共和国公证法》的第五条规定："司法行政部门依照本法规定对公证机构、公证员和公证协会进行监督、指导。"司法部、国家档案局联合印发的《公证档案管理办法》的第三条规定："公证档案必须由公证处集中统一管理，并由专人负责。"

公证档案实行集中统一管理原则，是由公证档案的特点和其特殊性决定的，与《中华人民共和国公证法》的规定也是一致的。根据规定，公证处在司法行政部门的监督下，要确保公证档案管理工作的顺利进行，与公证文书形成工作接轨，确保公证档案快速、完整、真实的管理。同时，要配备专门人员负责公证档案管理工作，人员要专业，明确岗位责任，熟悉岗位业务，保证公证档案管理工作的正常开展。

二、公证档案的集中归档

公证文书材料的归档，是指把在工作中形成，已经办理完毕并具有保存价值的公证文书材料，按照一定的制度和要求收集齐全，移交档案部门。

（一）传统纸质公证文书材料的归档

1. 归档范围

所谓公证档案归档范围，即哪些公证文书材料需要保存，哪些公证文书材料不具有保存价值。公证机关受理申请后，公证事项的承办人即开始收集有关的各种证明材料，记录整理谈话笔录、调查材料等，着手立卷的准备工作。因此，公证档案具体应包括公证文书、公证申请表、当事人的谈话笔录、公证事项报批表、当事人应提供的有关证明性材料、公证处审查和调查所取得的证明材料等。

具有下列情况之一的文书材料，不必立卷归档：

- 办理公证之前有关询问如何办理公证的信件、电文、电话记录、谈话笔录以及复函等；
- 没有参考价值的信封；
- 其他公证处委托代查的有关证明材料的草稿；
- 未经签发的文电草稿、历次修改草稿（定稿除外）；
- 不属于公证业务范围的人民来信等。

2. 归档要求

第一，由于公证档案的自身特点，应按年度和一证一卷、一卷一号的原则立卷。同一当事人为同一目的而办的数项公证可合并为一卷。跨年度的公证事项放在办结年立卷。

第二，公证机关用以办理公证的各种证明材料、谈话笔录、往来公文等，都必须用钢笔或毛笔书写、签发，字体要求整齐、清晰。

第三，涉及国家机密和个人隐私的公证事项均列为密卷，在归档时应在档案右上角加盖密卷章。

第四，对不能附卷归档的实物证据，可将其照片及证物的名称、数量、重量、规格、特征、保管处所、质量检查证明等记载或留存附卷后，分别保管。

第五，随卷归档的录音带、录像带等声像档案，应在每盘磁带上注明当事人的姓名、内容、档案编号、录制人、录制时间等，逐盘登记造册归档。

3. 归档时间

公证文书材料应在办结后三个月内整理归档，并由公证事项的承办人根据《公证档案管理办法》的规定提出保管期限的意见，向档案室移交，办理移交手续。

4. 归档份数

档案中内容相同的文书材料一般只存一份，重份的材料一律剔除，但有领导批示的除外。为备日后查考，可根据需要将多余的公证书保留一至三份夹在已装订好的卷内。

5. 归档验收

公证文书的立卷归档由承办人负责，归档前由公证事项的主要承办人负责立卷质量的检查。档案管理人员要对移交的档案进行严格检查，凡不符合立卷规定要求的，一律退还给立卷人，重新整理。

（二）电子公证文件（记录）的归档

随着计算机技术与计算机网络的迅猛发展，计算机网络的应用已渗透到各行各业，也给公证行业带来了新的机遇和挑战。现在已经出现了公证网络，公证网络这样的平台已经改变了传统公证的手段、方法和程序，但是它在法律事实、法律行为上的证明权的性质并没有改变。而公证档案也不再局限于传统意义上的纸质档案，电子公证档案、公证档案数字化、公证档案信息网络化延伸了传统公证档案的内涵。电子文件归档工作提高了公证档案管理工作的现代化水平，可以说，电子公证档案的出现是适应了时代的发展并且对公证行业的现代化管理有着重要意义的一环，在未来，这也将是公证行业发展的重要趋势。例如，北京市公证处已经推行了公证综合信息管理系统，使整个办理公证的程序及文件的工作流程基本上都通过计算机网络进行信息共享及传递。该机构将具体办证过程划分为会员登记，公证的申请、受理，公证的审查与审批，公证书打印、翻译、复印（采用专用水印纸）、装订、盖章、出证，公证书的送达、统计归档，这些程序都是利用计算机网络系统辅助完成的，全部流程编入系统。每一个流程都是进入下一个流程的先决条件，绕过任何一个流程都无法完成公证书的出具。由于将符合公证程序规范的办证程序作为系统的流程控制程序，每一步程序都是下一步程序开始的前提，任何一步程序都是不可逾越的，这就从根本上保证了办证程序的合法性、规范性、完整性，杜绝了违反程序情况的发生。

1. 归档范围

一般而言，在公证过程中形成的材料，经鉴定具有保存价值的均需归档。主要包括：电子方式形成的、在纸质文件时代需要归档的各种公证文书材料；辅助公证档案管理的系统软件；电子公证文件的各种支持文档，以及表达其格式和相关元数据的文档；电子公证文件的草稿，电子公证文件的草稿记录了文件的自然形成过程以及最原始的流转、修改流程等信息，因此需要归档。

2. 归档方式

电子公证文件的归档，对于已经开发使用公证信息管理系统的部门，可以按照系统的设计将电子公证文件归档保存到指定的位置，或是保存在本地局域网的某个数据服务器，或是保存在公证信息管理系统内部的专网数据库内，但由于网络安全存在隐患，所以要做好异地备份。而对于还未开发使用公证信息管理系统的部门，可以实行物理归档，即把公证电子文件脱机保存到光盘或其他载体，再向档案管理部门移交。

3. 归档时间

电子公证文件的归档按时间可分为实时归档和物理归档：使用公证信息管理系统时，在生成电子公证文件的同时，系统就会提示是否归档保存，选择是即完成了实时归档；而对于采取物理归档的电子公证文件，按照国家档案局的规定，实行“双套制”归档的电子文档和纸质文件材料，归档时间应当一致。

4. 归档要求

归档的电子公证文件必须真实有效。目前除了实行“双套归档制”，即同时归档纸质文件外，还可以采用电子数字签名技术、水印技术、加密技术等，确认电子公证文件的真实性，同时做好备份工作。

为确保归档的电子公证文件的可读性，应规范电子公证文件的格式。

三、公证档案的整理

公证档案的整理工作，就是对集中的公证文件，按照其形成规律和特点，进行分类、立卷、排列和编目的活动。其目的是保持公证档案的内在历史联系，便于日后保管和利用。

（一）公证档案的分类

公证档案的分类原则是：凡涉及公民个人的人身关系、财产关系的公证事项，包括保管遗嘱和其他文件事项，均列为民事类；凡涉及经济活动的公证事项，无论当事人是法人或自然人，均列为经济类；凡当事人或文书使用地有涉外因素的公证事项，均列为涉外民事或涉外经济类，其他则列为国内民事类或国内经济类。除按公证档案内容划分类别之外，还应根据公证档案案卷办结年将档案分开，便于查找和利用。

（二）公证档案的立卷

档案立卷，是将处理完毕的公证文书资料，按规定的顺序进行整理、装订，组成文件汇集，按类别形成内容完整、格式规范的案卷。

公证档案的立卷原则是：按年度和一证一卷、一卷一号的原则立卷，同一当事人为同一目的而办的数项公证，可合并为一卷。跨年度的公证事项放在办结年立卷。

组卷时，必须遵循公证档案的形成特点和规律，按照国家档案立卷的原则和要求，对所接收的每一份公证文书材料进行审查。审查内容包括：

（1）归卷的公证材料是否齐全完整，对破损的材料要修补或复制，剔除重复、多余的材料；

（2）归卷的公证材料的排列顺序是否得当，并保持一定的联系；

（3）归卷的公证材料是否有保存价值，并确定保管期限；

（4）归卷的公证材料数量是否合适，材料数量太多可酌情分卷。

（三）公证档案案卷排列

公证案卷的排列顺序应为：

（1）卷宗封面；

（2）卷内目录；

（3）公证书正文；

（4）公证书签发稿；

（5）公证书译文；

（6）公证申请表；

（7）当事人的身份证明；

（8）当事人提供的有关证明材料；

（9）当事人申请证明的文书材料原件，如遗嘱、合同、委托书等；

（10）接待当事人的谈话笔录；

（11）公证处审查、调查所取得的证明材料；

（12）其他有关材料；

（13）公证员承办公证事项的报批表；

（14）公证书发送回证；

（15）公证费收据或减免收费的申请与领导审批意见；

（16）备考表；

（17）附件袋；

（18）卷底。

终止公证事项的案卷，应按照公证活动的时间先后顺序排列。公证人员对终止公证事项原因的记录，或当事人申请撤回的书面材料，排在全部文书材料之后。

（四）公证档案的编目和装订

按照类别和年度、保管期限等编写归档顺序号、填写检索卡片、档案目录登记簿、档案收进登记簿。以密卷保存的档案，应单独编号归档。

公证档案的编号可根据各地实际情况制定相应的办法，如《云南省公证文书立卷归档办法》第二十六条规定：

（1）档案编号由全宗号、目录号和案卷号组成。

（2）全宗号为全宗名称的三位阿拉伯数字代码，由各级地方档案馆根据接收档案的安排给出，各地公证处可向当地档案馆联系确定；全宗名称为公证处的机构全称。

（3）目录号由年度、类别和保管期限的六位阿拉伯数字代码组成，前四位是年度代码，第五位是类别代码，第六位是保管期限代码。类别代码："1"为国内公证，"2"为涉外公证，"3"为抵押登记，"4"为其他类目。保管期限代码："1"为永久，"2"为长期，"3"为短期，"4"为抵押登记档案保管期限，"5"为其他保管期限。

（4）案卷号按归档顺序用四位阿拉伯数字代码编制。

编号、登记后的档案封面的左上角应盖上"归档"章，以区别未编号、登记归档的案卷，并按类别、年度、保管期限放进专门的档案柜保管。

公证文书材料一律使用阿拉伯数字逐页编码，页码位置正面在右上角，背面在左上角。

按卷内公证文书材料排列顺序逐项登记好卷内目录（见表 12-1），要求将每件文书材料的题名（项目名称）、承办人姓名（责任者）、年月日填写清楚，并标明起止页号。不能随意更改和简化文书材料的题名，没有题名的应拟写题名。

卷内文书材料的情况说明，包括文书材料的齐全完整程度，以及整理工作完毕后的修改、补充、抢救、移出情况等，应逐项填写在卷内备考表内。若无情况也应填写立卷人（即公证事项的承办人）、检查人（即档案管理人）的姓名和立卷时间（即该卷档案整理完毕的日期）以示负责。

档案卷宗封面所列项目要用钢笔、碳素笔或毛笔逐项填写清楚，事项题名要简明、确切地反映卷内文书材料内容，其中办结日期为公证书送达当事人的日期，或是终止公证、拒绝公证决定的通知送达当事人的日期。

公证档案装订前要进一步整理。对破损的材料要修补或复制，复制件放在原件后面。装订部位过窄或有字迹的材料，要用纸张加衬边。纸面过大的材料，要按卷宗大小折叠整齐。对字迹难以辨认的材料，应当附上抄件。需附卷的信封要打开平放，邮票不要揭掉。材料上的金属物要全部剔除干净。

卷宗一律使用棉线绳，三眼或五眼订牢。线绳要打成活结，在活结处贴上公证处封签，并在骑缝线上加盖立卷人名章。

表 12－1　　公证档案目录表样式

盒号	文书编号	项目名称	责任者	日期	页数	备注

四、公证档案的鉴定

公证档案的鉴定工作是公证档案管理工作的关键环节，直接关系到公证档案的利用价值的实现。公证档案鉴定工作应根据保管期限表（见表 12－2）进行。

（一）公证档案保管期限表

司法部和国家档案局共同颁布的《公证档案管理办法》规定：公证档案的保管期限规定为永久、长期和短期三种。具体规定是：

（1）凡属于需要长远查考、利用的公证档案，列为永久保管。

（2）凡属于在相当长时期内需要查考、利用，作为证据保存的公证档案，列为长期保管，保管期限为 60 年。

（3）凡属于在较短的时间内需要查考、利用，作为证据保存的公证档案，列为短期保管，保管期限为 20 年。

公证档案的保管期限，从公证事项办结或终止后的下一年起算。

表 12－2　　公证档案保管期限表

序号	条款名称	保管期限
1	收养证明	永　久
2	解除收养证明	
3	出生证明、死亡证明	
4	结婚证明、离婚证明	
5	亲属关系证明	
6	继承权证明	

续前表

序号	条款名称	保管期限
7	有关财产转移方面的声明书证明	永　久
8	赠与证明	
9	房屋买卖证明	
10	析产证明、产权证明	
11	遗嘱证明	
12	学历证明	
13	提存证明	
14	宅基地使用权证明	
15	商标注册证明	
16	公司章程证明	
17	涉及不动产的证据保全证明	
18	公证处总登记簿册	
19	受过或未受刑事处分证明	长期（60 年）
20	职称证明	
21	国籍证明	
22	营业证书证明	
23	抵押、担保证明	
24	招标投标证明	
25	联营协议证明	
26	中外合资、外资企业的合同证明	
27	申请专利的有关证明	
28	劳务合同证明	
29	清点遗产证明	
30	证据保全证明	
31	房屋租赁证明	
32	涉及不动产的副本、节本、译本、影印本与原本相符证明	
33	履行期在 16 年以上的农林牧副渔各业承包合同证明	
34	履行期在 16 年以上的其他合同证明	
35	用于诉讼的有关证明	
36	生存证明、健康证明	短期（20 年）
37	定居证明	
38	未婚证明、无配偶证明	
39	委托书、委任书证明	
40	援外人员劳动保险证明	
41	副本、节本、译本、影印本与原本相符证明	
42	现场监督证明	
43	商品成分证明	
44	技术标准证明	
45	企业承包、租赁证明	

续前表

46	生产经营责任制证明	短期（20 年）
47	执行许可证明	
48	保管遗嘱或其他文件证明	
49	履行期在 15 年以下的农林牧副渔各业承包合同证明	
50	其他履行期在 15 年以下的合同证明	
51	终止的公证事项所形成的档案	

公证处复查公证事项所形成的文书材料，应与原公证档案合并保管；由司法行政机关复查的，应将其复查结论存入原公证档案内，其保管期限均与原公证档案相同。复查后作出撤销公证书决定的，其公证档案与复查材料或撤销公证书的决定和通知合并重新列为短期保管，其保管期限从原公证档案保管期限的起算时间开始计算。

对于未规定保管期限的公证档案，须由公证处比照上列档案保管期限的规定提出保管期限的意见，并报上级司法行政机关批准后执行。

参照《公证档案管理办法》，各地根据自己的实际情况也可制定适合的档案保管期限表。

（二）公证档案鉴定要求

对于超过保管期限的档案应定期进行鉴定，鉴定工作由公证处主任、档案管理人员和公证员组成鉴定小组共同进行。

经鉴定，对仍有保存价值的案卷，应采取提高保管期限档次的办法延长保管期限。对确无保存价值的档案应进行登记造册（见表 12－3），连同销毁报告一并报同级司法行政机关，经书面批准后予以销毁。

被批准销毁的公证档案，应将公证书留下一份，按年度、类别整理立卷，并同销毁报告的批件、档案销毁清册一起，划为永久保管。

为防止遗失和泄密，销毁档案应由两人负责监销，监销人应在销毁清册上签字。

表 12－3　　公证档案销毁登记表样式

销毁日期	销毁档案卷宗号	批准销毁文件	监销人

五、公证档案的统计和移交

公证处应建立公证档案的统计制度，对档案的收进、移出、保管、利用等情况进行统计，并按规定向有关上级机关和档案行政管理部门报送档案工作基本情况统计表。统计数字要求实事求是，不得虚报、瞒报、拒报和伪报。公证处设置变更时，应对公证档案进行清理，并按下列办法处理：

第一，撤销的公证处的档案，应向同级地方档案馆移交或由同级或上级司法行政机关代管；

第二，一个公证处划分为几个公证处的，其公证档案由一个公证处代管或向同级地方档案馆移交；

第三，几个公证处合并为一个公证处的，各个公证处的档案应移交给合并后的公证处，或分别向同级地方档案馆移交；

第四，公证处撤销或合并时，没有办理完毕的公证事项，可移交给新的公证处继续办理，并作为新的公证处的档案加以保存；

第五，一个公证处的部分业务划给另一个公证处的，其档案不得移交，接受业务的公证处因工作需要，可以借阅或复制。

六、公证档案的利用

公证机关应严格执行保密制度，建立公证档案借阅制度和档案借阅登记簿。公证档案不同于党政机关一般的文件档案，它不仅具有资料性这一档案普遍具有的特点，同时还具有诉讼上的证据作用，可作为证据在诉讼中被法院直接采用，所以对公证档案的借调与查阅应履行严格的审批和登记手续，并限定借阅期限。

公证档案的内容直接关系到当事人的利益，当事人无论是企业、团体还是家庭、个人，公证内容无论是合同、证书还是财产证明、遗嘱，都具有很强的秘密性。公证档案作为法律证据的作用不容忽视，利用率逐渐提高，因此对公证档案的服务和利用的要求越来越高。随着公证档案服务和利用的领域不断扩大，数量不断增多，处理好保密与利用的关系问题是公证档案管理面临的新课题。在实际工作中，要严格把好公证档案的查阅关，对查阅人、查阅手续、查阅地点以及借出和移交程序做出明确详细的规定。

（一）公证档案的查阅要严格限制查阅人范围

公证档案的查阅人原则要求是公证当事人。当事人个人申请查阅档案，必须出具有效的身份证明文件；单位申请查阅档案，必须出示单位获准成立法人代表和经办人身份的证明文件。除人民法院、人民检察院和有关国家机关外，其他单位和个人一般不得借调和查阅公证档案。此外，要严格掌握诉讼案件中律师查阅公证档案的授权问题。

（二）要严格履行档案查阅的审批手续

公证档案具有诉讼上的证据作用，可作为证据在诉讼中被法院直接采用，所以对公证档案的借调与查阅应履行严格的审批和登记手续，并限定借阅期限。公证员或同级、上级司法行政机关的公证管理部门因工作需要借阅公证档案的，应履行借阅登记手续。人民法院、人民检察院和国家机关有关单位工作需要借阅公证档案的，应出具正式查卷函件，经公证处主任批准后办理查阅手续。律师因诉讼代理的需要，向公证机构提交律师的身份证明、律师事务所的查卷证明以及当事人同意律师查阅本人公证档案的证明，经公证处主任批准后，可查阅当事人提交给公证处的证明材料和公证处所记录的当事人谈话笔录。凡涉及国家机密和个人隐私的公证密卷档案，以及当事人要求保密的公证档案，一般不得借调和查阅。特殊情况必须查阅的，须经当事人同意后，由公证处报同级司法行政机关批准。

（三）要严格限定查阅地点和借出程序

查阅公证档案必须在公证档案室进行。未经批准，严禁将公证档案带出档案室。查阅时必须有档案管理人员或公证员在场，并填写查阅登记表（见表 12－4），查阅后应及时归还档案室入库保管。凡经批准借出的档案，要填写外借登记表（见表 12－5），并及时催还。归还时如发现案卷被拆，文件短缺、增删、污损，应立即追查。档案管理人员按规定定期向档案馆移交公证档案时，必须造册登记，对移交案卷的时间、年限、数量、类别逐一登记核实，确保准确无误。交送人和接收人必须在移交登记簿上签名。

（四）积极探索网上利用的新途径，重视安全化问题

目前，已有一些机构选择利用电子系统进行公证档案信息化管理。以公证档案电子化为基础，充分利用网络载体，实现公证档案查阅、利用的网络化，是当前公证档案管理和服务工作面临的新课题，网上查阅公证档案也对公证档案的安全性提出了更高要求。因此，公证档案管理工作既要不断适应当事人方便快捷地查阅和利用公证档案的要求，开辟网上查阅新途径，又要充分重视电子化公证档案在网络查阅过程中的安全问题。公证机构应集中专业力量开展技术创新，排除和化解网上查阅公证档案的安全隐患，从技术上解决电子档案在网络查阅过程中的安全问题，为推行公证档案的网上查阅与服务提供安全保障。

表 12－4　　公证档案查阅登记表样式

查阅日期	查阅单位	查阅人	批准人	被查档案卷宗号	备注

表 12－5　　公证档案外借登记表样式

外借日期	外借单位	外借人	批准人	被外借档案卷宗号	归还日期

本章思考题

1. 如何理解公证档案的概念？
2. 公证档案的种类有哪些？
3. 公证档案的价值是什么？
4. 如何对公证档案实施有效管理？
5. 如何确定公证文件材料的归档范围？
6. 如何合理地开展公证档案的整理工作？
7. 如何鉴定公证档案的保存价值？
8. 如何开展公证档案的利用服务工作？

第十三章

测绘档案与测绘档案管理

本章提要

测绘档案是由政府测绘部门或测绘单位在测绘生产、科学研究、基本建设等测绘活动中形成的，具有一定时期内保存、查考、利用价值的，记录在纸张、光盘、磁盘、磁带上的文字、图表、音频、视频等具有历史有机联系的文件体系。本章着重阐明了测绘档案的定义、特点、种类和作用等理论问题。介绍了测绘档案管理的基本规则、内容和方法，其中包括：测绘档案的归档制度和范围、测绘档案的分类与立卷方法、测绘档案的鉴定和销毁规则以及测绘档案的利用服务等测绘档案的管理方法。

第一节　测绘档案概述

一、测绘档案的定义

目前人们对测绘档案概念的理解，主要有以下四种观点：

● 测绘档案是指在测绘生产、科学研究、基本建设等活动中形成的应当归档保存的各种技术文件、技术标准、原始记录、计算资料、成果、成图、航空照片、卫星照片、磁带、磁盘、图纸、图表等。

● 测绘档案是指在大地测量和地图绘制活动中形成的科技档案。按照使用性质的不同，测绘档案一般分为基本测绘档案、专业测绘档案、特殊测绘档案和现势参考档案。

● 测绘档案是指在各类测绘活动中形成的记录和描述自然地理要素或者地表人工设施的形状、大小、空间位置及其属性的信息、数据、资料、图件。

● 测绘档案包括测绘成果生产、形成过程中的各种记录、技术设计、质检报告、技术总结、元数据等资料。

这些认识的相同点在于都对测绘档案的形成过程和形成方式进行了阐述，明确指出了测绘档案形成的背景条件和形成方式上的各种情况。

这些认识的不同点之一在于：对于测绘档案的形成过程是将测绘档案的形成过程按照自然和人为来阐述，还是按照测绘活动的生产、研究、建设来阐述。不同点之二在于：对于测绘档案的形成方式是按照载体不同划分，还是按照数据表现形式划分。不同点之三在于：对于测绘档案的包含内容是按照形状、大小等属性区别，还是按照设计、报告等不同工作来区别。

我们认为，根据档案的定义方法，在进行测绘档案定义的时候，应该注意包含和明确以下五点内容。

1. 测绘档案的形成者

这在上述测绘档案定义中都没有明确提及。但是明确形成者，可以方便明确测绘档案的来源，便于在归档和利用中制定不同的档案管理制度。目前我国主要的测绘档案形成者是政府的测绘部门和各个测绘单位。很少有个人形成的测绘档案。

2. 测绘档案的形成过程

明确测绘档案的形成过程，就是明确解释了测绘档案的工作内容，可以帮助测绘形成单位井井有条地安排测绘工作。

3. 测绘档案的价值判断

测绘活动在形成时会产生大量的文件。但并不是所有文件都能成为档案。成为档案的关键在于在今后的测绘生产活动中是否具有查考价值。

4. 测绘档案所包含的内容

测绘档案究竟包括图表、图纸、摄影照片，还是技术设计、质检报告、技术总结，这是从完全不同的角度分析测绘档案的外延，具有很大的区别，必须加以明确。

5. 测绘档案的载体形式

目前，载体形式越发向多样化方向发展。所以明确载体形式对于测绘档案管理很有必要。

基于上述认识，我们可以把测绘档案的定义表述为：

> 测绘档案是由政府测绘部门或测绘单位在测绘生产、科学研究、基本建设等测绘活动中形成的，具有一定时期内保存、查考、利用价值的，记录在纸张、光盘、磁盘、磁带上的文字、图表、音频、视频等具有历史有机联系的文件体系。

二、测绘档案的特点

（一）较长的形成周期

测绘档案项目周期性长，这是测绘档案显而易见的特点。测绘项目涉及部门众多。一项测绘项目，从前期审批、航空拍摄，到完成测绘、项目验收，短则一年，长则三年、五年，甚至更久。测绘档案随着测绘项目的进行而形成，自然具有测绘项目的周期性长的特点。

（二）较强的项目阶段性

测绘档案是随着项目的深入而逐步形成的。一个测绘项目通常可以分为三个阶段。第一阶段为前期决策阶段，是项目申请立项至项目研究开始的阶段，会形成前期综合性文件。第二阶段为测绘项目的具体实施阶段。这一阶段会形成大量的测绘材料，它们具有极高的价值。第三阶段为项目验收阶段。为了配合验收，也为了一个测绘项目可以有好的结尾，验收阶段会形成测试及质量鉴定文件。

不同的阶段有不同的工作内容，在档案上，也会体现出完全不同的特点。这使得测绘档案既不容许混淆，又不允许颠倒和跳跃，这就要求档案人员及时掌握工作进度，有条件的，可以随时归档。

（三）来源的分散性

测绘工作涉及的部门众多，涵盖了财务部门、科研部门、生产部门、质量监督部门等多个部门。档案既有单位内部形成的，也有外部门相关单位形成的。这使得测绘档案在内容和形式上与普通档案有很大不同，具有很强的分散性。而且，测绘档案也会分散在不同部门的负责人手中，这对测绘档案的收集工作造成了一定的挑战。

三、测绘档案的种类

根据不同的划分标准，我们可以对测绘档案的种类做出不同的划分。

（一）按内容、精度和比例尺划分

测绘档案分为全国性、地方性和专业测绘档案三大部类。

1. 全国性测绘档案

其中包括：一、二等天文大地测量档案；重力测量的基本点，Ⅰ、Ⅱ级点和为编制1∶1 000 000重力异常图布设的加密点档案；1∶50 000、1∶100 000航空摄影测量档案；1∶50 000～1∶1 000 000各种比例尺地形图和地图制印档案；全国及局部地区保密的形势图和地图集等。

2. 地方性测绘档案

其中包括：三、四等天文大地测量档案；1∶5 000～1∶25 000地形图及其平板仪测量，航空摄影测量，地图制印档案；省、直辖市、自治区保密的形势图和地图集。

3. 专业测绘档案

其中包括：按照专业规范细则图式测绘的资料档案。

全国性和地方性测绘档案通常实行国家和政府统一领导、分级管理、归口负责的制度。专业测绘档案大多由各专业部门自行管理。

（二）按保密等级划分

测绘档案可分为绝密、机密、秘密这三类。

1. 绝密测绘档案

包括：边界地图集和未定国界的勘测档案。

2. 机密测绘档案

包括：天文大地（不包括水准）和重力测量档案；1∶5 000、1∶10 000航空摄影档案；1∶25 000～1∶100 000航空摄影测量和平板仪测量档案；1∶25 000～1∶200 000各种比例尺地形图和地图制印档案。

3. 秘密测绘档案

包括：水准测量档案；1∶5 000、1∶10 000地形图及其航空摄影测量（航空摄影资料除

外），平板仪测量和地图制印档案；根据国家基本比例尺地形图编制的 1:200 000（不包括 1:200 000）～1:1 000 000 各种比例尺地形图和地图制印档案；新中国成立前测制的有保存价值的测绘档案。

（三）按照使用性质划分

测绘档案可分为基本测绘档案、专业测绘档案、特殊测绘档案和现势参考档案。

1. 基本测绘档案

指按国家统一规范、细则、图式施测的下述文件：各等天文、基线、三角、水准和重力文件；1:250 000～1:100 000 各种比例尺航空摄影、地形测量和制印文件；1:200 000～1:1 000 000 各种比例尺制印文件。

2. 专业测绘档案

指各单位根据专业需要，按照专业测绘规范、细则、图式施测、编绘和出版的各种测绘文件。

3. 特殊测绘档案

指为了某种特殊需要而进行测绘所产生的文件，如地基测绘文件、边界勘测文件、兵要测绘文件等。

4. 现势参考档案

指与测绘工作和军事地形保障等有关的、反映其动态变化的、具有现势参考价值的文件，如铁路、公路、水系、行政区划等各种形势图和地图集等。

四、测绘档案的作用

概括起来说，测绘档案的作用主要包括以下几个。

（一）测绘档案在国家建设和城市规划中具有基础性作用

测绘档案是人们研究地球的形状、大小，测制地球的局部或整体的表面形态的历史记录，主要由各个历史时期形成的各种比例尺地图、地形图、专题图、专业图、影像图，各种天文、重力、大地的观测记录、计算程序、最终成果以及对上述成果成图所进行的各种科学研究分析资料组成。测绘档案是国家发布地理信息数据的依据。是国家经济、政治、军事及其他有关工作的基础性资料。测绘档案所提供的图纸、数据、资料可直接用于国民经济建设、国防建设的具体规划设计、军事部署、政治决策等重大事项。

测绘档案是城市规划中必不可少的基础性资料。城市规划按其工作程序、方法和深度的要求，可分为三个不同层次。第一层为城市总体规划，第二层为城市分区规划，第三层为城市详细规划。而每一层次工作的开展，都要以反映现势的地形图作为依据，以城市测绘的成果为基础。

（二）测绘档案具有保障性作用

测绘档案在国民经济建设、国防建设和对外交往、领导决策等方面起着重要支撑及保障作用。在国家建设的规划中，一切市政设施，包括道路、交通、供水、供电等，都要依据测绘档案所提供的地形图进行综合布局，才能保障建设工程的顺利进行。

在国家遭受灾难的时候，测绘档案往往也起着坚实的保障作用。比如 1998 年长江流域发生历史上罕见的洪涝灾害，当长江洪峰第六次威胁武汉城区的时候，市政府利用紧急调用测绘档案，在实地标出一定比例的地势地貌，确保了保卫武汉方案的成功。在这一抢险救灾中，测绘档案发挥了不可替代的保障作用。

（三）测绘档案具有依据作用并能创造经济效益

测绘档案是我们进行社会主义现代化建设的基础性资料，是社会的建设规划的重要依据。现代化的城市地上建筑物林立，地下管线和地下构筑物纵横交错，空中还有多种通道和控制区。在城市建设中，充分利用现有的测绘档案资料，既可节省人力、物力、财力，又可争取时间，避免重复测绘，达到提高社会效益和经济效益的目的。

以武汉市的重大工程为例。自 20 世纪 80 年代以来，武汉市建设民用煤气管道、城市立交桥、城市高架路、武汉天河机场、武汉沌口经济开发区、武汉港、长江二桥、江汉三桥、长江四桥等工程的测绘保障工作，都是以市基本测绘单位、市勘测院及时提供的大量测绘成果和数据为依据进行的。测绘档案保证了各项工程建设的顺利进行，促进了城市建设的快速发展。

第二节　测绘档案的管理

一、测绘资料的归档

（一）归档范围

测绘资料的归档范围，是指哪些测绘资料需要保存，以保证今后测绘工作有效地开展，哪些测绘资料不需要保存，以利于档案的管理优化。

国家测绘总局颁发的《全国测绘资料和测绘档案管理规定》中，对于测绘资料的归档范围进行了明确的规定。这一规定适用于测绘档案的一般归档，各个地方、单位也可根据不同需求，各自制定测绘资料的归档范围。

在测绘资料形成过程中，有许多过渡性文件，比如临时成果表、摄影资料中用处处于次要地位的片子。这些资料虽然不会最终归档，但是也要注意销毁。

国家测绘总局颁发的《全国测绘资料和测绘档案管理规定》中，对于测绘资料的归档范围、份数和保管期限做了比较详细的规定，参见表 13-1。

表 13-1　测绘资料归档范围、份数、保管期限表

序号	测绘资料名称	份数	保管期限
(一) 天文测量			
1	仪器检验及常数测定手簿	全份	永久
2	表差及经度测定手簿	全份	永久
3	纬度及方位角测定手簿	全份	永久
4	科学时号收录及计算手簿	全份	永久
5	天文墩测站点归心元素测定记录、测站点照准点归心投影用纸及人差测定资料	全份	永久

续前表

序号	测绘资料名称	份数	保管期限
6	计时纸条	全份	永久
（二）长度测量			
1	长度测量手簿	全份	永久
2	基线尺、补尺、野外比尺手簿及仪器检定资料（包括物理测距）	全份	永久
3	轴杆头水准测量手簿及基线端点水准联测手簿	全份	永久
4	折形基线角度测量手簿和归心投影用纸	全份	永久
（三）三角测量			
1	点之记（点位说明）	2份	永久
2	标志占地同意书和委托保管书	1份	永久
3	觇标类型图、标石类型图、重埋标石投影用纸和文字依据	1份	永久
4	水平角及水平方向观测手簿（包括方位点联测手簿）	全份	一、二等永久，三、四等及按旧细则测的二等五年
5	记簿（包括测站平差）	全份	永久
6	归心投影用纸	全份	一、二等永久，三、四等五年
7	天顶距观测手簿	全份	一、二等永久，三、四等五年
8	仪器检定手簿	全份	一、二等永久，三、四等五年
9	与其他单位联测手簿	全份	一、二等永久，三、四等五年
（四）水准测量			
1	点之记（点位说明）	2份	永久
2	路线图	2份	永久
3	标志占地志愿书和委托保管书	1份	永久
4	水准仪及标尺检定资料	全份	永久
5	水准观测手簿	全份	一、二等永久，三、四等五年
（五）天文大地内业计算			
1	天文及长度测量计算资料	全份	永久
2	三角、水准资用成果计算资料	全份	五年
3	水准及三角高程计算资料	全份	一、二等永久，三、四等五年
4	全国天文大地网平差计算资料	全份	永久
5	局部地区平差计算资料	全份	至重新平差后五年
6	外业技术总结	2份	永久
7	局部地区平差后最后平差后编制的成果表及技术总结	2份	永久
（六）重力测量			
1	重力观测及计算手簿	全份	A、Ⅰ、Ⅱ级点永久，加密点至全国天文大地网平差后为止
2	重力点坐标测量及计算手簿	全份	A、Ⅰ、Ⅱ级点永久，加密点至全国天文大地网平差后为止
3	重力点高程测量及计算手簿	全份	A、Ⅰ、Ⅱ级点永久，加密点至全国天文大地网平差后为止

续前表

序号	测绘资料名称	份数	保管期限
4	仪器检定及计算成果	全份	A、Ⅰ、Ⅱ级点永久，加密点至全国天文大地网平差后为止
5	重力点精度估算成果本	全份	A、Ⅰ、Ⅱ级点永久，加密点至全国天文大地网平差后为止
6	重力异常精度成果本	全份	A、Ⅰ、Ⅱ级点永久，加密点至全国天文大地网平差后为止
7	重力成果来源说明	全份	A、Ⅰ、Ⅱ级点永久，加密点至全国天文大地网平差后为止
8	重力点点之记	2份	A、Ⅰ、Ⅱ级点永久，加密点至重测后有新的可以代替时为止
9	委托保管书	1份	A、Ⅰ、Ⅱ级点永久，加密点至重测后有新的可以代替时为止
10	重力异常成果及异常图	2份	永久
11	天文重力水准计算	全份	永久
12	技术总结	2份	永久
（七）航空摄影			
1	航空摄影底片（包括测图及构架航线）	全份	至同地区同比例尺重新航摄时为止
2	高差仪、测高仪及雷达记录底片	全份	至内业成图后为止
3	航摄鉴定表及索引图（镶辑复照图底片）	全份	至内业成图后为止
4	航摄底片登记簿	全份	至内业成图后为止
5	最后验收书	1份	至内业成图后为止
（八）航测外内业和平板仪测量			
1	测图相片、地貌相片	全份	至正式出版印刷图及相邻图幅航测内业成图为止
2	外业控制计算手簿	全份	至正式出版印刷图及相邻图幅航测内业成图为止
3	外业控制相片、调绘相片	全份	至同比例尺重新航测时为止
4	航测外内业原图、平板仪测量原图	1份	至有同比例尺新图为止
5	外内业技术总结	1份	永久
6	图历表（并入地图制印类）	1份	永久
（九）地图制印			
1	编绘原图	1份	至有同比例尺新图为止
2	图历表	1份	永久
3	印刷原图（清绘原图）	全份	至有同比例尺新图为止
4	印刷图	3份	一份永久，两份保存至有同比例尺新图代替时为止，如是根据国家正式出版的基本比例尺地形图缩小或放大者不归档
5	黑图	全要素2份 分要素1份	至有同比例尺新图时为止
6	技术总结	1份	永久

（二）归档时间

测绘档案在形成的过程中，时间的跨度非常不同。比如一个由国家牵头组织的大型测绘项目，由于测绘自身的复杂性，涉及的天文、地理知识的全面性，从审批、收集资料，到测绘实施，再到最终完成数据总结、形成测绘档案，通常要经历一年、两年，甚至数年的时间。而在一个时间段内产生的档案，又会十分庞大。并且，每个时期的测绘档案，可能都是下一个阶段工作的指导。

但是一些由地方或者企业组织的测绘项目具有很强的实用性，通常测绘之后就立刻使用，会直接创造经济价值，所以更新很快。

在测绘档案的时间跨度不同，而现势性又很强的情况下，测绘档案通常不能按照传统的按年归档，因为这会造成测绘档案归档困难。作为档案工作者，在测绘档案的收集归档的时间上，应该做到及时归档。当然及时归档不是指每新增一份档案就归档一份。而是应该在一个阶段或者一个测绘项目完成后，在该部分档案已经验收之后，及时归档。这样可以确保测绘成果收集的及时性与完整性，为测绘的下一阶段工作打下坚实的基础。

测绘档案的及时归档，在法律上也是有依据的。2006 年 5 月 17 日，国务院第 136 次会议通过了中华人民共和国国务院第 469 号令，宣布自 2006 年 9 月 1 日起施行《中华人民共和国测绘成果管理条例》。其中第九条明确规定，测绘项目出资人或者承担国家投资的测绘项目的单位应当自测绘项目验收完成之日起 3 个月内，向测绘行政主管部门汇交测绘成果副本或者目录。

（三）归档份数

国家测绘总局颁发的《全国测绘资料和测绘档案管理规定》中已经对测绘档案的归档份数有了明确的规定。在实际的测绘档案管理中，关乎国家和城市的整体规划的地图、比例尺、测绘图等重要档案，不仅应该保留两份，还应该考虑异地备份一份。

比如 1976 年唐山大地震发生后，由于地震破坏了整个城市全部供水系统，整个城市供水全部中断。当时处于盛夏，酷热难耐，幸存下来的人民利用浴池、防空洞中等有限的水资源过活。这时的唐山亟须抢修城市供水系统。但是由于自来水公司的测绘档案深埋地下，造成了抢修工作无从下手的不利局面。河北省委派送来了保存在石家庄的唐山 1∶10 000 的自来水管网图，才使供水抢修工作得以开展，解了燃眉之急。几天后，城建局挖出了唐山自来水公司的水管测绘档案，以及两个水厂的主要建筑物档案，仅用 11 天时间就解决了供水问题。

从这一例子不难看出，如果重视异地备份，在国家危难之时，测绘档案会发挥基础性、决定性作用。

（四）归档要求

测绘档案的归档要求，是进行测绘档案归档必须提前制定为规则，并且认真贯彻执行的。只有实现严格的前端控制，才能保证测绘档案归档有序地进行。

（1）归档的档案应该为原件，内容完整、准确、系统。

档案要有真实性和原始性，这是档案最基本的两个属性。所以归档的测绘档案必须做到内容完整准确，并具有系统性，为以后的测绘工作提供参考资料。未经最后验收和有遗留问题需要处理的测绘资料，不得向档案部门归档。

（2）归档的档案应书写工整、字迹清楚、图形清晰。

测绘档案关乎国家建设、国家安全，为了后人参考利用，必须在形式上保证能够被人看懂。

（3）测绘档案需要用碳素墨水、墨汁或国家档案主管部门指定的油墨书写。档案信息的载体能够长期保存。

由于有相当多的档案需要长期保存，甚至永久保存，所以必须做到书写材料能够经历时间的磨砺。测绘档案涉及许多科技档案，载体材料上会有所不同。但是要保证在归档的时候，所使用的档案载体材质符合归档要求，能长期保存。

（4）为保证测绘档案的安全性和可靠性，测绘档案应该尽可能实行“双套制”。特别是一些对国家或地方的发展有重大作用的档案，为安全起见，应该健全异地备份制度。

（5）归档的测绘档案一经归档，就应登记记录，并且严格利用审核机制。

（五）归档手续

测绘档案在归档之后，应该配以档号，然后按照分类方法进行组卷，正式归档。归档手续具体有以下两个要求：

（1）测绘档案的归档，必须附有清册，严格清点和签字手续，加盖公章，进行登记，移交人和档案归档部门各持一份。并且，对测绘档案各种登记簿、统计图表、收发接交和销毁清册应长期妥善保存。

（2）为了做好测绘资料档案的安全保密工作，也为了测绘档案的归档工作更具有权威性和可靠性，凡保存有归档的测绘档案的单位，都要进行定期和不定期的保密检查。资料部门和资料归口单位要经常检查各有关单位对测绘资料档案的管理使用情况。如发现有丢失和失密、泄密事故，应认真处理。

二、测绘档案的整理

（一）测绘档案的分类

档案分类方法科学与否，直接影响档案科学管理的长远建设。分类不合理，不仅会造成整理无序，而且会造成管理无序、利用无序。为此，确定科学的分类方法，必须持慎重的态度。

测绘档案的分类方法由分类标准的选择和分类标准的使用顺序的选择这两部分组成。

1. 分类标准的选择

（1）项目分类标准。

项目分类标准是测绘档案的主要分类标准。测绘档案的成套性强，这是由测绘工作自身是由一个一个项目构成的特点决定的。测绘工作作为国家和城市的基础性工作，作为企业创收的前提性准备工作，并不是贯穿于城市、企业的日常运转始终的，而是随着测绘项目的开展而开始的。

比如，2008 年 11 月 25 日，河南省郸城县第二次土地调查城镇地籍调查项目在国内进行公开招标。2008 年 10 月 13 日，四川省遥感信息测绘院在竞争成都市航空摄影测量项目中，一举夺得 1∶2 000、1∶5 000 数字正射影像数据（DOM）生产和 1∶5 000 数字线划图（DLG）生产两个标的。

可见，测绘工作是按照项目进行的。在测绘档案的分类中，按照测绘项目的分类标准进行分类，是切实可行的。

（2）使用性质分类标准。

按使用性质分类，就是按照基本测绘档案、专业测绘档案、特殊测绘档案和现势参考档案这四大类档案进行分类。

（3）地域分类标准。

按地域划分，也可以表达为按内容、精度和比例尺划分。两种划分方法都是把测绘档案分为全国和各个地方两个部分。

全国性测绘档案和地方性测绘档案在内容、精度和比例尺上有明显不同。全国性测绘档案往往在内容上包括更多，在同一幅面的档案上，比地方性测绘档案表达的有效信息更多。而且全国性测绘档案也更具有权威性和严肃性。

另外，从国家建设来讲，也往往是全国性测绘档案统筹整个国家建设，然后各个地方再根据自己的自身情况制定不同的建设方针。所以在测绘档案上进行分开管理，也是符合目前我国建设的国情的。

（4）时间分类标准。

测绘工作的开展要有很好的规划性。因为测绘工作是复杂的、困难的，任务是庞大的。如果事先没有做好规划，会对整个测绘工作造成影响。另外，测绘工作在结束之后，测绘单位也是应该进行阶段性总结的，这是测绘工作能够有始有终并且蓬勃发展的保证。在规划和总结的时候，按照时间标准分类就应运而生。

时间分类标准，有按年度、季度和月度之分。在测绘档案的分类中，以按年度和季度分应用最为广泛。按年度分类，可以让国家和企业明白自己一年的工作进展，有效地促进测绘事业的发展。按照季度分类，多用于实用性比较强的现势测绘档案，及时归档，方便使用。

比如，在 2007 年，国家测绘局对于“国家 1∶50 000 基础地理信息数据库更新工程”“社会主义新农村建设测绘保障服务示范”“基础测绘应用专题数据库示范”等 14 个基础测绘项目做了明确计划，计划包括项目的主要内容、作用、开始和完成时间等指导性信息。这些计划，如果按年度标准归类，就可以让国家测绘局很清晰地看到自己一年的工作成果，也可以让中国人民看到自己的政府部门的努力工作。

2. 分类标准的使用顺序的选择

（1）按使用性质-项目分类。

这种方法就是将基本测绘档案、专业测绘档案、特殊测绘档案和现势参考档案这四类按使用性质划分的档案划为一级类目，然后再在一级类目下按照测绘项目的不同划分二级类目。

这种分类标准的使用顺序有以下两个优点：

第一，有利于不同的测绘部门的工作分别进行。一般情况下，基本测绘档案、专业测绘档案、特殊测绘档案和现势参考档案的生成单位或部门是不同的。如果按照这种分类标准的使用顺序，就在一定意义上保证了一个单位或者一个部门的档案可以保存在一起，方便自己单位或部门利用自己的档案。

第二，有利于针对不同的档案，分别制定归档时间和利用制度。比如基础测绘档案有许多是关乎国家重大绝密的项目，所以在管理的时候，要特别注意安全性。在档案管理的人员和库房上，都有特殊的严格要求。而且一经归档，在利用的时候，需要对利用者的身份进行严格审核。再比如现势参考档案更新速度很快，基本会采用及时归档，如果将不需要及时归档的测绘档案与其归在一起，就会造成管理上的时间差。

但是，这种分类方法会造成不同的测绘单位和部门之间的交流减少，不利于相互借鉴。在极端情况下，可能还会造成个别单位和部门的自我保护、一枝独秀的局面。这就需要国家和政府在利用制度上进行统筹安排。

（2）按地域-项目分类。

这种分类方法就是将全国性和各个地方性的测绘档案分别组成一级类目，然后再将不同的项目划为二级类目。

这种分类方法主要有明确各级测绘主管部门分工，增强责任感的优点。按照全国性和地方性的地域不同来划分，可以使每个地域的测绘工作的成绩和效果一目了然。而且，在面对地质灾害的时候，测绘档案也能发挥良好的先行作用。哪个地方的问题，哪个地方提供档案，在国家危难时候最大限度地发挥测绘档案的作用。

但是，由于国家是一个整体，虽然在行政区域上划分了地域，但是从地理学上讲，地域仍然是连接在一起的。一个测绘项目也往往不属于一个地域，很可能属于多个地域。比如“南水北调”工程就纵穿了中国的南方和北方。在这一项目的测绘工作中，如果依然按照地域划分，就会出现“一刀切”的混乱局面。

（3）按时间-项目分类。

这种分类方法将一个时间段内的测绘文件分为一级类目，之后再按照项目的不同划分二级类目。这种方法比较方便统计一段时间内国家、地方和企业的工作成果和业绩，为政府政务公开提供了便利条件。它也是国家和人民检验测绘部门工作的一个良好的途径。

（4）按项目-时间分类。

这种将项目划为一级类目，再按照时间进行二级类目排列的分类方法，适合于特大型测绘工程项目。这类工程项目通常的特点是工程跨度时间特长，牵扯的部门众多，产生的影响巨大。另外，这种工程项目，一般情况下会组建一个专门针对该项目的固定项目组。项目组随工程项目的产生而产生，在工程项目结束之后解散。在该组中，也应该配备相应的项目档案管理人员。符合以上特点的工程项目，推荐采用按项目-时间分类方法。

（二）测绘档案档号的编制

1. 编制的原则

测绘档案的档号设计合理，可以使测绘档案之间有机联系，在国家城市建设中发挥更大作用。测绘档案的归档要遵循以下四个原则：

（1）唯一性：档号应指代单一一个编号对象，仅应赋予一个代码，一个代码只唯一表示一个编号对象。

（2）合理性：档号应简单明了，分类层次不宜过多。按流水顺序编号时，不应有空号。

（3）稳定性：档号一经确定，除重新编号外，一般不得随意改变。

（4）扩充性：档号必须有适当的递增容量，以便适应不断扩充的需要。

2. 档号的结构

测绘档案的档号由实体分类号-案卷号-件（页）号组成。

3. 编制方法

（1）实体分类号。

● 应由阿拉伯数字和汉语拼音字母构成。

● 应根据测绘科技档案的内容及数量设置实体分类号。

● 实体分类号根据不同种类的测绘档案的情况，由测绘档案实体分类大纲中的类号构成或加上年度代号、保管期限代号、测区代号、科研课题代号、基本建设工程项目代号、设备、仪器的型号等构成。

（2）案卷号。

即实体分类的终端类下的案卷排列的顺序号，由阿拉伯数字构成。例如，分类到项目类为止，项目类即为终端类，在项目类下排列案卷，即每个项目下有多个案卷，对其进行排列、编制序号。

（3）件号或页号。

测绘案卷内文件或图幅或底片排列的顺序号即件号或页号。

（三）测绘档案的立卷

测绘档案的立卷应遵循测绘档案的形成规律，保持档案有机联系，便于测绘档案的保管、统计、检索和利用。立卷包括以下几个步骤：

（1）分析文件之间的最小有机联系，确定卷内文件的数量。

（2）测绘档案的调整和整饰：已破损纸张予以托裱、修复。裁剪不规则的图表，统一大小。传真件复制保存。铁钉去掉重新粘贴、装订，对特殊载体的档案进行处理（比如光盘、磁带、磁盘和软件的备份）等。复制品附于原件后一并归档。

（3）将相关资料集中到案卷盒内，组成保管单元，编制保管单元编号。

（4）根据要求填写卷内目录、封面和备考表。

（5）编制检索卡片。

（6）档案造册登记（入库与借用登记）。

测绘档案的案卷卷内目录和备考表所包含的内容，应参考于2003年3月11日颁布的《国家基础测绘设施项目归档资料整理规范》，如表13-2、表13-3所示。

三、测绘档案的鉴定和销毁

（一）测绘档案的鉴定和销毁规则

（1）建立完整的鉴定制度。

鉴定和销毁工作应该由单位档案部门的领导主持，成立专门的档案鉴定工作小组，小组中必须包括具有权威性的档案专家，其他成员也必须是有一定经验的资深档案工作者。

表 13-2　　　　　　　　　　　　　测绘档案卷内目录

档号：　　　　　　　案卷题名：

序号	文件名称	文件号	责任者	形成日期	备注

立卷人：　　　　检查人：　　　　　　　　　　年　月　日

表 13-3　　　　　　　　　　　　　测绘档案卷内备考表

档号：　　　　　　案卷题名：

说明：   立卷人：　　年　　月　　日
说明：   立卷人：　　年　　月　　日

（2）测绘档案的鉴定工作要根据国家有关档案鉴定工作的原则和标准，用全面、历史、发展的观点考察分析档案价值，确定保管期限，切忌随意。

（3）测绘档案的鉴定结果要有书面分析报告。

对于需延长保管期限的案卷，要在有关目录及案卷备考表中注明。以保证该延期的测绘档案得到延期。对于需要销毁的档案，要编制销毁清册，一式两份，报档案部门领导批准后予以销毁。

（4）对于保管期满但属国家重大工程项目的测绘档案，要根据需要适当延长保管期限。

（5）对于应该销毁的测绘档案不得改作他用，或以废纸出售。

（6）销毁国家密级图纸或测绘成果，在档案部门负责人批准的同时，必须再经省测绘行政管理部门批准。

（7）销毁已满保存期限的测绘档案，须经单位领导批准并造具清册，注明档案名称、编号、数量、来源、编制或出版单位、时间、销毁原因等。销毁现场应配备两名监销人，清册封面应有鉴定销毁人、监销人、批准人、鉴定小组人员的签字，并注明销毁日期。鉴定报告、销毁清册及审批文件应存档保存。

（二）测绘档案的保管期限

测绘档案的保管期限分为永久、长期、短期三种。

（1）永久：对于具有重要凭证作用和长久需要查考、利用的测绘档案，应该列为永久保存。

（2）长期：长期的期限一般为 16 至 20 年。具体的划定以实际工作单位的设定为准。在相当长的一段时间内具有查考、利用、凭证作用的测绘档案应列为长期保存。

（3）短期：短期的期限一般为 5 至 15 年。短期内具有查考、利用、凭证作用的测绘档案应列为短期保存。

测绘档案的保管期限应根据档案管理单位的不同以及本单位的测绘档案的特点分别划定。国家测绘总局颁发的《全国测绘资料和测绘档案管理规定》已经对测绘档案的保管期限做了规定。此表在测绘档案的归档范围中已经附入，在此就不再重复了。2003 年颁布的《国家基础测绘设施项目归档资料整理规范》中也对国家基础测绘设施项目的测绘档案保管期限和保管做出了明确规定，参见表 13-4。

表 13-4　　国家基础测绘设施项目归档资料范围、份数、保管期限、保存地点表

档案类目名称及编号		序号	归档内容	份数	保管期限	保存地点及份数	备注
TD6	基本建设						
TD63	非土建基础设施						
TD63	综合	1	任务合同书	4	永久	国家馆 2、省级馆 2	
		2	招标委托协议书	1	长期	国家馆 1	
		3	资金到位证明或计划	1	永久	省级馆 1	
		4	有关项目管理文件资料	2	长期	国家馆 1、省级馆 1	
		5	省级测绘资料档案馆归档资料著录成果（含电子版）	2	永久	国家馆 1、省级馆 1	
		6	归档资料著录成果（含电子版）	1	永久	国家馆 1	
	设计前期	1	项目建议书	3	永久	国家馆 3	
		2	项目建议书批复	1	永久	国家馆 1	
		3	可行性研究报告	3	永久	国家馆 3	
		4	可行性研究评估材料	1	永久	国家馆 1	
		5	可行性研究报告的批复	1	永久	国家馆 1	
		6	其他	2	长期	国家馆 1、省级馆 1	

续前表

档案类目名称及编号		序号	归档内容	份数	保管期限	保存地点及份数	备注
	勘探	1	勘探	2	永久	国家馆1、省级馆1	
	设计	1	初步设计	4	永久	国家馆3、省级馆1	
		2	初步设计批复	1	永久	国家馆1	
		3	实施方案	6	永久	国家馆3、省级馆3	
		4	实施方案批复	4	永久	国家馆1、省级馆3	
		5	其他	2	长期	国家馆1、省级馆1	
	施工	1	计划申请及批复	2	永久	国家馆1、省级馆1	依据实际情况归档
		2	有关计划调整文件	2	永久	国家馆1、省级馆1	
		3	招标文件	4	长期	国家馆3、省级馆1	
		4	投标文件	1	长期	国家馆1	
		5	评标报告	1	长期	国家馆1	
		6	采购合同	2	长期	国家馆1、省级馆1	
		7	发票复印件	2	长期	国家馆1、省级馆1	
		8	拨款计划文件	2	长期	国家馆1、省级馆1	
		9	仪器设备进货验证记录	1	长期	省级馆1	
		10	仪器设备入出库登记表	1	长期	省级馆1	
		11	培训记录	1	短期	省级馆1	
		12	仪器设备说明书	1	长期	省级馆1	
		13	有关测试报告	1	长期	省级馆1	
		14	试运行记录	1	长期	省级馆1	
		15	技术报告（单位工程实施过程中形成的）	1	长期	省级馆1	
		16	有关声像材料	2	长期	国家馆1、省级馆1	
		17	其他	2	短期	国家馆1、省级馆1	
	竣工验收	1	竣工验收实施办法	4	长期	国家馆3、省级馆1	
		2	竣工验收材料编制说明	4	长期	国家馆3、省级馆1	
		3	验收申报材料	6	永久	国家馆3、省级馆3	
		4	验收工作总结	2	永久	国家馆1、省级馆1	
		5	单位工程竣工验收意见书	4	永久	国家馆1、省级馆3	
		6	项目竣工验收意见书	3	永久	国家馆3	
		7	涉密以及支持保障系统（防雷和消防系统）等建设的验收审批证书或材料	2	长期	国家馆1、省级馆1	
		8	其他	2	长期	国家馆1、省级馆1	

四、测绘档案的利用服务

（一）测绘档案的利用特点

测绘是国民经济建设的一项基础性、前期性工作。测绘档案是广大测绘工作者的劳动与智慧的结晶，是国家的无价财富，为社会主义建设提供重要的基础性资源。测绘档案蕴藏着巨大的能量。测绘档案的利用，就是要使测绘档案的能量最大化。测绘档案的利用特点有：

1. 测绘档案利用的内部性强

测绘档案的利用者通常都是形成这些测绘档案的单位或部门的内部人员。因为许多测绘档案都涉及保密性的问题，所以虽然从测绘档案的长远发展来看，不同测绘单位之间通过档案利用进行交流是一个很好的进步途径，但是鉴于知识产权、知识保护，以及测绘档案自身的保密性问题，测绘档案的利用还是以内部人员为主。

2. 测绘档案利用的急迫性强

在做测绘研究的时候，测绘档案的急迫性并不是很强，但是除了搞学术研究之外，测绘档案在利用的时候，往往处于一种十分急迫的情况。

比如在测绘项目的进行中，当需要利用以往测绘档案的时候，往往处于项目的瓶颈阶段。如果没有测绘档案的支持，项目就会停滞不前，这可能会造成人力、财力的很大损失。

再比如在国家处于灾难时刻，需要测绘档案的时候，测绘档案能否及时提供，更是关系着国家发展甚至生死的重大问题。2008 年汶川大地震之后，测绘档案部门针对灾情展开了大规模的应急服务工作。测绘档案部门先后为民政局、地震局、中央电视台等 40 多个单位提供各类测绘档案达万余件。为制订救援计划、空投救灾物资提供了科学保障。

3. 测绘档案的效益潜在性强

测绘档案的效益既包括经济效益，又包括社会效益。但是测绘档案效益的发挥往往需要一个项目或者事件的触发。测绘档案是测绘工作者的劳动成果，将测绘档案归档保管之后，可能在相当长的时间内并不会有人来利用。但是一旦利用，往往会节省大量财力，创造巨大财富。所以，在测绘档案的管理中，要有“前人栽树、后人乘凉”的精神，不能鼠目寸光，要用发展的眼光看问题，不能过于急功近利。

(二) 测绘资料档案的利用要求

国家测绘局颁布的《全国测绘资料和测绘档案管理规定》中，对于测绘档案的提供利用，做出了明确的具有法律效力的要求。

(1) 全国性测绘资料档案由国家测绘总局统一管理，全国性测绘资料由国家测绘总局和省、直辖市、自治区测绘局（处）负责提供利用；地方性测绘资料档案由省、直辖市、自治区测绘局（处）统一管理并提供利用。

(2) 各省、直辖市、自治区测绘局（处）之间，对各自完成的测绘资料档案，应互通情报，互相提供利用。

(3) 各使用单位在领借测绘资料档案时应根据当前工作的实际需要提出申请，由资料归口单位负责审查，持归口单位公函，详细说明用途、范围和数量。国家机关驻京单位及其在地方流动单位向国家测绘总局申请办理；省、直辖市、自治区内各单位和国家机关常驻地方单位向所在省、直辖市、自治区测绘局（处）申请办理。

(4) 发借测绘资料档案必须经领导批准，属秘密和机密一级的，由资料部门领导批准，属绝密一级的，报局（处）领导批准。

（5）发出测绘资料必须开具四联单：第一联为存根，存发资料单位；第二联为发单，存领用资料单位；第三联为回执，领用资料单位收到资料清点无误后签章退发资料单位；第四联为副本，交领用资料单位的归口单位存查。借用测绘资料档案一般采用第一、第二联，根据需要可增用第三联。

（6）各使用单位对借用的测绘资料档案应保持清洁、完整无损，按时归还。

本章思考题

1. 测绘档案的定义是什么？
2. 测绘档案都有哪些种类？
3. 如何建立健全测绘档案的归档制度？
4. 测绘档案的分类方法有哪些？不同的分类标准的使用顺序的优缺点各是什么？
5. 测绘档案的鉴定和销毁规则是什么？要特别注意什么？
6. 怎样合理地充分利用测绘档案？

第十四章

税收征管档案与税收征管档案管理

本章提要

税收征管档案是税务部门在税收征收管理活动中形成的与税收征管业务有密切联系的有保存价值的原始记录。本章着重阐述税收征管档案管理的基本理论、原则和方法。内容涉及税收征管档案的概念、内容、种类、价值和作用等，同时介绍和说明了税收征管档案的归集整理、立卷归档、保管利用、信息化等方面的理论和方法。

第一节　税收征管档案概述

随着税务工作在国家经济发展中的地位日益重要，税收征管档案早已不再局限于某一地区某一特殊部门，已经成为全国范围内税收信息的基本来源，是税务部门依法行政的重要依据，是加强税收征管的基础工作，对实现征管档案信息共享，查考、保存历史资料，保护证据，规范征纳行为都具有重要的意义。税收征管档案管理包括征管资料的设置、划分、移送，征管资料归集、整理，征管资料立卷归档，征管档案调阅使用及征管档案保管销毁。本节重点介绍税收征管档案的概念、内容、种类、价值等方面的理论问题。

一、税收征管档案定义

由于税收征管工作的复杂性，我国目前对于税收征管档案定义的研究尚未达成一致的见解，本书就当前比较具有典型性的几种理解罗列出来，以供参考：

● 税政档案：税政档案是指税收政策管理部门在工作中直接形成的有保存价值的各种文字、图标、声像等不同形式的历史记录。①

● 税收征管档案：各级地方税务部门在依法开展税款征收、税源管理、税务稽查和法律救济等征管过程中形成的，具有保存和使用价值的以文字、图标等形式存在的，包括文书、报表、凭证、单据、账册、票证、证明等形式的材料。②

● 税收征管档案：是指税务机关在税收征收管理活动中形成的与税收征管有密切关系

① 周婷．浅议税政档案的利用．云南地税，2005（5）．

② 冯冬青，周倩．浅谈税收征管档案在税收征管工作中的作用．山东档案，2007（6）．

的文件、凭证、报表、账册、文书、案卷以及音像、光盘、碟盘等资料。①

● 税务档案：税务部门在税收征收管理过程中形成的以纸张为载体的文字、图形材料，是征纳双方依法办税的法律文书。②

● 税收征管档案：是指在税收征收管理过程中以及在税务行政复议、诉讼活动中形成的具有保存和使用价值的以计算机为载体，或者以纸质材料为载体，或者以磁带、光盘、胶片等材料为载体，以文字、图表、声像等形式存在的表、证、单、书、账、册、票等各种涉税资料，采集、整理、归档后形成的历史记录。③

上述概念对于税收征管档案的理解有三方面差异：其一是表述的差异，有的称为税收征管档案，有的称为税务档案，也有的称为税政档案。其二是概念的主体差异，有税务部门与纳税主体之分。其三是范畴的差异，存在税收征管部门在税收征管活动中形成的法律文书、原始文件或者具有保存价值的各种资料之间的区别。

概念总是对具体事物的抽象，不同的理解很正常，但是应该避免三种情况：一是罗列具体事物，例如文件、凭证、报表、账册、文书、案卷以及音像、光盘、碟盘等资料；二是载体形式的僵化思想，只认定纸质载体，而忽略其他载体形式；三是没从税收征管档案的本质属性和税收征管档案管理的目的特性出发，明确其主体和价值，同时对其外延进行适当扩展。因此，我们给予的定义涵盖五个方面：税收征管档案的形成者（主体因素）——税务部门，税收征管档案的形成领域（背景因素）——税收征管活动，税收征管档案记录的内容（客体因素）——与税收征管业务有密切联系，税收征管档案的本质因素（核心因素）——对服务税收征管业务有保存价值，税收征管档案的主要表现形式——一切原始记录。综合上述因素，对税收征管档案的定义表述为：

> 税收征管档案是税务部门在税收征收管理活动中形成的与税收征管业务有密切联系的有保存价值的原始记录。

二、税收征管档案的主要内容

税收征管档案包括税收征管业务表、证、单、书目录所列的所有记录。

（一）企业类、个体工商户及其他依照税收法律、行政法规规定成为法定义务人的征管档案

包括：各种税务登记表及附件、账簿、凭证管理（财务会计制度或财务会计处理办法资料、发票管理资料）、纳税申报（申报资料）、税款征收、税务稽查、法律责任、财务会计资料等项目。

（二）个人所得税档案

包括：税务登记表；自行申报纳税人的个人所得税纳税申报表、完税凭证（复印件）；

① 参见《大连市地方税务局税收征管档案管理办法》。

② 吴树明，等．浅议基层税务部门档案管理的问题及对策．兰台世界，2007（15）．

③ 参见《海南省地方税务局税收征管档案管理办法（试行）》。

扣缴个人所得税报告表、代扣代缴税款凭证（复印件）；对扣缴义务人进行税务稽查的稽查结果；主管税务机关要求报送的其他资料。

（三）代征单位档案

包括：委托代征税务登记底册、委托代征税款证书复印件、委托代征税款报告表、委托代征税款协议书、变更委托代征税款通知书、终止委托代征税款通知书、票款结报手册、完税凭证、法律文书、主管税务机关要求报送的其他资料。

（四）扣缴义务人档案资料

包括：代扣（收）代缴税务登记表及附件、代扣（收）代缴税务登记底册、代扣（收）代缴税务登记账簿、代扣（收）代缴税务登记报告表、代扣（收）代缴税款凭证（复印件）、主管税务机关要求报送的其他资料。

对于第二类，有特殊规定，即高收入行业和个人必须建立个人所得税专项档案。以下行业必须建立个人所得税专项档案：按各市标准确定的高收入行业；纳税人数众多、缴纳个人所得税总额大的企业单位；税务机关认为有必要建立专项档案的企业单位。专项档案内容包括：代扣代缴单位的代扣代缴税务登记表；扣缴个人所得税报告表、纳税凭证等；对扣缴义务人进行税务稽查的稽查结果；主管税务机关要求报送的其他材料。

三、税收征管档案的特点

税收征管档案的特点可以简单地归结为以下几方面。

（一）专一性

这是税收征管档案不同于文书档案之处，具体表现为两方面：一是所含内容专一，所有档案均是围绕着征税、纳税过程而直接形成的，其内容与征税、纳税直接相关，体现出很强的专业性，只有具有相当税务知识的档案管理员才能在整理税收征管档案时建立起档案之间的内在有机联系；二是形成者单一，形成征管档案文件材料的责任者就是纳税人与征税部门。

（二）系统性

税收征管档案的系统性是指，从整体讲，整个国家的征管档案系统地反映了整个国家的税收情况，一个基层财税机关的征管档案系统反映了辖区范围内的税收情况。

（三）复杂性

征管档案不像文书档案、科技档案或其他档案那样有固定的用纸尺寸、图幅标准，它形式多样，规格不一。如要求企业报送的年终决算表是 8 开用纸，缴款存根则是 64 开用纸，而纳税卡联系单却又是另一模板。从反映的方式看，既有文字的，又有表格的，大量的是表格加文字，文字之中多阿拉伯数字。征管文件材料在纳税形成过程中往往是一式多份，用圆珠笔书写或用复写纸复写等，使得许多税收征管档案难以长久保存。

四、税收征管档案的功能

“经济决定税源，管理增加税收”的经典治税思想充分揭示了经济发展和税源管理在税收收入过程中的辩证关系。在当前社会经济高速发展的时代，加强税源管理、提高征管质量已成为增加税收收入的基础性工作。而税收征管档案是摸清税源、强化税源管理工作的重要凭据。为税收工作服务、为经济发展服务，是税收征管档案应该扮演的重要角色。

（一）税收征管档案对加强税源管理和提高税收征管效率具有重要促进作用

税收征管档案是反映税收征纳关系的第一手材料，是纳税人依法纳税、税务人员依法征税的原始依据，它的最后归档是整个税收征管工作的收尾环节。税收征管档案的形成、管理和保存一直伴随着税收征管工作的开展。①

税收征管档案是掌握税源动态、制订税收计划的基本依据。一些税务专管人员通过对企业征管档案资料的分析，宏观上可准确地掌握税源的变化，掌握企业产、供、销和经营业务的变化，掌握企业产品品种结构和成本的变化，并根据国家的经济政策和市场供求状况，预测税收升降趋势，合理编制各个时期的税收计划；微观上可直接为查处偷税漏税、减少工作差错服务。税务人员在整理纳税人税务登记事项的变更记录以及不同年度各类报表等相关纳税数据的对比时，可及时掌握纳税人的涉税事宜，在税收征管、税务稽查活动中依法界定纳税人的信誉度。

（二）征管档案对于规范税收执法程序、提高税收执法水平和考核税收征管队伍具有重要考证作用

税收征管工作对连续性要求很高，但税收工作征查分离，特别是碰到专管员岗位轮换时，会影响税收征管档案材料的交接，建立征管档案能有效地解决这一问题。碰到检查员检查后发现问题，也可及时从档案室查找，解决了征查分设后，若专管员不在，税收征管执法检查就不能进行的弊病。而且，税收征管档案是税务机关业务过程和执法人员行使税收征管执法的原始记录和完整再现，完整齐全的档案完全可以保证业务的连续性，并用于严格规范税务机关的执法行为。

税收征管档案资料的建立健全情况，从某种程度上反映了税务人员的政治素质和业务能力，在考核其工作绩效时，可以通过征管档案资料记载的各项数据，针对不同经济性质、工商企业的特点、税种的繁简和环节的多少，按照处境难易，合理设置考核标准，进而促进税收征管队伍建设。

五、早期的税收征管档案一览

19 世纪后半期，西方列强相继在上海开辟租界，在公共租界、法租界扩充和发展的过程中，公共租界工部局和法租界公董局逐步成为对租界的建设以及政治、经济、司法、

---

① 冯冬青，周倩．浅谈税收征管档案在税收征管工作中的作用．山东档案，2007（6）．

文化、社会等各个方面进行全面掌管的市政机关。在此从《上海档案志》中选取关于当时市政税收档案的材料，以供读者了解历史上税收征管的早期形态。

一、地捐和房捐类档案

租界行政当局的收入分为经常收入与临时收入两大部分。经常收入的大宗是捐税收入。对租界土地的永租者或购买者及房屋拥有者，以地价及房屋的租金为基准抽收地捐和房捐，这笔市政捐税随租界兴盛和发展不断递增，为捐税收入中最重要的税种。此外，工部局自 1906 年起向越界筑路区中接用租界内自来水公司供应的自来水的房屋征收特别房捐。现存地捐和房捐类档案主要是租界当局在征收地捐和房捐事务中形成的文件材料。

工部局地捐和房捐类档案主要有：关于抽收地捐、房捐基准的文件材料，包括 1873—1943 年土地估价材料，1911—1933 年估定公共租界地价册，1916—1925 年公共租界地价比较调查材料，1919—1932 年公共租界中区业主自用房屋估价材料，1920—1924 年公共租界北区、中区、东区因素法房捐估价图等。关于减免地捐、房捐的文件材料，包括 1904 年免除工部局马路地捐，1911—1936 年少数地产免缴地捐，1920—1932 年豁免学校校舍房捐，1932 年工部局职员住屋免捐及业主要求豁免 1932、1937 年中日战争期间地捐及房捐等内容。1866—1929 年征收地捐、房捐各项统计，包括 1870—1937 年对未转道契土地征税情况，1920—1929 年公共租界中、东、西、北区土地税额表，1919—1933 年房捐欠付情况，1930—1940 年华人与西人缴纳房捐日期不平等待遇及不同国籍纳税人缴纳房捐情况，1931—1943 年调解房捐纠纷报告及缴纳房捐布告等。1920—1928 年在越界筑路区征收特别房捐情况及受到询问和抗议的材料，1932—1943 年对不缴纳特别房捐业主采取强制措施，1929 年特别房捐清单及 1940 年特别房捐率等文件材料。

二、间接税类档案

租界当局除了征收地捐和房捐两项主要税种外，还开征了其他一些税种，也称为间接税。在早期的法租界，从烟馆、妓寮和赌场收取的巨额税款，曾成为公董局最主要的收入来源。

工部局间接税类档案主要有：工部局 1897—1943 年在征收小车捐、码头捐、执照捐、烟草捐、娱乐捐、交易捐（货币兑换等）、物品零售捐、日用品及奢侈化妆品捐、公用事业用户捐、饭店食物捐、酒类和非酒类饮料捐、旅馆及餐馆账单捐等间接税中形成的文件材料。中国政府 1919—1942 年在公共租界内征收永租契地年税、酒税、印花税、工部局租界外局产地价税、所得税、娱乐税等形成的文件材料。其中较重要的档案为：

1897 年独轮车夫抗捐斗争的文件材料。1897 年，工部局以独轮车损毁路面，修理费用大为借口，将小车月捐增收 200 文。独轮车夫全体罢工，举行示威游行进行抗议，并与工部局派出镇压的巡捕、义勇队等武装力量展开了英勇的斗争。这次斗争导致工部局董事会全体董事集体辞职，小车加捐得以推迟进行和重新酌定收费标准。

三、公债类档案

租界当局在遇有新建房屋、租借土地及兴建市政工程等大宗开支时，往往采用发行公债的方式增加临时收入。公债的担保物是局产，期限多为 10 年以上，利率一般 5～7

厘。工部局债券最早发行约在19世纪50年代末，公董局债券最早发行于1862年，均用于市政建设。

工部局公债类档案主要有：1882—1943年发行市政奖券、有奖公债、5厘及5厘半公债、外币公债、中日货币公债及中储券公债等形成的文件材料及公债的捐募申请书、过户凭单及过户册、还本清册、每期利息单、户名清册、记名分户册及记名人委托证书记录册、转移登录簿等表册。

公董局公债类档案主要有：1914—1939年公债户名总索引、户名号码清册、还本付息收据、中签号码登记簿等表册。①

第二节　税收征管档案管理

一、税收征管档案管理原则

为确保税收征管档案的规范化管理，税务部门必须根据税收征管工作的有关规定及税收档案的形成特点、内在有机联系，建立起与税收征管改革、税收会计核算改革等相配套的税收档案规范化管理体系，这是确保税收征管档案管理规范化的重要基础。由于税收征管档案与其他类型档案例如文书档案在管理流程上是特殊与一般的关系，因此在税收档案分类、归档范围、组卷方法、编目排架以及保管利用等方面也有继承与发展的关系，其管理还要遵循以下三项特殊原则。

（一）规范统一原则

针对各纳税人的档案内容种类基本相似，形成的文件资料只是数量不同等客观情况，应遵循统一规范的原则，不同纳税人的档案其管理方式上要尽可能地规范一致。

（二）科学简便原则

在税收征管档案的管理方式、方法上要从税收工作实际出发，简化工作规范和工作流程，通过加强税收征管档案管理人员培训、典型引路、监督指导，使税收征管档案经过系统整理后，达到分类清楚、存放有序、查找方便的要求。

（三）以分类管理为主、分户管理为辅的原则

在税收档案日常管理中，按照客观、合乎逻辑、实用、讲究实效的原则，将涉税档案分为税务登记档案、发票管理档案、纳税申报及财务报表档案、税收管理档案、税务稽查档案、税收行政复议档案和应诉档案、特殊载体档案等。同时，为便于了解每一纳税户的基本情况，可将纳税户的有关基础资料集中保管，建立户管档案，详见本节最后一部分。

---

① 上海档案志 . http：//www. shtong. gov. cn/node2/node2245/node54563/node54565/userobject1ai49415. html.

二、税收征管档案的归集与整理

税收征管档案的归集、整理业务是按期限、类别将分散的各类税收征管档案采用一定集中方式并依照税后业务的发生时间进行归集、整理的过程。

（一）归集

1. 归集方式

税收征管档案按照条件许可情况，采用人工归集（纸质）和数字归集（人工录入、光电录入、“点对点”通信传输、电子信箱、网络传输）两种方式进行归集。

2. 归集时限

税收相关业务部门形成的征管资料应在该项业务结束后两天内传递或备份到磁带、光盘、胶片并送交本机关档案归集部门。主管税务机关负责归集资料部门在每月 10 日前将上月或本月发生的有关征管资料收集齐全。

3. 归集要求

各基层税务局业务股（所）在归集税收征管档案材料时，必须仔细审核，对不符合审核要求的资料要及时补充改正。审核要求为：应申报资料种类要齐全；资料凭证适用格式要正确；表格中填写的有关代码字段要正确；表格内应填项目、印鉴要完整；表格项目间逻辑关系要平衡；所有材料分类标准统一；材料装订、入盒（袋）放置有序，方便使用。对符合要求的资料必须加盖受理戳记，受理人员和受理股（所）要签章，受理时间要标明，以便明确责任。

（二）整理

1. 整理原则

税收征管档案实行分户管理与汇总管理相结合的原则进行整理排列。

企业类的纳税人一户一档，个体工商户一户一档；代征单位一户一档；个人所得税重点收入行业和个人建立专项档案，一户一档；属于主管税务机关内部使用或不能分页拆本的资料，归入汇总档案。

2. 整理要求

在整理装订税收征管档案时，应按案卷封面、卷内目录、卷内税务文书、备考表、封底顺序整理装订。税收征管档案的种类、份数以及每份征管档案的内容应该完整。需按类划分的税收业务档案按税收业务种类使用“税收征管档案卷宗”进行装订，同时按每种业务档案的保管期限顺序排列存放。需按户划分的档案使用“纳税人税收征管档案封皮”装订或存放在“纳税人税收征管档案专用袋”内，每年一袋。

（1）案卷封面或者资料袋封面应逐项按规定填写清楚，包括目录号、档案卷号、分册号、纳税人名称、保管期限、形成年度、形成单位。

（2）卷内目录包括顺序号、资料名称、页号、备注，归档时要按顺序填写。

（3）卷内税务文书应按《税收征管资料归档内容及保管年限》中的排列顺序进行科学排列，并依次编写页码。对密不可分的税务文书要排在一起，即批复、批示在前，请示在后；正文在前，附件在后；印件在前，定稿在后；案件材料、结论性材料在前，依据性材料在后。

（4）卷内备考表包括本卷情况说明、立卷人、检查人、立卷时间。有关备考表中的内容，都应逐项填写在备考表内。若无情况说明，也应将立卷人、检查人的姓名和立卷、检查时间填上，明确责任。

（5）卷内文件材料要去掉金属物，破损的文件应当裱糊，字迹扩散的应当复制原件一并立卷；税收征管资料立卷时，一律用碳素墨水或黑色签字笔书写，字迹工整、清晰；装订的卷宗或纳税资料袋内的资料应统一在有文字的每页材料正面的右上角、背面的左上角填写页号。

3. 整理步骤

第一步：检查。检查资料收集是否齐全，有无重份。

第二步：编页号。按顺序排列的资料应逐件编号，用压码机压上顺序号码，正页在右上角，反页在左上角。

第三步：编制目录。税收征管档案按电脑档案管理软件的要求输入计算机，打印出卷内目录。

第四步：填写封面。用毛笔、黑色硬笔填写或打印机打印。主要项目有：卷宗名称（字迹一般为红色）、类目名称、案卷标题、卷内资料起止时间、目录号、档案卷号、分册号、纳税人名称、保管期限、形成年度、形成单位。

第五步：装订。装订时去掉案卷内所有金属物，破损的文件应当裱糊，字迹扩散的应当复制原件一并立卷；加上案卷封面、封底，在左边打三孔成一线，右下角对齐，装订好后并填写整理人姓名。案卷各部分的排列顺序是：案卷封面、卷内目录、封底。税收征管资料立卷时，一律用碳素墨水或黑色签字笔书写，字迹工整、清晰。装订的卷宗或纳税资料袋内的资料应统一在有文字的每页材料正面的右上角、背面的左上角填写页号。

第六步：移交。负责归集、整理征管资料的部门就装订好的案卷，逐一填写《税收征管档案移交清册》，一式二份，向本局档案室移交。

三、税收征管档案的归档与移送

（一）归档

1. 税收征管档案归档的原则

出于对归集和整理步骤的继承，税收征管档案的归档依然采取分户和分类相结合的办法。总的原则是纳税申报资料、财务会计报表资料按户归档；各种税务事项审批资料、税收统计资料、税收征管报表、税收缴款书、税收完税凭证、税收会计资料、欠税明细账以及计算机数据备份资料均按类归档。与纳税人有关的税收征管资料凡属税务机关留存一式两份以上的，先按类别由主管业务科归档，其余的可按户归集到纳税人当年的征管档案中。

2. 税收征管档案归档的基本要求

（1）各业务股（所）移送的征管资料进行季度内整理归档，即后一个季度对前一个季度的资料整理归档完毕，跨年度的在一季度内对上年资料整理归档完毕，检查案卷年度终了后30日内一次归档。

(2) 企业纳税档案原则上按户分册立卷，个体户纳税档案可按行业分类按月立卷；局内综合征管档案按表式、种类装订。

(3) 对税收征管档案的案卷，以主管税务机关为单位编制案卷目录，以归档范围的排列顺序编制流水号。

3. 税收征管档案归档的时间选择

(1) 年度归档：税务所负责税务登记、税款征收档案的管理，每年一月份税务部门将征管档案原始资料整理归档。

(2) 阶段归档：凡专项工作，有关部门应在任务完成后，将归档材料整理移交档案室归档。

(3) 随时归档：代管（监开）发票存根及附件、纳税人户籍资料、已结案的人民来信来访及其他税务违章案件卷宗和各业务股（所）随时形成的税收征管资料，应及时归档。

4. 税收征管档案的归档范围

要搞好征管档案工作，首先要明确哪些属征管档案，才能有的放矢地进行收集。根据税收征管档案的形成规律和税收工作实践，可以确定税收征管资料的归档范围包括：税务登记、发票管理、纳税申报、税款征收、减免缓退、税务稽查、违法处理、税收保全、强制执行、税务行政复议、应诉等税收征管工作各方面形成的资料以及与税收征管有关的其他资料。

税收征管档案可以分为户管、报表和税务案件等三大类，其中后两类具体有以下几方面的文件材料需要收集归档。

报表包括：

(1) 纳税户基本情况年度汇算表；(2) 查处税务违章案件情况半年汇报表；(3) 发票管理情况年度汇报表；(4) 查处暴力抗税案件情况半年汇报表；(5) 征管机构人员情况年度汇报表；(6) 税务部门促产效益情况半年汇报表；(7) 国有、集体企业所得税汇算清缴统计表；(8) 奖金税、工资调节税结算汇总表；(9) 出口产品退税季度、年度结算表；(10) 集体企业财产清查、财务清理情况表；(11) 集体企业工效挂钩结算表，工效挂工资、税利基数分户汇总表。

税务案件包括：

(1) 人民来信、上级机关或本单位领导的批示；(2) 税务案件处理签报单、各种谈话笔录、检举或旁证材料；(3) 税务案件处理通知书和送达回单联；(4) 补税、罚款的缴款书存根；(5) 税务行政复议申请书、答辩书、决定；(6) 税务行政诉讼申请书、答辩书、判决本。

上述归档范围是总体要求，就每户企业而言，材料情况略有不同。有些材料需经较长时间才能收集齐全，各征管机构的专管员可根据需要再建立副本。

(二) 移送

下列情况，税收征管档案必须移送。移送时必须填写《纳税人税收征管档案资料移交清单》，并办理交接手续。

(1) 纳税人改变主管税务机关的，由原主管税务机关向迁入税务机关移送；

（2）国、地税局之间移送；

（3）基层税务机关向上级税务机关移送；

（4）各级稽查机构，向纳税人的主管税务机关移送《税务处理决定书》《税务行政处罚决定书》等文书复印件；

（5）宣告撤销、合并单位的税收征管档案应将全部档案一并移交给具有继承权的单位；

（6）向其他环节移送的有关档案资料。

四、税收征管档案的保管要求、保管期限划分

（一）税收征管档案的保管要求

税收征管档案的保管必须由税务部门各业务股及综合岗专门负责管理，基层税务所可根据实际情况由专管员分别保管、统一存放。保管人员变动的，应对其保管的税收征管档案资料办理移交手续。

税收征管资料归档后必须妥善保管，严格执行安全和保密制度。税收征管档案要专库存放，有专用的档案柜架。档案库房要有防火、防盗、防潮、防虫等设施；库房内的温、湿度要适宜，干净整洁。

（二）税收征管档案的保管期限划分

税收征管档案归档保管期限可分为永久、长期、短期三种。永久为无限期保存，长期为 15 年，短期为 10 年，具体规定如下：

（1）永久卷宗。凡定性为偷税，逃避追缴欠税，骗取出口退税，抗税，伪造、倒卖、虚开、非法代开发票，私印、伪造发票监制章、发票防伪专用品等并进行了行政处罚的案件，其档案保管期限为永久。

（2）长期卷宗。一般性的税务行政处罚（税务管理方面）案件和纳税人基本档案保存期限为 15 年。

（3）短期卷宗。税务管理、税款征收等其他档案保存期限为 10 年。

以上税收征管档案的保管期限从档案所属年度的次年 1 月 1 日起计算。

五、税收征管档案的借阅利用

（一）税收征管档案借阅利用的原则

档案室档案调阅使用原则上不能离开档案室，确需调出档案室使用的，应按密级经审批程序报批。税务部门各业务股（所）采集或形成的税收征管档案原则上只限本局、本系统内调阅和使用，未经档案保管部门的主管领导批准不得对外提供。

系统内各有关单位需调阅税收征管档案并需带走的，须经档案保管部门的主管领导批准。系统外其他单位（必须为执法部门）需调阅或利用税收征管档案的，须两人以上持本单位介绍信或证明信，经档案保管部门的主管领导批准，方可接待。

（二）税收征管档案借阅利用的目标

围绕税收征管工作，充分发挥税收档案的作用，是税收征管档案工作的原动力和根本出发点。在税收征管档案的服务对象上主要体现为以下 3 点。

（1）为领导决策服务。税收征管档案管理人员务必立足于税收征管档案实体，加强税收征管档案信息的编研工作，定期编撰税收政策、涉税典型案例汇编，提高为领导决策服务的水平和质量。

（2）为税收征管服务。税务部门要充分利用税收征管档案信息库信息，根据纳税人纳税记录，开展重点管理和跟踪，预防和打击偷税漏税行为。

（3）为纳税人服务。税收征管档案记载的是原始的第一手有关税务信息的数据，具有税务法律方面的权威性和凭证性。纳税人在经济交往、经济合作或经济纠纷中，利用税收档案可以维护自身的正当权益，促进纳税人的合资合作，还可为纳税人的发展壮大提供帮助。

（三）税收征管档案借阅利用的程序

税收征管档案的借阅利用必须经过批准和履行严格的手续，在规定的场所和利用方式下利用，不允许出现更改、损害档案的情况发生，而且利用者负有保密和维护档案安全的义务。其借阅利用的程序如下：

（1）审批。因工作需要调阅、使用征管档案的单位或个人，应填写《税收征管档案调阅使用证明单》，并经档案室经办人和负责人签名同意。调阅使用档案的期限原则上不超过 1 天，需延长调阅使用期限的，应经档案室负责人签名批准。

（2）办理调取手续。档案室管理人员根据手续齐全的证明单调取档案，输入要查阅档案编码，计算机提示档案的编号、位置，将档案调出核对后，交需调阅单位、人员使用。

（3）明确责任归属。档案调阅、使用应注意清洁、完整。如有损坏要及时与档案室联系，明确责任归属，并由档案室对损坏的档案进行修补。

（4）按期限归还。档案调阅使用完毕后，应按时将档案退回档案室，档案管理人员应检查核对，经核无误后，在证明单上相互签名确认。

（5）监督检查。档案室管理人员要加强对档案调阅使用的监督、核查和管理工作，对不按时归还档案的部门人员，要及时催促归还。

（四）税收征管档案借阅注意事项

（1）归还时限一般为 5 日，归还时，档案管理人员要进行查验。

（2）借阅利用税收征管档案时，不得擅自摘抄、追记、画线、涂抹等。财会档案不准抽换会计凭证和账页等。声像档案不得随意翻录。违者将视情节轻重，按照《档案法》有关条款进行严肃处理。

（3）对有关档案进行复制时，必须经档案管理人员审查后方可进行，对需要保密的档案原则上不许复制，如有特殊需要，要经有关领导批准后方可复制。

（五）税收征管档案的编研利用

制定宏观、微观税收计划是一项连续性很强的工作，在开展税收收入的分析预测、实施监控过程中，都需要掌握和对比以前年度的税收统计数据。税务部门的档案室可利用室藏条件，将分散在各年档案中的税收汇总数据集中起来，做出有针对性的统计和分析，这可对税收征管业务的开展提供极大帮助。在编制税收征管专题性统计分析材料时，要注意下列几个方面：

（1）积极获取税收业务部门的支持和配合。税收征管档案编研选题以室藏为基础，完成对各年度相关数据的统计后，可交予业务科室，由专业人员做出分析性报告。

（2）适当加大统计分析时间跨度。税收征管档案的时间跨度越大，越能解释出规律性、本质性的信息，越能有助于业务人员认识和总结税收收入的发展趋势。

（3）严格以税收征管档案材料为依据，保证统计数据真实、准确和完整。如实采用档案数据，是决定编研质量及可靠程度的前提。如果所需课题不能从档案上直接获取，必须根据数据间的有机联系进行分类、计算。①

六、税收征管档案管理的形式

国家税务总局原局长谢旭人曾经指出，要充分利用信息化手段，建立统一的电子税源档案库，对纳税人的相关资料实行“一户式”存储，实现信息共享，这样既可以方便查询，减轻纳税人负担，又可以加强税源管理。

（一）税收征管档案“一户式”管理概念

税收征管档案“一户式”管理就是以现代信息技术为支撑，结合纸质载体与数字形式，把纳税人报送的基础资料，散存于征、管、查各个环节的涉税征管档案资料和各类动态征管信息，以独立的纳税人为单位加以归集、录入、整理，统一由税源管理部门建立分户档案，实行集约化、专业化管理，使之能够准确反映纳税人履行纳税义务的全貌，以便达到一次采集、反复利用、信息共享的目的。

建立纳税人“一户式”的征管档案，既可满足税务部门执法的需要，使税务机关人员能够全面、快速和准确地查询出纳税人的有关涉税档案信息；又可满足税务机关管理工作的需要，对纳税人的涉税活动进行监控，提供查询分析服务；更可为纳税人借阅利用税收征管档案服务。

纳税人“一户式”档案的主要成分包括：税务登记表、变更登记、重新登记和注销登记报告及纳税人附送的其他资料；纳税鉴定书；各税种的纳税申报表、各种财务报表；各税种的缴款书和完税证；纳税检查通知书存根、纳税检查报告、调账通知书；违章处理报告、询问和检查记录、检举材料、有关证据、补税凭证、罚款通知书；减税、免税、退税报告和批复、收入退还书，等等。②

---

① 潘霄，等．提高税收档案编研水平的探讨．兰台世界，2007（17）．

② 余植林．谈税户信用档案建设．浙江档案，2003（5）．

（二）税收征管档案"一户式"管理要求

实行纳税人征管档案的"一户式"管理，要遵循"真实、科学、精细、完整、及时、系统"的原则，实现对征管资料的规范性、动态性和集中连续管理，把散存于登记征收、税源管理、税务稽查等税收征管各个环节的征管档案和各类静态、动态征管信息，按独立的纳税户（人）加以归集，统一由税源管理部门及时归档、妥善保管，实行"一户式"管理。

另一方面，结合电子文件越来越普及的实际情况，对于税收征管领域形成的电子资料采集内容进行规范。在税收征管过程中，纳税人需要向税务机关提供的以及税务机关向纳税人发出的资料文书品种繁多，无需全部列入电子档案资料的采集对象，只要求本着有利于"明确纳税人纳税义务和落实税源管理责任"的原则，确定户籍管理类、减免退税类、调查执行类、登记备案类、税收处罚类和统计备查类等基础资料，作为我们"一户式"管理采集归档的对象。

第三节　税收征管电子档案的管理

现代信息技术在税收征管工作中得到广泛应用的同时，也给税收征管档案管理工作带来了巨大的挑战和机遇。一方面，电子与纸质形式的税收征管档案并存，影响了传统纸质管理流程与现代电子管理流程的集成；另一方面，税收信息化不仅局限于电子档案，也必然要求传统纸质税收征管档案必须纳入其管理范畴。因此，充分利用现有网络资源和信息化手段，实行税收征管档案资料的电子化采集，加大在电子报税、征管软件、个人所得税扣缴软件等方面的投入，开发出集成税收征管业务与税收文档的一体化信息系统，才能实现一次采集、反复利用、信息共享，为税收征管档案信息化开辟一条新路。

一、税收征管电子档案管理目前存在的问题

征管模式、征管手段不断变革和信息化、网络化的应用，使得税务部门积累和采集了大量的涉税信息档案的同时，也造成了税收征管工作中征收不足、征管不细、稽查不透等问题，其表现有 4 个方面。

1. 应用程序的孤立

从国家到地方各级税务管理职能部门，都根据各自工作需要编制独立的应用程序，从税源分析到财务报表、税务稽查等，形成了大量的部门专用程序，各个程序之间并没有建立相互联系，信息共享难度很大，也给税务档案收集、整理、利用带来了很大难度。

2. 信息化水平的差异

客观来讲，目前各地税务信息化建设进度不一致，不仅税收政策各地存在差异，全国税务系统目前也还没有统一的计算机应用平台、全国统一的软件程序，只有国税系统的 CTAIS 仍在试点阶段，各地使用的应用平台、操作系统各不相同。

3. 人员更换频繁导致制度建设的失位

由于税务部门缺乏对电子档案知识的了解，税务基层执法单位人员更换频繁，人员变

动较大等，电子档案管理缺少一套行之有效的管理模式和制度。①

4. 过分依赖税收数据库

征管软件广泛应用使得许多资料已录入征管软件，尤其是全省范围内信息集中后，税务部门对税收信息数据库依赖性加大，而忽略了税收征管档案工作本身。其后果是使得征管档案的收集仅仅停留在税务部门日常工作的层面，走入了“为考核而收集”的误区，往往是为应付征管质量检查而收集，谈不上利用征管档案进行税源分析、税源预测和案件查处。②

二、税收征管电子档案管理的基本要求

税收征管电子档案是指税收征管过程中形成的以数字形式保存备查的各种有价值的记录材料。实行税收征管资料电子化管理的，应按纳税人和纳税年度，分类别刻录，一般应一个纳税年度的征管资料刻录一盘。其具体录入方式和内容，应事先报上级主管部门备案和审批。

（一）质量要求

对税收征管电子档案要加强安全防范措施，严防泄密或人为改动。未经主管领导批准，任何单位和个人不得复制、翻录、外借电子档案。需查阅电子档案的必须经主管领导批准，并登记备案。

各税收部门对税收征管电子档案要设专柜保管，要远离变压器、电机、无线电装置等能够形成磁场的电器设备，磁性记录材料最好存放在抗磁材料做成的盒（柜）中。分户录入电子档案的，应按纳税人编码顺序存放；分类录入的，应按类别、年限顺序存放。同时，为确保其长期保存和长期可读，务必定期进行检查，防止电子档案无形中损毁或数据损失。

（二）管理要求

建立适应税务信息化要求的档案管理系统，培养税务系统内部信息化档案管理人员，对税务电子档案进行专门维护、管理和利用，以有效利用信息数据，为税源管理和领导决策提供优质服务，提高税收征管电子档案信息服务效率，优化纳税服务。具体表现为三个方面：一是利用税收业务软件提高档案信息共享度的同时，减少涉税资料重复报送；二是利用纳税人电子档案，简化办税流程；三是提高档案信息利用率，减少对纳税人的干扰。

把完善税收征管电子文件归档于档案信息数据库的管理与充分发挥税收征管电子档案的凭证功能以促进机关高效运转衔接起来。首先必须做到严把数据录入质量关，确保电子档案与纸质档案内容的一致性，杜绝出现漏项、缺项和错别字现象，建立准确、完整的原始数据库，这是税务信息系统有效运作的前提条件。其次要确保税收征管档案数据库录入数据的绝对安全真实，只有集成在税收征管业务之中的信息化税收征管档案管理流程，才

① 李行．税务电子档案管理存在的问题及对策．档案管理，2004（2）．

② 龙晓清．税收征管档案如何应对税收信息化．档案时空，2005（10）．

能以原始、真实、可靠的档案信息化保证内部行政管理职能，促进机关高效运转。

三、税收征管电子档案管理的内涵与保障措施

（一）内涵

电子化只是手段，信息分析和利用才是宗旨。加强税收征管电子档案管理必须以税收征管档案管理电子化带动信息分析，将利用税收征管软件采集的户籍信息档案、纳税信息档案，通过社会综合治税采集的计划、统计、财政、工商、建委、交通、房管等部门涉税信息档案以及国民经济综合信息档案等，利用数据挖掘工具软件从后台数据库中，对大量涉税信息档案从不同角度进行深层次、多维度的分析，找出各种经济指标、税收管理工作、纳税人纳税行为存在的各种内在规律性，为加强税收管理和领导决策提供参考。

以税收征管档案管理电子化促进交流是目标。首先要求建立信息档案交流平台，利用内部网站分级建立公开网页，在每一级的网页上都为本级各部门的信息档案发布开设专栏，实现信息档案共享。其次要求建立部门间双向交流窗口。由于税务系统内部信息量较大，将所有档案信息都在公开网页上发布，不便于查找，而且有些档案信息不便于公开，对一些只需两个部门之间交流的档案信息可以初步建立部门之间双向交流窗口。再次要求规范档案信息交流程序。应严格按照职责分工进行税收征管信息交流，例如某部门在索取某一信息档案时，应先到本级网页上查找，然后通过交流窗口直接向同级相关部门索取，如果该税务部门也没有相关档案信息，则由该部门负责搜集。另外，下级的所有档案信息，在本级交流的同时，应主动地报送上级对口部门。

（二）保障措施

1. 以数字档案信息分析为基础，建立税源监控机制

通过建立地方税收与相关经济指标的分析模型，对地区宏观税负情况进行分析和综合评定，从而达到宏观上掌握税源、控制收入的目的。一是建立营业税与相关行业经济指标分析模型、企业所得税与企业利润分析模型、个人所得税与居民收入分析模型，对地区、行业纳税情况进行审核、分析和评定，达到以经济运行指标为参考，掌握税收进度，保持地方税收与经济协调增长的目的。二是通过开展分税种行业税负水平测算、同业税负比较、征收力度分析、重点企业税源分析等，及时发现税收征管过程中存在的问题，提出下一步税收征管工作目标，监控税收征管工作开展情况。三是通过对经济波动、税收政策调整、征管措施等因素的分析，及时对收入情况做出准确的预测和判断，并以此为基础，根据税负离散状况，设立税源监控预警线。

2. 以数字档案网络为平台，建立及时准确的档案信息发布机制

要准确反映当前税收征管工作状况，必须保证档案信息的及时性、准确性。各部门对各类档案信息进行综合分析加工后，要根据税源监控预警状况，利用已有的网络平台及时发布掌握的有关档案信息。如按照职责分工，税收管理部门负责减免税、汇算清缴、重大政策变动、单项税收管理措施的制定落实以及组织的相关专项税收调查等信息档案的发布。又如征收管理部门负责税务登记、发票管理、征管措施的制定落实、社会综合治税以

及组织的相关专项税收检查等档案信息的发布；稽查部门负责群众举报案件查处、专项检查以及偷漏税的最新动态等档案信息的发布。再如统计部门负责综合及单项收入完成情况、计划落实与执行情况、税源管理情况等信息档案的发布。

另外需要注意两点：一是对涉及两个以上部门的档案信息的采集和处理应当由相关部门共同完成，由牵头部门负责发布；二是为保证档案信息的质量，应明确规定档案信息发布及反馈期限和质量要求，保证档案信息的及时性、全面性和真实性，对达不到要求的档案信息，由发布的责任部门担负责任。

3. 以档案信息沟通网络为平台，建立快速高效的危机处理机制

对税收征管工作中发现的危机，有关职能部门必须迅速做出反应，研究可行措施，并组织实施，其保证和前提是税收征管档案的凭证性和税收征管档案信息沟通网络平台。在解决问题和处理危机的过程中，各部门要团结协作，协同作战。对重大问题可组成由各方人员参加的工作小组，统一协调，形成工作合力，实现工作效率的最大化。同时，有关部门各项措施的实施情况和效果要及时进行反馈。这样，以档案信息沟通网络平台为中心，通过与上级业务指导单位、上级行政领导部门和下级所属单位的档案信息流动，提高各类涉税档案信息的使用价值，体现档案信息的经济和管理效益。

4. 继承传统纸质档案管理优点，建立严密有效的监督制约机制

要进一步明确各部门的工作内容和职责，理顺各环节间工作关系，形成分工合理、相互联系、相互制约、密切协作的工作秩序，这些在传统纸质档案管理流程中已经相当明确。在数字档案时代要推行量化考核机制，落实责任制，哪一个环节出现问题，就由哪一个环节负责解决，避免出现管理“空档”和岗位职责不到位等现象。一是要成立专门考核机构，明确考核责任人员，制定考核过失责任追究制度，引入激励机制，把考核结果与单位、个人利益挂起钩来，一级考核一级，一级监督一级，通过计算机网络，实现报表的自动传递和自动检测。二是要建立上级税务机关核查制度，定期不定期地对系统内上报的考核结果严格组织抽查和核对检查，发现数据不符，有虚假行为的，要追究直接责任人和相关负责人的责任。①

四、税收征管电子档案管理的发展趋势

（一）税收征管业务与税收征管电子文档的集成化管理趋势

对于税收征管档案利用而言，电子形式相比较于纸质档案，查阅的方式与效率都得到大大的提升。传统的纸质档案查阅，税收征管员务必进入档案室，时间可能在一两个小时；而数字时代，随着税收征管业务与税收征管电子文档的集成化管理目标的实现，利用者在终端前只要进行简单的操作，所需要的相关纳税人的档案信息资料就会呈现出来。集成化的档案管理可以使税收管理员的管理负担大为减轻。

案例：内蒙古奈曼旗地税局税收征管业务与税收征管电子文档的集成化管理实践

2007年年初，奈曼旗地税局结合税源管理工作实际，自主开发了一套税源户籍

① 张皓．以税收档案信息分析为支撑　建立联动机制　促进税收征管．山东档案，2006（6）．

式动态电子档案管理系统。经过近1年的运行，该系统表现稳定、数据准确。该系统包括电子档案、电子地图、税收查询、税种计算、税收管理员、网站展示6个子系统以及信息互动平台，分为客户使用界面即表示层、中间层即业务层和数据层3个层面，具有信息采集、数据查询、分析对比和管理控制4大功能。

“应用税源户籍式动态电子档案管理系统，关键是要将纸质资料转换成电子数据。在日常税收征管中形成的Word文档和Excel表格等征管资料，可以直接在计算机中操作使用，其他纸质资料则需要通过扫描仪进入计算机。几年来，奈曼旗地税局不断加强税务信息化建设，配备了税收征管档案电子化管理的硬件设备，并在软件技术公司的帮助下，成功地解决了软件编写这个难题。”温志新说。税源户籍式动态电子档案管理系统的设置以综合征管软件地税版为基础，便于数据的相互对比、查询和分析。

“通过查询纳税人的涉税信息，可以找到该纳税人的位置和相应的税收管理人员。该系统的电子档案库容量很大，能支持大量纳税人的数据存储和检索。”

据了解，经过授权，税务人员可以利用系统内的任何一台计算机方便快捷地检索和查阅征管档案，还可通过电子档案目录快速查找到纸质档案。

（二）税收征管档案无纸化管理趋势

无纸化管理是今后我国税收征管档案管理发展的一种主要趋势。无纸化档案管理可以极大地提高税务部门的工作效率，减少管理成本，提升管理效益。例如，深圳市国税局管辖的纳税人约20万户，平均每天纳税人报送的报表及其他纸质资料就多达几万页，这不仅造成了税务机关的档案库房拥挤、调阅效率低等问题，还存在着较高的安全隐患。为此，该局从2003年末开始，正式启动了电子化影像数据处理系统项目，并形成了一个“计算机集中处理＋电子档案存储＋数据有效管理”的高效管理模式。

案例：深圳国税局税收征管档案无纸化管理实践——电子化影像数据处理系统

电子化影像数据处理系统的特点包括：

第一，集多种功能于一体。

中心管理系统建设。中心管理系统建设是影像系统顺利运转的核心部件，业务资料经过采集处理后将由中心管理系统进行管理和提供调阅应用支持，主要包括大容量存储分级管理、动态系统维护配置支持等功能，同时向CTAIS、TADVS等其他业务系统提供接口和服务。

业务系统适应性和应用性改造。首先，对各项业务所要求的业务资料进行名称、代码以及清单的规范和整理，对业务表单进行适应性改造与印制；其次，在前台页面集成条码采集功能，通过系统后台索引数据发送和条码比对实现CTAIS业务记录与影像系统图像文件的关联；最后，通过改造CTAIS中基于工作流的流转类文书和备案类文书业务、结果录入类业务、前台办结类业务和查询业务等页面，集成影像状态查询和影像文档调阅功能。

建立资料采集处理系统。深圳国税局数据处理中心已经成功部署了三条影像生产线，每条生产线部署了扫描岗、质检岗、索引补录岗，实现资料的快速采集和处理。

CTAIS 等业务系统中涉及的纸质征管业务资料，在前台受理并进行清单处理后，将统一传递至数据处理中心，通过中、高速扫描仪进行批量扫描，生成电子影像文件，然后进行匹配、质检、索引等影像加工存储处理。

第二，取得了三方面成效。

征管信息的高度共享。通过影像系统，已形成影像文件的征管资料可以在税收征管、税务稽查、纳税评估等所有业务环节共享，只要输入纳税人识别号，就可以快速地从系统中提取需要的电子影像信息，随时共享调阅该纳税人的各类档案。影像系统将通过业务系统为深圳国税局 1 500 余名工作人员提供调阅服务，在线资料平均响应时间不长于两秒，近线影像资料查询时平均响应时间不长于 6 秒。查询的同时，还可以根据实际需要打印跟档案资料原件复印件相同的文件。

提升了基层纳税服务水平。在影像系统未上线前，由于征管资料共享难等客观原因，各业务环节需要纳税人的有关资料时，往往只有不断要求纳税人提供税务登记证复印件等相同的资料。引入影像档案管理系统后，只需在登记环节扫描档案资料，其他业务环节都可以实时共享到相关信息。

提高了征管档案管理质量。税收档案存在难保存、易遗失、易损坏、易变质等难以避免的局限性，日常新增需审批的申请文书、申报表、登记表等业务文档高峰期可达 2.3 万页/天，给税务档案的查询带来了严重不便。电子影像系统的建立实现了“准及时”电子化，同时所有纸质的档案通过抽真空全部由市局统一保管，实行应用和管理的完全分离，从根本上解决了纸质档案的归类和保管的问题。另一方面，影像系统将解决工作人员在工作过程当中对征管资料信息的应用问题，同时，借影像系统建设之机，规范了业务资料以及资料样式规范等。

第四节　特殊税种档案的管理

一、外籍人员个人所得税档案资料管理

国家税务总局为加强外籍人员个人所得税档案资料的管理，专门制发了《关于加强外籍人员个人所得税档案资料管理的通知》。该文件要求加强和规范外籍人员（包括港、澳、台居民和华侨，下同）的个人所得税征管工作，并对外籍人员个人所得税的档案资料管理提出了具体要求。

（一）以企业为单位建立外籍人员台账

基层税务机关对辖区内有关外籍人员就业的单位，无论人数多少，也无论外籍人员是长期任职还是临时来华，都要按企业建立管理台账，内容应当包括外籍人员姓名（中外名）、国籍、职务、任职时间等信息。

（二）在台账管理基础上实行“一人一档”管理

基层税务机关在按企业建立管理台账的基础上，对外籍人员实行“一人一档”的纳税

档案管理。个人台账的内容应包括：外籍人员姓名（中外文）、性别、出生地（中英文）、出生时间、境外住址（中英文）、派遣单位名称、境内任职或提供劳务时间、职务、居住时间、出入境时间、境内居住地址、电话、邮编、收入金额、支付地、扣缴义务人、申报额、应纳税额、已纳税额、入库时间等信息。

（三）动态管理

对以企业为单位的外籍人员管理台账和外籍人员一人一档的档案资料要实现动态管理，根据外籍人员的增减变化、职务变动、居住时间、出入境时间、收入变化等及时更新档案资料，切实做到对外籍人员个人所得税管理的科学化、精细化。

（四）对建立台账的考核

各地税务机关应根据国家税务总局的要求，自行完善机制、加强档案资料管理。没有达到“以企业建台账、按人建档案”要求的应尽快建章建制，实现台账管理、一人一档的管理目标。各地税务机关还应对完善外籍人员个人所得税档案资料管理的情况加以总结，并向国家税务总局报送。

二、建筑业税收征管档案管理

建筑业相关税收是指营业税、城市维护建设税、教育费附加、资源税、印花税、企业所得税和个人所得税等。为加强和规范建筑业相关税收的征收管理，掌握税源状况，保证应征税款的及时足额入库，按照集中征收、属地划片管理的征管模式，各地税务机关应在总结征管经验的基础上，在所辖范围内对建筑业相关税收实行档案化管理。具体要求包括：

第一，凡在各地税务机关所辖范围内的建筑安装工程，一律按工程整体建设项目建立纳税档案，对其实施从工程立项至房屋销售（投入使用）的全程跟踪，将建筑业相关税收纳入档案化管理，同时为土地使用权转让、房屋（包括住宅）装饰装潢等税收征管提供相关信息和线索。

第二，按照划片管理原则，各地区负责征收管理的税务机关应对管区内的所有建筑安装工程进行调查，掌握基本情况，并在工程开工之日起十日内按项目建立纳税管理档案。档案内容包括：

（1）建设单位及施工单位基本情况；

（2）工程项目批准文件复印件；

（3）工程分包、转包合同复印件；

（4）施工合同复印件；

（5）建筑业相关税收计算缴纳情况表；

（6）其他有关资料。

第三，对不能实行委托代征的建筑安装工程，且建设单位与施工单位不属于同一税务机关负责管理的，建设项目所在地主管税务机关应填写《建筑业相关税收征管信息传递告知书》送施工单位所在主管税务机关，由其负责相应税款的征收入库。对建成后自用的工程项目，连同档案一同移交。

第四，在建档过程中，建设单位和施工单位要按税务机关要求提供有关资料，拒不提供的，按《中华人民共和国税收征收管理法》有关规定处理。

第五，各地负责税收管理的税务机关应建立建筑安装工程项目档案化管理台账，要充分利用建筑安装工程项目管理档案，对建筑业相关税收征管要提前介入，跟踪管理，事前防范与事后检查相结合。有可能发生税款流失的纳税人，要按照《中华人民共和国税收征收管理法》有关规定，采取税收保全及强制措施，并结合本地实际情况，采取其他切实可行的征管措施，加强源泉控管，防止税款流失和欠税发生。有条件的征收单位应设立专门机构对建筑业相关税收实施专业化管理。

第六，各级税收部门要保证外部和内部信息渠道的畅通。对外要加强同各级建设主管部门、城市规划部门的联系沟通，全方位采集征管信息；对内要加强协作配合，及时传递相关征管信息。

本章思考题

1. 税收征管档案定义的内涵是什么？其主要内容有哪些？
2. 税收征管档案有什么特征和功能？
3. 我国早期有哪些税收征管档案？
4. 税收征管档案管理原则和整理要求分别是什么？
5. 税收征管档案的归档范围包括哪些种类？
6. 纳税人“一户式”档案管理的概念内涵与基本要求是什么？
7. 如何确保达到税收征管电子档案的基本要求，其保障措施有哪些？
8. 税收征管电子档案管理发展有哪些趋势？应如何应对？

第十五章

不动产登记档案与不动产登记档案管理

本章提要

不动产登记档案是国土资源管理部门（机构）在依法从事土地、海域以及房屋、林木等定着物的登记工作的过程中形成的，具有保存和利用价值的文字、图表、声像、电子文件等不同形式和载体的历史记录，包括纸质不动产登记档案和电子不动产登记档案两种类型。本章重点说明不动产登记档案的概念、收集、整理、保管和查询利用，介绍纸本不动产登记档案的数字化及其管理要求。

第一节　不动产登记档案的概念

一、不动产登记档案的定义

2014 年 11 月 12 日，为整合不动产登记职责，规范登记行为，方便群众申请登记，保护权利人合法权益，根据《中华人民共和国物权法》等法律，制定了《不动产登记暂行条例》（中华人民共和国国务院令第 656 号，自 2015 年 3 月 1 日起施行）。2015 年 6 月 29 日，国土资源部第 3 次部务会议审议通过并公布施行了《不动产登记暂行条例实施细则》。这为我国的不动产登记工作提供了法规依据。不动产登记档案作为不动产登记工作不可或缺的重要组成部分，已成为不动产登记工作的重要证据保障体系和必不可少的管理工具。那么什么是不动产登记档案呢？目前我国的认识主要有以下几种：

● 不动产登记档案是指不动产登记部门在不动产权属调查、登记、转移、变更等工作中形成的真实记录。其内容形式包括文字、数据、图表、声像等；载体形式包括纸张、胶片、磁带、磁盘、光盘等；记录形式包括书写、印刷、感光记录、磁记录、光学电子记录等。[①]

● 不动产登记档案是指在登记工作中形成的有保存价值的文字、图表、声像等不同形式的纸质档案和电子档案，包括登记申请材料、登记机构的内部审核文件以及具有保存价值的其他材料。[②]

● 不动产登记档案是指在不动产登记工作中形成的具有保存和利用价值的文字、图

---

① 赖俊峰．不动产登记档案与登记资料、登记簿辨析．房地产权产籍，2015（1）．

② 该定义参见北京市国土资源局出台的《不动产登记档案管理暂行办法》，2015 年 10 月 1 日起实施。

表、声像、电子文件等不同形式和载体的历史记录。①

● 不动产登记档案是指在登记工作中形成的有保存价值的文字、图表、声像等不同形式的纸质档案和电子档案，包括登记申请材料、登记机构的内部审核文件以及具有保存价值的其他材料。②

综合上述4种认识，我们可以对不动产登记档案的概念得出如下几点基本认识结论。

1. 不动产登记档案概念的本质特征

人们对不动产登记档案概念的本质特征的认识是基本统一的，即不动产登记档案是不动产（包括土地、海域以及房屋、林木等定着物）登记工作的历史记录或真实记录。

2. 不动产登记档案概念的价值特征

对不动产登记档案概念的价值特征，目前人们的认识也基本一致，即不动产登记档案是具有保存价值和利用价值的纸质和电子档案。

3. 不动产登记档案概念的外延特征

不动产登记档案的形成领域是不动产的首次登记、变更登记、转移登记、注销登记、更正登记、异议登记、预告登记、查封登记等工作活动，包括登记申请材料、登记机构的内部审核工作活动；其种类包括纸质档案和电子档案；其内容形式包括文本、图表、声像、数据等；载体形式包括纸张、胶片、磁带、磁盘、光盘等；记录形式包括书写、印刷、感光记录、磁记录、光学电子记录等。

基于上述认识，不动产登记档案的定义可以归纳为：

不动产登记档案是国土资源管理部门（机构）在依法从事土地、海域以及房屋、林木等定着物的登记工作的过程中形成的，具有保存和利用价值的文字、图表、声像、电子文件等不同形式和载体的历史记录。其中包括纸质不动产登记档案和电子不动产登记档案两种类型。

二、不动产登记档案、不动产登记资料、不动产登记簿的概念关系

根据目前已经公布的不动产登记法律法规和主管部门发布的规范性文件，以及相关专家的研究成果，我们认为不动产登记资料、不动产登记簿和不动产登记档案三个概念之间有着密切的联系，同时也存在着一定的区别。“登记资料是登记档案形成的基础，登记簿来源于登记行为，其内容与档案记载信息相符，可以说是档案内容的简化版本。三者在管理定位、保管形式、使用频率上存在差异，在不同阶段、不同领域各自发挥着重要的作用。”③

（一）概念外延不同

1. 不动产登记资料

根据国土资源部2016年5月30日印发的《不动产登记操作规范（试行）》的规定，不动产登记资料包括两部分：一部分是不动产登记簿等不动产登记结果；另一部分是不动产登记原始资料，包括不动产登记申请书、申请人身份证明、不动产权属来源材料、登记

① 该定义参见天津市国土资源和房屋管理局出台的《天津市不动产登记档案管理规范》，2016年9月5日起实施。
② 该定义参见同江市不动产登记中心出台的《同江市不动产登记档案管理暂行办法》，2016年5月31日起实施。
③ 赖俊峰．不动产登记档案与登记资料、登记簿辨析．房地产权产籍，2015（1）．

原因文件、不动产权籍调查表等申请材料，不动产登记机构查验、询问、实地查看或调查、公告等形成的审核材料，其他有关机关出具的复函、意见以及不动产登记过程中产生的其他依法应当保存的材料等。不动产登记资料应当由不动产登记机构管理。

2. 不动产登记簿

根据《不动产登记暂行条例》第八条和第九条的规定，不动产登记机构应当按照国务院国土资源主管部门的规定设立统一的不动产登记簿；不动产以不动产单元为基本单位进行登记，不动产单元应具有唯一编码。不动产登记簿应当记载以下事项：

（1）不动产的坐落、界址、空间界限、面积、用途等自然状况；

（2）不动产权利的主体、类型、内容、来源、期限、权利变化等权属状况；

（3）涉及不动产权利限制、提示的事项；

（4）其他相关事项。

不动产登记簿应当采用电子介质，暂不具备条件的，可以采用纸质介质。不动产登记机构应当明确不动产登记簿唯一、合法的介质形式。

3. 不动产登记档案

根据《不动产登记操作规范（试行）》的要求："不动产登记资料中属于归档范围的，应当按照法律、行政法规的规定进行归档管理。"这表明，不动产登记档案是不动产登记资料中具有档案保存价值的部分，即由不动产登记机构归档保存的不动产登记资料。

对于不动产登记簿是否属于不动产登记档案，目前没有统一认识。不过我国公布和实施的不动产登记法律法规及规范性文件，都对"不动产登记簿"提出由"不动产登记机构负责管理，并永久保存"的要求。基于此，有学者提出："登记簿册作为电子记录，也是档案的一种存在形式。因此，办结的登记材料和登记簿以及其他形成的各类原始记录均应纳入档案管理范畴，登记簿是特殊而重要的登记档案。"①

根据档案学的文件生命周期理论和记录连续体理论，本书认为，将不动产登记簿作为不动产登记档案纳入档案管理范畴加以管理是比较切实的做法。

（二）内容构成和使用价值不同

"不动产登记档案是工作中的真实记录，原始凭证。不动产登记簿是指由登记机构依据当事人的申请或者依据职权将物权变动以及相关事项记载于其上并予以保管、公示的特定簿册。登记档案主要以权属来源文件、审核过程性文档为主，登记簿则可采用电子、纸质两种保存形式。登记簿的内容一般包括三部分：不动产自然状况部分、权利状况部分以及其他部分。这与登记档案记载信息基本一致，并有所提炼简化，互为补充、印证，其保管形式和查询规则均参考了有关档案工作标准。"②

不动产登记档案是经过价值鉴定后，确认具有证据价值和保存价值的记录和反映不动产登记工作的不动产登记原始资料及不动产登记簿。而不动产登记资料中则既包括具有证据价值和保存价值的原始性资料，同时还包括重复性、参考性及价值不大的临时性资料。不动产登记簿则是登记过程结束的标志与成果，是物权变动的法律依据，具有重要的凭证价值。

---

① 赖俊峰．不动产登记档案与登记资料、登记簿辨析．房地产权产籍，2015（1）．

② 赖俊峰．不动产登记档案与登记资料、登记簿辨析．房地产权产籍，2015（1）．

（三）序化程度不同

不动产登记资料通常是指未经过归档整理、分类、编目的原始性不动产登记活动中产生的各种形态的资料和记录材料；而不动产登记档案则是按照不动产登记档案管理规范和标准，经过系统整理、编目和加工处理后形成的记录证据体系。

（四）真实性要求不同

不动产登记档案及不动产登记簿的内容必须真实可靠。《中华人民共和国物权法》第十七条规定："不动产权属证书是权利人享有该不动产物权的证明。不动产权属证书记载的事项，应当与不动产登记簿一致；记载不一致的，除有证据证明不动产登记簿确有错误外，以不动产登记簿为准。"《不动产登记操作规范（试行）》要求："不动产登记簿由不动产登记机构建立。不动产登记簿应当以宗地、宗海为单位编制，一宗地或者一宗海范围内的全部不动产编入一个不动产登记簿。宗地或宗海权属界线发生变化的，应当重新建簿，并实现与原不动产登记簿关联。不动产登记机构应当依法对不动产登记簿进行记载、保存和重建，不得随意更改。有证据证实不动产登记簿记载的事项确实存在错误的，应当依法进行更正登记。"

不动产登记档案是在具体活动过程中直接形成的真实记录，具有凭证和参考价值。

而正在受理或办理过程中的不动产登记资料，则会因相关权利人或利害关系人的主观意愿或承办人员的原因，出现一些不真实的情况。有时，不动产登记机构审查人员的疏忽或其他因素的影响，也会造成不动产登记资料的内容失真。

（五）保存要求不同

不动产登记簿，应当按国土资源部的要求，采取电子介质，并具有唯一、确定的纸质转化形式。暂不具备条件的，可以采用纸质介质。不动产登记机构应当配备专门的不动产登记电子存储设施，采取信息网络安全防护措施，保证电子数据安全，并定期进行异地备份。不动产登记簿以宗地或者宗海为单位编成，一宗地或者一宗海范围内的全部不动产单元编入一个不动产登记簿。

不动产登记档案则应按照国家档案行政管理部门及国土资源部的有关规定，在不动产登记经办机构设置不动产登记档案管理部门，配备专职档案管理人员，健全工作制度，配备必要的保护措施和管理设备，确保不动产登记档案的完整、准确、安全和有效利用。

不动产登记资料，可按照《不动产登记操作规范（试行）》的要求，结合不动产登记机构的实际情况，进行管理和处置。

第二节　不动产登记档案的收集

一、不动产登记资料的归档

（一）不动产登记资料的归档范围

不动产登记机构应依据《不动产登记暂行条例》及其实施细则、《不动产登记操作规范（试行）》等法规性文件的规定，按照国土资源部及所在行政区域的同级国土资源管理部门和档案行政管理机关制定的不动产登记档案管理规范性文件，积极开展本单位的纸质不动产登记资料和电子不动产登记资料的归档管理工作。

1. 纸质不动产登记资料的归档范围

（1）不动产登记业务部门在办理各类不动产登记中形成的具有保存价值的文字、图表、声像等材料，包括不动产登记申请审批表、询问笔录、申请人提交的登记材料、实地查看记录、其他必要材料；

（2）做出不予登记决定后，应复印留存的登记申请材料；

（3）司法协助执行文书（司法机关生效法律文书、协助执行通知书等）；

（4）依据《不动产登记暂行条例》，在查询登记信息过程中形成的查询申请表和查询结果证明复印件；

（5）其他有关机关出具的函件、意见以及在不动产登记过程中产生的其他依法应当保存的材料等。

2. 电子不动产登记资料的归档范围

电子资料的范围应包括电子资料目录、电子登记簿和纸质资料的数字化加工处理成果。其中需要作为不动产登记电子档案归档保存的是在不动产登记过程中形成的具有参考和利用价值的电子材料，包括电子档案目录、电子登记簿以及纸质档案的数字化加工处理成果。

（二）不动产登记资料的归档质量要求

（1）归档的不动产登记资料，应当做到内容完整、数据准确、表格填写清楚规范、图形清晰、声像资料能够正常使用，真实反映不动产及其变动的实际状况。

（2）归档材料应当齐全完整，字迹清晰；材料的书写、纸张、装订应当符合档案保护技术要求。

（3）不动产登记工作完成后，不动产登记经办机构应当及时将不动产登记资料移交档案管理部门，任何人不得将不动产登记资料据为己有或者拒不归档；接收档案时，档案管理人员应依据文件要求对案卷质量进行抽检。

（4）不动产登记档案管理部门应当对归档的不动产登记资料进行验收，不符合要求的，不予归档。

二、不动产登记档案的移交

登记工作完成后，不动产登记业务人员一般应在一个工作日内将属于归档范围的资料移交档案管理机构，档案管理机构指定专人对接收的各种归档资料进行验收，不符合要求的，不得接收。

不动产登记业务人员向档案管理人员移交档案，应当填写移交清册（目录）一式两份；交接双方要根据档案移交清册（目录）进行清点核对，由移交人、接收人签字后各执一份。

数字化整理扫描人员对档案进行整理、扫描、录入、装订等工作，整理立卷、检查验收完成后，要向档案管理机构及时移交。

移交清册（目录）的著录项目应包括序号、收件号、不动产权证书号、宗地（海）号、坐落、权利人等基本情况（见表15-1）。

表15-1　　　　移交清册（目录）

序号	收件号	不动产权证书号	宗地（海）号	坐落	权利人	备注

转件人：　　　　科长签字：　　　　收件人：
日　期：　　　　日　　期：　　　　日　期：

第三节　不动产登记档案的整理

档案管理部门负责不动产登记档案的整理。整理项目包括：文件资料的排列与编号、卷内文件目录和备考表的编制、卷皮和档案盒的编目、纸质档案的电子化、档案的装订立卷和档案的入库排列。

一、不动产登记档案的立卷

（一）不动产登记档案的立卷原则

不动产登记档案的立卷工作应遵循如下基本原则：

第一，不动产登记档案以每一不动产登记为立卷单位，每变动一次产生的材料立为一卷，即每办理一次登记所形成的材料立一个卷。

第二，属以下情形者，应单独立卷：抵押登记档案单独立卷并附在对应的不动产登记档案后；已办理预告登记的，应将转移、抵押登记资料单独立卷，附在预告登记档案后；权属转移、变更登记资料单独立卷，附在原登记档案后。

第三，注销登记资料续订在原登记档案后，按注销时间顺序排列，单独存放。

第四，不动产登记经办机构受理的更正登记、异议登记、查封登记，换发、补发权属证书、登记证明，不予登记文件资料连同不予登记的决定、收件收据等资料应附在原不动产登记档案后。

第五，立卷后，要及时建立相关案卷之间的联系，做好档案信息的动态管理。

（二）不动产登记档案的卷内资料的排列

不动产登记档案卷内归档资料的排列，应以不动产权属变化、权属资料形成时间先后及资料主次关系为序。本书根据北京市、天津市、上海市、四川省、江苏省等地的不动产登记机构制定的不动产档案（资料）管理规范性文件，以及对北京市不动产登记机构的实地调查结果，总结了各类归档登记资料的卷内资料排列顺序，参见表 15－2 至表 15－12。

表 15－2　　集体土地所有权登记材料排列顺序

序号	卷内归档资料排列顺序
1	集体土地所有权首次登记卷内文件的排列顺序
(1)	不动产登记申请书
(2)	不动产登记审批表
(3)	土地权属来源材料
(4)	公告材料
(5)	不动产权籍调查表、宗地图以及宗地界址点坐标
(6)	申请人身份证明
(7)	收件收据
(8)	备考表
2	集体土地所有权变更登记卷内文件的排列顺序
(1)	不动产登记申请书
(2)	不动产登记审批表
(3)	集体土地所有权变更的材料
(4)	地籍测绘成果
(5)	申请人身份证明
(6)	不动产权属证书
(7)	收件收据
(8)	备考表
3	集体土地所有权转移登记卷内文件的排列顺序
(1)	不动产登记申请书
(2)	不动产登记审批表
(3)	集体土地所有权转移的材料
(4)	申请人身份证明
(5)	不动产权属证书
(6)	收件收据
(7)	备考表
4	集体土地所有权注销登记卷内文件的排列顺序
(1)	不动产登记申请书
(2)	不动产登记审批表
(3)	集体土地所有权消灭的材料
(4)	现场查看记录
(5)	现场照片

续前表

序号	卷内归档资料排列顺序
(6)	申请人身份证明
(7)	不动产权属证书
(8)	核准注销通知书
(9)	收件收据
(10)	备考表

表 15-3　国有建设用地使用权登记材料排列顺序

序号	卷内归档资料排列顺序
1	国有建设用地使用权首次登记卷内文件的排列顺序
(1)	不动产登记申请书
(2)	不动产登记审批表
(3)	土地权属来源材料
(4)	不动产权籍调查表、宗地图、宗地界址点坐标等不动产权籍调查成果
(5)	完税凭证
(6)	申请人身份证明
(7)	收件收据
(8)	备考表
2	国有建设用地使用权变更登记卷内文件的排列顺序
(1)	不动产登记申请书
(2)	不动产登记审批表
(3)	国有建设用地使用权变更的材料
(4)	申请人身份证明
(5)	不动产权属证书
(6)	有抵押权、地役权、异议登记或被查封的，按照登记规范规定提交的相关材料
(7)	完税凭证
(8)	收件收据
(9)	备考表
3	国有建设用地使用权转移登记卷内文件的排列顺序
(1)	不动产登记申请书
(2)	不动产登记审批表
(3)	国有建设用地使用权转移的材料
(4)	有批准权的人民政府或者主管部门的批准文件
(5)	抵押权人、地役权人同意的书面材料
(6)	询问记录
(7)	公示材料
(8)	土地出让价款缴纳凭证、税费缴纳凭证、土地租金缴纳凭证
(9)	地籍测绘成果
(10)	申请人身份证明
(11)	不动产权属证书
(12)	收件收据
(13)	备考表

续前表

序号	卷内归档资料排列顺序
4	国有建设用地使用权注销登记卷内文件的排列顺序
(1)	不动产登记申请书
(2)	不动产登记审批表
(3)	国有建设用地使用权消灭的材料
(4)	现场查看记录
(5)	现场照片
(6)	申请人身份证明
(7)	不动产权属证书
(8)	核准注销通知书
(9)	收件收据
(10)	备考表
5	整理储备类国有建设用地使用权首次登记卷内文件的排列顺序
(1)	不动产登记申请书
(2)	不动产登记审批表
(3)	原不动产权属注销证明
(4)	土地整理储备计划等
(5)	不动产权籍调查表、宗地图、宗地界址点坐标等不动产权籍调查成果
(6)	申请人身份证明
(7)	收件收据
(8)	备考表
6	整理储备类国有建设用地使用权变更登记卷内文件的排列顺序
(1)	不动产登记申请书
(2)	不动产登记审批表
(3)	土地分割、合并或土地储备机构变更名称的相关文件
(4)	有抵押权、地役权、异议登记或被查封的，按照登记规范规定提交的相关材料
(5)	地籍测绘成果
(6)	申请人身份证明
(7)	不动产权属证书
(8)	收件收据
(9)	备考表
7	国有建设用地使用权及房屋所有权首次登记卷内文件的排列顺序
(1)	不动产登记申请书
(2)	不动产登记审批表
(3)	不动产权属证书或者土地权属来源材料
(4)	建设工程规划许可证及附件、附图等证明建设工程符合规划的材料
(5)	建设工程规划验收合格证、建设工程竣工验收合格证等证明房屋已经竣工的材料
(6)	标准地名证明文件
(7)	建筑物区分所有的，确认建筑区划内属于业主共有的公用设施和物业服务用房等材料
(8)	现场查看记录
(9)	现场照片
(10)	相关税费缴费凭证

续前表

序号	卷内归档资料排列顺序
(11)	房地产调查或者测绘报告 2 份
(12)	申请人身份证明
(13)	预售登记证明
(14)	收件收据
(15)	备考表
8	国有建设用地使用权及房屋所有权变更登记卷内文件的排列顺序
(1)	不动产登记申请书
(2)	不动产登记审批表
(3)	国有建设用地使用权及房屋所有权变更的材料
(4)	有抵押权、地役权、异议登记或被查封的，按照登记规范规定提交的相关材料
(5)	测绘成果
(6)	申请人身份证明
(7)	不动产权属证书
(8)	原建设工程规划许可证及附件、附图
(9)	收件收据
(10)	备考表
9	国有建设用地使用权及房屋所有权转移登记卷内文件的排列顺序
(1)	不动产登记申请书
(2)	不动产登记审批表
(3)	国有建设用地使用权及房屋所有权转移的材料
(4)	有批准权的人民政府或者主管部门的批准文件
(5)	抵押权人、地役权人同意的书面材料
(6)	询问记录
(7)	公示材料
(8)	土地出让价款缴纳凭证、税费缴纳凭证、契税缴纳凭证
(9)	测绘成果
(10)	申请人身份证明
(11)	不动产登记证明
(12)	收件收据
(13)	备考表
10	国有建设用地使用权及房屋所有权注销登记卷内文件的排列顺序
(1)	不动产登记申请书
(2)	不动产登记审批表
(3)	国有建设用地使用权及房屋所有权消灭的材料
(4)	现场查看记录
(5)	现场照片
(6)	申请人身份证明
(7)	不动产权属证书
(8)	核准注销通知书
(9)	收件收据
(10)	备考表

表 15 - 4　**集体建设用地使用权登记材料排列顺序**

序号	卷内归档资料排列顺序
1	集体建设用地使用权首次登记卷内文件的排列顺序
(1)	不动产登记申请书
(2)	不动产登记审批表
(3)	有批准权的人民政府批准用地的文件等权属来源材料
(4)	企业为乡（镇、村）办企业的有关证明文件、入股或联营合同
(5)	公示材料
(6)	不动产权籍调查表、宗地图以及宗地界址点坐标等有关不动产界址、面积等的材料
(7)	申请人身份证明
(8)	收件收据
(9)	备考表
2	集体建设用地使用权及建筑物、构筑物所有权首次登记卷内文件的排列顺序
(1)	不动产登记申请书
(2)	不动产登记审批表
(3)	建设工程符合规划的材料和建设工程已竣工的材料
(4)	现场查看记录
(5)	现场照片
(6)	公示材料
(7)	房屋测绘成果和地籍测绘成果 2 份、不动产权籍调查成果
(8)	申请人身份证明
(9)	不动产权属证书
(10)	收件收据
(11)	备考表
3	集体建设用地使用权及建筑物、构筑物所有权变更登记卷内文件的排列顺序
(1)	不动产登记申请书
(2)	不动产登记审批表
(3)	集体建设用地使用权及建筑物、构筑物所有权变更的材料
(4)	有抵押权、地役权、异议登记或被查封的，按照登记规范规定提交的相关材料
(5)	测绘成果
(6)	申请人身份证明
(7)	不动产权属证书
(8)	收件收据
(9)	备考表
4	集体建设用地使用权及建筑物、构筑物所有权转移登记卷内文件的排列顺序
(1)	不动产登记申请书
(2)	不动产登记审批表
(3)	集体建设用地使用权及建筑物、构筑物所有权转移的材料
(4)	受让人户籍证明等属于本集体成员的证明、农村集体经济组织出资成立的证明文件
(5)	抵押权人、地役权人同意的书面材料
(6)	本集体经济组织三分之二以上成员或者三分之二以上村民代表同意的材料
(7)	询问记录

续前表

序号	卷内归档资料排列顺序
(8)	公示材料
(9)	税费缴纳凭证
(10)	房屋测绘成果资料
(11)	申请人身份证明
(12)	不动产权属证书
(13)	收件收据
(14)	备考表
5	集体建设用地使用权及建筑物、构筑物所有权注销登记卷内文件的排列顺序
(1)	不动产登记申请书
(2)	不动产登记审批表
(3)	集体建设用地使用权及建筑物、构筑物所有权消灭的材料
(4)	现场查看记录
(5)	现场照片
(6)	申请人身份证明
(7)	不动产权属证书
(8)	核准注销通知书
(9)	收件收据
(10)	备考表

表 15-5　土地承包经营权登记材料排列顺序

序号	卷内归档资料排列顺序
1	土地承包经营权首次登记卷内文件的排列顺序
(1)	不动产登记申请书
(2)	不动产登记审批表
(3)	本集体成员的证明材料、乡（镇）人民政府的批准文件
(4)	记载集体土地所有权的不动产权属证书
(5)	土地承包经营合同
(6)	土地测绘成果
(7)	申请人身份证明
(8)	收件收据
(9)	备考表
2	土地承包经营权变更登记卷内文件的排列顺序
(1)	不动产登记申请书
(2)	不动产登记审批表
(3)	发生变更事实的证明、批准文件等
(4)	有抵押权、地役权、异议登记或被查封的，按照登记规范规定提交的相关材料
(5)	申请人身份证明
(6)	不动产权属证书
(7)	收件收据

续前表

序号	卷内归档资料排列顺序
(8)	备考表
3	土地承包经营权转移登记卷内文件的排列顺序
(1)	不动产登记申请书
(2)	不动产登记审批表
(3)	互换、转让的相关协议或合同，家庭关系、婚姻关系变化的材料等
(4)	发包方同意的材料
(5)	属于同一集体经济组织的证明
(6)	抵押权人、地役权人同意的书面材料
(7)	公示材料
(8)	申请人身份证明
(9)	不动产权属证书
(10)	收件收据
(11)	备考表
4	土地承包经营权注销登记卷内文件的排列顺序
(1)	不动产登记申请书
(2)	不动产登记审批表
(3)	承包经营权权利终止的证明材料
(4)	抵押权人、地役权人同意的书面材料
(5)	现场查看记录
(6)	现场照片
(7)	申请人身份证明
(8)	不动产权属证书
(9)	核准注销通知书
(10)	收件收据
(11)	备考表

表 15-6　农用地的使用权登记材料排列顺序

序号	卷内归档资料排列顺序
1	农用地的使用权首次登记卷内文件的排列顺序
(1)	不动产登记申请书
(2)	不动产登记审批表
(3)	取得农用地使用权的证明材料
(4)	不动产权籍调查成果
(5)	申请人身份证明
(6)	收件收据
(7)	备考表
2	农用地的使用权变更、转移、注销登记卷内文件的排列顺序
(1)	参照土地承包经营权变更、转移、注销登记卷内文件的排列顺序

表 15-7　　海域使用权及建筑物、构筑物所有权登记材料排列顺序

序号	卷内归档资料排列顺序
1	海域使用权首次登记卷内文件的排列顺序
(1)	不动产登记申请书
(2)	不动产登记审批表
(3)	项目用海批准文件或者海域使用权出让合同
(4)	海域使用金缴纳或者减免凭证
(5)	宗海图（宗海位置图、界址图）以及界址点坐标等海域测绘成果
(6)	申请人身份证明
(7)	收件收据
(8)	备考表
2	海域使用权及建筑物、构筑物所有权首次登记卷内文件的排列顺序
(1)	不动产登记申请书
(2)	不动产登记审批表
(3)	不动产权属证书或不动产权属来源材料
(4)	建筑物、构筑物符合规划的材料
(5)	建筑物、构筑物已经竣工的材料
(6)	现场查看记录
(7)	现场照片
(8)	海域使用金缴纳或者减免凭证
(9)	宗海图（宗海位置图、界址图）以及界址点坐标等海域测绘成果
(10)	申请人身份证明
(11)	收件收据
(12)	备考表
3	海域使用权及建筑物、构筑物所有权变更登记卷内文件的排列顺序
(1)	不动产登记申请书
(2)	不动产登记审批表
(3)	海域使用权及建筑物、构筑物所有权变更的材料
(4)	有抵押权、地役权、异议登记或被查封的，按照登记规范规定提交的相关材料
(5)	申请人身份证明
(6)	不动产权属证书
(7)	收件收据
(8)	备考表
4	海域使用权及建筑物、构筑物所有权转移登记卷内文件的排列顺序
(1)	不动产登记申请书
(2)	不动产登记审批表
(3)	海域使用权及建筑物、构筑物所有权转移的材料
(4)	有抵押权、地役权、异议登记或被查封的，按照登记规范规定提交的相关材料
(5)	询问记录
(6)	公示材料
(7)	海域使用金缴纳凭证、税费缴纳凭证
(8)	申请人身份证明

续前表

序号	卷内归档资料排列顺序
(9)	不动产权属证书
(10)	收件收据
(11)	备考表
5	海域使用权及建筑物、构筑物所有权注销登记卷内文件的排列顺序
(1)	不动产登记申请书
(2)	不动产登记审批表
(3)	海域使用权及建筑物、构筑物所有权消灭的材料
(4)	现场查看记录
(5)	现场照片
(6)	申请人身份证明
(7)	不动产权属证书
(8)	核准注销通知书
(9)	收件收据
(10)	备考表

表 15-8　　地役权登记材料排列顺序

序号	卷内归档资料排列顺序
1	地役权首次登记卷内文件的排列顺序
(1)	不动产登记申请书
(2)	不动产登记审批表
(3)	需役地、供役地不动产权属证书
(4)	地役权合同
(5)	地役权设立后，办理首次登记前发生变更、转移的相关材料
(6)	申请人身份证明
(7)	收件收据
(8)	备考表
2	地役权变更登记卷内文件的排列顺序
(1)	不动产登记申请书
(2)	不动产登记审批表
(3)	需役地、供役地不动产权属证书
(4)	地役权变更的材料
(5)	有抵押权、异议登记或被查封的，按照登记规范规定提交的相关材料
(6)	申请人身份证明
(7)	不动产登记证明
(8)	收件收据
(9)	备考表
3	地役权转移登记卷内文件的排列顺序
(1)	不动产登记申请书
(2)	不动产登记审批表
(3)	地役权转移的材料

续前表

序号	卷内归档资料排列顺序
(4)	申请人身份证明
(5)	不动产登记证明
(6)	收件收据
(7)	备考表
4	地役权注销登记卷内文件的排列顺序
(1)	不动产登记申请书
(2)	不动产登记审批表
(3)	需役地、供役地不动产权属证书
(4)	地役权消灭的材料
(5)	现场查看记录
(6)	现场照片
(7)	申请人身份证明
(8)	不动产登记证明
(9)	核准注销通知书
(10)	收件收据
(11)	备考表

表 15-9　　抵押权登记材料排列顺序

序号	卷内归档资料排列顺序
1	抵押权首次登记卷内文件的排列顺序
(1)	不动产登记申请书
(2)	不动产登记审批表
(3)	主债权合同
(4)	抵押合同
(5)	相关情形应提交的材料
(6)	现场查看记录
(7)	现场照片
(8)	申请人身份证明
(9)	不动产权属证书
(10)	收件收据
(11)	备考表
2	抵押权变更登记卷内文件的排列顺序
(1)	不动产登记申请书
(2)	不动产登记审批表
(3)	不动产权证书和不动产登记证明
(4)	抵押权变更的材料
(5)	其他抵押权人的书面同意文件和身份证明文件、申请人身份证明
(6)	收件收据
(7)	备考表

续前表

序号	卷内归档资料排列顺序
3	抵押权转移登记卷内文件的排列顺序
(1)	不动产登记申请书
(2)	不动产登记审批表
(3)	不动产权证书和不动产登记证明
(4)	抵押权转移的材料
(5)	申请人身份证明
(6)	收件收据
(7)	备考表
4	抵押权注销登记卷内文件的排列顺序
(1)	不动产登记申请书
(2)	不动产登记审批表
(3)	不动产权证书和不动产登记证明，证实抵押权已消灭的人民法院、仲裁委员会做出的生效法律文书
(4)	抵押权消灭的材料
(5)	现场查看记录
(6)	现场照片
(7)	申请人身份证明
(8)	核准注销通知书
(9)	收件收据
(10)	备考表

表 15-10　　预告登记材料排列顺序

序号	卷内归档资料排列顺序
1	预告登记卷内文件的排列顺序
(1)	不动产登记申请书
(2)	不动产登记审批表
(3)	当事人关于预告登记的约定
(4)	其他情形应提交的相关材料
(5)	预购人应提交的相应材料
(6)	契税完税凭证
(7)	申请人身份证明
(8)	收件收据
(9)	备考表
2	预告登记的变更登记卷内文件的排列顺序
(1)	不动产登记申请书
(2)	不动产登记审批表
(3)	预告登记内容发生变更的材料
(4)	有抵押权、异议登记或被预查封的，按照登记规范规定提交的相关材料
(5)	申请人身份证明
(6)	预告登记的不动产登记证明

续前表

序号	卷内归档资料排列顺序
(7)	收件收据
(8)	备考表
3	预告登记的转移登记卷内文件的排列顺序
(1)	不动产登记申请书
(2)	不动产登记审批表
(3)	不同情形应提交的相关材料
(4)	询问记录
(5)	公示材料
(6)	申请人身份证明
(7)	预告登记的不动产登记证明
(8)	收件收据
(9)	备考表
4	预告登记的注销登记卷内文件的排列顺序
(1)	不动产登记申请书
(2)	不动产登记审批表
(3)	债权消灭或者权利人放弃预告登记的材料
(4)	申请人身份证明
(5)	不动产登记证明
(6)	收件收据
(7)	备考表

表 15-11　　　　其他登记材料排列顺序

序号	卷内归档资料排列顺序
1	依申请的更正登记卷内文件的排列顺序
(1)	不动产登记申请书
(2)	证实不动产登记簿记载的事项错误的材料
(3)	证实与不动产登记簿记载的不动产权利存在利害关系的材料
(4)	申请人身份证明
(5)	不动产权属证书或证明
(6)	收件收据
(7)	备考表
2	依职权的更正登记卷内文件的排列顺序
(1)	证实不动产登记簿记载事项错误的材料
(2)	通知权利人在规定期限内办理更正登记的材料和送达凭证
(3)	公告材料
(4)	收件收据
(5)	备考表
3	异议登记卷内文件的排列顺序
(1)	不动产登记申请书
(2)	证实与登记的不动产权利存在利害关系的材料

续前表

序号	卷内归档资料排列顺序
(3)	证实不动产登记簿记载的事项错误的材料
(4)	申请人身份证明
(5)	收件收据
(6)	备考表
4	注销异议登记卷内文件的排列顺序
(1)	不动产登记申请书
(2)	不动产登记证明、人民法院或者仲裁委员会做出的生效法律文书
(3)	申请人身份证明
(4)	收件收据
(5)	备考表
5	依嘱托（依职权）办理登记卷内文件的排列顺序
(1)	不动产被依法没收、征收或者收回的决定，或者人民法院、仲裁委员会做出的生效法律文书和协助执行通知书
(2)	公告材料
(3)	现场查看记录
(4)	现场照片
(5)	送达嘱托文书（文件）的工作人员的身份证明、工作证及介绍信等执行公务的证明文件、委托送达函
(6)	收件收据
(7)	备考表
6	因土地被依法收购整理储备、房屋被依法拆迁导致不动产权利消灭申请不动产注销登记卷内文件的排列顺序
(1)	不动产登记申请书
(2)	有关房地权利消灭的证明文件
(3)	公告材料
(4)	申请人身份证明
(5)	不动产权属证书
(6)	核准注销通知书
(7)	收件收据
(8)	备考表
7	查封登记卷内文件的排列顺序
(1)	生效法律文书和协助执行通知书、协助查封通知书
(2)	国家有权机关送达查封文件的工作人员的工作证和执行公务的证明文件、委托送达函
(3)	收件收据
(4)	备考表
8	注销查封登记卷内文件的排列顺序
(1)	解除查封或解除预查封的协助执行通知书、协助解除查封通知书、解除查封函
(2)	国家有权机关送达查封文件的工作人员的工作证和执行公务的证明文件、委托送达函
(3)	收件收据
(4)	备考表

表 15-12　　历史遗留房屋补办登记材料排列顺序

序号	卷内归档资料排列顺序
1	商品房项目的购房人申请房屋登记（房屋未做首次登记）卷内文件的排列顺序
(1)	申请书
(2)	购房合同或协议或购房交款凭证等权属来源证明材料
(3)	具结书
(4)	公告材料
(5)	房地测绘成果
(6)	申请人身份证明
(7)	收件收据
(8)	备考表
2	商品房项目的购房人申请转移登记（房屋已做首次登记）卷内文件的排列顺序
(1)	申请书
(2)	购房合同或协议或购房交款凭证等权属来源证明材料
(3)	具结书
(4)	公告材料
(5)	房地测绘成果
(6)	申请人身份证明
(7)	收件收据
(8)	备考表
3	已登记房屋的转移登记卷内文件的排列顺序
(1)	申请书
(2)	房屋买卖合同等权属来源证明材料
(3)	具结书
(4)	公告材料
(5)	申请人身份证明
(6)	不动产权属证书
(7)	收件收据
(8)	备考表
4	自然人、法人和其他组织申请房屋首次登记卷内文件的排列顺序
(1)	申请书
(2)	土地使用证件、建房证件等权属来源证明材料
(3)	具结书
(4)	公告材料
(5)	房屋测绘成果和地籍测绘成果
(6)	申请人身份证明
(7)	收件收据
(8)	备考表
5	历史遗留房屋已登记土地未登记，购房人或房屋所有权人申请国有建设用地使用权登记卷内文件的排列顺序
(1)	不动产登记申请书

续前表

序号	卷内归档资料排列顺序
(2)	土地权属来源证明材料
(3)	公告材料
(4)	不动产权籍调查成果
(5)	申请人身份证明
(6)	房屋权属证书
(7)	收件收据
(8)	备考表

（三）案卷的编目内容与要求

1. 卷内归档资料页号的编写

编写页号一律使用阿拉伯数字，起始号码从“1”开始。

页号位置：单面书写的材料在右上角编写页号；双面书写的文件，正面材料在右上角编写页号，反面材料在左上角编写页号。

封面、卷内目录、卷内备考表不编页号。

2. 卷内文件目录的填写

顺序号：按卷内文件的排列顺序，给每份文件编一个顺序号，不重复，不遗漏。

文件名：填写文件自身的标题，不得随意更改和省略。如文件没有标题，应根据文件内容准确、简练地拟写一个标题。文件名栏内不允许填“其他”。

页号：填写文件实际所在的页号。如文件有多页，应明确填清“××-××”页，不得只填文件第一页的编号。

备注：需要注明的内容。

3. 备考表的填写

立卷人：负责文件整理、立卷归档的人员姓名。

检查人：负责检查归档文件整理、立卷质量的人员姓名。

日期：归档文件整理、立卷完毕的日期。

卷内文件说明：需要说明的情况。

4. 档案盒的编目内容

封面项目包括：坐落、权利人姓名（名称）和宗地（海）号。

封里项目包括：内装资料栏和其他栏。

卷皮与档案盒项目的填写要求：卷皮和档案盒的填写可采用计算机打印或手工填写。手工填写时应使用碳素墨水，字体工整，不得涂改。

卷皮填写项目：登记类别，按照不动产登记申请书登记类型填写；坐落、宗地（海）号和权利人姓名（名称），按照审批表内容填写。

档案盒填写项目：不动产权利人姓名（名称）——盒内只装一卷的填写不动产权利人姓名（名称），装多卷的填写×××权利人等的字样；内装资料——填写入档日期、名称、件数；盒脊——填写宗地（海）号或坐落。

（四）不动产登记档案的装订

1. 装订前的准备工作

去除金属物；破损的或幅面过小的文件材料应用 A4 纸型白衬纸托裱；卷内文件大于 A4 纸型的，应按 A4 纸型大小折叠取齐；核对卷内目录与卷内文件是否一致；核对档案盒封面上的姓名（名称）与卷内文件上的姓名（名称）是否一致；姓名（名称）不可用同音字或随意简化字代替。

2. 装订

将文件资料向左下角对齐；采用在文件左侧装订的方式；大型图纸折叠后过厚的，应在装订线位置加入垫片，使其保持平整；卷内文件资料与卷皮装订在一起，做到整齐、美观、牢固，不压字、不掉页、不妨碍阅读。

（五）不动产登记档案的装盒

同一个宗地（海）号的登记档案装一个盒，根据该宗地（海）号内登记档案的多少选择适当厚度的档案盒，盒内要留出一定的富余量；该盒装满，则剩下的档案装入另一档案盒，依次排列。

（六）不动产登记档案的入库排架

（1）整理装订后的档案，采用密集架形式，按照从上到下、从左到右的方法存放。密集架侧面应标明内存档案的起止号，每层应标出本层的起止号。

（2）不动产登记档案可按照登记类型分别存放，土地登记档案按照宗地号排列，房屋登记档案按照宗地号或坐落排列，海域登记档案按照宗海号排列。纸质档案数字化工作完成后，在保证档案安全、完整的前提下，可按照归档流水号统一排列。

（3）注销登记档案按注销时间顺序排列，单独存放。

（4）注销异议登记档案按时间顺序排列，单独存放。

二、档号编写方法与要求

不动产登记档案的档号编制可参照不动产证书、证明编号规则制定，案卷号由省（市、县）份简称汉字、年度、属地行政区划简称汉字、类别和案卷顺序号五部分组成。具体分类根据业务开展需要，应由不动产登记机构协调有关部门统一制定。具体模式如表 15－13 所示。

表 15－13　　不动产登记档案档号编制模式

省（市、县）代字	年度	属地行政区划（简称）	分类号（类别号）	案卷号
2 字节	4 字节	2～4 字节	2 字节	7 字节

可参考如下示例开展不动产登记档案的档号编制。

示例 1：北京市海淀区 2015 年度不动产登记（证书类）档案归档案卷的档号编写为京 2015 海 ZS0000001。其含义是京（北京）－2015（年度）－海（海淀区不动产登记事务中心）- ZS（证书类分类号）- 0000001（案卷顺序号）。

示例 2：沈阳市皇姑区 2016 年度不动产登记（证明类）档案归档案卷的档号编写为沈 2016 皇 ZM0000001。其含义是沈（沈阳）- 2016（年度）-皇（皇姑区不动产登记中心）- ZM（证明类分类号）- 0000001（案卷顺序号）。

示例 3：北京市东城区 2017 年度不动产登记（协执类）档案归档案卷的档号编写为京 2017 东 XZ0000001。其含义是京（北京）- 2017（年度）-东（东城区不动产登记中心）- XZ（协执类分类号）- 0000001（案卷顺序号）。

示例 4：北京市西城区 2016 年度不动产登记（其他类）档案归档案卷的档号编写为京 2016 西 QT0000001。其含义是京（北京）- 2016（年度）-西（西城区不动产登记中心）- QT（其他类分类号）- 0000001（案卷顺序号）。

第四节　不动产登记档案的保管

一、不动产登记档案的保管要求及库房管理规范

（一）不动产登记档案保管的一般性要求

不动产登记档案应当保存于符合不动产登记资料安全保护技术标准的专用库房，使用密集架保管不动产登记档案，使用专门图柜保管地形图、地籍图等图纸资料，并保持规定的温湿度，做到“十防”，即防火、防水、防盗、防尘、防光、防霉、防潮、防虫、防高温、防有害气体，保证不动产登记档案的安全和正常使用。

（二）档案库房技术标准

库房设计应符合国家强制性标准《档案馆建筑设计规范》（JGJ 25 - 2010）的要求。各级不动产登记机构的档案库房，应满足如下条件要求。

（1）面积标准。例如，《天津市不动产登记档案管理规范》规定，馆藏档案不足 5 万卷的，档案库房建筑面积应不少于 150 m^2；馆藏档案 5 万～10 万卷的，档案库房建筑面积应不少于 300 m^2；馆藏档案 10 万～20 万卷的，档案库房建筑面积应不少于 500 m^2；馆藏档案 20 万～30 万卷的，档案库房建筑面积应不少于 700 m^2；馆藏档案 30 万～40 万卷的，档案库房建筑面积应不少于 900 m^2；馆藏档案每增加 10 万卷，档案库房建筑面积增加不少于 200m^2。

（2）档案库房的设置应当避开低洼地带，选择地势较高、场地干燥、排水通畅、空气流通和环境安静的地段。

（3）档案库房应同其他技术用房及办公室区隔开，位置最好选择在建筑物各楼层平面的中间。

（4）档案库房净高不应低于 2.60m，当有梁和通风管道时，局部净高不应低于 2.20m。

（5）档案库房应当坚固耐用。档案库房地板设计荷载标准值不应小于 5KN/m^2（约

500kg/m²），采用密集架时，不应小于 12KN/m²（约 1 200kg/m²）。档案库房设置于既有建筑物时，档案及相关设施的总载重，应以不超出其楼地板设计载重为原则。如超过地板设计载重时，应当按照实际需要进行结构补强。

（6）档案库房的墙壁及地板应做防潮处理，库房内不应设置消防以外的给水点，顶部应避免水管等管线通过，上下水立管不应安装在与档案库房相邻的内墙上。

（7）档案库房的隔墙应当采用不燃材料及甲级防火门窗，其地板材质应当具备防火功能。当档案库房设置于既有建筑物，在改建隔墙、防火门时，应当加强防火设施。

（8）档案库房的楼地面，应当高于库房外同一楼层的楼地面 20mm 以上。当档案库房设置于既有建筑物，楼地面应当设有防止溢水流入设备。档案库房应当减少外窗的装设；必须装设的，应当在南北两面开窗，并应当加装窗帘、遮阳板等遮阳设备。

（9）档案库房应当配置应急灯；库房墙壁、门窗及楼地板不能留有缝隙、孔洞，库房门与地面的缝隙不应大于 5mm。

（10）档案管理人员应当定期检查和鉴定不动产登记档案。对破损或者变质的档案资料，应当及时修复；档案毁损或者丢失，应当采取补救措施。

（三）不动产档案保管的技术标准要求

（1）温湿度控制标准：库房的温度应控制在 14℃～24℃，每昼夜波动幅度控制在±2℃以内；相对湿度应当控制在 45%～60%，每昼夜波动幅度控制在±5%以内。

（2）库房应当安装温湿度记录仪，并对库房温湿度定时测记，每日两次，掌握温湿度变化情况，随时予以控制调节；温湿度记录仪应当定期校验；库房应当配备空调及去湿、增湿设备，并定期检修、保养。

（3）密集架应与地面保持 80mm 以上距离，其排列应便于通风降湿，档案柜架应与墙壁保持一定距离（主通道净宽不应小于 1.00m，两行装具间净宽不应小于 0.80m），成行地垂直于有窗的墙面摆设，便于通风降湿；新建库房竣工后，应当经 6～12 个月干燥方可将档案入库。

（4）虫霉防治与除尘：应当设消毒箱，新接收的档案经消毒除尘后方能入库；建立定期虫霉检查制度，发现虫霉及时采取灭菌杀虫措施；发现鼠害，应及时投放药剂；配备吸尘器，加密封门或过渡门，除尘与防尘相结合；设置空气过滤装置，防止污染气体进入库房。

（5）防火与防盗：库房必须配备适用的消防器材，使用的消防器材要在有效期内，并按设备要求定期检查、更换；安全使用电器设备，定期检查电器线路；库内严禁使用明火装置和电炉，严禁存放易燃易爆物；库房应当安装火警及防盗自动报警装置，并定期检查。

（6）防光要求：档案库房宜选用白炽灯作为人工照明光源，照度不宜超过 100lux，如采用荧光定时，应对紫外线进行过滤；不宜采用自然光源，有外窗时应有窗帘、窗板等遮阳措施；档案在任何情况下均应避免阳光直射；档案展览不宜使用原件，必须使用原件时，展室（柜）内应当使用冷光源，并设有光控装置。

二、不动产登记电子档案安全保管要求

（一）不动产登记电子档案安全保管的一般要求

不动产登记电子档案是指在不动产登记过程中形成的具有参考和利用价值并作为档案保存的电子记录（资料），包括电子档案目录、电子登记簿以及纸质档案的数字化加工处理成果。各不动产档案管理机构应根据国土资源部《不动产登记操作规范（试行）》及《电子文件归档与管理规范》（GB/T 18894－2016）的规范和标准要求，加强不动产登记电子档案的安全管理和保管工作。

各不动产档案管理机构应负责电子档案的保密监督管理，协助信息化部门为电子档案管理提供信息化支持。电子登记簿应按规定异地保存，数字化档案及电子档案应逐步实现异地备份管理。

在数字化处理过程中应加强纸质档案数字化各环节的安全保密管理，确保档案原件和数字化档案信息的安全，同时纸质档案数字化的各个环节均应进行详细的登记，并及时整理、汇总，装订成册，在数字化工作完成的同时建立起完整、规范的记录。

（二）不动产登记电子档案安全保管的具体内容和要求

1. 电子档案的备份管理

（1）备份范围要求：不动产登记电子档案目录、电子登记簿以及纸质档案的数字化加工处理成果均应进行备份。

（2）备份方式与要求：为保证不动产登记档案数据的安全性，对备份载体的选择也应多样化，应做好在线增量备份、定时完全备份以及异地容灾体系。在线增量备份指至少每天一次做好增量数据和材料备份，也可根据自身的设备和资金情况，制定更为严谨的备份策略。定时完全备份指至少每周一次定时做好完全备份，并根据自身条件，建立至少每年一次的离线存放制度，存放地点除要满足防火、防盗、防潮、防光、防鼠、防虫、防尘、防污染等要求外，还应采用专用的防磁柜存放。

（3）异地异柜保存要求：不动产登记部门应选用成熟可靠的产品与技术，建立科学的异地异柜保存制度，以应对可能的灾害事故。电子档案备份数据应异柜保存一份确保安全，保证异地保存的数据存放地点与源数据存放地点间隔距离不小于20km。

（4）备份数据检验要求：备份数据应定期进行检验。检验内容主要包括备份数据能否打开、数据信息是否完整、材料数量是否准确等。

2. 电子档案的归档保存

（1）版本及说明文件要求：归档的不动产登记电子档案必须是最终数据记录；应附带说明文件（readme.txt），对不动产登记电子档案的内容、创建时间、存储格式与文件类型、保管期限、密级等加以说明。

（2）连续记录的连续性要求：不动产登记电子档案基础信息要严格做到档案、数据库（数字化档案和数据记录）和登记簿三者信息的一致性，确保信息的完整、真实和可读。

（3）交接手续的完备性要求：在确保信息安全的前提下，各单位向档案管理机构移交

不动产登记电子档案载体时，交接双方应按纸质档案移交要求履行签字手续；在接收不动产登记电子档案载体时，应由电子档案形成部门按照规定的项目对电子文件的真实性、完整性和可读性进行检验，并由负责人签署审核意见，填写《电子文件交接登记表》，把其技术方法说明文件和相关软件一同移交给接收单位。

（4）技术检验的严格性要求：不动产登记电子档案接收后，档案部门要严格做好不动产登记电子档案的保管和再检验工作。接收入库的各类不动产登记电子档案应定期机读抽检，抽检率不低于40%，确保上机测试无病毒和100%的准确率。

（5）涉密记录的保密要求：对涉密不动产登记电子档案要严格按相关保密条例进行处理，确保做到不用非涉密计算机等设备处理涉密不动产登记电子档案，涉密不动产登记电子档案的编目、入库、收藏均须另行处理。

（6）记录载体的耐久性及检索标识的齐全性要求：不动产登记电子档案载体应采用光盘、硬盘等载体。光盘备份方式是将数据或扫描件刻录到光盘中，硬盘备份方式是把数据或扫描件保存在作业单位的备份硬盘中。不允许使用软磁盘、U盘等移动存储设备作为不动产登记电子档案保存的载体。存储电子档案的载体或装具上应注明反映其内容的检索标识。检索标识一般包括载体序号、类别号、保管期限、存入日期等项目。

（7）定期复制要求：磁性载体上归档的不动产登记电子档案应定期复制，一般应每隔四年复制一次。需抢救的光盘应及时复制，原载体保留时间不应少于四年。归档不动产登记电子档案载体应用专库或光盘柜集中保存。

（8）存储介质保管的技术规范要求：归档载体应做防写处理，不得擦、划、触摸记录涂层；载体应直立存放；单片载体应装盒，竖立存放，且避免挤压；归档载体应远离磁场，并与有害气体隔离；保管环境应符合防尘、防火、防鼠、防虫等要求；保管环境温度选定范围17℃～20℃，相对湿度选定范围35%～45%；要避免阳光直接照射。档案部门每年均应对不动产登记电子档案的读取、处理设备的更新情况进行一次检查登记。设备更新时应确认库存载体与新设备的兼容性，如不兼容，应及时进行归档不动产登记电子档案的载体转换工作，原载体保留时间不少于4年；保留期满后，载体按保密要求进行处置。

（9）定期检测、登记和迁移要求：对磁性载体每满2年、光盘每满4年进行一次随机抽样机读检验，抽样率不低于10%，如发现问题应及时采取恢复措施。档案部门应定期将检验结果填入《归档电子记录管理登记表》；系统设备更新或系统扩充时，应及时对归档不动产登记电子档案进行迁移操作，并填写《归档电子记录迁移登记表》。

第五节　纸本不动产登记档案的数字化

一、不动产登记档案数字化处理方式与技术要求

（一）扫描方式

各级不动产登记机构可根据档案原件幅面的大小选择相应规格的扫描仪进行扫描；大幅面的档案材料由于扫描后图像拼接技术难度大，又浪费时间、人力，对其可采用数码相机拍摄的方式，拍摄精度应高于300万像素，同时要注意被拍摄物的影像要充满取景框；

纸张状况较差，以及过薄、过软或超厚的档案，可采用平板扫描方式；纸张状况好的档案可采用高速扫描方式以提高工作效率；不适合拆卷的档案可采用零边距扫描仪或者是相机拍摄的方式。

（二）色彩的选择要求

纸本不动产登记档案的扫描模式包括 3 种类型，即黑白二值模式、灰度模式和彩色模式。

1. 黑白二值模式

页面为黑白两色且字迹清晰、不带插图的纸本不动产登记档案，可采用黑白二值模式进行扫描。

2. 灰度模式

页面为黑白两色，但字迹清晰度差或带有插图的档案，以及页面为多色文字的档案，可采用灰度模式扫描。

3. 彩色模式

页面中有红头、印章或插有黑白照片、彩色照片、彩色插图的档案，可视需要采用彩色模式进行扫描。

（三）分辨率的选择要求

扫描分辨率参数大小的选择，原则上以扫描后的图像清晰、完整，不影响图像的利用效果为准。采用黑白二值、灰度、彩色几种模式对档案进行扫描时，其分辨率宜选择大于或等于 200dpi；在特殊情况下，如文字偏小、密集、清晰度较差等，可适当提高分辨率。

（四）特殊页面的扫描要求

对于粘贴折页，可用大幅面扫描仪扫描，或先分部扫描后拼接；部分字体很小、字迹密集的情况，可适当提高扫描分辨率，选择灰度扫描或彩色扫描，采用局部深化技术解决；字迹与表格颜色深度不同的，采用局部淡化技术解决。

采用高分辨率灰度或彩色扫描技术将插图与文字一起扫描，保证原来的页面布局和插图清晰。对于页面中有黑白或彩色照片的文件，采用 JPEG 格式扫描，确保照片清晰度，同时可避免图像存储空间过大。

（五）数字化图像处理要求

1. 图像纠偏要求

采用自动或手动纠偏功能，调整图像角度。图像偏斜度不超过 2 度，对方向不正确的图像应进行旋转还原，以符合阅读习惯。

2. 图像去污要求

对图像页面中出现的影响图像质量的杂质，如黑点、黑线、黑框、黑边等应进行去污处理。在处理过程中应遵循保持档案原貌的原则。

3. 图像拼接要求

对大幅面档案进行分区扫描形成的多幅图像，应进行拼接处理，合并为一个完整的图像，以保证档案数字化图像的整体性。

4. 裁边处理要求

采用彩色模式扫描的图像应进行裁边处理，去除多余的白边，以有效缩小图像材料的大小，节省存储空间。

二、不动产登记档案数字化成果的存储格式

采用黑白二值模式扫描的图像材料，一般采用 TIF（G4）格式存储。采用灰度模式和彩色模式扫描的材料，一般采用 JPEG 格式存储。

存储时的压缩率的选择，可以保证扫描的图像清晰可读为前提，以尽量节省存储空间为准则；提供网络查询的扫描图像，也可存储为 CEB、PDF 或其他格式。

图像材料命名要确保其唯一性，并与电子档案目录形成对应。

图像转换要求：不动产登记档案数字化转换过程中形成的目录数据库与图像材料，应通过网络及时加载到数据服务器端汇总。通过编制程序或借助相应软件，实现目录数据对相关联的数字图像的自动搜索、加入对应的电子地址信息等，实现批量、快速挂接。数字图像的排列顺序应与物理档案相符合。

三、数字化不动产登记档案的管理要求

数字化不动产登记档案的数据验收应满足如下基本要求：

第一，确保电子档案目录与电子登记簿录入质量。对录入的目录数据和登记簿数据应进行抽查，抽查率不得低于百分之十，保证错误率不得高于万分之三。

第二，对纸质材料扫描后形成的图像材料要进行清晰度、污渍、黑边、偏斜等问题的控制，以达到要求的图像质量；保证扫描后的数字图像清晰，便于清楚阅读，适应各种纸张和手写、印刷字的情况。

第三，确保数据挂接质量。对图像和目录数据挂接应进行抽查，抽查率不得低于百分之十，保证错误率不得高于万分之三。

第六节　不动产登记档案的查询利用

不动产登记档案的查询和利用，按照《不动产登记暂行条例》的有关规定执行。

一、不动产登记电子档案信息的使用要求

对在专网或其他内部网上运行的、具有保密要求的归档不动产登记电子档案提供利用时，应设置使用权限认证系统或履行使用审批手续。

利用涉密不动产登记档案应遵守国家保密规定。凡带密级尚未解密或内部使用不宜公开的不动产登记电子档案，不得在互联网上运行，应设置专门服务器，机房各类设备应使

用硬件防火墙、电磁屏蔽等措施。

不动产登记电子档案封存载体不得外借。在提供利用时应使用其拷贝件。

二、不动产登记档案的借阅使用要求

本单位工作人员因工作需要借阅不动产登记档案，必须在登记册上签字，方可借阅；凡须将不动产登记档案借离不动产登记档案室的，须经各级国土资源局（不动产登记局）批准，借阅人和经办人均须在档案查询记录上签字，否则不予借出。

三、不动产登记档案的查询要求

查询不动产登记档案（资料）的单位和个人应当向不动产登记机构说明查询目的，不得将查询获得的不动产登记档案（资料）用于其他目的；未经权利人同意，不得泄露查询获得的不动产登记信息。

（一）查询主体

根据国土资源部印发的《不动产登记操作规范（试行）》规定，下列情形可以依法查询不动产登记档案（资料）：

（1）权利人可以查询、复制其全部的不动产登记档案（资料）；

（2）不动产交易、继承、诉讼等涉及的利害关系人可以查询、复制不动产自然状况，权利人及其不动产查封、抵押、预告登记、异议登记等状况；

（3）人民法院、人民检察院、国家安全机关、监察机关以及其他因执行公务需要的国家机关可以依法查询、复制与调查和处理事项有关的不动产登记档案（资料）；

（4）法律、行政法规规定的其他情形。

（二）申请材料

申请人申请查询不动产登记档案（资料），应当填写不动产登记机构制定的不动产登记资料查询申请书，并到不动产登记机构现场提出申请。查询不动产登记档案（资料）应提交的材料包括：

（1）查询申请书。

（2）申请人身份证明材料。委托查询的，应当提交授权委托书和代理人的身份证明材料，境外委托人的授权委托书还须经公证或者认证。

（3）利害关系人查询的，提交存在利害关系的材料。

（4）人民法院、人民检察院、国家安全机关、监察机关以及其他因执行公务需要的国家机关查询的，应当提供本单位出具的协助查询材料、工作人员的工作证和执行公务的证明文件。

（5）法律、行政法规规定的其他材料。

不动产登记簿上记载的权利人通过设置在具体办理不动产登记的不动产登记机构的终端自动系统查询登记结果的，可以不提交上述材料。

（三）查询条件

符合下列条件的，不动产登记机构应当予以查询或复制不动产登记档案（资料）：

（1）查询主体到不动产登记机构来查询的；

（2）查询的不动产属于本不动产登记机构的管辖范围；

（3）查询申请材料齐全，且符合形式要求；

（4）查询主体及其内容符合规定要求；

（5）查询目的明确且不违反法律、行政法规规定；

（6）法律、行政法规规定的其他条件。

（四）办理程序

查询人要求出具查询结果证明的，不动产登记机构应当审查申请人的查询目的是否明确，审查是否符合国家规定的查询条件。经审查符合查询条件的，按下列程序办理：

（1）申请人签字确认申请材料，并承诺查询结果的使用目的和使用范围；

（2）向申请人出具查询结果，并在查询结果或者登记资料复印材料上加盖登记档案（资料）查询专用章。

（五）办理时限

符合查询条件的，不动产登记机构应当当场向申请人提供查询结果；因情况特殊，不能当场提供的，应当在5个工作日内向申请人提供查询结果。

本章思考题

1. 如何理解不动产登记档案的概念？
2. 不动产登记资料、不动产登记档案及不动产登记簿之间的关系是什么？
3. 不动产登记档案的收集工作内容与要求是什么？
4. 如何确定不动产登记档案的案卷内归档资料的排列顺序？
5. 不动产登记档案整理的内容是什么？
6. 不动产登记档案数字化的内容和要求是什么？
7. 如何规范地开展不动产登记档案的查询工作？
8. 不动产登记电子档案管理的内容和要求是什么？
9. 不动产登记档案保管和保护的要求与标准是什么？

第十六章

律师业务档案与律师业务档案管理

本章提要

律师业务档案是律师在其业务实践活动中形成的具有一定保存价值的各种形式和载体的文件记录。本章主要介绍了律师业务档案的概念、特点和作用，以及律师业务档案的管理机构及其职责，律师业务档案的整理、鉴定、保管、利用等工作内容，并针对如何提高律师业务档案管理工作的水平提出了建议。

第一节　律师业务档案概述

律师在执行其业务活动的过程中，会形成大量的具有保存价值的文字、图片、声像等各种形式的记录材料。比如律师在调查中取得的证据材料、委托人提交的证据材料、各种法律文书等等。这些记录材料既不是一份份孤立的文件，也不是杂乱堆集的文件，而是与律师执行的业务活动具有内在联系的文件体系。它具体而详细地反映了律师业务工作的全过程。按照国家档案法规和业务部门的具体规定，应该对这些记录材料进行收集、立卷、归档、整理、鉴定，建立全面而完整的律师业务档案。这既是对律师工作的基本要求，也有利于及时总结经验教训，为科学研究积累最可靠的第一手资料。

一、律师业务档案的概念

律师业务档案，是律师在其业务实践活动中形成的具有一定保存价值的各种形式和载体的文件记录。

律师业务档案是从律师与当事人首次谈话接受委托到案件办理结束后归档的所有业务材料的汇总，律师办案的程序、案件存在的问题、律师是否尽职尽责，在律师业务档案中都得以全面、翔实地反映。它是律师进行业务活动的真实记录，反映了律师维护国家法律的正确实施，维护委托人合法权益的情况，体现了律师的基本职能和社会作用。

二、律师业务档案的特点

律师业务档案作为国家重要的专门档案，除具备其他档案的普遍特性外，还具有以下一些特点。

（一）专业性

律师的业务是以民事代理、刑事辩护、法律咨询、代书、调解、顾问等形式服务于需要法律帮助的人。律师业务档案专业性的表现，一方面是指律师在业务活动中所应遵循、适用的规范都应是法律、法规或国家政策，另一方面是指律师是依据《中华人民共和国律师法》及有关规定，通过履行自己的职责来维护当事人的合法权益、维护法律正确实施的专门人员，因而，其在业务活动中所形成的档案与其他档案相比，具有较强的专业性。

（二）社会性

由于律师服务是面向社会的，无论男女老幼、贫富贵贱、地位高低，所有的中外公民、法人，当他们的合法权益受到侵犯或与人发生纷争，或者因为犯罪需要辩护时，都可以得到律师的法律帮助；同时，律师业务涉及房产、证券、婚姻等社会生活的多个领域，因此，无论律师业务档案涉及的主体还是律师业务档案所涉及的问题都是具有社会性的。

（三）成套性

律师参加业务活动是以接受委托、聘请或法院指定为前提，通过履行代理、辩护、咨询、顾问等职责来提供法律帮助的。因此，律师业务档案都是以特定案件当事人或法律顾问单位为对象建立的。一个案件从收案、参与案件审理直到结案，一个法律顾问单位从受聘开始至协议终止的整个过程所形成的各类材料，构成了一个完整的有机整体，所谓“一案一卷”就是这一特点的体现。

（四）程序性

律师所办理的各类诉讼案件、处理的各种非诉讼法律事务，都有自己的操作规程。比如，在代理民事诉讼案件中，律师按照收案、办理委托手续、调查收集证据、代理起诉或应诉、准备出庭、参加庭审等程序开展各种工作，业务档案也按照相应的业务活动程序依次形成。

（五）收集主体单一性

从事律师业务的主体是执业律师，律师业务档案是律师通过为当事人或法律顾问单位提供法律帮助所形成的。当事人的起诉状、答辩状，司法机关的法律文书等，是律师向有关当事人或司法机关收集的；律师的阅卷笔录、自行调查笔录及出具的法律意见、草拟的法律文书、办理具体法律事务活动的记录等，是由律师直接摘抄或在调查中所形成的。所以，律师业务档案的收集自始至终都是由律师完成的。律师从受聘、接受委托起就开始形成材料，以后随着工作的开展，围绕案件及法律顾问工作所形成的材料会不断产生，至案件或顾问工作结束。

（六）保密性

由于律师参与法律事务经常接触到国家机密、商业秘密及当事人的隐私等，其所形成的材料也带有不同程度的机密性，一旦泄密会给国家、集体及有关个人造成程度不同的损害。因此，为避免泄露国家机密、有些单位的商业秘密或当事人的隐私等，必须加强对有关律师业务档案的保密。

三、律师业务档案的作用

律师业务档案是我国整个档案工作的重要的有机组成部分，是我国档案工作建设有待开发的重要方面。律师业务档案是律师从事业务活动的真实记录，反映律师正确实施国家法律、维护委托人合法权益的情况，体现律师的基本职能和社会作用，具有重要的参考和利用价值。

（一）凭证作用

律师业务档案是律师依照法律程序进行刑事、民事及非诉讼案件的辩护、代理等活动的真实记录。它记载了律师工作的全过程，保存了完备的法律文书和充分的证据，是检验律师办案质量、考核律师业务能力和水平的真凭实据；是律师工作智慧的结晶，是律师维护国家法律正确实施、维护委托人合法权益的具体表现。

律师业务档案是律师事务所业务工作的历史记录，是律师事务所的财富，也是律师业务研讨、查阅类似案件判例的重要依据，是当事人及有关单位借调、借阅的重要材料，更是律师事务所办案质量的体现。

（二）查考作用

首先，从现实意义看，律师业务档案有益于促进律师开展辩护学习交流，总结经验教训，锻炼业务素质，提高办案质量和工作效率，使律师在各项业务中充分发挥作用。如律师接受一审当事人的委托，继续担任二审案件的代理人或辩护人，通过调阅已归档的一审卷宗，可以重新理清办案思路，提高二审案件的办理效率；律师卷宗中收集的司法机关、仲裁机关的法律文书，可帮助律师分析了解司法机关、仲裁机关的实际操作情况，便于律师提高办案质量。律师业务档案还为司法机关、新闻单位、律师实习人员运用生动的素材，向公民进行社会主义民主法制教育提供了第一手材料。比如司法学校从事法学教学和科研的兼职律师，可以借调本人或他人的律师业务档案，利用卷宗中的活材料作为编写教材或丰富课堂内容的重要参考资料。

其次，从长远观点看，典型的律师业务档案是律师人员培训、交流、模拟实习教学的好教材；也是司法人员研究律师工作的历史资料；是国家档案的组成部分之一，具有重要的历史参考价值。

第二节　律师业务档案管理概述

一、律师业务档案的收集主体——执业律师

律师业务档案是律师在执行其业务活动的过程中形成的，律师是律师业务档案的收集

管理主体，律师的档案意识、工作习惯等直接决定了案卷是否能够收集齐全、整理规范，直接影响到业务档案管理工作的质量。

（一）有的律师更多地看重经济利益，缺乏档案意识

这类人员虽然多年从事律师工作，但是只注重经济利益和业务工作，意识不到档案工作的长远意义和价值，将档案工作看成纯事务性工作，不愿多做，甚至认为其可有可无。他们不重视对案卷材料的收集和整理，卷宗材料常常不齐全，案件办理中或办结后，甚至出现卷宗丢失，开庭时无卷宗的情况。

（二）有的新入所的实习律师，不懂得如何完成档案工作

这类人员没有工作经验，不了解档案工作的对象、内容、程序、方法，加之有的律师事务所既没有具体的要求，又没有专门人员指导，实习律师根本无从知道如何收集、保存卷宗材料，立卷，归档，虽然按照书本的规定、要求装订了卷宗，但是问题还是很多。[①]

我国自1979年律师制度恢复重建以来，律师的管理模式一直是单一的行政管理。直到1993年，国务院批转的司法部《关于深化律师工作改革的方案》中才明确提出了建立司法行政机关行政管理与律师协会行业管理相结合的“两结合”律师管理体制。我们认为，要做好律师业务档案的管理工作也应当充分发挥“两结合”体制的优势，对执业律师的业务档案工作实行有效的监管，从而在源头上保证业务档案的质量。

二、律师业务档案的管理机构——律师事务所

律师事务所是律师履行职务的工作机构，律师从事其业务活动形成的律师业务档案记录了律师事业发展、建设、变化的全过程，是一个律师事务所的历史，是了解律师事业的现状、探索律师事业发展规律的重要依据。律师业务档案对律师事务所意义重大。它不仅是律师事务所业务工作的历史记录，是律所的财富；也是律师业务研讨、查阅类似案件判例的重要依据；还是当事人及有关单位借调、借阅的重要材料；更是本所办案质量的体现。律师业务档案管理的质量高低和规范程度同律师事务所的形式、规模、领导者的意识、规章制度等密切相关。

（一）律师事务所的类型

目前有国家出资设立的律师事务所，也有合作律师事务所、合伙律师事务所及个人律师事务所。

1. 国资所

又称全民所有制律师事务所，是在司法行政机关的领导下占用国家编制的事业单位。这是由国家司法行政部门根据实际需要，下达编制、选调人员、核拨经费、确定住所而建立的。

---

① 郭秀英．提高认知，加强律师业务档案管理．（2006－10－20）．http：//blog. hr. com. cm/html/77/n-4377. html.

2. 合作所

指由专职律师采用合作形式自愿组合而成，为国家机关、社会组织和公民提供法律服务的集体所有制性质的事业法人。

3. 合伙所

指由 3 名以上辞去公职的律师自愿结合，订立合伙协议，规定出资比例，按法定程序报经行政部门批准设立的律师事务所。合伙律师事务所可以采用普通合伙或者特殊的合伙形式设立。

4. 个人所

指由一名律师开办的律师事务所。个人律师事务所由律师事务所主任个人对外承担无限连带责任。

前两种形式的律师事务所数量已经很少，目前大多数律师事务所属于后两种形式。它们是在改革开放中出现的，自负盈亏，独立核算，从事的法律服务内容与前两者没有什么区别。律师事务所的律师业务档案由律师事务所统一保管，律师调离律师事务所不得将案卷带走。律师调离律师事务所时尚未办结的业务，凡以原律师事务所名义签订合同的，案卷由原律师事务所保管，律师在结案后将案卷交回原律师事务所。律师事务所解散时未办结的法律事务，办结后案卷由律师新加入的律师事务所统一管理。

对于律师业务档案管理工作，不同的律所之间差别很大。有的合伙人对档案工作比较重视，管理比较到位。这些人员在从事律师工作以前，多数多年在司法机关或国家机关工作，有收集、整理、装订、归档的基础和习惯，了解案卷归档的要求，在办案的同时，就注意对卷宗材料的收集、整理，归档时材料齐全，而且符合规范要求。有的合伙人对档案重视不够，管理不力。合伙人对档案的重视程度，直接决定着律师事务所档案管理的好坏，如果合伙人不重视档案的管理，认为档案可有可无，甚至认为留存的档案多了需要占地方存放，是所里的经济负担，就不可避免地会导致本所的档案工作处于无序状态。

（二）律师事务所档案机构和档案管理人员的职责

律师业务档案是律师从事业务活动的真实记录，是国家重要的专门档案，具有重要的参考利用价值，保管、整理好律师业务档案是律师事务所的重要任务。2007 年修订的《中华人民共和国律师法》第二十三条明确规定：“律师事务所应当建立健全执业管理、利益冲突审查、收费与财务管理、投诉查处、年度考核、档案管理等制度，对律师在执业活动中遵守职业道德、执业纪律的情况进行监督。”律师事务所应当根据有关规定，建立健全档案管理制度。律师事务所应当配备专职或兼职档案管理人员，有条件的应逐步设立档案机构，负责律师业务档案的集中统一管理。

律师事务所档案机构和档案管理人员的职责是：

（1）收集、整理、保管和统计本所的档案和有关资料，确保档案的完整和安全；

（2）积极开展档案的利用工作，为律师开展业务提供服务；

（3）指导、督促、检查律师对律师业务文书材料的立卷归档；

（4）进行档案鉴定，并按照国家有关规定向同级档案馆移交档案；

（5）接受司法行政机关和地方档案行政管理部门的业务指导、监督和检查，定期汇报档案工作情况；

（6）完成领导交办的有关档案工作的其他任务。

第三节　律师业务档案的立卷与归档

律师事务所应根据司法部和国家档案局颁布的《律师业务档案立卷归档办法》和《律师业务档案管理办法》的规定，将律师承办业务所形成的文件材料进行立卷归档，并建立健全档案管理制度，以保证业务档案的完整与安全。

一、律师业务档案的种类

律师业务档案是律师在从事其业务活动的过程中形成的，包括诉讼、非诉讼和涉外三类。诉讼类包括刑事（含刑事辩护和刑事代理）、民事代理、经济诉讼代理、行政诉讼代理四种；非诉讼类包括法律顾问、仲裁代理、咨询代书、其他非诉讼业务四种；涉外类根据具体情况按前两类确定。

二、律师业务档案的立卷原则与要求

律师事务所接受委托后，应办理收案登记，编号后建立卷宗。承办律师在办结案件后，应该按照规定将办理案件过程中收集到的证据材料、反映工作情况的各项材料，根据规定的要求立卷归档。

（一）立卷原则

1. 按年度立卷原则

律师承办跨年度的业务，应在办结年度立卷。

2. 一案一卷原则

两个以上律师共同承办同一案件或同一法律事务应合并立卷。律师担任常年法律顾问，应做到一单位一卷。

3. 一卷一号原则

如刑事辩护和刑事代理是两类不同的案子，在侦查阶段给犯罪嫌疑人提供法律帮助属刑事代理，侦查结束后如果继续办理，应当立刑事辩护的案号，不能用原来的刑事代理案号。

（二）立卷要求

律师业务档案的立卷归档工作，由承办律师或助理律师负责。律师应在接受委托、承办法律事务起就注意收集有关材料，着手立卷的准备工作。

律师应在法律事务办理完毕后即全面整理、检查办理该项法律事务的全部文书材料，补齐遗漏的材料，去掉不必立卷归档的材料。律师要在结案或业务办结后三个月内整理立卷。

律师承办业务中使用的各种证明材料、往来公文、谈话笔录、调查记录等，都必须用黑色钢笔或签字笔书写、签发，或用电脑打印，要求字体整齐、清晰。

律师立卷归档过程中，内容相同的文字材料一般只存一份，但有批示的材料除外。对已提交给人民法院、仲裁机构或有关部门的证据材料，承办律师应将其副本或复印件入卷归档。其他未提交的由当事人提供的证据材料原件应还给当事人并做好签收记录。对不能附卷归档的实物证据，承办律师可将其照片及证物的名称、数量、规格、特征、保管处所、质量检查证明等记载或留存附卷后，分别保管。

三、律师业务档案的归档范围

根据各项律师业务活动所包含的基本内容，律师业务档案的内容及归档范围如下。

（一）诉讼类

主要包括刑事（含刑事辩护和刑事代理）、民事代理、经济诉讼代理、行政诉讼代理四种。其归档范围为：

（1）律师在接受委托或指定时所形成的材料。包括律师事务所批办单、公函、收费凭证、委托书或指定书。

（2）律师在办理案件过程中形成的材料。包括阅卷笔录及会见被告人、委托人或当事人笔录，调查材料（证人、证言、书证、物证等），集体讨论记录，代理或辩护意见，辩护或代理词及有关该案子的法律文书，如起诉书（状）、自诉状、证据保全申请书、先行给付申请书、答辩书、出庭通知书、判决书、裁定书等。

（3）办案小结。

（二）非诉讼类

主要包括法律顾问、仲裁代理、咨询代书及其他非诉讼业务四种。其归档范围为：

（1）律师在受聘为法律顾问后从事一系列法律事务所形成的材料。包括聘方的申请书、聘书或续聘书、聘请法律顾问协议、聘方基本情况介绍材料、收费凭证、律师为法律顾问单位在办理各类法律事务中形成的记录和材料（如起草规章、审查合同、参与谈判、代理解决纠纷、提供法律建议或法律意见、咨询或代书等）以及协议存续、中止、终止情况和工作小结。

（2）律师在从事仲裁代理中所形成的材料，其归档范围类同于民事、经济诉讼代理档案。

（3）律师在咨询代书中形成的材料。包括律师接待来访登记、记录、代书的有关诉状及收费凭证等。

（4）律师在从事其他非诉讼法律事务中形成的材料。包括委托书、收费凭证、谈话笔录、证据材料、调查材料及律师出具的法律意见、法律文书、办理具体法律事务活动的记录及工作小结。

（三）涉外类

涉外类档案的归档范围根据具体情况按诉讼、非诉讼类两类确定。

下列文书材料，不必立卷归档：

（1）委托律师办理法律事务前有关询问如何办理委托手续的信件、电文、电话记录、谈话记录以及复函等。

（2）没有参考价值的信封。

（3）其他律师事务所委托代查的有关证明材料的草稿。

（4）未经签发的文电草稿，历次修改草稿（定稿除外）。

四、律师业务档案的归档及注意事项

（一）归档移交

律师业务文书材料应在结案或事务办结后三个月内整理立卷。装订成册后由承办人根据司法部、国家档案局制定的《律师业务档案管理办法》的有关规定提出保管期限，经律师事务所主任审阅盖章后，移交档案管理人员，并办理存档移交手续。

（二）归档时应注意的问题

档案管理人员接收案卷时，应按照《律师业务档案立卷归档办法》的要求，重点对四个阶段进行验收：收案前、委托代理中、诉讼中和结案后四个阶段。检查案卷质量，并按规定办理归档手续，在案卷封面左上角应盖“归档”章。

档案管理人员接收档案时应进行严格审查，凡不符合立卷规定要求的，一律退回立卷人重新整理，全部合格后，办理移交手续。

涉及国家机密和个人隐私的律师业务案卷均应列为密卷，确定密级，在归档时应在档案封面右上角加盖密卷章。

随卷归档的录音带、录像带等声像档案，应在每盘磁带上注明当事人的姓名、内容、档案编号、录制人、录制时间等，逐盘登记造册归档。

第四节　律师业务档案的整理与鉴定

一、律师业务档案的整理

（一）分类与组卷

律师业务档案按照年度和一案一卷原则分类组卷。按照律师业务档案的种类，根据归档范围，分别进行立卷、组卷。律师业务档案分诉讼、非诉讼和涉外三类。

诉讼类按照刑事（含刑事辩护和刑事代理）、民事代理、经济诉讼代理、行政诉讼代理四大类，分别根据案号进行组卷，卷内排列按照诉讼程序的客观进程或时间顺序排列。卷皮采用软卷皮形式，一案一卷，一卷一号。为便于存放，可以采用以案号顺序，再视厚薄程度将若干卷装订成一卷的方法。跨年度的业务应在结案年立卷，并按案号排入立案年度案卷中。

非诉讼类包括法律顾问、仲裁代理、咨询代书、其他非诉讼业务四种。非诉讼类一般是以年度为期开展的工作。法律顾问卷以单位为单元组卷，考虑到其档案在协议终止前，材料有随时产生的可能，为保持连续性和完整性，组卷宜采用卷盒形式，以便随时补充产生的材料。仲裁代理卷可以参照诉讼类立卷。咨询代书档案按时间顺序或时间-问题立卷。

涉外类根据具体情况按前两类分类组卷。

同一案件由于审级改变或其他原因形成几个案号的案卷，应合并保管，合并保管原则是按时间顺序形成的后卷随前卷保管。

单本卷宗厚度一般不超过 120 页，比如 300 页的一个案子，应把它分成两本立卷。

（二）编号与排列

律师业务档案案卷，按类别（分诉讼、非诉讼和涉外三种）、保管期限、年度顺序排列编号，绝密案卷单独编号。十年为一断号。

我们认为在编制档号的同时，应该根据律师业务档案的特点及种类，每卷另外编制一个分类号。即根据诉讼档案、非诉讼档案、涉外档案三类，每类以代号表示大类。例如，诉讼档案为 A，非诉讼档案为 B，涉外档案为 C，然后在每大类下面设置属类，如诉讼类里面刑事诉讼档案为 A1，民事诉讼档案为 A2，非诉讼类下面法律顾问档案为 B1，仲裁代理档案为 B2 等。这对于查找利用和统计律师业务档案都有很大的好处。

律师业务档案应按照案卷封面、卷内目录、案卷材料、备考表、卷底的顺序排列。本着便于案件线索梳理，了解案情发展的原则，案卷内档案材料可按照诉讼程序的客观进程或时间顺序排列，程序性文件居前、证据性文件居后。

立卷人用钢笔或毛笔逐项填写案卷封面，也可用电脑排版打印。填写或打印卷内目录，内容要整齐，字迹要工整。卷宗封面填写要正规。“类别”不能填简称，如刑事辩护类的就填“刑事辩护”，而不要填成“刑辩”。法院收案号照抄法院文书上的案号，不要省略。

卷内文件一律使用阿拉伯数字逐页编号，两面有字的要两面编页号。页号位置正面在右上角，背面在左上角（无字页不编号）。承办案件日期以委托书签订日期或人民法院指定日期为准；结案日期以收到判决书（裁定书、调解书）之日为准；法律顾问业务的收结日期，以聘请法律顾问合同的签订与终止日期为准；其他非诉讼法律事务，以委托事项办结之日为结案日。

案卷内档案材料具体顺序为：

1. 刑事卷

（1）律师事务所（法律顾问处）批办单；

（2）收费凭证；

（3）委托书或指定书；

（4）阅卷笔录；

（5）会见被告人、委托人、证人笔录；

（6）调查材料；

（7）承办人提出的辩护或代理意见；

（8）集体讨论记录；

（9）起诉书、上诉书；

（10）辩护词或代理词；

（11）出庭通知书；

（12）裁定书、判决书；

（13）上诉书、抗诉书；

（14）办案小结。

2. 民事代理卷

（1）律师事务所（法律顾问处）批办单；

（2）收费凭证；

（3）委托书（委托代理协议、授权委托书）；

（4）起诉书、上诉书或答辩书；

（5）阅卷笔录；

（6）会见当事人谈话笔录；

（7）调查材料（证人证言、书证）；

（8）诉讼保全申请书、证据保全申请书、先行给付申请书和法院裁定书；

（9）承办律师代理意见；

（10）集体讨论记录；

（11）代理词；

（12）出庭通知书；

（13）庭审笔录；

（14）判决书、裁定书、调解书、上诉书；

（15）办案小结。

3. 法律顾问卷

（1）聘方的申请书、聘书或续聘书；

（2）聘请法律顾问协议；

（3）聘方基本情况介绍材料；

（4）收费凭证；

（5）办理各类法律事务（如起草规章、审查合同、参与谈判、代理解决纠纷、提供法律建议或法律意见、咨询或代书等）的记录和有关材料；

（6）协议存续、中止、终止的情况；

（7）工作小结。

4. 其他非诉讼法律事务

（1）委托书；

（2）收费凭证；

（3）与委托人谈话笔录；

（4）委托人提供的证据材料；

（5）调查材料；

（6）律师出具的法律意见或草拟的法律文书、办理具体法律事务活动的记录等；

（7）工作小结。

另外，行政诉讼代理、经济诉讼代理和仲裁代理卷顺序参照民事代理卷排列；咨询代书卷按年度及时间顺序排列；涉外类卷分别参照国内同类卷顺序排列。

终止委托的业务，承办律师仍应按上述各类业务排列顺序归档，承办律师应将委托人要求终止委托的书面文字材料或承办律师对终止委托原因的记录收入卷中，排在全部文书材料之后。

（三）案卷的装订

律师业务文书材料装订前要进一步整理。对破损的材料要修补或复制，复制件放在原件后面。对字迹难以辨认的材料应当附上抄件。主要外文材料要翻译成中文附后。卷面为A4规格，窄于或小于卷面的材料，要用纸张加衬底。粘衬纸时应注意方向，比如附卷凭单粘衬纸时，横粘在衬纸的中间稍靠上部位最好；如果横粘粘不开，竖粘时应让文字头朝向卷宗钉起的那边。大于卷面的材料，要按卷面大小折叠整齐，折叠的时候要注意不能让有字的面被钉起来。需附卷的信封要打开平放，邮票不要揭掉。文书材料上的金属物要全部剔除干净。订书钉、曲别针、大头针必须全部剔除，尤其注意合页判决书中间的钉子。剔除的时候要小心，别把材料弄烂。纸张折角的要掰平，成本的材料纸等要一张张全部打开。

案卷装订一律使用棉绳，三孔钉牢。在线绳活结处须贴上律师事务所封签，并在骑缝线上加盖立卷人的姓名章。

装订档案应统一使用律师事务所印制的案卷封面、封底。封面参见表16-1、表16-2。

表16-1　　律师业务档案卷宗（非诉讼类）

类别		年度　字第　号	
承办律师事务所			
承办律师		委托人	
委托事项			
受托日期	年　月　日	办结日期	年　月　日
结果			
归档日期	年　月　日	立卷人	
保存年限		卷内页数	
档案号数		备注	

表 16-2　　律师业务档案卷宗（诉讼类）

类别		年度　字第　号	
承办律师事务所			
承办律师		委托人	
对方当事人		对方委托代理人	
案由			
收案日期	年　月　日	结案日期	年　月　日
审理法院		审级	
法院收案号		法院　字第　号	
审（办）理结束			
归档日期	年　月　日	立卷人	
保存年限		卷内页数	
档案号数		备注	

二、律师业务档案的鉴定

（一）律师业务档案保管期限的类型与划分依据

律师业务档案的保管期限规定为永久、长期和短期 3 种。凡属于需要长远查考、利用的律师业务档案，列为永久保管。凡属于在长时期内需要查考、利用，作为证据保存的律师业务档案，列为长期保管，保管期限为 20 年至 60 年。凡属于在一般时间内需要查考、利用，作为证据保存的律师业务档案，列为短期保管，保管期限为 5 年至 15 年。列为长期或短期保管的律师业务档案，具体保管期限由立卷人提出并报律师事务所主任决定。

律师业务档案的保管期限，从该项法律事务办结和终止后的下一年起算。具体业务档案的保管期限，参照司法部、国家档案局制定颁布的《律师业务档案保管期限表》（1991 年 9 月 11 日颁布）确定。

律师事务所档案目录登记簿、档案收进登记簿、档案移出登记簿、档案销毁登记簿、档案销毁批件及档案检索卡片列为永久保管。

（二）律师业务档案的具体保管期限

律师业务档案具体的保管期限，要依据案件类型、案件性质、标的金额、影响范围、查考价值等因素具体判断。

1. 刑事档案

列为永久保管的有：

（1）反革命案件判处有期徒刑 5 年以上的，普通刑事案件判处 15 年以上的案件；

（2）能反映一定的社会历史情况并有代表性的或有重大影响或对研究律师业务有重大参考价值的典型案件；

（3）重大涉外案件；

（4）对案件的定罪量刑，律师有重大不同意见的案件；

（5）其他需要永久保管的案件。

列为长期保管的有：

（1）反革命案件判处有期徒刑不满 5 年（包括判处拘役、管制、剥夺政治权利、免予刑事处分及缓刑）；

（2）普通刑事犯罪判处 5 年以上不满 15 年有期徒刑的案件；

（3）一般涉外案件；

（4）其他需要长期保管的案件。

列为短期保管的有：

（1）犯罪判处 5 年以下有期徒刑或给予其他刑事处罚的案件；

（2）其他需要短期保管的案件。

2. 民事代理档案

列为永久保管的有：

（1）房屋、土地、山林、水利（水面）等不动产权益纠纷案件；

（2）反映一定社会历史情况有代表性的案件；

（3）在全国、本省范围内有重大影响的案件；

（4）诉讼标的在 50 万元以上的案件；

（5）较大的涉外案件；

（6）对研究律师业务有重大参考价值的案件。

列为长期保管的有：

（1）诉讼标的在 10 万元以上不满 50 万元的案件；
（2）一般涉外案件；
（3）疑难的离婚和离婚涉及子女财产的案件；
（4）赡养、抚养案件中需要长期供养生活费的案件；
（5）在本地区、本市有重大影响的案件；
（6）缺席判决的案件；
（7）宣告失踪、死亡的案件；
（8）其他需要长期保管的案件。
列为短期保管的有：
（1）一般民事案件；
（2）其他需要短期保管的案件。
3. 经济诉讼代理档案
列为永久保管的有：
（1）诉讼标的在 500 万元以上经济案件；
（2）有重大影响的经济案件；
（3）重大涉外经济案件；
（4）其他需要永久保管的案件。
列为长期保管的有：
（1）诉讼标的在 100 万元以上不满 500 万元的案件；
（2）一般涉外经济案件；
（3）其他需要长期保管的案件。
列为短期保管的有：
（1）一般经济案件；
（2）其他需要短期保管的案件。
4. 行政诉讼代理档案
列为永久保管的有：
（1）当事人一方是省一级或国家部一级单位的案件；
（2）在全国有重大影响的案件；
（3）涉及金融、税收、工商、银行、公安等部门的典型案件；
（4）其他需要永久保管的案件。
列为长期保管的有：
（1）当事人一方是厅局一级单位的案件；
（2）在本地区、本市有重大影响的案件；
（3）其他需要长期保管的案件。
列为短期保管的有：
（1）一般行政诉讼案件；
（2）其他需要短期保管的案件。
5. 非诉讼法律事务档案
法律顾问业务档案一般列为短期保管。但律师担任法律顾问期间另行接受委托承办的具体法律事务，如诉讼代理、仲裁代理、参与调解或办理其他重大法律事务应单独归档，并参照民事诉讼代理、经济诉讼代理、行政诉讼代理中最相类似的条文确定保管期限。

仲裁代理、涉外类业务及其他非诉讼法律事务档案的保管期限，参照以上规定中最相类似的条款确定保管期限。

咨询、代书业务档案列为短期保管。

6. 终止委托的律师业务档案

列为短期保管。

7. 未规定保管期限的律师业务档案

由律师事务所比照《律师业务档案保管期限表》最相类似的规定提出保管期限的意见，并由同级司法行政机关报上级司法行政机关批准后执行。

第五节　律师业务档案的日常管理与利用

一、律师业务档案的日常管理

（一）保管条件及注意事项

存放律师业务档案的房屋，应坚实、防火、防盗、防潮、防高温、防鼠、防虫、防光、防污染，室内要保持清洁、整齐、通风。

档案库房要专用，不得存放与档案无关的物品。严禁在档案库房内外存放易燃、易爆物品。

随卷归档的录音带、录像带等音像档案，应单独存放保管，防止磁化，并根据保管期限定期复制。

档案管理人员应定期对档案进行检查和清点，对于破损、虫蛀、鼠咬、变质、字迹褪色的档案要及时采取防治措施，并进行修补和复制。发现案卷丢失的，应立即向有关领导报告，并积极查找。

档案管理人员调动工作时，应在离职前做好档案移交工作，办理交接手续。

（二）律师业务档案的统计

律师事务所应建立律师业务档案统计制度，对档案的收进、移交、保管、利用等情况进行统计，并按规定向有关上级机关和档案行政管理部门报送档案管理工作基本情况统计表。

（三）律师业务档案的移交鉴定与变更处理

1. 移交

律师事务所列为永久保管的档案，在本所保存 10 年。保存期满后，连同案卷目录（一式三份）和有关检索工具、参考资料，一并向同级档案馆移交，对移交的档案，一律填写档案移出登记簿。

2. 鉴定

对于超过保管期限的档案应定期进行鉴定。鉴定工作由律师事务所主任、档案管理人员和律师组成鉴定小组共同进行。

经鉴定，对仍有保存价值的案卷，应采取提高保管期限档次的办法延长保管期限。对确无保存价值的档案应登记造册，连同销毁报告一并报同级司法行政机关，经书面批准后予以销毁。

为防止遗失和泄密，销毁档案应由两人负责监销，监销人应在销毁清册上签字。

3. 律师业务变更的处理

律师事务所设置变更时，应对律师业务档案进行清理，清理办法如下：

（1）撤销的律师事务所的档案，应由同级或上级司法行政机关代管，或向同级档案馆移交。

（2）一个律师事务所划分为几个律师事务所的，划分前的律师业务档案由一个律师事务所代管或向同级地方档案馆移交。

（3）几个律师事务所合并为一个律师事务所的，各律师事务所的档案应移交给合并后的律师事务所，或分别向同级地方档案馆移交。

（4）律师事务所撤销、划分或合并时，没有办理完毕的律师业务事项，视情况移交给新的律师事务所继续办理，承办该项业务所形成的档案应由新的律师事务所加以保存。

二、律师业务档案的利用

律师办案应实现计算机管理，律师承办案件的案卷号、案由、收案时间、承办人、办理结果应在计算机中一一记录，检索时可一目了然。有条件的还可在律师事务所网络管理平台上开发相应的软件，实现检索管理的信息化、现代化。档案管理人员要熟悉所藏档案的情况，主动了解业务部门和有关人员各项工作对利用档案的需要，积极做好提供利用工作。档案管理人员必须编制《案卷目录》和必要的检索工具，重视档案的开发利用。

（一）利用方式

1. 律师业务档案的借阅

律师事务所应建立律师业务档案借阅制度和档案借阅登记簿。借阅档案必须履行一定的审批和登记手续，并限定借阅期限。因特殊情况不能按期归还的，应办理延期手续。借阅人员必须妥善保管档案，按规定期限归还，严禁剪裁、折叠、涂改、做标记、污损、折卷撕页等破坏档案的行为。

原案件承办人因工作需要，履行借阅手续，可以调阅原承办案件已归档的档案。不属于本人承办案件的档案，由借阅人征得承办人或本所主任同意并登记后，即可借阅。属于“秘密”级以上档案，经承办人及本所主任共同签字后方可借阅。

同级或上级司法行政机关的律师管理部门因工作需要借阅律师业务档案的，应出示正式调卷函件，并应履行借阅登记手续。

人民法院、人民检察院和有关国家机关因工作需要，要求查阅有关档案的，应出示正式查卷函件，经律师事务所主任同意后办理查阅手续。因特殊情况必须借出的，应经同级司法行政机关批准。借出时要查点清楚，办理正式借据，并限期归还。借出的档案不得转借给其他单位和个人使用。

其他单位或个人一般不得借阅和查阅律师业务档案。因特殊情况必须查阅的，须由律师事务所报经同级司法行政机关批准。

2. 律师业务档案的编研

业务档案可以用来总结、分析律师办案的经验，研讨律师业务，编写成功的案例，编写律师事务所的大事记，探索律师事业发展的规律。搞好律师业务档案的开发利用，使档案对指导律师办案和引导律师事务所发展起到确实、明显的作用，使律师事务所和律师充分认识到档案管理的重要性并充分调动其在档案管理工作中的积极性。

（二）保密规定

根据《律师业务档案管理办法》的规定，凡涉及国家机密或个人隐私的律师业务档案，以及当事人要求保密的档案，一般不得借阅和查阅。特殊情况必须查阅的，需报同级司法行政机关批准。凡经批准允许查阅的档案，可以摘抄或复印所查阅的内容，但密级档案不在此列。对查阅或借出的律师业务档案，要及时催还。还回时如发现案卷被拆、文件材料短缺、涂改、增删、污损等情况，应立即向本单位领导汇报并及时追查。档案管理人员必须严格遵守保密制度，保守国家机密和当事人秘密。不得违反制度向任何人提供档案和扩大利用范围，不得向他人泄露档案的内容。

本章思考题

1. 说明律师业务档案概念的含义。
2. 说明律师业务文件材料的归档要求。
3. 如何开展律师业务档案的价值鉴定工作？
4. 如何合理地整理律师业务档案？
5. 如何有效地开展律师业务档案的利用工作？
6. 如何做好律师业务档案的保密安全工作？

第十七章
民政专门档案与民政专门档案管理

本章提要

民政专门档案是指各级各类民政机构在从事相关民政专业活动中形成的各种专门档案的总称。包括：城乡居民最低生活保障档案、伤残抚恤人员档案、殡葬服务单位业务档案、婚姻登记档案、社会组织登记档案、地名档案、行政区域界线档案、农村五保供养档案、收养登记档案、慈善档案等。本章重点论述和说明了民政专门档案的定义、种类、价值，以及各种民政专门档案的主要管理原则和方法。

第一节　民政专门档案的概念和价值

一、民政专门档案的定义和种类

民政机构是主管民间社会事务的行政部门，一般包括婚姻登记、救灾救济、优抚安置、拥政爱民、区划地名、老龄工作、低保、福利、慈善、殡葬、救助等。我国的民政机构包括：民政部，省（自治区）民政厅，市县民政局，乡镇社会事务办公室。其中，民政部主管的业务主要是：救灾救济、优抚安置、社会福利、农村养老保险、基层政权和基层群众自治组织建设、行政区划和地名管理、社团管理、婚姻登记管理、殡葬管理、收容遣送及涉外儿童收养管理等。

（一）民政专门档案概念的含义

民政专门档案是指各级各类民政机构在从事相关民政专业活动中形成的各种专门档案的总称。其中包括：城乡居民最低生活保障档案、伤残抚恤人员档案、殡葬服务单位业务档案、婚姻登记档案、社会组织登记档案、地名档案、行政区域界线档案、农村五保供养档案、收养登记档案、慈善档案等。

（二）民政专门档案种类

在民政机构的专业活动中形成的专门档案主要包括如下 10 种。

1．城乡居民最低生活保障档案

城乡居民最低生活保障档案（简称最低生活保障档案）是指县级人民政府民政部门、

乡镇人民政府和街道办事处以及居（村）民委员会（社区）在最低生活保障的审核、审批、日常管理和服务工作中形成的具有保存价值的文字、图表、声像、电子数据等不同形式和载体的历史记录。

2. 伤残抚恤人员档案

伤残抚恤人员档案是指街道办事处（乡镇人民政府）、县级人民政府民政部门、设区的市级人民政府民政部门（行政公署民政部门）、省级人民政府民政部门在审查、审核、审批新办、补办评定残疾等级和调整残疾等级工作中，以及在办理伤残抚恤关系的转移、发放抚恤金工作中形成的，以伤残抚恤人员个人为单位整理的，具有保存价值的各种载体和形式的历史记录。

3. 殡葬服务单位业务档案

殡葬服务单位业务档案（以下简称殡葬档案）是指殡仪馆、火葬场、公墓、骨灰堂等殡葬服务单位，在提供遗体火化、遗体安葬、骨灰安放（葬）等殡葬服务的过程中形成的具有保存价值的各种载体和形式的历史记录。

4. 婚姻登记档案

婚姻登记档案是婚姻登记机关在办理结婚登记、撤销婚姻、离婚登记、补发婚姻登记证的过程中形成的具有凭证作用的各种记录。

5. 社会组织登记档案

社会组织登记档案是指县级以上人民政府民政部门在依法为社会团体及其分支（代表）机构、基金会及其分支（代表）机构、境外基金会代表机构以及民办非企业单位办理申请筹备成立、成（设）立登记、变更登记、注销登记、备案、章程核准、年度检查和行政处罚等工作中形成的具有查考、利用价值的各种记录。

6. 地名档案

地名档案是指在地名管理工作中形成的具有保存价值的记载各个地理实体的标准名称及其他相关信息的文字、图表、声像等各种历史记录。

7. 行政区域界线档案

行政区域界线档案是指在行政区域界线勘定和管理过程中形成的与行政区域界线的位置、走向、名称等密切相关，具有保存价值的各种文字、图表、声像、电子等不同形式和载体的历史记录。

8. 农村五保供养档案

农村五保供养档案（以下简称五保档案）是指在农村五保供养待遇审核审批和供养服务工作中形成的具有保存价值的文字、图表、声像、电子等不同形式和载体的文件材料，包括审核审批类和供养服务类。五保档案是农村五保供养工作的真实记录，是国家民生档案的重要组成部分。

9. 收养登记档案

收养登记档案是指收养登记机关在依法办理收养登记的过程中形成的记载收养当事人收养情况，具有保存价值的各种文字、图表、声像等不同形式的历史记录。收养登记档案是各级民政部门全部档案的重要组成部分。

10. 慈善档案

慈善档案是指各级慈善部门在接受海内外社会各界（自然人、法人或者其他组织）的慈善捐赠、管理和使用资金、兴办和资助各项慈善活动以及与慈善有关的工作活动中形成的各种形式和载体的历史记录。

二、民政专门档案的价值

民政专门档案是民政机构所从事的各项专业活动的不可或缺的组成部分，不仅可以为优抚安置、社会事务管理、基层政权管理、社会救济、殡葬管理和救灾减灾等业务工作提供连续的证据体系，而且可以为新业务的开展提供完整、系统、有效的专业信息支持。具体而言，民政专门档案的价值和作用主要表现在以下几个方面。

（一）民政专门档案是保障民生的必要工具

例如，各地在实施国务院《城市居民最低生活保障条例》的过程中，积极探索并建立了城市居民最低生活保障档案。这种专门档案正在城市低保工作中发挥着重要作用。根据国务院《关于在全国建立农村最低生活保障制度的通知》要求，最低生活保障制度已经成为解决城乡困难群众基本生活问题、统筹协调城乡社会保障制度建设、构建社会主义和谐社会的重大举措。民政机构通过建立和完善最低生活保障档案，既满足了加强以改善民生为重点的社会建设的客观要求，也满足了民政低保工作的内在需要。因此，各级民政机构应切实将最低生活保障档案管理纳入低保工作内容，做到最低生活保障档案工作与低保工作同步布置、检查、验收，确保最低生活保障档案的全面建立和完善。

（二）民政专门档案是开展优抚安置工作的必要条件

为有效落实《中华人民共和国兵役法》（2011 年修正）、《烈士褒扬条例》、《军人残疾等级评定标准（试行）》、《伤残抚恤管理办法》、《革命伤残军人评定伤残等级的条件》等法律法规的相关规定，必须有相关的民政专门档案的证据支持。例如，伤残抚恤人员档案所提供的档案证据，是规范因战、因公、因病伤残抚恤人员的管理，做好服务伤残人员抚恤业务工作的重要条件，同时也是维护和保障伤残抚恤人员的合法权益必不可少的重要条件。

（三）民政专门档案是有效开展社会事务管理的重要保障

为切实落实《中华人民共和国婚姻法》《婚姻登记管理条例》《中国公民同外国人办理婚姻登记的几项规定》《出国人员婚姻登记管理办法》《华侨同国内公民、港澳同胞同内地公民之间办理婚姻登记的几项规定》《大陆居民与台湾居民婚姻登记管理暂行办法》等法律法规的相关规定，建立健全相关的婚姻登记档案，为办理结婚登记、撤销婚姻、离婚登记、补发婚姻登记证等专业活动留存相关记录，就成了必不可少的一项重要活动。

为落实《中华人民共和国收养法》《外国人在中华人民共和国收养子女登记办法》《华侨以及居住在香港、澳门、台湾地区的中国公民办理收养登记的管辖以及所需要出具的证件和证明材料的规定》《中国公民收养子女登记办法》等法律法规，建立健全收养登记档案，留下收养登记机关在依法办理收养登记过程中形成的记载收养当事人收养情况的历史记录，就成为维护相对人合法权益，维系社会收养活动正常法律秩序的重要保障条件之一。

（四）民政专门档案是进行行政区划管理的必要条件

民政机构为有效落实《地名管理条例》《地名管理条例实施细则》《国务院关于行政区划管理的规定》《国务院关于地名命名、更名的暂行规定》《行政区域边界争议处理条例》及其他地名管理规范的相关规定，有效地避免行政区划方面的矛盾和纠纷，建立健全地名档案与行政区域界线档案，就成为相关民政机构必不可少的业务工作内容。通过这两种专门档案，不仅可以为相关民政专业活动留下可以追溯的历史记录，还可以为解决行政区划方面的各种矛盾和纠纷提供有力的业务与法律证据。

（五）民政专门档案是保障社会组织登记工作正常秩序的重要凭证

民政机构为有效执行《中华人民共和国村民委员会组织法》《中华人民共和国城市居民委员会组织法》及地方城市居民委员会组织法实施办法，应依法为社会团体及其分支（代表）机构、基金会及其分支（代表）机构、境外基金会代表机构以及民办非企业单位办理申请筹备成立、成（设）立登记、变更登记、注销登记、备案、章程核准、年度检查和行政处罚等留存历史记录，建立健全社会组织登记档案。这种民政专门档案已成为保障社会组织登记工作正常秩序，维护相关法人合法权益的重要凭证。

（六）民政专门档案是为城市居民提供最低生活保障，保证农村五保户供养工作的正常进行，维护老年人合法权益的重要依据

为了为城市居民提供最低生活保障，保证农村五保户供养工作的正常进行，维护老年人合法权益，国家已制定了《城市居民最低生活保障条例》《农村五保供养工作条例》《中华人民共和国老年人权益保障法》等法律法规。这些法律法规的落实，需要诸如最低生活保障档案和五保档案提供法律证据支持。只有如此，才能做好相关的民政专业管理活动。

（七）民政专门档案是维护社会正常慈善捐赠、受赠工作秩序，保障社会福利事业健康发展的有力证据

民政机构为有效落实《农村敬老院管理暂行办法》《社会福利企业管理暂行办法》《救灾捐赠管理办法》《有奖募捐社会福利资金管理使用办法》《社会福利机构管理暂行办法》《家庭寄养管理暂行办法》《老年人社会福利机构基本规范》《残疾人社会福利机构基本规范》《儿童社会福利机构基本规范》等法律法规和行业标准，必须建立健全相关专业活动的专门档案，如慈善档案等。这种专门档案不仅可以为相关的捐赠和受赠活动留存系统、完整的历史记录，又可以为开展公开、公平和健康的慈善捐赠事业提供充分的法律证据。

（八）民政专门档案是进行殡葬管理专业活动的重要凭据

殡仪馆、火葬场、公墓、骨灰堂等殡葬服务单位为有效落实《殡葬管理条例》、《殡葬事业单位管理暂行办法》、各省殡葬管理实施办法、公墓管理暂行办法等法规文件，需要建立健全殡葬档案，为遗体火化、遗体安葬、骨灰安放（葬）等殡葬服务留存真实的历史记录。这种专门档案可以为殡仪馆、火葬场、公墓、骨灰堂等殡葬服务单位提供有力的业务证据体系，也是保障相关权利人合法权益的重要依据。

第二节 最低生活保障档案管理

最低生活保障档案是指县级人民政府民政部门、乡镇人民政府和街道办事处以及居（村）民委员会（社区）在最低生活保障的审核、审批、日常管理和服务工作中形成的具有保存价值的文字、图表、声像、电子数据等不同形式和载体的历史记录。2008 年 1 月 9 日，民政部办公厅和国家档案局办公室联合制发了《关于加强最低生活保障档案管理的通知》，为最低生活保障档案的管理提供了规范依据。

一、最低生活保障档案的管理目标和管理原则

（一）最低生活保障档案的管理目标

加强最低生活保障档案管理的目标是：低保对象全部建档，日常管理随时归档；档案整理统一规范，档案保管安全有序；规章制度建立健全，工作条件逐步改善，实现最低生活保障档案管理工作的稳定、持续和科学发展。

（二）最低生活保障档案的管理原则

最低生活保障档案管理应实行分级负责、基层为主的原则。

各省、自治区、直辖市民政厅（局）和档案局要结合本地区的实际情况，共同制定相应的实施细则和管理办法，确保最低生活保障档案的管理既规范又便于实施；县级人民政府民政部门、街道办事处、乡镇人民政府应有专（兼）职人员负责低保文件材料的归档和最低生活保障档案的管理；居（村）民委员会（社区）应协助做好职责范围内的最低生活保障档案工作。

各级民政部门的档案机构要高度重视最低生活保障档案管理工作，将其纳入档案基础业务建设范畴。各级档案行政管理部门要依法加强对最低生活保障档案工作的指导和监督，切实做好服务工作。

应统一标准，规范最低生活保障档案管理流程。建立和完善最低生活保障档案，既要在总体上坚持统一标准，又要结合本地实际，做到在具体操作上简便易行。

二、最低生活保障档案的分类和归档

（一）最低生活保障档案的分类

最低生活保障档案原则上可分为审批类和日常管理类等两类。

（二）最低生活保障专业文件材料的归档

1. 审批类文件材料的归档范围

县级人民政府民政部门批准享受最低生活保障的审批表，有关部门的入户调查表，低保对象的申请书、居民户口簿或居民身份证复印件，低保管理机构要求提供的家庭收入证明以及其他应当归档的材料。

2. 日常管理类文件材料的归档范围

县级人民政府民政部门停发、增发、减发低保金的审批表和有关审核材料；低保对象参加公益活动记录；低保对象名册；日常入户调查材料等。

值得注意的是：低保对象分类统计表、低保资金统计表等统计材料归入本单位的文书档案；低保资金的预算和决算、划拨凭证、发放领取名册等材料归入本单位的会计档案；低保信息系统、统计系统所形成的电子数据，应按国家有关规定归档，确保其可读可用。

三、最低生活保障档案的整理和保管期限

（一）最低生活保障档案的整理方法

（1）审批类档案应以户为单位进行整理；

（2）日常管理类档案按文书档案的整理方法整理。

各地可结合实际制定具体的整理方案。

（二）最低生活保障档案的保管期限

审批类档案的保管期限应为该低保户停保后不少于3年；日常管理类档案的保管期限不少于5年。

最低生活保障档案保管期满后，地方综合档案馆可将适当比例的档案抽样接收进馆。

四、最低生活保障档案的管理和利用

最低生活保障档案原则上由县级人民政府民政部门统一保管，因工作需要，确需由乡镇人民政府、街道办事处或低保经办机构保管的，县级人民政府民政部门应加强指导、检查。保管单位要配备必要的保管设备和防护设施，保证最低生活保障档案的安全。

最低生活保障档案的利用要求包括：

（1）最低生活保障档案主要供低保管理部门使用；

（2）上级单位、监察机关、审计机关、法院和检察院因工作或办案需要可以查阅最低生活保障档案；

（3）低保对象查阅最低生活保障档案的范围，由县级人民政府民政部门确定；

（4）利用者不得丢失、销毁、涂改档案。

五、最低生活保障档案的规范管理

各级民政部门和档案行政管理部门要加强组织协调，确保最低生活保障档案的规范管理。具体要求如下。

（一）纳入重要议事日程、加强指导、明确责任

规范最低生活保障档案管理，涉及面广，工作量大，各级民政部门和档案行政管理部门要将这一工作纳入重要议事日程，加强指导，明确责任，密切配合，抓好落实。

（二）加强制度建设、实行规范化管理和优质服务

各地要结合当地实际制订具体方案，积极推进最低生活保障档案工作制度建设，力争起点高、步子稳、成效大。各级民政部门要发挥职能部门作用，加强督促检查和工作指导，确保最低生活保障档案的全覆盖；要通过对最低生活保障档案的必要投入，促进低保工作的规范管理和优质服务。各级档案行政管理部门要加强业务指导，为这项工作的开展提供技术支持。乡镇人民政府、街道办事处要根据所承担的工作，切实加强工作力量，保证最低生活保障档案材料归档齐全、管理规范和保管安全。

各级民政部门和档案行政管理部门要加强协调配合和分类指导，以规范管理为目标，以业务培训为手段，抓好典型，带动工作全面开展，促进最低生活保障档案工作与最低生活保障工作的协调发展。

第三节　伤残抚恤人员档案管理

伤残抚恤人员档案是指街道办事处（乡镇人民政府）、县级人民政府民政部门、设区的市级人民政府民政部门（行政公署民政部门）、省级人民政府民政部门在审查、审核、审批新办、补办评定残疾等级和调整残疾等级工作中，以及在办理伤残抚恤关系的转移、发放抚恤金工作中形成的，以伤残抚恤人员个人为单位整理的，具有保存价值的各种载体和形式的历史记录。伤残抚恤人员档案是民政专业档案的重要组成部分，属于国家民生档案范畴。

2010年3月17日，民政部和国家档案局联合发布了《关于印发〈伤残抚恤人员档案管理办法〉的通知》。该规范文件为民政机构从事伤残抚恤人员档案管理提供了规范依据。

一、伤残抚恤人员档案的管理体制和管理与利用原则

（一）伤残抚恤人员档案的管理体制

1. 主管部门及其职责

伤残抚恤人员档案工作由民政部统一领导，由街道办事处（乡镇人民政府）、县级人

民政府民政部门、设区的市级人民政府民政部门（行政公署民政部门）、省级人民政府民政部门分级负责。

2. 业务监督和指导职责

在业务上接受上级人民政府民政部门和县级以上同级档案行政管理部门的监督和指导。

（二）伤残抚恤人员档案的管理利用原则与要求

（1）伤残抚恤人员档案应坚持方便管理和利用的原则；

（2）伤残抚恤人员档案应在县级以上人民政府民政部门实行集中统一管理，任何组织和个人不得据为己有或者拒绝归档；

（3）伤残抚恤人员档案的具体集中存放地点由省级人民政府民政部门规定。

二、伤残抚恤人员材料的归档和整理

（一）伤残抚恤人员材料的归档要求

（1）归档的材料必须齐全完整、图文清晰；

（2）归档材料应当在相关手续办理完毕后20个工作日内归档；

（3）在新办、补办评定和调整残疾等级工作以及办理伤残抚恤关系转移、发放抚恤金工作过程中形成的电子文件，应当按照《电子文件归档与电子档案管理规范》（GB/T 18894-2016）要求进行整理归档，重要的电子文件应当同时打印出纸质文件一并归档；

（4）各省（自治区、直辖市）范围内伤残抚恤关系转移材料归入伤残抚恤人员档案的范围由各省级人民政府民政部门规定。

（二）伤残抚恤人员材料的归档范围

1. 在新办评定残疾等级工作中形成材料的归档范围

这类文件材料的归档范围可按表17－1执行。

表17－1　新办评定残疾等级工作中形成材料的归档范围

序号	归档文件材料
1	申请人书面申请书
2	申请人有效身份证件复印件或者户口簿复印件
3	申请人单位（或者街道办事处、乡镇人民政府）书面意见
4	致残经过证明
5	医疗终结后的诊断证明
6	县级人民政府民政部门出具的受理通知书
7	评定伤残等级审批表
8	残疾等级医学鉴定意见
9	公示材料

续前表

序号	归档文件材料
10	评定残疾等级决定书副本
11	伤残人员证件（含中华人民共和国残疾军人证、中华人民共和国伤残人民警察证、中华人民共和国伤残公务员证、中华人民共和国因战因公伤残人员证）复印件
12	县级或者设区的市级人民政府民政部门出具的不予评定残疾等级决定书副本

2. 在补办评定残疾等级工作中形成材料的归档范围

这类文件材料的归档范围可按表 17－2 执行。

表 17－2　　补办评定残疾等级工作中形成材料的归档范围

序号	归档文件材料
1	申请人书面申请书
2	申请人有效身份证件复印件或者户口簿复印件
3	申请人单位（或者街道办事处、乡镇人民政府）书面意见
4	申请人因战因公致残档案记载或者原始医疗证明
5	县级人民政府民政部门出具的受理通知书
6	评定伤残等级审批表
7	残疾等级医学鉴定意见
8	公示材料
9	补办残疾等级决定书副本
10	县级或者设区的市级人民政府民政部门出具的不予评定残疾等级决定书副本
11	伤残人员证件（含中华人民共和国残疾军人证、中华人民共和国伤残人民警察证、中华人民共和国伤残公务员证、中华人民共和国因战因公伤残人员证）复印件

3. 调整残疾等级工作中形成材料的归档范围

这类文件材料的归档范围可按表 17－3 执行。

表 17－3　　调整残疾等级工作中形成材料的归档范围

序号	归档文件材料
1	申请人书面申请书
2	申请人有效身份证件复印件或者户口簿复印件
3	申请人单位（或者街道办事处、乡镇人民政府）书面意见
4	原评定残疾等级的证明
5	申请人认为残疾情况与原残疾等级明显不符的医疗诊断证明
6	县级人民政府民政部门出具的受理通知书
7	评定伤残等级审批表
8	残疾等级医学鉴定意见
9	公示材料
10	调整残疾等级决定书副本

续前表

序号	归档文件材料
11	调整后的伤残人员证件（含中华人民共和国残疾军人证、中华人民共和国伤残人民警察证、中华人民共和国伤残公务员证、中华人民共和国因战因公伤残人员证）复印件
12	县级或者设区的市级人民政府民政部门出具的不予调整残疾等级决定书副本

4. 伤残抚恤工作中形成材料的归档范围

这类文件材料的归档范围可按表 17－4 执行。

表 17－4　　伤残抚恤工作中形成材料的归档范围

序号	归档文件材料
1	伤残人员换证、补证申报审批表
2	伤残人员死亡证明
3	注销伤残人员证件的决定书副本及备案材料复印件
4	撤销伤残抚恤待遇材料：撤销伤残抚恤待遇决定书（复印件），因伪造、变造中华人民共和国残疾军人证而由民政部门收回的中华人民共和国残疾军人证原件
5	其他应归档材料

5. 残疾军人退役或者向地方政府移交以及伤残人员跨省转移伤残抚恤关系过程中形成材料的归档范围

这类文件材料的归档范围可按表 17－5 执行。

表 17－5　　残疾军人退役或者向地方政府移交以及伤残人员跨省转移伤残抚恤关系过程中形成材料的归档范围

序号	归档文件材料
1	转入伤残抚恤关系申请书
2	有关伤残证件的变更栏一页的复印件
3	有关残疾情况复查材料
4	转出伤残抚恤关系申请书
5	伤残人员关系转移证明
6	其他应归档材料

6. 发放抚恤金过程中形成材料的归档范围

这类文件材料的归档范围可按表 17－6 执行。

表 17－6　　发放抚恤金过程中形成材料的归档范围

序号	归档文件材料
1	在国内异地居住的，每年由居住地公安机关出具的居住证明
2	在港、澳、台定居或出国定居的，每年由我国驻外使领馆（或我国驻外使领馆认证的当地公证机关）出具的居住证明
3	其他应归档材料

（三）伤残抚恤人员档案的整理

1. 伤残抚恤人员档案的立卷与案卷编目

（1）伤残抚恤人员归档材料按照一人一档（即以伤残抚恤人员个人为单位，一人一卷）的原则进行整理；伤残抚恤人员档案的具体整理方法可以参考民政部和国家档案局联合印发的《伤残抚恤人员档案管理办法》执行，也可以由省级人民政府民政部门自行规定。

（2）伤残抚恤人员档案的卷内归档文件材料的范围可按表 17－1 至表 17－6 中的文件材料的顺序排列。

（3）卷与卷之间按照形成时间顺序排列，形成时间顺序以当事人初次认定或申请材料形成之日为准。

（4）在每卷档案内首页上端的空白处（或者档案封套和档案袋的封面）加盖归档章，并填写有关内容。

（5）归档章中应设全宗号、年度、室编卷号、馆编卷号等著录项目。

（6）按室编卷号的顺序，为每一卷伤残抚恤人员档案编制归档文件目录，并将其置于卷内首页之前。

（7）归档文件目录中可设序号、责任者、文号、题名、日期、页数、备注等著录项目。

（8）每卷档案及其归档文件目录应当以无酸纸套或者档案袋等有利于保管和利用的方式加以固定。

（9）按照室编卷号的顺序将每卷档案依次装入档案盒并填写档案盒封面、盒脊和备考表的项目。档案盒封面应当标明伤残抚恤人员档案集中存放地人民政府民政部门名称和伤残抚恤人员档案名称；档案盒脊背标签中应设全宗号、年度、起止卷号和盒号等著录项目；备考表应置于盒内，说明各个盒内保存文件的情况，并填写整理人、检查人和归档日期。

2. 编制伤残抚恤人员档案目录的编目要求

（1）每年形成的伤残抚恤人员档案必须编制目录。目录中可设馆编卷号、室编卷号、姓名、伤残人员证号、备注等著录项目。

（2）每年的档案目录加封面后装订成册，一式三份，并编制目录号。档案目录封面应设全宗号、机构名称、目录号、年度、编制机关、编制日期等著录项目。

（3）归档章、档案盒封面、档案盒盒脊式样的规格参考《归档文件整理规则》（DA/T 22-2015）规定的相关式样的规格，归档文件目录、备考表、伤残抚恤人员档案目录、伤残抚恤人员档案目录封面用纸幅面尺寸采用国际标准 A4 型。

三、伤残抚恤人员档案的鉴定和保管

（一）伤残抚恤人员档案的鉴定

伤残抚恤人员档案保管期限为 100 年。保管期限从当事人初次认定或者申请材料形成之日起的次年 1 月 1 日开始计算。

伤残抚恤人员档案保管部门应当对保管期限届满的伤残抚恤人员档案进行价值鉴定，对有继续保存价值的可以将保管期限延长直至永久。

伤残抚恤人员档案的鉴定销毁应当符合如下要求：

（1）伤残抚恤人员档案保管部门对保管期限届满的档案要进行价值鉴定，对无保存价值的予以销毁，但伤残抚恤人员档案目录应当永久保存。

（2）对销毁的伤残抚恤人员档案应当建立销毁清册，写明销毁档案的时间、种类和数量并永久保存。

（3）伤残抚恤人员档案保管部门应当派人监督伤残抚恤人员档案的销毁过程，确保销毁档案没有漏销或者流失，并在销毁清册上签字。

（二）伤残抚恤人员档案的保管

伤残抚恤人员档案应当放入坚固、防火、防潮的档案库房进行管理，库房内应设空调，以及去湿、灭火等设备。

库房的防火、防潮、防蛀、防盗、防光、防尘、防高温等设施和安全措施应当经常检查，要保持库房的清洁和库内适宜的温度、湿度。

四、伤残抚恤人员档案的利用和移交

（一）伤残抚恤人员档案的利用

伤残抚恤人员档案的利用应当符合以下要求：

（1）各级民政部门因自身工作需要可以利用伤残抚恤人员档案；

（2）各级政府监察、公安、检察院、法院等单位因公务需要可以利用伤残抚恤人员档案；

（3）经伤残抚恤人员档案保管机构主管领导批准，办理相关手续后，伤残抚恤人员可以利用与自身相关的伤残抚恤档案；

（4）经伤残抚恤人员档案保管机构主管领导批准，有关单位、组织或个人因工作需要，办理相关手续后可以利用伤残抚恤人员档案；

（5）查阅档案严禁损毁、涂改、抽换、圈画、批注、污染等；

（6）伤残抚恤人员档案应当使用计算机等现代化管理手段进行管理，方便用户使用。

（二）伤残抚恤人员档案的移交

伤残抚恤人员档案集中存放地人民政府民政部门应当在伤残抚恤人员档案保存至该伤残抚恤人员死亡5年后，向同级国家综合档案馆移交。

伤残等级为一至四级的伤残抚恤人员死亡后，其遗属仍享受相关待遇的，伤残抚恤人员档案集中存放地人民政府民政部门应当将该伤残抚恤人员档案保存至其遗属停止享受相关待遇，然后向同级国家综合档案馆移交。

第四节　殡葬档案管理

殡葬档案是指殡仪馆、火葬场、公墓、骨灰堂等殡葬服务单位，在提供遗体火化、遗体安葬、骨灰安放（葬）等殡葬服务过程中形成的具有保存价值的各种载体和形式的历史记录。

一、殡葬档案的管理体制和基本要求

各级人民政府民政部门应当将殡葬档案工作纳入殡葬管理和民政档案工作中，加强指导、监督和检查。殡葬档案工作接受档案行政管理部门的业务指导和监督。

殡葬服务单位应当履行下列档案工作职责：

（1）贯彻执行国家有关档案工作的法律、法规和方针政策，建立健全本单位殡葬档案管理的各项规章制度，保证殡葬档案工作的有序开展；

（2）明确负责殡葬档案工作的机构和人员，统一管理本单位的殡葬档案；

（3）采用科学的管理方法，确保殡葬档案的安全保管；

（4）提供殡葬档案查阅服务，依据档案出具有关证明。

二、殡葬服务单位业务文件材料的归档工作

（一）遗体火化过程中形成材料的归档范围

这类文件材料的归档范围可按表 17－7 执行。

表 17－7　遗体火化过程中形成材料的归档范围

序号	归档文件材料
1	死亡证明原件或者复印件
2	火化证明存根
3	丧事承办人签名的遗体火化处理表、骨灰领取证明
4	丧事承办人的有效身份证件复印件
5	其他应当归档的材料

（二）提供土葬服务的公墓在遗体安葬过程中形成材料的归档范围

这类文件材料的归档范围可按表 17－8 执行。

表 17－8　提供土葬服务的公墓在遗体安葬过程中形成材料的归档范围

序号	归档文件材料
1	死亡证明原件或者复印件
2	遗体安葬合同
3	丧事承办人签名的遗体安葬处理表、业务流程单等
4	丧事承办人的有效身份证件复印件
5	补充签订的合同或者协议
6	其他应当归档的材料

（三）骨灰安放（葬）过程中形成材料的归档范围

这类文件材料的归档范围可按表 17－9 执行。

表 17-9　　骨灰安放（葬）过程中形成材料的归档范围

序号	归档文件材料
1	死亡证明或者火化证明的复印件
2	骨灰安放（葬）合同
3	丧事承办人签名的骨灰安放（葬）处理表、业务流程单等
4	丧事承办人的有效身份证件复印件
5	补充签订的合同或者协议
6	其他应当归档的材料

（四）殡葬服务单位业务文件材料的归档要求

殡葬文件材料的归档应当符合以下要求：

（1）归档的文件材料应当齐全完整；

（2）归档的文件材料中有照片或者复印件的，应当图文清晰；

（3）殡葬文件材料应当在相关手续办理完毕后 10 个工作日内整理归档。

三、殡葬档案的整理

（一）殡葬文件材料的分类

（1）归档的殡葬文件材料按照类别-年度进行整理；

（2）殡葬档案的类别分为遗体火化、遗体安葬和骨灰安放（葬）三类；

（3）遗体火化类的年度以遗体火化证明上所记载的时间为准，遗体安葬类和骨灰安放（葬）类的年度以初次签订安放（葬）合同的时间为准。

（二）殡葬文件材料的整理原则与方法

殡葬文件材料的整理应当符合以下原则与方法：

（1）遗体火化文件材料以被火化的死者为单位整理，一个被火化的死者一卷；遗体安葬材料和骨灰安放（葬）材料以墓穴（格位）为单位整理，一个墓穴（格位）一卷。

（2）各类案卷按照形成时间顺序排列；卷内文件材料分别按表 17-7、表 17-8、表 17-9的顺序排列。

（3）卷内文件材料一律用阿拉伯数字逐页连续编写页号，页号编写在有文字页面的正面右上角；照片、图表等正面难以编写页号的，可以编在背面左上角。

（4）在每卷档案内首页上端的空白处（或者档案封套和档案袋的封面）加盖归档章，并填写有关内容（归档章式样见图 17-1)。归档章的填写说明：a. 全宗号，填写国家综合档案馆给立档单位编制的代码；b. 类别，填写本卷档案所属具体类别的名称；c. 年度，填写本卷档案的所属年度，以四位阿拉伯数字表示；d. 室编卷号，填写殡葬服务单位编制的卷的排列顺序号，每个类别一个年度内的案卷从“1”开始编制；e. 馆编卷号，填写档案移交相关国家综合档案馆时按进馆要求编制的卷的顺序号。

<table>
<tr><td colspan="2">全宗号</td><td colspan="2">类别</td><td colspan="2">年度</td></tr>
<tr><td colspan="3">室编卷号</td><td colspan="3">馆编卷号</td></tr>
</table>

图 17-1　归档章式样

（5）为每一卷殡葬档案编制卷内文件目录，置于卷内首页之前（卷内文件目录式样见表 17-10）；填写卷内备考表，置于卷末（卷内备考表式样见表 17-11）。

表 17-10　卷内文件目录

序号	文件题名	日期	页号	备注

注：序号，填写文件的排列顺序号；文件题名，填写文件的标题；日期，填写文件的形成时间；页号，填写每份文件的起始页号，最后一份文件填写该件的起止页号；备注，填写文件需要说明的情况。

表 17-11　卷内备考表

本卷情况说明：   立卷人： 检查人： 立卷时间：

注：本卷情况说明，填写卷内文件缺损、修改、补充、移出、销毁等情况；立卷人，由责任立卷者签名；检查人，由案卷质量审核者签名；立卷时间，填写立卷完成的日期。

（6）每卷档案及其卷内文件目录、卷内备考表应当以无酸纸封套或者档案袋等有利于保管和利用的方式加以固定。

（7）按照室编卷号的顺序将每卷档案依次装入档案盒，并填写档案盒封面、盒脊的项目（档案盒封面式样、档案盒盒脊式样分别见图 17－2、图 17－3）。

全宗名称
殡葬档案类别

图 17－2　档案盒封面式样

注：全宗名称，填写立档单位的名称；殡葬档案类别，填写本盒殡葬档案的具体类别名称。

<table>
<tr><td colspan="2">全宗号</td></tr>
<tr><td colspan="2">类别</td></tr>
<tr><td colspan="2">年度</td></tr>
<tr><td rowspan="2">起止卷号</td><td>室</td></tr>
<tr><td>馆</td></tr>
<tr><td colspan="2">盒号</td></tr>
</table>

图 17－3　档案盒盒脊式样

（8）按类别分别编制殡葬档案目录［遗体火化档案目录式样、遗体安葬档案目录式样、骨灰安放（葬）档案目录式样分别参见表 17－12、表 17－13、表 17－14］。

表 17-12　　遗体火化档案目录

馆编卷号	室编卷号	死者姓名	火化证号	火化时间	丧事承办人姓名	备注

注：馆编卷号，填写档案移交相关国家综合档案馆时按进馆要求编制的卷的顺序号；室编卷号，填写殡葬服务单位编制的卷的排列顺序号，每个类别一个年度内的案卷从“1”开始编制；死者姓名，填写被火化的死者的姓名；火化证号，填写火化证明上记载的顺序号；火化时间，填写火化的日期；丧事承办人姓名，填写承办死者丧事的人的姓名；备注，填写需要特别说明的其他情况。

表 17-13　　遗体安葬档案目录

馆编卷号	室编卷号	死者姓名	安葬证号	安葬位置	安葬时间	丧事承办人姓名	备注

注：馆编卷号，填写档案移交相关国家综合档案馆时按进馆要求编制的卷的顺序号；室编卷号，填写殡葬服务单位编制的卷的排列顺序号，每个类别一个年度内的案卷从“1”开始编制；死者姓名，填写被葬者的姓名；安葬证号，填写遗体安葬证明材料的序号；安葬位置，填写遗体安葬的墓穴号；安葬时间，填写初次签订安葬合同的日期；丧事承办人姓名，填写承办死者丧事的人的姓名；备注，填写需要特别说明的其他情况。

表 17-14　　骨灰安放（葬）档案目录

馆编卷号	室编卷号	死者姓名	安放（葬）证号	安放（葬）位置	安放（葬）时间	丧事承办人姓名	备注

注：馆编卷号，填写档案移交相关国家综合档案馆时按进馆要求编制的卷的顺序号；室编卷号，填写殡葬服务单位编制的卷的排列顺序号，每个类别一个年度内的案卷从“1”开始编制；死者姓名，填写骨灰被安放（葬）者的姓名；安放（葬）证号，填写骨灰安放（葬）证明材料的序号；安放（葬）位置，填写骨灰安放（葬）的墓穴（格位）号；安放（葬）时间，填写初次签订安放（葬）合同的日期；丧事承办人姓名，填写承办死者丧事的人的姓名；备注，填写需要特别说明的其他情况。

（9）一个年度内的殡葬档案目录加封面后装订成册，一式三份，并编制目录号（殡葬档案目录封面式样参见表 17-15）。

表 17－15　　殡葬档案目录

殡葬档案目录

全宗名称：＿＿＿＿＿＿
全 宗 号：＿＿＿＿＿＿
目 录 号：＿＿＿＿＿＿
类　　别：＿＿＿＿＿＿
年　　度：＿＿＿＿＿＿

编制单位：
编制日期：

注：全宗名称，填写立档单位的名称；全宗号，填写国家综合档案馆给立档单位编制的代码；目录号，填写该目录的排列顺序号；类别，填写该目录下殡葬档案的具体类别名称；年度，填写该目录的形成年度，以四位阿拉伯数字表示；编制单位，填写该目录的编制单位名称；编制日期，填写该目录的编制时间。

（10）殡葬服务单位应当不断提高殡葬档案的信息化管理水平；在殡葬服务过程中形成的电子文件资料，应当按照国家有关电子文件归档和管理的要求和标准进行整理归档。

四、殡葬档案的保管期限划分和保管要求

（一）保管期限的划分

（1）遗体火化档案的保管期限为 50 年。保管期限自遗体火化后的次年 1 月 1 日起开始计算。

（2）遗体安葬档案和骨灰安放（葬）档案的保管期限为自初次签订安放（葬）合同之日起，至续签的最后一份安放（葬）合同或者协议终止后 20 年。

（二）保管要求

殡葬档案应当放入专用的档案装具进行管理，有条件的单位应当设专用的档案库房，配备空调，去湿、灭火等设备。档案保管应当符合防盗、防火、防虫、防鼠、防潮、防尘、防高温等要求，保持适宜的温度和湿度，保证档案的安全。档案保管设施和安全措施应当经常检查，发现问题及时处理。

五、殡葬档案的利用和移交

（一）殡葬档案的利用要求

（1）殡葬档案主要供殡葬服务单位使用；

（2）火化证明或者安放（葬）证明的持有人凭本人有效身份证件，可以利用相关的殡葬档案；

（3）各级人民政府民政部门、人民法院、人民检察院、公安和国家安全机关、纪检监察机关因公务需要，持单位介绍信可以利用殡葬档案；

（4）律师凭律师执业证书和律师事务所证明，可以利用与其承办的法律事务有关的殡葬档案；

（5）殡葬档案不得外借，仅限于当场查阅；

（6）为出具相关证明复印殡葬档案的，须加盖档案保管部门的印章方为有效；

（7）严禁对所查阅的殡葬档案进行损毁、涂改、抽换、圈画、批注、污染。

（二）殡葬档案的移交和销毁

（1）遗体火化档案在殡葬服务单位保管 20 年后向相关国家综合档案馆移交；

（2）相关国家综合档案馆应当在遗体火化档案保管期限届满后对其进行鉴定，有继续保存价值的延长保管期限直至永久，无保存价值的予以销毁；

（3）遗体安葬档案和骨灰安放（葬）档案的保管期限届满后，殡葬服务单位应当对其进行鉴定，有继续保存价值的移交到相关国家综合档案馆保存至永久，无保存价值的予以销毁；

（4）殡葬服务单位或者相关国家综合档案馆对需要销毁的殡葬档案应当建立销毁清册，载明销毁档案的时间、种类和数量，确保应当销毁的档案没有漏销和流失，相关负责人员应当在销毁清册上签字；

（5）销毁清册和殡葬档案目录永久保存。

第五节　婚姻登记档案管理

婚姻登记档案是婚姻登记机关在办理结婚登记、撤销婚姻、离婚登记、补发婚姻登记证的过程中形成的具有凭证作用的各种记录。2006 年 1 月 23 日民政部、国家档案局发布的《婚姻登记档案管理办法》是相关单位开展婚姻登记档案管理的重要依据。

一、婚姻登记档案的管理体制

（一）婚姻登记档案的管理原则

婚姻登记主管部门对婚姻登记档案工作实行统一领导，分级管理，并接受同级地方档案行政管理部门的监督和指导。

（二）婚姻登记机关的档案工作职责

（1）及时将办理完毕的婚姻登记材料收集、整理、归档；

（2）建立健全各项规章制度，确保婚姻登记档案的齐全完整；

（3）采用科学的管理方法，提高婚姻登记档案的保管水平；

（4）办理查档服务，出具婚姻登记记录证明，告知婚姻登记档案的存放地；

（5）办理婚姻登记档案的移交工作。

二、婚姻登记文件材料的归档

（一）办理结婚登记形成材料的归档

办理结婚登记（含复婚、补办结婚登记）形成的下列材料应当归档：

（1）结婚登记审查处理表；

（2）申请结婚登记声明书或者申请补办结婚登记声明书；

（3）香港特别行政区居民、澳门特别行政区居民、台湾地区居民、出国人员、华侨以及外国人提交的《婚姻登记条例》第五条规定的各种证明材料（含翻译材料）；

（4）当事人身份证件（从《婚姻登记条例》第五条规定，下同）复印件；

（5）其他有关材料。

（二）办理撤销婚姻形成材料的归档

（1）婚姻登记机关关于撤销婚姻的决定；

（2）撤销婚姻申请书；

（3）当事人的结婚证原件；

（4）公安机关出具的当事人被拐卖、解救证明，或人民法院做出的能够证明当事人被胁迫结婚的判决书；

（5）当事人身份证件复印件；

（6）其他有关材料。

（三）办理离婚登记形成材料的归档

（1）离婚登记审查处理表；

（2）申请离婚登记声明书；

（3）当事人结婚证复印件；

（4）当事人离婚协议书；

（5）当事人身份证件复印件；

（6）其他有关材料。

（四）办理补发婚姻登记证形成材料的归档

（1）补发婚姻登记证审查处理表；

（2）申请补领婚姻登记证声明书；

（3）婚姻登记档案保管部门出具的婚姻登记档案记录证明或其他有关婚姻状况的证明；

（4）当事人身份证件复印件；

（5）当事人委托办理时提交的经公证机关公证的当事人身份证件复印件和委托书，受委托人本人的身份证件复印件；

（6）其他有关材料。

三、婚姻登记档案的分类和整理

（一）婚姻登记档案的分类

婚姻登记档案的分类，可采用年度-婚姻登记性质分类法。即将每个年度形成的婚姻登记档案按照婚姻登记性质，划分为结婚登记类、撤销婚姻类、离婚登记类和补发婚姻登记证类等 4 类。

在归类时，人民法院宣告婚姻无效或者撤销婚姻的判决书副本，应归入撤销婚姻类档案。婚姻无效或者撤销婚姻的，应当在当事人原婚姻登记档案的结婚登记审查处理表的“备注”栏中注明有关情况及相应的撤销婚姻类档案的档号。

（二）婚姻登记材料的立卷归档要求与方法

1. 婚姻登记材料的立卷归档要求

（1）当年的婚姻登记材料在次年的 3 月 31 日前完成立卷归档。

（2）归档的婚姻登记材料必须齐全完整，案卷规范、整齐，复印件一律使用 A4 规格的复印纸，复印件和照片应当图像清晰。

（3）归档章、档案盒封面、盒脊、备考表等项目，使用耐久性书写材料填写；婚姻登记档案目录应当打印；备考表和档案目录一律使用 A4 规格纸张。

（4）使用计算机办理婚姻登记所形成的电子文件记录，应当与纸本文件一并归档，归档要求可参照《电子文件归档与电子档案管理规范》（GB/T 18894-2016）执行。

2. 婚姻登记材料的立卷归档方法

（1）婚姻登记材料要按照年度归档。

（2）一对当事人婚姻登记材料应组成一个案卷。

（3）案卷内的登记材料可分别按照其归档规定的顺序排列。

（4）固定案卷应采用有利于档案长期保存的方法。

（5）按照办理婚姻登记的时间顺序排列卷内文件材料。

（6）在卷内文件首页上端的空白处加盖归档章；归档章设全宗号、年度、室编卷号、馆编卷号和页数等数据项目（全宗号，填写档案馆给立档单位编制的代号；年度，填写案卷的所属年度；室编卷号，填写案卷排列的顺序号，每年每个类别分别从“1”开始标注；馆编卷号，填写档案移交时按进馆要求编制的卷的顺序号；页数，填写卷内材料有文字的页面数）。

（7）按室编卷号的顺序将婚姻登记档案装入档案盒，并填写档案盒封面、盒脊和备考表的项目。档案盒封面应标明全宗名称和婚姻登记处名称。盒脊设全宗号、年度、婚姻登记性质、起止卷号和盒号等项目。其中，起止卷号填写盒内第一个案卷和最后一个案卷的卷号，中间用“—”号连接；盒号即档案盒的排列顺序号，在档案移交时按进馆要求编制。备考表置于盒内，说明内藏档案的情况，并填写整理人、检查人和日期等数据项。

（8）按类别分别编制婚姻登记档案目录；每年的婚姻登记档案目录加封面后装订成册（一式三份），编目录号。

四、婚姻登记档案的鉴定和移交

（一）婚姻登记档案的鉴定

婚姻登记档案的保管期限为100年。对有继续保存价值的可以延长保管期限直至永久。

婚姻登记档案的鉴定销毁要求包括：

（1）婚姻登记档案保管部门对保管期限到期的档案要进行价值鉴定，对无保存价值的予以销毁，但婚姻登记档案目录应当永久保存；

（2）对销毁的婚姻登记档案应当建立销毁清册，载明销毁档案的时间、种类和数量，并永久保存；

（3）婚姻登记档案保管部门应当派人监督婚姻登记档案的销毁过程，确保销毁档案没有漏销或者流失，并在销毁清册上签字。

（二）婚姻登记档案的移交

婚姻登记档案的移交规定包括：

（1）县级（含）以上地方人民政府民政部门形成的婚姻登记档案，应当在本单位档案部门保管一定时期后向同级国家档案馆移交，具体移交时间由双方商定。

（2）具有办理婚姻登记职能的乡（镇）人民政府形成的婚姻登记档案应当向乡（镇）档案部门移交，具体移交时间从乡（镇）的规定；乡（镇）人民政府应当将每年的婚姻登记档案目录副本向上一级人民政府民政部门报送。

（3）被撤销或者合并的婚姻登记机关的婚姻登记档案应当按照前两款规定及时移交。

五、婚姻登记档案的利用

婚姻登记档案的利用应当遵守民政主管部门的相关规定。婚姻登记档案保管部门应当建立档案利用制度，明确办理程序，维护当事人的合法权益。具体用户利用权限要求包括：

（1）婚姻登记机关可以利用本机关移交的婚姻登记档案。

（2）婚姻当事人持有合法身份证件，可以查阅本人的婚姻登记档案；婚姻当事人因故不能亲自前往查阅的，可以办理授权委托书，委托他人代为办理，委托书应当经公证机关公证。

（3）人民法院、人民检察院、公安和安全部门为确认当事人的婚姻关系，持单位介绍信可以查阅婚姻登记档案；律师及其他诉讼代理人在诉讼过程中，持受理案件的法院出具的证明材料及本人有效证件可以查阅与诉讼有关的婚姻登记档案。

（4）其他单位、组织和个人要求查阅婚姻登记档案的，在婚姻登记档案保管部门确认其利用目的合理的情况下，经主管领导审核，可以利用。

（5）利用婚姻登记档案的单位、组织和个人，不得公开婚姻登记档案的内容，不得损害婚姻登记当事人的合法权益。

（6）婚姻登记档案不得外借，仅限于当场查阅；复印的婚姻登记档案须加盖婚姻登记档案保管部门的印章方为有效。

各立档单位应根据自身的实际情况，根据国家民政部制定的规范性文件，建立健全婚姻登记档案的利用制度，完善利用机制，努力维护相关用户的合法利用权益。

第六节　社会组织登记档案管理

社会组织登记档案是指县级以上人民政府民政部门在依法为社会团体及其分支（代表）机构、基金会及其分支（代表）机构、境外基金会代表机构以及民办非企业单位办理申请筹备成立、成（设）立登记、变更登记、注销登记、备案、章程核准、年度检查和行政处罚等工作中形成的具有查考、利用价值的各种记录。2010 年 7 月 15 日民政部、国家档案局发布的《社会组织登记档案管理办法》，是相关单位开展社会组织登记档案管理的主要依据。

一、社会组织登记档案的管理体制

社会组织登记档案工作由县级以上人民政府民政部门分级负责，在业务上接受同级档案行政管理部门和上级民政部门的监督和指导。

县级以上人民政府民政部门档案管理机构应当对社会组织登记档案实行集中统一管理，指定专职（或兼职）人员负责社会组织登记档案管理工作，建立并完善社会组织登记档案的管理制度，确保社会组织登记档案的完整、准确、系统、安全和有效利用，并逐步实现社会组织登记档案的信息化管理和服务。

二、社会组织登记文件材料的归档管理

（一）社会组织登记文件材料的归档制度

1. 归档时间

社会组织登记管理业务机构应当在行政许可、行政审批、行政处罚、监督管理相关事

项办理完毕后30个工作日内完成归档工作。档案管理机构（人员）在接收归档的文件材料时，必须认真核对清点，检查文件材料是否齐全、完整，符合规定要求的予以接收，并办理交接手续。

2. 归档要求

（1）社会组织登记档案按照一个社会组织一档的原则，归档文件材料以“件”为单位进行整理。一般以一份文件为一件，正文与附件为一件，传真件应当复印并与原件为一件，请示与批复各为一件，一次上报的多份表格，每份表格可为一件。

（2）一个社会组织的所有文件材料按照形成的时间顺序排列，每份文件应当用无酸纸套或档案袋等有利于保管和利用的方式加以固定，并按顺序依次装入档案盒保存。

（3）使用电子计算机办理社会组织登记、备案、年检等工作所形成的电子文件的归档，参照《电子文件归档与电子档案管理规范》（GB/T 18894-2016）的要求进行整理归档。

3. 归档范围

社会组织登记文件材料的归档范围，可参照表17-16、表17-17、表17-18、表17-19的内容执行。

表17-16　　社会团体登记文件材料归档范围

序号	文件类别	范围描述及文件材料排列顺序
1	社会团体筹备成立文件材料	登记管理机关准予社会团体筹备成立的文件；筹备成立申请书；业务主管单位批准筹备成立的文件；章程草案；捐资文件；验资证明、住所使用权证明；发起人和拟任负责人基本情况材料、身份证明材料；其他材料
2	社会团体成立登记文件材料	登记管理机关准予社会团体成立的文件；社会团体成立登记申请书；业务主管单位审查同意的文件；社会团体法人登记申请表；社会团体法定代表人登记表；会员大会或会员代表大会通过并经业务主管单位审查同意的章程；社会团体章程核准表；住所使用权证明；会长（理事长）、副会长（副理事长）、秘书长备案表及其身份证明、理事会（常务理事会）名册、会员名册；其他材料
3	社会团体设立分支（代表）机构登记文件材料	登记管理机关准予社会团体设立分支（代表）机构登记的文件；社会团体分支（代表）机构登记申请表；设立社会团体分支（代表）机构与社会团体住所不在一地的，其设在地民政部门同意在当地设立的意见；申请登记专项基金管理机构所提交的捐赠协议书、理事会纪要及其专项基金管理办法；其他材料
4	社会团体变更名称登记文件材料	登记管理机关准予社会团体变更名称的文件；社会团体变更名称登记申请表；业务主管单位同意变更名称的文件；社会团体章程核准表；修订后的章程及其章程修订说明；其他材料
5	社会团体变更法定代表人登记文件材料	登记管理机关准予社会团体变更法定代表人的文件；社会团体变更法定代表人登记申请表；社会团体法定代表人登记表；前任法定代表人任职期间的财务审计报告；拟任法定代表人身份证明；其他材料

续前表

序号	文件类别	范围描述及文件材料排列顺序
6	社会团体变更业务主管单位登记文件材料	登记管理机关准予社会团体变更业务主管单位的文件；社会团体变更业务主管单位登记申请表；原业务主管单位同意变更的文件；新业务主管单位同意作为该社会团体业务主管单位的文件；其他材料
7	社会团体变更住所登记文件材料	登记管理机关准予社会团体变更住所的文件；社会团体变更住所登记申请表；新住所证明（房产单位出具的证明或买卖合同复印件或租赁合同复印件）；其他材料
8	社会团体变更活动资金文件材料	登记管理机关准予变更活动资金的文件；社会团体变更活动资金登记申请表；验资证明；其他材料
9	社会团体变更业务范围文件材料	登记管理机关准予社会团体变更业务范围的文件；社会团体变更业务范围申请表；其他材料
10	社会团体分支（代表）机构变更文件材料	登记管理机关准予社会团体分支（代表）机构变更的文件；社会团体分支（代表）机构变更申请表；住所变更到登记地以外地区的，其所在地民政部门出具的同意在当地设立的意见；其他材料
11	社会团体及其分支（代表）机构备案文件材料	社会团体组织机构代码证书（复印件）；税务登记证书（复印件）；社会团体印章式样；银行开户证明（复印件）；社会团体办事机构备案表；社会团体办事机构注销备案表；社会团体负责人变动申请表、社会团体负责人备案表及其身份证明；社会团体分支（代表）机构负责人备案表；社会团体会费标准备案材料；其他材料
12	社会团体章程修订及其核准文件材料	社会团体章程核准表；经核准的社会团体章程；章程修订说明；其他材料
13	社会团体年检文件材料	社会团体年度工作报告书；其他材料
14	社会团体注销登记文件材料	登记管理机关准予社会团体注销登记的文件；社会团体注销登记申请书；业务主管单位同意注销登记的文件；社会团体法人注销申请表；社会团体清算审计报告；社会团体清算报告书；其他材料
15	社会团体分支（代表）机构注销登记文件材料	登记管理机关准予社会团体分支（代表）机构注销登记的文件；社会团体分支（代表）机构注销申请表；其他材料

续前表

序号	文件类别	范围描述及文件材料排列顺序
16	行政处罚文件材料	行政处罚决定书；行政复议决定书；行政诉讼判决（裁定）书；其他材料

表 17－17　基金会登记文件材料归档范围

序号	文件类别	范围描述及文件材料排列顺序
1	基金会设立登记文件材料	登记管理机关准予基金会设立登记的文件；基金会设立登记申请书；业务主管单位同意设立登记的文件；基金会法人登记申请表；基金会法定代表人登记表；基金会章程及章程核准表；原始基金捐赠文件及验资证明；住所使用权证明；理事、监事备案表及其身份证明，基金会专职工作人员情况；其他材料
2	基金会设立分支（代表）机构文件材料	登记管理机关准予基金会设立分支（代表）机构的文件；基金会分支（代表）机构登记申请表；基金会分支（代表）机构负责人登记表；设立基金会分支（代表）机构与基金会住所不在一地的，其设在地民政部门同意在当地设立的意见；其他材料
3	基金会变更名称登记文件材料	登记管理机关准予基金会变更名称的文件；基金会变更名称登记申请表；业务主管单位同意变更名称的文件；修订后的章程；其他材料
4	基金会变更法定代表人登记文件材料	登记管理机关准予基金会变更法定代表人的文件；基金会变更法定代表人登记申请表；基金会法定代表人登记表；拟由外国人及香港、澳门、台湾居民担任的基金会法定代表人的公证、认证材料；前任法定代表人任职期间的财务审计报告；其他材料
5	基金会变更业务主管单位登记文件材料	登记管理机关准予基金会变更业务主管单位的文件；基金会变更业务主管单位登记申请表；原业务主管单位同意变更的文件；新业务主管单位同意作为该基金会业务主管单位的文件；其他材料
6	基金会变更类型登记文件材料	登记管理机关准予基金会变更类型的文件；基金会变更类型登记申请表；验资证明；其他材料
7	基金会变更住所文件材料	登记管理机关准予基金会变更住所的文件；基金会变更住所登记申请表；新住所证明（房产单位出具的证明或买卖合同复印件或租赁合同复印件）；其他材料
8	基金会变更原始基金数额文件材料	登记管理机关准予基金会变更原始基金数额的文件；基金会变更原始基金登记申请表；原始基金捐赠文件及验资证明；其他材料

续前表

序号	文件类别	范围描述及文件材料排列顺序
9	基金会变更公益活动的业务范围文件材料	登记管理机关准予基金会变更公益活动业务范围的文件；基金会变更公益活动业务范围登记申请表；其他材料
10	基金会分支（代表）机构变更文件材料	登记管理机关准予基金会分支（代表）机构变更的文件；基金会分支（代表）机构变更申请表；住所变更到外地的，其所在地民政部门出具的同意在当地设立的意见；其他材料
11	基金会备案文件材料	基金会组织机构代码证书（复印件）；基金会税务登记证书（复印件）；基金会印章式样；基金会银行开户证明（复印件）；基金会理事、监事变动备案表及其身份证明；基金会办事机构备案表；基金会办事机构注销备案表；基金会银行账户、税务登记和组织机构代码的注销资料复印件；重大事项备案材料；其他材料
12	基金会章程修订及其核准文件材料	基金会章程；基金会章程核准表；章程修订说明；其他材料
13	基金会年检文件材料	基金会年度工作报告书；财务审计报告；其他材料
14	基金会注销登记文件材料	登记管理机关准予基金会注销登记的文件；业务主管单位同意注销登记的文件；基金会法人注销申请表；基金会注销登记申请书；基金会清算报告书；基金会清算审计报告；其他材料
15	基金会分支（代表）机构注销登记文件材料	登记管理机关准予基金会分支（代表）机构注销登记的文件；基金会分支（代表）机构注销申请表；其他材料
16	行政处罚文件材料	行政处罚决定书；行政复议决定书；行政诉讼判决（裁定）书；其他材料

表 17-18　　境外基金会代表机构登记文件材料归档范围

序号	文件类别	范围描述及文件材料排列顺序
1	境外基金会代表机构设立登记文件材料	登记管理机关准予境外基金会代表机构设立的文件；境外基金会设立代表机构的申请报告；业务主管单位同意境外基金会设立代表机构的文件；境外基金会设立代表机构申请书；境外基金会代表机构登记事项表；其他材料
2	境外基金会代表机构变更名称文件材料	登记管理机关准予境外基金会代表机构变更名称的文件；境外基金会代表机构登记事项表；境外基金会代表机构变更名称申请书；其他材料

续前表

序号	文件类别	范围描述及文件材料排列顺序
3	境外基金会代表机构变更负责人文件材料	登记管理机关准予境外基金会代表机构变更负责人的文件；境外基金会代表机构登记事项表；境外基金会代表机构变更负责人申请书；离任负责人任职期间的财务审计报告；境外基金会代表机构负责人的公证、认证材料；其他材料
4	境外基金会代表机构变更业务主管单位文件材料	登记管理机关准予境外基金会代表机构变更业务主管单位的文件；境外基金会代表机构登记事项表；境外基金会代表机构变更业务主管单位申请书；新业务主管单位同意作为该境外基金会代表机构业务主管单位的文件；其他材料
5	境外基金会代表机构变更住所文件材料	登记管理机关准予境外基金会代表机构变更住所的文件；境外基金会代表机构登记事项表；境外基金会代表机构变更住所申请书；其他材料
6	境外基金会代表机构变更业务范围文件材料	登记管理机关准予境外基金会代表机构变更业务范围的文件；境外基金会代表机构登记事项表；境外基金会代表机构变更业务范围申请书；境外基金会章程中有相应业务规定的证明材料；其他材料
7	境外基金会代表机构备案文件材料	境外基金会代表机构备案表；境外基金会代表机构组织机构代码证书（复印件）；税务登记证书（复印件）；印章式样；境外基金会银行开户证明（复印件）；境外基金会代表机构副代表备案书；境外基金会代表机构工作人员备案书；境外基金会代表机构章程变动备案书；其他材料
8	境外基金会代表机构年检文件材料	境外基金会代表机构年度工作报告书；其他材料
9	境外基金会代表机构注销登记文件材料	登记管理机关准予境外基金会代表机构注销登记的文件；境外基金会代表机构注销登记申请书；境外基金会代表机构清算报告；其他材料
10	行政处罚文件材料	行政处罚决定书；行政复议决定书；行政诉讼判决（裁定）书；其他材料

表 17－19　　民办非企业单位登记文件材料归档范围

序号	文件类别	范围描述及文件材料排列顺序
1	民办非企业单位成立登记文件材料	登记管理机关准予民办非企业单位成立登记的文件；民办非企业单位成立登记申请书；业务主管单位的批准文件；住所使用权证明；验资证明；拟任法定代表人或单位负责人（理事会负责人、执行机构负责人）基本情况及其身份证明；民办非企业单位法人登记申请表；民办非企业单位法定代表人登记表；民办非企业单位章程及其核准表；其他材料

续前表

序号	文件类别	范围描述及文件材料排列顺序
2	民办非企业单位变更名称登记文件材料	登记管理机关准予民办非企业单位变更名称的文件；民办非企业单位变更名称登记申请书；民办非企业单位变更名称登记申请表；业务主管单位同意变更名称的文件；其他材料
3	民办非企业单位变更法定代表人登记文件材料	登记管理机关准予民办非企业单位变更法定代表人的文件；民办非企业单位变更法定代表人登记申请表；民办非企业单位法定代表人登记表；前任法定代表人任职期间的财务审计报告；拟任法定代表人的基本情况和身份证明；其他材料
4	民办非企业单位变更业务主管单位登记文件材料	登记管理机关准予民办非企业单位变更业务主管单位的文件；民办非企业单位变更业务主管单位登记申请表；原业务主管单位同意变更的文件；新业务主管单位同意作为该民办非企业单位业务主管单位的文件；其他材料
5	民办非企业单位变更住所登记文件材料	登记管理机关准予民办非企业单位变更住所的文件；民办非企业单位变更住所登记申请表；新住所证明（房产单位出具的证明或买卖合同复印件或租赁合同复印件）；其他材料
6	民办非企业单位变更开办资金登记文件材料	登记管理机关准予民办非企业单位变更开办资金的文件；民办非企业单位变更开办资金登记申请表；验资证明；其他材料
7	民办非企业单位变更业务范围登记文件材料	登记管理机关准予民办非企业单位变更业务范围的文件；民办非企业单位变更业务范围申请报告；其他材料
8	民办非企业单位备案材料	民办非企业单位组织机构代码证书（复印件）；税务登记证书（复印件）；印章式样；银行开户证明（复印件）；民办非企业单位内设机构备案表；民办非企业单位内设机构注销备案表；民办非企业单位负责人变动申请表；民办非企业单位负责人备案表；其他材料
9	民办非企业单位章程或合伙协议修订及其核准文件材料	登记管理机关对民办非企业单位章程或合伙协议核准文件；民办非企业单位章程或合伙协议；业务主管单位审查同意的文件；修订后的章程或合伙协议及其修订说明；其他材料
10	民办非企业单位年检文件材料	民办非企业单位年度工作报告书；财务审计报告；其他材料
11	民办非企业单位注销登记文件材料	登记管理机关准予民办非企业单位注销登记的文件；注销登记申请书；业务主管单位同意注销登记的文件；民办非企业单位法人注销申请表；民办非企业单位清算报告书；会计师事务所出具的民办非企业单位清算报告；其他材料

续前表

序号	文件类别	范围描述及文件材料排列顺序
12	行政处罚文件材料	行政处罚决定书；行政复议决定书；行政诉讼判决（裁定）书；其他材料

（二）社会组织登记文件材料的分类与排列

归档的社会组织登记文件材料，可以划分为社会团体类、民办非企业单位类、基金会类3类。

各类社会组织登记档案按照社会组织登记证号的顺序进行排列。

三、社会组织登记档案的鉴定、保管和移交

（一）社会组织登记档案的鉴定

社会组织登记档案保管期限定为永久。

（二）社会组织登记档案的保管

社会组织登记档案要有专门的地点存放，要配备必要的保管装具，并设有防火、防盗、防渍、防有害生物等安全设施，确保档案的安全保管。档案管理机构要定期检查档案的保管状况，发现问题及时解决。

档案管理机构应当配备计算机管理社会组织登记档案，实行社会组织登记纸质档案和电子档案的分别保管，提高档案利用效率，维护档案的完整与安全。

（三）社会组织登记档案的移交

社会组织登记档案应当在社会组织注销之日起满10年后向同级国家综合档案馆移交。

四、社会组织登记档案的检索、利用

档案管理机构应当建立社会组织名录等检索工具。

社会组织登记档案的利用应遵守如下规定：

（1）社会组织登记档案的形成单位因工作需要，履行有关手续后可以利用本单位形成的社会组织登记档案。

（2）人民法院、人民检察院、公安机关、国家安全机关等部门因工作需要，持单位介绍信可以利用相关的社会组织登记档案。

（3）社会组织业务主管单位因工作需要，持单位介绍信可以利用其主管的社会组织登记档案。

（4）社会组织因工作需要，持单位介绍信可以利用本组织的登记档案。

（5）律师根据案情的需要，自行调查取证的，凭律师执业证书和律师事务所证明，可以利用与承办法律事务有关的社会组织登记档案；当事人和除律师以外的其他诉讼代理人

根据案情的需要，持受理案件的法院出具的证明材料及本人有效证件，可以利用与诉讼事务有关的社会组织登记档案。

（6）其他单位、组织凭单位介绍信，公民凭个人有效身份证明，可以查询公开的社会组织的登记事项。

（7）对涉密档案的利用，应当遵守国家有关规定，并按保密程序审批。

（8）档案管理机构应当根据档案所记载的内容，为利用者出具社会组织登记证明。

第七节　地名档案管理

地名档案是指在地名管理工作中形成的具有保存价值的记载各个地理实体的标准名称及其他相关信息的文字、图表、声像等各种历史记录。地名档案是地名管理的专业档案，是国家档案的重要组成部分，是进行地名管理、推行地名标准化、开展地名研究的基础。早在 1983 年 5 月 5 日，民政部、国家档案局就颁发了《全国地名档案管理暂行办法》。2001 年 7 月 10 日民政部、国家档案局发布的《地名档案管理办法》，是相关单位开展地名档案管理的重要依据。

一、地名档案的管理体制

（一）地名档案的管理原则

全国地名档案工作在国家档案行政管理部门的统筹规划、组织协调、统一制度、监督和指导下，由民政部统一指导，各级地名主管部门分级管理。在档案业务上接受上级地名主管部门和同级档案行政管理部门的指导、监督。

地名材料由形成部门负责整理，并移交地名档案管理机构或档案工作人员集中统一管理，任何个人不得据为己有。

（二）地名管理机构的职责

（1）贯彻执行国家有关档案工作的法律、法规和方针政策，制定地名档案工作的规章制度，并组织实施；

（2）收集、整理、保管、统计地名档案及相关的专业资料；

（3）指导和监督下级地名档案工作，开展地名档案理论研究、经验交流和业务培训；

（4）开发利用地名档案信息资源，编辑地名资料，为地名工作及有关方面提供服务；

（5）严格保守国家秘密，维护地名档案的完整与安全。

二、地名材料的归档

（一）地名材料的归档范围

地名材料需要归档的主要包括以下 7 种类型：

（1）地名调查（包括普查、补查和资料更新）的原始记录、补充调查记录和收集的考证材料等；

（2）地名照片（含底片）等声像材料；

（3）地名普查成果表、地名卡片、地名文字概况、地名补查和资料更新成果表及地名图的原始稿、审定稿、正本（成图）；

（4）地名录、地名志、地名词典及各种资料汇编的原始稿、审定稿、出版本和计算机软盘；

（5）本单位编印的地名刊物的审定稿和出版本；

（6）地名译写书刊的原始稿、审定稿和出版本；

（7）各种地名图的审定图和成图。

（二）地名材料的归档要求

（1）地名材料应于每项工作告一段落或结束时整理归档；

（2）地名材料以县（市）、市辖区为整理单位，按照一名一卷的原则整理，并结合行政区划和地名类别排列；

（3）地名文字概况与地名表应装订成册，地名卡片应装入卡片柜或卡片箱、盒，地名图应采用图筒或专用柜等方法妥善保管；

（4）地名照片、音像带按照《照片档案管理规范》《磁性载体档案管理与保护规范》的要求管理；

（5）编译出版材料按照《出版社书稿档案管理办法》的要求整理归档；

（6）地名档案永久保管；

（7）地名普查成果、地名补查和资料更新成果应按《第二次全国地名普查实施方案》和《第二次全国地名普查补查和资料更新工作实施方案》的有关规定逐级上报。

三、地名档案的移交和保管

地名档案在地名档案管理机构保存一定年限后，按国家有关规定移交同级国家综合档案馆。

地名档案库房要配备必要的设施和设备，并有防盗、防火、防光、防虫和防潮等设施。各级地名主管部门应为地名档案管理创造必要的条件，积极采用先进技术，逐步实现地名档案管理的现代化。

四、地名档案的利用

地名档案的利用应按民政主管部门和国家档案行政主管部门的规定要求，通过如下方式以供利用。

（一）内部控制使用

定为秘密级边境地区标有准确经纬度的地名档案，以及尚未公开的地名录、地名志和地名资料汇编等，应采用内部使用方式提供利用。涉密的地名档案主要供地名工作部门利用。

查阅非涉秘档案，须出具单位介绍信或个人有效证件。

（二）查（借）阅使用

各级地名档案管理机构应建立地名档案的查（借）阅制度；根据档案的密级，确定不同的利用范围，规定不同的审批手续。

（三）检索编研服务

各级地名档案管理机构应编制各种检索工具，积极开展档案的编研工作，分析研究档案的利用效果，总结推广档案利用的先进经验。

五、国家地名和区划数据库的建设

为了适应地名档案信息的规范化管理，规范国家地名和区划数据库的使用、维护、更新，确保数据完整、规范、准确、有效，数据库管理系统安全高效运行，更好地为我国经济社会发展和国防建设服务，方便群众生产生活，我国制定了国家标准《中华人民共和国行政区划代码》（GB/T 2260-2007）、《县以下行政区划代码编制规则》（GB/T 10114-2003）、《民政统计代码编制规则》、《地名分类与类别代码编制规则》（GB/T 18521-2001）及《国家地名数据库代码编制规则》（民地办发〔2010〕1号）、《国家地名和区划数据库管理办法（试行）》（民政部2011年11月2日印发）等管理规范。

（一）国家地名和区划数据库的概念及数据库管理内容

1. 国家地名和区划数据库的概念

是指以地理信息系统和数据库技术等为基础，对地名和行政区划、行政区域界线等数据的采集、录（导）入、存储、处理、分析、应用的计算机管理系统，由国家、省（自治区、直辖市）、市（自治州、地区、盟）、县（市、市辖区）四级数据库组成，使用统一的软件平台，其中国家级数据库存储全国范围的数据，省、市、县三级数据库各存储本行政区域内的数据。

2. 国家地名和区划数据库管理内容

根据《国家地名和区划数据库管理办法（试行）》的要求，国家地名和区划数据库管理内容应包括：

（1）采集、审核、录（导）入数据；

（2）更新、补充、修改数据；

（3）按时限报送数据；

（4）定期进行数据备份；

（5）硬件设备配置及管理维护；

（6）软件研发、配备、升级及运行维护；

（7）数据管理和应用；

（8）安全保密管理。

国家地名和区划数据库运行管理应执行的标准有：《地名分类与类别代码编制规则》（GB/T 18521-2001）、《国家地名数据库代码编制规则》（民地办发〔2010〕1 号）、《国家地名数据库建设指导意见》（民办发〔2006〕4 号）、《第二次全国地名普查试点工作规程》（修订版）等。

（二）国家地名和区划数据库的管理职责

（1）县以上各级人民政府行政区划和地名主管部门（以下简称主管部门）负责本级地名和区划数据库的使用、更新维护、运行管理、开发应用及配套建设。

（2）民政部负责制定国家地名和区划数据库建设规划，研究制定有关法规和技术标准；组织开发应用各种比例尺的图形库数据；组织研发数据库管理系统软件和软件升级；负责省级数据库建设的技术指导、上报数据审核和检查验收；组织开展技术培训；负责国家数据库数据的汇总、修改、管理应用和安全保密等工作。

（3）省级主管部门负责本行政区域内各级数据库建设的组织协调、技术指导、业务培训、上报数据审核、督促检查；负责本级数据库数据的修改、关联、汇总上报、管理应用及安全保密等工作。

（4）市级主管部门负责本行政区域内县级数据库建设的技术指导、业务培训、上报数据审核、检查验收；负责本级数据库数据的采集、录（导）入、修改、关联、核对、汇总上报、管理应用及安全保密等工作。

（5）县级主管部门负责本行政区域内的地名和行政区划、行政区域界线等数据的采集、录（导）入、修改、关联、核对、汇总上报、管理应用、业务培训及安全保密等工作。

（三）国家地名和区划数据库的数据采集、更新、报送

1. 数据采集对象

数据库数据分为专题地名和行政区划属性数据、空间图形数据和多媒体数据。

（1）专题地名和行政区划属性数据。

专题地名和行政区划属性数据是指反映地名、行政区划、行政区域界线的文字、数字等相关数据。地名数据包括自然地理实体和人文地理实体的名称、地理位置及附属信息。自然地理实体包括海域、水系、陆地地形等；人文地理实体包括各级行政区域及非行政区域、群众自治组织、居民点、具有地名意义的交通运输设施、水力电力通信设施、纪念地与旅游胜地、建筑物、单位等。行政区划数据包括行政区划概况、沿革、人口、面积、经济、城建等数据。行政区域界线数据包括行政区域界线协议书、界桩登记表、界线联检成果及会议纪要、边界纠纷处理协议、平安边界建设成果等。

（2）空间图形数据。

空间图形数据是指不同比例尺的矢量地图和遥感影像、行政区域界线矢量数据，地名标志、界桩等矢量数据。

（3）多媒体数据。

多媒体数据是指描述地理实体、地名标志、界桩的图像、视频、音频等数据，描述界线的有关文件扫描图等。

2. 数据采集、更新、报送入库要求

（1）各级主管部门应协调相关部门，建立地名和区划数据采集机制，按照有关技术标准和时限要求，统一做好数据采集、入库工作。

（2）数据更新坚持准确规范、上下联动的原则。数据发生变更的，应在 20 个工作日内完成数据更新工作，县级主管部门每年 1、4、7、10 月，市级主管部门每年 2、5、8、11 月，省级主管部门每年 6、12 月分别将更新数据汇总审核后以安全方式报送。

3. 数据审批备案和保存

数据增加、修改、更新、删除，应当履行审批备案制度，由审批的主管部门建立纸质和电子档案，永久保存。

（四）国家地名和区划数据库数据共享使用

1. 地名和区划共享数据类型

地名和区划数据分为基础数据、政务数据和公共数据，分别按不同权限，面向不同对象，以不同形式进行共享使用。

（1）基础数据是指数据库内的全部数据，主要面向民政系统（地名主管部门）、军队有关部门，在专用计算机或内部保密专网上共享或以文件交换方式提供使用，与政务网、互联网进行物理隔离。

（2）政务数据是指经筛选并通过保密审核的数据，主要面向政府部门，供浏览查阅，不能下载保存，对不同用户授予不同权限，使用环境与互联网逻辑隔离。

（3）公共数据是指经筛选并脱密处理的数据，面向社会公众，通过互联网、电话、触摸屏等平台提供相关信息。

2. 政务数据和公共数据共享使用程序

政务数据和公共数据须依程序审批后共享使用，具体程序为：

（1）主管部门可结合地名更新和公共服务需求，定期编制地名和区划数据共享目录，并通过公共平台或门户网站公布共享目录、使用权限、共享方式及相关要求；

（2）使用部门可对照目录，根据需要向主管部门提出书面申请，明确使用目的、数据范围、有关需求等内容；

（3）在通过主管部门审查后，经过脱密处理，授权使用部门使用并对其进行监督。

（五）主管部门对国家地名和区划数据库系统的运行维护要求

主管部门对国家地名和区划数据库系统的运行维护，应满足如下基本要求。

1. 设备设施的维护

各级主管部门须配备数据采集设备、专用保密计算机及存储设备，有条件的可配备专用机房及监控、防水、防火、防尘、防电磁、防辐射、防雷击等配套设施，定期检查系统运行情况，并制定故障恢复预案，做到有备无患。

2. 访问权限控制措施和数据备份

各级主管部门应采取安全访问权限控制措施，严格执行身份验证制度，防止未经授权用户访问数据库。未经批准，任何人不得对后台数据库进行数据更改操作。确需后台操作的，必须经批准，并事先对数据库进行备份，详细记录数据更改情况并存档备查。

3. 安全管理

各级主管部门应建立安全存储机制，保证数据安全，每年 6、12 月对数据进行多份、异质备份，检查备份数据存储介质，并填写数据备份管理日志。

4. 人员管理

各级主管部门要指派专职人员负责数据采集和系统管理，建立岗前培训制度，定期组织技术培训；管理人员调离岗位时须移交全部相关资料，确保数据库运行不受人员更替影响。

5. 制度机制

各级主管部门要结合自身实际制定责任分工制度、系统维护制度、运行操作规程、档案管理制度和情况反馈机制。

6. 经费保证

各级主管部门要向同级人民政府积极争取，将建库、更新、维护、升级等经费作为专项经费纳入年度财政预算，也可以向企事业单位有偿提供数据公共产品，其收益用于数据库全面建设，收费标准和收费办法按照国家有关规定执行。

7. 系统升级

民政部定期组织数据库管理系统软件升级。地方各级主管部门根据统一部署做好相应升级工作。

（六）国家地名和区划数据库系统的安全保密管理

国家地名和区划数据库系统的安全保密管理要求包括：

（1）国家地名和区划数据库中的涉密信息，严格遵守国家有关保密规定进行管理。

（2）严格专机专用，严禁接入互联网，专用存储处理设备不能与其他计算机交叉使用，不得在联网计算机上安装运行数据库软件和处理数据；专用计算机须安装正版杀毒软件并定期查杀病毒，严格控制移动介质使用，数据上报前要进行杀毒处理。

（3）专用计算机及存储处理设备出现故障，应到保密部门指定的维修单位进行维修，如送其他单位，须经本部门主管领导批准，并由专人进行现场监督；报废设备和过期数据应到保密部门指定单位进行销毁。

（4）与其他单位合作建库，利用数据开展功能拓展应用，须经省级以上主管部门批准，审查其保密资质并签订保密协议，同时对数据进行脱密处理。

（5）加强对涉密人员的保密教育。定期开展信息安全和保密教育，提高安全意识、防范意识和责任意识，确保数据安全可靠，数据库管理系统安全有序运行。

（6）因管理失职或者处置不当而泄露涉密信息，有关部门和相关责任人应当承担相应的法律责任。

（七）国家地名数据库代码编制规则

1. 国家地名数据库代码编制方法

国家地名数据库代码应依据国家标准《中华人民共和国行政区划代码》（GB/T 2260-

2007)、《县以下行政区划代码编制规则》(GB/T 10114-2003)、《民政统计代码编制规则》和《地名分类与类别代码编制规则》(GB/T 18521-2001) 制定；国家地名数据库代码应做到不重、不漏，留有备用号。国家地名数据库代码共有二十位数字，分为四段编制。具体编制方法如下：

第一段由六位数字组成，表示县级以上行政区划代码，执行《中华人民共和国行政区划代码》。其中包括：

(1) 行政区划数字代码（简称数字码）采用三层六位层次码结构，按层次分别表示我国各省（自治区、直辖市、特别行政区）、市（地区、自治州、盟）、县（自治县、县级市、旗、自治旗、市辖区、林区、特区）。

(2) 数字码码位结构从左至右的含义是：第一层即前两位代码表示省、自治区、直辖市、特别行政区；第二层即中间两位代码表示市、地区、自治州、盟、直辖市所辖市辖区/县汇总码、省（自治区）直辖县级行政区划汇总码；第三层即后两位表示县、自治县、县级市、旗、自治旗、市辖区、林区、特区。

(3) 为保证数字码的唯一性，因行政区划发生变更而撤销的数字码不再赋予其他行政区划。

(4) 凡是未经批准，不是国家标准的行政区划单列区、县级单位，代码的第三层即后两位必须设置为以 91 开始按顺序往下编制。

第二段的三位代码执行国家标准《县以下行政区划代码编制规则》。其中的第一位数字为类别标识，以“0”表示街道，“1”表示镇，“2”和“3”表示乡，“4”和“5”表示政企合一的单位；其中的第二位、第三位数字为该代码段中各行政区划的顺序号。具体划分如下：

(1) 001～099 表示街道（地区）的代码，应在本地区的范围内由小到大顺序编写；

(2) 100～199 表示镇（民族镇）的代码，应在本地区的范围内由小到大顺序编写；

(3) 200～399 表示乡（民族乡）的代码，应在本地区的范围内由小到大顺序编写；

(4) 400～599 表示政企合一单位的代码，应在本地区的范围内由小到大顺序编写；

(5) 600～699 表示开发区等非法定单位代码，应在本地区的范围内由小到大顺序编写；

(6) 999 表示省、地、区（县）本级的代码，应在本地区的范围内编写。

第三段由五位数字组成，表示地名属性类别，执行《地名分类与类别代码编制规则》。

第四段为六位数字，表示附加码，具体代码段为 000000～999999，用以区分同一类别并且是同一行政区的地名并进行排序。如果前十四位编码可以确定此地名的唯一性，则第四段代码用 000000 表示。其具体格式为：

第一段	第二段	第三段	第四段
（县级以上行政区划代码）	（县级以下行政区划代码）	（地名属性类别代码）	（附加码）

2. 国家地名数据库代码管理体制

(1) 国家地名数据库所使用的代码管理由各省、自治区、直辖市民政厅（局）地名管理部门负责。

（2）各省地名管理部门要经常与质量技术监督、统计部门保持联系，及时掌握本地区县以下行政区划的代码变动情况，定期对县以下行政区划代码库进行维护和更新，并按年度随着更新的地名数据一并报送民政部。

（3）国家地名数据库代码的适用范围为国家地名数据的普查采集项目及信息系统的存储、检索、分析、输出等方面的管理，主要用于国家地名数据库建设、维护和地名信息公共服务。

（八）地名信息（数据）分类与类别代码编制规则

国家地名数据库的建设，可按国家标准《地名分类与类别代码编制规则》的规范要求进行。

1. 分类原则

地名信息分类原则主要包括：（1）应选择地名最基本、最稳定的属性为分类依据，以保证分类体系的稳定性；（2）应以地名学、地理学的学科分类为基础，尽可能采用相关国际、国家、行业分类标准，充分吸收新的科研成果，体现分类体系的科学性、继承性、兼容性；（3）要在体现科学性的前提下，按地名及相关行业对地名分类的习惯，以及不同类别地名的数量和使用频率，在具体分类时做适当调整，提高分类体系的实用性、通俗性；（4）在同一层面使用统一的分类方法，保证分类体系的系统性、完整性。

2. 分类方法

地名类别的划分可综合采用面分类法和线分类法，就是在总体上采用面分类法，将地名分为自然地理实体地名和人文地理实体地名两类；在各个“面”内，再采用分面分类法或线分类法进一步细分。

将地名所指代地理实体的空间位置、地名所指代地理实体的地理属性、地名的使用时间、地名的表示方式 4 项作为地名类别划分的标准。地名所指代地理实体的空间位置将地名分为大洲或国际公有领域、国家（地区）2 层。地名所指代地理实体的地理属性分为门类、大类、中类、小类 4 层。地名地理属性类别结构可参照国家标准《地名分类与类别代码编制规则》的规定执行；大类、中类、小类中分别设“其他”作为收容类目。地名的使用时间分为现今地名和历史地名 2 类。地名的表示方式分为标准地名、地名简称和其他地名（如地名别名）3 类。其中门类、大类、中类、小类的具体分类规则是：

（1）门类按照地名所指代地理实体的基本属性分为自然地理实体和人文地理实体两类。

（2）大类根据门类的科学构成和实际管理的需要来划分。其中自然地理实体门类分为海域，水系，陆地地形；人文地理实体门类分为行政区域及其他区域，居民点，具有地名意义的交通运输设施，具有地名意义的水利、电力、电信设施，具有地名意义的纪念地、旅游胜地和名胜古迹，具有地名意义的单位，具有地名意义的建筑物、构筑物。

（3）中类根据大类的科学构成要素和相互间的内在联系以及实际应用的需要来划分。

（4）小类原则上隶属于中类，为构成中类的基本类别。对于不可细分或者个体数量较少的中类不设小类。

3. 地名编码方法

地名类别代码采用数字型代码，分为 4 段，用 10 位阿拉伯数字表示（见图 17－4）。

第一段 4 位数字表示地名所指代地理实体的空间位置，第二段 4 位数字表示地名所指代地理实体的地理属性，第三段 1 位数字表示地名的使用时间，第四段 1 位数字表示地名的表示方式。

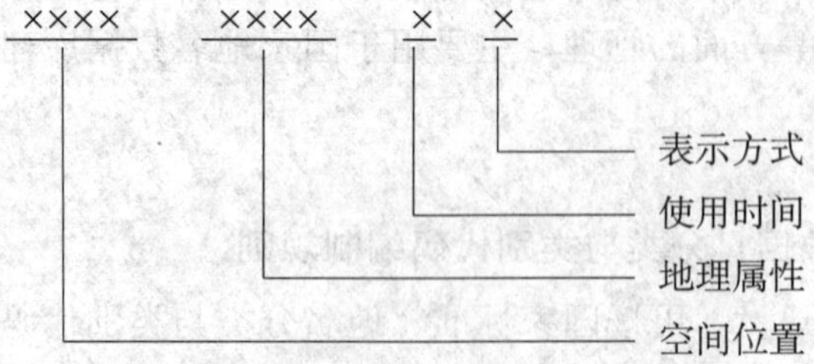

图 17－4　地名类别代码结构示意图

空间位置类别代码分为 2 层，分别用 1 位、3 位阿拉伯数字表示（见图 17－5）。

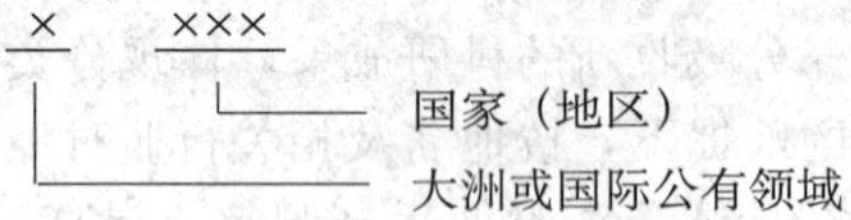

图 17－5　地名空间位置类别代码结构示意图

空间位置类别代码第一层用 1 位阿拉伯数字表示大洲、跨大洲或国际公有领域，其代码可参见国家标准《地名分类与类别代码编制规则》中的“大洲和国际公有领域代码表”执行；空间位置类别代码第二层用 3 位阿拉伯数字表示国家（地区），国家（地区）的代码按《世界各国和地区名称代码》（GB/T 2659－2000）规定的数字代码执行，一个洲内的跨国地理实体用 999 表示，跨洲地理实体用所跨大洲的代码表示，跨两个洲的第四位用 0 补齐，但同一国家（地区）内的跨洲地理实体仍使用所在国家（地区）的代码，国际公有领域中，南极洲的代码为 100，公海海域的代码为 200，天体的代码为 300。

地理属性类别代码分为门类、大类、中类、小类 4 层，分别用 1 位阿拉伯数字表示。如果中类不再细分，则它们的末位用“0”补齐。大类、中类、小类 3 层中的“其他”类别用 9 表示。地名地理属性类别代码可参照国家标准《地名分类与类别代码编制规则》中的“地名地理属性类别代码”执行。

使用时间类别代码用 1 位阿拉伯数字表示。现今地名的代码为 1，历史地名的代码为 2。

表示方式类别代码用 1 位阿拉伯数字表示。标准地名的代码为 1，地名简称的代码为 2，其他地名的代码为 3。

第八节　行政区域界线档案管理

行政区域界线档案是指在行政区域界线勘定和管理过程中形成的与行政区域界线的位置、走向、名称等密切相关，具有保存价值的各种文字、图表、声像、电子等不同形式和载体的历史记录。行政区域界线档案是民政专业档案，是国家档案资源的重要组成部分。2012年1月6日，为了加强行政区域界线档案的规范化管理，根据《中华人民共和国档案法》《中华人民共和国档案法实施办法》和《行政区域界线管理条例》的有关规定，民政部会同国家档案局制定了《行政区域界线档案管理办法》。该办法是从事行政区域界线档案管理的重要规范性文件。1989年至2002年全面勘定省、县两级行政区域界线（以下简称全面勘界）和各项行政区域界线日常管理活动（以下简称日常管界）形成的成果类档案，也应按该办法的规定执行。

一、行政区域界线档案的管理体制

县级以上各级人民政府民政部门、档案行政管理部门及其职能机构和工作人员，应当按照国家有关规定，在各自职责权限范围内依法开展行政区域界线档案工作。

县级以上各级人民政府民政部门档案机构对行政区域界线档案实行集中保管，指定专职人员负责保管工作。可以通过设立专门的行政区域界线档案保管机构并配备专职人员的方式，加强行政区域界线档案保管力量。

二、行政区域界线文件材料的归档

（一）归档要求

（1）民政部门界线管理机构应根据《行政区域界线档案管理办法》的规定，将文件材料收集齐全，按照规定整理后及时向本部门档案机构和上级主管部门归档，归档时应当严格履行交接手续。

（2）全面勘界成果材料维持原貌不变。

（二）归档时间

（1）日常管界成果材料应当在工作完成后半年内分别向上级主管部门和本部门档案机构归档；

（2）县级以上各级人民政府民政部门行政区域界线管理机构应当在工作完成后6个月内向本部门档案机构和上级人民政府民政部门归档。

（三）归档范围

县级以上各级人民政府民政部门行政区域界线管理机构，应根据《行政区域界线档案管理办法》所确定的行政区域界线文件材料的归档范围，注意做好具有保存价值的文件材料的归集工作。具体的归档范围可参见表17－20执行。

表17－20　行政区域界线文件材料归档范围

序号	文件材料归档范围
一	全面勘界文件材料归档范围

续前表

序号	文件材料归档范围
1	毗邻行政区人民政府联合勘定的行政区域界线协议书及其报批请示、上级批复。附件：协议书附图（包括复印签字图）、界桩成果表
2	毗邻行政区勘界工作领导小组办公室关于起草《毗邻行政区人民政府联合勘定的行政区域界线协议书》的说明、联合勘界工作总结
3	行政区域界线交会点协议、纪要、附图及测绘成果等文件材料
4	勘界测绘成果材料：观测手簿、计算手簿、计算成果、行政区域界线调绘资料、航片等
5	勘界测绘技术设计书、勘界测绘技术工作总结
6	工作用图
7	界桩登记表
8	界桩照片
9	行政区域界线详图集及样图
10	双方上一级人民政府或勘界工作领导小组及其办公室、双方勘界工作领导小组及其办公室共同指定的依据材料或地形图
11	联合勘界实施方案及其请示、上级批复
12	双方（含上级）实地调查共同形成的调查报告、处理意见等文件材料
13	双方各级勘界协商会议形成的协议、纪要、附图等文件材料
14	有关业务主管部门对跨越行政区域界线的自然资源权属处理意见
15	双方上一级人民政府或勘界工作领导小组的裁决及勘界工作领导小组办公室的协调处理意见
16	毗邻方在行政区域界线勘定过程中形成的来往文书材料
17	行政区域界线联检记录、纪要及处理意见
18	其他应当归档的文件材料
二	日常管界文件材料归档范围
(一)	行政区域界线联合检查文件材料
1	毗邻行政区人民政府行政区域界线联合检查报告，各级人民政府民政部门起草联检报告的有关文件材料
2	联检实施方案及上报（下发）方案有关文件材料
3	联检过程中形成的会议纪要、协议等文件材料
4	联检过程中形成的联检记录表、行政区域界线及行政区域界线标志物检查及修测记录、界桩成果表、界桩登记表、界桩照片
5	其他应当归档的文件材料
（二）	行政区域界线变更及勘定文件材料
1	上级人民政府批准变更行政区域界线的文件材料
2	毗邻行政区人民政府联合勘定行政区域界线的协议书及其上报备案的报告。附件：协议书附图（包括复印签字图）、界桩成果表
3	毗邻行政区人民政府民政部门关于起草联合勘定行政区域界线协议书的说明、工作总结
4	行政区域界线交会点协议、纪要、附图及测绘成果等文件材料

续前表

序号	文件材料归档范围
5	测绘成果有关文件材料
6	测绘技术设计书、勘界测绘技术工作总结
7	工作用图
8	界桩登记表
9	界桩照片
10	联合勘界的实施方案等有关文件材料
11	毗邻方（含上级）实地调查共同形成的调查报告、处理意见等文件材料
12	毗邻方各级协商会议形成的协议、纪要、附图等文件材料
13	有关业务主管部门对跨越行政区域界线的自然资源权属处理意见
14	毗邻方上一级人民政府的裁决及其民政部门的协调处理意见
15	毗邻方在行政区域界线勘定过程中形成的来往文书材料
16	其他应当归档的文件材料
（三）	界桩及其他标志物变化文件材料
1	毗邻方人民政府或者民政部门形成的有关界桩分工管理的文件材料
2	记录损坏界桩修复情况的文件材料
3	毗邻方人民政府有关因建设、开发等原因需要移动或者增设界桩的协议书及其上报备案的文件材料
4	界桩移动或者增设后的界桩成果表、界桩登记表、界桩照片等有关测绘文件材料
5	行政区域界线其他标志物变化后的修测文件材料
6	处罚违反界桩及其他标志物管理规定行为的文件材料
7	其他应当归档的文件材料
（四）	行政区域界线纠纷处理文件材料
1	上级人民政府或民政部门处理纠纷的决定、批示、协调意见等文件材料
2	毗邻方人民政府或者民政部门签订的处理纠纷的协议、纪要以及附图、测绘成果等文件材料
3	处理纠纷的往来文件材料，协调会议有关文件材料
4	其他应当归档的文件材料
（五）	其他行政区域界线日常管理活动材料
1	上级人民政府或者主管部门作出的与具体行政区域界线有关的决定、意见等文件材料
2	毗邻方签订的与行政区域界线有关的协议、纪要以及联合上报（下发）的文件材料
3	毗邻方联合创建行政区域界线管理制度的文件材料
4	行政区域界线详图集及编制过程中形成的有关文件材料
5	毗邻的各有关人民政府同意生产、建设用地需要横跨行政区域界线的文件材料，生产、建设用地的审批和备案文件材料
6	有关资源主管部门处理边界资源纠纷的决定、意见等文、图材料
7	处理违反《行政区域界线管理条例》行为的文件材料
8	其他应当归档的文件材料

三、行政区域界线档案的整理

（一）行政区域界线归档文件材料立卷的责任主体及立卷的一般要求

行政区域界线文件材料应当区分不同行政区域界线或者交会点进行整理立卷。全面勘界文件材料已经立卷的，应当维持案卷原貌不变。

日常管界文件材料按照行政区域界线联合检查、行政区域界线变更及勘定、界桩及其他标志物变化、行政区域界线纠纷处理、其他行政区域界线日常管理活动（如平安边界建设）等分别整理立卷。行政区域界线交会点材料单独整理立卷。

行政区域界线文件材料由县级以上各级人民政府民政部门行政区域界线管理机构负责整理立卷，其中需要向上级人民政府民政部门归档的由毗邻各方共同整理立卷。

需要共同整理立卷的，其中，行政区域界线联合检查文件材料由联检工作牵头方负责牵头整理立卷，其他工作文件材料由行政区划代码靠前的一方牵头整理立卷。

（二）行政区域界线档案案卷质量要求

（1）文件材料批复在前、请示在后，正件在前、附件在后，印件在前、定稿在后；

（2）文件材料应当标注页号，案卷封面、卷内文件目录、备考表等项目应当逐项准确填写；

（3）照片材料贴在 A4 规格的复印纸上附加说明之后，随卷装订；

（4）案卷装订应当牢固、整齐；

（5）声像材料按照《磁性载体档案管理与保护规范》（DA/T 15-1995）要求整理；行政区域界线管理过程中形成的电子文件按照《电子文件归档与电子档案管理规范》（GB/T 18894-2016）和《电子文件归档光盘技术要求和应用规范》（DA/T 38-2008）要求整理。

（三）行政区域界线档案案卷的顺序及案卷目录的编制

按照行政区划管理层级——行政区域界线或者交会点代号顺序排列，同一条行政区域界线或者同一个交会点的所有案卷按照形成的时间顺序排列；全面勘界案卷在前，日常管界案卷接续在后；行政区域界线档案案卷按照案卷排列顺序编写案卷号。

县级以上各级人民政府民政部门档案机构应当编制案卷目录。

另外，行政区域界线归档文件材料案卷内日常管界文件材料排序要求如下：

（1）行政区域界线联合检查、界桩及其他标志物变化、行政区域界线纠纷处理、其他行政区域界线日常管理活动案卷的文件材料按照形成时间先后排序；

（2）行政区域界线变更及勘定案卷设立分册，其中行政区域界线协议书附图、工作用图分册的文件材料按照图幅编号排序，界桩成果表、界桩登记表、界桩照片分册的文件材料按照界桩号排序，其他分册的文件材料按照形成时间先后排序。

四、行政区域界线档案的保管期限划分和保管要求

（一）行政区域界线档案的保管期限划分

根据《行政区域界线档案管理办法》的规定，行政区域界线档案的保管期限为永久。

（二）行政区域界线档案的保管要求

（1）行政区域界线档案应实行多套异地保存。

（2）行政区域界线档案库房应当按照《档案馆建筑设计规范》（JGJ 25-2000）建设，具备防光、防火、防虫、防鼠、防潮、防尘、防高温、防盗窃、防泄密等保管条件，配备必要的保管设备和防护设施。行政区域界线协议书附图和工作用图应当配备专门的图柜（盒）保管。

（3）县级以上各级人民政府民政部门档案机构应当做好行政区域界线档案的数字化工作。

（4）县级以上各级人民政府民政部门形成的行政区域界线档案应当按照《中华人民共和国档案法》和《中华人民共和国档案法实施办法》的有关规定向同级国家综合档案馆移交。

五、行政区域界线档案的利用

行政区域界线档案的利用应当符合下列要求：

（1）档案形成、移交单位以及上级业务主管单位可以利用行政区域界线档案。

（2）各级人民法院、人民检察院、公安机关、国家安全机关、纪检监察机关、审计机关因公务需要可以查阅行政区域界线档案。

（3）其他单位和个人可以查阅行政区域界线档案中除过程性文件材料之外的其他文件材料。

（4）行政区域界线档案原件一般不得向档案形成、移交单位以及上级业务主管单位以外的单位和个人提供。

（5）行政区域界线档案仅限于当场查阅、复制或者摘录。

（6）行政区域界线信息管理系统数据档案的利用参照《省级行政区域界线信息管理系统数据使用管理暂行办法》（民勘办发〔2003〕22号）执行。

（7）县级以上各级人民政府民政部门应当建立行政区域界线档案管理利用制度。有关单位和个人利用档案应当提出申请，说明理由，并经民政部门行政区域界线管理机构同意。

（8）利用属于国家秘密的行政区域界线档案应当按照国家相关保密法律法规进行审批。

（9）行政区域界线档案复印件需加盖县级以上人民政府民政部门档案机构印章方为有效。有关单位和个人未经县级以上人民政府民政部门同意，不得公开档案内容。

第九节　五保档案管理

五保档案是指在农村五保供养待遇审核审批和供养服务工作中形成的具有保存价值的文字、图表、声像、电子等不同形式和载体的文件材料，包括审核审批类和供养服务类。五保档案是农村五保供养工作的真实记录，是国家民生档案的重要组成部分。2013年2月

22 日，为加强农村五保供养档案管理，维护档案真实、完整、安全，根据《中华人民共和国档案法》《中华人民共和国档案法实施办法》和《农村五保供养工作条例》等有关规定，民政部会同国家档案局制定了《农村五保供养档案管理办法》。该规范性文件是开展五保档案管理的重要依据。

一、五保档案的管理体制

县级人民政府民政部门、乡（民族乡、镇）人民政府、农村五保供养服务机构（以下统称五保档案保管单位）应当依照《农村五保供养档案管理办法》，分工负责五保档案保管工作。

五保档案保管单位应当明确档案保管人员，保证管理必需的设施、场所和经费，确保档案安全，并适应档案管理现代化的要求，配备相应的技术设备。

县级以上各级人民政府民政部门、档案行政管理部门应当在各自职责权限范围内依法指导、监督五保档案管理工作。

二、五保文件材料的归档

（一）归档范围

审核审批类五保文件材料的归档范围可参见表 17－21。

表 17－21　审核审批类五保文件材料的归档范围

序号	归档五保文件材料种类
1	农村五保供养待遇审批文件材料
2	农村五保供养待遇申请材料
3	农村五保供养待遇申请人的居民身份证、户口簿等身份证明材料复印件
4	农村五保供养待遇申请人的家庭状况和经济条件证明材料
5	村民委员会对农村五保供养待遇申请的民主评议材料
6	乡（民族乡、镇）人民政府调查审核文件材料
7	农村五保供养对象集中供养审批文件材料
8	农村五保供养待遇复审、调整和停止的文件材料
9	农村五保供养对象去世后的火化证明或者死亡证明材料
10	核销的《农村五保供养证书》
11	其他需要归档的文件材料

供养服务类五保文件材料的归档范围包括供养服务协议、分散供养对象照料记录、供养服务工作材料等。

（二）归档要求

（1）县级人民政府民政部门负责保管审核审批类五保档案；

（2）乡（民族乡、镇）人民政府应当保管五保供养对象供养服务协议、分散供养对象照料记录等供养服务类五保档案；

(3) 农村五保供养服务机构应当保管在院集中供养五保对象的供养服务协议以及供养待遇审批、调整和停止等文件材料的复本，并建立相关管理和服务工作档案；

(4) 归档的文件材料应当真实完整、图文清晰；

(5) 电子数据、录音带、录像带、磁盘、照片等特殊载体材料，应当与纸质文件材料同时归档，确保可读可用。

(三) 归档时间

属于归档范围的文件材料应当在办理完毕后30日内归档。

三、五保文件材料的整理

(一) 归档文件材料整理规定

(1) 以县级人民政府民政部门、乡（民族乡、镇）人民政府或者农村五保供养服务机构为立档单位；

(2) 按照每名农村五保供养对象立卷；

(3) 农村五保供养动态管理过程中形成的待遇复审、调整和停止等文件材料，随时整理归入相应案卷；

(4) 按照乡（民族乡、镇）和行政村进行分类整理，并设置类别代码，类别代码以行政区划代码表示或者按照行政区划排列顺序编制；

(5) 按照农村五保供养证书字号顺序排列案卷。

(二) 归档文件材料的立卷程序和方法

(1) 每名五保供养对象的文件材料组成一卷。

(2) 去掉文件材料上的金属物，过大或者过小的文件材料应当通过折叠或者粘贴使其整齐规范。

(3) 卷内文件材料按照表17－21所列顺序排列，在有文字页面的正面右上角或者背面左上角用阿拉伯数字连续编写页号。

(4) 填写卷内文件目录，置于卷内首页之前；填写卷内备考表，置于卷末。

(5) 不同类别的案卷按照农村五保供养证书字号的顺序排列，分别从“1”开始编制室编卷号。

(6) 一份案卷装入一个五保档案袋，填写档案袋正面项目。

(7) 按照室编卷号顺序将五保档案装入五保档案盒，填写档案盒正面和盒脊项目。

(8) 按照类别编制五保档案案卷目录，加装封面和封底并装订，填写封面项目。

四、五保档案的鉴定、移交和保管

县级人民政府民政部门应当会同同级档案行政管理部门对保管期满的五保档案进行价值鉴定。有继续保存价值的，可以延长其保管期限；无保存价值的，编制销毁清册，履行审批手续予以销毁。销毁清册永久保存。五保档案的保管期限从五保档案的形成年度起，到农村五保供养待遇停止后满 5 年为止。保管期限截止时间确定后，应当在五保档案袋封面和五保档案案卷目录中填写相应的时间。

五保档案保管期满后，县级国家综合档案馆可以将五保档案抽样接收进馆。

五保档案应当使用符合保管要求的档案装具进行保管，具备防盗、防光、防火、防虫、防鼠、防潮、防尘、防高温等条件，保证档案的安全。有条件的单位应当设专用的档案库房。

积极推进使用计算机管理五保档案，有条件的单位应当按照相关要求建立五保电子档案。

五、五保档案的利用

五保档案保管单位应当依法提供档案信息查询服务，依据档案出具相关证明材料。五保档案的利用应当遵守下列规定，并办理登记手续：

（1）五保档案的形成、移交单位以及上级业务主管单位可以利用五保档案。

（2）各级人民法院、人民检察院、公安机关、国家安全机关、纪检监察机关、审计机关因公务需要可以凭单位介绍信利用五保档案。

（3）农村五保供养对象可以凭身份证件利用本人的五保档案。

（4）律师凭律师执业证书和律师事务所证明，可以利用与承办法律事务有关的五保档案。

（5）其他需要利用五保档案的，应当经五保档案保管单位同意。

（6）五保档案仅限于当场查阅、摘抄和复印，严禁对五保档案进行涂改、抽换、圈画、批注或者造成污染、损毁。

（7）五保档案保管单位应当对归还的五保档案进行清点核对，对档案摘抄件或复印件加盖标有“五保档案摘抄件”或者“五保档案复印件”字样的印章。

第十节　收养登记档案管理

收养登记档案是指收养登记机关在依法办理收养登记的过程中形成的记载收养当事人收养情况，具有保存价值的各种文字、图表、声像等不同形式的历史记录。收养登记档案是各级民政部门全部档案的重要组成部分。2003 年 12 月 18 日，为了加强收养登记档案的规范化管理，更好地为收养工作服务，民政部、国家档案局根据《中华人民共和国档案法》《中华人民共和国收养法》《中国公民收养子女登记办法》《外国人在中华人民共和国收养子女登记办法》《华侨以及居住在香港、澳门、台湾地区的中国公民办理收养登记的管辖以及所需要出具的证件和证明材料的规定》等法律、法规，发布了《收养登记档案管理暂行办法》。该办法为开展对收养登记档案的有效管理，提供了重要依据。

一、收养登记档案的管理体制

收养登记档案由各级民政部门实行集中统一管理，任何个人不得据为己有。

收养登记档案工作在业务上接受上级民政部门和同级档案行政管理部门的指导、监督和检查。

二、收养登记文件材料的归档范围

（一）成立收养关系登记材料

（1）收养登记申请书；

（2）询问笔录；

（3）收养登记审批表；

（4）《中国公民收养子女登记办法》第五、六条，《华侨以及居住在香港、澳门、台湾地区的中国公民办理收养登记的管辖以及所需要出具的证件和证明材料的规定》第三、四、五、六、七条，《外国人在中华人民共和国收养子女登记办法》第十条规定的各项证明材料；

（5）收养登记证复印件；

（6）收养协议；

（7）其他有关材料。

（二）解除收养关系登记材料

（1）《中国公民收养子女登记办法》第九条规定的各项证明材料；

（2）解除收养关系证明复印件；

（3）其他有关材料。

（三）撤销收养登记材料

（1）收缴的收养登记证或者因故无法收缴收养登记证而出具的相关证明材料；

（2）其他有关材料。

三、收养登记文件材料的归档要求

收养登记文件材料的归档应当符合以下要求：

（1）凡应当归档的文件材料必须齐全完整。

（2）归档的文件材料中有照片或复印件的，应当图像清晰。

（3）在收养登记工作中形成的电子文件，应当按照《电子文件归档与电子档案管理规范》（GB/T 18894-2016）进行整理归档，同时应当打印出纸质文件一并归档。

（4）收养登记文件材料应当在登记手续办理完毕后60日内归档。

（5）归档的文件材料除居民身份证、户籍证明、回乡证、旅行证件、护照等身份证明和收养登记证为原件的复印件外，其余均为原件。

四、收养登记文件材料的整理

收养登记文件材料的整理应当符合以下规则：

第一，成立收养关系登记类文件材料、解除收养关系登记类文件材料和撤销收养登记类文件材料均以卷为单位整理编号，一案一卷。

第二，每卷收养登记文件材料按照以下顺序排列：

（1）文件目录；

（2）收养登记申请书；

（3）询问笔录；

（4）收养登记审批表；

（5）撤销收养登记材料；

（6）收养人证明材料；

（7）被收养人证明材料；

（8）送养人证明材料；

（9）其他有关材料；

（10）备考表。

五、收养登记档案的分类和保管期限的划分

收养登记档案一般按照年度-国籍（居住地）-收养登记性质来分类。其中，国籍（居住地）分为内地（大陆）公民，华侨，居住在香港、澳门、台湾地区的中国公民，外国人等类别；收养登记性质分为成立收养关系登记类、解除收养关系登记类和撤销收养登记类。

收养登记档案的保管期限为永久。

六、收养登记档案的利用

收养登记档案的利用应符合下述规定要求：

（1）收养登记档案主要供收养登记管理机关使用；其他单位、组织或个人因特殊原因需要查借阅时，须经主管领导批准，并办理查借阅手续。

（2）对查借阅的档案严禁损毁、涂改、抽换、圈画、批注、污染等，如发生上述情况，依据有关法律、法规进行处罚。

（3）档案管理人员要严格遵守《中华人民共和国档案法》和《中华人民共和国保守国家秘密法》的有关规定，严密保管档案，同时维护当事人的隐私权，不得泄露档案内容，未经批准不得擅自扩大查借阅范围。

（4）在办理外国人来华收养子女登记手续之前，对形成的外国收养人档案，以及国内送养人和被送养人档案的管理，根据国家民政部的相关规定执行。

第十一节　慈善档案管理

慈善档案是指各级慈善部门在接受海内外社会各界（自然人、法人或者其他组织）的慈善捐赠、管理和使用资金、兴办和资助各项慈善活动以及与慈善有关的工作活动中形成的各

种门类和载体的历史记录。慈善档案是慈善事业工作活动中形成的原始记录，是慈善工作的重要组成部分。为有效贯彻落实《中华人民共和国慈善法》（简称《慈善法》）、《基金会管理条例》（国务院令第400号）、《慈善组织认定办法》（民政部令第58号）、《救灾捐赠管理暂行办法》（民政部令第22号）及《国务院关于促进慈善事业健康发展的指导意见》（国发〔2014〕61号）等法律、法规及政策的精神，加强慈善档案的管理，进一步规范各种慈善部门的记录管理，国家民政部门应尽早出台相关的档案管理业务规范性文件。本书依据各地民政管理部门及档案行政部门、慈善组织、基金会的相关档案管理制度和规范，依据国家法律法规和政策，对慈善档案的管理活动内容和要求，提出了相关建设性意见。

一、慈善档案的管理体制

根据《慈善法》《慈善组织认定办法》的规定，慈善组织是指经过县级以上人民政府民政部门认定登记的基金会、社会团体、社会服务机构等非营利性组织。慈善组织的慈善档案管理应满足如下要求：

（1）慈善组织的档案工作实行统一领导、分级管理的原则。各级人民政府的民政部门应加强对慈善组织档案工作的领导和监督工作，业务上应接受与登记机关同级的档案行政管理部门的指导。

（2）慈善档案是慈善事业的重要组成部分，是各级各类慈善组织做好慈善工作的依据，应依法实行集中统一管理，任何部门和个人不得据为己有或拒绝归档。

（3）各级各类慈善组织应将慈善档案工作纳入单位工作计划和发展规划，切实解决档案管理所需要的装具、设备、经费等问题，以便更好地为慈善信息公开和其他慈善工作服务。

（4）各级各类慈善组织应配备开展慈善档案工作所需的专（兼）职档案人员，负责本单位慈善档案管理，并对所属单位慈善档案工作进行监督、检查和指导。

（5）各级各类慈善组织应依据《慈善法》及其他相关法规、规章建立健全本单位慈善档案管理的各项业务工作制度和标准，并将相关内容列入单位有关部门的职责范围和有关人员的岗位责任制。

（6）各级慈善组织应将档案管理纳入单位信息化和档案工作信息化系统建设的范围，逐步实现计算机管理，提高档案现代化管理水平。

（7）受赠单位应当建立接受捐赠档案管理制度。对捐赠协议、方案、执行、审计和考评情况进行档案管理。

二、慈善文件材料、业务记录的归档

各级各类慈善组织应依法建立健全本单位的慈善文件材料、业务记录的归档制度，明确归档范围、归档时间和归档文件（记录）的各项整理要求。

（一）归档范围及归档文件（记录）的保管期限

各级各类慈善组织需要归档保存的文件（记录）的种类主要包括：行政管理，慈善业务管理，慈善会计核算，慈善工程项目，声像记录，慈善组织、人员的善举、善事及奖励情况记录等方面的文件（记录或资料）等。相关文件（记录或资料）的归档范围参见表17-22。

表 17-22　　慈善文件材料归档范围及档案保管期限表

序号	归档文件（记录或资料）	保管期限
1	行政管理文件（记录或资料）	
1.1	会员代表大会材料，包括请示、批复、通知、名单、议程、报告、领导人讲话、选举结果、讨论通过的文件、纪要、会议记录等文件材料	永久
1.2	理事会、常务理事会办公会议材料，包括决议、决定、记录、纪要、议程、领导人讲话、讨论通过的文件、参加人员名册	永久
1.3	监事会材料	永久
1.4	本单位党组（或党总支）会议和会长办公会的纪要、会议记录	永久
1.5	本单位召开工作会议、专题会议的文件材料，包括请示、批复、通知、名单、日程、报告、讲话、总结、决定	永久
1.6	联合召开的、本单位为主办方的会议材料，包括请示、批复、通知、名单、日程、报告、讲话、总结、决定	永久
1.7	联合召开的、本单位为协办方的会议材料，包括请示、批复、通知、名单、日程、报告、讲话、总结、决定、纪要的复制件或副本	30年
1.8	本单位承办的国际性会议、大型展览会、博览会的文件材料，包括请示、批复、申办和筹办组委会主要活动安排、议程、名单、主报告（原文及译文）、辅助报告（原文及译文），上级领导人贺词、题词、讲话，会徽设计	永久
2	慈善业务管理文件（记录或资料）	
2.1	全局性、大型募捐活动形成的文件材料	永久
2.2	对外签署的捐赠协议、捐赠合同等材料	永久
2.3	劝募工作中形成的文件材料	
2.3.1	重要的	永久
2.3.2	一般的	10年
2.4	接收、保管、分拨、发放、拍卖、易货捐赠物资的清单	永久
2.5	慈善救助项目的调查、策划、设定、实施的材料	永久
2.6	国内外慈善组织和个人捐赠救助项目的材料	永久
2.7	救助申请审批表	30年
2.8	捐赠救助人员统计表	永久
2.9	救助冠名项目的调查、实施与管理材料	永久
2.10	突发性救助项目的调查、策划与管理材料	30年
2.11	有关部门交办的救助项目的实施与管理材料	30年
2.12	设计慈善公益广告、慈善宣传画册、宣传版和彩页形成的文件材料	30年
2.13	捐赠物资的募集、接受、仓储、发放、变现等工作中形成的文件材料	永久
2.14	管理、协调慈善超市工作中形成的材料	10年
2.15	与国外慈善组织、我国港澳台地区慈善组织和企业之间交流形成的文件材料	30年
2.16	与国内慈善组织交流形成的材料	10年
2.17	与本地区外资企业、侨商、港商、台商联络形成的文件材料	10年

续前表

序号	归档文件（记录或资料）	保管期限
2.18	国际国内慈善工作发展动态	10年
2.19	志愿者、农民工的培训材料	10年
2.20	本单位的请示与上级机关的批复、批示	
2.20.1	重要业务问题的	永久
2.20.2	一般业务问题的	30年
2.21	同级单位、下级单位的来函、请示与本单位的复函、批复等文件材料	30年
2.22	固定资产投资、科技计划等项目的审批（核准）、管理、验收（评估）等文件材料	永久
2.23	不动产的所有权、使用权确认的文件材料	永久
2.24	出国或出境访问考察、参加国际会议，接待来访等外事活动形成的文件材料	
2.24.1	签订的协议、协定、备忘录，重要的会谈记录、纪要等文件材料	永久
2.24.2	出国审批手续、执行日程、考察报告、一般性会谈记录	30年
2.25	上级机关制发的属于本单位主管业务的文件材料	
2.25.1	重要的	永久
2.25.2	一般的	10年
2.26	上级机关制发的非本单位主管业务但要贯彻执行的文件材料	10年
2.27	同级机关制发的非本单位主管业务但要贯彻执行的文件材料	10年
2.28	下级单位报送的专题报告	30年
2.29	下级单位报送的计划、总结、统计材料	10年
3	慈善会计核算（文件）资料 注：按《会计档案管理办法》（2016年1月1日实施）执行	
4	慈善工程项目文件（记录或资料） 注：包括兴办、创建、资助慈善、福利事业所建场所的材料	
4.1	项目依据性材料	保管期限依据《国家重大建设项目文件归档要求与档案整理规范》（DA/T 28-2002）、《建设工程文件归档规范》（GB/T 50328-2014）执行
4.2	项目基础性材料	
4.3	工程设计材料（初步设计、技术设计、施工图设计）	
4.4	工程施工材料	
4.5	工程监理材料	
4.6	工程竣工验收材料	
5	声像记录	
5.1	上级领导视察本单位工作或从事其他工作形成的声像材料	永久
5.2	本单位领导、专家、学者在国内外重大活动中形成的声像材料	永久
5.3	反映本单位概貌、主要职能的声像材料	永久
5.4	本单位或个人荣获的各种奖状、奖旗、证书等的照片	永久

续前表

序号	归档文件（记录或资料）	保管期限
5.5	本单位召开的各类重要会议形成的主要声像材料	永久
5.6	本单位在涉外活动中形成的声像材料	永久
5.7	国内外著名专家、学者、知名人士、艺术家在讲学、表演以及其他活动中形成的和本单位有关的声像材料	永久
5.8	本单位资助、捐助项目中形成的主要声像材料	永久
5.9	本单位其他重要活动、重要事件或重大事故形成的声像材料	永久
5.10	大型公益活动（如义演、拍卖等）形成的声像材料	永久
5.11	其他有保存价值的声像材料	永久
6	慈善组织、人员的善举、善事及奖励情况记录	
6.1	慈善企业的材料	永久
6.2	慈善企业家的材料	永久
6.3	志愿者的材料	永久

（二）归档时间和归档要求

各级慈善组织的各部门应将归档的文件（记录或资料）收集齐全，按档案规范标准进行整理，于次年6月底以前向本单位综合档案室移交归档。

及时对记录慈善工作全过程的文字、图表、音像等留痕资料，进行归档、立卷。

慈善归档文件（记录或资料）要真实、全面、规范。真实就是力求使慈善归档文件（记录或资料）保持原始状态；全面就是力求记录慈善工作的全过程，并做到记载的资料齐全、完整；规范就是按照归档要求，以时间为序、内容为目，进行归档组卷，并纳入卷宗，编号管理。

各类慈善行政管理文件（记录）要统一备案登记，在年度工作结束后，所有文件（记录）应于次年第一季度前全部分类归档集中存放。

慈善项目计划任务完成后两周内，项目负责人和协助人应及时对项目文件（记录或资料）进行汇集、分类和整理。慈善组织的所有工作人员都有收集项目资料并归档的义务。

慈善组织的工作人员外出学习、考察、调研、参加相关部门召开的会议等公务活动后，应将会议的主要文件资料归档。

归档的文件（记录或资料）应按年度立卷，各类大型慈善活动中形成的各种有保存价值的文件（记录或资料）要按照规定分别立卷归档，杜绝将存管项目资料带出慈善组织。

三、慈善档案的整理

第一，在开展慈善宣传、整合慈善资源、兴办慈善产业、统筹社会救助、建设慈善队伍等工作中形成的行政管理档案，可参照国家档案局推荐标准《归档文件整理规则》（DA/T 22-2015）进行整理。

第二，兴办慈善公益事业时形成的慈善工程项目档案，可参照《科学技术档案案卷构成的一般要求》（GB/T 11822-2008）进行整理。案卷内文件材料排列应文字在前，图样在后；有译文的外文资料译文在前，原文在后。

第三，捐赠慈善资金、物品和兴办慈善公益事业时形成的会计报表、账簿、凭证等，应按《会计档案管理办法》进行整理。

第四，在各类慈善资助项目、大型公益活动、兴办慈善产业、慈善宣传等工作中形成的声像档案，可按声像档案管理的相关管理规范和行业推荐标准进行整理。

第五，各级慈善组织在慈善活动中形成的电子档案，可参照《电子文件归档与电子档案管理规范》（GB/T 18894-2016）等电子文件（记录）和电子档案管理规范与推荐标准进行整理。

第六，为热心慈善事业的企业、企业家、个人建立的专门档案，采取一户一盒或一人一盒的立档方式，内容包括这些单位和个人的善举、善事及奖励情况。

第七，慈善业务管理档案，又称慈善救助资料档案，主要包括慈善救助过程中的记录材料、慈善组织与救助对象之间的往来文件材料，以及各种新闻媒体的宣传报道材料，在归档之后，可以划分为四个属类加以管理。其中包括：

（1）赈灾救助业务类：可按地区或灾情种类建档。

（2）扶贫济困业务类：可按扶贫或救助项目分类建档，如扶助社会弱势群体，培训下岗人员或残疾人员（职工），扶贫救济、抚恤工作等。

（3）慈善救助业务类：可按救助对象（如安老、扶孤、助残、助学、助医等）分类建档。

（4）公益援助业务类：可按部门或项目（如文化、教育、卫生、交通、环保等）建档。

在慈善救助档案的案卷（卷宗）目录中，应著录临时救助人员名单、收据、救助资金数额。在归档的救助文件材料中，附上每个被救助对象的照片。归档的文件材料的格式应统一制式。如救助审批表的具体记录项目可包括：申请人姓名、性别、年龄、家庭住址、身份证号和项目类别、申请理由、部门意见、总会审批意见，以及资助金额、受助人签名等。

将慈善救助工作纳入档案管理范畴，并作为专门的业务档案管理序列，进行单独分类、单独编号、专项管理，做到“一事一卷”“一个项目一卷”。

每一个救助项目、每一次临时性救助的原始记录、原始文件都要及时、同步归档，保存好扶贫、济困、救孤和助残、助学、助医等慈善救助活动的原始资料凭证。

四、慈善档案的保管期限、统计、保管和利用

（一）慈善档案的保管期限

慈善档案的保管期限分为永久、30 年和 10 年三种，划分时按各门类档案的有关规定执行。保管期限为永久和 30 年的档案在本单位保存 10 年后，向当地国家综合档案馆移交。

（二）慈善档案的统计

各级各类慈善组织应建立档案收进、移出登记簿，做好档案的统计工作。

（三）慈善档案的保管

慈善组织、慈善机构、公益机构应设有符合档案保管要求的库房和装具，确保档案安

全；档案管理人员应定期对档案保管情况进行检查。

（四）慈善档案的利用

慈善组织、慈善机构、公益机构应建立档案信息检索体系，编制慈善档案专题目录、索引等检索工具。查阅和利用慈善档案，应严格遵循慈善组织、慈善机构、公益机构的档案利用制度；未经批准不得将档案带出档案室；不得泄露、转借、遗失档案，严禁涂画、拆撕、剪裁档案。

五、慈善档案信息的公开

（一）慈善档案信息公开的依据

2011 年 12 月 16 日，民政部制定并发布了《公益慈善捐助信息公开指引》（以下简称《指引》）。《指引》旨在为各类公益慈善组织和机构公开信息提供指导性规范，为地方政府主管部门制定相关政策法规提供参考性文本，为社会和公众了解、获取和监督慈善捐助信息提供参照性标准，从而增强慈善捐助信息的透明度，提高公益慈善组织的社会公信力，引导公益慈善资源的有效使用，推动慈善事业持续健康发展。

《指引》适用于信息公开主体规范公开公益慈善捐助信息。信息公开主体应根据《指引》的要求，逐步完善公益慈善捐助信息公开（以下简称信息公开）工作，满足社会捐助管理机关和社会公众对信息公开工作的要求，保障捐赠人和社会公众的知情权、监督权等合法权益。

信息公开主体，是指公益慈善类的社会团体、基金会和民办非企业单位。《指引》所指的公益慈善捐助信息，是指信息公开主体与公益慈善活动相关的捐赠款物的募集、接受、使用和审计等信息。

（二）慈善档案信息公开基本原则

1. 及时准确原则

慈善组织可按《指引》规定的公开内容及时公开相关慈善档案信息，并确保信息真实、准确和有效。

2. 方便获取原则

慈善档案信息公开方式应尽力保障捐赠人、社会公众及有关单位能够方便、完整地查阅和获取公开的信息。

3. 规范有序原则

慈善档案信息公开主体应制定信息公开工作流程和信息公开规范，明确信息公开责任主体，使信息公开工作规范、有序，保持常态性、动态性。

4. 分类公开原则

慈善档案信息公开主体可按重大事件专项信息和日常性捐助信息分类公开。即发生重大自然灾害、重大生产安全事故、重大治安灾害事故和举办重大社会活动，由政府部门或公益慈善组织开展重大社会捐赠活动的信息，按重大事件专项信息公开；一般性公益慈善项目及其活动，按日常性捐助信息公开。重大事件和一般性公益慈善活动的划分，由社会捐助管理机关根据有关规定确定。

5. 公开为惯例不公开为特例原则

慈善档案公开信息中可能危及国家安全、侵犯他人权益或隐私的，以及其他法律、法规规定不予公开的信息可不予公开。捐赠人和受益人等当事人不愿意公开的捐助信息，应当事先与信息公开主体进行约定。若无事先约定，相关慈善捐助信息均应公开。不予公开的信息，应当接受公益慈善组织登记管理机关的监督检查。

（三）慈善档案信息公开内容

慈善档案信息公开的内容包括信息公开主体基本信息、募捐活动信息、接受捐赠信息、捐赠款物使用信息、接受捐赠机构财务信息及必要的日常动态信息等。具体公开信息的内容，可根据信息公开的原则和具体目标确定。

1. 信息公开主体基本信息

包括机构基本情况（机构名称、成立时间、机构宗旨和业务范围、办公地址、工作电话等）、年检情况、评估结果、处理投诉的联系人及联系方式等。

2. 募捐活动信息

包括活动名称、活动地域、活动起止时间、捐赠人权利义务、募集款物计划及活动目标、募集款物的用途、募集款物的使用计划、募捐活动的合作伙伴、募捐活动的方式（义演、义卖或是其他）、募捐款物数额、募捐工作成本及开支情况等。

3. 接受捐赠信息

包括接受捐赠款物时间、捐赠来源、接受捐赠款物性质（定向捐赠或非定向捐赠）、接受捐赠款物内容（捐赠类型、捐赠数额），以及是否开具捐赠收据等。

4. 捐赠款物使用信息

包括受益对象、受益地区、捐赠款物拨付和使用的时间和数额、捐赠活动和项目成本、捐助效果（图片、数字、文字说明）等。在捐赠款物使用过程中计划有调整的，要及时公布调整后的计划。

5. 接受捐赠机构财务信息

包括年度财务会计报告（会计报表、资产负债表、业务活动表、现金流量表、会计报表附注、财务情况说明书）、审计报告等。

6. 日常动态信息

包括参与公益投资情况、内部招投标和物资采购情况、主要工作人员变动情况、项目动态情况等。

（四）慈善档案信息公开时限及方式

1. 信息公开时限

（1）日常性捐助信息，应在信息公开主体收到捐赠后的15个工作日内公开捐赠款物接受信息；重大事件专项信息，应在收到捐赠后的72小时内公开捐赠款物接受信息，或按有关重大事件处置部门要求的时限和要求公开。银行汇款等方式的捐款信息，应当在结账后及时核对和公开。不能满足上述公开时限的应予以说明。

（2）捐赠款物拨付和使用信息应采取动态方式及时公开，一般应在捐赠款物拨付后一个月内向社会公开，并视情况定期或不定期公开后续信息。项目运行周期大于半年的，信息公开间隔时间不应超过 6 个月，以使捐赠人和社会公众及时了解捐赠款物使用进展信息。所有项目应当在项目结束后进行全面公开。

（3）信息公开主体的年度财务会计报告应当于次年 1 月 1 日起 5 个月内（即 5 月 31 日前）对外公开，或按公益慈善组织登记管理机关的要求公开。

2. 信息公开方式

信息公开可采取多种方式，包括机构出版物（如年报、通讯等）及其官方网站、大众媒体（电视、报纸、电台、杂志等）、现场公开（如公开周、新闻发布会等）、定期邮寄或电子邮件、公益慈善项目报告、专项基金的年度报告，以及其他可行方式。有条件的信息公开主体应尽可能使用门户网站、建立官方网站等方式，增强信息公开的效果。法律、法规和规章对信息公开方式另有规定的，依照其规定。

按照捐赠人、公益慈善组织登记管理机关、公益慈善组织业务主管单位，以及财政、税务等部门的要求，信息公开主体应如实提供公益慈善捐助工作的专门信息或专项报告。

本章思考题

1. 如何理解民政专门档案的概念？
2. 民政专门档案的种类和作用是什么？
3. 城乡居民最低生活保障档案的概念及其管理内容和要求是什么？
4. 伤残抚恤人员档案的概念及其管理内容和要求是什么？
5. 殡葬服务单位业务档案的概念及其管理内容和要求是什么？
6. 婚姻登记档案的概念及其管理内容和要求是什么？
7. 社会组织登记档案的概念及其管理内容和要求是什么？
8. 地名档案的概念及其管理内容和要求是什么？
9. 行政区域界线档案的概念及其管理内容和要求是什么？
10. 农村五保供养档案的概念及其管理内容和要求是什么？
11. 收养登记档案的概念及其管理内容和要求是什么？
12. 慈善档案的概念及其管理内容和要求是什么？

第十八章 商标档案与商标档案管理

本章提要

商标档案是在商标注册、使用和管理活动中形成的具有保存、利用价值的各种形式的历史记录。本章着重说明和介绍了商标档案及其管理的基本知识、原理和方法。内容主要涉及商标档案的定义、特点、作用、种类、价值等基本理论，以及商标档案的归档、整理、鉴定和利用等业务管理工作的原则、技术和方法。

第一节　商标档案概述

一、商标档案的定义

“商标”一词为外来语，英文为“trademark”，19世纪初传到中国，曾被译为“商牌”“货牌”“贸易牌号”等等，后来在我国的法律中被称作“商标”。[①] 商标的起源可追溯至古代，当时的工匠将其签字或“标记”印制在制作的艺术品或实用产品上。时至今日，这些标记演变为世界通行的商标注册和保护制度。

世界知识产权组织（World Intellectual Property Organization，WIPO）对商标的界定是：商标是将某商品或服务标明是某具体个人或企业所生产或提供的商品或服务的显著标志。《中华人民共和国商标法》（简称《商标法》）第八条则规定：任何能够将自然人、法人或者其他组织的商品与他人的商品区别开的标志，包括文字、图形、字母、数字、三维标志、颜色组合和声音等，以及上述要素的组合，均可以作为商标申请注册。

因此，商标的定义即可界定为：商标是商品的生产者、经营者在其生产、制造、加工、拣选或者经销的商品上或者服务的提供者在其提供的服务上采用的，用于区别商品或服务来源的，由文字、图形、字母、数字、三维标志、声音、颜色组合，或上述要素的组合构成的，具有显著特征的标志，是现代经济的产物。

从以上界定可知，商标区别于其他标记的特征表现在：第一，商标的使用主体是商品的生产经营者或服务的提供者；第二，商标是用于商品或服务上的标记；第三，商标是区别商品或服务来源的标记；第四，商标的构成可以是文字、图形、字母、数字、三维标志

---

① 李蕙名. 商标档案及其管理研究. 济南：山东大学，2010：10.

和颜色等要素的组合。①

商标档案是在商标注册、使用和管理活动中形成的具有保存利用价值的纸质、声像、缩微、电子等形式或载体的文件材料，按一定规律保存起来的商标历史记录和文献。它是确立和保护注册商标专用权的凭证，是国家档案全宗中具有法律意义的重要专门档案，也是企业（公司）的重要资产。商标档案从内容上可以细分为商标注册档案和商标使用、管理档案。

这一定义揭示了商标档案的形成领域、价值属性和存在形式。

（1）商标档案是在商标注册、使用和管理活动中直接形成的。档案是人类社会活动的产物，商标档案同样也是伴随着商标注册、使用和管理的过程逐渐产生的，正因为过程环环紧扣，所以商标文件材料之间才会形成具有历史联系的有机体系。

（2）商标档案是具有保存、利用价值的。在商标注册、使用和管理过程中，会产生很多的文件材料，但并不是所有的文件材料都会被保存为商标档案，只有具有一定现实利用价值和长远历史查考与研究价值的文件材料才可以。

（3）商标档案有着多种存在形式，不局限于文字的，还有图形的，不局限于纸质的，还有电子的等多种形式。

二、商标档案的特点

商标档案作为专门档案的一种，也有着自身的特点，认识这些特点，是搞好商标档案管理工作的需要。商标档案的特点主要表现在如下方面。

（一）商标档案的专业性

商标注册、使用和管理活动是一项专业性活动，围绕这一活动形成的商标档案是对商标工作的直接反映。另外，商标档案中除了文字档案，更多的是图形档案，在电子管理环境下，商标档案的存储、检索等不同于其他档案。

（二）商标档案的法律凭证性

商标档案准确地记载了商标工作的有关内容，反映了商标由申请到审查、由核准到使用的全部过程，真实可靠，具有严肃的法律性，是有效的法律凭证。

2013 年修正的《商标法》第三条规定："经商标局核准注册的商标为注册商标，包括商品商标、服务商标和集体商标、证明商标；商标注册人享有商标专用权，受法律保护。"该规定表明，当生产者或经营者的商标专用权受到不法侵害时，可以寻求法律的保护和帮助。因此，在商标侵权纠纷案件的审理中，商标档案的举证就成了诉讼的关键。商标管理部门或人民法院在受理案件时，应以《商标法》为准绳，以商标档案中载明的事实为依据，做出公正裁决。

（三）商标档案数量较多

早在 1950 年，我国就颁布了《商标注册暂行条例》和《商标注册暂行条例施行细

---

① 夏永林，张熙凤．广告与商标管理．西安：西安电子科技大学出版社，2013：168.

则》，实行商标统一注册制度（《商标法》颁布后改为注册和未注册商标两种）。改革开放以来，特别是近年来，随着社会经济的发展，我国的商标注册申请量大幅增加。截至2016年10月底，我国商标累计申请量2 137余万件，累计注册量1 409余万件，有效注册量1 200余万件，商标注册申请量连续14年位居世界第一。随着商标档案数量的剧增，商标档案管理工作将面临严峻的挑战。

（四）商标档案的公开性

我国《商标法》规定，商标进行注册、审定、变更和转让后，都要向公众予以公告。因为商标只有公开，才能得到社会的普遍认同和欣赏，才能维护消费者的利益、保护商标所有者的专用权。此外，商标档案的使用频率较高，既涉及有关管理部门，又涉及权利人和其他人，如果要保密，就无法取证以鉴定其合法性。所以，商标档案没有密级的规定，任何单位和个人在履行一定的借阅登记手续后，均可利用。这也是商标档案区别于其他档案的一个显著特点。

（五）商标档案的时效性

我国《商标法》第三十九、四十条规定："注册商标的有效期为十年，自核准注册之日起计算。""注册商标有效期满，需要继续使用的，商标注册人应当在期满前十二个月内按照规定办理续展手续；在此期间未能办理的，可以给予六个月的宽展期。每次续展注册的有效期为十年，自该商标上一届有效期满次日起计算。期满未办理续展手续的，注销其注册商标。"而且，在商标的使用过程中，还可能发生转让、变更，所以，注册商标的时效性很强，一经转让、变更、注销，这一商标对原注册人就失去了使用价值。而未注册的商标一般是地产地销的产品商标，不定型、不稳定、常更新，没必要注册。因此，这种商标档案对立档单位来讲，时效性更强。

（六）商标档案格式的规范性

商标档案有固定的格式和填写要求。依照《中华人民共和国商标法实施细则》第四十七条的规定，商标局正式公布修改的申请商标注册及办理其他商标事宜的书式共二十七件，均采用统一格式。例如，商标申请文件包括标头、正文和权限三个部分。"其中初步审定商标稿的标头，包括签发、核稿、审查和商品类别；正文包括注册号、申请日期、商标名称及图样、使用商品、注册商标申请人名称和地址等项目；权限包括商标公告期、注册时间、有效期限等项目。"商标档案格式的规范性不仅保证了其内容的系统完整，而且为日后的管理工作奠定了良好的基础，有利于商标档案管理工作的科学化和规范化。

商标档案中要特别注意驰名商标档案这一特殊种类。"驰名商标档案是指驰名商标主管机关对其企业在商品经济活动中形成的，具有极其重要的参考价值的商标资料，并按一定规律和要求保存起来以备利用的原始文件、声像等载体文件，是确立、保护驰名商标专用权的凭证。驰名商标档案是从注册商标的认定以及驰名商标工作活动真实的历史记录转化来的，客观地记录了某企业单位商品经济的发展情况，是企业生产水平、管理水平、企业形象的具体反映。”① 驰名商标既具有一般商标的区别作用，又有很强的竞争力，知名度高，影响范围广，已经被消费者、经营者熟知和信赖。也正是因为这些特点，驰名商标常成为被侵权的对象，这就需要利用驰名商标档案来进行维权活动。

三、商标档案的作用

商标档案是商标管理工作的基础，它真实地记录了商标在商品经济活动中发展变化的历史，是工商行政管理机关进行商标管理、处理商标纠纷的原始凭证，在国家经济生活中占有重要地位。商标档案的作用主要表现在以下几个方面。

（一）保护企业商标专用权

商标档案是商标产生法律效力的依据。根据我国《商标法》的规定，凡是经商标局核准注册的商标，都具有该商标的使用权、许可权、转让权和排他权，并在一定的地域、一定的时间内受到法律保护。商标权的这种独占性、地域性和时间性，在商标档案中都有准确、详细的记载，因此，商标档案是保护商标专用权最可靠的凭证和依据。当商标所有人的商标专用权受到不法侵害时，无论是采取司法措施，还是采取行政措施，都需要充分、有效的证据支持其诉讼请求。所以，如果商标档案库中有详细的商标注册、使用、续展等资料信息，就能为其诉讼请求提供有效的证据，从而保护企业商标的专用权，维护企业的合法权益。

（二）服务企业经营管理

商标档案作为一种历史记录与凭证，真实地反映了商标使用发展的全过程，是开展商标评比与创优活动的基本依据。有关部门可根据商标档案所反映的商品质量、知名程度、使用时间长短、消费者反映情况、遵纪守法情况等等，同时结合其他材料，对商标的价值进行评估，对驰名商标进行认定，推动名牌产品生产，促进企业珍惜商标信誉，从而提升企业在市场中的竞争优势。健全的商标档案还能提供反映商标情况的信息，使企业能够了解所在行业、所在地区以及竞争企业的商标注册和使用情况，进而加强企业商标的日常管理和维护，使企业能够在安全、顺利的运营环境中发展。因此，建立健全商标档案，对于企业的品牌保护和经营管理具有重要的意义。

（三）保障企业实施名牌战略

知名品牌是企业重要的知识产权和无形资产，它不仅是企业的形象和财富，更是国家的瑰宝和民族的骄傲。拥有名牌，企业才能在国际市场上占有竞争优势，而很多名牌之所以能够畅销全球，长盛不衰，给企业带来巨大的效益，除了依靠高质量的产品和良好的信誉外，也要靠对名牌的管理和保护。商标档案是知识产权的载体，对于名牌产品的保护至关重要。当遭遇侵权时，如果名牌档案系统、完整，就能很快地恢复名牌产品的生产，继续为企业创造经济效益；如果名牌档案管理不善，名牌产品就会流失和失传，名牌也就不

---

① 谢小红．驰名商标档案与驰名商标维权．档案学研究，2008（5）：34－36.

存在了。此外，及时形成并且管好、用好名牌档案，也是防止国有资产流失、为企业的改革和发展保驾护航的重要依据。

（四）打击商标违法行为

近年来，我国的商标侵权、假冒问题日趋严重。各种假冒、伪劣商品充斥市场，不仅损害了消费者的合法权益，而且使名优产品的信誉受到了严重损害，扰乱了正常的经济秩序。对于这种行为，不仅要在舆论上予以曝光，还要在法律上予以严惩。商标档案作为原始材料，是司法机关维护社会主义经济秩序，进行商标纠纷案件审理的法律凭证。有关部门不仅可以通过商标档案了解注册商标的情况和使用动态，及时发现商标侵权和假冒行为，还可以依据商标档案提供的文字、制版图片、实物样板等材料，确定商标权的归属及法律范围，揭露和打击坑害消费者、侵害商标专用权的违法行为，从而维护商标所有者和消费者的合法权益。

（五）扩大商标工作影响

商标档案在商标工作的信息交流等方面也有着重要的作用。首先，通过分析商标档案中记载的数据资料，可以发现商标使用、管理等工作中存在的问题，预测商标工作的发展趋势，为制定相关的法律法规提供依据。其次，可以利用商标档案进行商标方面的科研、教学活动，如著书立说、研究商标发展历史等等，从而推动商标注册、管理、使用等方面工作的进步。再次，可以利用商标档案开展商标宣传活动，如举办各种形式的展览，增强社会商标意识，为市场经济的发展营造良好的社会氛围。最后，商标档案还可以促进国际的商标注册保护，开展国际的友好合作与交流，解决国内外的商标纠纷，维护我国的国际利益。

四、商标档案的种类

按照不同的标准可以将商标档案划分为不同的类型：

（1）按照商标的注册与否，可分为注册商标档案和未注册商标档案两类。

（2）按载体形式，可分为印刷型、声像型、缩微型和电子商标档案。

（3）按商标所有者的国籍，可分为国内商标档案和外国企业在我国注册的商标档案。

（4）按商标所有者的经济性质，可分为国有企业商标档案、集体企业商标档案、个体经营企业商标档案、外资企业商标档案、中外合资企业商标档案等。

（5）按照工作流程，可以分为商标注册档案和商标使用、管理档案。商标注册档案是指注册商标申请人为获取自己商标的专用权，在商标注册过程中形成的档案。主要包括商标注册申请书、商标图样、商标代理委托书及有关证明文件、初步审定商标稿、驳回商标复审申请书、商标异议书、商标异议复审申请书、商标注册簿、商标注册证、商标争议裁定申请书、商标争议答辩书和商标争议裁定书、注册不当商标撤销裁定申请书、商标续展注册申请书、驳回续展复审申请书、变更商标其他注册事项申请书，以及对商标注册工作有关事项的公告。商标使用、管理档案是指在对已注册商标、未注册商标、商标印制、商标专用权保护及商品质量监督等的管理活动中形成的档案。主要包括转让注册商标申请书、驳回转让注册复审申请书、商标许可使用合同备案表、撤销注册商标决定书、撤销商标复审申请书、补发商标注册证申请书、商标注销申请书、对各种商标违法案件的处理报告、处理决定书、复议申请书、复议决定书和有关证明文件，以及对商标使用、管理有关事项的公告。

（6）按照内容形式的不同，商标档案主要包括商标图样和有关文字材料两大类。前者是由文字、图样或其组合构成的，是商标档案的重要内容，也是商标专用权保护的直接对象；后者是在商标专用权的取得（商标注册申请书和商标局的审定意见）、商标使用的过程（注册商标变更注册人名申请书、注册商标变更注册人地址申请书、转让注册商标申请书、商标续展注册申请书、补发商标注册证申请书、撤销注册商标复审申请书、驳回商标复审申请书、注册商标争议裁定申请书、商标异议书、商标异议复审申请书、侵权假冒处理、使用商标的产品质量评比，以及其他商标管理方面的政策和法规、商标公告、商标注册簿等材料）中产生、形成的文字材料。

（7）按照行为主体的地位，可分为申请使用方档案和商标局管理方档案。申请使用方商标档案是指商标注册申请人在某一商标的注册申请与使用管理的过程中所形成的具有保存价值的文件材料。主要包括商标基本情况、商标使用情况、商标动态情况、商标维权情况、商标广告宣传及公告情况等等。商标局管理方商标档案是指商标局及其他管理机关在管理和规范商标使用的过程中所产生的各种规范性文件材料。主要包括商标注册簿、商标公告、商标主管机关发布的有关法规、重要会议形成的有关文件、具有重大指导意义的处理决定等等。

（8）按商标注册用商品和服务国际分类标准，可以把商标档案分为 45 类。商标注册用商品和服务国际分类的参照标准为《商标注册用商品与服务国际分类尼斯协定》（简称《尼斯协定》）。《尼斯协定》是于 1957 年 6 月 15 日在法国尼斯外交会议上正式签订，并于 1961 年 4 月 8 日生效的国际公约，是在总结、吸收了许多国家商标注册管理经验的基础上逐渐完善起来的，它为各国商标注册的检索、申请和档案管理提供了统一工具，为实现商标国际注册创造了条件。我国自 1988 年 11 月 1 日起采用《尼斯协定》，1994 年 8 月 9 日成为尼斯联盟成员国。《尼斯协定》一般每五年修订一次。采用《尼斯协定》的最大益处是有利于各国在办理商标注册时统一商品和服务的分类口径，有利于国际上的商标合作和相互受理商标注册。对于国家商标主管机关来讲，在审查注册申请时，则可以免除转换分类的烦琐工作，易于对商标档案的科学管理。

我国使用的商标注册用商品和服务分类的参照标准为《类似商品和服务区分表》。《类似商品和服务区分表》是我国国家工商行政管理总局商标局根据世界知识产权组织提供的《尼斯协定》以及我国自 1988 年 11 月 1 日起采用国际分类以来的使用实践，针对我国的国情对商品和服务的类似群组及商品和服务的名称进行翻译、调整、增补和删减而制定的。《类似商品和服务区分类表》亦随着国际分类表的修订而做相应的调整。根据世界知识产权组织的要求，尼斯联盟各成员国已于 2016 年 1 月 1 日起正式使用尼斯分类第十版 2016 文本，简称 NCL（10-2016）。以此为基础，国家工商行政管理总局商标局对《类似商品和服务区分表》做了相应调整，并于 2016 年 1 月 1 日起执行。

《尼斯协定》按照商品或服务的用途、原料等特征分为 45 类，其中商品 34 类，服务 11 类，参见表 18-1。

表 18-1　《尼斯协定》商品和服务国际分类表

注册用商品分类
第一类 用于工业、科学、摄影、农业、园艺和林业的化学品，未加工人造合成树脂，未加工塑料物质，肥料，灭火用合成物，淬火和焊接用制剂，保存食品用化学品，鞣料，工业用黏合剂。
第二类 颜料、清漆、漆，防锈剂和木材防腐剂，着色剂，媒染剂，未加工的天然树脂，绘画、装饰、印刷和艺术用金属箔及金属粉。
…………
第三十三类 含酒精的饮料（啤酒除外）。
第三十四类 烟草，烟具，火柴。
注册用服务分类
第三十五类 广告，商业经营，商业管理，办公事务。
第三十六类 保险，金融事务，货币事务，不动产事务。
第三十七类 房屋建筑，修理，安装服务。
…………
第四十四类 医疗服务，兽医服务，人或动物的卫生和美容服务，农业、园艺和林业服务。
第四十五类 法律服务，为保护财产和人身安全的服务，由他人提供的为满足个人需要的私人和社会服务。

依据《尼斯协定》商品和服务国际分类，可以把商标档案也相应分成 45 类，其中商品类商标档案 34 类，服务类商标档案 11 类。

在国际上，还存在另外一套商标分类体系——《建立商标图形要素国际分类维也纳协定》，简称《维也纳协定》。它是建立商标图形要素国际分类的协定，1973 年 6 月 12 日在维也纳外交会议上通过，1977 年 5 月 1 日生效。该协定将商标图形要素分为 29 个大类、144 个小类和约 1 887 个类目。它要求每一缔约国的商标主管机关必须在其有关商标注册或续展的官方文件或出版物里，指明所使用的国际分类符号，以便于商标的内部审查和外部查询。

五、商标档案的价值

商标档案的价值主要体现在法律和经济两个方面。

（一）商标档案的法律价值

商标档案是商标权的重要表现形式，商标权的获取与维护是一种法律行为，必须以事实为基础，并且有重要的证据做支撑，商标档案就是对法律活动的重要支撑，其表现如下。

1. 确认和保护商标专用权

我国《商标法》规定：未经商标注册人的许可，不得在同一商品和类似商品中使用与注册商标相同或者近似的商标。在商标的使用和管理中，有很多工作是确定商标专用权归属问题的，而商标档案可以为这些工作提供可靠的凭证和依据。商标权的保护是对企业合法权益的积极维护，可以对企业的经济活动产生深远影响，保护企业利益不受到损害。

2. 提供信息咨询

商标档案是商标咨询的工具，商标档案中的商标公告是非常重要的资料，具有严密性、完整性、真实性、有序性等特点，利用其可掌握商标注册情况和使用动态，为有关部门和人员提供信息咨询服务。咨询工作是保证商标业有序、正常开展的前提，可促进商标业的发展。

3. 查处商标侵权行为

商标主管部门可以依据商标档案提供的详细、完整的文字和图片，确定商标权的归属及法律范围，查处商标侵权和假冒行为，揭露和打击坑害消费者、干扰经济秩序的行为，保护消费者合法权益及被侵权企业的利益。

（二）商标档案的经济价值

商标作为商品及服务进行市场运作的重要手段，可有效地促进企业的经营活动，商标档案在企业的经济活动中，也必然发挥不可或缺的作用。

1. 提供重要的经济信息

商标作为一种商品生产者、经营者或服务提供者的商品或服务的特殊标记，其核心作用是识别商品或服务、引导消费。因而，它与贸易活动、市场经营有密切联系，商标活动本质上是一种经济活动。因此，商标信息是一种重要的涉及生产、销售、服务、贸易等诸多方面的经济信息。企业在经济活动中，应充分认识到商标信息的重要作用，开发利用商标信息可能会带来巨大的收益。在利用的同时，也应认识到在竞争中商标信息可能会带来的不良后果，特别是要在国际竞争中避免商标的重复和侵权行为，避免经济和声誉上的损失。

2. 增加利用渠道

不少提供经济信息的检索工具书和数据库，都将商品的商标作为检索点之一，通过这一检索点，检索者可以获取更多的经济信息，如产品的供应商、产品价格、产品性能、市场销售状况、企业经营活动等。商标这一方面可以带来多渠道、多方面的信息资源。

3. 反映企业形象

消费者往往是通过商标信息来认识企业、了解企业和评价企业的，因此，商标信息既可向消费者传递商品和企业的基本信息，同时又是树立与强化企业形象的一种重要手段。此外，商标信息还可为消费者判断商品质量提供重要参考，并成为企业制作广告的一种主要素材。商标档案资源代表了一个国家企业竞争力的水平，可以为企业迈向国际提供有力支持。

第二节　商标档案的管理

商标档案管理，又名“商标档案管理工作”“商标文献管理”，是指由国家工商行政管理机构的商标管理部门、商标评审委员会、各地工商行政管理机构的商标管理部门或商标代理机构及企业（公司）所从事的商标档案或商标文献的管理活动。

商标档案管理的内容主要包括：商标文件材料的集中归档，商标档案的整理、鉴定、保管、统计、利用等业务工作。随着知识经济时代的到来，数据库、网络技术日益成为构造管理信息系统的重要组成部分，商标档案同样面临着现代化的管理需要，同时电子商标档案的大量出现也对传统的管理理念和管理方式提出了新的挑战。

商标档案的科学管理是商标使用、管理等活动的基础，对保护注册商标专用权，维护商标历史的真实面貌，保护国家、企业和个人的合法商标权益，积累商标历史文献资料，更好地为商标管理工作服务，具有重要的意义。

一、商标档案的管理体制

（一）商标档案管理的基本原则

我国商标档案管理实行统一领导、分级管理的原则。我国《商标法》第二条规定：“国务院工商行政管理部门商标局主管全国商标注册和管理的工作。国务院工商行政管理部门设立商标评审委员会，负责处理商标争议事宜。”国家工商行政管理局、国家档案局联合印发的《商标档案管理暂行办法》第十六条规定：“全国商标档案工作实行在国家档案行政管理部门统一管理下，由国家工商行政管理局统一监督、指导，地方各级工商行政管理机关分级管理的原则。”

商标档案工作统一领导、分级管理的原则，是由商标工作的管理体制和商标工作的特点决定的，与《中华人民共和国档案法》的精神也是一致的。根据这一原则，国家工商行政管理总局商标局负责管理全国的商标档案工作，并接受国家档案行政管理部门和国家工商行政管理部门的监督、指导；各省、直辖市、自治区工商局的商标档案部门，负责管理本地区的商标档案工作，并接受同级档案行政管理部门和工商行政管理部门的监督与指导。

对商标档案要实行集中统一管理，以便确保商标档案的完整、准确、系统、安全和方便利用。商标档案管理工作是各级工商局日常工作的重要组成部分，必须纳入商标工作流程、商标管理制度和有关人员的岗位责任，各级工商行政管理局应按照主管部门的要求，配备专人负责商标档案的管理工作。

（二）商标档案管理机构的职责

1. 国家工商行政管理总局管理商标档案的职责[①]

国家工商行政管理总局商标局，是组织和协调全国商标档案工作的枢纽。

---

① 张则忠，严谨．商标知识荟萃．北京：中国经济出版社，1993：227－228.

（1）贯彻执行党和国家有关档案工作的方针、政策，制定全国商标档案管理规定、办法，并组织实施；

（2）收集、整理、保管本机关的商标档案，并做好鉴定、统计和利用工作；

（3）监督和指导地方工商行政管理机关的商标档案管理工作；

（4）组织业务培训，开展经验交流，从事科学研究；

（5）承办有关商标档案管理工作的其他事宜。

2. 地方工商行政管理机关管理商标档案的职责

（1）贯彻执行国家工商行政管理总局和档案行政管理部门有关档案工作的规定、办法，并组织实施；

（2）收集、整理、保管本机关的商标档案，并做好鉴定、统计和利用工作；

（3）监督和指导本地区（包括商标注册人）的商标档案管理工作；

（4）组织业务培训和经验交流；

（5）承办地方有关商标档案管理工作的其他事宜。

（三）对商标档案管理人员的要求

（1）商标档案管理人员的数量。“工商行政管理机关的商标档案应实行集中统一管理。要根据商标档案的数量、工作量、所辖地域的大小和业务指导单位的多少等具体情况，配备相应数量的商标档案管理人员。省、市、县（区）工商局应至少配一人专管或者兼管。”①

（2）商标档案管理人员的素质。商标档案管理人员不仅要工作认真、责任心强，具有一定的文化水平和专业知识，而且要坚持四项基本原则，贯彻党和国家的路线、方针和政策，热爱档案事业，钻研业务，掌握商标管理和档案管理法规，熟悉商标注册和管理工作，不断提高政治素质、业务素质和科学文化水平。

（3）商标档案管理人员应保持相对稳定。商标档案管理工作是商标局和各级工商局日常工作的重要组成部分，必须纳入商标工作流程、商标管理制度和有关人员的岗位责任。如因工作变动调离岗位，应认真办理交接手续，把档案资料交接清楚。

（4）商标档案管理部门应对为商标档案事业做出贡献、有显著成绩者，给予一定的奖励；应对造成档案损坏、丢失者，视情节轻重，给予严肃处理。

二、商标档案的集中归档

商标文件材料的归档，是指把在工作中形成、已经办理完毕或告一段落，具有保存价值的商标文件材料，按照一定的制度和要求收集齐全，移交档案部门。

（一）传统商标文件材料的归档

建立健全商标档案归档制度，对于实现商标档案的有效收集是十分必要的。其主要内容如下。

---

① 韩家成. 商标事典. 沈阳：辽宁人民出版社，1994：361.

1. 归档范围

商标文件材料的归档范围，是指哪些商标文件材料应当作为商标档案保存，哪些商标文件材料不应作为商标档案保存。应根据国家的有关规定和商标工作的性质，对商标文件材料的现实使用价值和长远历史研究价值进行全面客观的分析，仔细甄别和挑选有保存价值的商标文件材料予以保存，剔除无价值的或价值不大的商标文件材料予以销毁。

根据《商标档案管理暂行办法》第六条规定，商标文件材料的归档范围是：文字材料、商标图样以及缩微型、声像型、机读型文件材料。包括：

（1）商标注册申请文件材料；

（2）初步审定商标稿；

（3）商标注册簿、商标注册证或影印件；

（4）注册商标变更、转让、续展、补证、注销和撤销的文件材料；

（5）商标使用许可合同；

（6）申请驳回商标复审、初步审定商标异议裁定、注册商标争议裁定和撤销的文件材料；

（7）查处商标违法案件、监督商品质量、查验商标注册证的文件材料；

（8）商标公告；

（9）其他有关商标管理的文件材料。

2. 归档要求

商标文件材料的基本归档要求是：按照商标申请和管理流程的特点和规律，保持商标文件材料之间的有机联系，区分价值，方便日后的利用。具体而言：

（1）归档的商标文件材料应当完整、准确、成套，按商标注册人进行分类，组成保管单位（卷、册袋、夹等），填写保管单位封面和目录。

（2）选用合适的分类方案，按照一定的分类体系组织和区分商标档案。

（3）归档的商标文件材料应当纸质优良，字迹工整，规格统一。填写归档商标文件材料应当使用毛笔、钢笔、标有“DA”字样的圆珠笔或黑色的碳素笔。

（4）商标文件材料应按其形成过程一次或分阶段归档。

3. 归档时间

归档时间是指文件处理部门或有关业务部门将需要归档的文件材料向档案部门移交的时间。

归档时间通常有定期归档和随时归档两种。一般来讲，重要的商标文件材料，为避免其散失，在使用完毕或处理告一段落之后，应立即归档，因此宜采用随时归档的办法；对于平时大量产生、不是很重要、需要集中统一处理的商标文件材料，则应采用定期归档的办法。《商标档案管理暂行办法》第三章第九条规定：申请商标注册的文件材料，应当在下发商标注册证后三个月内，由承办人员按文件材料自然形成的规律和文件之间的历史联系加以整理，向档案部门归档。尔后形成的文件材料，也应在办理完毕后及时归档。

在实际工作中，采用什么样的归档办法并不是绝对的，应根据商标文件材料的特点，归档目的，档案管理单位人力、物力、财力等多方面因素做出决定。

4. 归档份数

商标文件材料一般归档一份即可，重要的、利用率高的可根据需要复制副本，归档两份或多份。

5. 归档验收

各级商标档案管理部门应根据商标局和各级档案行政管理部门的规定，结合实际，提出商标文件归档验收要求。之所以设立归档验收环节，是为了确保商标档案移交时文件齐全，明确交接双方的责任。一般归档验收要做到：

（1）归档人员应填写归档说明书。

（2）移交档案时交接双方必须当面检查验收，检查文件材料是否完整、齐全，排列、书写是否符合要求，标题是否确切。对于不符合规定要求者，接收人应拒绝接收，并在提出改进意见后限期改正补交。

（3）移交时填写移交清单。移交清单一式两份，双方各执一份。

（二）电子商标文件材料的归档

随着计算机、网络通信技术的发展，出现了局域网、广域网内的商标信息管理系统，随之也产生了大量电子商标文件材料。

商标信息管理系统是用数据库的海量存储、查询及随时添加、删除记录的功能和网络的资源共享功能，将有关商标的申请、注册、变更等信息数字化，从而构建成的一个可为管理人员或相关人士以及商标权申请人共同利用的信息系统。

从国外情况来看，对于商标信息管理系统的研究工作已经起步，特别是随着网络技术的广泛利用，美国、德国等国家已经建立起自己的网上商标信息管理系统。Different Breed公司的商标信息管理系统（Trademark Management System）、IPPO公司的商标信息管理系统（Trademark Management &Docketing Systems）的建立标志着国外在商标管理领域的重大突破。建立国家商标档案信息管理系统，维护本国商标权人的利益，同时促进商标保护的国际交流，已成为商标管理的重要内容。

从我国目前的情况看，有的商标管理部门已开发了商标信息管理系统，有的商标管理部门只是达到了办公自动化，但电子商标文件材料业已大量存在。此外，伴随着电子政务的发展，商标管理工作必将越来越多地依托于网络和信息技术，这个趋势是毋庸置疑的。如果不做好电子商标文件材料的归档工作，就会失去大量有用的商标信息资源。所以开展电子商标文件材料的归档工作，并根据实际情况制定相应的归档制度，不仅有利于进一步保证商标档案的完整性，也可为日后网络环境下的商标信息管理积累经验。

1. 归档范围

一般而言，凡是在商标申请、管理、使用活动中形成的，经过鉴定具有保存价值的电子商标文件材料及相关的软件和文档材料，均须归档。主要包括：

（1）以电子方式形成的、在纸质文件时代需要归档的各种商标文件材料；

（2）辅助商标档案管理的系统软件；

（3）电子商标文件材料的各种支持文档，以及表达其格式和相关元数据的文档；

（4）按照“双套归档制”要求需要归档的文档等。

2. 归档方式

已经开发使用商标信息管理系统的部门，对于电子商标文件材料的归档，可以按照系统的设计将电子商标文件材料归档保存到指定的位置，或是保存在本地局域网的某个数据服务器上，或是保存在商标信息管理系统内部的专网数据库内，但由于网络安全存在隐患，所以要做好异地备份。而尚未开发使用商标信息管理系统的部门，可以实行物理归档，即把商标电子文件材料脱机保存到移动硬盘或其他载体，再向档案管理部门移交。

3. 归档时间

由于采用的归档方式不同，归档的时间也不尽相同。电子商标文件材料的归档时间可分为实时归档和物理归档：使用商标信息管理系统时，在生成电子商标文件材料的同时，系统就会提示是否归档保存，即完成了实时归档；而对于采取物理归档的电子商标文件材料，按照国家档案局的规定，归档时间应与实行"双套归档制"的纸质文件材料一致。

4. 归档要求

归档的电子商标文件材料与传统的商标文件材料一样，都要保证其完整性，只是电子商标文件材料有其自身的特点，所以对其归档有一些特殊的要求。主要包括：

（1）归档的电子商标文件材料要经过鉴定和著录，以保证其历史真实性。在商标信息管理系统中，商标档案的管理已经嵌入了商标管理工作的流程，在文件生成后，就要对其鉴定，并进行著录。

（2）归档的电子商标文件材料应收集齐全，凡是归档范围内的文件均应及时归档，同时，特别要注意电子商标文件材料所依赖的软件环境。

（3）归档的电子商标文件材料必须真实有效。目前除了实行"双套归档制"，即同时归档纸质文件材料外，还可以采用数字签名技术、水印技术、加密技术等，确认电子商标文件材料的有效性，同时做好备份工作。

（4）为确保归档电子商标文件材料的可读性，应由商标档案管理机构统一协调，规范电子商标文件材料的格式。

5. 归档手续

对于已实现商标管理自动化的部门，其生成的电子商标文件材料，经鉴定、著录后，商标信息管理系统会自动给其分类号、档号，待工作人员核定后保存到数据库。随后，系统生成并打印出《归档电子商标文件登记表》，该表格经过交接双方核准认定后，作为电子商标文件材料的归档凭证。

采用物理归档方式的商标管理部门，交接双方可按照国家档案局推荐的《归档电子文件登记表》中的登记项目来清点归档的电子商标文件材料，确认无误后，在一式两份的《归档电子商标文件登记表》《归档电子商标文件移交检验表》及《电子商标文件接收检验登记表》上签字盖章，各执一份，留存备查。

三、商标档案的整理

商标档案的整理工作，就是对收集的商标文件材料，按照其形成规律和特点，进行分类、组合、排列和编目的活动，是使归档商标文件材料有序化的过程。其目的是保持商标档案的内在历史联系，便于日后保管和利用。

（一）商标档案的分类

商标档案分类是根据商标档案内容或形式的不同，按照一定的分类体系，分门别类地组织与区分商标档案的一种方法。分类原则如下：

（1）由于商标档案是伴随商标工作的发生、发展而产生的，是直接为商标工作服务的，因此，应以商标工作的内容、性质和规律作为商标档案分类的标准和依据。

（2）分类标准应统一，即一个单位商标档案的分类标准要一致。

（3）分类结果应能准确揭示商标档案的内容，分类层次应简明，不宜过多。

我国的商标包括国内商标和外国人或者外国企业在我国申请注册的商标两大部分。从国家工商行政管理总局商标局保管的商标档案来看，目前我国的商标档案采用的是“地区-行业”分类法。即先按省、直辖市、自治区分类，然后再按商标注册人的行业性质进行分类。行业性质可划分为工业、农业、建筑、电子、交通、商业、化工、医学、纺织、外贸等等（参考《尼斯协定》）。外国人或外国企业在我国注册的商标档案多采用地域（国别）分类法，即按商标档案的内容所代表的注册人所属国家来进行分类，再按行业性质等标准划分次级类目。

（二）商标档案的编目

商标档案的编目，是按照商标档案的分类和排列形式，编制档案号码填写在档案封面上，包括全宗号、案卷目录号、案卷号、页号或件号，并把档号登记在专门的目录簿上，以便于商标档案的管理和利用。

目前，我国工商行政管理局的商标档案，采用的是注册号顺序流水排架法。这种方法将注册号和档案号统一起来，简化了立卷工作的程序，只需要“分卷、查目录卡、抄写卷皮、归目录卡、按注册号顺序上架”五道工序，即可完成立卷工作。该方法不仅减轻了劳动强度，节省了人力、物力和财力，而且理顺了商标局内部各环节的关系，为商标档案管理工作的科学化、规范化、现代化创造了有利条件。此外，商标档案的卷皮还被制作成白色、绿色、粉色三种颜色，以区别不同时期的注册商标和注册年限，为商标档案的调卷和归卷工作提供了极大便利。

总体而言，商标档案的编目包括以下工作：

（1）一个商标注册人的档案可以根据多少分装到若干盒内，按照《档案著录规则》编制商标档案文件级著录卡，便于日后的检索。

（2）编制商标档案目录以卷为单位，编制各种专题目录。

（3）将编制的商标档案卷级、文件级目录输入计算机，为实现快速检索利用打下基础。

四、商标档案的鉴定

商标档案的鉴定工作直接关系到档案的命运。鉴定工作涉及对商标档案价值的分析，鉴定商标档案的价值其实在主观上很难把握，只能在工作中不断摸索，总结经验。其中制定商标档案保管期限表，可以说给商标档案的鉴定工作提供了一定的依据，在一定程度上可避免个人认识的局限性和片面性，提高鉴定工作的质量和效率，防止错误地销毁档案。

（一）鉴定要求和流程

在商标档案鉴定过程中要注意以下几点：

(1) 严格执行商标档案鉴定标准。国家工商行政管理总局商标局颁发的《商标档案归档范围及保管期限表》，是全国统一的商标档案鉴定标准，是鉴定工作的指导性文件。

(2) 成立商标档案鉴定工作小组或委员会，负责有关鉴定工作的事宜。

(3) 在鉴定过程中严格执行有关鉴定的审批制度。

商标档案的鉴定方法同其他门类的档案一样，也采用直接鉴定法，即对每一卷商标档案逐一分析、审查，确定其保存价值，决定其存毁。

商标档案的鉴定一般分为四个阶段：

(1) 应立卷材料的收集阶段。在收集时，对纯属无保存价值的材料应予以淘汰，交还给原持有者，由其保存或销毁。

(2) 组卷前的分类阶段。组卷前，对欲立卷的材料根据其特征进行分类，同时权衡材料的现实价值和历史价值，准确地将确无保存价值的材料淘汰出去，在立卷初期就保证所立案卷的质量。

(3) 正常鉴定阶段。即在档案保存与管理过程中进行定期鉴定。期间的长短，可根据案卷增长速度与材料保存周期确定。

(4) 移交阶段。案卷根据实际需要，有时要进行移交，如地方工商行政管理局保存的档案材料向国家工商行政管理总局商标局档案管理机构进行案卷移交。移交过程中，双方都要对档案材料进行鉴定，将不宜移交的材料留给原持有单位保留或销毁。[①]

(二) 商标档案保管期限表

2013年4月26日，国家工商行政管理总局商标局下发了《关于发布商标档案归档范围及保管期限表的通知》，规定自2013年5月1日起，其将按照《商标档案归档范围及保管期限表》规定保管商标档案及相关文件资料。这也是我国开展商标档案鉴定工作的基本依据。《商标档案归档范围及保管期限表》将档案种类分为商标档案和文件资料两类，共31项，保管期限划分为永久、长期（20年）和短期（2年、5年、10年）三种（见表18-2）。

表18-2　商标档案归档范围及保管期限表

序号	档案种类	保管期限	备注
一	商标档案		
1	商标注册申请材料	永久	
2	商标注册申请不予受理申请件	永久	
3	商标公告	永久	1980年至2001年全部保存；2002年后的每期保留两套
4	商标异议案件各类发文及异议申请书、理由书、答辩书等	永久	
5	商标评审案件各类发文及评审申请书、理由书、答辩书等	永久	

① 王彦．商标管理．大连：东北财经大学出版社，1988：158-159.

续前表

序号	档案种类	保管期限	备注
6	注册商标连续三年停止使用撤销案件各类发文及申请书、答辩书等	永久	
7	补发变转续证明、注册证、出具注册证明、更正、改错申请书	永久	
8	集体商标、证明商标、地理标志	永久	
9	特殊标志	永久	
10	马德里商标国际注册领土延伸申请材料	永久	
11	国内注册人马德里商标国际注册申请材料	永久	
12	国际商标变更、转让、续展的申请书、撤回申请书、公证书及其他材料	永久	
13	国际商标异议案件各类发文及异议申请书、理由书、答辩书等	永久	
14	国际商标公告	永久	每期保留一套
15	商标变更、转让、续展的申请书、撤回申请书、公证书及其他材料	永久	
16	商标质押、查封、消亡注销档案	永久	
17	商标使用许可合同备案档案	永久	
18	商标信息和程序更改单	永久	
19	商标异议案件证据材料	短期 10 年	
20	商标评审案件证据材料	短期 10 年	
21	注册商标连续三年停止使用撤销案件证据材料	短期 10 年	
22	国际商标异议证据材料、评审证据材料	短期 10 年	
23	行政案件中驰名商标申请认定证明材料	短期 5 年	
二	文件资料		
1	图书、地方志、年鉴	永久	
2	宣传资料、报刊	短期 10 年	
3	商标代理机构数字证书办理材料	短期 5 年	
4	商标申请收文清单	短期 2 年	
5	商标业务退信	短期 2 年	
6	商标文件发放记录清单	短期 2 年	
7	中国商标战略年度报告、中国商标年鉴	永久	每期各保存两套
8	商标审查二期系统投入使用前的材料	长期 20 年	

（三）确定保管期限的原则

在开展商标档案归档鉴定、定期鉴定时，应以保证档案的完整、成套、便于利用为出发点，全面分析、考查商标档案的历史作用和现实作用，准确地判断其保存价值，恰当地确定其保管期限。确定保管期限的原则是：

（1）凡是反映商标工作基本历史面貌、有长远利用价值的档案，应永久保存；

（2）凡是在相当长的时间内有查考、利用价值的档案，应长期保存；

（3）在较短时间内有查考、利用价值的档案可短期保存。

凡是介于两种保管期限之间的商标档案，其保管期限从长。商标承办人员在商标文件材料立卷并划定保管期限时，不能因有了划分标准就机械地“对号入座”，而应认真地审查商标档案材料后再划定其保管期限。

随着商标工作和商标档案事业的发展，今后还会出现新的商标工作事项和商标档案，对于保管期限表中未列的商标档案，商标承办人员和商标档案管理人员应按照确定商标档案保管期限的原则，比照类似事项，正确地划定其保管期限。

五、商标档案的利用

商标档案的利用工作状况如何，直接关系到满足利用者需求的程度，影响商标档案资源开发利用的深度和广度。利用工作的主要内容如下。

（一）了解需求

首先要了解商标工作的规律和性质，了解商标档案工作在整个商标管理活动中的地位和作用，在此基础上了解和掌握广大利用者的需求特点和规律，以最大限度地满足利用者的需要。

（二）检索档案

开展利用工作的目的之一，是节省利用者查找档案的时间，比较准确、迅速地提供他们所需的档案。商标档案的检索大致有两方面的内容：一是建立检索体系，编制各种形式的检索工具；二是根据利用者的需求，利用已编制的检索工具查找出有关内容的档案，提供利用。

1. 检索途径

（1）关键词检索：可采用文档与登记号、商标拥有者、标记、描述语言、商品或服务领域等检索到所需商标档案。

（2）分类检索：可采用的商标分类体系包括《商标注册用商品与服务国际分类尼斯协定》（尼斯分类体系）、《建立商标图形要素国际分类维也纳协定》（维也纳分类体系）。

（3）图像检索：传统的商标档案由于受到载体的限制，无法实现图像检索。现在随着网络的发展和普及，利用计算机进行图像检索已经成为现实。基于内容特征的图像检索技术目前已广泛应用于众多的商标数据库中，丰富了商标信息检索的途径。根据用户进行商标信息检索目的的不同，图像商标检索类型可以包括：反映图像商标的关键词检索、精确匹配检索、相似性检索、文字或设计图形检索，后者可使用 Vienna 图形元素分类法检索。声响、立体、气味等商标申请通常附有文字说明或图像，因而仍可按文本或图像加工处理后编入数据库中。

2. 检索工具

在手工检索阶段，主要的手工检索工具如下：

（1）商标公告：是由国家工商行政管理总局商标局主编，定期公开发行的簿式检索工具。

（2）商品分类索引：索引标出商品类别、商标名称等，是一种卡片式检索工具。

（3）商品注册簿：是一种簿式检索工具，包括商标注册号、注册人等内容。

（4）注册人索引：索引标出商标注册人名称、地区、商品名称、商标名称、注册号等。

步入信息时代，商标档案的利用也应有所变化，要争取利用信息技术充分发挥商标档案的作用。

数据库技术的应用使商标信息管理系统实现了商标记录的海量存储，但若想查到某一具体信息，则必须拥有适当的搜索引擎来查询特定信息。以美国专利商标局（USPTO）的商标电子查询系统（Trademark Electronic Search System）为例，该系统提供 4 种查询方式来进行商标查询：简单查询、布尔查询、高级查询、浏览查询。在文字框中输入查询指令后，搜索引擎将在 USPTO 所连接的所有数据库中搜索与指令相匹配的商标记录，其结果能够让申请人及时判断自己即将申请注册的商标是否已经被注册使用，使自己的商标更具有识别性，避免造成侵权。

由于商标档案涉及大量图形档案，在注册时要考虑与已注册的商标图形是否相仿，所以建立图像数据库有很大的必要性。系统直接对输入图像的内容进行分析，根据系统所支持的各种图像数据描述模型提取图像的视觉特征（常见的颜色、轮廓、形状、纹理和空间特征等）保存在特征库中，并对特征库建立索引（采用特征索引结构技术）以提高检索效率。

（三）提供查询和借阅

商标档案的提供利用，要建立一定的制度和手续，包括利用对象、利用范围和方式、批准手续、借阅凭证、利用者的义务等。提供时要求迅速、准确，要注意对档案的监护，并注重利用效果。

在查询商标档案时，有如下要求：

（1）公安、法院、检察院、国家安全、纪检监察、审计机关等部门查询商标档案的，查询人员应出示其有效证件，并提交有关公函。

（2）律师事务所或商标代理机构受当事人委托查询当事人自己的商标档案的，查询人员应出示其有效证件，并提交当事人的委托书、当事人的有效身份证明以及律师事务所或商标代理机构的介绍信。

（3）律师事务所或商标代理机构代理诉讼活动，可以查询涉案商标的档案资料，查询人员应出示其有效证件，并提交法院的相关证明、当事人的委托书以及律师事务所或商标代理机构的介绍信。

(4) 商标注册人查询自己的商标档案的，查询人员应出示其有效证件，注册人为单位的，应提交单位介绍信以及加盖公章的营业执照副本复印件。

(5) 律师事务所或商标代理机构以及商标注册人需要调取商标档案进行文书鉴定的，除上述手续外，鉴定人员还应提交鉴定机构的介绍信。

商标档案的借阅可以分为内部借阅和外部借阅两种，借阅商标档案要履行一定的手续。

内部借阅是指本机关内部工作人员借阅。一般情况下凭调卷单即可。调卷单是由档案部门统一编制发给有关人员的借阅凭证，其内容包括姓名、档号、注册人名称、商标名称、商品名称、借阅时间、利用者义务等。

外部借阅主要是满足外单位利用者的需求。一般要求利用者持机关介绍信借阅。

利用者按照有关制度办理借阅手续，要爱护档案，妥善保管，不得随意涂改、损坏或丢失，阅毕要及时归还。档案人员清点无误后注销借阅手续，将档案放回原处。如发现档案被转借、撕拆、抽换、污损和散失，应及时报告，并予以追查。

借阅档案除了采用调卷单、介绍信外，也可以填写借阅卡、借阅登记簿等。

（四）参考咨询

包括编纂与咨询两方面。编纂是指根据工作需要，搜集、编纂各种专题索引、文摘、汇编，供利用者参考。

咨询是以商标档案为根据，通过个别解答的方式，有针对性地向利用者提供商标档案或有关信息。比如，可以充分利用商标档案数据库，运用现代信息技术与企业共同搭建商标档案信息沟通平台。在商标档案中会有一部分属于闲置商标档案，可以推出闲置商标档案信息公示制，将闲置商标档案分类、分期予以公示，方便企业免费查询，并开展不同形式的咨询活动，促成商标转让，避免商标资产的闲置和浪费。

六、商标档案的现代化管理

为了加快商标档案信息资源建设的步伐，促进我国商标档案工作的可持续发展，我们应该运用现代化的技术手段和先进的管理方法来开展商标档案工作，以提高我国商标档案的工作水平和工作效率。

第一，要实现商标档案存贮的数字化。应根据我国信息化建设和电子政务发展的要求，制定统一的数字化标准和规范，建立商标档案的目录数据库和全文数据库；应将纸质商标档案的有关情况采用录入、扫描等信息化手段输入计算机，逐步实现商标档案的全文数字化。对于每年新产生的商标档案，应实现纸质文件和电子文件的“双套制”归档，即纸质文件和电子文件都要归档，并且二者之间应有机对应，相互建立准确可靠的标识关系；应做好电子商标档案的备份工作，无论采取哪种保存形式，都要保存三套电子档案数据，一套提供利用，一套本地备份，一套异地备份。

第二，要实现商标档案管理的信息化。应使用统一的商标档案管理系统来管理商标档案，使商标档案的收集、存储、检索、统计等工作实现信息化。例如，2007 年初，沈阳市工商行政管理局沈河分局开始运行商标档案管理系统软件。该软件的使用，减轻了商标档案的工作强度和管理难度，提高了商标档案的工作效率，使该分局准确掌握了辖区内注册商标的基本信息，包括辖区有多少件注册商标，多少件已注销商标，哪些在使用，哪些未使用，哪些已经迁出，哪些下落不明；使该分局对自己管理的商标有了全面的了解，包括注册商标的相关信息，还包括注册商标企业的注册情况、联系人电话等等。

第三，要实现商标档案提供利用的网络化。应实现商标档案管理系统与业务信息系统的无缝连接，使商标档案管理系统由“单机版”变成“网络版”，成为办公自动化系统的有机组成部分，使有关部门和人员能够通过局域网查询到有关信息；应在各级工商行政管理部门设置电子触摸屏，使有关人员在非工作日期间，也能够准确、便捷地查询到自己所需要的商标信息，并将其打印出来。

第四，鉴于时间和空间的局限性，我国应大力建设商标信息服务网站，以主页方式提供有关信息和服务。通过介绍组织机构、法律法规、商标常识，发布商标动态、商标公告、驰名商标，提供商标查询、商标注册、商标转让、商标变更及书式下载、疑难解答、信息查询等服务，使用户对商标使用许可、续展、撤销、复审、商标争议裁定、商标侵权处理等问题有进一步的了解，使互联网上的用户可以根据需要，随时查询、检索、浏览和下载所需要的商标信息资料，从而提高商标信息的传递速度，扩大商标信息的影响范围，在一定范围内、一定程度上实现商标信息资源的有效配置，充分发挥商标信息的作用和价值。

本章思考题

1. 商标档案的含义是什么？它具有哪些特点？
2. 商标档案如何分类？
3. 商标档案的管理体制是什么？
4. 如何完成商标档案的归档工作？
5. 确定商标档案保管期限的基本原则是什么？
6. 商标档案的检索工具有几种？未来检索的趋势会怎样？

参考文献

1. 胡旺林．明清档案事业九十年．北京：人民出版社，2016.

2. 李金林，赵中秋，马宝龙．管理统计学．3版．北京：清华大学出版社，2016.

3. 国土资源部不动产登记中心．不动产登记暂行条例实施细则释义．北京：北京大学出版社，2016.

4. 陈希晖．审计法规与准则．大连：东北财经大学出版社，2016.

5. 王英玮，陈智为，刘越男．档案管理学．4版．北京：中国人民大学出版社，2015.

6. 季国忠，杨莉．病历书写规范．2版．南京：东南大学出版社，2015.

7. 武立宏．不动产登记法律制度要论．北京：中国政法大学出版社，2015.

8. 徐家力，宋宇博．律师实务．8版．北京：法律出版社，2015.

9. 薛凡．司法视野中的公证保全证据．厦门：厦门大学出版社，2014.

10. 贾俊平，等．统计学．6版．北京：中国人民大学出版社，2015.

11. 拉姆勒，等．流程圣经．王翔，等译．北京：东方出版社，2014.

12. 格雷克．信息简史．高博，译．北京：人民邮电出版社，2013.

13. 蔡磊．电子发票的理论与实践：电子商务税收征管新思维．北京：中国财政经济出版社，2014.

14. 陈瑞华．刑事证据法学．2版．北京：北京大学出版社，2014.

15. 段东升．会计档案整理．北京：中国文史出版社，2013.

16. 陈忠海，等．档案法立法研究．上海：世界图书出版公司，2013.

17. 国家知识产权局专利局专利文献部．专利文献与信息检索．北京：知识产权出版社，2013.

18. 澳大利亚联邦证据法．王进喜，译．北京：中国法制出版社，2013.

19. 马宏俊．公证法学．北京：北京大学出版社，2013.

20. 宋克振，张凯．信息管理导论．2版．北京：清华大学出版社，2012.

21. 王进喜．美国《联邦证据规则》（2011年重塑版）条解．北京：中国法制出版社，2012.

22. 丁海斌，卞昭玲．电子文件管理基础教程．沈阳：辽宁大学出版社，2011.

23. 邱高峰，等．标准体系理论与实务．北京：中国计量出版社，2011.

24. 潘元松．婚姻登记法律实务研究．沈阳：辽宁人民出版社，2011.

25. 王英玮．知识经济时代档案部门的生存与发展策略．北京：中国人民大学出版社，2011.

26. 陈传义．档案信息网站构建基础与实例．武昌：武汉大学出版社，2010.

27. 张俊华．社会记忆和全球交流．北京：中国社会科学出版社，2010.

28. 王萍．电子档案著录标准及其应用．长春：吉林大学出版社，2010.

29. 王英玮．信息管理导论．北京：中国人民大学出版社，2010.
30. 何欢，何倩．数据备份与恢复．北京：机械工业出版社，2010.
31. 饶克勤．电子健康档案与区域卫生信息平台．北京：人民卫生出版社，2010.
32. 刘家真，等．电子文件管理：电子文件与证据保留．北京：科学出版社，2009.
33. 王立清．信息检索教程．2 版．北京：人民出版社，2008.
34. 陈玉菁．财务管理．北京：中国人民大学出版社，2008.
35. 陈潜，唐民皓．信用·法律制度及运行实务．北京：法律出版社，2005.
36. 王英玮．会计档案管理的原理与应用．北京：中国档案出版社，2003.
37. 王英玮．信息时代的人事档案管理．北京：中共党史出版社，2004.
38. 吴晶妹．现代信用学．北京：中国人民大学出版社，2009.

后 记

专门档案管理的理论与实践是我国档案学研究的重要领域。进入21世纪以来，我国档案行政管理部门及各行业主管部门，都将专门档案资源的积累、管理和利用作为一项重要的业务工作，纳入了相关的工作规划、计划及相关人员的职责范围，并陆续制定和实施了相关专门档案的管理规范和管理标准，增强了专门档案的规范化、标准化和信息化管理能力。专门档案资源的管理，不仅是国家档案资源体系建设的一个重要组成部分，而且对维护相关法人、自然人的合法权益，维护社会政治、经济、文化、教育的正常秩序，保证各项专业工作证据保障体系的完整性，保持专业性活动的连续性，促进新业务的产生等，均具有非常重要的凭证价值和参考价值。

本书自出版以来，一直受到广大档案工作者及相关专业人员的青睐。正是因为有了广大读者朋友们的支持，我们这个作者团队才有了持续研究的动力。真心希望本书能够对您的专门档案管理工作起到一定的帮助作用，同时也真心希望您在阅读和使用本书内容的过程中，对书中介绍的内容和思想观点，提出宝贵的批评意见和建设性改进建议。

本次修订主要增加了以下新内容：

（1）对第一章中的专门档案定义及相关知识进行了修订和补充；

（2）新增了第三章“电子专门档案管理工作”，介绍和说明了电子专门档案管理的一般原理和管理方法；

（3）结合新《会计档案管理办法》，对第四章“会计档案与会计档案管理”的内容进行了修改和补充；

（4）结合中共中央组织部及国家有关主管部门对人事档案管理的新要求和新规范，对第五章“人事档案与人事档案管理”的内容进行了修订；

（5）根据我国最高人民法院及最高人民检察院的相关规范性文件，对第七章“诉讼档案与诉讼档案管理”进行了修订补充；

（6）根据商标档案管理的相关规范和标准，对第十八章“商标档案与商标档案管理”的内容进行了补充；

（7）新增了第十五章“不动产登记档案与不动产登记档案管理”；

（8）新增了第十七章“民政专门档案与民政专门档案管理”。

本书在修订过程中得到了中国人民大学信息资源管理学院（原档案学院）的老师和学生们的有力支持和帮助；中国人民大学出版社的潘宇老师和宋义平老师、黄超老师对本书的修订付出了辛勤的劳动和智慧，提出了许多宝贵的建议。对你们的无私奉献精神，我们表示由衷的感谢，希望各位朋友今后继续对我们的工作给予更多的指导。

由于我们的水平局限，书中不免存在一些疏漏之处，敬请广大读者朋友批评指正。

王英玮

2016年12月5日

于中国人民大学

图书在版编目（CIP）数据

专门档案管理 / 王英玮主编. —3 版 . —北京：中国人民大学出版社，2017. 4
新编 21 世纪档案学系列教材
ISBN 978-7-300-24362-7

Ⅰ. ①专… Ⅱ. ①王… Ⅲ. ①档案管理—高等学校—教材
Ⅳ. ①G271

中国版本图书馆 CIP 数据核字（2017）第 099060 号

普通高等教育“十一五”国家级规划教材
新编 21 世纪档案学系列教材
专门档案管理（第三版）
主　编　王英玮
副主编　李　颖　倪晓春
Zhuanmen Dang'an Guanli

出版发行	中国人民大学出版社		
社　　址	北京中关村大街 31 号	**邮政编码**	100080
电　　话	010－62511242（总编室）		010－62511770（质管部）
	010－82501766（邮购部）		010－62514148（门市部）
	010－62515195（发行公司）		010－62515275（盗版举报）
网　　址	http://www.crup.com.cn		
经　　销	新华书店		
印　　刷	北京宏伟双华印刷有限公司	**版　　次**	2004 年 8 月第 1 版
开　　本	787 mm×1092 mm　1/16		2017 年 6 月第 3 版
印　　张	29. 75	**印　　次**	2023 年 5 月第 4 次印刷
字　　数	704 000	**定　　价**	69. 00 元

中国人民大学出版社　管理分社

教师教学服务说明

中国人民大学出版社管理分社以出版工商管理和公共管理类精品图书为宗旨。为更好地服务一线教师，我们着力建设了一批数字化、立体化的网络教学资源。教师可以通过以下方式获得免费下载教学资源的权限：

★ 在中国人民大学出版社网站 www.crup.com.cn 进行注册，注册后进入“会员中心”，在左侧点击“我的教师认证”，填写相关信息，提交后等待审核。我们将在一个工作日内为您开通相关资源的下载权限。

★ 如您急需教学资源或需要其他帮助，请加入教师 QQ 群或在工作时间与我们联络。

中国人民大学出版社　管理分社

教师 QQ 群：648333426（工商管理）　114970332（财会）　648117133（公共管理）
教师群仅限教师加入，入群请备注（学校＋姓名）

联系电话：010-62515735，62515987，62515782，82501048，62514760

电子邮箱：glcbfs@crup.com.cn

通讯地址：北京市海淀区中关村大街甲 59 号文化大厦 1501 室（100872）

管理书社　　人大社财会　　公共管理与政治学悦读坊